朝鮮衡平運動史料集

部落解放・人権研究所　衡平社史料研究会　編
監修　金仲燮・水野直樹

解放出版社

衡平社第７回全鮮定期大会のポスター
（1929 年、史料№10。韓国国史編纂委員会所蔵）

全朝鮮衡平社第８回定期大会のポスター
（1930 年、史料№ 11。
高麗大学校亜細亜問題研究所所蔵）

『正進』創刊号の表紙
（1929 年、史料№ 28。
財団法人雅丹文庫所蔵）

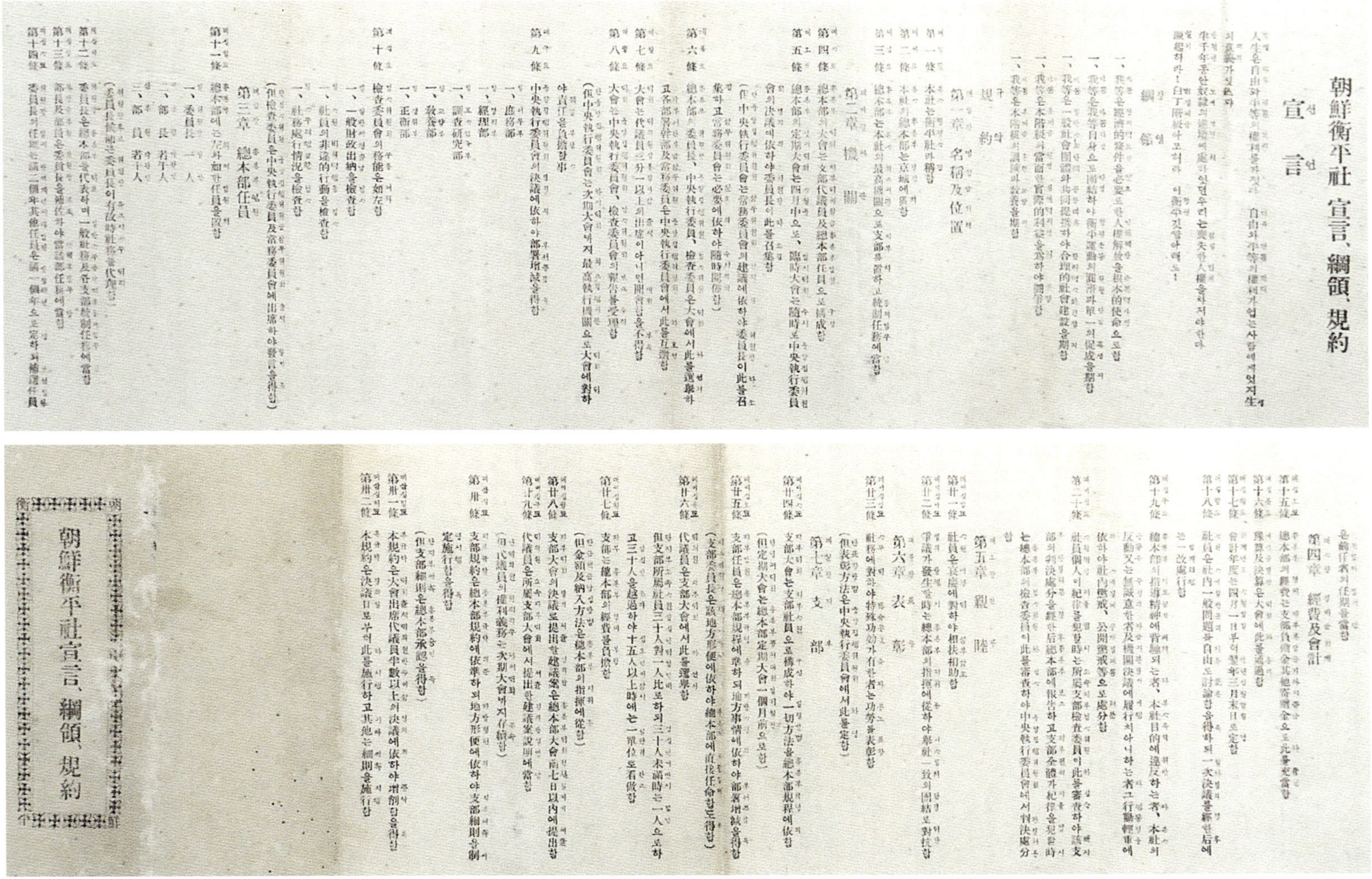
朝鮮衡平社 宣言、綱領、規約

宣言

人生은自由와平等의權利를차질卟 自由와平等의權利가업는사람에게잇지生의意義가잇슬까

半千年來의奴隷의境遇에處하얏던우리는喪失한人權을차저야한다

蹶起하라！白丁階級아모히라 이衡平깃발아래로！

綱領

一、我等은經濟的條件을必要로한人權解放을根本的使命으로함

一、我等은我等自身으로團結하야衡平運動의圓滑과單一의促成을期함

一、我等은一般社會團體와共同提携하야合理的社會建設을期함

一、我等은本階級의當面한實際的利益을爲하야鬪爭함

一、我等은本階級의訓練과敎養을期함

規約

第一章 名稱及位置

第一條 本社는衡平社라稱함

第二條 本社의總本部는京城에置함

第三條 總本部는本社의最高機關으로支部를置하고統制任務에當함

第二章 機關

第四條 總本部의大會는支部代議員及總本部任員으로構成함

第五條 總本部의定期大會는四月中으로、臨時大會는隨時로中央執行委員會의決議에依하야委員長이此를召集함

(但中央執行委員會는常務委員會의建議에依하야委員長이此를召集하고常務委員會는必要에依하야隨時開催함)

第六條 總本部의委員長、中央執行委員、檢査委員은大會에서此를選擧하고各部署幹部及常務委員은中央執行委員會에서此를互選함

第七條 大會는代議員三分一以上의出席이아니면開會함을不得함

第八條 大會는中央執行委員會、檢査委員會의報告를受理함

(但中央執行委員會는次期大會까지最高執行機關으로大會에對하야責任을負擔할事)

第九條 中央執行委員會의決議에依하야部署增減을得함

一、庶務部

一、經理部

一、調査研究部

一、敎養部

一、正衛部

第十條 檢査委員會의務能은如左함

一、一般財政出納을檢査함

一、社員의非違的行動을檢査함

一、社務處行情況을檢査함

(但檢査委員은中央執行委員及常務委員會에出席하야發言을得함)

第三章 總本部任員

第十一條 總本部에는左와如한任員을置함

一、委員長 一人

二、部 長 若干人

三、部 員 若干人

(委員長[illegible]委員長이有故時社務를代理함)

第十二條 委員長은總本部를代表하며一般社務及各支部統制任務에當함

第十三條 部長及部員은委員長을補佐하야當該部任務에當함

第十四條 委員長의任期는滿二個年其他任員은滿一個年으로定하고補選任員은前任者의任期를當함

第四章 經費及會計

第十五條 總本部의經費는支部負擔金其他寄附金으로此를充當함

第十六條 豫算及決算은大會에此를通過함

第十七條 會計年度는四月一日부터翌年三月末日로定함

第十八條 社員은社內一般問題를自由로討論함을得하되一次決議를經한后에는一致處行함

第十九條 總本部의指導精神에背馳되는者、本社目的에違反하는者、本社의反動又는無誠意한者及機關決議에履行치아니하는者그行動輕重에依하야社內懲戒、公開懲戒等으로處分함

第二十條 社員個人이紀律을犯할時는所屬支部檢査委員이此를審査하야該支部의判決處分을經한后總本部에報告하고支部全體가紀律을犯할時는總本部의檢査委員이此를審査하야中央執行委員會에서判決處分함

第五章 親睦

第廿一條 社員은哀慶에對하야相扶相助함

第廿二條 爭議가發生할時는總本部의指揮에從하야擧社一致의團結로對抗함

第六章 表彰

第廿三條 社務에對하야特殊功効가有한者는功勞를表彰함

(但表彰方法은中央執行委員會에서此를定함)

第七章 支部

第廿四條 支部大會는支部社員으로構成하야一切方法을總本部規程에依함

第廿五條 支部任員은總本部規程에準하되地方事情에依하야部署增減을得함

(但定期大會는總本部定期大會一個月前으로함)

(支部委員長은該地方形便에依하야總本部에直接任命함도得함)

第廿六條 代議員은支部大會에서此를選擧함

但支部所屬社員三十人對一人比로하되三十人未滿時는一人으로하고三十人을超過하야十五人以上時에는一單位로看做함

第廿七條 支部는總本部의經費를負擔함

(但金額及納入方法은總本部의指揮에從함)

第廿八條 支部大會의決議로提出할建議案은總本部大會前七日以內에提出함

第廿九條 代議員은所屬支部大會에서提出한建議案說明에當함

(但代議員의權利義務는次期大會까지存續함)

第卅條 支部規約은總本部規約에依準하되地方形便에依하야支部細則을制定施行함을得함

(但支部細則은總本部承認을得함)

第卅一條 本規約은大會出席代議員半數以上의決議에依하야增削함을得함

第卅二條 本規約은決議日로부터此를施行하고其他는細則을施行함

朝鮮衡平社宣言、綱領、規約

第７回大会で決定した宣言、綱領、規約（1929 年、史料№.23。大韓民国歴史博物館所蔵）

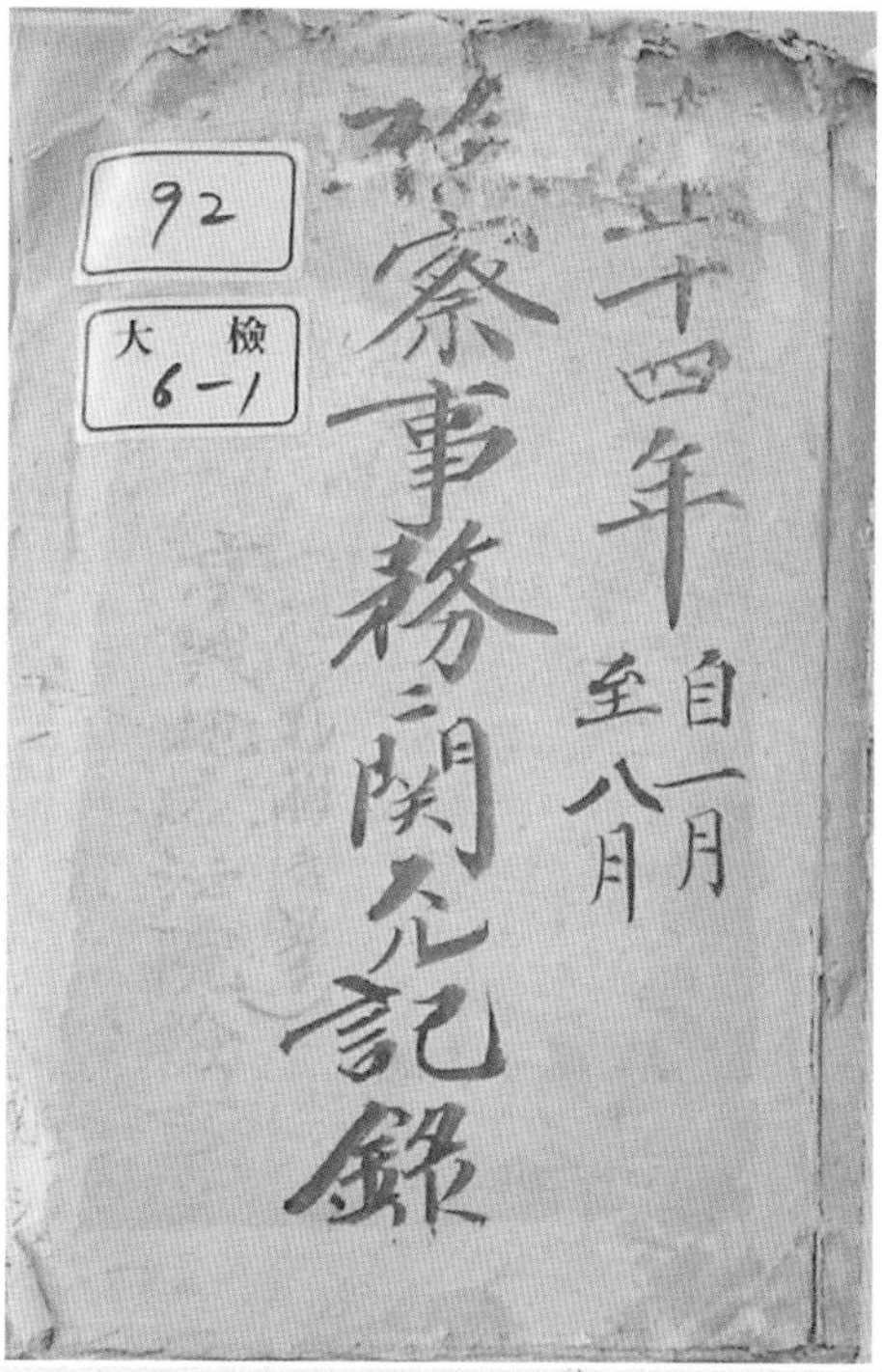

史料が綴じられている簿冊の表紙
（1925年）

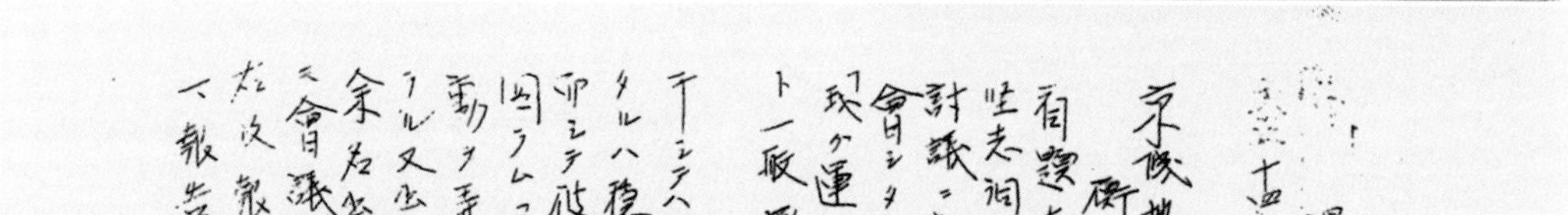
十四年 四月廿五日
京
警察署長
14.4.27
京城地方法院検事正殿
衡平社大会ニ関スル件
首題大会ハ昨廿四日午前十一時五十五分ヨリ
崔志洞侍天教堂ニ於テ開催別紙順序ニ依リ
討議ニ入リ午后七時三十分全部可決終了散
会シタルカ其状況別紙ノ通ニシテ討議事項中
「我カ運動ニ妨害ヲ加フルモノニ関スル件」官庁
ト一般民カ衡平社員ニ加フル差別待遇ニ
テハ団結ノカヲ以テ対抗スルモノトス可決シ
タルハ穏当ナラスト認メ之ニ取消ヲ命シタリ
而シテ彼等ハ只管自己生活ノ向上ト安定ヲ
図ラムコト急ナルカタメ特ニ或ハ不穏当ノ言
動ヲ弄スルモノナレハ相当注意ノ要アリト認メ
タル又出席者ハ代表百六十二名ノ他社員三十
余名出席尚傍聴者百五十余名アリタル
モ会議中静粛ニ傍聴シ居タリ
右及報告候也
一報告先 警務局 警察部

簿冊に綴じられた史料の例（1925年、史料№1）

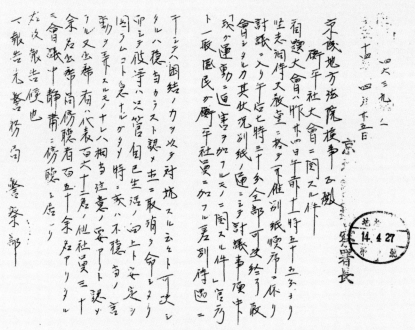

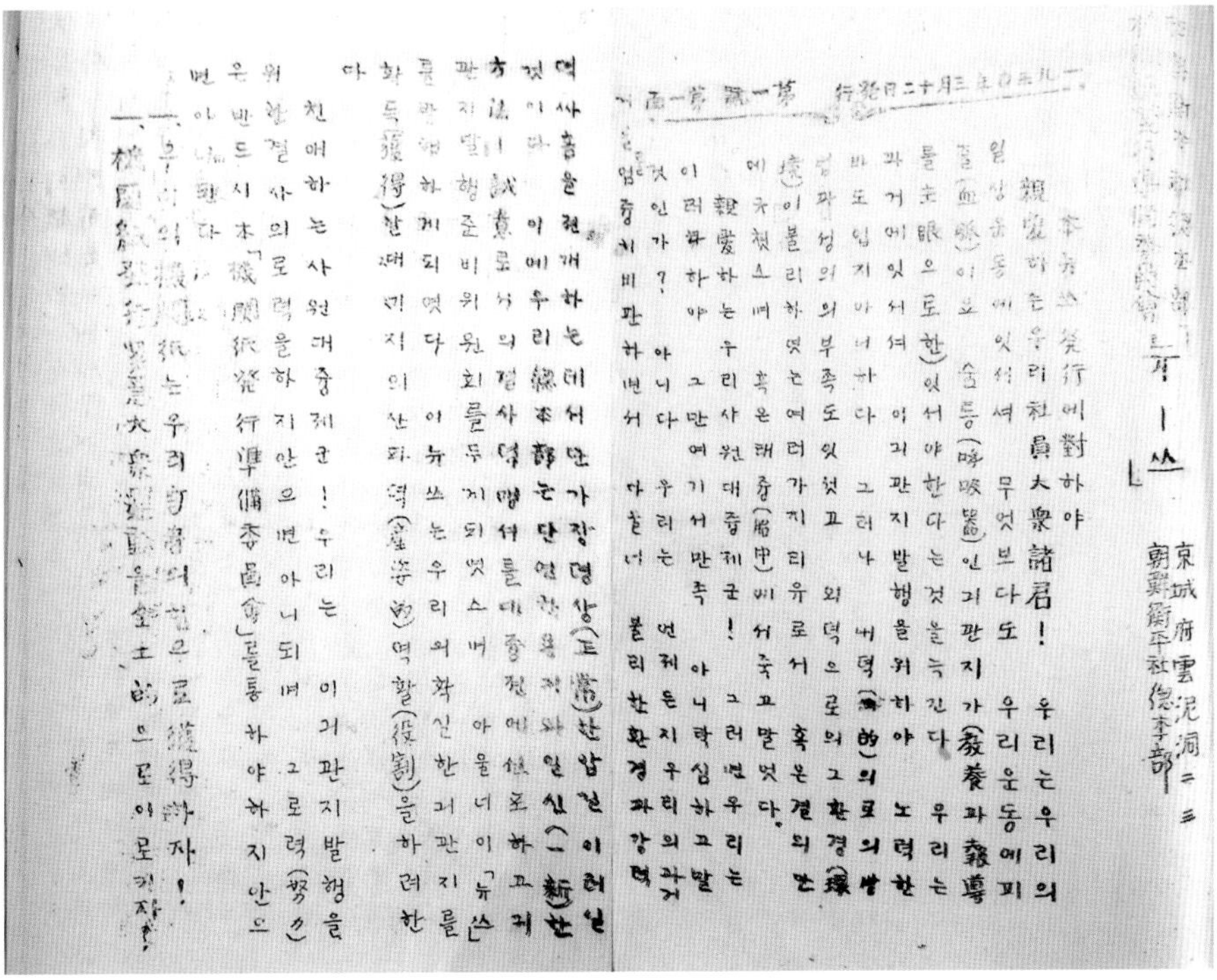

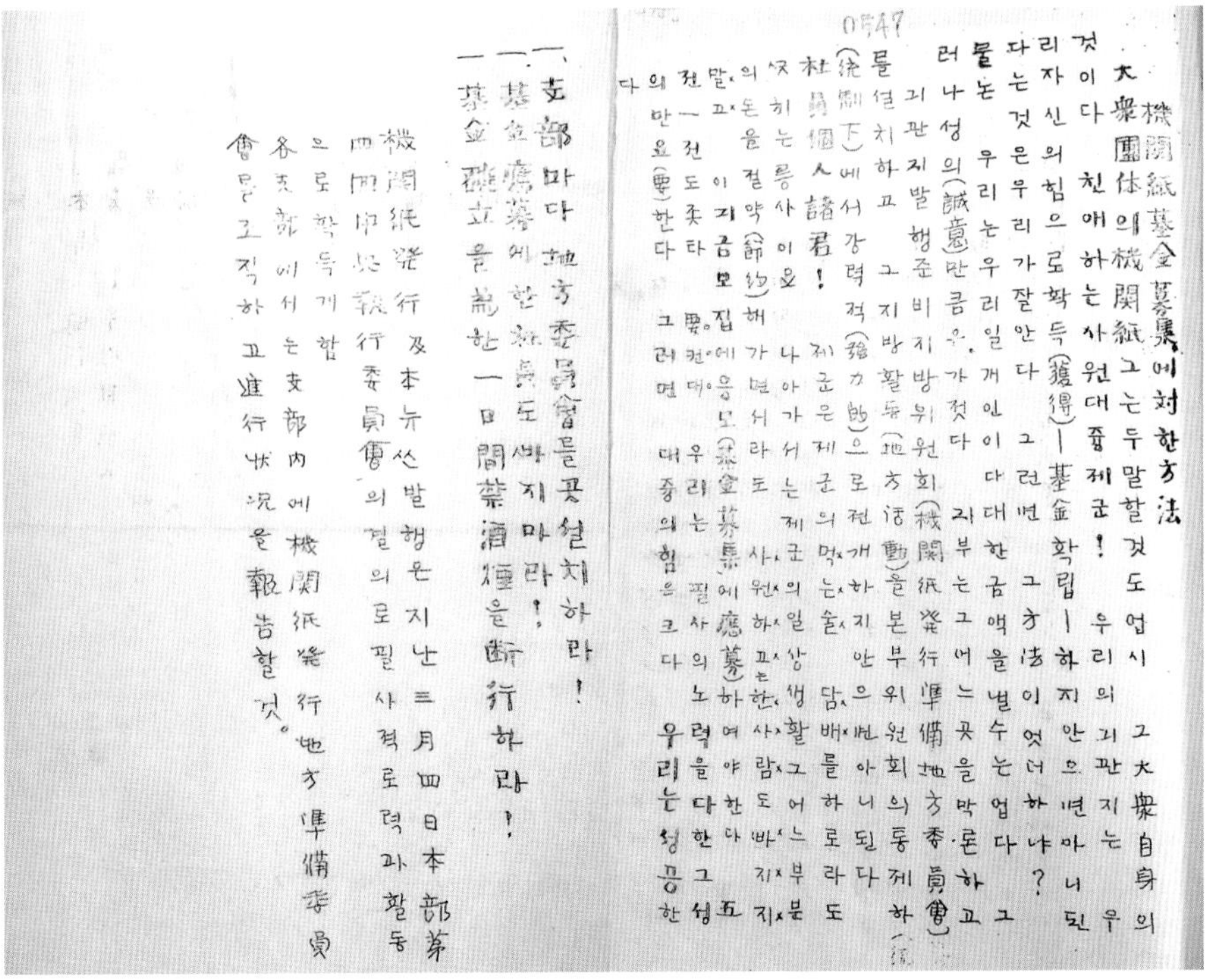

「ニュース」第１号（1930年、史料№.7）

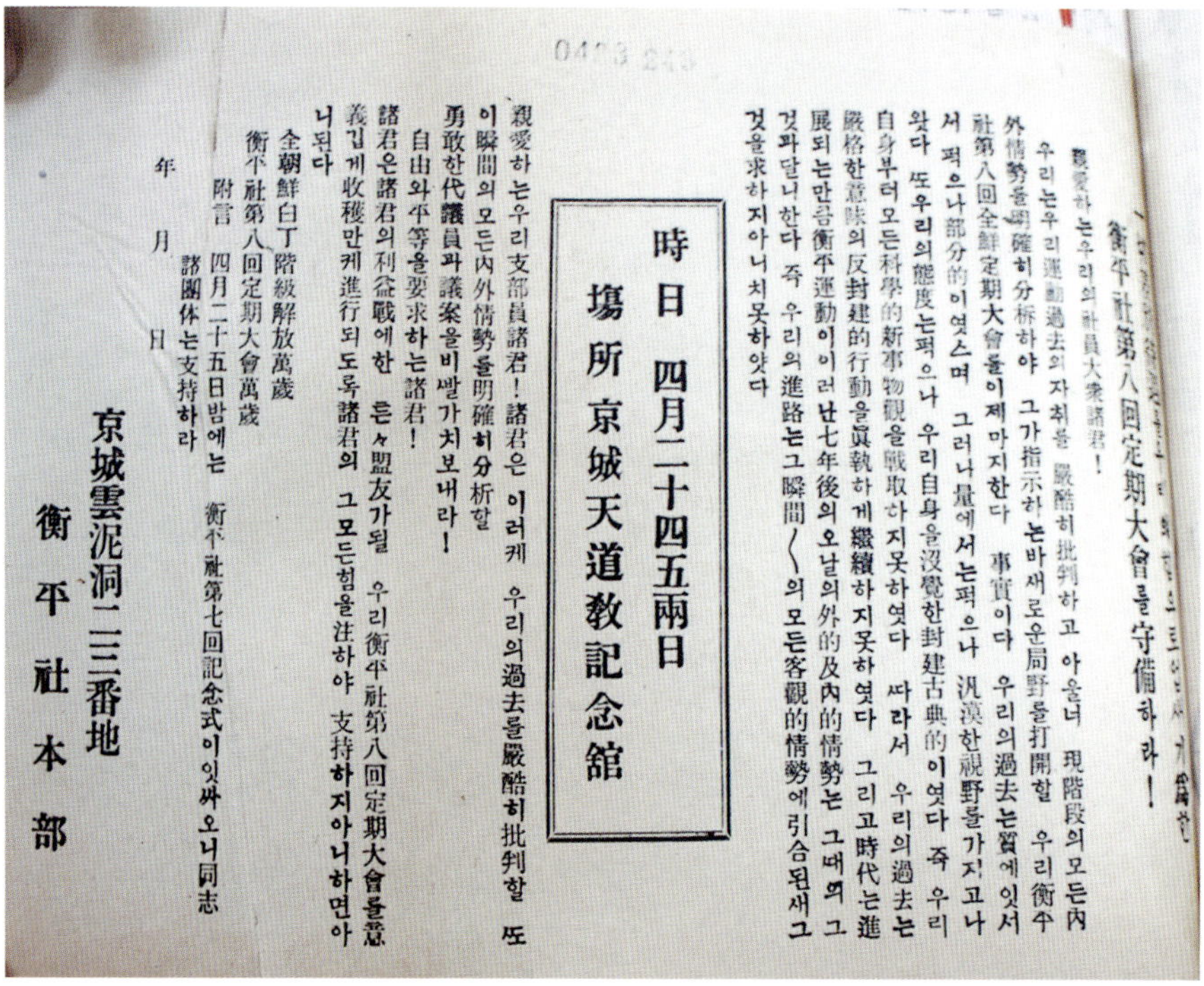

衡平社第八回定期大會를守備하라！

親愛하는우리의社員大衆諸君！

우리는우리運動過去의자취를 嚴酷히批判하고 아울너 現階段의모든內外情勢를明確히分析하야 그가指示하는바새로운局野를打開할 우리衡平社第八回全鮮定期大會를이제마지한다 事實이다 우리의過去는質에잇서서 퍽으나部分的이엿스며 그러나量에서는퍽으나 汎漠한視野를가지고나왓다 또우리의態度는퍽으나 우리自身을沒覺한封建古典的이엿다 즉 우리自身부터모든科學的新事物觀을戰取하지못하엿다 짜라서 우리의過去는嚴格한意味의反封建的行動을貫執하게繼續하지못하엿다 그리고時代는進展되는만큼衡平運動이이러난七年後의오날의外的及內的情勢는 그때의 그것과달니한다 즉 우리의進路는그瞬間〳〵의모든客觀的情勢에引合된새그것을求하지아니치못하얏다

時日 四月二十四五兩日
場所 京城天道教記念館

親愛하는우리支部員諸君！諸君은 이러케 우리의過去를嚴酷히批判할 또 이瞬間의모든內外情勢를明確히分析할 勇敢한代議員과議案을비빨가치보내라！

自由와平等을要求하는諸君！

諸君은諸君의利益戰에한 든々盟友가될 우리衡平社第八回定期大會를意義깁게收穫만케進行되도록諸君의 그모든힘을注하야 支持하지아니하면아니된다

全朝鮮白丁階級解放萬歲
衡平社第八回定期大會萬歲

附言 四月二十五日밤에는 衡平社第七回記念式이잇싸오니同志諸團体는支持하라

年 月 日

京城雲泥洞一二三番地
衡平社本部

第８回定期大会の宣伝ビラ（1930年、史料No. 11）

第８回定期大会会録の表紙
（1930年、史料No. 17）

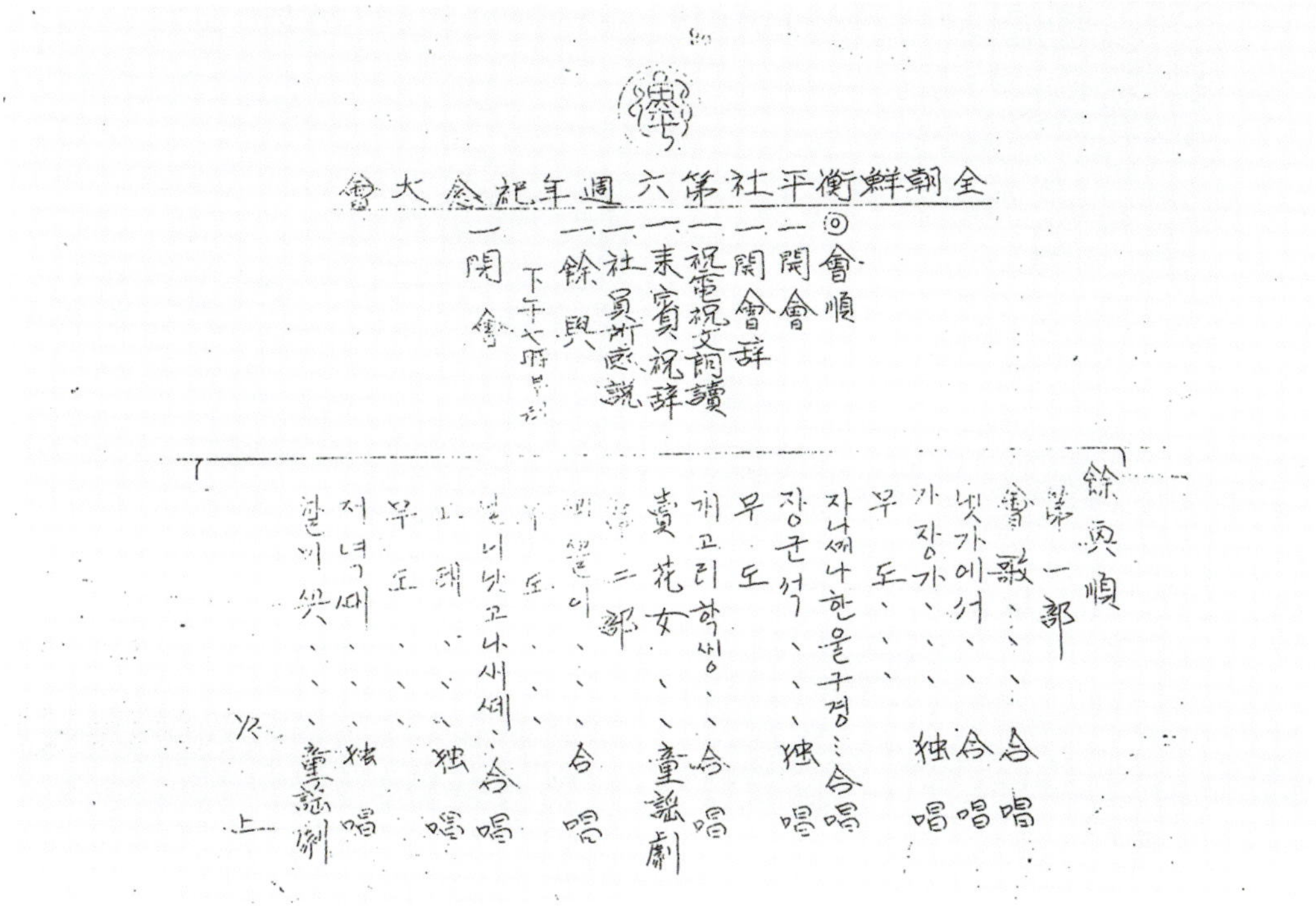
全朝鮮衡平社第六週年紀念大會

◎會順

一、開會

一、開會辭

一、祝電祝文朗讀

一、來賓祝辭

一、社員所感說

一、餘興　下午六時부터

一、閉會

餘興順

第一部

第二部

第6週年紀念大会の会順。衡平社のマークが見える
（1928年、史料No.1／別紙10）

朝鮮衡平社総本部の「印」
（1929年、史料No.34）

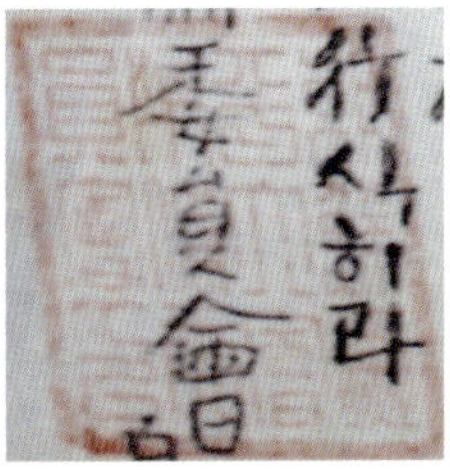
全鮮定期大会準備委員会の「印」
（1930年、史料No.11）

朝鮮衡平社総本部中央執行委員長の「印」
（1931年、史料No.25）

正進社の「印」
（1929年、史料No.28）

韓国国立中央博物館所蔵ガラス乾板写真（鳥居龍蔵撮影）より

「金海邑外の白丁部落」
（慶尚南道金海、1913年）
（韓国国立中央博物館所蔵）

「鳳凰台附近白丁の家族と家屋」
（慶尚南道晋州、1913年）
（韓国国立中央博物館所蔵）

「行李製作の状況」
（江原道平康、1915年）
（韓国国立中央博物館所蔵）

「白丁の家」（慶尚南道固城、1913年。韓国国立中央博物館所蔵）

発刊にあたって

本書は、朝鮮における被差別民である白丁（ペクチョン）が差別の撤廃を目指して組織した朝鮮衡平社（ヒョンピョンサ）に関する論文と、関係する史料（一八〇点余）からなる。

戦前日本が朝鮮を植民地支配していた一九二三年四月二五日に創立された衡平社は、その前年に被差別部落民によって創立された全国水平社とともに、相互の交流と連帯を模索してきた。近年では、日本と韓国両国の関係者の努力により、関連する図書の出版、衡平社創立を記念するシンポジウムや諸行事が取り組まれている。

衡平社の歴史に関しては、これまでにも日本と韓国でそれぞれ研究の蓄積がある。特筆されるのは、植民地下で発刊されていた新聞『東亜日報』の衡平運動に関する記事が、一九七〇年代に池川英勝によって日本語に翻訳され紹介されたことである。新聞記事からは各地域の動きが詳しくわかり、その後の研究の基本史料となっている。

衡平運動の研究に新たな段階をもたらしたのは、徐知伶が桃山学院大学に提出した博士論文「植民地期朝鮮における衡平運動の研究―日本の水平運動の観点から」である（二〇一一年）。同論文の大きな意義は、かつて朝鮮総督府の京城地方法院検事局が保存し、現在では韓国国史編纂委員会が所蔵している史料を、衡平運動の研究に初めて活用した点にある。

日韓両国でそれぞれ衡平社の歴史に関心を持っていた私たちは、幾度か研究報告を聞く機会があり、同論文と関連史料の意義を知ることとなった。二〇一三年に両国の研究者が共同で研究会を立ち上げ、国史編纂委員会と高麗大学校亜細亜問題研究所が所蔵している関係史料を中心に史料調査と翻刻・翻訳を開始し、本書の発刊にいたった。

本書に収録されている史料は、一部に朝鮮総督府警務局、京畿道警察部、江原道警察部などがまとめた記録を含むが、多くはソウル（当時の京城）にあった衡平社の総本部をその監視下に置いていた鍾路警察署が作成した文書である。その文書の記述は詳細で、例えば衡平社の定期大会や中央執行委員会における議題、出席者の姓名と出身地、発言者の姓名とその内容、祝辞・祝電の差出人（団体）とその文面、そして各地で起きていた差別事件・紛糾事件の経緯などに及ぶ。また衡平社が作成したポスターやチラシ、通達文書など、初出の一次史料も綴じられていて、今回新たに紹介される史実も多い。今後の衡平運動史研究に大いに資すると考えている。

なお本書の編集と刊行にあたって、以下の諸機関に多大なお世話になった。まず韓国国史編纂委員会、高麗大学校亜細亜問題研究所、慶熙大学校、韓国国家記録院、韓国国立中央博物館、財団法人雅丹文庫、さらにアジア歴史資料センターには、史料の利用と出版への理解をいただいた。また一般社団法人部落解放・人権研究所には、その調査研究事業の一環として本研究会の事業を位置づけて、財政的な支援をいただいた。原田伴彦記念基金からも、本研究会に対する助成をいただいた。そして解放出版社には、今日の出版をめぐる厳しい情勢にもかかわらず、本書の意義をご理解して出版を引き受けていただいた。それぞれ、深く感謝申し上げる。

最後に、本書が日本と韓国における衡平運動の歴史研究に資するとともに、両国における人権推進の一助となることを願ってやまない。

二〇一六年三月

衡平社の創立記念の日を前に

部落解放・人権研究所

衡平社史料研究会
共同代表　秋定嘉和
金　仲　燮

付記。本研究会の調査研究事業は、一般社団法人部落解放・人権研究所の事業の一環として、独立行政法人日本学術振興会の二〇一五年度科学研究費助成事業（基盤調査（C）「日本統治下朝鮮における衡平運動に関する歴史的研究」）の学術研究助成基金助成金の交付を受けた。

사항을 상세하게 기술하고 있다. 예를 들어 형평사 정기대회나 중앙집행위원회의 의제, 출석자의 성명과 출신지, 발언자의 성명과 내용, 축사/축전의 발송인 (단체) 과 취지, 그리고 각지에서 일어난 차별사건과 분규사건의 경위 등을 기록해 놓았다. 또 형평사가 작성한 포스터나 광고지, 통지서 등 처음 발굴되는 일차 사료도 포함되어 있어서 새롭게 알려지게 되는 역사적 사실도 많다. 앞으로 형평운동사 연구에 커다란 도움이 되리라 생각한다.

더욱이 이 책의 편집과 간행에 아래의 여러 기관들로부터 큰 도움을 받았다. 우선, 한국국사편찬위원회, 고려대학교 아시아문제연구소, 경희대학교, 한국국가기록원, 한국 국립중앙박물관, 재단법인 아단문고 (雅丹文庫), 아시아역사자료센터가 사료의 이용과 출판을 양해해 주었다. 그리고 일반사단법인 부락해방・인권연구소 (部落解放・人権研究所) 는 본 연구모임을 조사연구사업의 일환으로 선정하여 재정 지원 등 물심양면으로 많은 지원을 주었다. 하라다 토모히코 (原田伴彦) 기념기금으로부터 본 연구의 연구비를 지원 받았다. 또 해방출판사 (解放出版社) 는 오늘날 출판계의 어려운 사정에도 불구하고 본 사료집의 의의 (意義) 를 이해하고 출판을 맡아주었다. 각 기관에서 힘써주신 모든 분들께 진심으로 감사 드린다.

마지막으로, 이 사료집이 한일 양국의 형평운동 연구에 이바지하며, 아울러 양국의 인권 발전에 일조하기 바란다.

2016 년 3 월

형평사 창립기념일을 앞두고

부락해방・인권연구소 형평사사료연구모임

공동 대표 아키사다 요시카즈(秋定嘉和)

김 중섭 (金仲燮)

부기 : 본 연구회의 조사연구사업은 일반사단법인 부락해방・인권연구소의 사업 일환으로, 독립행정법인 일본학술진흥회의 2015 년도 과학연구비 조성사업 (기반조사 (C))「일본통치하 조선의 형평운동에 관한 역사적 연구 (日本統治下朝鮮における衡平運動に関する歴史的研究)」의 학술연구기금을 지원받았다.

발간에 즈음하여

이 책은 조선 시대의 피차별민이었던 백정들이 차별 철폐를 목적으로 조직한 조선형평사에 관한 논문과 관련 사료 (180 여점) 로 구성되어 있다.

제 2 차 세계대전 이전 일본이 조선을 식민지배하던 1923 년 4 월 25 일에 창립된 형평사는 그 전해에 일본에서 피차별부락민이 창립한 전국수평사 (全国水平社) 와 함께 상호 교류와 연대를 모색해 왔다. 근년에는 일본과 한국 양국 관계자의 노력으로 형평사와 관련된 도서의 출판, 형평사 창립을 기념하는 심포지엄과 각종 행사가 열렸다.

형평사 역사에 관해서는 지금까지 일본과 한국에서 이루어진 여러 연구 업적이 있다. 주목할 만한 것은 식민지 시기에 발간되었던 신문 《동아일보》의 형평운동 관련 기사를 1970 년대에 이케가와 히데카츠 (池川英勝) 가 일본어로 번역하여 소개하였다는 점이다. 신문 기사를 통해 각 지역의 움직임을 자세하게 알 수 있어서 이후 형평사 연구의 기본 자료가 되었다.

형평운동 연구에 지평을 넓힌 것은 모모야마가쿠인대학교 (桃山学院大学) 에 제출한 서지영의 박사 학위 논문 "식민지 시대 조선 형평운동의 연구 - 일본 수평운동의 관점에서" (2011 년) 이었다. 이 논문의 의의는 일찍이 조선 총독부 경성 지방법원 검사국이 남기고, 현재는 한국국사편찬위원회가 소장하고 있는 사료를 형평운동 연구에 처음으로 활용한 점이다.

한일 양국에서 제각기 형평사 역사에 관심을 가지고 있는 우리들은 몇 번 서지영의 연구 보고를 들을 기회가 있어 박사학위 논문과 형평운동 관련 사료의 의의를 알게 되었다. 2013 년에 한일 양국의 연구자가 공동으로 연구모임을 만들어 국사편찬위원회와 고려대학교 아세아문제연구소가 소장하고 있는 관련 사료를 중심으로 사료 조사와 문자 입력, 번역을 수행하여 이 책을 내게 되었다.

이 책에 수록된 사료는 조선총독부 경무국, 경기도 경찰부, 강원도 경찰부 등이 정리한 기록을 포함하고 있지만, 대부분은 서울 (당시는 경성) 의 형평사 총본부를 감시하던 종로 경찰서가 작성한 문서이다. 그 문서는 형평사 관련

目次

口絵
発刊にあたって　部落解放・人権研究所 衡平社史料研究会　9
衡平運動の歴史の新しい理解のために　金仲燮（訳 高正子）
一　衡平運動研究の再考……19
二　衡平運動の内的環境のダイナミズム……25
1　創立と全国の組織化　26
2　指導勢力―派閥の対立と競争のダイナミズム　28
3　目的と活動　31
三　衡平運動の外部環境の多面性……35
1　反対勢力との衝突　35
2　他の社会運動との連帯　38
3　植民勢力の統制　40
四　まとめ―研究の地平の拡大のために……41
収録史料　解題　水野直樹
はじめに……51

一　第一部「朝鮮衡平運動の概況」、第三部「大同社関係史料」……51
1　年報「治安状況」　51
2　朝鮮総督府「帝国議会説明資料」　53
3　朝鮮軍参謀部「朝鮮衡平運動ニ関スル考察」「朝鮮思想運動概況」　54
4　『倭政時代人物史料』　55
二　第二部「京城地方法院検事局文書ほか」……56
1　来歴と残存状況　56
2　「思想ニ関スル情報綴」　60
3　京城地方法院検事局思想部　64
4　文書作成者と宛先　65
5　取締り状況　65
6　臨席（臨監）警察官　66
7　集会など取締りの法的根拠　70
8　『朝鮮出版警察月報』　71
9　刑事事件判決文　72
おわりに……73
史料編……77
凡例　78
細目次　80

第一部　朝鮮衡平運動の概況……95
第二部　京城地方法院検事局文書ほか
一九二三年……145
一九二四年……149
一九二五年……161
一九二六年……203
一九二七年……221
一九二八年……233
一九二九年……289
一九三〇年……357
一九三一年……451
一九三二年……513
第三部　大同社関係史料……517
関係地名地図　521
事項索引　528
人名索引　533
所蔵機関別出典史料一覧　534
衡平社史料研究会会員　538

（注）函・背文字に使用した衡平社のマークは、第六回大会のポスターから採用した。

衡平運動の歴史の新しい理解のために

金　仲　燮
（訳　高正子）

一　衡平運動研究の再考

衡平社（一九二三～一九三五年）の目的は、名称が示すとおり衡（はかり）のように平等な社会をつくろうとするものであった。(注) 白丁に対する差別撤廃と身分解放を目的に活動することで、すべての人が差別されることのない平等な社会を構築しようとするものである。この歴史は、次の二つの点で注目されている。一つ、韓国の代表的な人権運動であるという点だ。衡平運動は、朝鮮の厳格な身分秩序のなかで最下位に位置づけられ、あらゆる差別や抑圧を受け「見捨てられた集団」として生きてきた白丁集団の、人権保護を実行するための具体的な実践事例であった。それは、身分差別撤廃をとおして身分解放と平等な社会を実現しようとする人権運動であった。二つ、衡平社とその後身である大同社（一九三五～一九四〇年代初）は、韓国が日本帝国主義の植民地支配を受けていた植民地期（一九一〇～

(注) 衡平社は創立以後一年も経ず衡平社革新同盟、衡平社聯盟総本部に分離し、統合以後にも衡平社の中央総本部、朝鮮衡平社などいくつもの名で呼ばれ、甚だしくは一九三五年に大同社に改称した。本稿では一般的な慣行に従い、衡平社と通称しようとする。

一九四五年）に、単一組織として最も長い間持続した社会運動団体として記録されている。

衡平運動は、「近代」社会に変貌する激変の時代状況から多くの影響を受けた。長い間、鎖国政策を維持していた韓国は一九世紀後半、外勢の強要の下に開国し、その後、短い期間に伝統社会の秩序瓦解、西欧の文物との接触、近代社会への移行など、複合的な性格を持つ多様な変化を経験した。そして五百年の間持続してきた朝鮮王朝が滅亡し、日帝の植民地に転落し類例のない植民地支配を受けた。そのために、衡平運動の基礎には伝統社会の矛盾と遺産を克服して近代社会へ移行しようとする社会の潮流が底流にあった。さらに、植民地支配を経験するといった当時の状況が反映されていた。したがって、衡平運動の研究は、伝統社会の支配勢力の弾圧、日帝の統制、社会に拡散した理念的潮流、社会運動団体との協力など、社会全般の条件を考慮し、衡平社活動の目標と戦略、構成員の結束力と充員方法、派閥闘争をはじめとする内部葛藤などを論議しなければならないだろう。

一九四五年、韓国は日帝の植民地支配から解放された。解放以降の激変の時期に、衡平運動に関する学問的な関心は大きくなかった。植民地支配から解放され、分断と戦争を経験した状況で身分問題を克服しようとする、とくに、被差別当事者が主体的に活動した衡平運動に関する研究は、ほとんどなされなかった。そのようななかで一九五〇年代の末、衡平社の形成過程を扱った金龍基（一九五九）の論文がはじめて現れた。この論文は、衡平社が慶尚南道晋州で創立されたという歴史的事実を重視し、慶尚南道の官撰通史のなかに衡平運動を含めた。これは検証が不十分であるという指摘もあるが、衡平社に参加した者たちの証言を参考にしたという点で意味があるものだった。

一九六〇年代後半、衡平社を概括的に扱った最初の研究が発表された。日帝警察の記録を活用した金義煥（一九六七、一九六八）の研究は、衡平運動の歴史を概観しているという点で意味が大きかった。しかしその後、後続の研究は活発に行われなかった。植民地経験、分断と戦争の理念的対立、そして貧困が社会全般に拡散するという状況で、学界の関心は日帝の植民地統治に対抗する独立運動に傾注していた。また、対外的には冷戦体制が、対内的には独裁政権が韓国社会に影響を与える状況で、衡平運動をはじめとする社会改革運動に関する研究が行われるのは困難であった。

だが、政治社会的状況が大きく変化せずとも、一九七〇年代には学界の関心が拡大し、衡平運動を扱った研究が現れはじめた。金俊燁・金昌順（一九七三）が共産主義運動の歴史を論じた記念碑的な著述のなかに、衡平運動も含まれていた。また、政治学者の陳徳奎（一九七六）は衡平運動の自由主義的性格を論じた。そして、衡平社員の末裔である金永大（一九七八）はマスコミに報道された内容を収集し、衡平運動の全般的な状況を概観する著書を発刊した。このような研究成果がすぐさま衡平運動研究の活性化に繋がることはなかったが、一九八〇年代の衡平運動についての学問的関心が広がることに貢献した。

一九八〇年代、長い独裁政治に対抗する民主化運動が活発化するなかで、学界でも民族主義運動や政治史中心の研究から脱却し、社会史全般についての関心へと拡散した。そのなかの一つが、日帝時期の民衆活動であった。衡平運動を集中的に扱った研究成果も現れた。姜正泰（一九八一）は急進派と穏健派の派閥対立を扱った修士論文を書き、高淑和（一九八四）は修士論文を基礎に衡平社の形成過程と草創期の活動についての論文を、金仲燮（Kim 1989）はイギリスで衡平運動を歴史社会学的な側面から分析した博士学位論文を発表した。そして、厳燦鎬（一九八九）が衡平運動の全般的な展開に関する修士論文を発表した。

民主化運動が絶頂に達した一九八七年六月、民主抗争が成功を収めて長い軍事政権が幕を降ろし、社会全般に広がった民主化の熱気が、学界にも影響を及ぼした。タブー視されていたマルクス主義関連文献が解禁され、社会正義と変革についての関心が広がった。身分制の残滓を克服し、平等社会建設のために活動した衡平運動が研究者の関心を引く主題となった。このような雰囲気に力を得て、一九九〇年代にはいくつかの研究成果が現れた。金仲燮（一九九二）は指導勢力の構成と変化について論じ、また、博士学位論文を基礎に衡平運動の全過程を扱った著書（一九九四）を発刊した。そして高淑和は、一九二六年以降の展開過程（一九八九）と醴泉の衝突事件を論じた論文（一九九二）を発表し、このような研究を土台に博士学位論文（一九九六）を発表した。また、姜昌錫（一九九三）は衡平運動の歴史を概観する論文を発表し、趙美恩（一九九五A、一九九五B）は修士論文を補完し、衡平社の経済活動とソウルでの活動を扱った論文を発表した。そして、趙彙珏（一九九五、一九九九）は衡平運動の自由主義的性格を探求する論文を発表した。

また、一九九三年に衡平運動七〇周年を記念して「衡平運動の現代的照明」という主題で学術大会が開かれた。これは国内外の研究者が一堂に会して衡平運動を論議し、関心事を共有する機会となった。同大会では、衡平運動を集中的に研究してきた金仲燮は目標と戦略について、高淑和は他の社会運動との関係について論じ、衡平運動の自由主義的性格を扱った陳徳奎は思想史的認識を探った。そして、辛基秀は水平社との交流を、ニアリーと友永健三は東アジアの脈略から衡平運動を扱った。また、林淳萬は衡平運動が起こった背景からキリスト教の影響を、金俊亨は晋州地域の歴史的経験を発表した。発表された論文は書籍として発刊され、その後の衡平運動研究の基盤（衡平運動七〇周年記念事業会編集　一九九三）になる。また、本書は日本語に翻訳され、日本での衡平運動研究に一定部分で寄与した（衡平運動七〇周年記念事業会編、一九九四）。

このように、一九九〇年代に多様な性格の論文が発表され、衡平運動研究の幅と深さが加わることで衡平運動を集中的に探求しようとする研究者が増え、二〇〇〇年代にも研究の成果が絶え間なく現れた。衡平運動全体の歴史を概観した著書（金仲燮　二〇〇一）が出版され、細分化された主題を扱う研究論文が現れた。キム・イルス（二〇〇三）は衡平運動の展開に大きな影響を与えた醴泉の衝突事件を探求し、金載永（二〇〇六、二〇〇七B）は湖南地方の活動を論じ、それを広げて地域活動の特性を分析した博士学位論文（二〇〇七A）を発表した。また、チョン・フンウ（二〇一三）は江原道地域の事例を論じた。そして、衡平運動の思想史的性格（崔英成　二〇〇六）、普天教との関係（金載永　二〇〇九）、大同社への性格変化と衰退（李龍哲　二〇一二）、衡平社と水平社の協力活動（金仲燮　二〇〇九、パク・セギョン　二〇〇九）などの特定テーマを扱った論文が現れ、衡平運動の研究は深まっていった。また、この時期にいくつかの修士論文が現れた。イ・ヘギョン（二〇〇三）は忠清南道地方の事例を、李那英（二〇〇五）は歴史的評価を、キム・オンジョン（二〇〇五）は女性の経済活動を、ユン・ヘヨン（二〇〇七）は衡平社の活動を、李龍哲（二〇一一）は路線分化と性格の変化を、カン・ドンスン（二〇一三）も民族協同戦線を中心に衡平社の民族運動の性格を、ホン・ソンジン（二〇一四）は衡平運動に関する教科書の叙述を、それぞれが修士論文の主題とした。

このように衡平運動の研究が活発化するなかで、光復六〇周年を迎えて独立紀念館の韓国独立運動史研究所が企画した「韓国独立運動の歴史」シリーズの一冊として、衡平運動の歴史を概観する著書（高淑和　二〇〇八）が出版され、身分解放のための衡平社と水平社の活動を内外環境の多様な側面から深層的に比較分析した著書（金仲燮　二〇一五）が出版された。とくに、金仲燮は韓国と日本の伝統社会で白丁と被差別部落民が経験した歴史的経験や社会的状況を比較調査し、また、衡平社と水平社の解体以後の白丁と被差別部落民の状況を付け加えて論じ、研究の地平を広げようとした。

一方、韓国の外で衡平運動の研究が絶え間なく行われていた。韓国で衡平運動研究がほとんど行われなかった一九七〇年代当初、日本では『東亜日報』の衡平運動関連記事が日本語に翻訳（池川英勝訳　一九七一〜一九七二、秋定嘉和解説）され、年表が作成されることで（池川英勝　一九七四）、研究の基盤が構築された。その後、『東亜日報』の記事を翻訳した池川英勝（一九七七、一九七八）が衡平運動の展開過程を扱った論文を発表し、秋定嘉和（一九七四）が水平社との連帯活動を論じた。このような研究の背景には、伝統社会で差別と抑圧を受けてきた白丁と被差別部落民の歴史的経験と社会的地位がかなり似通っていた点などがあったためだと推察される。

一九七〇年代における日本での先駆的な研究は、一九八〇年代以後の韓国と日本の両国の研究に礎となった。先に言及したように、韓国では民主化運動と共に学界での研究の関心事が広がり、衡平運動の研究も活発になり、日本では在日韓国人の研究者である金静美（一九八三、一九八四、一九八九）、辛基秀（一九八四、一九九二）などが衡平社の活動を、とくに日帝植民地統治と関連させ、水平社との連帯に注目して研究した。二〇〇〇年代に入り、金井英樹（二〇〇〇）と塚崎昌之（二〇〇七）が衡平社と水平社の交流について論じ、韓国からの留学生である徐知伶

（二〇一一）が韓国の研究成果を反映させ、衡平運動の展開を扱った博士学位論文を発表した。また、池川英勝が『東亜日報』の記事を翻訳して以後、持続的に韓国資料の日本語への翻訳が行われた。衡平社員の末裔である金永大（一九八八）の本、一九九三年の衡平社創立七〇周年記念学術大会の論文集（衡平運動七〇周年記念事業会編　一九九四）、衡平運動の歴史を概括した翻訳本が出版された（金仲燮　二〇〇三）。また、衡平社と水平社を比較する韓国研究者の論文が日本語で翻訳発表された（金仲燮　二〇一三）。

他方、英語圏の研究者も衡平運動に関心を見せた。とくに、マイノリティとしての白丁、そして彼らの身分解放運動についての論議がなされている。一九五〇年代、日本史研究者であるパッシン（Passin　1956）が白丁関連論文を発表して以後、十九世紀末韓国の下層民にキリスト教を伝播したムーア（Samuel F. Moore）宣教師を研究してきたリム（Rhim　1974）と、水平社を専門的に研究したイギリスの研究者ニアリー（Neary　1987）が、白丁と衡平運動を連携させて扱った論文を発表した。ショウ（Shaw　1991）は歴史的、政策的側面で韓国の人権を論じた本を編集するなかで、衡平運動に関する論文も含めた。そして、金仲燮は衡平運動のダイナミズムを分析した論文を発表（Kim　1999）し、博士学位論文を補完して単行本を出版した（Kim　2003）。

ここまで簡単に見てきたように、この数十年間に韓国と日本、そして二つの国に関心を持った英語圏の研究者によって衡平運動の研究が進んできた。その間の研究は、大きく二つの性格の資料を基礎にして行われてきた。一つは日帝植民当局が残した記録資料、もう一つは当時の新聞や雑誌に掲載された記事や論評であった。衡平社側の公式資料が発見されていない状況で、大概の研究は、このような記録を有用に活用している。そして、金仲燮は記録を補完する資料として、当時の状況を記憶している人たちのオーラルヒストリーを活用した。しかし、生存者が多くない状況で証言内容は制限されるほかなかった。反面、記録は比較的詳細な内容を含んでいる。とくに、新聞や雑誌は当時の状況を全般的に詳細に語っている。

一九二〇年に創刊された『朝鮮日報』と『東亜日報』、一九二四年創刊の『時代日報』（その後継紙である『中外日報』）をはじめとする新聞や雑誌は、社会運動に関連した内容を比較的詳細に報道していた。衡平運動もその対象の一つであった。社会運動家や知識人がマスコミで働いていたため、社会運動に関する事項が詳細に報道されていた。従って、当時の新聞と雑誌の報道内容は、各地域の社会団体の活動を究明し、分析するのに有用な資料として評価される。衡平運動の場合、日刊新聞に報道された内容は延べ二、〇〇〇件を越え、活動家の名が言及された事例も延べ六、〇〇〇名に及んだ。このようなマスコミの報道を活用して研究者たちは、衡平運動の状況を再現し、参加者や活動内容を分析し、また、反衡平運動の活動による衡突事件も詳細に把握していた。このような背景からこれまでの衡平運動研究は、マスコミ報道の内容に大きく依存して行われてきた。

一方、当時の警察の報告や裁判記録は、社会運動の動向を詳細に把握していたという点で衡平運動の研究に有用であると判断されるが、裁判記録などの一部が活用されただけで、日帝の植民統治の関連資料は相対的に十分に活用されてこなかった。その最も大きな障害要因は、資料への接近が難しかったという点である。それゆえに、韓国と日本の研究者たちが翻刻して発刊する本史料集は、今後の衡平運動研究において大いに活用されるものと期待される。

二　衡平運動の内的環境のダイナミズム

ここまで衡平運動研究の現況について簡単に考察してきた。再言するならば、衡平運動は衡平社を結成して伝統社会で差別や抑圧を受けてきた白丁に対する差別撤廃と平等な待遇を要求して活動した社会運動であった。すなわち、さまざまな人たちが社会環境を変えるために集合的に活動する社会運動であった。このような性格を鑑みて、衡平運動の参加者たちの組織結成、組織と活動を導いた指導勢力の構成と変化の様子、活動目的と性格、活動の展開の様子などに注目する必要がある。今後、衡平運動の研究がより活性化することを期待し、この歴史的過程と内外の環境を中心に衡平運動の全般的展開過程を描いてみよう。

1　創立と全国の組織化

一九二三年四月二四日、慶尚南道晋州の青年会館で衡平社を結成しようとする期成会が開かれた。その翌日、同じ場所で衡平社発起総会が開催された。この二つの集会には、非白丁出身の社会運動家と地域の白丁七〇～八〇名が参席した。他の地域の白丁や社会運動家が参席したという証拠は見つけることができない。すなわち、衡平社の創立は晋州地域の住民だけが主導して行ったものだ。しかし、彼らは「衡平社主旨」と社則をとおして伝統社会の弊習である身分差別を撤廃し、平等社会をつくろうとする目標を明確に標榜した。また、白丁と非白丁の協力体制の下に全国組織として発展させるという活動方向を設定し、開放的な充員方式を採択して「朝鮮人であれば、何人を問わず入社することができる」と社則で規定するなど、非白丁出身の社会団体の活動家と白丁出身の地域の有志たちで役員を構成した。

朝鮮半島の最南端に位置する晋州で結成されたが、衡平社は全国組織としていち早く発展した。創立して二〇日後の五月一三日、晋州で開かれた大規模な創立祝賀式には慶尚南道地域だけではなく、忠清南道の論山、大田、忠清北道の沃川、慶尚北道の大邱など他地域の白丁共同体の代表者四〇〇余名が参加した。彼らは各地域の衡平社結成に貢献し、衡平運動の発展に中枢的役割を果たした。そして、創立祝賀式以後、晋州本社の主導の下に朝鮮半島の南部地域の組織拡張が活発に行われた。その結果、全国活動を総括する本社、各道に支社、各郡に分社で構成されたピラミッド形の体系が整えられた。

〈表〉で明らかなように、衡平社の組織数は創立当初から爆発的に増えた。この数値の正確性には疑問があるが、創立年に全国組織が八〇箇所でつくられたことは、主要地域に衡平運動の拠点がつくられたことを語るものである。組織は徐々に増加し、わずか数年で一三〇箇所（一九二六年）に増えた。その後、一九三〇年を前後して組織数の増加は停滞する。一九三一年を頂点に組織数が急速に減少するなど、一九三〇年代前半に衡平運動の萎縮がはっきり現れてくる。このように衡平運動は成長と発展、萎縮と衰退によって組織数が変化した。結局、一九三五年に大同社に改称することでその性格すら変わってしまった。

衡平運動は全国的な社会運動として発展したが、発展の様子には地域的な偏差が大きくみられた。創立翌年に京畿道と江原道の地域で組織が大挙結成されることで、衡平運動の地域的分布は中部以南と以北とではっきりと分かれた。中部地方、とくに忠清南道、全羅北道、京畿道、江原道で分社と社員の数が大きく増えた反面、北部地方である平安道、咸鏡道、黄海道では組織がほとんどつくられなかった。また、衡平運動が活発に起こった三南（訳注：忠清道、慶尚道、全羅道）地域でも地域間で差があった。嶺南（慶尚道）地域が活発な反面、湖南（全羅道）地域は相対的に活動が不振であった。圏域内でも差があった。慶尚道地域の場合、慶尚南道での活動がより活発であり、湖南地域では全羅北道がより活発であった。湖西（忠清道）では忠清北道よりは忠清南道、とくに洪城周辺の内浦地域が活発であった（金載永 二〇〇七A）。

〈表〉衡平分社数

年度	分社数
1923	80
1924	83
1925	99
1926	130
1927	150
1928	153
1929	162
1930	165
1931	166
1932	161
1933	146
1934	113
1935	98

出典：朝鮮総督府警務局、『最近に於ける朝鮮治安状況』（一九三三、一九三五）。ただ、一九二三年の統計は一九二三年末、一九二四年始めに調査された朝鮮総督府、『朝鮮の群衆』（一九二六）、一八三ページに従った。

地域組織の発展は衡平運動の活性化を反映するものであった。とくに、さまざまな形態の下部組織が生まれて衡平運動の内容が大きく広がった。そのなかでも、衡平青年会の活動が最も活発であった。そのようななかで、青年社員が衡平運動を導く中枢勢力に成長した。その他に、さまざまな下位団体が生まれた。反衡平運動に対する活動として、積極的に対抗する正衛団がソウルと一部地域で活動した。一部の地域では学校に通う社員の子どもを中心に、衡平学友会が結成された。また、女性・少年などの特定集団の権益を図る団体が、衡平社内に結成され活動した。このように衡平運動が活発だった一九二〇年代に活性化していた下位集団は、一九二〇年代末からは衡平運動の萎縮を反映するかのようにほとんど活動しなくなった。

2 指導勢力─派閥の対立と競争のダイナミズム

衡平社は身分撤廃と平等社会実現に同意する人であれば、誰でも参加することができる開放型の充員原則をとっていた。そのため、指導部には非白丁と白丁出身者が混在していた。職業的社会運動家や地域の有力者であった非白丁出身の指導者たちは、衡平社と他の社会運動団体を繋ぐ輪としての役割を果たしながら、衡平社が白丁の権益のための活動を超えて身分解放と平等社会を目指す社会運動団体として発展することに貢献した。非白丁出身の活動家が参加したが、衡平運動の主軸勢力は白丁共同体地域の有志や活動家であった。彼らのほとんどは精肉店の経営や皮革商などを経営して財力を持つ一方で、白丁差別や抑圧を受けていた。また、白丁共同体の特徴どおり血縁、地縁、職業によって繋がっていて、互いによく知っている間柄であった。このようなネットワークは、衡平社が全国組織に発展する土台になった。

各地域の衡平社の活動は、非白丁出身の社会運動家たちと白丁出身の有志たちが主導した。そして、全国の衡平運動を導く中央総本部の役員陣は、地域の分社と支社の核心的な活動家で構成されていた。その結果、衡平社の総本部は各地域の有力者の「連合活動団体」の性格を持ち、衡平運動のダイナミックな展開過程に合わせて構成員が次々と変わっていった。また、それに従って衡平運動の活動方向と性格も変わっていった。

指導部の構成は、衡平運動の全期間にわたり何度も大きく変化した。創立初期に指導部は晋州をはじめ慶尚南道を中心とする有志たちによって構成されていたが、派閥対立を経験することで変化した。派閥対立の発端は、本社の位置をめぐる見解の差であった。当時の社会運動は大概ソウルを中心にして行われていた。地方から始まったとしても全国的な社会運動へ発展するなかで、活動の中心地をソウルに移動するのが趨勢であった。このような状況で衡平社創立直後から本社の位置をめぐる論議が起こっていた。慶尚南道晋州があまりにも辺鄙なところであるため、全国の衡平運動を指導するのに不便だというものであった。

本社の位置をめぐって大きく二つの立場に分かれ、派閥の対立が繰り広げられた。本社をソウルに移そうとする集団はソウル派、晋州にそのまま置こうとする集団は晋州派と呼ばれた。慶尚道地域の社員は晋州本社を好んだ反面、その他の地域ではソウルへの移転を支持した。このような支持勢力の地域基盤によって、北派と南派と呼ばれることもあった。ソウル派は革新を主張し「衡平社革新同盟」という別途の組織を結成した。そして、本社を総本部と改称してソウルにおいた。これに対抗して晋州派も団体名を「衡平社聯盟総本部」に変え、晋州中心の活動を持続させていった。このような違いからこの二つは、革新派と穏健派と呼ばれることもあった。

分立した衡平社の組織は、一九二四年四月の創立一周年の記念式も晋州とソウルで別々に開いた。しかし、衡平社内外の圧力の下で、組織は一九二四年八月一五日に大田で統合大会を開催して、再び一つに統合した。その後も派閥対立のわだかまりは衡平運動の展開にときどき問題を起こすことはあったが、いったん衡平社は単一組織として白丁解放運動団体の面目を保った。中央総本部には、全国の活動家たちで構成された議決機関である中央執行委員会と、実質的な業務を分掌して遂行する常務執行委員会が設置された。そして、役員陣を新しく選任し指導部を構成した。

中央総本部の新役員陣の顔ぶれは、以前と大きく違っていた。まず、地域の人員配置を考慮し、各地域の核心的な活動家が大挙総本部指導部に参加した。指導部の構成は時期によって変っていくが、地域の人員配置の原則は、衡平運動のなかで維持され、「地域活動家の連合体」の性格を持つことになった。

総本部指導部の構成は、一九二〇年代後半期に何度か大きな変化を見せた。まず、一九二七年初めに起こった高麗革命党事件で若い活動家たちが役員陣に参加することになった。その端緒は、衡平社の一部の核心的な指導者が、高麗革命党結成の嫌疑によって日帝警察に検挙されたことによる。彼らは宗教団体である天道教、満州の民族主義団体である正義府（訳注：一九二四年に満州で組織された抗日独立運動団体）などの活動家たちと協力して民族解放を目的とする団体を結成したという嫌疑を受けて監獄に捕われたために、活動を継続することができなくなった。彼らの空白を青年会、正衛団、学友会のような下位組織や地域活動に熱心な若い活動家が補填した。新しく役員になった活動家は、創立初期から衡平社活動を導いてきた指導者にくらべて年齢が若かったために少壮派と呼ばれた。日帝警察は彼らの性格が既存の活動家たちと違うという点に注目して新派、そして、草創期から参加してきた活動家を旧派に区分して動態を把握した。

一九二〇年代後半と一九三〇年代初め、衡平社総本部の指導部は老壮派と少壮派が共存する様相を見せた。二つの勢力は衡平運動の方向と活動内容をめぐって葛藤を見せたが、一定の水準では互いに協力していた。若い活動家は他の社会運動団体との連帯と協力に重点をおき、社会運動系内に拡散していた進歩的潮流を受け入れた。少壮派の影響力が大きくなるなかで、衡平運動内の進歩的な傾向が強まった。経済的条件を前提とする人権解放と白丁階級の実質的な利益闘争を強調する綱領が採択された。そのことで社員の教養や生活の改善に重点がおかれた活動を行なうなど、進歩的な性格が衡平社内に広がった。反面、老壮層の指導部は、身分差別撤廃と社員の権益保護を強調する、衡平運動の本来の目的に重点を置く立場を見せた。

一九三〇年代に入り、老壮層と少壮層の間の緊張と対立はより深まった。このような葛藤は総本部の指導部選出過程にも表われ、活動方向をめぐって対決の様相を現わした。とくに、国際共産主義運動を主導するコミンテルンが提起した解消論をめぐっての葛藤がより先鋭に現れた。急進的な変革を試みる若い活動家は衡平社を解体し、無産階級に合流しなければならないと主張した。反面、老壮層は衡平社の存続を願い、解消論に反対した。彼らの対決の構図において大多数の社員は、穏健な身分解放の方向を選択し、解消論の主張を拒否した。

衡平社を解体しようとする急進勢力の意図は挫折したが、若い活動家が衡平運動の主軸勢力であるということが確認された。しかし、彼らがそれ以上活動することができなくなる事件が起こった。日帝が捏造したと疑われている衡平青年前衛同盟事件がそれである。一九三三年一月から日帝警察は、共産主義運動を目的とする衡平青年前衛同盟という秘密団体を結成したという嫌疑で、各地の若い活動家を大挙して逮捕した。検挙された一〇〇余名のなかの一四名の核心的な活動家が裁判に回されたが、釈放された若い社員たちも警察の監視の下で活動を継続することができなくなった。こうして、衡平運動自体が大きく萎縮していった。

衡平社内の急進勢力が消えることで、衡平運動の指導部は穏健な老壮層によって掌握され運動が導びかれた。とくに、初期に派閥対立を繰り広げていた旧晋州派と旧ソウル派が、協力して社員の経済的権益を擁護することに力を注ぐ様子が見られた。彼らは一九三五年四月、第一三回定期全国大会で団体の名称を大同社に変えることを決議した。進歩的な少壮派が監獄にいる状況のなかで、穏健な老壮層の主導で人権運動の性格を失った団体に変わってしまった。衡平青年前衛同盟事件の被疑者たちは、一九三六年三月に終わった第一審と一一月に開かれた覆審（第二審）で無罪判決を受け解放されるが、衡平運動を再開する条件はもうどこにも存在していなかったのだ。

このように衡平運動の指導部は、内外の状況によって絶え間なく変わっていった。各地域の有力者と活動家らが協力して白丁の権益擁護の活動を導いていったが、全国組織である衡平社は社会全般に広がっていった理念的な潮流の影響を受け、活動方向をめぐって葛藤と対立を繰り広げた。また、植民地支配勢力である日帝の干渉と統制を受け、指導部の構成が変わることによって衡平運動はダイナミックに展開された。

3　目的と活動

衡平社の一次的な目標は、朝鮮時代の被差別民である白丁の身分差別撤廃であった。「衡平社主旨」では「階級を打破し、侮辱的な呼称を廃止し、教育を奨励」することを通して「真の人間」になることが目標だと明らかにしている。このような創立主旨は、他の地域の文献でも繰り返し現れていた。全羅北道裡里で組織された同人会（後に衡平社裡里分社に改称）の檄文は、抑圧と差別からはじまった悲しみを越え、先祖の魂を慰め、子孫が主体的な生を生きていける社会をつくるとしている。また、全羅北道の金堤の曙光会（後に金堤分社に改称）の宣伝文は権利の回復、自由解放、差別撤廃、侮辱的な白丁呼称の撤廃をとおして真正な生を送ることを標榜した。

衡平社の身分差別撤廃の主張は、自身が経験してきた被差別の状況を変えることに留まらず、人権の普遍的な価値を実現しようというものであった。すなわち、一次的には白丁の身分解放を追求することであったが、究極的には人間の基本的な権利と尊厳を実現し、すべての人の基本的な権利を取り戻すことであった。差別を受けないことは人間の基本的な権利であり、尊厳を享受する「真の人間」が衡平運動の目的であることを明らかにしている。この目的を実現するために伝統的な差別の慣習をなくし、不平等を解消し、人間らしく生きるための教育を受けねばならないとしている。

このような目的は歴史認識から始まったものであり、また、これを基礎とする未来社会へのビジョンを提示するものであった。曙光会の宣伝文が明確に指摘したように、白丁が経験した「人権の蹂躙、経済の搾取、知識の落伍、道徳の欠陥」の歴史を認識し、今や「権利の回復と自由解放」をとおして自身の歴史を変え、生活をより真・善・美にしようとした。衡平社主旨は「公平は社会の根本であり、愛情は人類の本良」と主張した。また、同人会の檄文では、精神的側面と社会的実在が一致する「霊肉一致の団結」をとおして「永遠無窮なる天国の生活」をつくっていこうとした。このように人権を強調し、自由と平等を目指した衡平運動は白丁の身分解放運動であり、人権運動であった。このような目的を実現する象徴的な内容として、「白丁」の呼称撤廃を要求した。数百年の間受けてきた差別と抑圧の象徴であると認識された白丁の呼称拒否は、差別と抑圧を打破するだけでなく、桎梏の身分秩序から抜け出そうとする望みを表わしたことでもあった。

衡平運動のもう一つの特徴は、先に述べたような目的を白丁共同体の主体的で集団的な結束と連帯をとおして達成しようとした点である。彼らの課題は社員の生活を向上させ、社員の教養を涵養し、伝統的な共同体意識と同僚関係の連帯を維持するものであった。このように衡平運動は構成員の共同の繁栄と発展を図る共同体運動として、白丁集団の内在的な問題を解決すると同時に、社会全般の改革を志向した。要するに、白丁共同体の構成員が「身分差別」

の問題を「共に」解決しようとする人権運動であると同時に、「共同体の権益増進」を図る共同体運動であるという性格が衡平運動には混在していた。

「人間の自由、平等と尊厳性」という普遍的価値を基礎とし、社員たちの生活向上と権益保護などの実質的な恩恵を図る衡平運動は全国の活動を導く中央総本部、各圏域別に設置した支社、生活圏を中心とする分社など、三つのレベルで展開された。中央総本部は、各地域で活発に活動する指導者の連合体として衡平運動を導く実質的な指導部であった。そして、道庁の所在地や拠点都市に位置した支社は、総本部と分社を連結させ、圏域活動の活性化を図った。各地域の生活現場に設置された分社は、衡平社員に実質的な恩恵を与える具体的なプログラムを施行した。つまり、分社の結成はその地域に衡平運動の拠点がつくられたことを意味した。

全国単位の集会としては、毎年創立記念日である四月二四日と二五日に開かれた定期的な全国大会、事案によって開かれる臨時全国大会や代表者大会などがあった。全国集会では衡平社の活動過程を点検し、懸案問題を論議し、活動目標を定めた。そして、圏域別に支社中心の集会が開かれ、分社では現地の当面課題を論議する会議が何度も開かれ、衡平社員が日常生活で直面する懸案課題を論議し解決しようとした。このような全国大会、圏域別に開かれる集会、各分社の会議などは衡平運動の活動の様相をよく表していた。

衡平社の活動は地域によって、また、時期によって多様であるが、大きく三つの事項を中心に行われた。第一、身分差別に抵抗し、撤廃を図る活動が活発であった。衡平社側では身分差別を「不合理な階級意識による人権蹂躙的な行動」と認識し、集合的かつ積極的に対抗した。そして、差別撤廃のために様々な活動を繰り広げた。例えば、差別慣習の象徴である髷（まげ）を集団で断髪し、戸籍などに表記された身分標識を削除するために、警察当局に協力を求めることもした。何よりも、衡平運動に反対し差別慣習を維持しようとする偏狭な保守勢力の抑圧と攻撃に積極的に対抗した。これによって、頻繁に起こった両者の衝突に関しては、次の章で詳しく見てみよう。

第二、衡平社は社員の教育および教養を増進させる活動を重視した。差別を克服し、同等な社会的地位をもつために社員の子どもたちの正規学校への就学を積極的に勧奨し、教育の機会をもてなかった社員や、その子どもたちのための非認可学校である夜学を開設し、運営した。また、新聞、雑誌の購読を積極的に勧奨し、講演会を開催し、講座や講習会を開設し、社員の教養の涵養を図った。そして、日帝の妨害と強圧で雑誌の発刊が何度も挫折するが、ついには機関誌『正進』を発刊することもした。このように教養増進を図った背景には、衡平社員が白丁の歴史や社会的立場を自覚し、他の人たちと対等に生活し、身分解放の活動に参加するように勧める意図が根底にあった。

第三、衡平社員の経済的な権益を保護して、生活改善を図る活動を中心においた。伝統産業で白丁が持っていた特権が消え、非白丁出身者の占有率が高まることによって、社員の経済状況はより劣悪になった。このような状況を打開することが衡平社の主要課題であった。官庁や日本人居留民の団体が屠ちく場を管轄するようになって、白丁は屠夫に転落し、劣悪な労働環境と低賃金、雇用不安に直面していたが、このような状況を改善するために衡平社は屠ちく場の直接運営、屠夫の作業環境の改善と固定賃金制の導入を推進した。また、屠ちく場の経営者や官庁が肉の供給量や価格を統制することによって起きた精肉店の経営悪化を改善するために、合理的な肉の価格の策定、各地域の肉の価格の統制権を確保しようとした。そして、伝承されてきた産業のなかで受益性の高い皮革産業や牛皮の取引で白丁の占有率が下落し、日本人の居留団体である学校組合などが乾皮場を運営し、皮革関連の経済活動の統制が厳しくなる状況を打開するために、衡平社は皮革工場の設立、牛皮乾皮場の運営、皮革の共同販売網の構築など一連の事業を試みて社員の共同利益を守ろうとした。

衡平運動のなかで持続的に推進されてきたこのような活動は、社員の権益増進を図り、衡平運動の目的を実現するための実質的な恵沢の方策だった。このような活動を効率的に広げるために、衡平社は社会運動団体としての組織を維持し発展させようと努力した。全国大会を開くために、総本部の役員が各地域を巡回して参加を勧め、各支社と分社は有機的な関係を維持し、連帯活動を強化した。また、非組織地域に衡平分社を結成し、結成された支社と分社を維持する活動を持続的に広げた。

三　衡平運動の外部環境の多面性

衡平運動は様々な人びとの集合的な行動をとおして社会環境を変えようとする社会運動であったという点で、その展開過程に絶え間なく影響を与えた内外の環境に注目する必要がある。ここまで見てきたように、衡平運動は組織の拡大、指導部の構成の変化、目的と活動の内容など内部の条件によってダイナミックに進行した。それに劣らず、外部環境が衡平運動の展開に大きな影響を及ぼした。とくに、次の三つの要素が主要な変数であった。

一つ、差別撤廃に反対する「偏狭な保守勢力」との衝突であった。これは衡平運動の目的と直結した事案であった。すなわち、偏狭な保守勢力の抑圧と差別行為に対抗して身分解放を成し遂げることは衡平運動の実質的な課題であった。二つ、衡平運動に協力する社会運動勢力との連帯である。彼らは差別撤廃と平等社会をつくろうとする衡平社活動の同伴者であり、後援者であった。このように社会運動勢力と連帯するなかで、社会運動系の雰囲気が衡平運動に広く拡散された。三つ、植民地支配勢力である日帝との関係だ。日帝は敵対集団である「偏狭な」保守勢力のように直接対決する対象ではなかった。とは言っても社会運動の団体のように、支持や協力を求める対象でもなかった。しかし、日帝の統制や干渉は絶え間なく衡平運動の展開に影響をもたらした。このように衡平運動に大きな影響を及ぼしたこの三つの要素を見てみよう。

1　反対勢力との衝突

一九一九年に起きた三・一民族解放運動の影響の下に、改革的な雰囲気が社会全般に広く拡散していった。しかし、身分慣習の遺産はそのまま残っていた。とくに、偏狭な保守集団は、日常的に行っていた白丁差別と抑圧の慣習を変えようとしなかった。彼らは衡平運動に反対し、身分差別の慣習をほしいままにしていた。甚だしくは、衡平社員を

〈図〉年度別非白丁との衝突事件数：1923～1935年

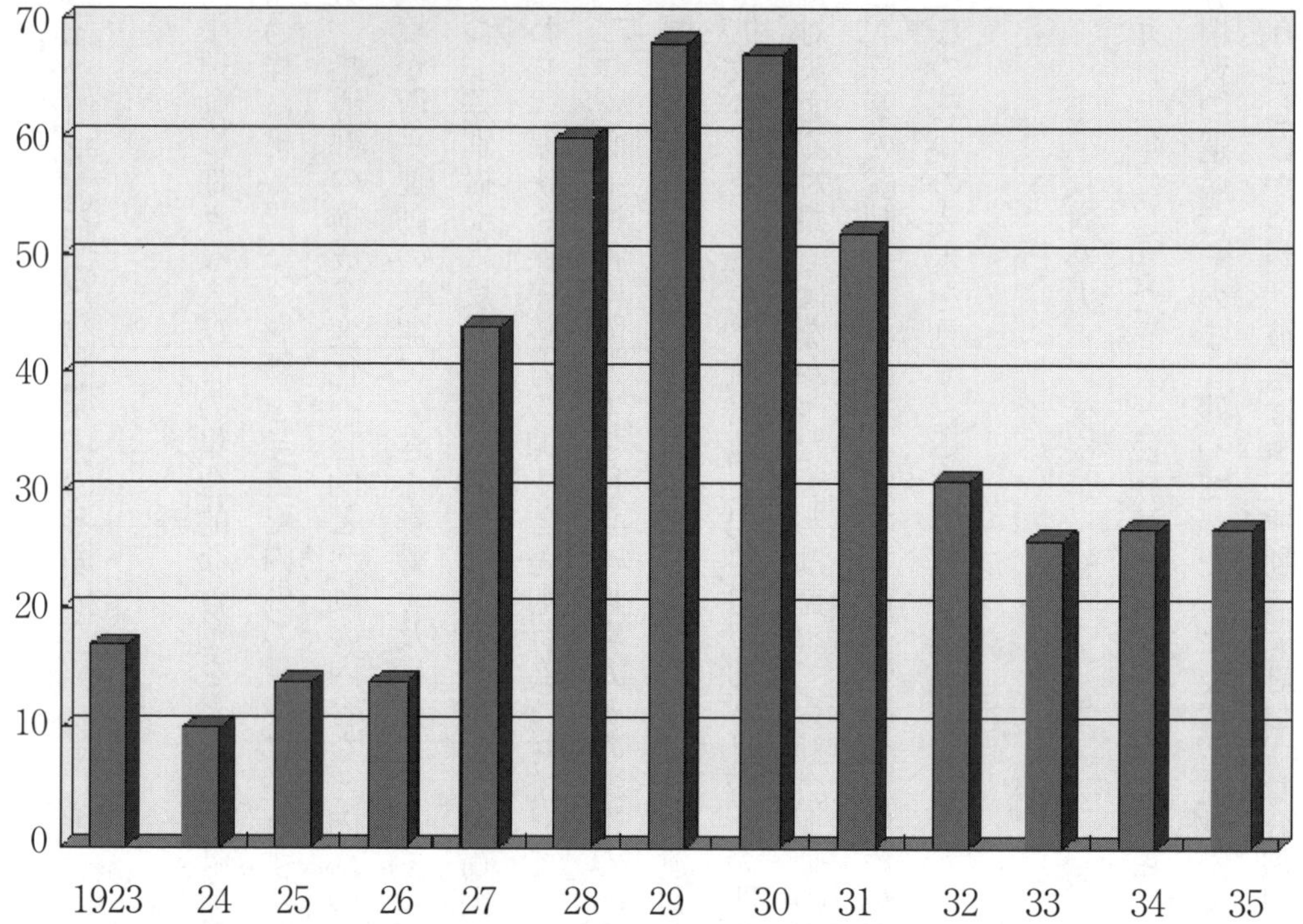

出典：朝鮮総督府警務局『最近に於ける朝鮮治安状況』（一九三三、一九三五）

抑圧し衡平社の行事を攻撃した。衡平社の側でも彼らの攻撃や差別行為に積極的に対抗した。衡平社創立直後、晋州で最初に起きて以来、衡平社側と偏狭な保守勢力との間に大小の衝突事件が全国至る所で多様な形態で継続して起った。

このような衝突事件の実像は正確には分からないが、マスコミの報道資料を活用し（金仲燮　一九九四、高淑和　一九九六）、日帝の警察資料を使って（朝鮮総督府警務局　一九三三、一九三五）、発生地域、事件の様相や原因、規模などを概観することができる。一九二三年から一九二五年まで新聞に報道された衝突事例を見ると、慶尚南道の蔚山、三嘉、河東、統営、陝川、そして全羅北道の群山、全羅南道の木浦、慶尚北道の漆谷、忠清北道の堤川など中部以南の全地域で衝突事件が起こった。衡平運動が発展することで、これに対する反作用として衡平運動への反対活動が起こった。個人的な差別事件が、大規模な衝突に繋がっていった。日帝の警察資料を基礎とした衝突事件の趨勢は〈図〉

に見るように、時期別に変化した。衡平社創立以後、一九二六年まで一〇余件に過ぎなかった衝突事件は、一九二七年から急増し六〇件前後にのぼった。そうして一九三〇年を基点として減少し始め、一九三二年からはわずか三〇件にもならない。

この数値は新聞に報道された事例件数より少ないという点で、正確性に疑問があるが、時期による変化の趨勢を示すという点で意味がある。衡平運動が広がり数値が急増したのは、衡平運動が掲げた差別撤廃の主張が衡平社員の意識を変えた結果、差別行為に積極的に対抗するようになったことを表している。衡平社の総本部は差別行為に積極的に対抗し、事件が起きれば上級機関に報告することを指示したりもした。

衝突の様相が大規模で一定期間持続し、衡平運動の展開に大きく影響を及ぼした場合も多かった。代表的なものとして、一九二三年の創立直後の晋州と八月の慶尚南道の金海の事件、一九二四年七月の忠清南道の天安の事件、一九二五年八月の慶尚北道の醴泉で起こった衝突事件は、全国に衝撃を与え、衡平運動に大きな反響をまき起こした（金仲燮　一九九四）。多くの事例では、個別的な争いが集団間の衝突に発展して社会的な影響をもたらし、場所によっては殺傷者などの被害を生むことにもなった。

このような衝突事件が起きた要因は、大概は伝統社会の差別の慣習をめぐる葛藤であった。白丁に対する差別意識や偏見が個人的な関係だけでなく、官公庁、学校のような公共領域での慣行などにそのまま残っていて、争いと衝突の原因として作用した。また、差別と偏見が経済的な利害関係と混合して、衡平社員と非社員の間の衝突事件に発展することもあった。例をあげると、肉の販売をめぐって衡平社員と飲食店の主人との間の価格の駆け引きの争い、食肉の販売の方式や屠ちく場の作業環境をめぐる利害関係の対立、屠ちく場を監督する警察や官吏が肉や屠ちくの副産物をタダで持っていく慣行への衡平社員の抵抗、脱税する官公庁の官吏の不正への告発などが、集団的な衝突に発展した。また、精肉店や屠ちく場、乾皮場のような産業現場で起こる葛藤や衝突にも、白丁差別と抑圧を当然のように受け入れる意識と慣行が根底にある。

衝突事件は、社会全般に大きな反響をまき起こした。白丁差別の不当性に関する社会的認識が拡散し、他方、衝突を経験しながら衡平社員は地縁、血縁、職業を基礎とする長く伝わる結束や連帯感をより強くもつようになった。また、偏狭な保守勢力との衝突事件は衡平社員の連帯だけではなく、社会運動団体との連帯が強化される機会になった。代表的な事例が、一九二五年八月の醴泉の衝突事件であった。各地域で多様な形態で、衡平社と他の社会団体との間の連帯と協力が起こったのであった。

2　他の社会運動との連帯

衡平社創立は、晋州の非白丁出身の社会運動家と地域の白丁の有志たちが協力した結果であった。他の社会運動団体との密接な協力は、拡散過程でも現れた。多くの地域で非白丁出身の社会運動家たちが衡平運動に参与したり、後援したりした。彼らは、衡平運動と社会運動系との連帯と協力を繋げる輪の役割をした。その背景には三・一運動以後、全国に拡散した社会改革にたいする熱望と意識、これを基礎として生まれた多様な社会運動の拡散が底辺としてあった。

衡平社と他の社会運動団体との連帯と協力関係は、衡平運動の展開に多様な形態で影響を与えた。先ず、創立初期に起きた派閥の対立と分立を克服するのに、社会運動団体と支持集団の統合要求が大きく貢献した。その後、衡平社の総本部がソウルに移ったことで、社会運動系との協力はより活発化した。徐光勲、李東求のような非白丁出身の活動家たちが指導部に参加することによって、他の社会運動団体との協力はより緊密になった。また、社会運動系の主軸勢力である労農運動や青年運動団体は、社会運動団体の連合集会や会議で衡平運動の支持を公式的に明らかにした。

このような社会運動系との連帯と協力は、社会運動系内部に拡散した理念的葛藤や派閥闘争の余波をともなって衡平社にも及んだ。一九二〇年代中盤の、社会運動団体が火曜会の系列とソウル青年会の系列に分かれて熾烈な対立と競争を広げているなかには、衡平社も含まれていた。端的な事例が、一九二五年四月の朝鮮民衆運動者大会をめぐって繰り広げられた葛藤であった。二つの団体のそれぞれが対立的な集会を準備することで、衡平社の分社も二つの陣営に分かれたのだ。他方、社会運動系の思想的潮流が衡平運動の全般に広く拡散された。とくに、若い衡平社員が進歩的理念を受容し、衡平運動においても進歩的色彩がより深まった。

社会運動系の潮流は、一九二〇年代後半から一九三〇年代初頭の衡平運動の展開過程により大きな影響を及ぼした。先に言及したように、一九二七年初めに発覚した高麗革命党の結成に衡平社の一部の核心的な指導者が参加した。これは一部の活動家が民族主義運動に加わったことを表しているが、他方、日帝の意図とは違って衡平運動の指導部に若い活動家が参加する機会を得て、指導部再編に影響を及ぼした。指導部に入った進歩的な若い活動家の主導の下で、衡平運動に社会主義的傾向がより強くなった。とくに、一九二〇年代中盤以後、社会運動系の全般に拡散された社会主義の影響が衡平運動にも及んだ。全国大会や地域集会で無産社員にたいする有産社員の搾取を指摘するスローガンが掲げられ、社員同士の不平等と搾取を打開するために無産社員の覚醒と配慮が重要だという主張も現れた。進歩的な内容の綱領が採択されて、屠ちく場の労働者である屠夫組合や柳行李製品の生産者組合の結成が試みられた。

一九二〇年代末、進歩的な傾向が強まるなかで、社員たちの間の理念的葛藤が高まった。一九二八年四月には外部勢力に共鳴する社会主義活動家たちの主張で、衡平青年同盟が解体された。このような緊張は、解消論をめぐってより先鋭化して現れた。先に述べたように、進歩的な活動家が解消論を主張した。コミンテルンの指示に従って階級闘争の力量を強化するために、すべての社会運動団体を解体して労働組合に結集しようとする解消論は、衡平社の活動家と社会運動系、とくに共産主義運動団体とが密接に連携していたということを語っている。

衡平社の存廃を決定づけた解消論については、指導部のなかで賛成と反対に大きく分かれた。社会運動系と連帯活動を強化してきた進歩的な若い活動家たちは、衡平運動を無産運動へ転換させようとする解消論を積極的に支持し、世論化を指導した。しかし、社員の権益増進のために衡平社のアイデンティティと組織維持が必要であるとして解消論に反対する立場の人たちが多数だったために、衡平社は維持された。

しかし、その過程で衡平運動と社会運動系との密接な関係が露見した。また、衡平社内に階級闘争を強調する進歩的な集団の存在も確認された。先に述べたように、衡平青年前衛同盟事件によって進歩勢力が衰退し、社会運動団体との協力関係はこれ以上維持されることはなかった。

3　植民勢力の統制

衡平運動の目的は伝統社会の身分秩序の残滓を撤廃することであったが、日帝植民地期の社会運動としてその時代の状況から抜け出すことができなかった。すなわち、差別撤廃と平等社会建設など社会改革を志向しながら、社会全般に拡散していった民族主義と無関係ではいられなかった。そのために、衡平運動は日帝の監視と統制の下に進行するほかなかった。創立初期に日帝は衡平運動によって生じる身分葛藤の性格に注目し、傍観的な態度を見せもしたが、基本的に社会改革集団として他の社会運動団体と密接な協力関係を維持するという点で、衡平運動を支配体制に対する潜在的な脅威勢力と認識し、監視し、弾圧した。

日帝警察は、衡平社のすべての活動と主要活動家を密着して監視した。甚だしくは、衡平社を訪問する水平社の活動家たちも監視対象になった。このように日帝の監視と統制は、衡平運動の展開に大きな影響を及ぼした。端的な事例は一九二四年八月、大田で開かれた衡平社の統一大会に参席した遠島哲男が、日帝警察のスパイであることが明らかになった事件である。この事件で水平社との協力活動が縮小し、衡平社指導部内の葛藤の解消が遅滞した。

日帝警察の監視と統制は日常的に行われたが、時には介入と分裂工作をとおして衡平運動の展開に影響を及ぼした。一九二七年に核心的な指導者が構成員であるという嫌疑によって裁判に付された高麗革命党事件は、日帝の意図に反して若い活動家たちが指導部に参加する契機になった。また一九三〇年代初め、いわゆる衡平青年前衛同盟事件で進歩的な少壮派の活動家が大挙逮捕され、衡平運動の活動は大きく縮小した。この事件をとおして日帝は、衡平社内の急進勢力をこれ以上、活動ができないように一網打尽にしようとしたと推察される。

警察に捕らえられ裁判に回された被疑者はすべて無罪の判決を受けたが、彼らが捕らえられている間、衡平社は利益集団の性格をもった大同社に変わった。また、衡平社内の進歩勢力がいなくなることによって、他の社会運動団体との連帯活動も大きく縮小した。衡平運動の主導権は穏健派に移り、結局は利益集団に転落した大同社に改称した後、日帝への協力がより加速化された。

一九三五年、大同社に変更した後の活動は大きく沈滞した。社員の参加が低調になり、日帝の統制が強まるなかで、大同社は本来の人権運動の性格を喪失したまま、集団の利益追求に重点がおかれた。さらには、日帝の戦争遂行に協力する団体に転落した。国家総動員法の下にすべての資源を戦争に必要な軍需品として調達したり、自発的に戦争の武器を献納したりする当時の社会的雰囲気に呼応して、大同社も日帝の要求に積極的に協力した。端的な例が、一九三八年の戦闘機「大同号」の献納であった。大同社の幹部たちは社員を励まし募金活動を行い、一九三八年七月に大田で大同社臨時総会を開いて、大々的な飛行機献納式を行ったのだ。

このように日帝の統制と抑圧の下で日帝に積極的に協力した大同社は、第二次世界大戦へと情勢が展開していく状況の下で、一九三六年に総本部を大田に移した後、徐々に萎縮していき、一九四〇年以後の活動の痕跡を探すことができなくなった。

四　まとめ—研究の地平の拡大のために

これまで簡単に、衡平運動の展開過程を探ってみた。また、多くの研究が新聞報道の内容を基盤に行われてきたという点も指摘した。今回、日帝各機関と朝鮮総督府が作成した衡平運動の関連資料を集めた史料集が刊行されることによって、今後、衡平運動研究の地平が大きく拡大されると予想される。これまでの研究で不十分であった部分が補完されることが期待される。とくに、次の事項についてより深い研究が行われると考えられる。

まず、衡平社の参加者と指導勢力の変化が、より詳細に論議されると考えられる。さらに、各地域の衡平社の活動が究明され、地域的な特性と衡平運動全体の状況がより詳細に説明されることが期待される。これまで多様な地域の研究が行われてきたが、各地域の社会運動と白丁の状況を関連づけてより詳細な研究が進んでいくことが期待される。各地域の社会運動だけでなく、全国の社会運動団体との連帯活動についての研究が行われるだろう。衡平運動と他の社会運動、そして社会全体のダイナミックな脈絡で、議論されるだろう。さらに、衡平運動の目的と理念的背景などが、社会全般の潮流とからめて探求されるだろう。これと同時に、植民地支配状況で日帝の統制と干渉について探求することが可能になるだろう。さらに大同社の日帝への協力活動を詳細に究明することで、戦争拡大時期の朝鮮社会の様相を明らかにすることに貢献するだろう。

今日、衡平運動は非西欧社会では珍しい人権運動の先駆的事例として評価されている。これとよく似た姿を見せた水平社との協力関係を詳細に明らかにすることは、衡平社だけでなく水平社の研究の地平を広げるのに貢献することになるだろう。このようにいくつかのテーマが、今後の衡平運動の研究をより活発化することを期待し、この史料集の発刊を心より喜びたい。

参考文献

［韓国語］

イ・ヘギョン　二〇〇三「忠南地方の衡平運動研究」忠南大学修士論文（「충남지방 형평운동 연구」충남대학교 석사 학위논문）

カン・ドンスン　二〇一三「一九二〇年代の衡平社の民族運動と性格：民族協同戦線を中心に」釜山大学教育学部修士論文（〝一九二〇년대 형평사의 민족운동과 성격：민족 협동 전선을 중심으로〟부산대학교 교육대학원 석사 학위논문）

キム・イルス　二〇〇三「日帝強占期〝醴泉衡平社事件〟と慶北醴泉地域の社会運動」『安東史学』第八集、安東史学会、一九七～二一八頁（〝일제강점기 〝예천형평사사건〟과 경북 예천지역 사회운동〟『안동사학』（안동사학회）제8집、197～218쪽）

キム・オンジョン　二〇〇五「韓末日帝下の女性白丁の経済活動と〝衡平女性会〟」高麗大学修士論文（「한말．일제하 여성백정의 경제활동과 〝형평여성회〟」고려대학교 석사학위논문）

姜正泰　一九八一「日帝下の衡平社運動　一九二三～一九三五：急進派と穏健派の対立を中心に」高麗大学教育学部修士論文（〝日帝下衡平社運動、一九二三～一九三五：急進派와 穩健派의 對立을 中心으로〟고려대학교 교육대학원 석사 학위논문）

姜昌錫　一九九三「衡平社運動の研究」『東義史学』七・八合集、二五～七七頁（〝형평사운동연구〟『東義史學』7・8합집、25～77쪽）

金永大　一九七八『実録　衡平』松山出版社、ソウル。日本語翻訳本『朝鮮の被差別民衆―「白丁」と衡平運動』部落解放研究所、一九八八年

金義煥　一九六七「日帝治下の衡平運動攷：賤民（白丁）の近代としての解消過程とその運動」『郷土ソウル』三一号、ソウル特別市市史編纂委員会、五一～九〇頁（〝日帝治下의 衡平運動攷：賤民（白丁）의 近代로의 解消過程과 그 運動〟『郷土서울』（서울特別市市史編纂委員會）、31호、51～90쪽）。日本語訳（井口和起・山田久美子訳）「日帝治下の衡平運動攷―賤民（白丁）の近代における解消過程とその運動」『部落問題研究』四七輯、一九七六年三月、八四～一〇八頁。

金義煥　一九六八「日帝下の衡平運動」『韓国思想』九集、韓国思想研究会、一七七～二〇八頁（〝日帝下의 衡平運動〟『韓國思想』（韓國思想研究會）9집．177～208쪽）

金載永　二〇〇六「一九二〇年代湖南地方の衡平社の創立と組織」『歴史学研究』二六巻、湖南史学会、八五～１一一頁（〝一九二〇년대 호남지방 형평사의 창립과 조직〟『역사학연구』（호남사학회）26권、85～111쪽）

金載永　二〇〇七Ａ「日帝強占期の衡平運動の地域的展開」全南大学博士論文（「일제강점기 衡平運動의 지역적 전개」

전남대학교 박사학위논문）

金載永　二〇〇七B「一九二〇年代湖南地方の衡平社の活動」『歴史学研究』二九巻、湖南史学会、二三七〜二七八頁（〝一九二〇년대 호남지방 형평사의 활동〟『역사학연구』（호남사학회）29권、237〜278쪽）

金載永　二〇〇九「衡平社と普天教」『新宗教研究』二一集、韓国新宗教学会、二六七〜二八八頁（〝형평사와 보천교〟『신종교연구』（한국신종교학회）21집、267〜288쪽）

金俊燁・金昌順　一九七三『韓国共産主義運動史』全五巻、高麗大学出版部：ソウル（『韓國共産主義運動史』전5권、서울、고려대학교출판부）

金俊亨　一九九三「晋州地域の衡平運動の歴史的背景」『衡平運動の再認識』衡平運動七〇周年記念事業会編集、ソル出版社：ソウル、三一〜六四頁（〝진주지역 형평운동의 역사적 배경〟형평운동70주년기념사업회 엮음、『형평운동의 재인식』（서울、솔출판사）31〜64쪽）

金静美　一九八四「十九世紀末から二〇世紀初期における白丁」『韓国の近代社会と思想』姜在彦編集、キム・ジョンヒ訳、中原文化社（ソウル）、一九一〜二二六頁（〝19세기 말에서 20세기 초기에 있어서의 백정（白丁）〟姜在彦외엮음、『한국근대 사회와 사상』김정희 옮김（서울、중원문화사）191〜226쪽）

金仲燮　一九八八「一九二〇年代衡平運動の形成過程：晋州地域を中心に」『東方学志』五九集、延世大学国学研究院、二三一〜二七三頁（〝一九二〇년대 형평운동의 형성 과정：진주지역을 중심으로〟『東方學志』（연세대학교 국학연구원）59집、231〜273쪽）

金仲燮　一九九二「日帝侵略期の衡平運動の指導勢力：その性格と変化」『東方学志』七六集、延世大学国学研究院、一〇三〜一三四頁（〝일제침략기 형평운동의 지도 세력：그 성격과 변화〟『東方學志』（연세대학교 국학연구원）76집、103〜134쪽）

金仲燮　一九九三「衡平運動の戦略」『衡平運動の再認識』衡平運動七〇周年記念事業会編集、ソル出版社：ソウル、一〇三〜一三六頁（〝형평운동의 전략〟형평운동70주년기념사업회 엮음、『형평운동의 재인식』（서울、솔출판사）103〜136쪽）

金仲燮　一九九四『衡平運動研究：日帝侵略期の白丁の社会史』民英社：ソウル（『형평운동연구：일제침략기 백정의 사회사』서울、민영사）161～192쪽）
金仲燮　二〇〇一『衡平運動』知識産業社：ソウル（『형평운동』（서울、지식산업사）。日本語翻訳『衡平運動─朝鮮の被差別民・白丁その歴史とたたかい』髙正子訳、部落解放・人権研究所、二〇〇三年
金仲燮　二〇〇九「韓国の衡平社と水平社の人権増進の協力活動の研究」『社会と歴史』八四集、韓国社会史学会、一三三～一七五頁（〃한국 형평사와 일본 수평사의 인권증진 협력활동 연구〃『사회와 역사』（한국사회사학회）84집、133～175쪽）
金仲燮　二〇一二『社会運動の時代：日帝侵略期の地域共同体の歴史社会学』ブックコリア：ソウル（『사회운동의 시대：일제침략기 지역공동체의 역사사회학』서울、북코리아）
金仲燮　二〇一三「〝朝鮮時代の白丁〟の起源に関する歴史社会学的考察」『東方学志』一六四集（一二月）、延世大学国学研究院、一三九～一六一頁（〃〝조선시대 백정〟의 기원에 대한 역사사회학적 고찰〃『東方學志』（연세대학교 국학연구원）164집（12월）、139～161쪽）
金仲燮　二〇一四「朝鮮前期白丁政策と社会的地位：統合、排除、統制の三重奏」『朝鮮時代史学会』六八集（三月）、朝鮮時代史学会、四五～八〇頁（〃조선전기 백정 정책과 사회적 지위：통합、배제、통제의 삼중주〃『조선시대사학보』（조선시대사학회）68집（3월）、45～80쪽）
金仲燮　二〇一五『平等社会を目指して：韓国衡平社と日本の水平社の比較』知識産業社：ソウル（『평등사회를 향하여：한국 형평사와 일본 수평사의 비교』서울、지식산업사）
金龍基　一九五九「衡平運動の発展」慶尚南道誌編纂委員会編集『慶尚南道誌』上巻、釜山、八一〇～八二四頁（〃衡平運動의 發展〃慶尙南道誌編纂委員會엮음、『慶尙南道誌』상권（부산）、810～824쪽）
厳燦鎬　一九八九「日帝下の衡平運動に関する研究」江原大学修士論文（〃日帝下 衡平運動에 關한 研究〃江原大學校大學院석사학위논문）
高淑和　一九八四「衡平社に対する一研究：創立背景と草創期（一九二三～二五）の衡平社を中心に」『史学研究』三八

号、韓国史学会、六四五～六九〇頁（〝衡平社에 對한 一研究：創立 背景과 初創期（一九二三～二五）衡平社를 中心으로〟『史學研究』（한국사학회）38호、645～690쪽）

高淑和　一九八九「日帝下の衡平社研究：一九二六年以後の衡平社を中心に」『史学研究』四〇号、三二七～三六二頁（〝日帝下衡平社研究：一九二六년이후의 衡平社를 중심으로〟『史學研究』40호、327～362쪽）

高淑和　一九九二「〝醴泉事件〟を通してみた日帝下の衡平運動」『水邨　朴永錫教授華甲記念韓国民族独立運動史論叢』論叢刊行委員会、二七五～二九二頁（〝〝醴泉事件〟을 통해 본 日帝下의 衡平運動〟『水邨 朴永錫敎授 華甲紀念韓民族獨立運動史論叢』（논총간행위원회）275～292쪽）

高淑和　一九九三「日帝下の社会運動と衡平運動の連関関係」『衡平運動の再認識』衡平運動七〇周年記念事業会編集、ソル出版社：ソウル、一五五～一九〇頁（〝일제하 사회운동과 형평운동의 연관관계〟형평운동70주년기념사업회 엮음、『형평운동의 재인식』（서울、솔출판사）155～190쪽）

高淑和　一九九六「日帝下の衡平運動の研究」梨花女子大学博士論文（「일제하 형평운동사연구」이화여자대학교 박사학위논문、147～170쪽）

高淑和　二〇〇八『衡平運動』独立紀念館韓国独立運動史研究所、天安（『형평운동』천안、독립기념관 한국독립운동사연구소）

衡平運動七〇周年記念事業会編集　一九九三『衡平運動の再認識』ソル出版社：ソウル。日本語翻訳本　衡平運動七〇周年記念事業会編『朝鮮の「身分」解放運動』部落解放研究所、一九九四年（형평운동70주년기념사업회 엮음、『형평운동의현대적재인식』（서울、솔출판사）

崔英成　二〇〇六「日帝時期の衡平運動と自由主義：〝身分解放運動〟の性格が持つ意味を中心に」『韓国哲学論集』第一九集、韓国哲学史研究会、四五一～四七五頁（〝일제시기의 형평운동과 자유주의：〝신분해방운동〟의 성격이 지닌 의미를 중심으로〟『한국철학논집』（한국철학사연구회）제19집、451～475쪽）

辛基秀　一九九三「衡平社と水平社の交流」『衡平運動の再認識』衡平運動七〇周年記念事業会編集、ソル出版社：ソウル、一三七～一五五頁（〝형평사와 수평사의 교류〟형평운동70주년기념사업회 엮음、『형평운동의 재인식』（서

울、솔출판사）137～155쪽）

趙彙珏　一九九五「衡平社の民権運動研究」『国民倫理研究』三四号、韓国国民倫理学会、六一七～六五二頁（〝형평사의 민권운동 연구〟『국민윤리연구』（한국국민윤리학회）34호、617～652쪽）

趙彙珏　一九九九「一九二〇年代自由平等運動研究：衡平社の活動を中心に」『倫理研究』第四二号、韓国国民倫理学会、二二五～二四七頁（〝一九二〇년대 자유평등운동 연구：형평사의 활동을 중심으로〟『윤리연구』（한국국민윤리학회）제42호、225～247쪽）

趙美恩　一九九五Ａ「朝鮮衡平社の経済活動研究」『誠信史学』一二、一三集（一九九五・一二）、誠信女子大学史学科、九九～一三〇頁（〝朝鮮衡平社 經濟活動 研究〟『성신사학』、（성신여자대학교 사학과）12・13집（一九九五・一二）99～130쪽）

趙美恩　一九九五Ｂ「ソウルにおける朝鮮衡平社の活動」『郷土ソウル』五五号、ソウル特別市史編纂委員会、一八五～二五四頁（〝서울에서의 朝鮮衡平社 活動〟『鄕土서울』（서울특별시사편찬위원회）55호、185～254쪽）

チョン・フンウ　二〇一三「日帝強占期の江原地域の衡平運動」『人文科学研究』第三八集、江原大学人文科学研究所、二三一～二五八頁（〝일제강점기 강원지역 형평운동（衡平運動）〟『인문과학연구』（강원대학교 인문과학연구소）제38집、231～258쪽）

陳徳奎　一九七六「衡平運動の自由主義的改革思想に関する認識」『韓国政治学会報』一〇集、一六九～一八一頁（〝衡平運動의 自由主義的 改革思想에 대한 認識〟『韓國政治學會報』10집、169～181쪽）

陳徳奎　一九九三「衡平運動の思想史的認識」『衡平運動の再認識』衡平運動七〇周年記念事業会編集、ソル出版社：ソウル、一一～三〇頁（〝형평운동의 사상사적 인식〟 형평운동70주년기념사업회 엮음、『형평운동의 재인식』（서울、솔출판사）11～30쪽）

友永健三　一九九三「アジアの反差別運動と衡平運動」『衡平運動の再認識』衡平運動七〇周年記念事業会編集、ソル出版社：ソウル、二一五～二五三頁（〝아시아의 반차별운동과 형평운동〟 형평운동70주년기념사업회 엮음、『형평운동의 재인식』（서울、솔출판사）215～253쪽）

ニアリ、イアン（Ian J. Neary） 一九九三 「衡平社と水平社：東アジアの人権闘争」『衡平運動の再認識』衡平運動七〇周年記念事業会編集、ソル出版社：ソウル、一九一～二一四頁（〃형평사와 수평사：동아시아의 인권투쟁〃 형평운동70주년기념사업회 엮음、『형평운동의재 인식』（서울、솔출판사）、191～214쪽）

パク・セギョン 二〇〇九 「一九二〇年代の朝鮮と日本の身分解放運動：衡平社と水平社を中心に」『日本近代学研究』二三号、日本近代学会、一二三～一三六頁（〃一九二〇년대朝鮮과日本의身分解放運動：衡平社와 水平社를 중심으로〃『일본근대학연구』（한국일본근대학회）23호、123～136쪽）

ホン・ソンジン 二〇一四 「植民地時期の身分の問題と教科書の叙述：衡平運動を中心に」誠信女子大学教育学部修士論文（〃식민지시기 신분문제와 교과서 서술：형평운동을 중심으로〃 성신여자대학교 교육대학원석 사학위논문）

ユン・ヘヨン 二〇〇七 「日帝下の衡平社の衡平運動に関して」慶星大学教育学部修士論文（〃일제하 형평사의 형평운동에 관하여〃 경성대학교 교육대학원 석사학위논문）

李那英 二〇〇五 「衡平社運動の歴史的評価」東義大学修士論文（「형평사운동의 역사적 평가」동의대학교 석사학위논문）

李龍哲 二〇一一 「衡平社の路線分化と性格変化」忠北大学修士論文（「형평사의 노선분화와 성격 변화」충북대학교 석사학위논문）

李龍哲 二〇一二 「衡平社の性格変化と衰退」『韓国近現代史研究』六二集、韓国近現代史学会、一七六～二一二頁（〃衡平社의 성격변화와 쇠퇴〃『한국근현대사연구』（한국근현대사학회）62집、176～212쪽）

林淳萬 一九九三 「キリスト教の伝播が白丁共同体に及ぼした影響」『衡平運動の再認識』衡平運動七〇周年記念事業会編集、ソル出版社：ソウル、六五～一〇二頁（〃기독교 전파가 백정공동체에 미친 영향〃 형평운동70주년기념사업회 엮음、『형평운동의 재인식』（서울、솔출판사）65～102쪽）

[日本語]

秋定嘉和 一九七四 「朝鮮衡平社運動―日本の水平社運動と関連して」『部落解放』五二号、四五～五七頁

池川英勝訳、秋定嘉和解説 一九七一～一九七二 「東亜日報（一九二三～二八年）にみられる朝鮮衡平運動記事」（一

～三）『朝鮮学報』六〇輯（一九七一・七）、六二輯（一九七二・一）、六四輯（一九七二・七）
池川英勝　一九七四「朝鮮衡平運動史年表」『部落解放研究』三号、五一～九四頁
池川英勝　一九七七「朝鮮衡平社運動について」『朝鮮学報』八三輯、一四一～一六二頁
池川英勝　一九七八「朝鮮衡平運動の史的展開―後期運動を通じて」『朝鮮学報』八八輯、七三～一〇一頁
金井英樹　二〇〇〇「朝鮮の被差別民と衡平社運動―水平社との交流ノート」『水平社博物館研究紀要』二号、四六～七五頁
金永大　一九八八『朝鮮の被差別民衆―「白丁」と衡平運動』（大阪、部落解放研究所）
金靜美　一九八一「十九世紀末・二十世紀初期における「白丁」」飯沼二郎・姜在彦編『近代朝鮮の社会と思想』未来社
金靜美　一九八三「朝鮮の被差別民「白丁」―日帝下における生活と解放運動」『喊声』五号（七四書房）四四～六二頁
金靜美　一九八四「衡平運動の過去と未来―衡平社創建六十周年にあたつて」『差別とたたかう文化』一三号、一九～三一頁
金靜美　一九八九「朝鮮独立・反差別・反天皇制―衡平社と水平社の連帯の基軸とはなにか」『思想』七八六号、八六～一二四頁
金仲燮　二〇〇三『衡平運動―朝鮮の被差別民・白丁その歴史とたたかい』髙正子訳（大阪、部落解放・人権研究所）
金仲燮　二〇一三「衡平社と水平社の比較―創立期の類似性と差異」『紀要』（和歌山人権研究所）四号、一五五～一七四頁
衡平運動七〇周年記念事業会編　一九九四『朝鮮の「身分」解放運動』（民族教育文化センター訳）（大阪、部落解放研究所）
徐知伶　二〇一一「植民地期朝鮮における衡平運動の研究―日本の水平運動の観点から」桃山学院大学博士学位論文
辛基秀　一九八四「証言・水平社と衡平社の交流」『差別とたたかう文化』一三号、三三一～四三頁
辛基秀　一九九二「水平社と衡平社の連帯」『解放教育』二八四号

朝鮮総督府警務局　一九三三、一九三五『最近に於ける朝鮮治安状況』
塚崎昌之　二〇〇七「水平社・衡平社との交流を進めた在阪朝鮮人―アナ系の人々の活動を中心に」『水平社博物館研究紀要』九号、一～三八頁

【英　語】

Kim, Joong-Seop（1989）, "Social Equity and Collective Action: The Social History of the Korean Paekjong under Japanese Colonial Rule,"（博士学位論文, Hull University）
Kim, Joong-Seop（1999）, "In Search of Human Rights: The Paekchong Movement in Colonial Korea," Gi-Wook Shin. Michael Robinson（編）, *Colonial Modernity in Korea*（Cambridge, London, Harvard University Asia Center, 1999）, 311～335.
Kim, Joong-Seop（2003）, *The Korean Paekjong under Japanese Rule: The Quest for Equality and Human Rights*（London, RoutledgeCurzon）.
Neary, Ian（1987）, "The Paekjong and the Hyongpyongsa: The Untouchables of Korea and Their Struggle for Liberation," *Immigrants and Minorities*, 6巻2号、117～150.
Passin, Herbert（1956）, "The Paekchong of Korea: A Brief Social History," *Monumenta Nipponica* 12巻1～2号、27～72.
Rhim, Soon Man（1974）, "The Paekjong: Untouchables of Korea," *Journal of Oriental Studies*（HongKong）12巻、30～40.
Shaw, William（1991）, "Between Class and Nation: The Equalization Society of the 1920s," William Shaw（編）, *Human rights in Korea: Historical and Policy Perspectives*（Cambridge and London,Harvard University Press）, 91～111.

収録史料　解題

水野直樹

はじめに

本史料集は、植民地期朝鮮における衡平運動に関する史料を三部に分けて収録・編集している。第一部は衡平運動の概況を記した史料、第二部は衡平社の集会や会合、通信などの活動状況をその時点で記録・報告した文書史料など、第三部は衡平社の後継団体である大同社に関する史料を収録している。

本史料集を利用するには、もとの文書がどのようなものであるかを知っておく必要がある。ここでは、文書の由来、作成主体、もとになった情報の入手方法など、史料の解読に必要なことがらを記しておくことにする。共通する史料源が多い第一部・第三部と、史料集の大半を占める第二部とに分けて、それぞれの史料源について説明する。

一　第一部「朝鮮衡平運動の概況」、第三部「大同社関係史料」

1　年報「治安状況」

朝鮮総督府警務局、または京畿道警察部・江原道警察部が作成した年報形式の「治安状況」から衡平運動に関して記述した部分を抜粋している。警務局などが作成した年報は、時期により、また作成主体により「治安状況」「治安概況」「最近に於ける朝鮮治安状況」などとタイトルに違いがあるが、ここでは一括して「治安状況」としておく。

韓国併合後の一九一〇年代の朝鮮においては、「憲兵警察制度」がとられていた。警察の元締めは、朝鮮総督府警務総監部（それと表裏の関係にあった朝鮮憲兵隊司令部）であり、日本人が多く居住する都市部では警察署、朝鮮人が圧倒的多数を占める農村部では憲兵隊が治安を担っていた。この時期にも「治安状況」に類する文書が作成されていた可能性があるが、いまのところその存在は知られていない。

三・一運動後の一九一九年八月に憲兵警察制度が普通警察制度に改められた際、警務総監部は総督府の内局である警務局に改編され、各道の警察部（一九二一年二月までは第三部と呼ばれていた）を統轄することになった。つまり、警察機構としては、警務局─道警察部─警察署という体制が築かれたのである。

朝鮮総督府警務局作成の「治安状況」は、個々の事件や団体に関する情報を記したものではなく、独立運動や社会運動の経過・現状とそれに対する取締り状況を概括的に記述した年報形式の部内資料である。朝鮮内の動向だけでなく、朝鮮外での独立運動の動きや日本「内地」への労働者渡航状況などについても記述している。朝鮮の警察の元締めである警務局が作成した資料であるだけに、下部の警察署や他の治安機関（憲兵隊など）から送られてきた情報にもとづく記述がなされている。警務局が中国（「満洲」を含む）の主要都市で情報活動をするために送った派遣員からの情報も利用されている。

警務局の「治安状況」は、一九二〇年分から作成されるようになったと思われる[1]。当初は謄写刷りの資料であったので、多くの部数が印刷されたとは思われない。一九三〇年代には活字印刷されるようになったので、それなりの部数が印刷され、各地の警察署などにも送られたと見られる。

一九二三年に衡平社が創立されると、「治安状況」各年版にそれに関する記述が登場することになった。本史料集には、一九二四年（大正一三年）版以降、現在見ることのできる「治安状況」の記述をすべて収録した。内容的には重複する記述が多いが、衡平運動のおおまかな流れを把握するのに役立つだけでなく、警察機構の元締めが衡平運動をどのように認識していたかをも知ることができる。

警務局だけでなく、各道の警察部も「治安状況」と題する（あるいは「治安概況」など類似するタイトルの）資料を毎年作成していたと思われるが、現在見ることができるのは、そのうちの一部にすぎない。(2) 本史料集では、京畿道警察部による「治安概況」（一九二五年、一九二九年、一九三一年、一九三四年、一九三五年の五年分）、江原道警察部作成の「治安状況」（一九二四年、一九三八年度の二年分）から衡平運動関係の記述を抜粋した。各道警察部による「治安状況」は、当然のことながら、主に管轄地域の状況を記述したものとなっているが、京畿道警察部の「治安状況」は、衡平社本部が京城に存在していただけに衡平社本部や衡平運動全体の動向についても記している。警務局の「治安状況」が残っていない年度の情報を補う意味でも、京畿道警察部の「治安状況」は重要な史料である。

2　朝鮮総督府「帝国議会説明資料」

帝国議会に出席した朝鮮総督府官僚（政務総監や各局長）が議員の質問に答える際の材料として、総督府各部局が作成した部内資料で、謄写刷またはタイプ印刷で作成された。議会が開かれるごとに作成されたようだが、答弁用の資料という性格だったためごくわずかな部数しか印刷されなかったと見られる。そのうちの一部が日本と韓国の文書館などに残っており、復刻版『朝鮮総督府帝国議会説明資料』（不二出版）として刊行されている。他では見られない内容を多く含んでおり、植民地支配政策を研究する上で貴重な史料となっている。

このうち警務局が作成した説明資料は、治安状況などについて記述しており、前記の年報「治安状況」とほぼ同じ形式で記述されている。一九二五年の警務局作成分に衡平運動に関する記述が見られるので、第一部にこれを抜粋して収録した。また一九三七年の警務局作成分に見られる大同社に関する記述は、第三部に抜粋して収録した。

3　朝鮮軍参謀部「朝鮮衡平運動ニ関スル考察」「朝鮮思想運動概況」

朝鮮総督府警務局や朝鮮憲兵隊とともに朝鮮軍（朝鮮に駐屯する日本陸軍部隊で、司令部は京城南部の龍山に置かれていた）も朝鮮の各種運動に関する情報を収集していたが、その詳細はほとんどわかっていない。その点からいうと、本史料集に収録した朝鮮軍参謀部「朝鮮衡平運動ニ関スル考察」[3]（一九二四年七月）は、朝鮮軍による情報活動を知るうえでも貴重な史料である。

一九二六年五月に朝鮮軍参謀部が作成した「大正十五年度諜報計画ノ概要」[4]は、「参謀本部ノ要求竝朝鮮防衛ノ見地ニ基ク作戦資料ノ蒐集及思想諜報ニ努力スルト共ニ鮮内外ニ於ケル不逞団ノ統計的調査ヲ完備シ作戦、動員、宣伝謀略ニ関スル資料ヲ蒐集ス」としており、朝鮮軍参謀部は独立運動などに関する情報を収集していたことがわかる。ただし、諜報計画の要領を記した部分では、朝鮮軍が主な対象とするのは朝鮮外の軍事情報や独立運動情報であり、「鮮内諜報ノ主体ハ朝鮮憲兵隊トシ師団以下各守備隊ノ情報及一般警務情報ヲ参酌シ鮮内綜合情報ノ完成ニ努ム」としており、朝鮮軍参謀部は朝鮮内の思想関係情報の収集に力点を置いておらず、それについては憲兵隊や警察当局に任せていたことがわかる。

翌年に作成された朝鮮軍参謀部「昭和貳年度朝鮮軍諜報計画」[5]でも、前年と同じ計画を記した上で、「朝鮮憲兵隊司令官ニ対スル要求」を具体的にあげている。そのうちの「第一要求（鮮内人的諜報事項）」には、「鮮内鮮人ヲ主体トスル思想、宗教、労農、政治等各種団体ノ統計的調査及其ノ消長ニ関スル将来ノ観察」などと書かれており、朝鮮内の各種運動情報に関しては憲兵隊に提供を求めるとしていたことがわかる。

しかし、これらの「諜報計画」策定以前の時期には、朝鮮軍自体も朝鮮の独立運動や社会運動・思想運動にそれなりの注意を払っていたようである。「朝鮮衡平運動ニ関スル考察」とほぼ同じ時期には、朝鮮軍司令部『(秘) 不逞鮮人ニ関スル基礎的研究』（大正一三年六月一日於朝鮮軍司令部調製、活版五四頁）[6]という資料も作成しており、一九二四年頃までは社会運動・思想運動などの情報を独自に収集し分析していたと思われる。

朝鮮軍はその後、一九三〇年一月に「朝鮮軍司令部思想研究委員規定」を策定し、ふたたび朝鮮内の各種思想運動に注意を払うようになった。同規定では、「朝鮮軍司令部思想研究委員（略称軍思想委員）ハ主トシテ鮮内各種思想運動ニ関スル情報ノ蒐集、行動ノ監察、朝鮮ニ於ケル民族思想推移ノ研究考察竝ニ是カ対策ノ研究立案ニ任シ兼テ軍隊、在郷軍人、青年等ニ対スル思想的影響ニ関スル事項ヲ掌ル」とされている。思想研究委員会は軍参謀長を委員長として、幹事に情報主任参謀、委員に警備主任参謀、司令部附将校・通訳官、法務官、憲兵司令部将校などが加わって構成することとされている(7)。

この委員会が一九三〇年代前半にどのような活動を行ったかは明らかでないが、一九三〇年代後半になると、朝鮮軍参謀部の名前で「朝鮮思想運動概況」などの資料が作成されるようになった。朝鮮軍は戦時体制の構築を意識して、再び朝鮮内の社会運動・思想運動に関する情報を積極的に収集したのであろう。「朝鮮思想運動概況」は謄写刷り、半年報形式の部内秘の資料で、昭和一一年前半期分から昭和一五年前半期分まで発行されたことが確認されている(8)。

この「朝鮮思想運動概況」には、大同社の動きについて簡略な情報が記されており、これまで史料が少なくあまり知られていない大同社の活動を明らかにする上で貴重な史料となるものである。

なお、本史料集には、朝鮮憲兵隊司令部『昭和十四年朝鮮治安関係一覧表』から、衡平団体の数と加入者数を記した図を抜粋・収録している。この史料には、衡平団体のほか、民族団体・労働農民団体などの数と加入者数、さらに要視察人の数などを記した図が掲載されているが、いずれもどの時点での数字であるかが記載されていないので、これらの数字を鵜のみにすることはできない。今後、検討が求められる問題である。

4　『倭政時代人物史料』

『倭政時代人物史料』(9)は、作成者や作成時期が不明の史料である。「倭政時代」となっていることから、このタイトルが植民地支配からの解放後に付されたものであることは明らかである。

五冊からなる『倭政時代人物史料』の内容から判断すると、警察当局が監視の対象としていた人物や団体、さらには雑誌刊行者などに関する情報をまとめたものと考えられる。記されている情報から見ると、一九二〇年代半ばに作成されたものであることがわかる。また、人物、団体、雑誌刊行者についてそれぞれ書式の決まった用紙を使っているので、一定の基準のもとに監視対象を選んでいたと推測される。

他方で、この史料全体を見ると、対象とされる人物や団体が京城、咸鏡北道、全羅北道など朝鮮のいくつかの地方にまたがっていること、にもかかわらず朝鮮全体をカバーしているわけではなく、監視対象が網羅されているわけでもないことがわかる。その点を考慮すると、視察対象者・団体に関する情報を整理するために定められた様式にしたがって記載した文書ではあるが、警務局あたりに備置されていたものではなく、特定の警察関係者が作成・所持していた資料とみなすのが妥当と思われる。

『倭政時代人物史料』で対象となっている衡平運動団体やその活動家は多くないが、団体の活動状況、活動家の家庭状況、学歴、職業などを具体的に知ることのできる興味深い史料であるので、関係部分を抜粋・収録した。

二　第二部「京城地方法院検事局文書ほか」

1　来歴と残存状況

本史料集に収録する史料の大半を占めるのは、京城地方法院検事局の文書ファイルに綴られている衡平社の活動に関する報告文書である。京城地方法院検事局が蓄積・保管していた文書ファイルは現在、韓国の国史編纂委員会と高麗大学校亜細亜問題研究所の二ヵ所に保存されている。そのうち「思想ニ関スル情報綴」などの表題が付された文書ファイルから衡平社に関わる文書を選んで収録した[10]。

植民地期の京城地方法院は、現在の日本の地方裁判所に当たるものであった。植民地期朝鮮の裁判所制度は、高等法院―覆審法院―地方法院の三つのレベルで構成されていた。植民地である朝鮮は日本「内地」とは法域が異なる（法律制度そのものが異なる）ため、高等法院が最上級の裁判所であって、「内地」の大審院（現在の最高裁判所）に判断を求めることはなかった。

検察に関しては、戦前日本の制度と同じく、裁判所（法院）に並置して検事局が設けられていたので、高等法院検事局、覆審法院検事局、京城地方法院検事局などという名称であった。ただし、検事局は法院に従属していたわけではない。高等法院と覆審法院の検事局の長は検事長、地方法院検事局の長は検事正と呼ばれていた。

一九二〇年代後半の朝鮮には一一の地方法院があった。つまり、朝鮮一三道すべてに設置されていたわけではないのである。そのため、京城地方法院は京畿道のほか江原道（三つの郡を除く）を管轄していた（また、公州地方法院は忠清南道・忠清北道を管轄していた）。京城地方法院検事局の管轄区域も同じであったので、京城地方法院検事局の文書ファイルには、京畿道だけでなく江原道の警察部・警察署から送られてきた文書も綴られている。

現在、国史編纂委員会と亜細亜問題研究所に保存されている文書ファイル以外にも、京城地方法院検事局では多くの文書ファイルを作成し保管していた。しかし、日本敗戦直後の朝鮮で、軍隊・警察関係の文書にとどまらず朝鮮総督府とその付属官署のほとんどで文書の焼却がなされた際に、検事局でも多数の文書が焼却されたと思われる。しかし、幸いなことに京城地方法院検事局の文書の一部は焼却を免れた。

これらの文書は大韓民国政府樹立後もソウル地方検察庁に保管されていたが、一九六〇年代から七〇年代にかけて高麗大学校亜細亜問題研究所で韓国共産主義運動史の体系的な研究がなされた時、その責任者であった金俊燁らが文書ファイルの一部を高麗大に移したと見られる。(11) 独立運動に参加した経歴をもち、高麗大総長にもなった金俊燁が文書を利用できるように法務当局と交渉したのであろう。

一九八五年に国史編纂委員会がソウル地方検察庁に残っていた文書を引き継ぐことになり、合計六六〇件、一二〇四冊の文書ファイルが国史編纂委員会に移管された。大韓帝国期（一八九七～一九一〇年）と朝鮮解放後

（一九四五年以降）の文書ファイルも少し混じっていたというが、大半は日本支配期の独立運動などに関する記録、検挙事件の記録（訊問調書や裁判記録など）であった。

さらに、国史編纂委員会は一九九六年に、大検察庁（日本の最高検察庁に当たる）から京城地方法院検事局の「思想ニ関スル情報綴」「検察事務ニ関スル記録」「思想問題ニ関スル調査書類」などのタイトルが付けられた報告文書ファイルを含む「庶務記録」（冊数不明）を引き継ぐことになった。ソウル地方検察庁が保管していたこれらのファイルが、時期は不明だが大検察庁に移管されていたからである。

以上のような経緯のため、京城地方法院検事局の文書群は、国史編纂委員会と高麗大学校亜細亜問題研究所の二機関に所蔵されることになったが、両機関への引き渡しは明確な分類にもとづいてなされたわけではないため、一連の文書ファイルが両機関に分かれて保存されるという複雑な状態になっている場合がある。例えば、昭和五年の「思想ニ関スル情報綴」のうち、第一冊（次表では一九二九年の文書ファイルと見なしている）、第二冊、第六冊、第七冊、第一〇冊は国史編纂委員会に、第三冊、第四冊、第五冊、第九冊は亜細亜問題研究所に所蔵されている（第八冊は所在不明）[12]。

「思想ニ関スル情報綴」などの表題を持つ京城地方法院検事局のファイルは、現在、国史編纂委員会に四一冊、高麗大学校亜細亜問題研究所に一二冊が所蔵されている（国外情報を綴ったファイルを除く）。両機関所蔵のファイルを年度別に整理してみると、次表のようになる。年度をまたいで文書が綴られているファイルもあるが、文書が綴られ始めた年のものとみなした。

この表から、一九二二年から一九四一年までのファイルが両機関に残っていること、ただしそれぞれの年に作成されたファイルが完全に残っているわけでないことがわかる。一九二二年と二三年については、憲兵隊から送られた文書の綴りだけが残っており、警察署からの報告文書綴りは失われたと思われる。また、一九三五年のファイルが、どちらの機関にも所蔵されていないことに注意しておきたい。つまり、衡平社創立時期の文書と、衡平社が大同社に改

表　京城地方法院検事局「思想」関係文書綴

所蔵機関	国史編纂委員会	高麗大学校亜細亜問題研究所
1922年		情報（憲兵隊ノ一部）
1923		情報（憲兵隊ノ一部）
1924	検察行政事務ニ関スル記録（1，2）	
1925	検察事務ニ関スル記録（1，2）	
1926	検察事務ニ関スル記録（3）、 思想問題ニ関スル調査書類（1，2）	
1927	思想問題ニ関スル調査書類（3）	
1928	思想問題ニ関スル調査書類（4、5）	
1929	思想問題ニ関スル調査書類（6、7）、 思想ニ関スル情報綴（1）、 表題不明（注1）	思想問題ニ關スル調査書類
1930	思想ニ関スル情報綴（2、6、7、10）	思想ニ關スル情報綴（3、4、5、9）
1931	思想ニ関スル情報（副本）、 思想ニ関スル情報綴（1）、 思想ニ関スル情報（1）	思想ニ關スル情報綴
1932	思想ニ関スル情報（2、3、4、5）	思想ニ關スル情報（2冊）
1933	思想ニ関スル情報（6）、 思想ニ関スル情報綴（2）、 思想ニ関スル情報（警察）	
1934	思想ニ関スル情報（7）	
1935		
1936	思想ニ関スル情報綴（3）	
1937	思想ニ関スル情報（副本2）、 思想ニ関スル情報（8）	思想ニ關スル情報綴
1938	思想ニ関スル情報綴（9、10、11）	
1939	思想ニ関スル情報（道警察部長）、 思想ニ関スル情報綴（4）、 思想ニ関スル情報（13）	思想ニ關スル情報綴
1940	思想ニ関スル情報（12）、 思想ニ関スル情報（警察署長）	
1941	思想ニ関スル情報（14）	

（注1）国史編纂委員会では「思想に関する書類1」という表題をつけているが、原本の表紙が破損しているため、もとの表題は確認できない。

称した時期の文書は、残っていないことになる。

本史料集第二部に収録した文書のほとんどは、両機関に所蔵されている「思想ニ関スル情報綴」ファイルに綴られている文書から衡平社関係のものを選び出したものである。ただし、他の団体の集会などで衡平社のメンバーが祝辞を述べたことなどが記録されている文書も多数あるが、それらは収録していない。

2 「思想ニ関スル情報綴」

次に、京城地方法院検事局の庶務記録文書のうち「思想ニ関スル情報綴」などのタイトルをもつファイルにどのような文書が綴られているかを見ておこう。

これらの文書ファイルは、京城地方法院検事局が主に管轄地域内の警察署から受け取った報告文書を綴ったものである。ごく僅かだが、上部の高等法院検事局や管轄地域内にある憲兵隊から送られてきた文書も綴られている。

これらの文書ファイルがどのようなものであるか、またそのファイルにどのような文書が綴られているかを知るために、例として国史編纂委員会に所蔵されている一九三〇年の「思想ニ関スル情報綴」第六冊を見ておこう。

表紙の上に記されている「大検20」「104」は、大検察庁から国史編纂委員会がファイルを引き継いだ際に付した分類番号である。それを除けば、文書ファイルの表紙は、京城地方法院検事局に保管されていた時のままと思われる。

上部に「庶務記録」と印刷され、右側に「㊙部書類」「京城地方法院」と記されている。「㊙」はハンコ、「地方」は手書きである。中央にファイル名を記す欄が大きくとられ、手書きで「思想ニ関スル情報綴　第六冊」と書かれている。左に文書が綴られた時期を記載する欄があるが、このファイルではそれが書かれていない。何年のファイルであるかは、中の文書を見なければわからない。

ファイルの最初には文書名などを記す用紙が綴られている。ファイルの目次にするために、文書を受け取った順番に文書名をこの用紙に記載していったものと思われる。用紙の最初に「京城地方法院検事局思想部　思想係検事控」と書かれているので、この文書ファイルが京城地方法院検事局思想部の思想係検事の手もとにあったものであることがわかる。「控」というのは副本を示すものであろう。

「思想係検事」の下には「森浦」のハンコが押されている。この時期に思想係検事を務めていた森浦藤郎が保管していたことを示すものであろう。その次の行に記される「高等法院検事長　検事」の下には「山澤」「伊藤」、「覆審法院検事長　検事」の下には「境」「柳原」などのハンコが押されている。高等法院検事局検事長の山澤佐一郎、思想係検事の伊藤憲郎、覆審法院検事局検事長の境長三郎、思想係検事の柳原茂がこのファイルを閲覧したことを示していると思われる。

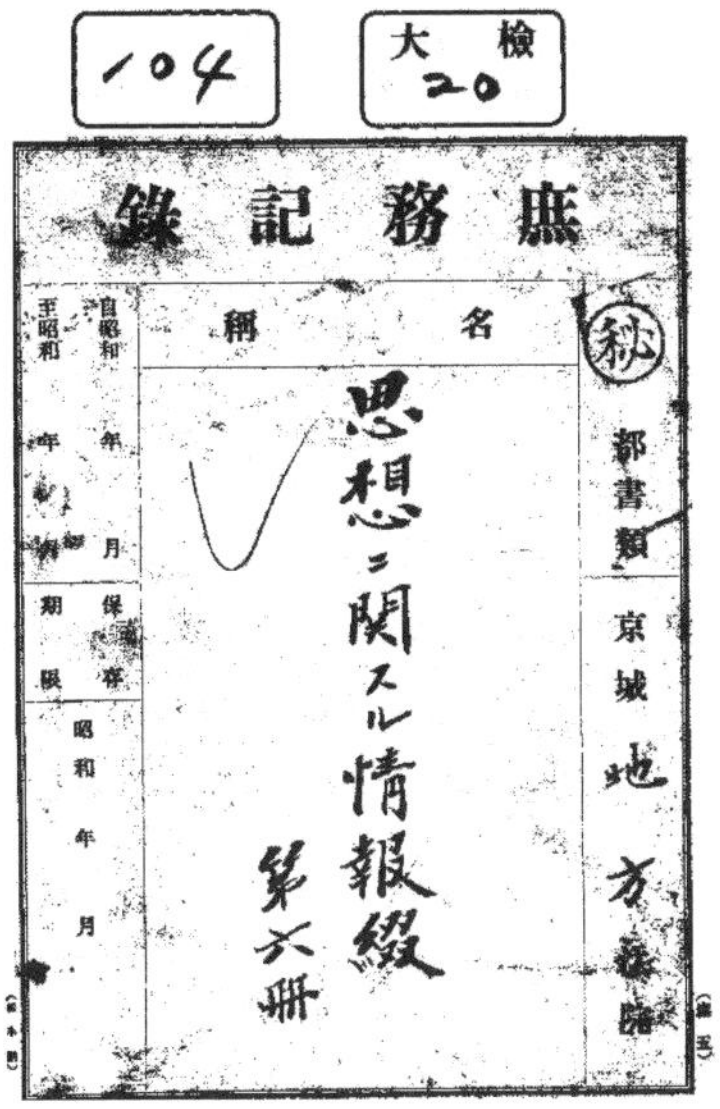

昭和５年「思想ニ関スル情報綴　第六冊」表紙

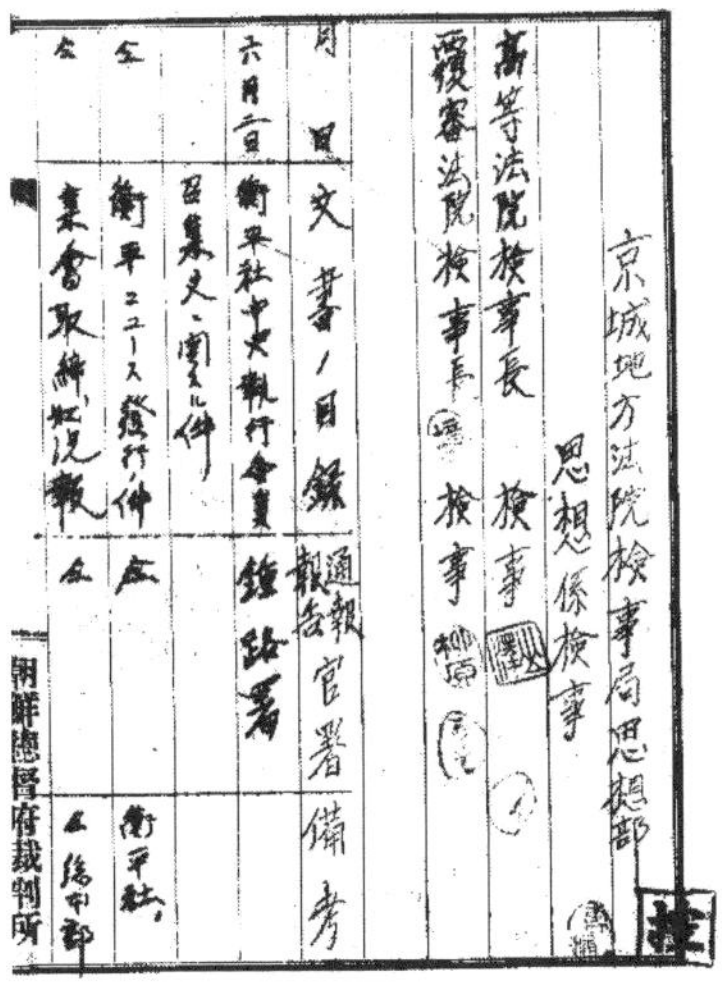

目次の一部

この目次に沿って、ファイルに綴られている文書の表題、作成者、日付をあげておこう。ただし、このファイルには、同年五月末から六月末までに京城地方法院検事局が受け取った文書約一九〇件が綴られているので、左記の文書はそのうちのごく一部にすぎない。日付は検事局が受け取った日付ではなく文書が作成された日付とし、文書名だけでは内容がわからない場合は、〔　〕内にそれを補っておく。また、原文のカタカナはひらがなに置き換えた。(13)

（件名）	（送付元）	（送付日）
衡平社中央執行委員召集文に関する件	京城鍾路警察署長	五月三〇日
衡平ニュース発行の件	京城鍾路警察署長	五月三〇日
集会取締状況報告〔衡平社総本部〕	京城鍾路警察署長	五月三〇日
集会取締状況報告〔衡平社京城支部〕	京城鍾路警察署長	五月三〇日
中東学校盟休事件に関する件	京城鍾路警察署長	五月三〇日
中東学校盟休事件に関する件（続報）	京城鍾路警察署長	五月三〇日
中東学校盟休に関し他校生の動静の件	京城鍾路警察署長	六月二日
青総府郡代表者に関する件	京城鍾路警察署長	六月二日
集会取締状況報告（通報）〔苦学生カルトプ会〕	京城鍾路警察署長	六月二日
集会取締状況報告（通報）〔朝鮮学生会〕	京城鍾路警察署長	六月二日
苦学堂生徒の暴行に関する件	京城鍾路警察署長	六月二日
苦学堂生徒の暴行に関する件	京城鍾路警察署長	五月三一日
団体移動に関する件〔京城木工組合〕	京城鍾路警察署長	六月二日
協同組合運動社移転に関する件	京城鍾路警察署長	五月二六日
団体異動報告（通報）〔大倧教南道本司〕	京城鍾路警察署長	五月二九日
団体異動報告（通報）〔東西医学研究会〕	京城鍾路警察署長	五月二九日
団体異動報告（通報）〔現代少年倶楽部〕	京城鍾路警察署長	五月二九日
団体名簿異動報告〔大倧教南道本司〕	京城東大門警察署長	五月三〇日
集会取締状況報告（通報）〔基督信友会本部〕	京城鍾路警察署長	五月三一日

集会取締状況報告（通報）〔侍天教少年会〕　京城鍾路警察署長　六月二日
集会取締状況報告（通報）〔京城出版労働組合〕　京城鍾路警察署長　六月二日
中東学校盟休に関する件　京城鍾路警察署長　六月三日
中東退学生動静に関する件（続報）　京城鍾路警察署長　六月四日
中東学校盟休生暴行に関する件　京城西大門警察署長　六月四日
中央基督教青年会学校生徒盟休に関する件　京城鍾路警察署長　六月四日
集会取締状況報告（通報）〔槿友会京城支会〕　京城鍾路警察署長　六月三日
集会取締状況報告（通報）〔新幹会京城支会〕　京城鍾路警察署長　六月三日
集会取締状況報告（通報）〔槿友会〕　京城鍾路警察署長　六月四日
集会取締状況報告（通報）〔新幹会京城支会〕　京城鍾路警察署長　六月三日
集会取締状況報告（通報）〔天道教女性同盟〕　京城鍾路警察署長　六月三日
集会取締状況報告（通報）〔天道教旧派〕　京城鍾路警察署長　六月三日
団体改名に関する件〔普専親睦会〕　京城鍾路警察署長　六月四日
保釈者動静内査方の件〔安夢龍〕　京城鍾路警察署長　六月四日

ここにあげた文書では、二つを除いて鍾路警察署長からの報告となっているが、他の時期のファイルでは鍾路警察署以外の警察署からの報告もかなり見られる。とはいえ、鍾路警察署の報告が多いのは、京城府内で鍾路地区は朝鮮人街の中心に位置するところであり、各種の団体事務所や会館などが集中していたからである。衡平社本部の事務所は何度か移転しているが、すべて鍾路警察署管内にあったため、衡平社に関わる文書はほぼすべて鍾路警察署が作成したものとなっている。

文書の表題から知り得るように、警察署は社会運動団体のみならず、学生団体や宗教団体についても情報を収集していた。学生の同盟休校に関する情報や保釈者の動静情報などにも神経をとがらせていたことがわかる。「思想ニ関スル情報綴」と題する文書ファイルは、何らかの法令に違反したとして検挙した事件ではなく、警察署が団体の動向を調査したり、会合を取締り・監視したりした結果を上部機関（道警察部、総督府警務局、地方法院検事局）に報告するために作成した文書が綴られているのである。

ところで、「思想ニ関スル情報綴」ファイルの中には、表紙に「京城地方法院検事局思想部」と記されたものが何冊か見られる。また前述のように、目次の最初に同じように記されているものもある。表紙には単に「京城地方法院検事局」とだけ記されているものの方が多いが、それらも含めてすべての文書ファイルは京城地方法院検事局思想部が保管していたものと考えてよい。

3　京城地方法院検事局思想部

では、京城地方法院検事局思想部とはどのようなものだったのだろうか。この思想部がいつ設けられたのか、そもそも検事局の機構の中で正式のものだったかどうかなどは、いまのところ明らかでない。知り得ることは、一九二七年から高等法院検事局に思想係検事を置くことが検討され、翌一九二八年初めに伊藤憲郎（京城覆審法院検事局検事）が高等法院検事局思想係検事となったこと、同年六月には京城地方法院検事局の思想係検事として森浦藤郎が任命されたことなどである。[14] 日本「内地」では、一九二八年春に日本共産党に対する弾圧があり、秋には昭和天皇の即位式が予定される中で、特高警察体制の確立、検察・裁判所での「思想部」設置がなされたが、それに歩調を合わせる形で植民地朝鮮の司法機構においても思想問題・思想運動を専門に扱う部署が設けられ始めたのである。[15]

ただし、京城地方法院検事局に思想係検事が配置され、思想部が設けられる以前にも、民族運動や社会運動に関わる情報を取り扱う検事がいたことは確実である。一九二七年以前の文書には検事正と次席検事のハンコが残されているものが多いので、次席検事が民族運動・社会運動関連情報に関する事務を担当していたと思われる。担当検事の手もとに関連する情報文書が集められ綴られたのが、「検察行政事務ニ関スル記録」（一九二四年）、「検察事務ニ関スル記録」（一九二五～一九二六年）などのファイルであったと考えられる。

4　文書作成者と宛先

京城地方法院検事局に送られ、ファイルに綴られた報告文書は、誰がどのように作成したものであろうか。また、その文書はどこに送られたのであろうか。

ほぼすべての文書の頭に、「京鍾警高秘第〇〇号　京城鍾路警察署長」などと文書番号や作成者名が記されている。これは、京城鍾路警察署長の名義で作成された高等警察関係の秘扱い文書を示すものである。多くの文書では、送り先を「京城地方法院検事正殿」としている。

また、文書末尾に送付先として「報告先　局長、部長、検事正」、あるいは「局、部、検事局」と書かれているものがあるが、これらはそれぞれ朝鮮総督府警務局長、京畿道警察部長、京城地方法院検事局検事正の略称である。「通報先　各警察署」などと記されているのは、文書の内容によっては関係警察署にも通報したことを示している。また、「各道知事」とされているのは、各道知事の下にいる警察部長が文書を閲覧できるようにしたものであろう。文書に日本人の発言や行動が記載されている場合には、「内地」の警視庁にも通報されている。

5　取締り状況

文書の記述から、会合・集会などの取締り状況を知ることができるものがある。それはまた、警察当局がどのような方法で情報を入手し、報告文書を作成したかを示すものでもある。

情報入手の第一の方法は、会合・集会に警察官が臨席するものである。演説などの内容を監視・記録し、場合によっては中止を命じる、さらにそこで配布された文書などを入手することによって、団体などの活動に関する情報を収集していた。

例えば、一九二八年四月に開かれた衡平社第六回大会において、水平社代表として徳永参二（徳永三二）が「日本帝国ノ国勢ヲ四海ニ発揮スル様」との発言をしたのに対して、新幹会の権泰彙らが答弁を求めたが、臨席警官が「斯ル場内ニ於テ斯ル論議ヲ為サシムルハ一般ニ対シ悪影響ヲ及ボスモノト認メ」、司会者に予定された式順により進行するよう「注意ヲ与ヘタルヲ以テ其儘余興ニ移リ」（史料一九二八年No.1。以下「28－1」などと記す）と記録されている。さらに、閉会に当って徳永が再び登壇して「失言」を謝罪、「帝国主義」云々と不穏の言動をしたので、臨席警官が中止を命じた。この文書で興味深いのは、徳永の祝辞の通訳に関して「最初ヨリ通訳ヲ誤リテ出発セル朴世淑ハ故ラニ虚偽ノ通訳ヲ為シ煽動的ニ亘リタルヲ以テ通訳ノ中止ヲ命ス」（史料28－1の別紙第二号）と記されていることである。臨席警官が会合での発言内容やその通訳に神経をとがらせ、その中止を命じることがあったのである。

第二の方法は、団体などの配布文書、大会の議案や郵送物を検閲するものである。

警察当局は衡平社などの団体が地方支部に送った文書をほぼすべて入手していたことが報告文書からうかがえるが、郵送する前に警察が文書を検閲して削除などを命じることもあった。例えば、一九三〇年の衡平社創立第七週年紀念式準備についての通文に、「侮辱ト拘束云々ヨリ両班階級ニ対シ開戦ヲ宣布シ云々」の文章があったため、これを「不穏ト認メ削除（墨汁ヲ以テ抹消）ヲ命ジタリ」としている（史料30－8）。

これらの方法以外にも警察は団体事務所などの監視、活動家の尾行などを行い、活動状況を把握していたことはいうまでもない。

6　臨席（臨監）警察官

このような警察による団体の監視や動向調査を現場で行っていたのは、どのような警察官だったのだろうか。衡平社の会合や集会に臨席警官が立ち会ったことを記す文書があり、それらから警察官の名前を知ることができる。特に一九二九年から一九三一年までの文書には、臨席警官の名前が記されたものが相当数見られる。それらを列挙してみよう。すべて鍾路警察署に勤務する警察官である。

一九二九年八月一九日　中央執行委員会　巡査梅野富士吉（史料29－31）
　九月三日　常務執行委員会　道巡査梅野富士吉（史料29－32）
一九三〇年二月二三日　常務執行委員会　道巡査梅野富士吉（史料30－2）
　三月四日　中央執行委員会　道巡査徐商景　巡査部長高木義雄（史料30－3）
　三月二一日　京城支部復興大会　巡査部長劉承雲　道巡査梅野富士吉（史料30－6）
　四月一〇日　常務執行委員会　巡査部長土井松太郎　巡査梅野富士吉（史料30－9）
　四月二四・二五日　第八回全鮮大会　道警部吉野藤蔵　巡査部長土井松太郎　同劉承雲
　道巡査梅野富士吉（史料30－13）
　四月二五日　第七週年紀念式　巡査部長土井松太郎　巡査梅野富士吉　巡査田村榮二
　同韓昌履（史料30－14）
　四月二六日　中央執行委員会　道巡査梅野富士吉　同山口壽一　同徐商景（史料30－15）
　四月二八日　常務執行委員会　道巡査梅野富士吉（史料30－16）
　五月二九日　京城支部臨時総会　（密察）道巡査梅野富士吉（史料30－19）
　五月二九日　常務執行委員会　（密察）道巡査梅野富士吉（史料30－20）
　六月七日　中央執行委員会　道巡査梅野富士吉（史料30－24）
　九月三日　常務執行委員会　道巡査梅野富士吉（史料30－25）
　一二月一〇日　中央執行委員会　巡査梅野富士吉　同徐商景（史料30－28）
一九三一年一月一六日　常務執行委員会　道巡査梅野富士吉（史料31－1）

三月六日　中央執行委員会　道巡査梅野富士吉（史料31－4）
四月二三日　大会準備委員会　道巡査梅野富士吉（史料31－10）
四月二四・二五日　第九回大会　道警部吉野藤蔵　巡査部長目良安之　同李龍景
同巡査梅野富士吉　同李春淳（史料31－11）
四月二五日　第八回紀念式　道警部吉野藤蔵　道巡査梅野富士吉　同韓昌履（史料31－12）
四月二六日　中央執行委員会　道巡査梅野富士吉（史料31－13）
九月一六日　常務執行委員会　道巡査韓昌履（史料31－17）
一〇月八日　中央執行委員会　巡査部長李龍景　道巡査梅野富士吉（史料31－23）
一〇月三〇日　全鮮臨時大会　道警部補首藤胖　巡査部長目良安之　道巡査梅野富士吉
道巡査徐商景（史料31－30）
一〇月三一日　中央執行委員会　巡査部長李龍景　道巡査山本忠雄（史料31－31）

ここからわかるように、大会など大きな集会には、警部・警部補などの警察幹部を含む四名程度の警察官が立ち合い、執行委員会など小規模の会合には一名ないし二名の警察官が出るのが普通であった。

注目すべきことは、小規模会合の立ち合いについては、臨席警官は日本人一名だけの場合が多いが、二名の場合はほとんど、日本人と朝鮮人の警察官の組み合わせになっていることである。日朝の組み合わせで臨席するというのが慣行になっていたと思われる。会合で使われる朝鮮語をすべて理解するには朝鮮人警察官の方が都合がよかったが、朝鮮人警察官に全面的な信頼を置くことができないため、日本人警察官を同行させたものと解釈することが可能であろう。

とはいえ、日本人警察官も多くは朝鮮語に習熟していたと思われる。特に、ここに記した会合・集会のほとんどに名前が見られる梅野富士吉は、一人だけで臨席警官を務めることも多かったので、朝鮮語がかなり堪能だったと思われる。右の一九三〇年五月二九日の衡平社京城支部臨時総会と総本部常務執行委員会の情況を報告した文書に、臨監警察官として「（密察）道巡査梅野富士吉」と記されているのは、梅野が参加者に紛れて密かに情報を収集したことを表わしているのであろうが、それは梅野の朝鮮語能力が高かったことを示している（ただし、衡平社関係者は梅野の顔を知っていたであろうから「密察」が可能だったとは思えないが）。梅野は下級の警察官であったが、「朝鮮通」と呼ぶことのできる人物であったと思われる。警察を退職した後、京城に朝鮮花譜社という出版社をつくり、「朝鮮各地ノ妓生ノ略歴、技芸ヲ調査シ写真ト併セテ収録」した姜命元著『朝鮮花譜』を発行している[16]。また、鉱山経営を手がける一方、一九四一年一二月にはジャーナリストの梁村奇智城らとともに「教育及文化映画の巡回興行、文化的図書の刊行、映写機の取次販売」などを目的とする朝鮮文化興業株式会社を設立している[17]。

梅野のように何度も臨席警官を務める者は、朝鮮総督府が「朝鮮語奨励規程」にもとづいて実施する朝鮮語試験を受け、語学力を認定されていたと見られる。朝鮮語能力は何段階かの等級に分けて認定され、それに応じて手当が付くことになっていたので、下級の警察官、教員、官庁職員にとっては魅力のあるものであった[18]。

衡平社の大会などに立ち会っている警部吉野藤蔵も、梅野と同じく長く朝鮮に住む「朝鮮通」であった。併合前の大韓帝国時代に朝鮮に渡っていた吉野は、一九二〇年には巡査として独立運動の取締りに当たっており、一九二六年からは警部補として鍾路警察署に勤務し、第一次朝鮮共産党事件では被疑者の取調べを担当したが、拷問を加えたとして告訴されたことでも名を知られている。一九三二年に西大門警察署長となり、一九三四年からは総督府警務局の高等警察課にも兼務の形で勤務した[19]。

吉野が西大門警察署に移動した後、衡平社大会に立ち会った警部首藤胖は、特高警察の中でも思想係と呼びうる警察官だったと見られる。一九二五年以降、警部補として警務局警務課、龍山警察署に勤務した後、一九三一年から一九三三年まで警部として鍾路警察署勤務となった。その後、京畿道内の警察署長を経て、西大門警察署長となったが、京城保護観察所嘱託保護司や総督府警察官講習所助教授も務めている[20]。また、『警務彙報』（朝鮮警察協会発行）

一九四〇年一〇月号に「コミンテルンと思想戦」と題する論考を寄せており、特高警官でありながら思想問題に詳しい人物と目されていたようである。

衡平社の会合・集会で臨席警官を務めた朝鮮人警察官については、ほとんど略歴を知ることができないが、鍾路警察署巡査部長の劉承雲は、特高警官として有名な三輪和三郎（京畿道高等警察課査察係主任、忠清南道高等警察課長など）の部下で、その「頭目」と評される人物であった[21]。

警察の報告文書には、衡平社のビラや各種文書の現物が綴られ、その日本語訳文がつけられているものも多い。これらを詳しく検討すれば、当時の警察官の朝鮮語能力を知ることができるかもしれない。

7　集会など取締りの法的根拠

ところで、収録文書を読めばわかるように、衡平社などの会合・集会は警察の取締りを受けていたが、その法的根拠はどのようなものだったのだろうか。

「政事ニ関スル結社」や集会などの取締りに関して、日本「内地」では治安警察法（明治三三年法律第三六号）があり、これにもとづいて団体の結成や集会の開催は届け出制となっていたが、朝鮮では治安警察法にあたる法令は制定されなかった。

韓国併合直後に「治安警察令」という名称の法令案が検討されたことがあり、また一九二〇年代前半にも同様の法令の必要性が論じられていたが、結局制定を見ることはなかった。その理由は、日本人と朝鮮人に対して異なる処遇、異なる法制度を施すことによって植民地支配の秩序維持を図るというありかたを改めることができなかったからである。韓国併合以前、朝鮮在住日本人に適用される法令と朝鮮人に適用される法令は別々に定められていた。例えば、出版物や新聞に関する取締りなどについて日本人には簡便で、処罰なども緩やかな法令（明治四三年統監府令「出版規則」、明治四一年統監府令「新聞紙規則」）であったのに対し、朝鮮人にはそれより厳しい処罰を定めた法令（一九〇九年大韓帝国法律「出版法」、一九〇七年大韓帝国法律「新聞紙法」）が適用されていた。併合後にこのような状態を解消して、日本人と朝鮮人に同じ法令を適用し取締りも同様なものにすることが検討されたが、在朝日本人からの反発が予想されたため、治安警察令は結局制定されなかったと考えられる。(22)

それでは、植民地期の朝鮮において集会などの取締りは何にもとづいていたのだろうか。朝鮮総督府の警察当局者があげているのは、保安法（一九〇七年大韓帝国法律）と併合直前に公布した明治四三年統監府警務総監部令第三号「集会取締ニ関スル件」である。これらは併合後も効力を有するものとされていたが、集会などを制限・禁止するための条文が規定されているだけで、集会開催の届け出や許可の手続きを定めたものではない。したがって、集会の開催については、その手続きを定めた法令がないだけでなく、警察による取締りも警察の内部規程と担当警察署・警察官の裁量に委ねられることになった。当局者自身も、「之が運用に当り取締官吏に自由裁量の余地を残し居れり」と認めている。(23)

集会への警察官臨席取締り（臨監）に関しても、「内地」の治安警察法にはその規定があるが、朝鮮の保安法には規定がない。にもかかわらず、警察官が臨席して「弁士中止」の命令を出したのは、それなりの内部規程があったとはいえ、担当警察官の「自由裁量」・恣意による面が強かったのである。

8　『朝鮮出版警察月報』

第二部に収録される史料のいくつかは、朝鮮総督府警務局図書課の『朝鮮出版警察月報』から抜粋したものである。警務局図書課は一九二六年四月に設置され、一九二八年九月から部内資料として『朝鮮出版警察月報』（謄写刷）の作成を始めた。一九三七年一二月の第一二三号まで作成されたことが確認され、その現物が京城地方法院検事局に保管されていたが、「刑事事件記録」「庶務記録」（思想ニ関スル情報綴など）とともに、現在は国史編纂委員会に移管されており、同委員会のWebページで公開されている。

朝鮮内で発行される出版物（単行本・雑誌）や新聞紙の取締り状況、日本「内地」や海外から輸移入された出版物・新聞に対する取締り状況を記し、発禁・差押え・削除などの処分に関する統計、処分を受けた出版物・新聞の記事内容要旨を掲載している。朝鮮では合法的に出されるすべての出版物は事前検閲（原稿検閲または校正刷検閲）を受けることになっており、警察の検閲によって削除されるケースがきわめて多かった。そのような出版物検閲の状況を知り得る貴重な史料である。

衡平社関係では、機関誌『正進』で削除された記事、衡平社関係者が書いた文章が削除されたことについての記事が見られる。また、『解放』という雑誌の刊行が計画されていたことも、この史料から読み取れるが、これは今回の史料集によってはじめて明らかになったことである。

9　刑事事件判決文

本史料集第二部には、醴泉事件の予審終結決定書と第一審判決を収録している。これらは、韓国政府の公文書館である国家記録院 Web サイトが公開している「独立運動関連判決文」に収録されているものである。（http://theme.archives.go.kr/next/indy/viewMain.do）

国家記録院は、植民地期朝鮮の刑事事件の判決文をすべて所蔵しているわけではない。現在の韓国の領域にある法院、検察庁や刑務所などに保管されていた判決文、予審終結決定書などを国家記録院が収集したものであるため、朝鮮北部における事件に関する記録はあまり含まれていない。しかし、独立運動史、社会運動史を研究する上で、それらに関連する事件の判決文や予審終結決定書はきわめて重要な史料であるため、国家記録院はそれらを Web サイトで公開している。

「独立運動関連判決文」には、醴泉事件の予審終結決定書と大邱地方法院判決文のほかに衡平運動関係記録は見られない。

おわりに

以上、本史料集に収録した史料の性格を知るために必要なことがらを記したが、誤りや不十分な点があるかもしれない。特に第二部に収録した京城地方法院検事局の文書は、これまで翻刻されたことのない史料群であるため、史料群そのものについての検討は今後の課題として残っていると言わねばならない。衡平運動関係文書だけではあるが、本史料集の刊行によって同史料群が広く活用されるきっかけとなるとともに、その史料的性格についても掘り下げた検討がなされることを期待したい。

ともあれ、植民地支配の前線に立っていた官憲当局が作成した各種の史料から構成される本史料集は、衡平運動研究の進展・深化のための大きな基礎となることを信じてやまないところである。

（1）山口県文書館所蔵の林家史料（朝鮮総督府の警察官だった林利治の旧蔵史料）に、警務局「大正九年一二月　最近ニ於ケル治安情況」（謄写刷）の一部が見られる。この問題については、朝鮮総督府警務局『朝鮮の治安状況　大正一三年一二月』（復刻版、不二出版、二〇〇六年）の解題（宮本正明執筆）を参照のこと。

なお、これまでに刊行された復刻版は、次のとおりである。

『朝鮮治安状況　大正一二年版』高麗書林、一九八九年（全二巻）

『朝鮮の治安状況　大正一三年一二月』不二出版、二〇〇六年

『朝鮮の治安状況』（昭和二年版・昭和五年版）青丘文庫発行、不二出版発売、一九八四年

『最近に於ける朝鮮治安状況：昭和八年・十三年』巌南堂書店、一九六六年

『最近に於ける朝鮮治安状況　昭和一一年五月』不二出版、一九八六年

（2）京畿道警察部「治安概況」（昭和四年五月）と京畿道警察部「治安概況」（昭和六年七月）は、朴慶植編『朝鮮問題資料叢

書』第六巻（アジア問題研究所発行（三一書房発売）、一九八二年）に収録されているが、そこではいずれも「治安状況」というタイトルになっている。これは、底本とされた学習院大学東洋文化研究所友邦協会文庫所蔵本の表紙に「治安状況」と記されているためである。このタイトルは友邦協会に所蔵されるようになった際につけられたものと見られる。目次のページに記されているように、正しくは、「治安概況」であった。

(3) なお、表紙に「別冊「朝鮮ニ於ケル衡平運動」参照」と書かれているが、別冊は所在不明である。

(4) アジア歴史資料センター、レファレンスコード C03022769000

(5) アジア歴史資料センター、レファレンスコード C01003772800

(6) 朴慶植編『朝鮮問題資料叢書』第六巻、アジア問題研究所発行（三一書房発売）、一九八二年、に収録。

(7) 朝参密第一四号、昭和五年二月三日朝鮮軍参謀長「朝鮮軍司令部思想研究委員規定ノ件」アジア歴史資料センター、レファレンスコード C01003892000

(8) 昭和一一年前半期、一三年後半期、一四年前半期、同年後半期、一五年前半期の分が、『朝鮮思想運動概況』として一九九一年に不二出版から復刻されている。また、アジア歴史資料センターでは、これら以外に一二年前半期の分を閲覧することができる（レファレンスコード　C01004294800）。

(9) 原本は韓国・慶熙大学校中央図書館に所蔵されているが、その複写本と思われるものが韓国・国会図書館に所蔵されている。この史料に関しては、張信「日帝下の要視察と『倭政時代人物史料』」『歴史問題研究』第一一集、二〇〇三年（韓国語）、参照。

(10) 国史編纂委員会と高麗大学校亜細亜問題研究所が所蔵するこれらの文書は、次の Web サイトで公開されている。
韓国歴史情報統合システム「日帝京城地方法院編綴資料」　http://www.koreanhistory.or.kr/directory.do?pageType=listRecords&khSubjectCode=KH.04.02.005
（韓国）国会図書館・国会電子図書館（「思想ニ関スル情報綴」などで検索）　http://dl.nanet.go.kr/index.do
また、高麗大学校亜細亜問題研究所所蔵分は、『朝鮮総督府所蔵朝鮮人抗日運動調査記録』（二六リール）としてマイクロフィルム化されている。

(11) 京城地方法院検事局文書の来歴に関しては、チョン・ビョンウク『植民地不穏列伝』歴史批評社、二〇一三年（韓国語）、の補論1「京城地方法院検事局〈刑事事件記録〉」を参考にした。なお、高麗大学校亜細亜問題研究所の共産主義運動史研究は、金俊燁・金昌順『韓国共産主義運動史』全五巻、高麗大学校出版部、一九六七〜一九七六年（韓国語）、として公刊されている。

(12) 亜細亜問題研究所所蔵分に関しては、高麗大学校亜細亜問題研究所『稀貴文献解題―旧朝鮮総督府警務局抗日独立運動関係秘密記録』高麗大学校出版局、一九九五年（韓国語）、という解題目録が出ている。また、国史編纂委員会所蔵分のうち、刑事事件記録については、次の目録がある。国史編纂委員会、『日帝強占期（植民地期）社会・思想運動資料解題』Ⅰ・Ⅱ、国史編纂委員会、二〇〇七年・二〇〇八年。『日帝強占期京城地方法院刑事事件記録解題』国史編纂委員会、二〇〇九年（いずれも韓国語）。

なお、国史編纂委員会は、刑事事件記録を翻刻・翻訳（日本語原文と韓国語訳）した事件別・運動団体別の資料集を、『韓民族独立運動史資料集』（一九八六〜二〇〇七年、全七〇巻）として刊行している。また、事件記録とともに庶務記録をも利用した資料集として、金俊燁・金昌順編『韓国共産主義運動史　資料編』Ⅰ・Ⅱ（高麗大学校亜細亜問題研究所刊、一九七九年・一九八〇年、収録資料は日本語原文のまま）もある。

(13) 目次には、六月二日付で検事局が受け取った「中東学校盟休事件に関する件」が記載されているが、ファイルにはこの文書が綴られていない。

(14) 『中外日報』一九二八年二月二三日、六月七日。

(15) 植民地朝鮮の思想検察・思想検事に関しては、拙稿「植民地期朝鮮の思想検事」『日本の朝鮮・台湾支配と植民地官僚』(International Symposium 30) 国際日本文化研究センター、二〇〇八年、参照。

(16) 『朝鮮総督府官報』一九三七年四月九日。

(17) 『朝鮮総督府官報』一九四一年一二月一日。

(18) 朝鮮語能力試験に関しては、山田寛人『植民地朝鮮における朝鮮語奨励政策』不二出版、二〇〇四年、参照。

(19) 『朝鮮総督府及附属官署職員録』各年版。

（20）『朝鮮総督府及附属官署職員録』各年版。
（21）金八峰「私の回顧録」ホン・ジョンソン編『金八峰文学全集Ⅱ　回顧と記録』文学と知性社、一九八八年、二三四ページ（韓国語）。
（22）この問題に関しては、拙稿「治安維持法の制定と植民地朝鮮」『人文学報』第八三号、二〇〇〇年、参照。
（23）中川利吉『朝鮮社会運動取締法要義』帝国地方行政学会朝鮮本部、一九三三年、一五三ページ。

史料編

凡例

一、本史料編は、日本が朝鮮を植民地支配していた時代に、京城地方法院検事局が保存していた文書を中心として、日本当局側の各種史料から朝鮮衡平運動に関連する史料を選び、翻刻・編纂したものである。

一、史料は第一部「朝鮮衡平運動の概況」、第二部「京城地方法院検事局文書ほか」、第三部「大同社関係史料」に分類し、それぞれの史料は編年（年月日順）に掲載した。

一、各史料には、史料番号・年月日・表題・出典を記した。

・史料番号は、第一部・第三部は各部ごとに、第二部は各年ごとに付した。

・年月日は、その史料が作成された日付を基本とした。

・表題は、史料に記されている件名に準拠したが、編者が一部（　）で補足した。

・出典は、その史料が綴じられていた簿冊名を付した。

一、史料の掲載にあたっては、以下の通りとした。

・俗字あるいは異体字は原則として常用漢字とし、常用漢字にないものは原史料のままとした。

・人名・地名・団体名は、旧字の場合も原史料のままとした。

・平仮名・片仮名・踊り字は原史料のままとしたが、「々」「ゝ」「ヽ」で統一した。

・句読点は原史料のままとしたが、人名・地名などが続く場合などは適宜読点を付した。

・原史料の誤字・脱字は原文のまま翻刻し、必要に応じて行間に傍注を付して（ママ）（カ）とした。

・明らかな誤りの場合は、傍注（　）内に訂正した。

（例）己むをえず→（已）、末だ→（未）

・明らかな誤字が頻出する場合は、同一史料内の初出に限って訂正した。

（例）欧打→（殴）

・人名で複数の用例がある場合は原史料のまま翻刻し、傍注は付していない。

（例）「金士瑍」と「金士典」
「呉成完」と「呉成煥」
「趙貴容」と「趙貴用」
「羅秀完」と「羅秀煥」
「李趾永」と「李址永」
「李景春」と「李京春」
「李漢容」と「李漢用」

・判読不能の場合は、その字数を□で示した。抹消・訂正は、原則として省略した。
・原史料にある「文書ノ目録」「供閲文書ノ目録」、印判などは、煩雑をさけるために省略した。
・史料を理解するうえで必要な注記は、（編者注＝）として文中に記した。
一、原史料が漢字・ハングル混じりの朝鮮文の場合は、以下のように掲載した。
・原史料にある旧字などは、そのまま翻刻したが、読みやすいように分かち書きを施した。
・日本語訳文は、原史料を掲載した後に［編者訳文］と記して掲載した。翻訳にあたっては、できる限り直訳するようにした。［編者訳文］と記していない訳文は、原史料の作成者による翻訳であることを意味する。
・一部の史料は、ハングルの日本語読みを行間に傍注（　）で示した。

（例）서울（ソウル）

（付記）掲載史料には「特種（殊）部落」あるいは「鮮人」など今日では差別的と考えられる用語や表現が見られるが、史料集という本書の性格を考えて原史料のまま掲載した。

細目次

第一部　朝鮮衡平運動の概況

1　一九二四年　衡平運動（江原道警察部）……96
2　一九二四年　朝鮮衡平運動ニ関スル考察（朝鮮軍参謀部）……96
3　一九二四年　衡平運動（朝鮮総督府警務局）……100
4　一九二五年　衡平運動（朝鮮総督府警務局）……109
5　一九二五年　衡平運動ノ概況（京畿道警察部）……113
6　一九二七年　衡平社運動（朝鮮総督府警務局）……114
7　一九二九年　衡平運動ノ概況（京畿道警察部）……125
8　一九三〇年　衡平運動（朝鮮総督府警務局）……125
9　一九三一年　衡平社（京畿道警察部）……127
10　一九三三年　衡平運動（朝鮮総督府警務局）……129
11　一九三四年　衡平社総本部（京畿道警察部）……132
12　一九三五年　衡平社総本部（京畿道警察部）……133
13　一九三六年　衡平運動（朝鮮総督府警務局）……134
14　一九三八年度　衡平運動（江原道警察部）……137
15　一九三九年　衡平団体（朝鮮憲兵隊司令部）……139
16　（年不詳）（朝鮮衡平社関係人物調査）……140
17　（年不詳）（朝鮮衡平社関係団体調査）……141

第二部　京城地方法院検事局文書ほか

一九二三年

1　5月26日　衡平社ニ対スル感想一端　146
2　6月23日　衡平社ニ対スル感想一端　146
3　7月25日　曙光会ト道内一部白丁ノ感想　146

一九二四年

1　4月25日　衡平社創立一週年紀念祝賀式ノ件　150
2　4月26日　衡平社革新同盟総会ノ件　152
3　（月日不詳）朝鮮衡平社革新同盟規約　157

一九二五年

1　4月25日　衡平社大会ニ関スル件（第三回大会）　162
2　4月26日　衡平社第二週年創立紀念祝賀式ノ件　169
3　4月27日　衡平社中央執行委員会ニ関スル件　172
4　4月27日　衡平社員懇親会ニ関スル件　173
5　5月16日　衡平社常務執行委員会ニ関スル件　174
6　8月17日　衡平社中央総本部動静ニ関スル件（醴泉事件）　176
7　8月18日　衡平社ノ中西等主義者招待ニ関スル件　176
8　8月19日　衡平社総本部ノ動静ニ関スル件　179
・衡総第六〇三号「慶北醴泉分社襲撃事件ニ対シテ我カ衡平社員ノ採ルヘキ態度」　179

9　8月19日　・衡総第六〇四号「醴泉暴動事件ニ関シテ」181
慶北醴泉事件ニ対スル衡平社員其ノ他ノ動静ニ関スル件……182
・衡総第六〇四号「醴泉暴動事件ニ関シテ」183
10　8月20日　醴泉衡平社事件対策集会ニ関スル件……183
11　8月20日　衡平社中央総本部動静ニ関スル件（醴泉事件）……187
12　8月20日　慶北醴泉事件ニ対スル衡平社員其ノ他ノ動静ニ関スル件……188
13　8月22日　朝鮮青年総同盟警告文発送ニ関スル件（醴泉事件）……190
14　9月3日　衡平運動ト北風会系主義者ノ行動ニ関スル件……190
15　9月4日　達城郡事件ニ対スル衡平社中央総本部ノ動静ノ件……192
16　9月6日　衡平社中央総本部ノ動静ノ件……193
・衡総第六六四号「全国臨時大会開催ノ件」193
17　9月18日　衡平社幹部歓迎会ニ関スル件……194
18　9月19日　衡平社中央総本部動静ノ件……197
19　11月30日　慶北醴泉事件予審終結決定……197

一九二六年

1　4月19日　思想要視察人連名簿追加ノ件（抄）……204
2　4月25日　衡平社三週年紀念式ニ関スル件……204
3　4月26日　衡平社中央執行委員会ニ関スル件……208
4　4月29日　慶北醴泉事件大邱地方法院判決……211
5　9月17日　各団体ノ動静ニ関スル件（衡平青年聯盟ほか）……216

一九二七年

1　5月30日　朝鮮衡平社常務執行委員会ニ関スル件　222
2　7月4日　衡平学友同盟臨時総会ニ関スル件　223
3　9月14日　衡平社本部行動ノ件（江原道寧越郡での紛糾）　224
4　10月7日　衡平社総本部通文ニ関スル件（本部維持費の督促）　224
5　10月26日　朝鮮衡平社常務執行委員会ニ関スル件　225
6　11月10日　衡平社ノ高麗革命党事件ニ対スル通文ニ関スル件　225
7　11月21日　衡平社中央執行委員会ノ件　226
8　11月24日　朝鮮衡平社総本部通文ニ関スル件（本部維持費の督促）　227
9　11月25日　衡平社常務執行委員会ニ関スル件　228
10　11月28日　衡平社会録印刷ニ関スル件（中央執行委員会）　229
11　12月5日　衡平学友同盟臨時総会ニ関スル件　231

一九二八年

1　4月30日　朝鮮衡平社第六回全鮮大会状況報告通報　234
・別紙第一号／衡平社第六回全国大会地方代議員氏名　239
・別紙第二号／徳永三二ノ祝辞　240
・別紙第三号／（各地の差別事件）　240
・別紙第四号／衡平六年四月　第六回定期大会経理経過報告　244
・別紙第五号／水平社ノ情勢報告　246
・別紙第六号／予算案　247
・別紙第七号／衡平社全国総本部規約起草案　248

・別紙第八号／祝文 249
・別紙第九号／債務分担衡平社名及分担金額 249
・（別紙第十号）／全朝鮮衡平社第六週年紀念大会 250
2　7月18日　朝鮮衡平社夏期講演講座開催ニ関スル通文ノ件 256
・衡総第一三〇号「夏期巡回講演講座開催ノ件」 257
3　7月30日　朝鮮衡平社印刷文ノ件 258
・衡総第一四七号「第一回中央執行委員書面大会顚末報告及び第二回中央執行委員書面大会の件」 259
4　8月3日　衡平社忠南大会及禮山支部設立六週年紀念式開催計画ニ関スル件 260
5　8月6日　朝鮮衡平社印刷文ニ関スル件 261
・「衡平社忠南大会と合せて禮山支部設立六週年紀念祝賀式宣伝文」 262
6　8月21日　朝鮮衡平社最近紛糾事件ニ関スル件 264
・衡総第一七〇号「忠南大会召集に関する件」 263
7　8月22日　衡平社総本部印刷文発送ノ件 266
・「衡平社忠南大会々録」 266
8　9月7日　衡平社常務執行委員会ニ関スル件 271
9　9月8日　朝鮮衡平社総本部巡撫委員派遣通信ニ関スル件 272
10　10月8日　衡平社執行委員会ニ関スル件 273
11　10月　「朝鮮出版警察月報」第三号（『化学世界』第七号） 273
12　11月2日　追悼会延期通知通文発送ニ関スル件 273
・衡総第三一〇号「追悼会延期通知に対して」 274

13　11月27日　衡平学友会ニ関スル件……280
14　12月5日　普通民対衡平社員ノ紛争ニ関スル件……281
・衡総第三六三号「六人の我が家族を救いましょう」281
15　12月5日　衡平忠南産業株式会社設立趣旨書配布ニ関スル件……282
16　12月　「朝鮮出版警察月報」第四号（『解放』創刊号）……286

一九二九年

1　1月7日　朝鮮衡平社通文ノ件……290
・衡総第□□□号「月捐金督促の件」290
2　1月16日　朝鮮衡平社常務執行委員会開催ニ関スル件……291
3　1月26日　衡平社通文発送ニ関スル件……292
・衡総第四二九号「中央執行委員召集の件」292
4　2月27日　朝鮮衡平社第七回全鮮大会準備委員会ニ関スル件……293
5　2月27日　朝鮮衡平社中央執行委員会開催ニ関スル件……294
6　2月　「朝鮮出版警察月報」第六号（楊平支部設立）……295
7　3月6日　衡平社開城支部紛糾ノ件……295
8　3月　「朝鮮出版警察月報」第七号（『正進』創刊号）……297
9　4月2日　朝鮮衡平社印刷文ニ関スル件（代議員証の送付）……297
10　4月2日　朝鮮衡平社ポスター印刷ニ関スル件（第七回大会）……298
11　4月5日　衡平社本部通文発送ノ件……299
・衡総第五二一号「第七回全朝鮮定期大会召集の件」299
・衡総第五二七号「第七週年紀念式に対する通知書」302

12　4月10日　衡平社総本部印刷文ニ関スル件（第七回大会）……303
・「通知書」303
13　4月10日　衡平社全鮮大会準備金ニ関スル件……304
14　4月25日　朝鮮衡平社第七回定期大会ノ件……304
・別紙第一号／開会辞　306
・別紙第二号／出席者　306
・別紙第三号／祝電、祝文　308
・別紙第四号／来賓祝辞　310
・別紙第五号／（規約）310
・別紙第六号／衡平七年度歳入歳出予算表　312
15　4月25日　衡平社員追悼式ニ関スル件……313
16　4月26日　朝鮮衡平社第一回中央執行委員会ノ件……314
17　4月26日　朝鮮衡平社第七回紀念式ニ関スル件……315
・別紙第一号／祝文・祝電　316
・余興プログラム　316
18　5月1日　衡平社本部通文ノ件……318
・衡総第一号「第七回全鮮定期大会、紀念式、追悼式、中央執行委員会に関する顚末」318
19　5月21日　全鮮巡廻委員派遣ノ件……327
・衡総第二九号「全鮮巡廻委員派遣に関する件」327
20　5月25日　全鮮巡廻委員派遣ニ関シ巡廻区域変更ノ件……328
・衡総第三四号「全鮮巡回委員派遣に関する件」328

21　6月1日　衡平社総本部ノ全鮮巡回委員派遣ニ関スル件……329
・「道巡回委員心得」　329
22　6月13日　慶北飢饉救済ニ関スル通文郵送ニ関スル件……330
・衡総第□□号「各支部貴中」　330
23　6月15日　朝鮮衡平社宣言・綱領・規約印刷ニ関スル件……331
・「朝鮮衡平社　宣言、綱領、規約」　331
24　6月15日　衡平社通文ニ関スル件……336
・衡総第六三号「慶北飢饉同胞救済に関する件」　337
25　7月6日　衡平社通文ノ件……337
・衡総第九四号「月捐金督促の件」　338
26　7月29日　朝鮮衡平社執行委員会開催ノ件……339
27　8月7日　衡平社通文発送ノ件……340
・衡総第壱四弐号「中央執行委員会開催に関する件」　340
28　8月8日　雑誌正進社通文ノ件……341
・正発第一三号「本社維持方針に関する件」　341
29　8月14日　衡平社本部会館問題ニ関スル件……342
30　8月15日　衡平社本部内訌ニ関スル件……343
31　8月20日　朝鮮衡平社本部中央執行委員会ノ件……343
32　9月6日　集会取締状況報告（常務執行委員会）……345
33　9月6日　衡平社員ニ対スル同情金募集ニ関スル件……346
34　9月14日　衡平社本部印刷文ノ件……347
・衡総第二一五号「第二回中央執行委員会顛末書」　347

・衡総第二一六号「第三回常務委員会顛末書」 351
・衡総第二一七号「在満同胞救済金募集に関する件」 352
・衡総第二一八号「巡回委員出張に関する件」 353

一九三〇年

1 1月4日 衡平社本部通文ニ関スル件 …… 358
・衡総第参七四号「慶北聞慶事件及び李俊鎬非行事実の正体暴露の件」 358
2 2月24日 衡平社本部常務執行委員会ニ関スル件 …… 359
3 3月5日 集会取締状況報告（中央執行委員会） …… 360
・別紙／金堤警察及金溝駐在所金巡査ガ金正基ニ対スル調査書 361
4 3月7日 金堤衡平社紛糾事件ニ関スル件 …… 362
5 3月10日 衡平社京城支部設立準備会通文印刷ノ件 …… 364
6 3月22日 集会取締状況報告（京城支部の復興大会） …… 364
・別紙／経過報告（写） 365
7 3月24日 衡平社ニュース発行ノ件 …… 366
・「ニュース」第一号 366
8 3月24日 衡平社通文郵送ノ件 …… 368
・衡総第五五四号「全朝鮮衡平社第八回定期大会召集の件」 369
・衡総第五五五号「朝鮮衡平社創立第七週年紀念式準備に対する公文」 371
9 4月11日 集会取締状況報告（常務執行委員会） …… 373

10　4月12日　衡平社ノ通文ニ関スル件（第八回大会の開催）……374
・「貴団体の堅実な発展と同志諸君の健闘を祝します」　374
11　4月14日　衡平社本部通文郵送ノ件（第八回大会ポスター）……375
・「衡平社第八回定期大会を守備せよ」　375
・「親愛なる社員大衆諸君！」　377
12　4月22日　衡平社印刷文ニ関スル件……377
・「大会進行意見書」　377
13　4月28日　衡平社（第八回）全鮮大会状況報告……378
・別紙第一号／場内ニ掲揚シタル標語　382
・別紙第二号／「衡平社第八回定期大会を守備せよ」　382
・別紙第三号／衡平社参加団体及代議員出席者　382
・別紙第四号／大会進行意見書　384
・別紙第五号／祝電・祝文　384
・別紙第六号／（祝辞・各地の差別事件）　395
・別紙第七号／衡平社第八回全鮮定期大会経理部報告書　401
・別紙第八号／（衡平社総本部規約）　402
衡平社支部規約　407
衡平社本部検査委員会細則　411
衡平社本部執行委員会細則　412
・別紙第九号／衡平社定期大会議案　413
・別紙第十号／一九三〇年度予算表　415
14　4月28日　集会取締状況報告（第七週年紀念）……416

・別紙第一号／衡平運動沿革報告書 417
・別紙第二号／祝 418
・別紙第三号／祝辞 418
・別紙第四号／感想談 419
・別紙第五号／余興プログラム 419
15 4月28日 集会取締状況報告（中央執行委員会） 420
16 4月30日 集会取締状況報告（常務執行委員会） 421
17 5月3日 衡平社印刷文ニ関スル件 423
・一九三〇年（衡平八年）会録 423
・衡総第一号「第八回定期大会、紀念式、執行委員会及び常務執行委員会に関する顚末」 423
18 5月3日 衡平社本部内ノ内訌ニ関スル件 436
19 5月30日 集会取締状況報告（京城支部の臨時総会） 437
20 5月30日 集会取締状況報告（常務執行委員会） 439
21 5月30日 衡平社中央執行委員（会）召集文ニ関スル件 440
・衡総第七壱号「第二回執行委員会召集の件」 440
22 5月30日 衡平ニュース発行ノ件 441
・「ニュース」第三号 441
23 6月2日 苦学堂生徒ノ暴行ニ関スル件 444
24 6月9日 集会取締状況報告（中央執行委員会） 444
25 9月4日 集会取締状況報告（常務執行委員会） 446
26 9月12日 衡平社総本部通文ニ関スル件 447

・衡総第一八〇号「巡回委員派遣ニ対シ這間情況ヲ知ラント□□」 447
27 12月3日 衡平社通文郵送ノ件（中央執行委員会の開催） 448
28 12月11日 集会取締状況報告（中央執行委員会） 448
29 12月11日 団体解散ニ関スル件（正衛団・衡平青年総聯盟） 449

一九三一年

1 1月17日 集会取締状況報告（常務執行委員会） 452
2 2月12日 朝鮮衡平社総本部通文ノ件（中央執行委員会） 453
3 2月27日 衡平社総本部動静ノ件 453
・衡総第参壱〇号「第四回中央執行委員会延期の件」 453
4 3月7日 集会取締状況報告（中央執行委員会） 454
5 3月20日 衡平社本部ヨリ公文郵送ノ件 456
・衡総第三一八号「第八回全鮮定期大会に対する各支部の活動について」 456
・衡総第三一九号「大会準備と巡回に対して」 457
6 4月7日 朝鮮衡平社本部通文ニ関スル件 459
・衡総第参百参拾弐号「第十回全朝鮮定期大会召集の件」 459
7 4月11日 衡平社動静ニ関スル件 462
（別紙）「衡平社創立九週年紀念日ニ際シテ」 462
（別紙）「衡平社第十回全体大会ニ際シテ」 463
（別紙）「大会進行意見書」 463

8　4月15日　衛平社本部印刷物郵送ニ関スル件（紀念式）……464
9　4月20日　衡平社通文ニ関スル件（大会に関する準備）……464
10　4月24日　集会取締状況報告（大会準備委員会）……464
11　4月27日　集会取締状況報告（第九回大会）……465
・別紙第一号／出席者　470
・別紙第二号／祝文、第一日　471
・別紙第三号／朗読禁止祝文内容　472
・別紙第四号／情勢報告　473
・別紙第三号ノ二／第二日目朗読禁止祝文内容　474
・別紙第五号／経過報告（含　争議報告）　475
・別紙第六号／衡平社総本部財政部報告　484
・別紙第七号／一九三一年度予算案　484
・別紙第八号／水原支部ノ解消ニ対スル建議案　485
12　4月27日　集会取締状況報告（第八回紀念式）……487
・別紙第一号／衡平社沿革　488
・別紙第二号／祝文　489
・別紙第三号／感想談　489
13　4月27日　集会取締状況報告（中央執行委員会）……490
14　4月28日　衡平社幹部ノ動静ニ関スル件……492
15　9月12日　衡平社総本部ヨリ通文郵送ニ関スル件（常務執行委員会の召集）……493
16　9月17日　衡平デー取締ニ関スル件……493
17　9月17日　集会取締状況報告（常務執行委員会）……494

18　9月21日　衡平デーニ関スル件　495
19　9月22日　衡平社通文郵送ニ関スル件（中央執行委員会の開催）　495
20　9月26日　集会延期ニ関スル件（中央執行委員会）　495
21　10月3日　衡平社本部通文ニ関スル件　496
・衡総第一八一号「中央執行委員召集ノ件」　496
22　10月8日　衡平社本部ノ動静ノ件　497
23　10月9日　集会取締状況報告（中央執行委員会）　498
24　10月14日　思想犯出監者（李東求）動静ノ件　499
25　10月14日　衡平社本部通文ニ関スル件　500
・衡総第一九三号「第二回中央執行委員会顚末」　500
・衡総第一九四号「全鮮臨時大会召集の件」　501
26　10月14日　衡平社本部通文ニ関スル件　502
・衡総第一九五号「全鮮臨時大会に対する各支部員活動に関する件」　502
27　10月19日　衡平社本部動静ニ関スル件　504
28　10月20日　衡平社本部動静ノ件　505
29　10月27日　衡平社本部動静ニ関スル件　505
30　10月31日　集会取締状況報告（臨時大会）　505
31　11月2日　集会取締状況報告（中央執行委員会）　508
32　11月7日　衡平社通文郵送ニ関スル件（臨時大会会録ほか）　510

一九三二年

1　6月7日　衡平社総本部通文ニ関スル件……514
・衡総第一〇一号「財務委員被選通知」514
・衡総第一〇二号「我らの責任と任務」514

第三部　大同社関係史料

1　一九三六年　衡平運動（朝鮮軍参謀部）……518
2　一九三七年　衡平運動（朝鮮軍司令部）……518
3　一九三七年　大同社ノ飛行機献納運動（朝鮮総督府警務局）……518
4　一九三七年　大同号献納ニ対スル社員ノ言動（朝鮮総督府警務局）……518
5　一九三七年　大同社ノ軍用機献納運動（朝鮮総督府警務局）……519
6　一九三八年　大同社ノ飛行機献納運動ノ完結（朝鮮総督府警務局）……519
7　一九三九年　衡平運動並衡平団体ノ状況（朝鮮軍参謀部）……519
8　一九三九年　衡平運動並衡平団体状況（朝鮮軍参謀部）……520
9　一九四〇年　衡平運動並衡平団体ノ状況（朝鮮軍参謀部）……520
10　一九四〇年　衡平運動並衡平団体ノ状況（朝鮮軍参謀部）……520

第一部　朝鮮衡平運動の概況

1　一九二四年　衡平運動

江原道警察部『大正十三年七月　管内状況』

七　衡平運動

本道内ニ於ケル白丁ノ人口ハ約二千アリ白丁ハ従来朝鮮ニ於ケル社会階級中最モ劣等ナルモノトシテ取扱ハレ屠夫獣肉商等概ネ賤業ト見做サレタル職業ニ従事シ常民ニ伍シ対等ニ交際スルコトヲ得サリシモノ近時一般国民的自覚ニ基キ又内地ニ於ケル水平運動ニ刺戟セラレタル結果多少智識アリ資産アル白丁ハ既往ノ差別待遇苦境ヲ脱シ常民ト対等ノ権利自由並社会的地位ノ獲得ヲ叫フニ至リ大正十二年四月慶尚南道晋州ニ於テ衡平社ノ組織ヲ提唱シタル明治大學出身者張志弼ハ各地ニ於ケル同族ヲ叫合シ団体ヲ組織セムトシ昨年来晋州衡平本社委員トシテ本道内ニ衡平支社分社設立ノ目的ヲ以テ原州、横城、洪川、春川、楊口、華川各地方ヲ巡回宣伝ニ努メタルカ彼ノ言句中「吾今回ノ来道ハ本道内ニ於ケル無智劣等ナル白丁ヲシテ時勢ニ適応スヘキ常識ヲ涵養セシメ差別待遇ヲ打破スル為衡平運動ヲ為シ白丁ヲシテ当然ノ幸福ヲ享受セシメムカ為ナリ今全鮮ノ白丁十三万ヲ算シ各道ニ衡平支分社ノ設立ヲ見ルニ至リ日ニ月ニ発展ノ機運ニ在リ近ク晋州本社ヲ京城ニ移転シ同時ニ衡平雑誌ヲ発刊シ益々同族ノ向上啓発ニ努ムル計画中ナリ又事業トシテ資金約二十万円ヲ以テ皮革株式会社ヲ創立シ革具ノ製造販売ヲモ目論見中ナリ」ト漏ラシタルヲ以テ無智ノ白丁ハ本人ヲ先生ト敬称シ同族間ノ新人トシテ崇拝スル者多カリキ

斯ノ如クニシテ原州、春川ニ衡平社支社ヲ横城、楊口、華川ニ衡平社分社ヲ設立シタリシカ独リ其ノ中間ニ在リテ道内ニ於テ白丁ノ数最モ多キ洪川ニ於テハ張志弼巡回ニ際シテモ衡平運動ニ対シテハ極メテ冷静ニシテ仝人ノ召集ニ際シテモ応スル者サヘナカリシ状況ナリ張志弼モ最モ同族ノ多数ヲ占メ居ル地方トテ大ナル期待ヲ以テ臨ミシニ拘ラス予期ニ反シ甚シク失望ノ色アリ遂ニ洪川ニ分社ノ設立ヲ見ルニ至ラサリシカ之ニ関シ仝地方白丁ハ曰ク「吾等ハ白丁ナリト雖モ未タ曽テ一般民ヨリ差別待遇ヲ受ケタルコトナク社交上何等苦痛ヲ感シタルコトナキヲ以テ今更特ニ団結スルノ要ナシ唯自己ノ修養向上ニ心掛ケナハ軈テ吾人ノ宿望ヲ達成シ得ヘク吾等ハ常ニ蓄財ニ努メ生活ノ安定ヲ図ルヲ以テ急務ナリトス云々」ト

衡平支分社ノ設立ヲ見タル地方ニ於ケル白丁間ニハ本運動ニ目醒メタルモノノ如ク目下夫々資金ノ調達中ニ在ルモ之カ為ニ何等不穏ノ情勢アルヲ認メス而シテ本運動ニ付テハ鮮内各地並内地水平社ノ関係モアリ活動状況ニ付テハ夫々通報連絡ヲ為シ終始査察注意中ニ在リ

2　一九二四年　朝鮮衡平運動ニ関スル考察

朝鮮軍参謀部『大正十三年　朝特報』第九六号

本書不備ノ点ハ別冊「朝鮮ニ於ケル衡平運動」ニ就テ承知セラレタシ

目　次

第一、緒　論
第二、衡平運動ノ過去及現在
第三、衡平運動ト日本水平運動トノ関係
第四、衡平運動ト一般職業（労農）運動トノ関係
第五、衡平運動ト朝鮮独立運動トノ関係
第六、結　論
（日本ノ立場ヨリ見タル朝鮮衡平運動ノ将来）

朝鮮衡平運動ニ関スル考察

第一、緒　論

朝鮮ニ於ケル衡平運動ハ内地ニ於ケル水平運動ト略ホ同一ノ出発点ト経路トヲ有シ自己所属民族ニ対スル待遇上ノ不平ヲ直接行動ニ依リテ除去センコトヲ目的トス而シテ両運動共ニ比較的熱烈ナル底力ヲ有シ断シテ所期ノ目的ヲ貫徹セサレハ已マサルノ慨ヲ示シツツアリ、

之等運動ハ元来猶太人ノ民族的思潮タル解放運動ニ端ヲ発シ共産主義思想ノ発達ニ促サレテ内、鮮両地ニ発展セルモノニシテ世界「プロレタ－リヤ」ノ解放運動ト共ニ愈々此ノ種運動ノ熾烈ヲ見ルヘキカ如キ外観ヲ有スルヲ以テ帝国運命ノ将来ニ対スル一種ノ破壊的要素トシテ識者ノ大ニ考究ヲ要スル問題タルカ如シ、

然ルニ水平運動カ日本民族ノ団結ヲ破壊スル傾向ヲ有スル如ク衡平運動カ朝鮮民族自体ノ団結特ニ近代的傾向タル独立運動ニ多少暗翳ヲ投スル一原因ナルヲ以テ朝鮮独立ヲ憂慮スル吾人ノ感情ト理性トヨリセハ喜憂《（ママ）》或ル意味ニ於テ水平運動ト方向ヲ異ニスルモノアリ是レ本稿ヲ草シテ一研究ノ資料ニ供スル所以ナリ、

第二、衡平運動ノ過去及現在

衡平運動発生ノ遠因ハ実ニ李朝創業ノ昔ニ在リ即チ李朝ノ執政ヲ喜ハサル者「白丁」ノ称呼ノ下ニ賤業ニ従事シテ以テ今日ニ至レリ彼等ニ対スル常人ノ待遇ハ実ニ我邦一般民ノ対特種部落民待遇ニ異ナラス於茲乎大正十一年我水平運動ニ促サレタル彼等白丁階級（全鮮蓋シ四十万）ハ慶南晋州ニ於テ姜相鎬等ヲ中心トシテ衡平社ヲ組織シ朝鮮特種部落民解放運動ノ先駆ヲ形成セリ、

右運動ハ急激ナル発達ヲ遂ケ全鮮ニ亘ル四十万白丁階級ヲ通シテ一大運動ト化シタルニ内訌忽ニ発生シテ本年三月張志弼一味ノ同志ニヨリ忠南天安ニ衡平社革新同盟會ハ組織セラルルニ至レリ、

右新旧両団体ノ主義主張ヲ比較スルニ旧派ノ単純ナル対同族差別待遇撤廃主張ナルニ対シ新派ハ該運動ヲ職業（労農）運動ニ連結セントシ又実行的方面ニ於テハ後者ハ其ノ本部ヲ京城ニ設定センコトヲ主張スルニアリ、

内地水平社同人等此ノ傾向ヲ憂ヒ斡旋スル所アリ又両派幹部ニ於テモ多少分裂ノ不利ヲ悟レルモノノ如ク七月二十三日忠南大田ニ於テ姜、張等領袖連ノ会合トナリ更ニ八月十五日同地ニ於テ衡平社全鮮代表者大会ヲ開催シ両社ノ無条件円満統一ヲ宣言シ新ニ朝鮮衡平社中央総本部ヲ京城ニ設定スルニ至レリ（主義綱領等別冊参照）

第三、衡平運動ト水平運動トノ関係

衡平、水平両運動ハ共ニ同族ニ対スル反抗運動ニシテ好ンテ同族間ニ溝渠ヲ穿タントスル試ミニ外ナラス元来之等特種部落民ニ対スル差別感ハ当初ハ勿論人為ニ出発セリト雖モ其ノ時ヲ逐フヤ漸ク自然化シ真ニ根底深キ一個感情上ノ問題トシテ残存スルコトトナレリ然ルニ該感情ノ撤去ヲ目的トシテ直接行動ノ行使ヲ見ルニ至リテハ脆弱ナル中間籬牆ヲ撤廃セントシテ却ツテ濁水ヲ湛ヘタル深濠ヲ堀（掘）開スルニモ比スヘキナリ、

右両運動ハ当該同族ニ対スル比較的近似セル目的ノ為ニ発生シタリトシテ二者カ相一致シ相団結シ得ルノ可能性ヲ有スルヤ否ヤノ問題ハ大ニ考慮ヲ要スルモノアリ若シ夫レ彼等ニシテ民族主義ヲ通過セスシテ一足飛ヒニ世界主義ニ転シ得ルトセハ可ナルモ民族間ニ特種部落民タルノ意識強烈ナルコトハ是レ軈テ民族主義認容ノ顕著ナル実証タリ果シテ然ラハ将来衡平社同人ハ鮮人トシテ水平社同人ハ日本人トシテノ明確ナル民族意識ヲ有シ来ルハ必然ノ道程ト謂ハサルヘカラス、

以是観之民族主義擡頭ト共ニ水平、衡平二運動ノ相離反スルコト蓋シ自然ノ現象ナルヲ以テ吾人ハ現在水平運動ニ対スル憂慮ト同一ノ憂慮ヲ以テ二運動連盟ノ傾向ヲ見ルノ要断シテ之レアルコトナシ、

一方水平運動ト雖モ七月一日米国排日法実施ニ刺激セラレ世界主義ノ現実批判ニ促サレ其ノ形態ト方法ヲ変シ来レルハ事既ニ自然ナリト雖モ亦慶賀セザル能ハス随ツテ又益々衡、水両運動ノ密着ヲ恐ルルノ要ナキヲ知ルナリ、

第四、衡平運動ト職業（労農）運動トノ関係

朝鮮衡平運動ハ中葉ニシテ張志弼等ニヨル革新派ニ依リ分裂セルコト既述ノ如シ而シテ革新派ノ企図スル主義方針ハ彼等ノ運動ヲ職業運動ト同化セシメントスルニアルノミナラス衡平新旧両派合同ノ形式モ概シテ亦他党ノ勝利ニ帰セルヲ思ハシムルモノアルカ故ニ衡平職業両運動ノ将来ヲ判断スルコトハ是亦相当重大ナル価値ヲ有スルモノト信セラル、

現在朝鮮ニ於ケル職業運動ノ傾向ヲ察スルニ名ヲ職業運動ニ藉リテ実ハ朝鮮独立ヲ企図スルアリ又主義モ純然タル世界主義的職業運動トシテ赤色労農運動ニ没頭スルアリ而シテ吾人ノ見ル所前者ハ労農運動者中ノ大部分ヲ占メ後者ノ如キハ極メテ稀少ナルカ如シ衡平運動ト前者トノ関係ハ後説朝鮮独立運動トノ関係ニ於テ説明スヘク此処ニハ僅々数ニ於テ少数ナル赤色労農運動トノ関係ヲ験セントス、

現在世界ニ於ケル赤色労農運動ハ外面熾烈ナルカ如ク又純乎タル世界「プロレタリア」連盟ニ向フ運動ナルカ如キモ実ハ民族ヲ確然離レ得サル「ジレムマ」中ニ彷徨シアルニ過キス是レ蓋シ世界無産階級ノ解放ヲ首唱セル猶太民族ソレ自身カ自己民族解放ノ目的ヲ世界主義ニヨリ達成セントセシ矛盾ニ基因スルカ故ナルヘシ、其故ニ現在猶太民族ヲ中心トシテ活動シツツアル労農共産党ト雖モ露国民ノ幸福ヲ旗幟ニ掲クルハ已ムナキニ至リシト共ニ世界主義ナルヘキ米国労働者却テ排日法案実施ノ一大動力タルニ至リシモノトス所詮人

類ハ少ナクトモ当分血液ト皮膚トヲ超越スルヲ得ス否ナ或ル意味ニ於テ永久ニ然ルヘキカ、

此ノ意味ニ於テ純然タル赤色労農運動ハ少ナクモ朝鮮ニ於テハアリ得ヘカラスト見テ敢テ異論ナキカ如キモ亦断然然カリト明言シ得サルヲ以テ此小ナル公算中ニ於テ衡平運動ト赤色労農運動トノ関係ヲ観察スルモノト解セラルヘキナリ、

元来純然タル赤色労農運動ノ本質ハ「マルクシスト」ノ理論ニ従ヘハ世界無産階級ノ解放ヲ目的トシ之カ遂行上ノ方便トシテ無国境的ニ各国無産階級ノ合同シテ資本主義（資本家）ニ対立スルニアリ換言スレハ本運動ハ「マルクス」ノ唯物主義ニ立脚セル経路上ノ解放運動ニ外ナラス然ルニ衡平運動ハ貧富ノ差ヲ離レテ一般鮮人（此ノ内ニハ貧富両様アリ）ト特種鮮人（此ノ内ニモ貧富両様アリ）トヲ対立セシメ後者カ前者ニ対シ自己ヲ精神的感情的差別待遇ヨリ解放セシメントスルニアリ（法律的公的ニハ目下何等差別ナシ）随テ本衡平運動ハ赤色労農運動ノ純経路的ナルニ対シ純精神的ナリト称スルヲ得換言スレハ一ハ唯物主義ニシテ他ハ唯心的ナリ如上唯物唯心両主義互ニ一致共同シ得ルハ目的上ヨリ云フモ手段上ヨリ云フモ期待スヘカラサル問題ナラサルヘカラス、

若シ夫レ衡平社同人カ悉ク貧民階級タランカ吾人ノ論結ハ反対ニ衡平職業両運動ノ合同ニ変スルコトアルヘシ但シ内地ニ於ケル水平社同人カ表面極メテ貧者ニ見ユルモ平均セハ却テ一般内地人ニ比シ内容富裕ナルカ如キヲ以テ朝鮮亦此ノ傾向アラサルナキカ研究ヲ要ス、

第五、衡平運動ト朝鮮独立運動トノ関係

世界大戦ヲ一期トシテ世界的ニ勃興シ来レル所謂被抑圧民族解放運動ハ大正八年万歳騒擾トシテ朝鮮ニ発シ爾来所謂文化政治ニヨリテ彼等ノ民族意識ハ愈々奔散昂騰スルニ至リ今ヤ思想的ニ独立主義者ナラサル者極メテ尠少ナル関係ニアリ彼ノ朝鮮ニ於ケル赤色労農独裁ヲ標榜スル思想乃至労農運動者ト雖モ内実独立ヲ夢想シ之ヲ目標トセサルモノ之ナキ情況ニアリ、

之等独立運動ト衡平運動トノ関係ヤ果シテ如何、独立運動ヨリ衡平運動ヲ見ンカ実ニ獅子身中ノ虫ニモ比スヘカラス蓋シ衡平運動ハ少ナクモ現在ニ於テハ朝鮮民族ニ対スル分裂ヲ意味シ甚シク結束ヲ妨碍スル所アレハナリ曾テ本年七月大邱ニ於テ大邱労働者（労農運動者ニ非ス）対同地衡平支社同人ノ大闘争アルヤ之カ仲裁ノ立場ニ立チシ労働共済會ハ叫ンテ曰ク

同胞ヨ白丁モ同胞ナリ夫等ヲ迫害スルナ
同シ立場ニ在リ乍ラ闘ヘハ皆亡フ　ト

右ハ労農主義者トシテト云ハンヨリハ独立主義者トシテノ絶叫ト解スヘキナリ然ラスンハ「同一立場」テフ言ハ意味徹底セサルナリ、

而シテ此ノ言此ノ思想カ両者握手ニ力アリシヲ思フトキ形式外貌ハ如何様□□アレ如何ニ独立思想（主義）カ衡平社同人ニ対スル反省ニ値スルカヲ知ルニ足ラン、

於茲乎知ル民族運動ノ前ニ於ケル衡平運動ノ意義極メテ微々タルコトヲ、

第六、結論（日本ノ立場《ママ》）

以上逐条論述セル所ニヨリ吾人ハ左ノ諸件ヲ知レリ　曰ク

1、衡平運動ハ水平運動ト永久ニ提携スヘキ運命ヲ有セン、

2、衡平運動ハ純正赤色労農（職業）運動トハ根本ニ於テ性質及目的ヲ異ニスルヲ以テ一致スヘキ可能性ナシ、

3、衡平運動ハ朝鮮独立運動（仮面的労農運動ヲ含ム）ト終局ニ於テ提携握手スヘキ可能性ヲ有ス、

随テ吾人ハ衡平運動対水平運動ノ関係ハ彼等間ニ於ケル一種ノ遊戯ナリト楽観スルヲ得ヘク衡平運動対純正赤色労農運動ハ同様彼等無智者ノ狂噪ト観察シ得ヘキモ独リ最後ニ於ケル独立運動トノ提携ハ必然性ヲ有スルモノトシテ大ニ警戒スルノ要アリト信ス、之ヲ要スルニ現在ニ於ケル之等衡平社同人ノ運動ハ尚未タ鮮人間ニ於ケル相互争闘ノ域ヨリ脱セサルヲ以テ日本及日本人ノ朝鮮人ニ対スル立場ヨリ見テ寧ロ喜フヘク毫モ悲観ニ値セサルヲ知ルモ其ノ将来ニ於ケル傾向ハ内地水平社ノ運動傾向ノ吾人ニトリ楽観シ得ラルルト反対ニ之ハ又吾人ニトリ大ニ戒心ヲ要スルモノアリトセサルヘカラス蓋シ民族主義ノ高潮ト共ニ衡平運動ハ前者ノ圏内ニ融合サルヘキ運命ヲ有スレハナリ、

更ニ以上ヲ一言以テ覆ヘハ衡平運動ハ労農運動乃至独立運動ト対立シテ特別ノ考慮ヲ要セサルノ一事ニ帰ス

附　言

本文ノ論者ハ衡平運動現況調査ノ必要ヲ抹殺スルモノニアラス

（編者注＝別冊「朝鮮ニ於ケル衡平運動」は欠）

3　一九二四年　衡平運動

朝鮮総督府警務局『大正十三年十二月　治安状況』

（編者注＝冒頭にタイトルのない表あり。104頁に掲載）

三、衡平運動

古来ヨリ白丁ト称スル一種ノ賤民階級アリ沿革トシテ正史ニ拠ルヘキモノ乏シキモ水草ヲ遂フテ玖猟ヲ事トスル韃靼族ノ大陸ヨリ移住シ来リタルモノニシテ既ニ高麗時代ヨリ白丁ノ称アリト云フ白丁ハ穢多ト等シク居ヲ都邑ノ外ニ設ケテ特種部落ヲ形成シ其ノ職業ハ普通民ノ忌ミテ為ササル屠殺、獣肉販売、柳器製造等ノ賤業ニ従事シ一般社会ヨリ総ユル非人道的虐待ヲ蒙リ毫モ其ノ人格ヲ認メラレス相当古キ忍従ノ歴史ヲ辿リ来レル憫ムヘキ同胞ナリ然レトモ李朝末世以降殊ニ日韓併合後法令上四民ト何等差別ナキ平等ノ権利ト義務ヲ認メラルルニ至レリ而シテ一般社会モ時勢ノ進運ニ伴ヒ漸次昔日ノ弊ヲ脱シ自覚ノ域ニ迎ヘリト雖因習ノ久シキ未タ直ニ社会上ノ待遇ハ抜本的ニ改ラス白丁モ亦強テ之ヲ求メサリシカ偶々大正十二年初頭関西地方ニ於ケル水平運動ニ刺戟セラレ同年四月慶尚南道晋州ニ白丁ノ解放運動ヲ目的トスル衡平社ヲ組織セリ

㈠　衡平運動ノ動機

慶尚南道晋州郡晋州面大安洞ニ白丁李學賛ナル者アリ近郷ニ於ケ

ル白丁中ノ資産家タリ近次一般ニ好学心ノ勃興スルニ伴ヒ李學賛モ往時ト異リ四民平等ノ今日普通民ト同シク其ノ子弟ヲ教育スヘク幾度カ公私立学校ニ入学セシムトシタルモ白丁ナルカ故ニ種々ノ口実ノ下ニ拒絶セラレタルヲ以テ止ムナク大正十一年春晋州第三夜学校ニ百円ヲ寄附シ漸ク入学セシメタルカ其ノ後教師ノ冷酷ナル処遇ト生徒ノ虐待トニ堪ヘス遂ニ中途退学シ更ニ京城私立某学校ニ入学セリ然ルニ同校ニ於テモ白丁ノ子弟ナルコト判明スルヤ退校スルノ已ム無キニ至リタレハ暗ニ無理解ナル社会ヲ呪咀(詛)シ居リタル矢先大正十二年一月晋州ニ私立新一(一新)高等学校ノ設立計画成リ当時区長ヨリ地均工事ニ出役方通達アリタルヲ以テ校舎落成ノ上ハ入学ヲ許容セラルルモノト信シ晋州邑内ノ白丁七十余戸ハ喜ンテ之ニ応シタルニ其ノ後創立委員ヨリ白丁ヲ入学セシメサル目的ヲ以テ其ノ出役ニ相当スル賃金ヲ支払フヘキ旨通知シ来レルヨリ折角ノ希望モ水泡ニ帰シ普通民ノ挙措ニ対シ心中平カナラサルモノアリ恰モ大正十二年初頭以来関西地方ニ於ケル水平運動漸ク熾烈トナルヲ新聞紙上ニ散見シタル李學賛ハ同志数名ト共ニ普通民タル在晋州保安法違反前科者姜相鎬、朝鮮日報晋州支局長申鉉壽及晋州花山商會主千錫九等ニ苦衷ヲ訴ヘテ運動方ヲ依頼スル所アリ前記三名モ之ヲ容レ茲ニ白丁解放運動ノ機関衡平社ノ創立ニ着手セリ

(二)　衡平社組織

李學賛ハ前記三名ノ賛成ヲ得テ大正十二年四月二十四日先ツ衡平社期成會ヲ組織シ翌二十五日晋州大安洞白丁鄭賛祚方ニ於テ創立総会ヲ開催シテ衡平社々則ヲ制定シ越ヘテ五月二日社則ノ定ムル所ニ依リ委員トシテ姜相鎬、申鉉壽、千錫九、李學賛及張志弼等六名ヲ挙ケ本社事務所ヲ晋州飛鳳洞ニ設置セリ因ニ同委員張志弼ハ慶尚南道宜寧郡宜寧面邑内居住ノ白丁ニシテ嘗テ明治四十三年以降四年間東都ニ学ヒ明治大學ニ在学セシコトアル者ナルカ予テ白丁ノ解放運動ニ志シタルコトアルヨリ這回ノ衡平社創立ヲ聞クヤ自ラ来リテ参加シタルモノナリ

斯クテ社則ノ制定役員選定準備全ク成ルヤ衡平社ノ趣旨宣伝文一万枚ヲ印刷シテ広ク一般ニ配布シタル後五月十三日南鮮各地ノ同族百五十名晋州ニ集合シ茲ニ愈衡平社発会式ヲ挙行セリ

而シテ本運動ノ目的トスル処ハ階級打破、侮辱的呼称廃止ナルカ実際問題トシテ第一戸籍簿ニ「白丁」「屠夫」「獣肉販売」「皮匠」等白丁タルコトヲ表示シ又ハ之ヲ想定スルニ足ルヘキ業態ノ記載シアルヲ廃止スルコト第二白丁ノ子弟モ普通民ト同シク普通学校其ノ他ノ公私立学校ニ入学ヲ容認スルコトノ二項ヨリ先ツ実行ニ着手スルコトトセリ

(第一項ノ戸籍簿ニ職業ヲ記載セルモノアルハ従来ノモノニシテ今尚現存セルモノアリ現行法ノ規定ハ職業ノ記載ヲ必要トセル(ママ)ニ付職業ノ記載ハ削除セリ)

(三)　衡平社組織後ノ状況

衡平社幹部ハ本社創立後普通民ノ反感乃至反対運動ノ中ニ処シテ

鋭意支社分社ノ機関設置ニ全力ヲ傾到（マヽ）セリ先ツ三南地方ヨリ着手シ漸次中部ノ京畿及江原道方面ニ及ヒ京畿道支社一、分社一、忠清北道支社一、分社七、忠清南道支社一、分社一六、全羅北道支社一、分社六、全羅南道支社一、分社六、慶尚北道支社一、分社一一、慶尚南道支社二、分社一七、平安南道支社一、平安北道支社一、江原道支社二、分社三、計支社一二分社六七ノ機関ヲ設置シ所在地方ノ白丁ヲ殆ト網羅セリ其ノ間固ヨリ普通民ト衝突紛争ヲ惹起シタルコト尠カラス之カ原因ノ主ナルモノハ幹部カ支分社ノ機関ヲ設置スルニ当リ衡平社員トナリ始メテ普通民タルコトヲ得ル如ク無智ノ白丁ヲ勧誘入社セシメ且社員ニ対シテハ各自修養ニ努メ品性ノ向上ヲ図ルト共ニ従来為シ来リタル屠夫獣肉販売及野犬撲殺ノ如キハ自尊心ヲ傷メルモノトシ之ヲ廃止スヘシト説キタル為従来ノ虐待ニ対スル反感ト相俟ツテ社員ノ態度ハ俄ニ変シ動モスレハ普通民ニ事ヲ構ヘムトスル情勢ヲ示シ且中ニハ屠夫獣肉販売業ヲ廃シタルモノモアリテ彼此尠カラス普通民ノ反感ヲ誘致セリ此ノ傾向ハ延ヒテ遂ニ白丁対普通民ノ紛争ヲ惹起スルニ至レルカ一度紛争起テハ本社、支社、分社ニ急ヲ報シ其ノ来援ニヨリ多数ノ力ヲ以テ事ヲ決セムトシテ事案ヲ一層紛叫（マヽ）セシメ一ハ以テ社同人ノ威力ヲ示シ他方ニ於テハ之ヲ以テ白丁ノ歓心ヲ買ヒ機関拡張ノ手段ニ供スルノ嫌アリ如此ニシテ紛争ハ助成セラレ機関ハ拡張セラレタリト雖元来貧弱ナル白丁ハ支分社ノ維持費及本社ノ負担金ヲ醵出スルコトハ容易ノコトニアラス況ムヤ幹部ノ地方出張ハ其ノ費用全部ヲ所在ノ支分社ニ於テ負担セサルヘカラサルニ於テヲヤ然レトモ衡平運動開始以来普通民ヨリ白丁ト呼称セラレス戸籍簿ノ賤称ヲ削除セラレ子弟ノ入学稍容易トナリタル利益アルト共ニ反面ニ於テハ普通民ノ反感ヲ買ヒ資金融通ノ途ハ絶タレ又ハ牛肉不買同盟等ニ依リ従来ヨリ一層生活上ノ脅威ヲ感シ貧弱ナル白丁トシテハ寧ロ利スルヨリ失ハルル点多キヲ以テ社費ノ負担ヲ為ササルモノ及衡平社ヨリ退社セムトスル者アルニ至リ本社ノ財政ニ少カラサル影響ヲ与ヘ本社事務所買収費其ノ他ノ経費約五千円ノ負債ニ対シ約三千円ノ収入ニテ収支償ハサル状況ヲ呈シ甞テ一気呵成ニ進展ヲ見タル衡平運動モ大正十三年ニ入リ一頓挫ヲ来セリ

茲ニ於テ幹部ハ此ノ状勢ヲ挽回シ一層拡張ヲ図ルヘク大正十三年二月釜山ニ於テ社員百五十名出席衡平社臨時総会ヲ開キ本社負債ノ負担及本社ヲ京城又ハ大田ニ移転セシムコトヲ諮リ本社ノ負債約三千円ハ各支分社ニ於テ負担スルコトニ決議シタルモ本社ノ移転問題ハ全羅南北道以北ノ各社員ハ移転ニ賛成シタルモ慶南北一部ノ社員ノ反対アリテ四月ノ定期総会迄保留スルコトトナレリ然ルニ移転賛成派ハ保留ノ決議ニ慊ラス飽迄移転ノ実現ヲ期スヘク会議ノ帰途同志二十二名ハ大田ニ集会シ協議ノ結果衡平社革進（マヽ）會ナルモノヲ組織シ本社ニ対抗スルコトニ一決シタルヲ以テ忠清南道公州支社長呉成完ハ三月十二日忠清南道天安ニ於テ慶尚南北道以外ノ同志六十名ヲ召集シ革新會総会ヲ開キ本社ノ移転準備委

員長トシテ五名ノ委員ヲ選定セルカ委員中ニハ晋州本社ヨリ非公式ニ列席シ居タル張志弼及姜相鎬ノ二名モ加ハリ居タリ

先之張志弼ハ晋州本社創設以来非白丁ノ幹部カ其ノ全権ヲ握リ居ルヨリ予テ不平ヲ抱キ居ル折柄釜山ニ於ケル臨時総会ニ於テ本社移転問題ニ関シ姜相鎬ハ移転ニ賛成シ申鉉壽ハ反対ヲ唱ヘ両者ノ反目スルヲ見ルヤ張志弼ハ姜相鎬ト結ヒテ天安会議ニ列シ移転準備委員トナリ爾来京城ニ止マリ四月二十六日本社ニ対抗シテ京城ニ衡平社革新同盟總本部ヲ組織セリ之ニ対シ晋州派ニ於テモ本社ノ名称ヲ衡平社聯盟總本部ト改称シ両派互ニ声討文ヲ発シテ其ノ非ヲ鳴ラシ相排擠スルニ至レリ其ノ後晋州京城ノ両派間ニ於テ南北統一ノ議進ミ同年八月十五日大田ニ於テ両派ノ社員約八十名出席全鮮衡平社大会ヲ開催シ本社ヲ京城ニ移転シ名称ヲ衡平社中央總本部ト為スコトヲ可決セリ然ルニ晋州派ニ於テハ同月二十六日馬山ニ慶尚南北両道ノ社員四十名集合シ前記本社移転ノ決議ヲ報告シ善後策ヲ協議シタルカ移転ニ反対スルモノ多ク結局移転ノ決議ヲ認メサルコトトシ茲ニ南北統一ノ決議モ水泡ニ帰シ京城派ハ大田大会ノ決議ニ基キ九月革新同盟總部ヲ衡平社中央總部ト改称シ依然両派相争ツツアリテ今ニ統一ヲ見ス

尚衡平運動開始以来普通民対白丁ノ紛争事件ニシテ傷害又ハ比較的多数人ノ関係セルモノ京畿道一、忠清南道九、慶尚北道一〇、慶尚南道六、江原道一、計二十七件ニ達シタルカ其ノ原因ハ就中白丁ノ態度不遜ナリト謂フニ基因スルモノ最多シ而シテ二十七件ノ紛争事件中大正十二年中ハ十七件ニ及ヒタルモ大正十三年ニ入リテハ十件ニ減少セリ之レ普通民ノ漸次理解スルニ至リタルト又一面従来衡平運動ノ進展及同社拡張ノ手段トシテ紛争事件ヲ一層助長セシメタル幹部カ徒ニ事ヲ構ヘテ普通民ノ反感ヲ誘致スルノ不利ナルヲ自覚セルニ依ルモノノ如シ

第一号表　白丁分布及職業調
第二号表　白丁資産調　　参照
第三号表　白丁ノ教育調

第一号表　白丁分布及職業調

（編者注＝「第一号表　白丁分布及職業調」は、104頁に掲載）

第二号表　白丁資産調

（編者注＝「第二号表　白丁資産調」は、106頁に掲載）

第三号表　白丁ノ教育調

（編者注＝「第三号表　白丁ノ教育調」は、107頁に掲載）

道別＼団名	禁酒	修養	社交	婦人会	購買会貯金会	衡平社	其ノ他	計
京畿	二	五	六六	三	｜	四	一五	二九八
忠北	四	一	二	一	｜	八	二	一五二
忠南	｜	六	九	二	一	一五	一一	一九四
全北	｜	四	一一	二	｜	八	二〇	二五九
全南	｜	一五	一一	二	二	七	八	三八九
慶北	一	二	一八	二	｜	一二	一八	二六七
慶南	一	三	八	五	｜	二二	二一	二九四
黄海	八	二九	一四	四	二	｜	一四	六〇八
平南	二四	一七	四〇	四	五	二	三一	三五五
平北	四	二	一一	一	｜	｜	四	五〇八
江原	五	三四	四	二	｜	五	一四	三一七
咸南	二二	一五	二四	二	二	｜	二一	三一七
咸北	一〇	五	二五	一	二	｜	一一	一九七
計	八一	一三八	二四三	三一	一四	八三	一九〇	四、一五五

第一号表　白丁分布及職業調

道別＼職業別	屠夫 戸数	屠夫 男	屠夫 女	製革 戸数	製革 男	製革 女	獣肉販売 戸数	獣肉販売 男	獣肉販売 女	柳器製造 戸数	柳器製造 男	柳器製造 女
京畿道	一六二	三六八	三二六	四	九	五	一七七	四七四	四四五	五九	一五二	一二一
忠清北道	四五	一〇一	六四	一六	四八	三二	二三九	六〇四	五八六	八七	二一八	一七七
忠清南道	六五	一五四	一三〇	二三	四三	三七	三九九	一、〇一五	八二二	一六一	三三六	二五六
全羅北道	九九	二一六	一八六	一三	二四	二三	四〇〇	九一七	八七一	六八	一六〇	一一七
全羅南道	一二五	二七八	二三二	二四	四〇	三四	三一七	七一三	七一二	四	五	四
慶尚北道	一八一	四〇五	三四六	一三四	二九九	二六〇	二九三	七〇七	六四四	三二一	五〇六	四四三

道別＼職業別	農業 戸数	農業 男	農業 女	労働 戸数	労働 男	労働 女	飲食店旅人宿 戸数	飲食店旅人宿 男	飲食店旅人宿 女	製靴 戸数	製靴 男	製靴 女
京畿道	四八	一三三	一二六	一九	二四	二九	｜	｜	｜	｜	｜	｜
忠清北道	八五	二五二	二四五	｜	｜	｜	｜	｜	｜	｜	｜	｜
忠清南道	五一	一八三	一五四	二	四	二	七	三	二〇	｜	｜	｜
全羅北道	一四九	三四四	三二九	｜	｜	｜	五三	一一三	一一八	一	一	｜
全羅南道	六五	一五一	一七四	四	八	四	六七	一三六	一五九	四	一三	一五
慶尚北道	三七四	八五二	八一七	｜	｜	｜	｜	｜	｜	｜	｜	｜

道別＼職業別	笊器製造 戸数	笊器製造 男	笊器製造 女	其ノ他 戸数	其ノ他 男	其ノ他 女	計 戸数	計 男	計 女
京畿道	｜	｜	｜	四〇	一一二	一〇七	五〇九	一、二七二	一、一五九
忠清北道	｜	｜	｜	二一	五三	三八	四九三	一、二七六	一、一四二
忠清南道	｜	｜	｜	二九	七九	五八	七三七	一、八一七	一、四七九
全羅北道	｜	｜	｜	八〇	一五四	一五一	八六三	一、九二九	一、七九五
全羅南道	｜	｜	｜	八九	一八七	一七九	七〇九	一、五三一	一、五〇三
慶尚北道	｜	｜	｜	一六四	四二三	四一九	一、三六七	三、一九二	二、九二九

朝鮮衡平運動の概況　No.3（表）

職業別	道別	慶尚南道	黄海道	平安南道	平安北道	江原道	咸鏡南道	咸鏡北道	計	総計	備考
屠夫	戸数	七三	七二	一一七	一四二	八三	八四	九	一、二五七		
	男	一七二	一二八	二三〇	二九一	二二六	一四九	一四	二、七三一	四、八七二	
	女	一一二	八五	一七二	二〇一	一八一	一〇四	一二	二、一四一		
製革	戸数	六六	二二二	一	二二	二	—	—	二二七		
	男	一二九	五四九	二	五五	五	—	—	一、二〇三	二、二〇三	
	女	一一七	四四二	—	四七	三	—	—	一、〇〇〇		
獣肉販売	戸数	三三五	四八	一七	一四	七二	九	二	二、三三二		
	男	七六一	九一	三八	三三	一九二	一六	三	五、五六四	一〇、七七六	
	女	七七五	八八	二九	三八	一八一	一九	二	五、二一二		
柳器製造	戸数	一三七	八〇	四〇	五四	一〇九	—	—	一、〇二〇		
	男	二七一	二〇五	八九	一三一	二七八	—	—	二、三五一	四、二六四	
	女	一八六	一六六	八五	一〇四	二五四	—	—	一、九一三		
農業	戸数	一二一	三三七	四八	四六	一二五	七	—	一、四五六		
	男	三三九	八八七	一二七	一四九	三四九	一九	—	三、七七五	七、三九一	
	女	二三八	九四〇	一〇九	一三六	三三二	一六	—	三、六一六		
労働	戸数	—	—	—	—	—	二	—	二七		
	男	—	—	—	—	—	二	—	三八	七三	
	女	—	—	—	—	—	—	—	三五		
飲食店旅人宿	戸数	二一	—	—	—	—	—	—	一三八		
	男	二四	—	—	—	—	—	—	二七六	六〇〇	
	女	二七	—	—	—	—	—	—	三二四		
製靴	戸数	—	七八	—	—	—	五	—	八八		
	男	—	一九五	—	—	—	一一	—	二二〇	四二一	
	女	—	一七九	—	—	—	七	—	二〇一		
筬器製造	戸数	—	二一	二一	—	—	—	—	二二		
	男	—	二五	三四	—	—	—	—	五九	一二七	
	女	—	三〇	三八	—	—	—	—	六八		
其ノ他	戸数	六八	四六	二五	五九	三八	一一	一	六一七		
	男	一三六	一〇七	三四	一五〇	八六	三一	三	一、五五五	二、九八五	
	女	一〇七	一〇四	二八	一二一	九七	二〇	一	一、四三〇		
計	戸数	八一一	八九四	二五九	三三七	四二九	一一八	一二	七、五三八		
	男	一、八二三	二、一八七	五五四	八〇九	一、一三六	二二八	二〇	一七、七七三	三三、七一二	
	女	一、五六二	二、〇三四	四六一	六四七	一、〇四八	一六六	一四	一五、九三九		

第二号表　白丁資産調

道別＼資産別	百円未満	五百円未満	千円未満	五千円未満	一万円未満	五万円未満	五万円以上	計
京畿道	二六八	一三六	五一	四一	八	五	—	五〇九
忠清北道	三二〇	一〇二	二七	三一	四	七	二	四九三
忠清南道	四三八	一六七	五三	四九	二二	六	二	七三七
全羅北道	四七八	二六三	五九	四六	八	八	一	八六三
全羅南道	四〇二	一八七	六三	四三	一〇	四	—	七〇九
慶尚北道	七六〇	三七九	一三一	八一	一四	二	—	一、三六七
慶尚南道	三九九	二四九	七三	六二	二二	六	一	八一一
黄海道	五五四	二五二	六九	一六	三	—	—	八九四
平安南道	一六五	七三	一八	二	一	—	—	二五九
平安北道	二五二	六二	一七	五	一	—	—	三三七
江原道	二六三	一〇五	二三	三二	四	二	—	四二九
咸鏡南道	七五	四〇	二	一	—	—	—	一一八
咸鏡北道	四	四	四	—	—	—	—	一二
計	四、三七六	二、〇一九	五九〇	四〇九	九六	四〇	六	七、五三八

第三号表　白丁ノ教育調

道別	学校程度	十年迄 在学中	十年迄 中途退学	二十年迄 在学中	二十年迄 中途退学	二十年迄 卒業	二十一年迄 在学中	二十一年迄 中途退学	二十一年迄 卒業
京畿道	普通学校又ハ同程度	七八	五	七三	一六	二〇	六	九	一九
京畿道	高等普通学校又ハ同程度	｜	｜	四	一	一	一	｜	四
忠清北道	右同	三八	一	六四	一二	七	｜	三	一
忠清北道	右同	｜	｜	一	｜	｜	｜	二	一
忠清南道	右同	九二	一三	一三八	一七	八	四二	一八	二五
忠清南道	右同	｜	｜	四	一	｜	｜	｜	｜
全羅北道	右同	六九	二四	七六	四五	一二	｜	一五	二
全羅北道	右同	｜	｜	二	一	｜	三	一一	四
全羅南道	右同	六四	一〇	八七	二七	一七	一	一二	一
全羅南道	右同	三	二	一〇	七	｜	｜	｜	｜
慶尚北道	右同	八八	一六	一二七	二一	八	一	七	二
慶尚北道	右同	｜	｜	二	｜	｜	二	｜	一
慶尚南道	右同	八七	三	一二〇	一一	一六	一	一二	二九
慶尚南道	右同	一	｜	二	一	｜	｜	四	四
黄海道	右同	四〇	二〇	六一	二七	二〇	五	三七	四
黄海道	右同	｜	｜	｜	｜	｜	｜	｜	一
平安南道	右同	二三	六	一六	六	｜	｜	二	｜
平安南道	右同	｜	｜	一	一	｜	｜	｜	｜
平安北道	右同	二六	六	一九	九	二	｜	三	｜
平安北道		｜	｜	｜	｜	｜	｜	｜	｜
江原道	普通学校又ハ同程度	五〇	四	五四	八	二	｜	八	一二
江原道	高等普通学校又ハ同程度	｜	｜	｜	｜	｜	一	｜	一

年齢別	学校程度	咸鏡南道 右同	咸鏡南道 右同	咸鏡北道 右同	咸鏡北道 右同	計 右同	計 右同	総計	考備
十年迄	在学中	―	―	七	―	六六二	四	六六六	専門学校以上ノ学校ニ在学中ノ者全羅北道ニ一名、又途中退学ノ者ハ全羅南道ニ一名アルノミ
	中途退学	一	―	三	―	一二二	二	一二四	
二十年迄	在学中	二	―	一〇	―	八四七	二六	八七三	
	中途退学	―	―	二	―	二〇一	一二	二一三	
	卒業	一	―	二	一	一一五	一	一一六	
二十一年迄	在学中	―	―	一	―	五七	七	六四	
	中途退学	―	―	六	―	一三二	一七	一四九	
	卒業	―	―	六	―	一〇一	一六	一一五	

4　一九二五年　衡平運動

朝鮮総督府警務局『大正十四年　第五十一回帝国議会説明資料』

三七、衡平運動

古来ヨリ白丁ト称スル一種ノ賤民階級アリ沿革トシテ正史ニ拠ルヘキモノ乏シキモ水草ヲ遂フテ玟珉猟ヲ事トスル韃靼族ノ大陸ヨリ移住シ来リタルモノニシテ既ニ高麗時代ヨリ白丁ノ称アリト云フ白丁ハ穢多ト等シク居ヲ都邑ノ外囲ニ設ケテ特種部落ヲ形成シ其ノ職業ハ普通民ノ忌ミテ為ササル屠殺、獣肉販売、柳器製造等ノ賤業ニ従事シ一般社会ヨリ総ユル非人道的虐待ヲ蒙リ毫モ其ノ人格ヲ認メラレス相当古キ忍従ノ歴史ヲ辿リ来レル憫ムヘキ同胞ナリ然レトモ李朝末世以降殊ニ日韓併合後法令上四民ト何等差別ナキ平等ノ権利ト義務ヲ認メラルルニ至リ一般社会モ時勢ノ進運ニ伴ヒ漸次昔日ノ弊ヲ脱シ自覚ノ域ニ向ヘリト雖因習ノ久シキ未タ直ニ社会上ノ待遇常民ト同一視スルニ至ラス白丁モ亦強テ之ヲ求メサリシカ偶々大正十二年初頭関西地方ニ於ケル水平運動ニ刺戟セラレ同年四月慶尚南道晋州ニ白丁ノ解放運動ヲ目的トスル衡平社ヲ組織セリ

(一)　衡平運動ノ動機

慶尚南道晋州郡晋州面大安洞ニ白丁李學賛ナル者アリ近郷ニ於ケル白丁中ノ資産家タリ近次一般ニ向学心ノ勃興スルニ伴ヒ李學賛モ往時ト異リ四民平等ノ今日普通民ト同シク其ノ子弟ヲ教育スヘク幾度カ公私立学校ニ入学セシムトシタルモ白丁ナルカ故ニ種々ノ口実ノ下ニ拒絶セラレタルヲ以テ止ムナク大正十一年春晋州第三夜学校ニ百円ヲ寄附シ漸ク入学セシメタルカ其ノ後教師ノ冷酷ナル処遇ト生徒ノ虐待トニ堪ヘス遂ニ中途退学シ更ニ京城私立某学校ニ入学セリ然ルニ同校ニ於テモ白丁ノ子弟ナルコト判明スルヤ退校スルノ已ム無キニ至リタレハ暗ニ無理解ナル社会ヲ呪咀（詛）シ居リタル矢先大正十二年一月晋州ニ私立新一（一新）高等学校ノ設立計画成リ当時区長ヨリ地均工事ニ出役方通達アリタルヲ以テ校舎落成ノ上ハ入学ヲ許容セラルルモノト信シ晋州邑内ノ白丁七十余戸ハ喜ムテ之ニ応シタルニ其ノ後創立委員ヨリ白丁ヲ入学セシメサル目的ヲ以テ其ノ出役ニ相当スル賃金ヲ支払フヘキ旨通知シ来レルヨリ折角ノ希望モ水泡ニ帰シ普通民ノ挙措ニ対シ心中平カナラサルモノアリ恰モ大正十二年初頭以来関西地方ニ於ケル水平運動漸ク熾烈トナルヲ新聞紙上ニ散見シタル李學賛ハ同志数名ト共ニ普通民タル在晋州保安法違反前科者姜相鎬、朝鮮日報晋州支局長申鉉壽及晋州花山商會主千錫九等ニ苦衷ヲ訴ヘテ運動方ヲ依頼スル所アリ前記三名モ之ヲ容レ茲ニ白丁解放運動ノ機関衡平社ノ創立ニ着手セリ

(二)　衡平社組織

李學賛ハ前記三名ノ賛成ヲ得テ大正十二年四月二十四日先ツ衡平社期成會ヲ組織シ翌二十五日晋州大安洞白丁鄭賛祚方ニ於テ創立総会ヲ開催シテ衡平社々則ヲ制定シ越ヘテ五月二日社則ノ定ムル所ニ依リ委員トシテ姜相鎬、申鉉壽、千錫九、李學賛及張志弼等六名ヲ挙ケ本社事務所ヲ晋州飛鳳洞ニ設置セリ因ニ同委員張志弼

ハ慶尚南道宜寧郡宜寧面邑内居住ノ白丁ニシテ嘗テ明治四十三年以降四年間東都ニ学ヒ明治大學ニ在学セシコトアル者ナルカ予テ白丁ノ解散(放)運動ニ志シタルコトアルヨリ這回ノ衡平社創立ヲ聞クヤ自ラ来リテ参加シタルモノナリ

斯クテ社則ノ制定役員ノ選定等準備全ク成ルヤ衡平社ノ趣旨宣伝文一万枚ヲ印刷シテ広ク一般ニ配布シタル後五月十三日南鮮各地ノ同族百五十名晋州ニ集合シ茲ニ愈々衡平社発会式ヲ挙行セリ

而シテ本運動ノ目的トスル処ハ階級打破、侮辱的呼称廃止ナルカ実際問題トシテ第一戸籍簿「白丁」「屠夫」「獣肉販売」「皮匠」等白丁タルコトヲ表示シ又ハ之ヲ想定スルニ足ルヘキ業態ノ記載シアルヲ廃止スルコト、第二白丁ノ子弟モ普通民ト同シク普通学校其ノ他ノ公私立学校ニ入学ヲ容認スルコトノ二項ヨリ先ツ実行ニ着手スルコトトセリ

(第一項ノ戸籍簿ニ職業ヲ記載セルモノアルハ従来ノモノニシテ今尚現存セサルモノアリ現行法ノ規定ハ職業ノ記載ヲ必要トセル(マヽ)ニ付職業ノ記載ハ削除セリ)

(三)　衡平社組織後ノ状況

衡平社幹部ハ本社創立後普通民ノ反感乃至反対運動ノ中ニ処シテ鋭意支社分社ノ機関設置ニ全力ヲ傾到(マヽ)シテ先ツ三南地方ヨリ着手シ漸次中部ノ京畿及江原道方面ニ及ヒ京畿道支社一、分社一、忠清北道支社一、分社七、忠清南道支社一、分社一六、全羅北道支社一、分社六、全羅南道支社一、分社六、慶尚北道支社一、分社一一、慶尚南道支社二、分社一七、平安南道支社一、平安北道支社一、江原道支社二、分社三、計支社一二分社六七ノ機関ヲ設置シ所在地方ノ白丁ヲ殆ト網羅セリ其ノ間固ヨリ普通民ト衝突紛争ヲ惹起シタルコト尠カラス之カ原因ノ主ナルモノハ幹部カ支分社ノ機関ヲ設置スルニ当リ衡平社員トナリ始メテ普通民タルコトヲ得ル如ク無智ノ白丁ヲ勧誘入社セシメ且社員ニ対シテハ各自修養ニ努メ品性ノ向上ヲ図ルト共ニ従来為シ来リタル屠夫、獣肉販売及野犬撲殺ノ如キハ自尊心ヲ傷クルモノトナシ之ヲ廃止スヘシト説キタル為従来ノ虐待ニ対スル反感ト相俟ツテ社員ノ態度ハ俄ニ変シ動モスレハ普通民ニ事ヲ構ヘムトスル情勢ヲ示シ且中ニハ屠夫、獣肉販売業ヲ廃シタルモノモアリテ彼此尠カラス普通民ノ反感ヲ誘致セリ此ノ傾向ハ延ヒテ遂ニ白丁対普通民ノ紛争ヲ惹起スルニ至レルカ一度紛争起ラハ本社、支社、分社ニ急ヲ報シ其ノ来援ニヨリ多数ノ力ヲ以テ事ヲ決セムトシテ事案ヲ一層紛叫(マヽ)セシメ一ハ以テ社同人ノ威力ヲ示シ他方ニ於テハ之ヲ以テ白丁ノ歓心ヲ買ヒ機関拡張ノ手段ニ供スルノ嫌アリ如此ニシテ紛争ハ助成セラレ機関ハ拡張セラレタリト雖元来貧弱ナル白丁ハ支分社ノ維持費及本社ノ負担金ヲ醵出スルコトハ容易ノコトニアラス況ムヤ幹部ノ地方出張ハ其ノ費用全部ヲ所在ノ支分社ニ於テ負担セサルヘカラサルヲ以テ殊ニ然リトス然レトモ衡平運動開始以来普通民ヨリ白丁ト呼称セラレス戸籍簿ノ賤称ヲ削除セラレ子弟ノ入学稍容易トナリタル利益アルカ反面ニ於テハ普通民ノ反感ヲ買ヒ資金融通

ノ途ハ絶タレ又ハ牛肉不買同盟等ニ依リ従来ヨリ一層生活上ノ脅威ヲ感シ貧弱ナル白丁トシテハ寧ロ利スルヨリ失ハルル点多キヲ以テ社費ノ負担ヲ為ササルモノ及衡平社ヨリ退社セムトスル者アルニ至リ本社ノ財政ニ少カラサル影響ヲ与ヘ本社事務所買収費其ノ他ノ経費約五千円ノ負債ニ対シ約三千円ノ収入ニテ収支償ハサル状況ヲ呈シ嘗テ一気呵成ニ進展ヲ見タル衡平運動モ大正十三年ニ入リ一頓挫ヲ来セリ

茲ニ於テ幹部張志弼ノ一派ハ此ノ状勢ヲ挽回シ一層拡張ヲ図ルト共ニ此ノ機会ニ於テ晋州本社ノ実権ヲ掌握シ居ル非白丁ノ幹部ヲ排斥スル目的ヲ以テ本社ヲ京城又ハ大田ニ移転スヘク運動ヲ開始シ大正十三年二月釜山、同三月忠清南道天安等ニ会合シ協議スル所アリタルモ慶尚南北道社員ノ反対アリテ意見ノ一致ヲ見ス遂ニ張志弼ノ一派ハ同四月廿六日京城ニ衡平社革新同盟總本部（後ニ衡平社中央總部ト改称）ヲ創立シテ晋州本社ヨリ分立シ晋州本社ニ於テモ社名ヲ衡平社聯盟總本部ト改メ之ニ対抗シ南北対立スルニ至レリ然ルニ京城側ノ張志弼ハ各道ニ遊説シ相当活動セルニ反シ晋州側ニ於テハ何等活動ノ見ルヘキモノナカリシヲ以テ大勢ハ自然京城側ニ傾キ大正十四年四月二十四、五日ノ両日京城ニ於テ開催シタル衡平社全鮮大会ニ於テ晋州總本部ヲ晋州衡平社ニ改メ京城ノ中央總部ヲ承認シ茲ニ一年有半分立シタル南北両派ノ統一ヲ見タリ而シテ両派ノ分立以来統一実現ヲ見ルニ至レル期間ハ専ラ統一運動ニ没頭シメル為衡平運動トシテノ消長ハ特ニ之ヲ認ムルモノナカリシモ之カ統一ヲ助成シ促進スル手段トシテ又統一後ニ於ケル勢力拡張ノ方法トシテ従来標榜シ来リタル穏健主義ヲ裏切リ思想団体ト提携スルニ至リタルコトハ将来最注意スヘキ傾向ナリ

即チ性慓悍ニシテ団結性ニ富ム白丁ノ運動第一線ノ闘士ニ利用スヘク従来各種思想団体ノ会合ニ於テ何レモ衡平運動ニ対スル援助ヲ決議シテ衡平社員ヲ運動ノ渦中ニ引入レムトシタルモ衡平社幹部ニ於テハ思想団体トノ提携ハ当局ノ注意ヲ惹クノミナラス衡平運動ニサヘ反感ヲ有スル一般社会ニ対シ一層之ヲ助成セシムル結果トナリ却テ運動ノ進行ヲ阻害スルモノナリト為シ提携スルニ至ラサリシカ大正十四年四月二十日京城ニ於テ開催ノ筈ナシリ思想団体火曜會ノ主催セル全鮮民衆運動者大会（事前ニ於テ会合ヲ禁止セリ）ニ衡平社中央總部トシテ加盟シ思想団体ト提携スルニ至レリ其ノ結果四月廿四、五ノ両日ニ於ケル衡平社全鮮大会ニ於テハ討議事項トシテ「我カ運動ニ迫害ヲ加フル者ニ関スル件」ノ題下ニ「官庁並一般人民ノ衡平社員ニ対スル差別待遇ニ関シ吾等ハ団結ノ力ヲ以テ之ニ対抗スヘシ」（直ニ取消サシム）ト不穏ノ決議ヲ為シ又八月慶尚北道禮泉ニ発生セル衡平社員対普通民ノ紛争事件ノ如キモ左ノ如ク左傾分子ノ煽動ニ其ノ端ヲ発シ而モ中央總部ハ本件ニ関シ各支分社宛新聞広告又ハ電報ヲ受ケタルトキハ何時ニテモ出動スル準備ヲ為シ置クヘシ吾等ハ力強ク団結シテ生命ノ続ク迄戦フヘシ等ト極メテ激越ナル通文ヲ発シ或ハ十月廿一日

忠清南道大田分社ニ於テ開催シタル臨時総会ノ席上中央總部ノ幹部張志弼ハ昆虫ト雖自己ヲ害スルモノニ対シテハ抵抗ス況シテ吾等ノ神聖ナル運動ヲ害スル者アラハ全力ヲ尽シテ反抗スヘキハ当然ナリト述フルヤ社員権在官ハ之ニ和シ官憲カ吾等ヲ保護セサルニ於テハ警察署ニ爆弾ヲ投スヘシト不穏ノ言動ヲ弄シタル（直ニ検挙セリ）等ノ思想団体ト提携後ニ於ケル衡平社ノ態度ハ漸ク悪化ノ傾向ヲ呈シ衡平社ノ会合ニ左傾分子ノ参加ヲ見サルコトナキト共ニ衡平社中央總部及支分社中ニモ左傾分子ノ社員ヲ見ルニ至レリ

尚衡平運動開始以来大正十三年九月迄ニ於ケル白丁ノ紛争事件ニシテ傷害又ハ比較的多数人ノ関係セルモノハ京畿道一、忠清南道九、慶尚北道一〇、慶尚南道六、江原道一、計二十七件ヲ算シ尚大正十三年十月以降翌十四年九月迄ニ於テ忠清北道七、忠清南道三、慶尚北道四、慶尚南道一、計十四件、総計四十一件ニ達セルカ其ノ原因ハ白丁ノ態度不遜ナリト謂フニ基因スルモノ最多シ而シテ之ヲ年別トセハ大正十二年十七件、大正十三年十件、大正十四年十四件ニシテ大正十二年中ハ衡平運動開始ノ初年ナルヲ以テ一般ノ理解モ少ク従テ紛争事件最多カリシカ大正十三年ニ入リテハ衡平社内部ノ紛争ニ依リ積極的ニ運動スル機会ナカリシト一面幹部ニ於テ前年ノ如ク普通民ト徒ニ事ヲ構フルノ不利ナルヲ覚リタル結果著シク減少シタルモ大正十四年ハ内部ノ紛争解決セルノミナラス思想団体ト提携シ積極的ニ運動方針ヲ転換シタル結果前年ニ比シ多少ノ増加ヲ見タルモノノ如シ

（白丁ノ分布及職業別、資産調、教育調、別表参照）

㈣　普通民対白丁ノ主ナル紛争事件

㈠　醴泉事件

慶尚北道醴泉衡平分社ニ於テハ社勢拡張ノ目的ヲ以テ八月九日分社設立二週年記念祝賀会ヲ挙行スルニ当リ思想団体醴泉青年會、醴泉新興青年會安東火星會、豊山小作人會員ヲ招待シ衡平社員約二百名ト共ニ祝賀会ヲ挙行シタルカ席上醴泉青年會長金碩熙ハ祝辞トシテ已往ニ於ケル白丁ノ圧迫ハ制度ノ罪ナリシカ今日ハ全ク其ノ制度モ改メラレ四民平等トナリ何等ノ差別ナシ然ルニ団体ヲ組織シ衡平運動ヲ為スハ意義ヲ為サス宜シク運動ヲ罷メ速ニ衡平社ノ看板ヲ撤去セラレムコトヲ望ムト述ヘシヨリ衡平社員ハ折角ノ祝賀式ニ衡平運動反対ノ祝詞ニ遭ヒ尠カラス憤慨セリ此ノ時列席ノ新興青年會長金相起ハ予テ金碩熙ト意見衝突ノ為醴泉青年會ヨリ分離シ新ニ新興青年會ヲ組織シタル等感情上ノ経緯アルノミナラス醴泉分社長朴允玉ヨリ買収セラレ祝賀式ヲ機トシ新興青年會員ヲ挙ケテ分社員トナリタル折柄ナルヲ以テ前記各思想団体員及衡平社員ヲ煽動シテ金碩熙ノ祝詞ヲ極力攻撃ナシタリ然ルニ一面醴泉邑内ノ普通民ハ衡平社設立以来白丁ノ態度頓ニ不遜トナリタルニ対シ反感ヲ懐キ居リタルカ今次ノ記念祝賀式ニ際シ数千枚ノ宣伝ビラヲ自動車ニテ邑内ニ撒布シ挙式竝祝宴ノ如キモ極メテ盛大ニ執行シタルヨリ反感一層増大セル折柄醴泉青年會及労農會

（労働者ノ団体）幹部ハ祝詞ニ対スル攻撃ノ顚末ヲ語リテ普通民ヲ煽動シタルヨリ約二百名ノ普通民ハ同夜衡平分社長朴允玉方ヲ襲ヒ会場ノ緑門ヲ破壊シタル後朴允玉及分社員金四寸ヲ殴打負傷セシメタリ依テ衡平分社ニ於テハ衡平社中央總部常務執行委員張志弼、李而笑竝火星會幹部等ト共ニ対策ニ関シ協議ノ結果暴行ノ中心ト認メラルル醴泉労農會ニ対シ㈠謝罪状ヲ提出スルコト㈡新聞紙ニ謝罪広告ヲ為スコト㈢重要幹部ハ引責辞職スルコトノ三項ヲ決議文トシテ送付シ一面醴泉新興青年會ニ於テハ暴行者ノ調査ニ着手シタルヲ以テ部民ハ益々激昂シ十一日午前〇時半頃再ヒ約二百名分社長宅ヲ襲ヒ分社員二名ニ負傷セシメ更ニ同日午後五時及十時ノ両度ニ亘リ中央總部常務執行委員張志弼、李而笑ノ両名ヲ殴打負傷セシムル等ノ暴行ヲ演シタル醴泉居住ノ衡平社員四十戸中ノ二十戸ハ一時邑外ニ避難セリ而シテ本件暴行ニ参加シタル重ナル者三十名ノ検挙騒擾罪トシテ事件ヲ送致セリ

尚本件ニ関シ朝鮮労農總同盟、朝鮮青年總同盟其ノ他各地ノ思想団体ハ調査員ヲ現場ニ派シ衡平社員ヲ煽動シテ事案ヲ益紛糾セシメムト企テタルモ厳重取締ノ結果事無キヲ得タリ

(ロ)　玄風事件

慶尚北道達城郡玄風面ニ於テハ八月十四日少年雄弁大会ヲ開催シ席上弁士徐龍伊ハ衡平社員ノ依頼ニ依リ衡平運動宣伝ノ講演ヲ為シタルニ一般聴衆ノ悪罵弥次甚シク遂ニ講演ヲ中止シタルカ徐龍伊及玄風青年會員金判慶ノ両名ハ閉会後普通民数名ニ対シ講演ヲ妨害スル者ハ犬猫ト選フ所ナシト罵リタル為一般普通人ノ反感ヲ買ヒタル折柄八月廿九日金判慶ハ予テ自己等カ衡平社員ト提携セルヲ攻撃シ居タル同地趙王伊ニ対シ汝等ノ如キ衡平運動ヲ妨害スル者ハ撲殺スヘシトテ棍棒ヲ以テ趙ヲ殴打シタルヨリ之ヲ聞キタル普通民ハ極度ニ憤慨シ九月二日同地市日ヲ利用シ前記金、徐ノ両名ヲ膺懲スヘク普通民約六百名市場ニ集合シ両名ノ所在ヲ捜索シタルモ発見セサリシヲ以テ内約百名ハ勢ニ剰シテ玄風衡平分社長李學述同総務弥四俊方ヲ襲ヒ器物ヲ損壊スル等ノ暴行ヲ為シタルヲ以テ首謀者十二名ヲ検挙シ事件ヲ検事局ヘ送致セリ　了

第一号表　白丁分布及職業調

（編者注＝史料3「第一号表　白丁分布及職業調」と同一につき略）

第二号表　白丁資産調

（編者注＝史料3「第二号表　白丁資産調」と同一につき略）

第三号表　白丁ノ教育調

（編者注＝史料3「第三号表　白丁ノ教育調」と同一につき略）

5　一九二五年　衡平運動ノ概況

京畿道警察部『大正十四年五月　治安概況』

五、衡平運動ノ概況

衡平社ハ依然南北両派ニ分裂シテ紛争ヲ継続シ統一ヲ見ルニ至ラサル為京城衡平社中央總本部ニ於テモ常ニ晋州派圧倒策ニノミ汲々トシテ運動ノ核心ニ触レタル行動ナキヲ以テ在京思想団体ニ於テハ巧ニ彼等ヲ利用シ運動ノ局面ヲ展開セムト種々術策ヲ弄シツ、アリシモノ、如ク同社員ニシテ主義的団体北風會ニ加盟スルモノアル等従来穏健ナリシ同社ハ漸次主義者ノ傀儡トナリ直接行動ニ利用セラレムトスル傾向アリシカ大正十四年一月十日衡平社中央總部主唱ノ下ニ屠夫並ニ獣肉販売業者ヲ以テ組織スル正衞團創立総会ヲ開催スル等漸ク悪化セムトスルノ状況アリ注意中ノ処三月二十日第八回中央執行委員会ヲ開催シ京城中央總本部主催ノ下ニ衡平社全鮮大会ヲ開催スルコトニ決シ之レカ準備ヲ整ヘ府内堅志洞侍天教堂ニ於テ四月二十四日全鮮大会仝二十五日創立二週年紀念大会ヲ開催シタルカ討議事項中社会問題トシテ労農、青年、思想、宗教等ニ関スル諸問題ヲ掲ケアリシモ本問題ノ如キハ直接衡平社ニ関係無キ事項ナルヲ以テ四月二十四日所轄鍾路警察署ニ於テ該項ノミ論旨削除セシメタリ一方南鮮側晋州衡平社聯盟總本部ヨリハ四月十八日姜相鎬、李學賛外三名入京シタルカ其ノ目的ハ去ル三月十四日慶尚南道馬山ニ於テ開催シタル南鮮側衡平社有力者会ノ決議タル本部ヲ京城ニ移転スル件ニ関シ先ツ以テ大会ニ於テ張志弼ヲ中央総本部ヨリ放逐シ然ル後南北ノ合同ヲ策セムトスルニアリタルモノ、如ク而シテ張志弼排斥ノ材料トシテ第一、張志弼単独ノ意志ヲ以テ衡平社ノ代表ナルカ如ク装ヒ民衆運動者大会応援会ノ発起人トナリタルハ事ノ善悪ハ之レヲ別トシ越権的行為ナルコト第二、張志弼、金慶三等ハ曾テ内地人遠山（島）哲男ニ買収セラレ全鮮衡平社ノ面目ヲ失墜シタルノミナラス之カ為衡平運動ヲ一般ヨリ誤解セシメ運動ノ進展上重大ナル障碍ヲ与ヘタルヲ以テ自然引責セサルヘカラストノ理由ノ下ニ仝人ノ不信任ヲ提案シ議場ヲ紛糾セシメムト計画セルモノ、如クナリシカ大会当日ハ遂ニ之ヲ提議スル機会ヲ得ナリナラス却テ一般参集者ト共ニ議事ニ参与シ姜相鎬、李學賛ノ両名ハ常務執行委員ニ選任セラレ尚ホ退京ニ際シテハ張志弼ニ対シ帰晋後各幹部ト協議ノ上晋州衡平社總聯盟ヲ解散シ事務ヲ京城中央總本部ニ引継クヘク誓約スルニ至リタリ而シテ四月二十四日大会討議事項中「我カ運動ニ迫害ヲ加フルモノニ関スル件」ニ於テ「官庁並ニ一般人民カ衡平社員ニ加フル差別待遇ニ関シテハ団結ノ力ヲ以テ対抗ス」云々ノ決議ヲ為サムトシタルヲ以テ臨監警察官ニ於テ直チニ之カ撤回ヲ命シ取消サシメタルカ其ノ他開催中特ニ不穏ノ点無ク無事終了セリ其後晋州側聯盟本部ニ於テハ四月二十八日臨時総会ヲ開催シ姜相鎬ヨリ全鮮大会ノ決議ニ基キ京城中央總本部ニ合併スヘク通告シ本部名称ヲ単ニ晋州衡平社ト変更シ一切ノ書類ヲ京城本部ニ移送シ来リ茲ニ再ヒ両派ノ統一体ヲ形成スルニ至リタリ

朝鮮総督府警務局『昭和二年十二月　治安状況』

6　一九二七年　衡平社運動

衡平社運動

古来朝鮮ニ白丁ト称スル一種ノ賤民アリ沿革トシテ正史ニ拠ルヘキモノ乏シキモ水草ヲ逐フテ畋猟ヲ事トスル韃靼族ノ大陸ヨリ移住シ来ルタルモノニシテ既ニ高麗時代ヨリ白丁ノ称アリト云フ白丁ハ内地ニ於ケル穢多ト等シク居ヲ都邑ノ外囲ニ設ケテ特種部落ヲ形成シ其ノ職業ノ如キモ普通民ノ忌ミテ為サヽル屠殺獣肉販売柳器製造等ノ賤業ニ従事シ一般社会ヨリ更ニ其人格ヲ認メラレサルノミナラス総ユル非人道的虐待ヲ蒙リ相当古キ忍従ノ歴史ヲ辿リ来レル憫レムヘキ同胞ナリ然レトモ李朝末世以降殊ニ日韓併合後法令上四民ト何等差別ナキ平等ノ権利ト義務ヲ認メラルヽニ至リ一般社会モ時勢ノ進運ニ伴ヒ漸次昔日ノ弊風ヲ脱シツヽアルモ因習ノ久シキ未タ社会上ノ待遇常民ト伍スルニ至ラス白丁モ亦強ヒテ之ヲ求メムトスル風ナカリシカ偶々大正十二年初頭内地関西地方ニ於ケル水平運動ノ勃興ニ刺激セラレ同年四月慶尚南道晋州ニ白丁ノ解放運動ヲ目的トスル衡平社ヲ組織スルニ至レリ

イ、衡平運動ノ動機

慶尚南道晋州郡晋州面大安洞ニ白丁李學賛ナル者アリ近郷ニ於ケル白丁中ノ資産家ニシテ近時一般ニ向学心ノ勃興スルニ伴ヒ李學賛モ往時ト異リ四民平等ノ今日普通民ト同シク其ノ子弟ヲ教育スヘク幾度カ公私立学校ニ入学セシメムトシタルモ白丁ナルカ故ニ種々ノ口実ノ下ニ拒絶セラレ偶々入学ノ目的ヲ達スルモ教師ノ冷酷ナル処遇ト生徒ノ虐待トニ堪ヘス中途退学ノ不得已ニ至リタルヲ憤リ且ツ社会ノ無理解ヲ呪咀(詛)シ居リタルカ恰モ大正十二年内地ニ於ケル水平運動ノ熾烈トナレル状況ヲ新聞紙上ニ散見シ同志ヲ勧説シ在晋州普通民姜相鎬（保安法違反前科者）朝鮮日報晋州支局長申鉉壽及花山商會主千錫九等ニ衷情ヲ訴ヘ応援方ヲ依頼シタルニ何レモ之ニ賛シ茲ニ初メテ白丁解放運動ノ機関トシテ衡平社ノ創立ニ着手スルニ至レリ

ロ、衡平社ノ組織

李學賛ハ前記三名ノ応援ヲ得テ大正十二年四月二十四日先ツ衡平社期成会ヲ組織シ直チニ晋州大安洞白丁鄭贊祚方ニ於テ創立総会ヲ開催シ社則ヲ制定シ五月二日社則ノ定ムル処ニヨリ委員トシテ姜相鎬、申鉉壽、千錫九、李學賛及張志弼六名ヲ挙ケ本社事務所ヲ晋州飛鳳洞ニ設置シ衡平社ノ趣旨宣伝文一万枚ヲ印刷シ広ク之ヲ配布シ五月十三日南鮮各地ノ同族百五十名晋州ニ集合発会式ヲ挙行シ愈解放運動の狼火ヲ揚クルニ至レリ

而シテ其目的トスル処ハ階級打破侮辱的呼称廃止ニアルカ実際問題トシテ

第一、戸籍簿ニ「白丁」「屠夫」「獣肉販売」「皮匠」等白丁タルコトヲ表示又ハ之ヲ想像スルニ足ルヘキ業態ノ記載シアルヲ廃止ス

（此ノ項戸籍簿ニ職業ヲ記載セルモノトアルハ従来ノモノニシテ今尚現存セルモノアルモ現行法ノ規定ハ職業ノ記載ヲ必要トセサルニ付職業ノ記載ハ削除セリ）

第二、白丁ノ子弟モ普通民ト同シク普通学校其他ノ公私立学校ニ入学ヲ容認スルコト

ノ二項ヨリ先ツ実行ニ着手スルコト、ナセリ
因ニ右委員中ノ張志弼ハ慶尚南道宜寧郡宜寧面邑内居住ノ白丁ニシテ明治四十三年以降四ヶ年間東都ニ遊ヒ明治大學ニ在籍セシコトアリ予テ白丁解放運動ニ志ヲ有セシヲ以テ衡平運動ノ起ルヤ来リテ参加セシモノニシテ後社員中ノ非白丁ヲ排斥シテ自ラ衡平運動ノ牛耳ヲ執ルニ至リシ人物ナリ

ハ、衡平社組織後ノ状況

衡平社幹部ハ本社創立後普通民ノ反感乃至圧迫ノ中ニ処シテ鋭意支社分社等ノ機関設置ニ全力ヲ傾到（マヽ）シ先ツ三南地方ニ手ヲ染メ漸次中部京畿及江原道方面ニ及ヒ大正十三年中京畿道支社一、分社一、忠清北道支社一、分社七、忠清南道支社一、分社一六、全羅北道支社一、分社六、全羅南道支社一、分社六、慶尚北道支社一、分社一一、慶尚南道支社二、分社一七、平安南道支社一、平安北道支社一、江原道支社二、分社三、
計支社一二、分社六七ノ機関ヲ設置シ（昭和二年ニ於テ全鮮至ル処支分社ノ設置ヲ見全鮮ノ機関百五十ヲ数フルニ至レリ）タルカ其ノ間屡々普通民トノ間ニ衝突紛争ヲ惹起シタルカ其ノ原因ノ主ナルモノハ支分社ノ設置ニ当リ幹部等ハ衡平社員トナレハ直チニ普通民タルコトヲ得ルカ如キ言辞ヲ弄シ入社ヲ勧誘スルヲ以テ無智ノ白丁等ハ衡平社ニ入社スルヤ過去忍従ニ対スル反感ト相俟ツテ態度急変シ屠夫獣肉販売野犬撲殺ノ如キハ自尊心ヲ傷クルモノナリトシ廃止スルモノ続出シ動モスレハ普通民ニ事ヲ構ヘムトスル情勢ヲ示シ彼是少カラス普通民ノ反感ヲ誘致シ延テ白丁対普通民ノ紛争ヲ惹起スルニ至レルカ衡平社員ニ於テハ一度紛争起ルヤ直チニ本社（或ハ支社分社）ニ急ヲ報シ其来援ニヨリ多数ノ力ニヨリテ事ヲ決セムトシ衡平社ニアリテモ斯クシテ社同人ノ威勢ヲ示シ此ノ手段ニヨリテ白丁ノ歓心ヲ買ヒ以テ機関拡張ヲ画セムトスルノ嫌アリ之ニヨリテ紛争ハ助成セラレ漸次機関ノ拡張ヲ見タルモ素ヨリ財政富カナラサル白丁間ニアリテ支分社ノ維持費本社ノ負担等ニ耐ユヘクモアラス剰ヘ白丁対普通民ノ紛争ニヨリ普通民ノ反感ヲ醸出シタル結果ハ資金融通ノ途ヲ絶タレ或ハ獣肉ノ非買同盟等随所ニ起リ従前ニ比シ一層生活上ノ脅威ヲ感スルニ至レリ
衡平運動ノ開始ニヨリ普通民ヨリ白丁ト呼称セラレス戸籍上ノ賤称ヲ削除セラレ子弟ノ入学等モ容易ト為リタル等ノ利益ハアリタルモ普通民トノ感情ノ疎隔ニヨリ利スル処ヨリ失ハル、ノ点多ク希待（マヽ）ハ裏切ラレ社費ノ負担ヲ為サ、ルモノ衡平社ヨリ脱退セムトスル者続出スルノ結果ヲ招来シ本社ノ財政漸ク窮迫シ斯クテ一気呵成ノ進展ヲ見タル衡平運動モ一頓挫ヲ来セリ
茲ニ於テ幹部張志弼等ハ衰勢ヲ挽回シ衡平運動ノ進展ヲ図ラムカ為晋州本社ノ実権ヲ掌握シ居ル姜相弼（鎬）等非白丁ヲ排除セムトシ本社ヲ京城又ハ大田ニ移転スヘク運動ヲ開始シ屢々紛糾ノ後大正十三年四月二十六日京城ニ衡平社革新同盟總本部（後ニ衡平社中央總部、衡平社総聯盟等ト改称シ現今朝鮮衡平社聯盟總本部ト称ス）ヲ創設シテ晋州本社ヨリ分立シタルカ晋州側ニ於テモ衡平社聯盟總本部ト改

メ之ニ対抗シ南北対立社員争奪ニ腐心セシモ革新側張志弼等ノ不断ノ活動ニ反シ晋州側ハ何等活動ノ見ルヘキモノナク大勢京城側ニ傾キ其後迂余曲折ヲ経テ大正十四年四月廿四、五両日衡平社ノ全鮮大会ヲ京城ニ開催シ全鮮的ニ京城ニ中央総部ヲ置ク事ヲ承認シ晋州総本部ヲ晋州衡平社ト改メ茲ニ一年有半分立紛糾シタル南北両派ノ統一ヲ見ルニ至リタリ

二、衡平社ト思想団体トノ連絡

衡平社カ南北分立ヨリ統一ニ至ル期間ハ専ラ統一運動ニ没頭シタル為衡平社運動トシテノ消長ハ何等認ムルモノナカリシモ之カ統一ヲ助成シ促進スル手段トシテ又統一後ニ於ケル勢力伸張ノ方法トシテ従来採リ来リタル穏健主義ヲ変シテ思想団体ト提携ヲ劃スルニ至リ衡平運動ノ将来ニ最モ注意ヲ要スル傾向ヲ生セリ此形勢ヲ観取シタル主義者輩ハ性慓悍ニシテ団結性ニ富ム白丁ヲ思想運動第一線ノ闘士トシテ利用セムコトヲ努メ各種ノ思想団体ノ会合ニ於テ衡平運動ニ対スル援助ヲ決議シテ社員ヲ運動ノ渦中ニ投セシメント計画シ茲ニ脈洛(マヽ)相感影シテ大正十四年四月二十日京城ニ於テ開催ノ予定ナリシ思想団体火曜會ノ主催セル全鮮民衆運動者大会（事前禁止）ニ於テ衡平社中央總部トシテ加盟シ初メテ思想団体ト提携スルニ至レリ同月末ニ於ケル衡平社全鮮大会ニテハ『我カ運動ニ迫害ヲ加フルモノニ関スル件』ノ討議事項ニ対シ『官庁竝ニ一般人民ノ衡平社員ニ対スル差別待遇ニ対スル吾等ハ団結ノ力ヲ以テ之ニ対抗スヘシ』（取消サシム）等ノ不穏決議ヲ為シ同月慶尚南(北)道醴泉ニ於テ衡平社員対普通民ノ紛争事件ハ左傾分子ノ煽動ニ端ヲ発シタルカ中央総部ハ本件ニ関シ各支分社宛新聞広告又ハ電報ヲ発シタルトキハ何時ニテモ出動ノ準備ヲ為シ置クヘシ吾等ハ力強ク団結シテ生命ノ続ク限リ戦フヘシ等極メテ激越ナル通文ヲ発シ同十月下旬忠清南道大田分社ニ於テ臨時総会ヲ開催シタル際ノ如キ中央總部張志弼ハ『昆虫ト雖自己ヲ害スルモノニ対シテハ抵抗ス況シテ我等ノ神聖ナル運動ヲ妨害スルモノアラハ全力ヲ尽シテ反抗スルハ当然ナリ』ト述フルヤ社員権在官ハ之ニ和シテ『官憲カ吾等ヲ保護セサルニ於テハ警察署ニ爆弾ヲ投スヘシ』ト不穏過激ノ言辞ヲ弄シタル等思想団体ト提携後ニ於ケル衡平社員ノ態度ニ頓ニ悪化ノ傾向ヲ生シ爾来衡平社ノ会合ニ左傾分子ノ参加ヲ見サルコトナク衡平社員中ニモ亦左傾分子ヲ見ルニ至リ斯クテ差別待遇ノ悪弊ヲ打破シ社会的置位(マヽ)ノ向上ヲ計ラムトシタル当初ノ目的ヲ超越シ団結ノ力ニヨリテ社会組織ノ革新ヲ企図セムトスル傾向ニ転化シ衡平社員中ノ有識者ニヨリテ衡平社員ノ智育向上ヲ計ルコトヲ標榜シテ衡平学友會ヲ忠清南道大田ニ創立シ大正十四年八月総会ヲ開催シ庶務部、智育部、外交部、調査部、財務部等ヲ置キ鋭意会勢ノ拡張ニ努メ続イテ衡平社婦人ヲシテ男子同様衡平運動ノ線上ニ達タシムルノ必要アリ且ツ衡平社員対普通民ノ紛争ノ動機カ多ク衡平社女性ノ没常織(議)ニ起因スルモノナルヲ遺憾トシ女性教養ノ必要ヲ認メ大正十五年九月廿一日忠清南道益山衡平分社会館ニ女性親睦會ヲ創設スル等会勢扶殖(マヽ)ニ力ヲ竭シ尚全鮮各地ニ散在スル衡平青年會ニシテソウル、北風両派ノ

社会運動ニ加担シ統一ヲ欠クヲ遺憾トシ衡平青年會ヲ打テ一丸トスル衡平青年聯盟ヲ組織シ其綱領ノ如キモ（一）本總聯盟ハ有機的組織ト統一ノ旗幟下ニテ青年ノ使命ヲ尽スコト（二）本聯盟ハ衡平青年ノ社会的意義ヲ完全ニ貫徹セシメ無産大衆ノ最大利益ヲ目標トス（三）本聯盟ハ衡平青年運動ノ総機関ヲ指導シ無産全体ヲ代表ス（四）本聯盟ハ衡平青年組織運動ノ充実ト行進ヲ図ル』《(ママ)》ヲ発表スル等宛然思想運動団体ノ如キ観ヲ呈シタリ爾来衡平社ノ会合アル毎ニ不合理ナル現社会制度ヲ打破シテ理想ノ社会ヲ建設セサルヘカラス等激越ナル言辞ヲ弄シ禁止ヲ命シタルコト一再ニシテ止マラス

然ルニ一方朝鮮ニ於ケル思想団体ノ二大勢力トモ称スヘキソウル、北風両派ニ於テハ四十万ノ大衆ヲ有スル衡平社員ヲ自派ニ掌握スルコトハ勢力ノ伸張ニ多大ノ影響アルコトニ着眼シ窃ニ懐柔争奪ニ腐心セシカ漸次其ノ行動露骨トナリ互ニ衡平社員ノ使嗾煽動ニ努メ遂ニ昨年九月末日於ケル中央総本部臨時大会ノ如キ組織変更問題ニ付討議ノ結果中央總本部ハ将来衡平社聯盟總本部ト改称シ各道ニ聯盟ヲ置クコトヲ決議シ会館問題討議ニ入ルヤ会館ノ一部ヲソウル系赤雹團ニ貸与シタル位ヲ確実ニ掌握シタルカ此大会ニ破レタル任允宰一派ハ今春ノ大会ニ於テ張ノ駆逐ヲ策スヘク波瀾紛争ヲ予期セラレタリ此状態ニ鑑ミ衡平社重要幹部ハ聊カ悟ル処アリ爾後衡平運動ハ飽迄本来ノ目《(ママ)》ノ為ニ健闘スヘク総テ目的達成ノ為思想団体ヲ利用シ或ハ之カ傀儡トナルコトヲ避ケントスル傾向顕著トナレリ然ルニ客年十二月本部主要幹部張志弼、徐光勳等数名ハ高麗革命党事件ニ関連シ検挙セラルル処トナリ目下予審中ニシテ其ノ内容ヲ詳ニスルヲ得サルモ斯ク変転急激ニシテ定マリナキ衡平運動ノ将来ハ其ノ向背逆睹シ難キモノアリ

ホ、内地水平運動ト衡平運動トノ聯繫

衡平運動ノ発達ヲ期スル上ニ於テ内地水平運動ヲ視察シ進ンテ之ト聯繫ヲ採ルコトハ衡平社ノ行事トシテ最モ緊要ナルモノナトノ議論ハ毎時唱道シ計画セラレタルモ衡平社ノ基礎未タ安定スル至ラス財源乏シキ等ノ関《(ママ)》アリテ荏苒実行ニ至ラサリシカ昨十五年十一月衡平聯盟總本部中央執行委員会開催ノ席上衡平運動ノ進展上水平社ノ状況ヲ視察スルハ最モ重用《(ママ)》ナル事柄ナルヲ以テ万難ヲ排シテ之ヲ実行スヘク提議スルヤ満場熱狂的ニ之ヲ可決シ華川衡平社所属社員李春福ハ本計画ヲ実行スルカ為ニハ該費用ニ充当スヘク一週間ヲ出テスシテ二百円ヲ醵出スヘシト唱フルヤ群山衡平社所属趙景贊ノ如キハ此目的ヲ達成スル為愛妻ヲ犠牲ニ供スルヲモ辞セスト唱和シ気勢頓ニ揚ク視察員トシテ張志弼、金三奉ノ二名ヲ挙テ十二月中旬出発セシムルコトヲ可決シタルモ其ノ後醵金墓《(ママ)》々シカラス遷延シ居リタルカ本年一月四国水平社中央執行委員高丸義雄ノ訪問ニ刺激セラレ同三月当初ノ計画ヲ変更シ衡平社聯盟総本部執行委員李東煥ヲ内地ニ派遣シ京都、大阪、香川ノ各水平社ヲ歴訪シ具サニ視察ヲ了ヘ帰鮮シタルカ四月廿四日第五回定期大会ニ於テ水平社ト提携ノ問題ニ関シ内地ノ水平運動ハ既ニ階級打破ノ目的ヲ遂行シ進ンテ組織的運

動ニ入リ驚クヘキ発達ヲ為シツツアルニ反シ衡平運動ハ未タ日浅ク何等成績ノ見ルヘキモノナク其間逕庭甚シキモノアリテ提携ハ時期尚早ナリ温カキ連絡ヲ保持シテ将来ニ俟ツヘシト唱導シ列席者亦之ニ賛同シ遂ニ留保トナレリ事情如斯ニシテ未タ深キ聯繋ヲ有スルニ至ラス

へ、衡平社対普通民紛争ノ状況

衡平運動ノ起ルヤ蒙昧ナル多数白丁ハ衡平社員トシテ加入スルコトニヨリテ直チニ階級打破セラレ多年ノ虐遇ヨリ解放セラレタリト思料シ態度著敷不遜トナルノ傾向アルニ反シ普通民ハ因襲ノ久シキ賤民トシテ侮蔑シ来リタル白丁ノ態度頓ニ不遜トナレリトノ感情ヨリ事毎ニ衝突紛争ヲ惹起シ屢々流血ノ惨事ヲ見ルニ至レリ今其ノ紛争事件ヲ年別トシテ之ヲ見ルトキハ大正十二年十七件十三年十三件十四年十四件十五年十四件昭和二年四十四件ニシテ大正十二年ハ衡平運動開始ノ初年ニシテ一般ニ理解ナキタメ白丁ノ態度急激ニ不遜トナレリトノ観念ニ因リ兎角紛争ヲ惹起スルコト滋ク大正十三年ニ入リテハ衡平社内部ノ紛糾ニ因リ積極的運動ノ暇ナク一面衡平社幹部ニ於テモ前年ニ鑑ミ徒ニ普通民ト事ヲ構フルノ不利ナルヲ悟リタル結果稍々減少シタルカ大正十四年ニ於テハ内部ノ紛糾解決シ剰へ思想団体ト提携シテ積極的ニ運動方針ヲ転換シタルヲ以テ再ヒ増加ヲ見ルニ至レリ然ルニ大正十五年ニ入リテハ衡平社内部ニ闐檣（牆）ノ争絶エス且ツ思想団体トノ提携ヲ避ケントスルノ傾向ヲ生シ来リタルヨリ衡平社員対普通民トノ個々ノ小紛争ハ続発シタルモ衡平社トシテ積極的行動ニ出ツル暇ナカリシ為大ナル紛争ヲ惹起スルニ至ラス試ミニ衡平社創立当初ヨリ大正十五年末ニ至ル間ニ於テ発生セル紛争ノ大ナルモノヲ挙クレバ慶尚北道醴泉事件、慶北達城郡ニ於ケル玄風事件、忠清南道保寧郡ニ於ケル熊川事件、慶尚南道居昌ニ於ケル居昌事件、全羅北道参禮ニ於ケル参禮事件、全北益山郡ニ於ケル黄登事件等ノ如キハ何レモ些々タル紛争ニ端ヲ発シ数十名乃至約二百名カ入乱レテ格闘シ若クハ格闘セムトシタル事件ノ尤ナルモノナリ本年ニ入リテハ数ニ於テ非常ニ増加ヲ示シタル如キモ悉ク単純ナル個々ノ紛争ノミナリ斯ハ衡平社地方機関ノ普及ニ連レ社員モ漸次増加シ教育ノ程度向上ニ随ヒ思想的覚醒ノ結果普通民ノ因習的虐遇ニ反抗スルノ傾向ヲ生スルヲ以テ小紛争ハ機関及ビ社員ノ増加ニ正比例スヘキモ昨年末来本部張志弼等主要幹部カ革命党事件ニ連座検挙セラレテ以来首脳ヲ失ヒ総本部トシテ積極的活動ニ出スル能ハサルノミナラス張志弼等ノ検挙ニ鑑ル処アリト思想団体トノ連撃《ママ》ヲ避クルノ赴キアリ随テ之等ノ使嗾煽動ニヨリ事態ヲ拡大シタルモノ無カリキ然レ共輓近衡平社員ノ行動ハ往々常軌ヲ逸シ動モスレハ同族相助ノ口実ノ下ニ団体ノ威力ヲ以テ暴力行為等ニ訴ヘントスル傾向見脱《ママ》シ難キモノアリ本年九月釜山ニ於ケル衡平社員ノ暴行事件ノ如キ其傾向ヲ如実ニ物語ルモノ、如ク今其概要ヲ記スレハ左ノ如シ

本籍平安南道成川郡天成面李士應（当三十一年）ナル者数年前樺太ニ出稼シ料理屋営業ヲ為シツツアルカ本年七月所用ノ為帰鮮セルヲ機トシ平壌大邱等ニ於テ鮮人朴桂仙（当十六年）外七名ヲ雇傭シ

酌婦稼ヲ為サシムル計画ナリシモ樺太庁ヨリハ予テ此種醜業婦ノ渡島ヲ阻止セラレ度キ旨依頼ノ次第モアリテ釜山ニ滞在セシメ樺太庁内所轄警察署ト電照中釜山府寶水町料理屋営業李鍾元方ニ滞在セルニ偶々酌婦中ノ朴桂仙ナル者ガ衡平社員ノ子女ナルコトヲ釜山衡平社員カ耳ニシ衡平社員十四五名押寄セ李聖根ナル者突如李士應ノ居室ニ侵入シ前記朴桂仙ハ衡平社員ニシテ自己ノ親戚ニ当ルヲ以テ雇傭貸借関係等証拠書類ヲ提示セヨト迫リタル多数ニ畏怖セル李士應カ書類ヲ示スヤ之レハ曖昧ナリ仮令正式ノモノナリトスルモ遠ク樺太ニ連行スル理由ナシトテ証拠書類ヲ奪取セン気勢ヲ示シタルカ厳談ノ末取戻シタルニ隣室ニアリテ傍観シ居タル李聖順以下十三四名矢庭ニ李士應ヲ襲ヒ靴履ノ儘或ハ足蹴ニシ或ハ殴打全治一週間ヲ要スル打撲創傷ヲ被ラシメ酌婦朴桂仙ヲ奪取立去リタリ被害者李士應ヨリ告訴ニヨリ関係者ヲ召致取調タルニ障害ノ程度敢テ大ナラスト雖軽々ニ観過（マヽ）センカ悪風ヲ助長スル虞アルヲ以テ厳重調査ノ上暴力行為等取締ニ関スル法律違反トシテ逮捕者李聖順外四名ヲ検事ニ送致シ未逮捕者三名ハ起訴中止ノ意ヲ附シ書類ノミ送致セリ

白丁分布及職業調（大正十五年調）

（編者注＝「白丁分布及職業調」は、121頁に掲載）

衡平社員数調

（編者注＝「衡平社員数調」は、122頁に掲載）

白丁ノ教育調（大正十五年調）

（編者注＝「白丁ノ教育調」は、123頁に掲載）

白丁資産調（大正十五年調）

（編者注＝「白丁資産調」は、124頁に掲載）

白丁分布及職業調（大正十五年調）

職業別		京畿	忠北	忠南	全北	全南	慶北	慶南	黄海	平南	平北	江原	咸南
屠夫	戸数	一八〇	五三	八一	八三	一三五	一四三	八三	七一	九九	一四一	七四	七一
	男	三〇四	九二	一三三	一九九	三〇四	三五八	一四二	一二九	一二〇	二九八	一六八	一二〇
	女	一七三	三七	一〇五	九〇	二五二	一三三	九七	一〇三	一六	二〇七	一一三	九一
製革	戸数	五	―	一四	六	一八	四七	四二	一一三	―	三三	二	一
	男	一六	二	三〇	二四	三七	九八	八一	二八六	―	五六	二	二
	女	九	―	二四	一九	四七	五八	六五	二六七	―	五〇	一	一
獣肉販売	戸数	二三八	二三〇	三七〇	三九六	二七四	三五七	三一八	二一	八	一五	五八	一
	男	五七六	四四七	八四五	八五〇	六五四	六二三	五五二	三四	一〇	三五	一一二	一
	女	五三八	四二三	七四八	七〇七	六五五	四一四	四五三	四四	六	四一	九八	二
柳器製造	戸数	四二	五三	一一三	六三	三	二〇九	九〇	一二八	五〇	五四	六一	一
	男	九五	一三〇	二七〇	一二六	一二	三八三	一四四	三四三	八四	一三三	一六一	一
	女	八一	一〇九	二三八	一〇八	九	二九八	一五八	三三一	七三	一〇六	一六五	―
農業	戸数	七三	七〇	八五	一九四	七七	五二六	一三四	六三〇	六七	四八	一五七	九
	男	二〇二	一五四	二四〇	四八五	二〇三	一、三四五	二八四	一、七三〇	一三九	一五三	三九七	二三
	女	一三二	一三二	一九七	三七九	二〇七	一、一三五	二二二	一、六七六	一四四	一四二	三九〇	二四
労働	戸数	二七	九	二〇	三六	二三	四三	四三	四八	一八	九	二三	五
	男	七五	八	六〇	七七	五四	八四	五一	一〇七	三五	一六	五六	九
	女	二三	四	六六	七九	四五	五二	八三	八二	一〇	一六	五四	七
飲食店旅人宿	戸数	三七	一七	四七	一〇九	九七	七五	二四	一二	一	一五	三七	四
	男	九六	二九	一〇二	一七二	二五七	一一三	三五	一九	―	四六	九九	七
	女	七二	四五	一三四	一七七	二八二	一七三	三九	二一	一	三四	一一〇	一一
製靴	戸数	三〇	一	二	二	六	七四	一五	四九	―	九	一	七
	男	七一	一	六	三	一五	二五〇	三七	一三六	―	二一	二	九
	女	七一	一	二	二	一八	七九	二一	一四二	―	一九	二	三
箴器製造	戸数	―	二	一〇	一一	二	二〇	二〇	四	一三	一四	三	―
	男	―	五	二九	一七	四	四三	三八	一二	二三	四〇	七	―
	女	二	三	二三	二二	七	三四	二三	一四	二三	三一	九	―
官公吏	戸数	―	―	―	―	―	―	―	―	―	―	―	―
	男	―	―	―	一	―	―	―	―	―	―	―	―
	女	―	―	―	―	―	―	―	―	―	―	―	―
商業	戸数	一三	一〇	一一	六	八	九	一三	一	三	二	三	二
	男	四六	一八	二四	九	二五	一八	三〇	一	三	六	五	二
	女	二六	一五	二二	一〇	二〇	一六	四一	―	―	五	五	―
其ノ他	戸数	五五	五	一八	二四	一九	二七	一四	五一	八	一一	四	―
	男	一〇四	一九	六六	七二	四三	二〇八	二五	一〇七	二六	二〇	一〇	二
	女	八九	二二	七八	八一	三九	三三一	一九	一〇四	一七	一九	一九	七
無職	戸数	一六	四	一二	三	六	二五	一〇	―	二	一	六	一
	男	一八八	一五八	一六九	八三	一九	五四六	一七	―	六二	一	三一	三
	女	二五一	一八〇	二三〇	一一一	三一	八三八	一五	―	一二七	―	二八	四
計	戸数	七二六	四四四	七八三	九三三	六六七	一、五五五	八二六	一、一二七	二六七	三四一	四二九	一〇二
	男	一、七七三	一、〇七三	一、九八三	二、一一八	一、六二七	三、八六九	一、四三六	二、九〇四	五〇二	八二五	一、〇五〇	一七九
	女	一、四六七	九八一	一、八三七	一、七七五	一、六一二	三、三四一	一、二二六	二、七八四	四一七	六六七	九九五	一五〇

職業別	道別	咸北 男	咸北 女	計 男	計 女	総計
屠夫	戸数	一〇		一、二三四		
	女男	一四	一〇	二、三〇〇	一、四一七	三、七一七
製革	戸数	—		二七〇		
	女男	—	—	六三四	五四一	一、一七五
獣肉販売	戸数	—		二、二八六		
	女男	—	—	四、七三九	四、一二九	八、八六八
柳器製造	戸数	一		八六八		
	女男	一	—	一、八八三	一、六六六	三、五四九
農業	戸数	—		二、〇七〇		
	女男	—	—	五、三五五	四、七七〇	一〇、一二五
労働	戸数	—		三〇一		
	女男	—	—	六三二	五二一	一、一五三
飲食店旅人宿	戸数	—		四七四		
	女男	—	—	九七五	一、〇九九	二、〇七四
製靴	戸数	—		一九六		
	女男	—	—	四五一	三六〇	八一一
笊器製造	戸数	—		九九		
	女男	—	—	二一八	一八一	三九九
官公吏	戸数	—		—		
	女男	—	—	一	—	一
商業	戸数	—		一〇一		
	女男	—	—	一八七	—	三三八
其ノ他	戸数	—		三三六		
	女男	—	—	七〇二	八一五	一、五一七
無職	戸数	—		八六		
	女男	—	—	一、二七七	一、八〇五	三、〇八二
計	戸数	一二		八、二二一		
	女男	一五	一〇	一九、三五四	一七、四五五	三六、八〇九

衡平社及社員数調

道別	社数	社員数	考備
京畿	一二	二五二	
忠北	九	二六七	
忠南	二四	一、七五八	
全北	一三	一、三五六	
全南	一一	四〇〇	
慶北	二五	二、〇三八	
慶南	二〇	一、〇八〇	
黄海	四	七五	
平南	一	一	
平北	一	二	
江原	一三	四三二	
咸南	五	三九	
咸北	一	二	
計	一四七	七、六八一	

白丁ノ教育調（大正十五年調）

道別	学校程度	在学中	中途退学	卒業	計
京畿道	普通学校又ハ同程度	一九五	四六	五〇	二九一
	高等普通学校又ハ同程度	一五	四	二	二一
	専門学校以上	三	｜	｜	三
忠清北道	右同（普通学校又ハ同程度）	一〇五	六六	三二	二〇三
	右同（高等普通学校又ハ同程度）	七	｜	二	九
	右同（専門学校以上）	｜	一	｜	一
忠清南道	右同（普通学校又ハ同程度）	一五二	六三	三八	二五三
	右同（高等普通学校又ハ同程度）	一六	一	一	一八
	右同（専門学校以上）	｜	｜	｜	｜
全羅北道	右同（普通学校又ハ同程度）	一二五	六八	二一	二一四
	右同（高等普通学校又ハ同程度）	一	三	一	五
	右同（専門学校以上）	｜	｜	｜	｜
全羅南道	右同（普通学校又ハ同程度）	一四九	四四	二二	二一五
	右同（高等普通学校又ハ同程度）	一	｜	｜	一
	右同（専門学校以上）	｜	｜	｜	｜
慶尚北道	右同（普通学校又ハ同程度）	二九九	四八	二〇	三六七
	右同（高等普通学校又ハ同程度）	一	｜	｜	一
	右同（専門学校以上）	｜	｜	一	一
慶尚南道	右同（普通学校又ハ同程度）	一七七	二三	三二	二三二
	右同（高等普通学校又ハ同程度）	五	三	二	一〇
	右同（専門学校以上）	｜	一	一	二
黄海道	普通学校又ハ同程度	五二	七六	三	一三一
	高等普通学校又ハ同程度	｜	一	｜	一
	専門学校以上	｜	｜	｜	｜
平安南道	右同（普通学校又ハ同程度）	三八	一七	一二	六七
	右同（高等普通学校又ハ同程度）	｜	二	｜	二
	右同（専門学校以上）	｜	｜	｜	｜
平安北道	右同（普通学校又ハ同程度）	三六	一五	一七	六八
	右同（高等普通学校又ハ同程度）	｜	｜	｜	｜
	右同（専門学校以上）	｜	｜	｜	｜
江原道	右同（普通学校又ハ同程度）	一一四	一四	一六	一四四
	右同（高等普通学校又ハ同程度）	一	｜	二	三
	右同（専門学校以上）	｜	｜	｜	｜
咸鏡南道	右同（普通学校又ハ同程度）	二四	一六	四	四四
	右同（高等普通学校又ハ同程度）	｜	｜	｜	｜
	右同（専門学校以上）	｜	｜	一	一
咸鏡北道	右同（普通学校又ハ同程度）	｜	｜	｜	｜
	右同（高等普通学校又ハ同程度）	｜	三	一	四
	右同（専門学校以上）	｜	｜	｜	｜
計	右同（普通学校又ハ同程度）	一、四六六	四九六	二六七	二、二二九
	右同（高等普通学校又ハ同程度）	四七	一七	一一	七五
	右同（専門学校以上）	三	二	三	八
総計		一、五一六	五一五	二八一	二、三一二

白丁資産調（大正十五年調）

道別＼資産別	百円未満	五百円未満	千円未満	五千円未満	一万円未満	五万円未満	五万円以上	計
京畿道	四三一	一六〇	六八	五一	一〇	四	二	七二六
忠清北道	二五四	九一	三一	三二	一三	三	二	四二六
忠清南道	四二五	一八六	七七	五三	二四	一四	四	七八三
全羅北道	五一八	二九八	七〇	三五	一一	一	—	九三三
全羅南道	三五八	一九四	六四	四一	六	三	一	六六七
慶尚北道	八二六	四三九	一六九	八六	三〇	五	—	一、五五五
慶尚南道	四七四	一六四	八三	六四	三二	五	四	八二六
黄海道	七〇七	三二二	六二	三一	四	一	—	一、一二七
平安南道	一四三	九七	一八	八	一	—	—	二六七
平安北道	二五六	六二	一七	五	一	—	—	三四一
江原道	二二九	一一八	四三	二七	七	五	—	四二九
咸鏡南道	六九	三〇	三	—	—	—	—	一〇二
咸鏡北道	六	四	—	一	—	—	—	一一
計	四、六九六	二、一六五	七〇五	四三四	一三九	四一	一三	八、一九三
考備								

7　一九二九年　衡平運動ノ概況

京畿道警察部『昭和四年五月　治安概況』

六、衡平運動ノ概況

衡平運動ハ大正十二年五月姜相鎬、張志弼他数名ノ主唱ニ依リ内地ニ於ケル水平運動ニ模倣シ朝鮮ノ特種部落民タル白丁階級ノ解放ヲ目的トシテ慶尚南道晋州ニ於テ組織シタルガ爾来鮮人ノ通有性タル嫉妬反目ハ組織後一年ヲ経ズシテ早クモ内部ニ兆シ大正十三年四月張志弼、呉成完一派ハ分裂シテ京城ニ本拠ヲ移シ爾来南北両派相峙シテ離合集散常無ク紛糾シツツアリシガ大正十四年四月ニ至リ南方派ノ妥協的申出ニ依リ漸ク統一シ両派ヲ打テ一丸トスル総本部ヲ京城ニ置キ張志弼専ラ其ノ主脳トナリ内部ニ於テ多少南北系統的紛争アリ或ハ張志弼等ノ共産党事件ニテ一時拘束セラルル等ノ事実アリタルモ同人釈放後更ニ運動ヲ継続シツツアリテ相当ノ進展ヲ示シ客年末現在支部百二十八個所属員約一万（彼等ハ二十万ト称ス）ニ達シ居レリ

而シテ朝鮮ニ於ケル白丁階級ハ在来ノ旧慣ニ依リ階級的ニ極度ノ圧迫ヲ受ケツツアリト雖彼等ハ屠殺業獣肉商皮革加工及是等人夫等ハ其ノ独占ニ帰シ居レルヲ以テ経済的ニハ恵マレタル境遇ニアリ此ノ点ハ一般社会団体ト協同的要素ヲ有セザルモ社会団体ニ於テハ其ノ性質上被搾取被圧迫的立場ニ在リトノ理由ヲ以テ常ニ是ヲ誘惑シツツアリ

然レ共同会ハ前記ノ如ク職業的ニ有利ナル境遇ニアル関係上無産階級極メテ少数ナリ之階級運動者ノ誘惑効ヲ奏セザル所以ナルモ彼等ハ階級的反抗心強ク帝国主義ニ対シテハ熾烈ナル反抗気分ヲ有シ自然民族主義運動トハ一点相通ズルモノアリ曾テ天道教聯合會金鳳國、宋憲等ト気脈ヲ通ジ大正十四年吉林県梁起鐸、朱鎮壽ト連絡シ高麗革命党組織準備中ハルピンニ於テ遂ニ未(然)前ニ検挙セラレタル等ノ事実アリ張志弼、呉成完等ハ証拠不充分ニシテ遂ニ無罪釈放セラルルニ至リ彼等ハ一時衡平社ニ関係シ居タル李而笑ガ自己宣伝ノ為衡平社ヲ利用シタルモノニシテ衡平社ハ何等関係シ居ルニアラズト弁明ニ努メツツアルモ何レニスルモ其ノ行動ハ相当注意ヲ要スルモノアリ

8　一九三〇年　衡平運動

朝鮮総督府警務局『昭和五年十月　治安状況』

一二、衡平運動

古来朝鮮ニハ白丁ト称スル一種ノ賤民階級アリ内地ニ於ケル穢多ニ等シク居ヲ都邑ノ外囲ニ設ケ特殊部落ヲ形成シ職業トシテハ普通民ノ忌ミテ為サザル屠殺獣肉販売柳器製造等ノ賤業ニ従事シ一般社会ヨリ凡ユル非人道的虐待ヲ受ケ毫モ其ノ人格ヲ認メラレズ古キ忍従ノ歴史ヲ辿リ来レル部落民ナリ然レドモ李朝末世以降殊ニ日韓併合後法令ヲ以テ四民ト何等差別ナキ平等ノ権利ヲ認メラルルニ至リタルモ因襲ノ久シキ未ダ直ニ社会上ノ待遇常民ト伍スルニ至ラズ白丁モ亦強イテ之ヲ求メントスル風潮ナカリキ

然ルニ慶尚南道晋州ノ白丁李學贊ナル者其ノ子弟教育ニ心ヲ寄セ幾度カ公私立学校ニ入学セシメントシタルモ唯白丁ナルガ故ニ種々ノ口実ノ下ニ拒絶セラレタルガ動機トナリ因襲的差別待遇ヲ撤廃スル目的ヲ以テ大正十二年四月慶尚南道晋州ニ内地水平社ニ倣ヒ衡平社ヲ組織シ解放運動ノ狼火ヲ揚グルニ至レリ

爾来幾多ノ迂余曲折ヲ経テ大正十四年四月本社ヲ京城ニ移転シ支社ノ如キ全鮮的ニ設置ヲ見ルニ至リ其ノ運動モ漸次白熱化スルニ至レルガ此ノ形勢ヲ観取シタル主義者輩ハ自己ノ運動ニ衡平社員ヲ利用セムコトヲ努メ衡平社員モ亦自己ノ目的達成ニ主義者ト提携スルノ有利ナルヲ悟ルノ傾向ヲ生ジ同年四月二十日京城ニ開催ノ予定ナリシ思想団体火曜會ノ主催セル全鮮民衆運動者大会（事前禁止）ニ於テ衡平社中央總部トシテ加盟シ初メテ思想団体ト提携スルニ至レルガ斯クシテ差別待遇ノ悪弊ヲ打破シ社会的位置ノ向上ヲ図ラントシタル当初ノ目的ヲ超越シ団結ノ力ニ依リテ社会組織ノ変革ヲ企図セムトスルノ傾向ニ転化セリ

大正十五年ニ入リテハ全鮮各地ニ散在スル衡平青年等ハソウル、北風ノ両派ノ社会運動ニ加担シ衡平青年會ヲ打テ一丸トスル衡平青年聯盟ヲ組織シ其ノ綱領ノ如キモ宛然思想団体ノ如キ観ヲ呈セリ然ルニ当時朝鮮ニ於ケル思想団体ノ二大勢力トモ称セラレタルソウル、北風ノ両派ニ於テハ四十万ノ大衆ヲ有スル衡平社ヲ自派ニ引入ルルコトハ勢力ノ伸張ニ多大ノ影響アルベシトナシ互ニ衡平社員ノ使嗾煽動ニ努メ遂ニ昭和二年九月末日ニ於ケル中央総本部臨時大会ノ如キ議場混乱収拾スベカラザル状況ヲ呈セルニ鑑ミ衡平社重要幹部ハ聊カ悟ル処アリ爾来衡平運動ハ飽迄本来ノ目的ノタメニ健闘スベク総テ目的達成ノ為思想団体ヲ利用シ或ハ之ガ傀儡トナルコトヲ避ケムトスルノ傾向顕著トナレリ然ルニ昭和元年十二月ニハ本部重要幹部張志弼、徐光勲等数名ガ高麗共産党事件ニ関聯アルヤノ嫌疑ニテ検挙セラレタル等ノコトモアリ変転急激ニシテ定マリナキ衡平運動将来ノ向背ハ逆睹シ難キモノアリ

先之衡平運動ノ目的達成ノ為内地水平運動ヲ視察シ進ンデ之ト聯繫ヲ採ルコトハ最モ緊要ナリトノ議論ハ毎時唱導サレシガ大正十五年十一月衡平総聯盟中央執行委員会開催ノ席上水平社ノ状況ヲ視察スルコトヲ満場熱狂的ニ可決シ視察員トシテ張志弼、金三奉ノ二名ヲ挙ゲタルモ其ノ後醵金捗々シカラズ遷延シ居リシガ昭和二年一月四国水平社中央執行委員高丸義雄ノ衡平社訪問ニ刺戟セラレ三月当初ノ計画ヲ変更シ衡平総聯盟執行委員李東煥ヲ内地ニ派遣シ京都、大阪、香川ノ各水平社ヲ歴訪シ具サニ視察ヲ了ヘ帰鮮シ四月二十四日第五回定期大会ニ於テ内地ノ水平運動ハ既ニ階級打破ノ目的ヲ遂行シ進ンデ組織的運動ニ入リ衡平運動トハ其ノ間逕庭甚ダシキモノアリ提携ハ時期尚早ナリトシテ遂ニ留保トナリタルガ昭和三年四月第六回全鮮衡平社大会ニ於テ内地水平社代表徳永参二ノ提携力説アリ可否ヲ投票ニ問ヒ多数ヲ以テ提携ヲ可決シ正式提携ノ場所時日等ハ中央執行委員ニテ確定スルコトトナレルモ未ダ実現スルニ至ラズ

衡平運動ノ起ルヤ蒙昧ナル多数白丁ハ衡平社員トシテ加入スルコト

ニ依リ直チニ階級ハ打破セラレ虐遇ヨリ解放セラレタリト思料シ態度著シク不遜トナレル傾向アリコレニ対シ普通民ハ因襲的感情ヨリ事毎ニ之レト衝突紛争ヲ惹起シ屢々流血ノ惨事サヘ見ルニ至レリ今其ノ事件ヲ年別トシテ之レヲ見ルトキハ大正十二年十七件、十三年十件、十四年十四件、十五年十四件、昭和二年四十四件、昭和三年六十件、昭和四年六十八件ニシテ大正十二年ハ衡平運動開始ノ初年ニシテ一般ニ理解ナキタメ白丁ノ態度頓ニ不遜ニナレリトノ観念ニ因リ兎角紛争ヲ惹起スルコト滋ク大正十三年ニ入リテハ衡平社内部ノ紛糾ニ因リ積極的運動ノ暇ナク稍減少シタルガ大正十四年ニ於テハ内部ノ紛糾解決シ剰へ思想団体ト提携シテ積極的ニ運動方針ヲ転換シタルヲ以テ再ビ増加ヲ見タリ

然ルニ大正十五年ニ入リテハ衡平社ノ内部ニ争絶エズ且思想団体トノ提携ヲ避ケントスルノ傾向ヲ生ジタルヨリ衡平社員対普通民トノ個々ノ小紛争ハ続発シタルモ衡平社トシテハ積極的行動ニ出デズ昭和二年ニ於テハ数ニ於テ非常ニ増加ヲ示シタルモ悉ク単純ナル個人的紛争ナリシガ昭和三年以降ハ衡平社本部ニ於テ地方巡撫員ヲ置キ此種ノ事件ヲ摘発シテ事件ヲ紛糾セシメタル結果ナリ

衡平団体一覧表（昭和四年十二月調）

道別＼数	前年末 団体数	前年末 団体員数	新設	廃止 自然廃止解散	廃止 諭旨解散阻止	廃止 解散ヲ命ジタルモノ	現在数	団体員数
京畿道	一四	二、〇一六	二	一			一五	五四〇
忠清北道	八	三一九	三				一一	三八七
忠清南道	三一	二、三一三	二	四	一		二八	一九、四三四
全羅北道	三〇	一、一三五	一	一			三〇	一、一五五
全羅南道	六	二三八	一	一			六	二三九
慶尚北道	二三	一、四九〇	二	一			二三	八六七
慶尚南道	二八	一、四九二	一				二九	一、七一五
黄海道	一	六					一	六
平安南道								
平安北道								
江原道	一七	六二六		一			一六	五五六
咸鏡南道	五	五三		二			三	三一
咸鏡北道								
計	一六二	九、六八八	一二	一一	一		一六二	二四、九三〇

9　一九三一年　衡平社

京畿道警察部『昭和六年七月　治安概況』

五、衡平社及槿友會ノ解消問題

1、衡平社

大正十二年四月慶尚南道晋州ニ於テ孤々《（呱々）》ノ声ヲ挙ケタル朝鮮衡平社ハ其ノ後幾多ノ変遷ヲ経テ現在支社百九十三（昭和五年末）社員総数一万余名ヲ存シ相当ナル勢力ヲ有スト雖其ノ創立当時ヨリ地域的

ニ南北両系統ヲ存シ党派的軋轢ヲ屢々繰返シ居タルカ当初ヨリ其ノ牛耳ヲ採リ内部的ニ勢力ヲ伸長シ居レル張志弼ノ操縦ニヨリ漸ク其ノ統制ヲ持続シ居レルカ内地ニ於テ一部水平社員カ極左運動ニ左祖シ前衛的任務ヲ担任シ居レルカ如ク衡平社青年幹部中ニハ衡平運動ノミニテハ満足セス進ムテ社会運動戦線ニ進出セムトスルノ傾向アルコトハ既ニ昭和四年四月全鮮大会当時表面的ニ曝露セル処ニシテ爾来新派側ニ於テハ朴平山、李鐘(鍾)律、沈相昱、李鐘(鍾)淳等中心トナリ社会団体ノ指導援助ヲ受ケ各種社会団体トノ協同戦線ヲ強調シ旧派側ニ於テハ張志弼ヲ中心トシテ、金鐘(鍾)澤、吉淳吾等従来通リ社員ノ水準運動ニノミ全力ヲ傾注スヘク互ニ自説ヲ固持シテ譲ラス為メニ一時内部的統制至難ノ状態ナリシモ衡平社員ノ大多数ハ旧派側張志弼ノ主張ニ共鳴シ為メニ新派側ハ活動意ノ如クナラス止ム無ク是ニ追随スルノ状況ニアリタリ然ルニ別項記載ノ如ク客年来天道教新派ノ自治運動、新幹青總等ノ運動転換論ニ刺戟サレ再極左分子ノ解消論擡頭シ管下水原支部ニ於テハ本年三月二十日臨時大会ヲ開催シ他ノ社会団体ト同一理由ノ下ニ水原支部ヲ解体シ別個ニ屠夫労働組合ヲ組織スヘシト執行委員長金正元ヨリ提議シタルカ反対者多数アリ遂ニ決定ヲ見ルニ至ラサリシニ不拘金正元ハ同地社会団体ノ操縦者タル朴勝極ノ指導ニ依リ三月三十日本部宛解消決議竝ニ衡平社全体的解消ヲ建議スルニ至レリ

一面本部ニ於テハ例年ノ如ク四月二十四、五両日京城府慶雲洞八十八番地天道教紀念館ニ於テ定期大会竝ニ創立紀念式ヲ開催スヘク準備ヲ進メツツアリシカ突如三月三十日水原支部ノ解消建議案提出アリ又襄陽、笠場、各支部ヨリハ解消ニ賛成セル旨意見ノ提出アリ新派幹部ニ於テハ此ノ機ヲ利用シ支会解消派竝ニ急進分子ト連絡シテ旧派中心人物張志弼ヲ衡平運動線上ヨリ駆逐スヘク策動シツツアル形跡アリ是等ノ関係上本年ノ大会ハ相当紛争ヲ予想セラレタルカ予定ノ通リ四月二十四、五両日府内慶雲洞天道教紀念館ニ於テ大会竝ニ創立紀念式ヲ開催セリ出席者百二十一名（第二日ハ百二十四名）傍聴者両日共約六十名アリ果シテ第一日経過報告中突然新派李漢容ヨリ検査委員ノ報告ニ付キ質問ヲ発シ検査委員長張志弼ヨリ病気ノ為メ数ケ月間執務スルコト能ハサリシ旨謝罪的報告ヲ為スヤ検査委員長タル重責ニアリ乍ラ病気ノ故ヲ以テ数ケ月間執務シ得サリシハ無責任極マル処置ニシテ何故辞任適当ナル後補(候)者ヲ選定スルノ途ヲ採ラサリシヤト攻撃シ三ケ月間ノ停権処分ニ附スヘシト主張シテ新旧両派衝突ノ火蓋ヲ切リ種々意見アリタルモ結局新任検査委員ニ一任スルコトニ決シ次テ役員選挙ハ銓衡委員沈相昱外六名ヲ選定シ詮衡ノ上第二日劈頭報告セシムルコトトシ第一日ヲ終リ第二日開会后銓衡委員ニ於テ役員銓衡ノ結果ヲ発表シタルニ其ノ大部分ハ新派側ニ属シ旧派側ハ僅カニ朴敬植、張志弼、吉奇同ノ三名ノミナリシカ新派側ニ於テハ張志弼ノ再ヒ検査委員ニ当選セルヲ憤慨シテ異議ヲ申立テ銓衡委員ノ不信認(ママ)ヲ主張シテ銓衡委員改選ヲ決議シ再選ノ結果ハ意外ニモ旧派側ノ役員増加シテ新旧両派相伯仲スルニ至リ而カモ問題ノ人物タル張志弼ハ再ヒ当選シタルヲ以テ新派側ハ又々

喧騒シテ再改選ヲ主張シタルモ旧派側是ニ応酬激論ヲ重ネツツ其ノ儘執行委員長ノ選挙ヲ為シタル結果張志弼絶対多数ヲ以テ当選シ新派側ハ三度喧騒シ遂ニ席ヲ蹴ツテ退場スルモノアリ一時議事ヲ中止シ鎮静ニ帰スルヲ待チテ更ニ議事ヲ進行シタルカ新派側ハ殆ント退場シテ水原支會ノ提出セル解消問題モ満場一致否決スルコトニ決定シ細部ノ事項ハ新任執行委員ニ一任スルコトトシ散会シタリ斯クシテ相当紛糾ヲ見ルヘク予想セラレタル解消問題モ漸ク解決シ大会ヲ終了セリ然レ共新派側ニ於テハ飽迄旧派ノ排斥ヲ目論見社会団体ト提携シテ該大会ヲ不法会議ナリトシテ旧幹部ノ批難攻撃ヲ試ミ為メニ中央幹部張志弼以下首脳者ハ四月下旬辞任願ヲ提出シテ帰郷スルニ至リタルカ最近張志弼以下中央幹部漸次帰郷シテ新派側ニ対スル画策ヲ廻ラシツツアリ茲当分ハ解消問題ヲ中心トシテ新旧幹部ノ軋轢ハ免レサルヘシト観測セラル大会ニ於テ選挙セル幹部左ノ如シ

（改選確定シタルモノ）（旧ハ旧派、新ハ新派、中ハ中立）

執行委員長（旧）張志弼

執行委員

（中）呉成煥　（新）吉漢同　（中）李東煥　（新）朴好君

（旧）李鐘（鍾）淳　（中）吉萬學　（旧）朴敬植　（新）李漢容

（中）金鐘（鍾）澤　（旧）吉基同

検査委員長（新）沈相昱

検査委員

（旧）李順同　（旧）吉仲君　（新）片貴男　（旧）金士瑛

10　一九三三年　衡平運動

朝鮮総督府警務局『昭和八年　治安状況』

（七）衡平運動

古来朝鮮には白丁と称する一種の賤民階級あり。内地に於ける穢多に等しく居を都邑の外囲に設けて特殊部落を形成し、職業としては普通民の忌みて為さゞる屠殺、獣肉販売、柳器製造等の賤業に従事し、一般社会より凡ゆる非人道的虐待を受け毫も其の人格を認められず、古き忍従の歴史を辿り来れり。李朝末世以降殊に日韓併合後法令を以て四民と何等差別なき平等の権利を認めらるゝに至りたるも、因襲の久しき未だ直ちに社会上の待遇常民と伍するに至らず。白丁も亦強ひて之を求めむとする風潮なかりき。

然るに慶尚南道晋州の白丁李學贊なる者其の子弟教育に心を寄せ幾度か公私立学校に入学せしめむとしたるも、唯白丁なるが故に種々の口実の下に拒絶せられたるが動機となり、因襲的差別待遇を徹（撤）廃する目的を以て大正十二年四月慶尚南道晋州に内地水平社に倣ひ衡平社を組織し解放運動の狼火を揚ぐるに至れり。爾来幾多の迂余曲折を経て大正十四年四月本部を京城に移転し支社の如き全鮮的に設置を見るに至り、其の運動も漸次白熱化するに至れるが、此の形勢を看取したる主義者輩は自己の運動に衡平社員を利用せむとし、衡平社員も亦自己の目的達成に主義者と提携するを有利なりとするの傾向を生じ、同年四月京城に開催の予定なりし思想団体火曜會主催の全鮮民族運動者大会（事前禁止）には衡平社中央總部として加盟し初めて思想団体と提携するに至れるが、大正十五年に入りては全鮮各地に散在する衡平青年等はソウル、北風両派の社会運動に加担し、衡平青年會を打て一丸とする衡平青年聯盟を組織し其の綱領の如きも宛然思想団体の如き観を呈し、又同年十二月には本部重要幹部張志弼、徐光勲等数名が高麗革命党事件に関聯して検挙せらる、等、斯くして差別待遇の悪弊を打破し社会的位置の向上を図らむとしたる当初の目的を超越し団結の力に依りて社会組織の変革を企図せむとする傾向に転化せり。

一方当時朝鮮に於て思想団体の二大勢力とも称せられたるソウル、北風の両派に於ても四十万の大衆を有する衡平社の向背は勢力の伸張に多大の影響ありとなし、之が懐柔争奪に腐心し互に使嗾煽動に努めたるを以て、遂に昭和二年九月に於ける中央総本部臨時総会の如き議場混乱し収拾すべからざる状況を呈せるが、此の傾向に鑑み当局に於ても爾来彼等の言動に周密なる査察を加へたるを以て、社内に於ても衡平運動は飽迄本来の目的の為にのみ健闘すべく之が為に思想団体を利用し又は傀儡となることを排撃すべしと主張する穏健派と、白丁の受くる社会的差別待遇は資本主義の所産なれば之が徹廃を期せむには先決問題として資本主義制度を打倒し以て根本的に白丁の解放を計るべしと主張する急進派の二派に分れ、互に暗闘内訌を続くるに至れり。

而して昭和五、六年には朝鮮に於ける社会運動は著しく尖鋭潜行化し、昭和六年五月新幹會の解消を始めとし、既成社会団体解消の議論旺となるや、衡平社各支部急進分子中にも衡平社を解消し一般労農大衆と共に同一階級闘争戦線に立つべしとの主張をなすもの出で、同年十月京城に於ける総本部臨時大会には解消問題提出の機運濃厚となりたるが、非解消派たる執行委員長張志弼の画策効（功）を奏し遂に同問題の上程を見るに至らざりしが、之より先昭和四年四月李東煥、徐光勲、李俊鎬、李先同、朴平山外数名の急進分子は京城総本部に密会し、従来の如く中産階級以上の社員を中心として人権解放運動をなし之が為に革命戦線の同志たる一般無産大衆と屡々衝突し来りたるは誤謬にて到底所期の目的を貫徹し得ざるを以て、今後は無産社員を本体として階級闘争を展開し共産社会を実現せしめ以て根本的に衡平社員に対する封建的人権圧迫を解消せしむべきなりと協議し、

一、吾等は私有財産制度を否認し共産主義社会の建設を期す。
一、吾等は封建層と徹底的に闘争す。

なる綱領の下に秘密結社衡平青年前衛同盟を組織し、爾来社員中より同志を獲得すると共に、京畿、忠南北、全南北、慶南、江原の各道に責任者を置きて下部組織を結成せしめ不穏印刷物の配布、労働争議、学校盟休等の煽動解消問題を提唱し実践行動に依りて青年社員を左傾せしめ、一面総本部の覇権を握りて衡平運動を全般的に極左化せしむべく潜行的に狂奔し居たるを全南光州警察署に於て探知し、昭和八年四月以降関係者四十五名を検挙し中十四名は目下予審中にて、昭和三年以降穏健、急進の二派に分れて内訌暗闘絶えざり

し衡平社も前記検挙に依りて急進派は完全に没落し、現在の処張志弼を中心する穏健派に依り運動統制されたる観あるも、打続く財界不況は地方支部にして維持費を納むるもの十指を屈するに足らず、為に本部は極度の財政難に陥り、遂に本年四月会館を売却して旧債を整理したる等、彼是衡平社も全く行詰りを来し、八年二月総本部臨時総会に於ては局面打開のため一気に衡平社を解体し時勢に相応したる新団体を組織すべしとの提議あり、論議の結果当分間従来の方針を以て運動を継続し、別に執行委員長張志弼の提議に依り社員の商工業界進出と経済更生団体として同人共済社を組織すべく決議し、其の後二三地方に於て同人共済社の設立を見たるも未だ活動の見るべきものなく、要するに衡平運動は衰頽の一路を辿りつゝある現状にあり。先之衡平運動の目的達成の為内地水平運動を視察し進んで之と聯繫を採ることは最も緊要なりとの議論は毎時唱導されしが、大正十五年十一月衡平総聯盟中央執行委員会開催の席上水平社の状況を視察することを可決し、視察員として張志弼、金三奉の二名を挙げたるも其の後醵金捗々しからず遷延し居りしが、昭和二年一月四国水平社中央執行委員高丸義雄の衡平社訪問に刺戟せられ、三月当初の計画を変更し衡平総聯盟執行委員李東煥を内地に派遣し、京都、大阪、香川の各水平社を歴訪し具さに視察を了へ帰鮮し、四月二十四日第五回定期大会に於て内地の水平運動は既に階級打破の目的を遂行し進んで組織的運動に入り衡平運動とは其の間逕庭甚だしきものあり、提携は時期尚早なりとして、遂に留保となりたるが、昭和三年四月第六回全鮮衡平社大会に於て内地水平社代表徳永参二の提携力説あり、可否を投票に問ひ多数を以て提携を可決し、正式提携の場所時日等は中央執行委員にて確定すること、なれるも水平運動の凋落に伴ひ龍頭蛇尾となれり。

衡平運動の起るや蒙昧なる多数白丁は衡平社員として加入することに依り直ちに階級は打破せられ虐遇より解放せられたりと思料し態度著しく不遜となれる傾向あり、これに対し普通民は因襲的感情より事毎に之れと衝突紛争を惹起し屢々流血の惨事さへ見るに至れり。今其の事件を年別として之を見るときは、大正十二年十七件、十三年十件、十四年十四件、十五年十四件、昭和二年四十四件、同三年六十件、同四年六十八件、同五年六十七件、同六年五十二件、同七年三十一件にして、大正十二年は衡平運動開始の初年にして一般に理解なきため白丁の態度頗に不遜になれりとの観念に因り兎角紛争を惹起すること滋く、大正十三年に入りては衡平社内部の紛糾に因り積極的運動の暇なく稍減少したるが、大正十四年に於ては内部の紛糾解決し剰へ思想団体と提携して積極的に運動方針を転換したるを以て再び増加を見たり。亜で大正十五年に入りては衡平社の内部に争絶えずして積極的行動に出でず。昭和二年に於ては数に於て非常に増加を示したるも悉く単純なる個人的紛争なりしが、昭和三年以降は衡平社本部に於て地方巡回員を置き、此種の事件を摘発して事件を紛糾せしめたる結果なり。

衡平団体一覧表（昭和八年末調）

道別＼数	前年末 団体数	前年末 団体員数	新設	廃止 自然廃止解散	廃止 諭旨解散阻止	廃止 解散ヲ命ジタルモノ	現在数	団体員数
京畿道	一四	三九七		二			一二	四七〇
忠清北道	一四	四六八		一			一三	四五一
忠清南道	三〇	二、六八七		一	一		二八	二、六〇九
全羅北道	二七	一、五八二		一			二六	一、五四〇
全羅南道	七	三九一	一	二			六	一八六
慶尚北道	二四	八五六		四			二〇	七一〇
慶尚南道	二八	一、五六四		二			二六	一、五九六
黄海道	一	六					一	七
平安南道								
平安北道								
江原道	一五	三二六		二			一三	二八三
咸鏡南道	一	一六					一	一六
咸鏡北道								
計	一六一	八、二九三	一	一五	一		一四六	七、八六八

京畿道警察部『昭和九年三月　治安情況』

11　一九三四年　衡平社総本部

団体名称　衡平社総本部

趣旨目的　白丁階級ノ解放一般社会団体トノ連絡衡平運動ノ統一等ニヨリ平等ナル社会制度ノ建設ヲ期ス

概　況

水平運動ニ刺戟セラレ慶南晋州ニ於テ姜相鎬、千錫元（九）、申度（鉉）寿発起ノ下ニ大正十二年四月二十五日創立総会ヲ開催シタルカ其後内部ニ於ケル不統一ヲ来シ大正十三年四月十五日張志弼等ハ本社ト分離シテ衡平社革新同盟本部組織シ晋州ニ於ケル姜相鎬一派ニ対抗シツ、アリシカ大正十四年四月全鮮大会ニ於テ無条件合併統一ヲ見タルニ至レリ然レ共昭和二年一月張志弼、趙貴用等主脳幹部ハ共産党事件ノ嫌疑ニテ検挙セラレ昭和三年四月二十日無罪釈放セラル、ヤ仝月二十四日五日両日大会ヲ開キ内部組織ニ改革ヲ加ヘ且内地水平社ト提携問題ヲ解決局面ヲ一新セリ次テ昭和四年以来穏健急激両派ニ分レテ幹部間ニ軋轢ヲ生シ昭和五年四月全国大会ニ於テ紛糾ヲ重ネ急進派タル少壮幹部ノ勢力拡張ヲ見タルカ昭和六年ニ於テハ更ニ急進派ニ於テ衡平社ノ解消ヲ主張シ紛糾ノ後結局解消ヲ否決シタルモ之カ為メ両派ノ軋轢益々露骨トナリ急激派側ハ事毎ニ旧派ヲ攻撃主義者ト提携勢力扶植ニ腐心シツ、アリシカ六年大会ニ於テハ所謂解消派タル新派側ノ気勢振ハス本会ハ一面保守急進ノ両派アリタルモ急進分子タル幹部徐光勲外数名ハ昭和八年五月治安維持法違反ニテ全南光州署検挙セラレ全体大会ニ於テモ張派ノ独占舞台ノ感アリ、細胞九二、会員四九三一名

所在地　京城府雲泥洞六八ノ一

設立年月日　大正十二年四月二十五日

所属財産　一千五百円

維持方法　会費及寄附

役　員　張志弼　李東煥

金鍾沢　吉万學
李崇(宗)男　金　棒
千基徳　申喜安
金在徳
趙順用
金寄雲
朴有善
吉奉西
李學述
金東錫
羅秀完
吉淳吾

12　一九三五年　衡平社総本部

京畿道警察部『昭和十年三月　治安情況』

名称　衡平社総本部
趣旨／目的　白丁階級ノ解放一般社会団体トノ連絡衡平運動ノ統一等ニヨリ平等ナル社会制度ノ建設ヲ期ス
概況　水平運動ニ刺戟セラレ慶南晋州ニ於テ姜相鎬、千錫元(九)、申廣(鉉)寿発起ノ下ニ大正十二年四月二十五日創立総会ヲ開催シタルカ其後内部ニ於ケル不統一ヲ来シ大正十三年四月十五日張志弼等ハ本社ト分離シテ衡平社革新同盟本部組織シ晋州ニ於ケル姜相鎬一派ニ対抗シツ、アリシカ大正十四年四月全鮮大会ニ於テ無条件合併統一ヲ見タルニ至レリ然レ共昭和二年一月張志弼、趙貴用等主脳幹部ハ共産党事件ノ嫌疑ニテ検挙セラレ昭和三年四月二十日無罪釈放セラル、ヤ仝月二十四日五日両日大会ヲ開キ内部組織ニ改革ヲ加ヘ且内地水平社ト提携問題ヲ解決局面ヲ一新セリ次テ昭和四年以来穏健急激派両派ニ分レテ幹部間ニ軋轢ヲ生シ昭和五年四月全国大会ニ於テ紛糾ヲ重ネ急進派タル少壮幹部ノ勢力拡張ヲ見タルカ昭和六年ニ於テハ更ニ急進派ニ於テ衡平社ノ解消ヲ主張シ紛糾ノ後結局解消ヲ否決シタルモ之カ為両派ノ軋轢益々露骨化シ急激派側ハ事毎ニ旧派ヲ攻撃主義者ト提携勢力扶植ニ腐心シツ、アリシカ昭和六年大会ニ於テハ所謂解消派タル新派側ノ気勢振ハス本会ハ一面保守急進ノ両派アリタルモ急進子(ママ)タル幹部徐光勲外数名昭和八年五月治安維持法違反ニテ全南光州署ニ検挙セラレ全体大会ニ於テモ趙(張)派ノ独占舞台ノ感アリタルカ昭和九年十月忠南温陽ニ於テ拡大委員会及共済社総会ヲ開催シ共済社ノ解散ヲ決議シ更ニ一般ハ暗々裏ニ衡平社ノ解消ヲ表示シ居リテ会勢沈滞シ□アリ会員六一七六名
所在地　京城府雲泥洞六八ノ一
設立年月日　大正十二年四月二十五日
所属財産　千五百円
維持方法　会費及寄附

役員　張志弼　金東錫
金鍾沢　羅秀完
李宗男　吉淳吾
千基徳　李東煥
金在徳　吉万學
趙順用　金　棒
金寄雲　申喜安
朴有善
吉奉西
李學述

13　一九三六年　衡平運動

朝鮮総督府警務局『昭和十一年五月　治安状況』

（七）衡平運動

古来朝鮮には白丁と称する一種の賤民階級あり、内地に於ける穢多に等しく、居を都邑の外囲に設けて特殊部落を形成し、職業としては普通民の忌みて為さざる屠殺、獣肉販売、柳器製造等の賤業に従事し、一般社会より凡有非人道的虐待を受け毫も其の人格を認められず、古き忍従の歴史を辿り来れり。李朝末世以降殊に日韓併合後法令を以て四民と何等差別なき平等の権利を認めらるゝに至りたるも、因襲の久しき未だ直ちに社会上の待遇常民と伍するに至らず、白丁も亦強ひて之を求めんとする風潮なかりき。

然るに慶尚南道晋州の白丁李學贊なる者其の子弟教育に心を寄せ幾度か公私立学校に入学せしめんとしたるも、唯白丁なるが故に種々の口実の下に拒絶せられたるが動機となり、因襲的差別待遇を撤廃する目的を以て大正十二年四月慶尚南道晋州に内地水平社に倣ひて衡平社を組織し解放運動の狼火を揚ぐるに至れり。爾来幾多の迂余曲折を経て大正十四年四月本部を京城に移転し、支社の如き全鮮的に設置を見るに至り、其の運動も漸次白熱化するに至れるが、此の形勢を看取したる主義者輩は自己の運動に衡平社員を利用せんとし、衡平社員も亦自己の目的達成に主義者と提携するを有利なりとするの傾向を生じ、同年四月京城に開催の予定なりし思想団体火曜會主催の全鮮民衆運動者大会（事前禁止）には衡平社中央総部として加盟し初めて思想団体と提携するに至れるが、大正十五年に入りては全鮮各地に散在する衡平青年等はソウル、北風両派の社会運動に加担し、衡平青年會を打て一丸とする衡平青年聯盟を組織し、其の綱領の如きは宛然思想団体の如き観を呈し、又同年十二月には本部重要幹部張志弼、徐光勲等数名が高麗革命党事件に関聯して検挙せらるゝ等、斯くして差別待遇の悪弊を打破し社会的位置の向上を図らんとしたる当初の目的を超越し団結の力に依りて社会組織の変革を企図せんとする傾向に転化せり。

一方当時朝鮮に於て思想団体の二大勢力とも称せられたるソウル、北風の両派に於ても、四十万の大衆を有する衡平社の向背は勢力の伸張に多大の影響ありとなし、之が懐柔争奪に腐心し、互に使嗾煽動に努めたるを以て遂に昭和二年九月に於ける中央総本部臨時総会の如き議場混乱し収拾すべからざる状況を呈せるが、此の傾向に鑑み当局に於ても爾来彼等の言動に周密なる査察を加へたるを以て、社内に於ても衡平運動は飽迄本来の目的の為にのみ健闘すべく之が為に思想団体を利用し、又は傀儡となることを排撃すべしと主張する穏健派と、白丁の受くる社会的差別待遇は資本主義の所産なれば、之が撤廃を期せんには先決問題として資本主義制度を打倒し、以て根本的に白丁の解放を計るべしと主張する急進派の二派に分れ互に暗闘内訌を続くるに至れり。

而して昭和五、六年には朝鮮に於ける社会運動は著しく尖鋭潜行化し、昭和六年五月新幹會の解消を始めとし既成社会団体解消の議論旺となるや、衡平社各支部急進分子中にも衡平社を解消し、一般労農大衆と共に同一階級闘争戦線に立つべしとの主張をなすもの出で、同年十月京城における総本部臨時大会には解消問題提出の機運濃厚となりたるが、非解消派たる執行委員長張志弼の画策功を奏し遂に同問題の上程を見るに至らざりしが、之より先昭和四年四月李東煥、徐光勲、李俊鎬、李先同、朴平山外数名の急進分子は京城総本部に密会し、従来の如く中産階級以上の社員を中心として人権解放運動をなし、之が為に革命戦線の同志たる一般無産大衆と屢々衝突し来りたるは誤謬にて到底所期の目的を貫徹し得ざるを以て、今後は無産社員を本体として階級闘争を展開し、共産社会を実現せしめ、以て根本的に衡平社員に対する封建的人権圧迫を解消せしむべきなりと協議し。

▲吾等は私有財産制度を否認し共産主義社会の建設を期す

▲吾等は封建層と徹底的に闘争す

なる綱領の下に秘密結社衡平青年前衛同盟を組織し、爾来社員中より同志を獲得すると共に、京畿、忠南北、全南北、慶南、江原の各道に責任者を置きて下部組織を結成せしめ、不穏印刷物の配布、労働争議、学校盟休等を煽動し、実践運動に依りて青年社員を左傾せしめ、一面総本部の覇権を握りて衡平運動を全般的に極左化せしむべく潜行的に狂奔し居たるを全南光州警察署に於て探知し、昭和八年四月以降関係者四五名を検挙したるを以て、昭和三年以降穏健、急進の二派に分れて内訌暗闘絶えざりし衡平社も前記検挙に依りて急進派は完全に没落し、現在の処穏健派に依り運動統制されたる観あるも、打続く財界不況と中央幹部に対する不信任とに依り地方支部にして維持費を納むるもの十指を屈するに足らず、為に本部は極度の財政難に陥り遂に昭和八年四月会館を売却して旧債を整理したる等、彼是衡平社も全く行詰りを来し、同年二月総本部臨時総会に於ては局面打開のため一気に衡平社を解体し時勢に相応したる新団体を組織すべしとの提議あり、論議の結果当分間従来の方針を以て運動を継続し、別に執行委員長張志弼の提議に依り社員の商工業界進出と経済更生団体として同人共済会の組織を決議し、其の後二、三地方に於て同人共済会の設立を見たるも其の結果は却て社員の経済的発展を束縛するものなりとて批難多く、遂に同年十月拡大委員会に於て之が解散を決議するに至れる等運動は衰頽の一路を辿りつゝ、あるを以て、昭和十年四月全体大会に於て「過去十二年間に亘る衡平運動に依り当初の目的は略々達成せられたるを以て今後は普通民と同一レベルに於て社員の発展を期せざるべからず。」となし、名称を大同社と改め、中央執行委員長千君弼以下の陣容を整備したるが、是亦単に名称を改めたるのみにて格別目新しき指導目標を有せず、又社員も前述の如く熱意なく何等の発展変化を示さず旧態依然として運動は萎微消沈の状況にありたり。然るに本年一月大田に於て臨時大会を開催し本部を京城より大田に移転することに決し中央執行委員長に釜山居住李聖順を選挙したるが、新委員長李聖順は衡平運動の復興革新を企図し、先づ中央幹部の総改任を行ひ、従来闘争主義なりし運動方針を日本主義的、協調的に更め、且私財を投じて各種の事業施設を計画する等熱意ある活動に出で居れるを以て今後の動向注目に値するものあり。

衡平運動の起るや蒙昧なる多数白丁は衡平社員として加入することに依り直ちに階級は打破せられ虐遇より解放せられたりと思料し態度著しく不遜となれる傾向あり、これに対し普通民は因襲的感情より事毎に衝突紛争を惹起し屢々流血の惨事さへ見るに至れり。今其の事件を年別として之を見るときは大正十二年一七件、十三年一〇件、十四年一四件、十五年一四件、昭和二年四四件、昭和三年六〇件、昭和四年六八件、同五年六七件、同六年五二件、同七年三一件、同八年二六件、同九年二七件、同十年二七件にして、大正十二年には衡平運動開始の初年にして一般に理解なきため白丁の態度頓に不遜になれりとの観念に因りて兎角紛争を惹起すること滋く、大正十三年に入りては衡平社内部の紛糾に因り積極的運動の暇なく稍減少したるが、大正十四年に於ては内部の紛糾解決し、剰へ思想団体と提携して積極的に運動方針を転換したるを以て再び増加を見たり、亜で大正十五年に入りては衡平社の内部に争絶えずして積極的行動に出でず、昭和二年以降に於ては数に於て非常に増加を示したるも、悉く単純なる個人的紛争にして右は衡平社本部に於て地方巡回員を置き此種の事件を摘発して事件を紛糾せしめたる結果なるが、最近両三年は本部の無気力に伴ひ此種紛糾も漸次減少の傾向あり。

衡平団体一覧表（昭和十年末調）

道別＼数	前年末		新設	廃止			現在数	団体員数
	団体数	団体員数		自然廃止解散	諭旨解散阻止	解散ヲ命ジタルモノ		
京畿道	一二	五一三		三			九	四四四
忠清北道	一〇	三一九	一	三			八	二三七
忠清南道	二六	二、六五五					二六	二、四二五
全羅北道	一六	一、二〇六		四			一二	九六七
全羅南道	五	一七三					五	二五三
慶尚北道	一七	七一五	一	一			一七	九三八
慶尚南道	二〇	一、二四八		二			一八	一、二三〇
黄海道	一	七					一	七
平安南道								

平安北道								
江原道	五	一一七			三		二	三九
咸鏡南道	一	四		一				
咸鏡北道								
計	一一三	六、九六七	二	一四	三		九八	六、五四〇

14　一九三八年度　衡平運動

江原道警察部『昭和十三年度　治安状況』

六、衡平運動

白丁ハ李朝末期以降四民ト差別ナキ平等ノ権利ヲ認メラレタルモ歴史的ニ一種ノ賤民階級トシテ取扱ハレタル因襲久シク併合後ニ於テモ依然トシテ一般民衆ヨリ差別待遇ヲ受ケ忍従ノ経過ヲ辿リタルカ社会主義思想ノ流入並ニ内地ニ於ケル水平運動ニ刺戟セラレ大正十二年四月慶尚南道晋川《(州)》ニ於テ張志弼衡平社ヲ組織以来運動漸次鮮内ニ展開ヲ見ルニ至レリ

当時本道ニハ約三〇〇〇名ノ白丁アリ、挙ケテ衡平運動ニ共鳴シタルカ仝年十二月ニハ張志弼来道シ直接趣旨ノ宣伝支社設置ノ慫慂ニ努メタル結果仝月原州ニ支社設置サレ本道ニ於ケル衡平運動亦具体化スルニ至レリ。

亜テ翌十三年一月ニハ春川、楊口、華川ニ支社横城ニ分社設置サレタルカ一方本部ハ大正十四年四月京城ニ移転シ全鮮的組織ニ着手シタル為仝十四年六月迄ニハ通川、鐵原、寧越、江陵、三陟ニ分社仝十五年六月ニハ襄陽分社設置サレ昭和三年四月ニハ支分社一六ノ設置ヲ見タリ。其ノ間本部方面ニ於テハ漸ク基礎ヲ鞏固ナラシメ昭和三年四月全鮮大会ヲ開催シ組織ニ改革ヲ加ヘ地方各支分社ハ支部ニ改ムルコト並ニ内地ノ水平社ト連絡提携スルコトヲ可決陣容ヲ新ニシタルヲ以テ解放運動ハ漸次白熱化シ昭和五年六月ニハ江陵ニ江原道支部聯合会ヲ組織シ仝年末道内支部会員ハ六八六名トナレリ。

上述ノ如ク運動組織化スルニ伴ヒ白丁等ハ背後勢力ヲ恃ミテ従前見タルカ如キ屈従的態度ヨリ脱シ永年ノ因襲ニ対スル反撥ヨリシテ動モスレハ挑戦的言動ニ出デテ一般民衆ト確執スルニ至リ両者間ノ紛争ハ累年増加スルノ傾向ヲ示シタリ。一方鮮内ニ於ケル社会主義運動逐年活潑ヲ加フルニ及フヤ之等主義者輩ハ自己ノ運動ニ衡平社員ヲ利用セントシ潜カニ之カ懐柔ヲ試ミ衡平社員亦解放運動ノ目的達成上之等主義者等ト提携スルヲ有利ナリトスルノ情勢ヲ醞醸シタルヲ以テ衡平社員ノ会合ニハ左傾分子ノ介在ヲ見ザルコトナキ状態トナリ大正十五年ニハ原州ニ衡平青年會ノ結成アリタルカ仝年鮮内各地ノ衡平青年會ノ尖鋭分子ハソウル、北風両派ノ社会主義運動ニ策応シ衡平青年會ヲ打テ一丸トスル衡平青年聯盟ヲ組織シ宛然思想団体ニ見ルカ如キ綱領ヲ掲ケ亜デ仝年十二月ニハ本部重要幹部数名高麗革命党事件ニ連座シテ検挙サルルカ如キ事案ヲ醸シタリ。

斯クシテ解放運動ハ当初ノ目的ヨリ逸脱シテ社会運動ノ方向ニ転化シ而モ第一線ニ進出スルノ形勢ヲ示シタル結果昭和三年以降中央総本部ニ於テハ衡平運動ニ関シ思想団体ヲ利用シ又ハ傀儡トナルヲ排撃セントスル穏健派ト主義的色彩ヲ帯フル少壮急進派トノ確執ヲ生

シ暗闘内訌ヲ続ケタルカ昭和五、六年共産主義運動尖鋭潜行化シ仝六年五月新幹會ノ解消ヲ始メトシ既成思想団体解消ノ議旺盛トナルヤ衡平社中ノ急進分子中ニモ衡平社ヲ解消シ一般労農大衆ト共ニ階級闘争戦線ニ立ツヘシトノ主張ヲ持スルモノ出デ本道裏陽支部等モ之ヲ支持シ仝年十月ノ臨事（時）大会ニハ解消問題提出ノ機運濃厚ナリシトコロ警察当局ノ指導ニ依リ非解消派タル執行委員長ノ画策功ヲ奏シ遂ニ同問題ノ上程ヲ見ルニ至ラス且急進分子ハ昭和八年四月秘密結社衡平青年前衛同盟ヲ組織シ京畿其ノ他ノ各道（本道ヲモ含ム）ニ下部組織ヲ置キ衡平運動ヲ極左化セシムヘク狂奔中全南ニ於テ検挙サレタルヲ以テ急進派全ク没落シ穏健派ニヨリ統制サレタリ。

斯ノ如キ経緯ヲ経テ内部的ニ統制スルヲ得タリト雖打続ク財界不況ト中央幹部ニ対スル不信任ニヨリ本部ハ財政難ニ陥リ全ク行詰リヲ生シ種々局面ノ打開ヲ策シタルモ成ラス遂ニ仝年十月解散ヲ決議シタリ。本道ハ上述ノ如ク各地ニ支部ヲ設置シ且其ノ運動ハ中央ニ策応社会運動ト合流シ一時相当活気ヲ呈シタルモ本来白丁階級ハ人格的ニハ侮辱セラレタリト雖経済的ニハ搾取ヲ蒙ルコトナキ為極左運動ニ必要トスル闘志ヲ欠除シタルヲ以テ自主的運動乏シク漸次思想団体ト離反セントスルノ傾向ヲ生シ又本部ノ派争及経営難ハ道内ニモ影響スル処多ク昭和六年以降漸次衰退スルニ至レリ

本部ニ於テハ昭和七年九月翌八年一月本部委員道内各支部ヲ巡回セシメ支部復興分担金ノ納入等ヲ慫慂シタルモ誠意ヲ以テ之ニ応セザリシ為昭和八年二月ノ臨時大会ニ於テ原州、華川、大和、杆城、襄陽、洪川、蔚珍、沕淄、寧越、旌善ノ各支部ハ除名処分ニ附セラレタルカ之等ハ寧ロ機会ヲ得テ解体セントスルノ意嚮ヲ有シヰタルモノナリシヲ以テ順次解体シ残余ノ春川、江陵、三陟、横城、鐵原ノ各支部モ仝九年以降解体シ現存スルモノナク運動ハ一路凋落シタリ。

然ルニ昭和十年四月ニ至リ衡平社員ハ京城ニ全体大会ヲ行ヒ過去十二年間ノ衡平運動ニヨリ当初ノ目的ヲ達シタルヲ以テ社員ノ向上ヲ期ストシ名称ヲ大同社ト改メ中央執行委員長以下ノ役員ヲ定メテ陣容ヲ整備シ続キテ昭和十一年ニハ本部ヲ京城ヨリ大田ニ移転シ其ノ運動目標ハ日本主義トシ且運動方針ハ闘争主義ヨリ協調主義ニ革メ衡平運動ノ復興革新ヲ期シタリ大同運動ニ転シテヨリ本道白丁ハ何レモ静観ヲ続ケ何等反響ヲ認メサリシカ支那事変ニ際会スルヤ日本主義ニ立脚シ銃後ノ赤誠ヲ披瀝スヘク愛国機朝鮮白丁号献納ヲ計画シ鮮内社員ニ飛檄シタル為本道大同社員ハ之カ資金トシテ左記ノ通本部ニ醵出シタリ

寧越郡白丁朴八奉外八名	一二〇円
平昌郡白丁金基景外五名	一一円
洪川郡白丁李末奉外五〇名	三〇五円
横城郡白丁張萬寶外二六名	一二〇円
計	五五六円

運動方針転換後ノ大同運動ハ時局ニ対スル大同社ノ活動等ニ鑑ミルトキ新ナル体勢ヲ生スヘキモノト認メラルルカ社員一般ノ素質及従

来ノ運動経過上注視スヘキモノアルヲ以テ時局以来特別ナル指導ヲ行ヒ且内面的視察ニ努メツツアリ。

15　一九三九年　衡平団体

朝鮮憲兵隊司令部『昭和十四年　朝鮮治安関係一覧表』

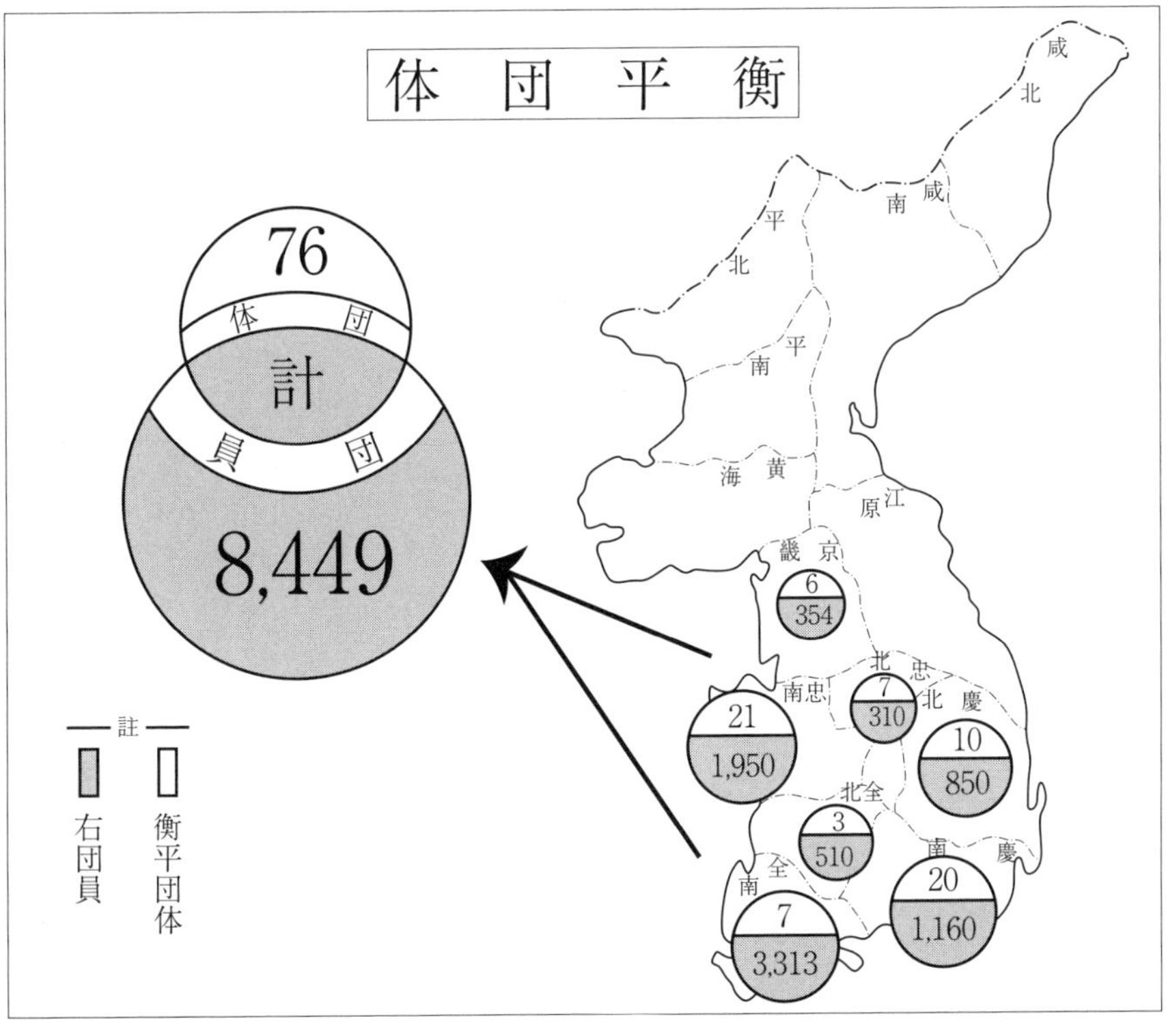

16 （年不詳）（朝鮮衡平社関係人物調査）

『倭政時代人物史料』一

氏　名　徐光勳
雅号／綽名／変名　命福
出　生　明治三十四年十月十七日
原　籍　高陽郡崇仁面城北洞一七三
住　所　同
職業／現在
　既往　平康面書記者　運送業　学校教師
人相／特徴　丈五尺二寸　長顔　色黒　中肉
健　康
処　罰
学　歴　大正二年三月於義洞公立普通学校卒業、五星学校二年修業、大正五年鉄原蚕業伝習所卒業
性行／経歴
　怜悧　大正六年十一月平康面書記トナリ仝七年辞職、平康駅前ニ於テ運送店開業、同十一年城北里三山学校教師、同十三年衡平社書記トナリ、同拾五年八月十五日同執行委員ニ選ハレ一面漢陽青年聯盟執行委員正衛團総務タリ
　家庭状況　父興化　母阿只　妻柳命吉　妹今重　今得
知己／交友　張志弼　呉成完　金士塡（璜）
系統／所属団体　衡平社　北風會　新興青年會　漢陽青年聯盟
資産／生計　ナシ　困難ナル生活ヲナス
思想行動　社会主義的言辞ヲ弄シテ衡平運動ニ関与シ他ヲ煽動スル虞レアリ
　一、昭和二年一月十九日高麗革命党事件干係者トシテ新義州署員ニ逮捕引致セラレタリ

氏　名　柳公三
雅号／綽名／変名
出　生　明治三十年二月十一日
原　籍　全羅南道高興郡豆原面新松里
住　所　京城府臥龍洞七五衡平社内
職業／現在　衡平社中央常務執行委員
　既往　面書記
人相／特徴
健　康
処　罰
学　歴　年令二十才ノ時普通学校卒業セシノミ
性行／経歴
　約一年間面書記タリシコトアリ、大正十五年四月二十五日定期衡平社大会ニ於テ中央常務執行委員トナル
家庭状況　父龍雲　母宋氏　妻金氏　長女貞姫

知己／交友
系統／所属団体　衡平社
資産／生計　資産ヲ有セリ
思想行動　社会主義ニ共鳴シ階級ヲ打破スヘシト宣伝シ専ラ衡平運動ニ従事シ居ルモノ

『倭政時代人物史料』四

17（年不詳）（朝鮮衡平社関係団体調査）

団体名称　黄登衡平社
団所在地　全羅北道益山郡黄登面黄登里
設立時期　大正十四年十月八日
団員／総数　三五名
　種類
団体幹部氏名
　社長　李光春
　総務　李東根
　評議員　金基徳　沈相九　申光五
団体支部
主後援者
機関雑誌
目的／主義／綱領
　相互親和扶助ヲ図リ智識ノ向上発展ヲ期シ差別的待遇ヲ撤廃セントスルヲ以テ目的トシ定期総会ヲ春秋二期及臨時総会ハ任意毎月例会ヲ開催シテ目的ノ遂行ヲ図ルモノナリ
団体事歴　大正十四年七月二十三日益山郡衡平分社創立ニ際シ黄登、白丁等ハ益山分社ニ加入シタルカ京城衡平社幹部張志弼ノ慫慂ト一面益山衡平社分社長趙聖煥等ト勢力確執ヲ為スニ至リタルヲ以テ黄登面在衡平社員ハ李丙澤ノ叫（糾）合ニ依リ分離シ咸悦、咸羅、熊浦各面社員ヲ結束加入セシメ創立スルニ至リタルモノナリ
連絡団体
資金／同後援者／会計
　維持費トシテ牛一頭ニ五十銭、豚一頭ニ三十銭宛ヲ屠殺ニ際シ各社員ヨリ徴収シテ之ニ充ツ
団体行動　創立後咸悦、熊浦、咸羅、龍安各面ノ同志等ノ結束ヲ固メツ、アリテ当時ノ分社長李丙澤外幹部ノ行動又真剣ナルヲ以テ社会ノ信頼モ厚ク本部会館建築費等モ張志弼ノ慫慂ニ依リ百五十円ヲ醵出京城本部ニ送金シタル事実アリ

団体名称　黄登衡平青年会
団所在地　全羅北道益山郡黄登面黄登里
設立時期　大正十五年三月十四日

団員総数　二十名
　種類
団体幹部氏名
　会　長　李東湖
　総　務　李光泰
　財　務　金成烈
　書　記　金漢執
　幹　事　李秉澤　元春吉　李鳳山　沈成烈、沈富山
団体支部
主後援者
機関雑誌
目的／主義／綱領
　相互親和、融合ヲ図リ智識ノ啓発ヲ目的トスルト共ニ差別的待遇ヲ打破スルニ在リ、毎年春秋二回、定期総会及臨時総会、執行委員会、月例会ヲ開催シ目的ノ遂行ヲ図ル
団体事歴
　衡平運動ノ勃興ニ伴ヒ全鮮的ニ衡平分社ノ分布設置ヲ見ルニ至リ其運動漸次熾烈トナリツ、アル際テ衡平青年間ニ其ノ運動機関ノ中枢タラントノ機運熟シ現ニ全鮮衡平青年聯盟発起会ナリテ各道衡平青年聯盟会ノ組織統一計画ノ衝動ヲ受ケ未タ黄登分社ニ青年会ノ設置ヲ見サルヲ遺憾トシ元丁玉外二名ノ者本会ノ創立ヲ発起提唱シテ設立ヲ見タルモノナリ
連絡団体
資金／同後援者／会計
　入会金二十銭、月例会十銭ヲ拠出シテ維持費ニ充ツ
団体行動

団体名称　全北衡平青年聯盟
団所在地　全羅北道益山郡益山面裡里
設立時期　大正十五年三月十日
団員総数　六十名
　種類
団体幹部氏名
　執行委員　李秉煥　趙明旭
　庶務部　羅任(秀)完　趙聖東
　教育部　元丁玉
　社交部　趙昌勲
　調査部　李敬基
団体支部
主後援者
機関雑誌
目的／主義／綱領
　階級的ノ差別待遇及不合理ナル社会制度ヨリ受ケル圧迫

ト経済的利益ノ擁護ヲ図ルト共ニ会員相互ノ親睦、品性
教育ノ向上ヲ期スルニアリ

団体事歴　管下益山郡咸羅面青年團対黄登衡平分社間ノ紛争事件善
後策ノ為大正十五年二月二十一日京城衡平社本部執行委
員張志弼来裡シ全北各地方衡平分社員ト会見ノ結果将来
全北衡平分社員ノ結束ヲ鞏固ニスル要アリトシテ創設シ
タリ

連絡団体

資金／同後援者／会計
　加盟団体ヨリ毎月各一円七十銭醵出シ維持費ニ充ツ

団体名称　参禮衡平社

団所在地　全羅北道全州郡参禮面参禮里

設立時期　大正十五年四月五日

団員総数　二十四名

種類

団体幹部氏名
　社　長　趙福乭
　総　務　李鍾夏

団体支部

主後援者

機関雑誌

目的／主義／綱領
　社員相互ノ親睦ヲ計リ差別的待遇及ノ撤廃ヲ期センカ為
メ新聞雑誌ヲ講読シ社員ノ智識発展ニ努メ以テ向上発展
ヲ為サシムルニアリ

団体事歴　大正十五年四月五日全北衡平青年聯盟巡回委員趙明旭、
金華ノ両名来参シ参禮里吉徳奉方ニ於テ創立シ総会ヲ開
催ノ上設立ス

連絡団体

資金／同後援者／会計
　社員ノ屠畜牛一頭ニ付五十銭、豚一頭ニ付二十銭ヲ徴収
ス

団体名称　新進青年會

団所在地　忠清南道洪城郡洪川面五官里

設立時期　大正十三年六月二十六日

団員総数　三十七名

種類　普通会員（白丁）

団体幹部氏名
　常務執行委員　李碧奎　金寿鎭
　執行委員　李宗男　宋栄雲　李漢祥

団体支部

主後援者

機関雑誌
目的／主義／綱領
表面会員一致団結ト智徳ノ向上ヲ□□スト謂フモ内面主義宣伝ヲ為ス疑アリ
団体事歴　大正十三年六月二十六日創立シ爾来会員ノ一致団結ト智徳ノ向上ヲ図リ衡平社運動ニ努メツヽアルモ特ニ記スヘキ事歴ナシ
連絡団体　京城衡平社総聯盟　洪城衡平社　洪城無空会
資金／同後援者／会計
資産トシテ認ムヘキモノナク会員一名一ヶ月付十銭宛ヲ醵出シ本会ノ維持ニ充テ後援者トシテ記スヘキモノナシ
団体行動　目的ヲ達スル為メ毎月例会臨時総会等ヲ開催シ相当活動シツヽアリ尚近時思想団体ト連絡ヲ保チツヽアリテ本会ノ行動ハ相当注意ヲ要ス
備　考　稍共産主義的色彩ヲ帯フ

第二部　京城地方法院検事局文書ほか

——一九二三年

1　5月26日　衡平社ニ対スル感想一端

『大正十二年　警察部之部』

江高第六八一九号
大正十二年五月二十六日

民情彙報　第十四報　江原道

四、衡平社ニ対スル感想一端
蔚珍地方新聞購読者中ニハ慶南晋州ニ於ケル衡平社組織ノ記事ニ対シ朝鮮ハ元来礼儀ヲ以テ各国ニ知ラレ国民ノ階級整然トシテ白丁（穢身）巫女等ハ一般民ニ対シ敬意ヲ表シ来レルカ時勢ノ推移ニ伴ヒ彼等モ人権平等ヲ云為スルニ至リシハ古来ノ美風良俗ヲ破壊スルモノニシテ賛同スル能ハス社会階級破壊ノ発端ニシテ寧忌ムヘキモノナリ云云ノ言ヲ為スモノアリト

2　6月23日　衡平社ニ対スル感想一端

『大正十二年　警察部之部』

江高第八二九六号
大正十二年六月二十三日

民情彙報　第十七報　江原道

七、衡平社ニ対スル感想一端
平昌地方一部両班曰ク最近衡平社組織云々ノ新聞記事アリタルモ有名無実ナラムト想像シ居タルニ意外ニモ彼等ハ此際大々的運動ヲ為シ目的ノ貫徹ヲ図ラムトスルモノノ如ク当地方ノ如キ僻地ノ白丁ニ至ル迄宣伝文ヲ配布シ来リケト（ママ）モ吾人ハ古来ヨリ儼然トシテ維持シ来レル両班儒生常民白丁ノ階級懸隔カ日韓併合以来漸次薄ラキ現今彼等白丁モ普通人ト同様ノ服装ヲ纏ヒツツアリ之レノミニテモ面白カラス感ニ戻ル次第ナルニ今其ノ根底ヨリ覆ヘシ階級無差別等ト叫フカ如キハ生意気ナリ云々其他ノ有識者中ニハ内地ニ於テ現ニ士族平民新平民ノ区別アルニ不拘我朝鮮ニ於テ階級無差別ヲ唱フルカ如キハ尚早ニ失スルモ従前ノ如ク彼等ヲ奴隷視スルハ又苛酷ナリ故ニ内地ノ新平民ノ如ク適当ノ名称ニ改ムルヲ可トセン云々

3　7月25日　曙光会ト道内一部白丁ノ感想

『大正十二年　警察部之部』

江高第一〇九一四号
大正十二年七月二十五日

民情彙報（第十九報）　江原道

四、曙光會ト道内一部白丁ノ感想
全羅北道金堤邑曙光會ヨリ仝会ノ趣旨ヲ記載セル印刷物ヲ郵送シ来レルニ対シ道内高城及華川地方白丁等ハ何レモ仝会ノ趣旨ニ共鳴スル情況アルモ同会ニ入会シタレハトテ今直ニ一般的地位ヲ得ラルヘキモノニ非ラス故ニ当分同会ノ成行ヲ傍観シ機ヲ見テ入会スヘシト

云フモノアリト因ニ本道ニ於テ戸数三百六十五、人口一千九百五十七ニシテ目下進ンテ他道ニ於ケル運動ニ参加セントスルモノナシ

第二部　京城地方法院検事局文書ほか

――一九二四年

1　4月25日　衡平社創立一週年紀念祝賀式ノ件

『大正十三年　検察行政事務ニ関スル記録』

京鍾警高秘第四五五五号ノ四
大正十三年四月廿五日
京城鍾路警察署長

京城地方法院検事正殿

衡平社創立一週年紀念祝賀式ノ件

本日午后一時四十分ヨリ府内慶雲洞天道教堂ニ於テ首題会ヲ開催セシカ来会者会員約二百名ニシテ来賓傍聴者約三百名ニシテ左記ノ通リ挙式午後三時十五分何等異状ナク閉式一同会場前ニ於テ紀念写真撮影ヲ為シ祝宴会場ナル明月館ニ向ヒタリ
右及報告（通報）候也

左記

一、祝賀開会ノ辞　委員長　張志弼
今日ハ如何ナル日テアリマスカ我々モ人ノ如ク生キントスル為メ集マタ日テ有ル昨年以来種々ノ圧迫ノ下ニ苦痛ヲ経テ来タ結果今日此ノ様ニ多数ノ参列ヲ見ルコトカ出来タノテアル今日衡平社ガ出来テカラ丁度第一週年紀念日テアル吾々二千万（ママ）人ノミナラス同胞七千万ニ及ス紀念日テアル之レハ決シテ過言テナイコトヲ深諒セラレタイ衡平社ガ生レテノ来歴ハ昨年晋州ニ於テ凡有圧迫ト迫害ヲ受ケタリ就中日進普通学校ノ設立セラレタ際衡平社員ノ子弟六百名ニモ入学サセルモノト思ヒマシタ白丁ノ子弟ハ普通人ノ子弟ト同席シテ教育ヲ授クルコト能ハスト火ノ手ガ揚ツテ大問題トナリ子弟教育シタキコトハ何人モ同様テ同ジ精神ヲ有スル吾々同志ハ非常ニ憤慨シ大ニ闘タ事実カアリマス以来新聞紙上ニモ見ラレタ如ク豊川、基川（ママ）、河東ニモ種々ノ圧迫横暴ヲ以テ吾々白丁ヲ無視セラレ生カサヌトシテ強暴ヲモ勇敢ニ能ク忍ヒ来マシタガ時代ハ既ニ変遷ニ現在ノ趨勢ハ此ノ如キ不合理ヲ容認セサルコトハ皆様ノ覚醒ト社会ガ当然ノ要求テアル故ニ今日此ノ京城天道教堂ニ於テ盛大ナル祝賀会ヲ催スコトニナツタ吾々二千万ノ幸トスル所テアリマス

一、開会ノ辞ヲ終ルヤ直ニ音楽ヲ唱セリ

一、祝辞
서울《ソウル》青年會
彦陽無産者同盟會
天道教革新青年會
蔚山卞雲海
天道教會聯合會
瓮津鄭雲永
陜川崔昌変（燮）
李趾永
右主ナル祝辞

一、崔昌変　白丁私ノ父ハ白丁テハアリマセンガ自分ハ新白丁トナリマシタ自分ハ海参衛（浦潮）ニ入リマシタ時衡平社ノ運動ヲ排斥

シテ入リマシタ朝鮮ニ帰リマシテカラハ余リニ白丁ノ迫害セラレルノテ是レハ五百年ノ間ノ習慣的ノ圧迫ヲ白丁ヲシテ人間ニアラサルガ如キ取扱ト境遇ヲ築キ上ケタ永イ月ノ習慣ヲ打破セント思ヒ真蹄ニ運動スル気ニナリマシタ吾々ハ真ニ一貫シテ皆様ト倶〳〵ニ総テヲ受シテ此ノ運動ノ徹底ヲ期セムトコトヲ希望シマス

一、李趾永　白丁ノ悲惨ナル状態ハ今喋々ヲ要セサルモ此如五百年間正当ノ理由ナク圧迫ヲ受ケ白丁カ外出スルトキハ笠ヲ冠ルコトヲ得ス旦那若旦那ト云ハサレハ千字文ノ一字モ教ハルコト出来ス当時ノ制度ハ極端ナル迫害ヲ恣ニセラレタノテアリマス先年西洋人ガ来テ白丁カ何故教育ガ出来ヌヤト自カラ学校ヲ建テ私等カ初メテ教育ヲ受ケ讃美歌モ歌フテ新鮮ノ空気ヲ知ルヨーニナリマシタ其当時人間ニハ決シテ差別ノアル苦ノモノテナイト云フ原理ヲ聞キ深刻ニ脳裡ニ印象シマシテカラ犠牲的精神ヲ以テ数回此ノ運動ヲ実行シマシタカ失敗ニ終リマシタ之ハ団結ノ柔弱ナルコトヲ今後ハ決シテ我々白丁ノ排斥セラレサル理由ヲ一般社会ニ発表シ徹底的ニ運動ヲ実行セラレムコトヲ願ヒマス

　他ニ新興青年同盟東京聯盟會ヨリ祝辞ヲ寄セタルモ内容過激ト認メ発表セシメサリキ

一、所感

委員長唯今カラ猪原君ノ所感ヲ承ル事トシマシタ此方ハ日本ノ白丁テ今日始メテ来テ所感ヲ述フルト申サレタノテス御静聴ヲ願ヒマス

委員長ノ紹介ニ依リ猪原久重（立命館大学経済科生）登壇

私ハ日本ノ新平民タル猪原ト申ス者テアリマス

朝鮮テ衡平社カ出来既ニ出来テ居ル内地ノ水平社ト同一ノモノテアルト聞キ大ニ喜ンテ此ノ会ニ臨ミマシタ内地ニハ大正十一年京都ニ於テ初メテ水平社ナルモノガ組織セラレマシテ三百万ノ新平民ガ結束シテ七千万ノ国民ト全ク同一ナル待遇ヲ受クル事ヲ要求シタ以来吾々ハ結束ヲ固ラシテ希望ノ実現スル日ヲ待チツ、アルノテアリマス（拍手多シ）之ノ希望ノ実現ヲ図ルタメニハ犠牲的精神ガ無クテ成リマセン（拍手）

日本ニハ士農工商ト云フ別カ有リマスカ私等新平民ハ其ノ列ニ入ル事モ出来ス教育ヲ受ケル事モ出来ス居リマシタカ今日ハ其区別モ法律上全ク撤廃セラレマシタガ実際ハ未タ区別ガ取レテ居リマセヌ又私等モ人間テアル事ヲ自覚シテ水平線上ニ達スルマテ人並ニ成ル事ヲ要求シテヤマナイテアリマス何カ皆様ハ私等ト共ニ此ノ衡平運動ニ御尽力下サラム事ヲ願ヒマス大正十一年三月三日京都岡崎公会堂ニテ開催セル際ニ於ケル日本水平社ノ網(綱)領ノ大意ハ

一、我々特殊部落民ハ部落民ノ自身ノ行動ニヨリテ絶対ノ解放ヲ期ス

二、我々特殊部落民ハ絶対ニ経済ノ自由ト職業ノ自由ヲ社会ニ要求シ以テ獲得ヲ期ス

三、我々ハ人間性ノ原理ニ覚醒シ人格(類)最高ノ完成ニ向ツテ突進ス

此ノ網領ニ依リテモ我々ノ祖先ハ自由平等ヲ渇仰者テアリ実行者テ

アツタ
実ニ人間ヲ知リ人生ノ熱ト光トヲ願求礼讃スルモノ、誇テハアルマイカ此ノ宣言ノ読マレタ時会衆ハ涙ヲ呑ミ歔欷ノ声四方ニ起リ悲痛ナル涙ト歓喜トノ間ニ創立大会ヲ終ツタト云フ吾々モ又此宣言ヲ読ミテ涙ナシニハ居ラレマセヌ水平社ガ出来テカラ一ケ年余ニシテ三重、奈良、東京、和歌山ト次カラ〳〵ト創立ヲ見ルヤウニナリマス永イ間タ虐ケラレタル六千部落ノ三百万同胞ノ先頭ニ立ツ水平社ノ屈スルコトナキ堅持奮闘ヲ祈ルト共ニ日本水平社朝鮮衡平社ガ倶〳〵ニ提携シテ光輝アル此ノ運動ノタメ徹底ニ実行カラレコト（ママ）願マス

一、余興
合唱池貞信外二名ノ女子ノ合唱
舞踏李リータ李雲順二名少女ノ幼稚ナル舞踏焔群社ヨリ合唱アリ
追テ本日明月館ニ於テ祝宴会ヲ開催スル計画カ晩餐会ニ変更セリ
一、報告先　警務局長、警察部長、検事正
一、通報先　府内各署、水原、平沢、竜仁、利川、安城、開城、永登浦、仁川、大邱、光州、晋州、堤川、温陽、清州、保寧、扶餘、公州、陰城、槐山、忠州、宜寧、天安、金堤、全州、善山、舒川、鳥致院、楊口、ノ各署

『大正十三年　検察行政事務ニ関スル記録』

2　4月26日　衡平社革新同盟総会ノ件

京鍾警高秘第四五五五号ノ五
大正十三年四月廿六日
京城鍾路警察署長
京城地方法院検事正殿
衡平社革新同盟総会ノ件
首題ノ会ハ廿六日午後一時ヨリ府内都梁洞一四四番地ナル事務所ニ於テ開催出席会員百三十九名ニシテ左記順序ニ依リ討議決定同九時閉会セリ
右及報告（通報）候也

左記

一、開会
一、開会辞
一、代表者点名
一、臨時議長選挙
一、経過報告
一、綱領規約
一、任員選挙
一、討議問題
1、本社問題
2、教育問題
3、衡平誕日問題
4、製革工場問題

一、予算編成問題
一、閉会
開会　午后一時
開会ノ辞　　委員　張志弼
皆様カ御承知ノ通リ三月七日天安テ革新会ヲ発起スル時本社ノ不良分子ヲ掃蕩シテ仕舞フト云フ大度（態）カ有ツタガ其時本社ノ幹部カ来テ曰ク衡平社カ出来テ一年モ経ナイ内ニ紛争ガ起ツテ革新会ヲ又組織シタト云ヘハ一般社会ニ対シテ取タカラ革新会ヲ止メテ其儘本社ヲ京城ニ移転セヨト云ツタ為メ革新会ハ自然消滅サレ本社移転準備委員会ニナツタノテ有リマス而シテ委員マテ選挙シマシタ其后噂ヲ聞クト晋州ニ於テ定期総会ヲスルト云フ本社ニ対シ其ノ理由ヲ問ヒタルカ幹部申鉉秀（寿）カ来テ定期総会ハ既ニ召集シテ有ルノミナラス場所カナイ云々ト答ヘ未タ京城テハ衡平社ト名称ヲ付ケズニ待ツテ呉レト云ツタノテ有リマス然ラハ三月七日天安テ八道ノモノカ集ツテ決定シタ事ヲ無視シテ居ル彼ノ悪魔ノ行為ハ其ノ儘放置スル事ガ出来ナイ故ニ一時中止サレテ居タ革新会ガ再ビ起ル様ニ成ツタノテ有ル皆様ハ此レニ付ケテ充分討議シテ下サル事ヲ願フ云々
代表者点名
出席員百三十九名
臨時議長選挙
議長選挙方法ハ口頭互選シテ挙手可決スル事ニ動議再請有リテ張志弼議長ニ当選サル
経過報告
経過報告ハ先ニ云ツタ開会辞ト同一ナモノナルカ故ニ其ノ内会計報告タケシテ呉レト動議シタルモ全部ヲ聞カウト云フ事ヲ主張スルモノ多イ為メニ先ニ云ツタ話ヲ（開会ノ辞）繰返シテ説明シタルカ晋州本社ノ姜相鎬カ京城ニ来タル時速ク本社ヲ京城ニ移転スヘク周旋スルト云ツテ取リタル儘今マテ何等ノ通知ナク申鎬秀（鉉寿）ナルモノハ張志弼個人カ本社ヲ京城ニ移転セント運動スルモノナレハ斯ル悪イモノハ殺サナケレハナラント一般社会ニ宣伝シタル事実有ルタメニ遺憾ナカラ再ビ衡平社革新会カ起ル様ニナリ晋州ニ於テ新聞ニ発表シタルヲ見レハ衡平社ノ中ニ車天子カ（太乙教車京錫ノ事）有ル云々ト云フ記事有ルカ此レハ衡平社ノモノカ時代日報支局原稿紙ヲ盗ミ其レニ記載シテ時代日報本社恰モ支局ヨリ送リタル如ク時代日報支局ニテハ此ニ付テ問題ヲ起ス筈ナル事ヲ衡平社革新会ニ通知スルト同時ニ該記事ハ支局カラ出シタルモノニアラズト弁明シタル事柄ヲ話シ次ニ左記ノ通会計報告ヲナシタリ
左記
会計報告
収入
一、二千円借用金
一、三千四百五十八円　各支分社義捐金

計五千四百五十八円
支出
一、十三円九十銭　通信費
一、三百円三十八銭　公用費
一、一百十九円三十銭　食費
一、一百〇二円　旅費
一、一百二十一円十八銭　備品費
一、二百八十五円九十銭　交際費
一、四十二円　利子
一、四千円　会館費
一、六円五十銭　礼山分社貸用
計四千九百九十一円九十六銭
差引残高四百六十六円〇四銭

一、綱領規約
綱領ハ新任幹部ニ一任シ規約ニ付テ意見百出シタルモ結局元ノ準備委員会ニ作リタル規約草案ヲ通過セシメ可否決定スル事トシ逐条通過シタル結果何等異議ナク採用スル事ニ一致可決セリ
但シ第廿一条ハ削除ス
午后三時十分昼食ノタメ休会シ仝四時廿分再開ス

一、任員選挙
任員ハ二十人ヲ選挙シテ其ノ内五人ハ常務執行委員十五人ハ中央代表委員ニスルコトヲ動議再請シ廿人ヲ選挙スル事ニ決定シ其方法ハ此ノ会席ニ出席スルト否トニ拘ラス詮衡委員五人ヲ選定シテ該委員廿人ヲ各道カラ平均ニ選挙スル事ヲ主張シ其ノ通リ挙手可決セリ

一、執行委員氏名道別

氏名	道名	氏名	道名
張志弼	慶南	金正奉	京畿
呉成完	忠南	李春奉	江原
趙貴竜(容)	〃	趙学峰	全北
李趾永	京畿	趙吉錫	京畿
李　伯	忠南	金東錫	忠北
権斗皓	全北	趙奉植	〃
李長明	江景(原)	趙錫(瑒カ)旭	全南
吉成(相)洙	忠北	李洙東	江原
片順成	忠南	元永彩	全北
吉萬学	江原	吉丙九	京畿

常務及中央代表委員ハ執行委員会ニ於テ決定スル事ニ可決ス

一、討議問題
1、本社問題
訊問案ニ書イテ有ル大田及釜山ニ於テ彼等カ大会ヲ召集シタル理由ヲ説明シテ呉レト提議スルモノ有リ其内容ハ此処ニ於テ具体的ニ云フ必要ガナイカラ既ニ決定シタル訊問案ニ付テ交渉委員四人ヲ出シテ晋州ノ本社ノ幹部ト交渉シ彼等ガ謝罪スル時ハ

我々ハ黙許シ彼等ヲ淘汰シ若シ自分等カ強情ヲ張ル時ハ新聞或ハ其他ノ方法ヲ以テ社員ニ公表シ社会ニ顔ヲ出サレナイ様ニスル事ヲ動議シタルニ異議ナク満場一致ヲ以テ可決セリ詮衡委員ハ交渉委員六人ヲ選ヒ更ニ其ノ内ヨリ四人ヲ選挙スル事トシ左記四名被選別紙訊問案ノ内容ニ付交渉スルコト、ナル

交渉委員李趾永、崔昌燮、権斗皓、趙貴竜

2、教育問題

議長ハ本問題ヲ討議スルニ先チ一言ヲ要スルト述ヘ吾人カ既往五百年間凡有圧迫ヲ受ケタノハ種々ノ原因アルモ無学低脳《(ママ)》ナリシモ其一因テアル

故ニ学校ヲ経テ教育ヲ施スヲ理想トスルモ費用ノ関係上目下ノ処不可能テアルカラ講習所ヲ設ケルコトニ計画シタノテ之等ハ実行シヨウト云フ熱心サヘアレハ困難ノ事テハナイ随分同情シテ呉レル人モアル現ニ天安及慶北某所ニ講習所ヲ設ケテ見タ所轄駐在所ノ巡査等カ同情シテ自カラ進ンテ教授ノ任ニ当ツテ呉レ頗ル優良ノ成績ニ向ツテ居ル之等ハ一厘ノ報酬ヲモ取ラス犠牲的ニ我等事業ヲ援助シテ呉レルノテアルソレヲ此ノ京城ニモ講習所ヲ設ケ月報雑誌及講演団ヲ組織シテ衡平社ノ宣伝ヲスルノカ最モ必要ナルカ故ニ特ニ広イ家ヲ買ツタノテ有ルカラ皆様ハナルヘク子弟ヲ京城ニ送レハ学文ヲ教ヘテ上ケルカラ飯代丈ケ負担スル考テ安心シテ児童ヲ送ツテ呉レ云々ト述ヘ本問題ニ付テハ左ノ通リ決定ス

一、機関雑誌ヲ発行スル事

一、講習所ヲ設置スル事

一、講習会ヲ時々開催スル事

3、衡平社誕日問題

四月廿五日ハ労働紀念日ノ如ク我カ衡平社ノ誕生日テ有ルカ故ニ毎年四月廿五日ハ一斉ニ休業シ紀念祝賀ヲスル事ニ決定ス

4、製革工場問題

革具類ノ総テガ殆ト吾人ノ手ニ成ルニ係ラス幾多ノ手ヲ経テ大邱京城ニ集リ転々シテ東京大阪ニ出テ更ニ遡移入シテ或ハ東洋ボツクス或ハ種々ノ名称ヲ附シ高価ヲ支払フ様ニナルカ之等ハ吾人ノ手テ仕上ル事ニナレハ安価ニ提供シテ而カモ吾人ノ手ニハ相当ノ利金ヲ得ルニ易イノテアルカラ製革事業ヲ吾人ガ経営スル事ヲ計画シタ此ノ事業ニハ当局ヨリモ適当ナ技術者ヲ我々ノ為メニ派遣シテ呉レル様ナ事モ聞イテ居ル併シ此問題ハ微細ナ調査ヲ要スカラ製革工場問題ハ幹部ニ一任セラレタシト述ヘ可決

一、予算編成問題

予算編成問題《(ママ)》

予算編成新任幹部ニ任シ后日一般社員ニ其レヲ謄写シテ送ル事ニ決定ス

一、其他事項

(1)　水原支社李趾永ヨリ巡査及人民ノ衡平社員ニ対スル不法行為

有リタルヲ別紙報告書ヲ朗読シテ報告シタルカ一般会員ハ其レカ果シテ事実テ有レハ委員一人ヲ其処ニ送テ警察署長ニ対シ相当ノ処置ヲ願ヒ普通人ニ対シテハ相当謝罪ノ方法ヲ講スルコトニ決定ス

右ハ金聖云ナルモノヨリ水原李趾永ニ出シタル書信別紙ノ通リ

2　公州代表崔貞植ハ同シ社員間ニ相反目シ衡平社ニ対シテ妨害ヲナスモノハ如何ニスレハ好イカト云フ意見ヲ陳述シタルニ議長ハ其ンナモノトハ交渉ヲ絶チ又不幸ニ遭遇シタル時モ援助セス結婚ヲセサル事斯クシテモ応セサレハ個人ニ対シテハ之以上仕方ガナイト論スルヤ忠南論山郡城東面手昆里呉成完ハ我カ四十万大衆ニ反対シ妨害スルモノハ殺サナケレハナラント述ヘ一同拍子シテ之ニ和ス

3　保寧警察署巡査安秉徳ナルモノハ昨年夏肉ヲ何回モ掛ケテ買ツテ金ヲ払ハナイ為メニ其ノ次ハ肉ヲヤラナカツタ処カ非常ニ怒ツテ貴様覚ヘテ居ロナト云ツテ脅迫シタル為メ其レニ恐レテ自分ノ家族ニ肉ヲ持タセテ遣ツタガ丁度本人ハ居ラナカツタタメ其ノ家ノ人ニ先ニ忙イタメニ直ク上ケラレナカツタノハ気毒テ有ルト先ニ巡査カ怒ツテ帰ラレマシウカラ宜シク話シテ下サイト云ツタラ其レハ君ノ方カラ悪カツタカラ怒ラレルノテ有ルト云フ事ヲ話シタリ（張志弼）

(4)　慶南統営テハ昨年ノ夏白丁営業者ニ対スル非買同盟シタル事及群山テハ昨年警察官カ白丁ニ対シ一匹ニ匹ト数ヘタル事アリ斯ノ如キ侮辱虐待ヲ受ケテ居ル以上ノ問題ハ既ニ解結《マヽ》シタノテアルカ中ニハ彼様ナ非常識ノ不埒漢アルカラ利川事件ノ如キモ虐殺トモ思フガ一面ヨリ考察セハ或ハ事実カモ知レヌ大体ニテ各自ガ何人モ仝シ巡査ノ中テモ日本人来レバ気持ヨク鮮人ヲ見レハ不快ニ感スル其レハ鮮人等ハ古来ノ陋習ニ囚ハレ我々社会ノモノヲ蔑視スル風アリ之レ恰モ此ノ電球ノ如ク政府ハ一般ヲ明ク照スノニ其光明ナル電球ヲ破砕セントスル分子テアルカラ何処マテモ先刻モ述ヘタ通リ官憲ト協調シテ革清ヲ要スル（張志弼）

(5)　収金方法

支分社ヨリ金ヲ持ツテ来タ人ハ閉会后ニ出シテ持ツテ来ナイ人ハ期日ヲ定メテ納ムヘク意見ヲ述ヘタルモ落着セス其ノ儘

閉会時ニ午后九時

一、報告先　警務局長、警察部長、検事正

一、通報先　市内各署長、代表出席者所轄署長

水原支社代表李趾永ノ報告書（訳文）

竜仁郡外四面白岩里金聖云君カ旧三月十一日午後七時頃市場ヨリ本家ニ帰ル時巡査辛某ニ出逢ヒタル処同巡査ハ金聖云ニ対シテ御前何シテ酒ヲ飲タナラ家ニ帰ラス何故此処ニ来タカト云ツテ返答スル間モナク持ツテ居タ棒デ欧《殴》打シ縄デ縛ラウトスルノヲ居合セタル朴五

長ト宋永洙ナル者カ同巡査ニ協力シテ縛ラウトシタ然ルニ巡査部長カ来テ何ウシテ良民ヲ欧打スルカト云ツタ為メニ助カツタガ其ノ後巡査辛某ト其ノ洞里ノ不良者トカ協同シテ李進九ノ家ニ集マリ協議シテ曰ク衡平社員ニ対シ白丁営業カ出来ナイ様ニスレバ彼等ハ勿論衣食カ無クナル其ノ時ニハ我等ヲ仰視シ恐レル筈デアル左モナクハ此ノ洞ヨリ遂出サウト云フ議論カ有ツタ後社員ヲ呼出シテ何等ノ理由ナク我等ノ子女等カ御前等ニ対シテ如何ナル話ヲシテモ服従シロト云フカ将来此ノ圧迫ヲ如何ニシテ維持ヲスルカ本社委員諸氏カ解決シテ下サイ

以上

衡平社革新同盟會總會　訊問案

一、大田釜山両地大會의　不法召集의　件
一、責任者로　保寧堤川事件에　無誠意한대　対한　件
一、本社委員의　無条件進退에　関한　件
一、本社委員申鉉壽의　侮辱的記事에　関한　件
一、代表資格者의　無審査와　不正決議에　関한　件
一、公文接受発送의　不公平에　関한　件
一、公文書偽造行使委員이　暗闘의　件
一、本社委員　地位다돔《(툼)》으로　大衆을　無視한대　対한　件
一、釜山支社長　無理暴行에　何等処置가　업슴을
一、大邱支社長　不正事件에　不徹底한　処置에　関한　件

衡平社各支分長一同

以上

［編者訳文］

衡平社革新同盟会総会訊問案

一、大田釜山両地大会の不法召集の件
一、責任者として保寧堤川事件に無誠意なことに対する件
一、本社委員の無条件進退に関する件
一、本社委員申鉉壽の侮辱的記事に関する件
一、代表資格者の無審査と不正決議に関する件
一、公文接受発送の不公平に関する件
一、公文書偽造行使委員の暗闘の件
一、本社委員地位争いにより大衆を無視することに対する件
一、釜山支社長の無理暴行に何等処置がないことを（ママ）
一、大邱支社長不正事件に不徹底な処置に関する件

以上

衡平社各支分長一同

3　（月日不詳）朝鮮衡平社革新同盟規約

『大正十三年　検察行政事務ニ関スル記録』

朝鮮衡平社革新同盟規約

第一章　名稱　及　位置

第一條　本同盟은　朝鮮衡平社革新同盟이라　稱함
第二條　本同盟은　京城에　置함
第二章　目的　及　組織
第三條　本同盟은　綱領의　主旨　及　主張을　貫徹함을　目的함
第四條　本同盟ハ(ママ)　會員十五名의　衡平團体로써　組織함
第三章　大　會
第五條　本同盟의　大會는　左ノ二種을　함
一、定期大會
一、臨時大會
第六條　定期大會는　每年四月中에　開催함
第七條　臨時大會는　必要한　事故가　発生한　時에　中央執行委員會에서　召集함
但　加盟団体　四分一以上의　要求가　有한　時는　中央執行委員會에서는　必히　此에　應함
第八條　大會에　出席할　代議員數는　左ノ標準에　依하야　定함
一、加盟団体五十名까지　一人
二百名까지　二人
三百名까지　三人
五百名까지　四人
千名以上団体는　五人

第九條　大會의　召集은　中央委員會에서　此를　行함
第四章　中央執行委員會
第十條　中央執行委員會는　大會에서　選出한　中央執行委員으로써　組織함
第十一條　中央執行委員는　大會에서　決議한　範圍内에서　事務를執行하고　大會에　責任을　負함
第十二條　中央執行委員會의　召集은　中央常務執行委員會에서　此를　行함
第十三條　中央執行委員는　若干人으로　定함
第十四條　中央執行委員의　任期는　次期定期大會까지로　함
第五章　中央常務執行委員會
第十五條　中央常務執行委員은　中央執行委員會에　對하야　責任을　負할(함)　그를　代表하야　一切의　事務를　執行함
第十六條　中央常務執行委員會에는　次의　各部를　置하야　事務를分掌함
一、總務部　一、財務部　一、教育部
一、調査部　一、編輯部
第十七條　中央常務執行委員會는　總務部委員이　此를　代表함
第六章　加盟団体의　權利　義務
第十八條　本同盟의　加盟団体는　大會에　出席하야　発言　決議選擧　被選擧權이　有함
第十九條　本同盟의　加盟団体는　左의　義務가　有함

一、本同盟의 綱領 及 決議를 遵守할 일
一、本同盟의 所定의 負担金을 納入할 일

第七章 財政

第二十條 本同盟의 財政은 各加盟団体의 負担金 及 其他의 諸収金으로 充當함

第九（ママ）章 附則

第二十一條 本規約에 規定이 無한 件은 通常 慣例에 依함

[編者訳文]

朝鮮衡平社革新同盟規約

第一章 名称及位置

第一条 本同盟は朝鮮衡平社革新同盟と称する
第二条 本同盟は京城に置く

第二章 目的及組織

第三条 本同盟は綱領の主旨及主張を貫徹することを目的とする
第四条 本同盟は会員十五名の衡平団体として組織する

第三章 大会

第五条 本同盟の大会は左の二種とする
一、定期大会
一、臨時大会
第六条 定期大会は毎年四月中に開催する
第七条 臨時大会は必要（ママ）な事故が発生した時に中央執行委員会で召集する
但加盟団体四分の一以上の要求が有る時は中央執行委員会では必ず此に応じる
第八条 大会に出席する代議員数は左の標準に依り定める
一、加盟団体五十名まで一人
二百名まで二人
三百名まで三人
五百名まで四人
千名以上団体は五人
第九条 大会の召集は中央委員会で此を行う

第四章 中央執行委員会

第十条 中央執行委員会は大会で選出する中央執行委員で組織する
第十一条 中央執行委員は大会で決議する範囲内で事務を執行し大会に責任を負う
第十二条 中央執行委員会の召集は中央常務執行委員会で此を行う
第十三条 中央執行委員は若干人で定める
第十四条 中央執行委員の任期は次期定期大会までとする

第五章 中央常務執行委員会

第十五条 中央常務執行委員は中央執行委員会に対して責任を負いそれを代表して一切の事務を執行する
第十六条 中央常務執行委員会には次の各部を置き事務を分掌する

一、総務部　一、財務部　一、教育部
一、調査部　一、編輯部
第十七条　中央常務執行委員会は総務部委員が此を代表する

第六章　加盟団体の権利義務

第十八条　本同盟の加盟団体は大会に出席し発言決議選挙被選挙権を有する
第十九条　本同盟の加盟団体は左の義務を有する
一、本同盟の綱領及決議を遵守すること
一、本同盟の所定の負担金を納入すること

第七章　財　政

第二十条　本同盟の財政は各加盟団体の負担金及其他の諸収金で充当する

第九（ママ）章　附則

第二十一条　本規約に規定が無い件は通常慣例に依る

第二部　京城地方法院検事局文書ほか

――一九二五年

1　4月25日　衡平社大会ニ関スル件（第三回大会）

『大正十四年　検察事務ニ関スル記録』Ｉ

京鍾警高秘第四六三九号ノ一

大正十四年四月廿五日

京城鍾路警察署長

京城地方法院検事正殿

衡平社大会ニ関スル件

首題大会ハ昨廿四日午前十一時五十五分ヨリ堅志洞侍天教堂ニ於テ開催別紙順序ニ依リ討議ニ入リ午后七時三十分全部可決終了散会シタルカ其状況別紙ノ通ニシテ討議事項中「我ガ運動ニ迫害ヲ加フルモノニ関スル件」官庁ト一般人民ガ衡平社員ニ加フル差別待遇ニ干シテハ団結ノ力ヲ以テ対抗スル云々ト可決シタルハ穏当カラスト認メ直ニ取消ヲ命シタリ而シテ彼等ハ只管自己生活ノ向上ト安定ヲ図ラムコト急ナルガタメ特ニ或ハ不穏当ノ言動ヲ弄スルモノナレハ相当注意ノ要アリト認メラル又出席者ハ代表百六十二名ノ他社員三十余名出席尚傍聴者百五十余名アリタルモ会議中静粛ニ傍聴シ居レリ

右及報告候也

一、報告先　警務局、警察部

開会順

一、開会

一、開会辞

一、代表点名

一、臨時議長選挙

一、経過報告

一、会計報告

討議事項

一、差別問題

一、運動進行方針

イ．不正社員ニ関スル件

ロ．我運動ニ迫害ヲ加ヘル者ニ関スル件

一、教育問題

一、生活問題

イ、屠獣場ニ関スル件

ロ、獣肉販売ニ関スル件

ハ、牛皮乾燥場ニ関スル件

ニ、屠夫料金ニ関スル件

一、任員改選ニ関スル件

一、予算編成

一、其他

一、閉会

全朝鮮衡平社定期大会

開会順

一、開会　午前十一時五十五分張志弼ヨリ開会ヲ宣ス
一、開会辞
張志弼ヨリ本会ハ全朝鮮衡平大会テアリマス従テ種々ナル問題ヲ充分討議セラレムコトヲ望ム
一、代表者点名
代表者点名ハ都合ニ因リ后ニ廻シマスルコト、シ議長選挙ニ入ル
一、議長選挙
方法ハ口頭ヲ以テ選挙スルコト、シ李而笑当選サレ登壇、書記トシテ呉成完、禹昊敬二名ヲ議長ヨリ選定シ尚査察トシテ崔善基、片順成、李趾永三名ヲ議長自選后前項タル代表者点名ヲ為シタルニ出席者代表百六十二名出席（傍聴者約百五十名）
一、祝電祝辞（別紙ノ通リ）
一、経過報告
常務委員張志弼ヨリ昨年二月六日釜山テ大会カアリ其后大田、天安等ニ総会ガアリ尚五月中ニ大田及水原、保寧等地ニ我社員ト非社員ニ衝突カアリ引続キ天安郡ニ於テ大衝突カアリ十月中ニ天安郡笠場事件テ京城ニ於テ対策会ガアリ本年度ニ於テモ忠南舒川及清州等地ニ於テ我社員ニ対スル巡査ノ不法行為ガアリテ現ニ交渉中デアリマス其ノ外昨年八月中内地人遠島鉄《(哲)》男ト云フ者カ内地ノ水平社幹部ノ紹介状ヲ以テ来訪シタノデ我社ノ幹部ニ於テハ非常ニ歓迎シテ明月館テ歓迎会ヲ開イタリ種々ナル便宜ヲ与ヘタルトコロ仝人カ我社ノ大田ニ於ケル南北派大会ニ臨席シタル后一大黒幕カアリタノデアリマス
一、会計報告
二二四九円六〇（収入）
一六八三円一五（支出）
五六六円四五（残額）

午后一時三十分休会

…………

午后三時十五分継続開会

討議事項
一、差別問題
本件ハ次項運動進行方針ノ細目中ニアル迫害者ニ関スル件ト同一テアルカラ本項ハ取消トナル
一、運動進行方針
イ．不正社員ニ関スル件
議長ヨリ不正社員ト云フノハ要スルニ実在衡平社員デアリナカラ運動ニ参加ヲナサズ人ノコトノ様ニ傍観的態度ヲ採ルモノヲ掲示スルモノデアリマスト述ヘ李址永ヨリ地方ノ我社員ニシテ傍観的態度ヲ採リ居ルモノニ対スル対策如何ト質シタルニ張志弼ヨリ斯ルモノニ対シテハ暴力ニ訴ヘル訳ニハ行カ

ナイカラ一切ノ交際ヲ切断スルヨリ外良策ナシト意見ヲ述ヘ種々討議ノ結果所謂不正社員ニ対シテハ一切ノ交際ヲ切断スルト同時ニ最后ノ手段ニ出テルコトニ可決

ロ．我運動ニ迫害ヲ加ヘルモノニ関スル件

議長ヨリ前項ハ我社員間ノコトニシテ本項ハ非衡平社員即対外ニ関スルモノデアリマスト述ヘ呉成完、張志弼等ヨリ本件ニ関シテハ官庁殊ニ警察官ニ甚タ多イ京城地方ヲ通シテ実例カ証明スルトコロデアリマスト述ヘタルニ李址永ヨリ現下ノ政治法律中ニハ衡平社ニ対スル法律ト他ノ人民ニ対スル法律カアルモノト思フ地方ニ於ケル警官ハ普通人民ヨリモヨリ以上ノ差別待遇ヲスル為メ一般普通人民ハ警官ニ倣ツテ我々ニ対スル態度ガ益々差別待遇ニ傾ク事例カアリマスト此ノ時警察官ヨリ討議余事過激ニ亘ル時ハ禁止スベキ旨ヲ注意シタルニ之ニテ終了スベシトテ種々討議ノ結果本件ハ官庁ト一般人民ニ対シテ我々ハ団結ノ力ヲ以テ対抗スルコト、可決シタルヲ以テ決議穏当ナラスト認メ直ニ取消サシムルコト、セリ

一、教育問題、本件ニ関シテ種々討議ノ結果衡平社支分社ニ講習所ヲ設置シ我社員子弟義務教育ヲ施スコト、シ之レカ実施方法ハ中央総部執行委員ニ一任スルコトニ可決ス

一、生活問題

イ、屠獣場ニ関スル件

ロ、獣肉販売ニ関スル件

ハ、牛皮乾燥場ニ関スル件

ニ、屠夫料金ニ関スル件

以上四項目ハ大概官庁トノ関係カ多イカラ此処テ決議ヲシテ見タトコロガ好結果カ生セナイカラ全部執行委員ニ一任シテ可成的好成績ヲ得セシメ然ル后次回ノ大会ニ報告セシムルコトニ可決

一、任員改選ニ関スル件

従来ノ執行委員ハ余マリ数カ多イカラ今回ハ執行委員ノ数ヲ廿一名ニシ選挙方法ハ五名ノ詮衡委員トシテ李趾永、呉成完、姜相鎬、張志弼、李春鳳等ヲ選定シ詮衡発表ノ結果

李鶴仁、李春奉、吉萬學、趙富岳、金在錫、金千孫、金在実、趙貴容、李光洙、姜相鎬、張志弼、李学賛、金道天、趙成玉、李大賢、李址永、李景春、金奉周、趙景賛、張斗元、呉成完

以上二十一名当選サル

一、予算編成

旧幹部ノ予算案トシテ

収入

一、五千四百七十六円

各支分社員負担

支出

一、三百六十円　　家賃

一、百七十円　交際費
一、百二十円　新聞及雑誌代
一、二百七十円　消耗品費
一、百五十円　備品費
一、千八百円　常務委員（有給三人分）
一、六百二十四円　常務委員（無給四人分ノ報酬）
一、千八百円　衡平雑誌発行費
一、百八十二円　執行委員十四人出張費
合計　五千四百七十六円
以上ノ通リ提案シ種々討議ノ結果提案ノ通リ可決
一、其他事項
事務監督ノ為メ検査委員三名ヲ置クコト、シ之レカ選挙方法ハ執行委員会ニ一任スルコトニ可決シ李址永ノ提案ニ依リ我社ノ細胞団体中今回禁止ニナツタ民衆運動者大会ニ参加シタルモノアレハ之レガ反対ヲ為シタ団体モアルガ之レハ世間ニ我社ノ内部ノ不統一ヲ現ハズモノテアルカラ今后ハ絶対ニ中立態度ヲ採ルヘシト述ヘタルニ賛同スルモノ多数アリ今后ハ絶対中立ヲスルコトニ可決セリ
一、閉会午后七時三十分

祝衡平社大会
一九二五年四月廿三日
朝鮮労働党

祝衡平社大会
一九二五年四月
仁川無産青年同盟

祝衡平社大会
一九二五年四月
漢勇青年會

祝衡平社大会
一九二五年四月
仁川火曜會

祝衡平社大会
一九二五年四月
仁川労働総同盟會

祝衡平社大会
一九二五年四月
仁川労働同志會

祝衡平社大会
一九二五年四月
新興青年同盟

祝衡平社大会
一九二五年四月
火曜會

祝衡平社大会
一九二五年四月
大邱勇進団

祝大会
四月廿四日
礼安青年會

祝衡平社大会
一九二五年四月
鎮南浦麺屋労働組合

祝大会
四月廿四日
安東青年會

祝衡平社大会
一九二五年四月
平壌労農聯合會

祝大会
四月廿四日
張水山、権五高

祝衡平社大会
一九二五年四月
平壌青年同盟

祝衡平社大会
一九二五年四月
平壌労働同盟會

祝大会
四月廿四日
京城女子青年會

祝大会
四月廿四日
朝鮮女性同友會

祝　辞
不合理ナル現代ニ在リテ社会的ニ蹂躙サレ人間ノ一切権利ヲ奪還セムカタメ不絶奮闘セラル、ヲ祝賀致シマス
一九二五年四月廿四日
朝鮮青年総同盟
朝鮮衡平社大会貴中

祝　辞
自由ト平等ヲ叫ビツ、確固ナ精神ト敏活ナル智力テ鞏ク団結シ最後ノ勝利ヲ得ル様奮闘シヨウ
一九二五年四月
革清団
朝鮮衡平社大会貴中

祝　辞
現下ノ総テノ苦難ヲ排除スル歴史的大事業ヲ成就セント不絶前進

スルヲ祝賀致シマス

一九二五年四月廿四日

서울《ソウル》青年會

朝鮮衡平社大会貴中

祝　電

シイタゲ、ラレシモノ、、メグマレル、ヒガチカヅイタ、マ《ア》クマ
デ、ス、メキョウダイ。

東京　平野小劔

クルシメルモノ、、ヨキヒノタメニ、カク《ママ》マデススメ、タイカイ
シュクス

東京　南梅吉

祝衡平社大会

一九二五年四月廿四日　安東火星會

祝衡平社大会

一九二五年四月廿四日　安東豊山小作人會

祝衡平社大会

一九二五年四月　新義州新湾青年會

祝　文

貴運動ガ現下ノ総テ苦難ヲ排除シテ益々健全ニ発達サレタルヲ祝
賀致シマス

一九二五年四月廿四日

社會運動者同盟

朝鮮衡平社大会貴中

祝　詞

吾等カ信スル貴社ノ運動カ完全ニ成功スル日ト雖モ全人類ノ幸福
ノ光曙カ及フノヲ信シマス然シテ吾等ハ胸ニ思ヘル感激テ貴社ノ
運動カ日毎ニ健全ニ発達スルヲ祝賀致シマス

一九二五年四月廿四日

京城女子青年會

朝鮮衡平社大会貴中

祝　文

不自然ニ拘束サレタ鉄鎖ヲ断タン為メ正義ノ旗ヲ翻シ千幸万苦ノ
効ヲ積ミ前進スル貴社ノ運動ヲ祝賀致シマス

一九二五年四月廿四日

赤雹団

朝鮮衡平社大会貴中

祝　文

正義ノ旗幟ヲ翻シ前進スル貴社ノ運動ノ発達ヲ吾等ハ胸ニ思ヒ
ツ、血ノ水ヲ嬉ヒ祝賀致シマス

一九二五年四月廿四日

大邱　鉄城団

朝鮮衡平社大会貴中

驪州　金萬山 ― 原州　趙秀陳

	千群(君)弼		金成順
	金相根		李長元
	吉萬周	洪城分社	宋黄雲
陰城長湖院	金千孫		宋栄雲
	金千石		金公山
	金千乭	瑞山分社	李大吉
	金奇鳳		李必成
	片晩石	安城分社	張成萬
	朴登龍		吉石公
原州支社	金八竜		吉秉九
安城分社	李東白	水原分社	金正奉
	李済元		崔善之
	朴丁山		李長福
麗水分社	李公喆		李芝栄
元山分社	辺泰文		李成玉
徳原〃	金允河		金久福
洪原〃	趙炳麟		金鄭福
北青〃	裴鍾鍇		李在寛
楊口〃	金正俊		千首保
海美〃	朴甘述	玄風〃	李學述
	李成七	開城〃	李巨福
開城分社	金奉周	扶餘分社	金鍾済

安東〃	金徳天		慎光之
義城〃	安徳同		李文竜
江景〃	宋江景		李白玉
青陽〃	李起昌		朴善玉
	李相俊	舒川〃	蔡聖完
	趙図光		鄭己年
定山〃	金一太	群山〃	趙景賛
	金松得		金甲述
	崔奉煥	牙山〃	片仁貴
扶餘〃	朴東根		金成雲
延白分社	李春実	楊州分社	金完鉄
利川〃	金忠信	鉄原〃	韓昌燮
	吉道根		金士渕
	李伴夏	准陽〃	趙鳳春
宜寧〃	張太文	金海〃	李永春
霊山〃	吉文伯	晋州〃	姜相鎬
晋州〃	李學賛		金点守
	李鳳岐	論山〃	李徳鎮
礼山〃	申喜安		崔元景
	申徳辰		千基徳
	金三奉		金永興
保寧分社	金在実	陰城	朴八峰

〃	李春学	〃	金相光
京城	李順舒	清州	白順万
〃	李京春	華川	李春奉
〃	宋景根	〃	金明成
〃	白洋朝	〃	朴守天
〃	崔成道	〃	姜成玉
鎭川分社	張学先	〃	金完鉄
〃	李必成	〃	金相根
陰城分社	李萬玉	清州	趙富岳
〃	李相玉	〃	吉相洙
清州	李長善	〃	趙成玉
清州	吉福萬	〃	金敬善
〃	白百南	〃	卞成道
〃	張得立	鳥致院	李長述
〃	韓大成	天安笠場	趙貴用
〃	張昌烈	鳥致院	李成用
〃	朴用周	〃	崔炳勲
〃	趙順用	洪川	李学仁
〃	李達俊	〃	李五峯
島(鳥)致院	申太文	芙江	白楽英
		高陽	李徳興
京城	白順吉—	清州	吉万鶴

	李順瑞	原州	李一善
	李順車		李雲學
	宋一天		朴敬煥
	宋聖寛		宋壽天
	金永在		金万成
	李太順		白楽憲
	金春沢	京城	金正龍
	趙道利		李漢台
	李永培		蔡順栄
	金明福		金春沢
京城	権英述		
	金往在		
	崔永道		
	朴徳成		
	白順福		
	張志弼		
	徐光勲		
大邱支社	金相光		
	以上		

2　4月26日　衡平社第二週年創立紀念祝賀式ノ件

『大正十四年　検察事務ニ関スル記録』Ⅰ

京鍾警高秘第四六三九号ノ二

大正十四年四月廿六日

京城鍾路警察署長

京城地方法院検事正殿

衡平社第二週年創立紀念祝賀式ノ件

首題祝賀式ハ本日午後二時ヨリ府内堅志洞侍天教堂ニ於イテ開催シ出席者約二百五十名（内社員百七十名位）ニシテ張志弼司会ノ下ニ左記順序ニ依リ進行仝四時無事閉会セリ

左記

一、開会　京城楽隊ノ奏楽

一、開会辞

張志弼ヨリ各位ハ遠近ヲ問ハズ多数御来臨ニ預リ盛大ニ本祝賀式ヲ挙行スルニ至リタルハ何ヨリモ喜シイコトデアリマス元来私等ハ牛ヲ殺シ来タル為メ人ニ侮辱ヲ受ケテ居ルハ各位ノ承知ノコトデアリマス然ラハ我々ハ以后益々団結ヲ堅固ニシ社旗下テ奮闘セラレムコトヲ望ム云々

一、祝辞朗読　別紙ノ通リ

一、社員所感

李址永ヨリ我運動ハ始ツテヨリ既ニ二星霜ガ過ギマシタル今日ニ於イテハ其効果ハ著シイモノデアル虎モ衆獣ニハカナハナイト云フガ如ク如何ニ弱イ我等ニシテモ堅ク団結サヘスレハ知ラズ〳〵間ニ偉大ナル効果ガアルモノナリト云々

呉成完ヨリ本年三歳ニナル衡平運動ト云フモノハ其間種々ナル艱難辛苦ヲ排除シ今日ニ至ツタノデアル要スルニ我々ハ何ヨリモ我運動ニ迫害ヲ加ヘル分子ニ対シテハアラム限リノ努力ヲシテ我運動ノ為メニ万難ヲ突破セネハナラヌ尚ホ既往ニ於ケル各地ノ衝突事件ノ如キモ根本的ニ対抗セサルヲ得ナイ云々

徐光勲ヨリ我等ハ五百年来ノ圧迫ノ余波トシテ本運動ガ始ツタノデアル要スルニ団結ノ力ハ偉大ナルモノデアル例ヘハ矢ノ如キモ一本アルトキハ折リ易イケレトモ幾本モアルトキハ容易ニ折レナイソシテ僅カ普通学校ヲ卒ヘタルニ過キナイ地方ノ官公吏ノ我等ニ対スル圧迫ハ如何ニシテモ忍ビ得ナイモノナリト言及セルヲ以テ臨席中ノ警察官ヨリ注意ヲ与ヘタルニ自ラ降壇シ尚ホ金相光、卞聖在、申仁明、李大吉、金士琠、朴敬道、趙景賛代理李址永、金聖順、金聲云、李景春等ノ所感ハ省略

一、余興ハ都合ニ依リ為サス

一、閉会　京城楽隊奏楽

祝文ノ訳

祝朝鮮衡平社二週年紀念

在日本朝鮮労働總同盟中央執行委員長　李　憲

祝朝鮮衡平社二週年紀念

蛍雪会総務　李　協

祝朝鮮衡平社二週年紀念
在日本無産青年同盟會　柳震杰

朝鮮衡平社ヨ起キテ敵ヲ速ニ撲滅セヨ
三角同盟

祝朝鮮衡平社二週年紀念
三嘉青年會

祝第二週年紀念　三嘉労働友愛會

祝第二週年紀念　北風會

祝第二週年紀念　京城青年会

祝第二週年紀念　安東青年会

祝衡平社二週年紀念　勇進團

祝衡平社二週年紀念　新興青年社

祝衡平二週年紀念　新義州　新湾青年会

祝衡平二週年紀念　安東　禮州青年会

祝衡平社二週年紀念　安東　一真青年会

仝　上　平壌　大同労働組合

仝　上　平壌　朝鮮労働同盟会

祝衡平社二週年紀念　平壌　青年同盟

仝　上　火星會

仝　上　朝鮮労農總同盟

仝　上　安東　臥龍青年会

仝　上　火曜会

仝　上　新興青年同盟

仝　上　革清團

二週年ヲ迎ヘル衡平社ヨ触ナク生成シテ汝ト我ト行フ彼万人平等ノ
自由楽園ニ
安東農山小作人會

祝紀念式　慶北栄州分社長

祝大会　江景　朴錫柱

祝衡平天下　釜山　申喜五

特権階級ノ専横下ニテ余地ナク蹂躙サル、部落民ノ人権的運動ガ経
済的解放ヲ目票(標)トシテ無産者階級ノ生活運動ト連鎖的干係ヲ結ビ力
ノアラム限リ努メラレムコトヲ望ムト同時ニ大会ノ開催ヲ祝賀ス
衡平運動万才　서울(ソウル)青年会

権勢ニ斥ケラル、特殊民ノ虐待ノ歴史ヲ一足ニテ蹴飛ハシテ反逆ノ
旗ヲ輝カセルト同時ニ結束カ今日ノ二週年ニ遭フテ彼我ノ解放ト全
無産階級ノ利益ノ為メ新勢力ヲ獲得シ階級的団結ヲ目標トシテ労働
運動ト提携シ発展センコトヲ望ム　衡平運動万才
京城労働會

諸権力ニ踏マレテ居タ諸氏ガ解放ヲ叫ヒツ、起キテ二年ニ過キサリ
ト雖ヘトモ今日ノ如キ衡平運動ガ旺盛ナルハ誰レモ祝賀スヘキテア
リマス衡平社員ト非衡平社員ノ闘争ガアル間ハ今日ガ喜ブ日テアル、

衡平社員ノ威力ヲ見セル日トナラネハナラヌ衡平社員諸氏ヨ如何ナル威力ヲ見セテ今日ヲ紀念セムトシマスカ

社会主義者同盟

祝衡平二週年紀念

我々ハ人ハ一人ト云フ主義ヲ唱導スル者デアル然ルニ過去ノ不幸ナ世上ヲ革シテ今日ノ衡平ニ進マムトスル其意味ヲ自滅スルト同時ニ一言テ以テ祝賀ヲ呈セムトシマス而シテ人ガ無イ訳テアル若シ人ヲシテ人ノ上ニ居ラントスルカ人ノ下ニ居ラントスル者ガアリトセハソレハ即チ人ノ賊テナイトハ見ルコトガ出来ナイ所デアリマス茲テ自覚ガアル我々ニハ今日ノ衡平社紀会ヲ以テ万才〳〵

天道教聯合會

呉知泳

宋　憲

金鳳国

祝文省略

木浦無産青年會

全北民衆運動者同盟

全南光州解放運動社同盟

大田第一線同盟

木浦務木青年聯盟

3　4月27日　衡平社中央執行委員会ニ関スル件

『大正十四年　検察事務ニ関スル記録』Ⅰ

京鍾警高秘第四六三九号ノ三

大正十四年四月廿七日

京城鍾路警察署長

京城地方法院検事正殿

衡平社中央執行委員会ニ関スル件

一昨廿五日午后五時ヨリ府内堅志洞待天教会館ニ於テ首題会ヲ開催シタルガ執行委員二十名中十三名出席シ左記事項決議ノ上何等異状ナク全九時五十分閉会セリ

右及報告候也

左記

一、開会

張志弼司会ノ下ニ開会セリ

一、席長選挙

呉成煥ノ口頭選挙ニ依リ姜相鎬席長トナル

一、生活問題

1、屠牛場税金ニ関スル件

金東錫ヨリ屠牛場税金ニ関シテハ常務執行委員ニ一任シ委員ヨリ各地方ヲ巡回調査シ右税金ハ当局ト交渉シ各地方委員ニ通知スルコトニナシタルガ異議ナク可決セリ

2、獣肉販売ニ関スル件

趙基永ヨリ獣肉販売ニ対シテハ常務執行委員ニ一任シ各地方ニ於テ肉一斤ニ対シ幾何ナルヲ定メテ当局ニ交渉シ各地方委

員ニ通知スルコトニナシタルガ異議ナク可決セリ

3、干皮場ニ関スル件

呉成煥ヨリ干皮場ニ対シテハ各地方毎ニ設備スルコト、シ若シ不充分ト認メタル時ハ中央本部ニ常務委員ニ一任シ設備スルコトニシテハ如何ト提議シ異議ナク可決セリ

4、屠夫給金ニ関スル件

張志弼ヨリ屠夫料金(マヽ)ハ常務委員ニ一任シ当局ト交渉スルコトニシテハ如何ト提議シ異議ナク可決セリ

5、野犬撲殺ニ関スル件

張志弼ヨリ野犬撲殺ニ対シテハ地方ノ慣例ニ依リテ行フ事トシテ今回ノ委員会ニ於テハ関係セサルコトニシテハ如何ト提議シ異議ナク可決セリ

一、予算編成中ノ収納ニ関スル件

姜相鎬ヨリ予算中収納ニ対シテハ常務委員ニ一任シ各地方分社ニ分担シ常務委員ハ期日ヲ定メテ通知シ期日内ニ納付セザレバ其ノ地方ニハ常務委員出張スルコト、シ其時ハ往復旅費ハ分社ニ於テ負担シ(マヽ)ルコトニシタルガ異議ナク可決セリ

一、当局交渉委員選挙

口頭選挙ニ依リ禹浩慶、白楽栄、李笑(而笑)ノ三名当選セリ

一、常務委員選挙

呉成煥ヨリ常務委員ハ七名ヲ選挙スルコト、シ其方法ハ口頭選挙トスルコト、シ尚七名中三名ハ有給四名ハ無給トスルコト、有給者ニ対シテハ一ヶ月五十円ヲ支給スルコト、セリ而シテ左記七名常務委員ニ当選セリ

張志弼、姜相鎬、趙慶煥、呉成煥、金東錫、李學賛、趙貴容

尚有給無給ノ別ハ未定

一、委員長選挙ニ対シテハ常務委員中ヨリ委員長ヲ選挙スルノ必要無シト云ヒ結局委員制トナスコトニ異議ナク可決セリ

一、其他事項　ナシ

一、閉会

以上

報告先　局長、部長、検事正

4　4月27日　衡平社員懇親会ニ関スル件

『大正十四年　検察事務ニ関スル記録』Ⅰ

京鍾警高秘第四六三九号ノ四

大正十四年四月廿七日

京城鍾路警察署長

京城地方法院検事正殿

衡平社員懇親会ニ関スル件

首題懇親会ハ昨二十六日午后一時ヨリ府内貫鉄洞所在大同館料理店ニ於テ開催シ参席者五十余名ニシテ一人一円ノ会費ヲ出シ、東亜、時代、朝日三諺文新聞記者ヲ招待シタルガ席上常務執行委員ノ事務分担ヲ左記ノ通リ決定シ仝六時無事散解セリ

右及報告候也

左記

一、外交部　張志弼（有給）姜相鎬（無給）
李址永（無給）呉成完（無給）
一、財務部　金正奉（有給）金東錫（無〃）
一、庶務部　李而笑（有〃）李學賛（無〃）

追而廿五日ノ執行委員会ニ於テ七名ヲ選定シタルモ一名増加八名ト為シ尚趙慶煥、趙貴容ハ都合上辞任シ后任トシテ李址永、金正奉ヲ選定セリ

以上

報告先　局、部、検事局

5　5月16日　衡平社常務執行委員会ニ関スル件

『大正十四年　検察事務ニ関スル記録』Ⅰ

京鍾警高秘第五三八四号ノ一

大正十四年五月十六日

京城鍾路警察署長

京城地方法院検事正殿

衡平社常務執行委員会ニ干スル件

昨十五日午前十一時三十分ヨリ府内臥竜洞七五番地衡平社中央総本部事務所内ニ於テ常務執行委員会ヲ開催張志弼司会ノ下ニ左記ノ通リ決議ノ上午后三時半散会セリ

右及報告（通報）候也

左記

一、開会午前十一時三十分　張志弼
一、点名常務委員八名中六名出席
晋州姜相鎬、李学賛ハ不参加ノ電報アリ
一、臨時議長張志弼
書記徐光勲
一、経過報告張志弼、李而笑
纛島面、連川、鉄原、鎮川、開城、群山、洪城、等地ニ於テ這間紛争事件ニ関シ纛島ハ徐光勲、李而笑、連川鉄原ハ金士琠、鎮川ハ張志弼等カ調査ノ為メ出張シタル事ヲ張志弼、李而笑ヨリ報告ス
一、支社ニ干スル件
支社ハ分社ヨリモ成績カ悪イカラ支社ヲ廃止シ分社ニ全部変更スルトノ議論アリシカ結局今回各道地方大会ヲ開催シタル後ニ決定スルコトニ可決セリ
一、官公吏差別屠獣場牛肉販売、乾皮場野犬撲殺ノ件
本件ニ就テハ不公平ナル点多キヲ以テ総督府及本月十八日ヨリ開催ノ道知事、警察部長会議ニ交渉シテ本府又ハ道知事ヨリ所属官公署ニ通牒ヲ発行シテ右諸問題ヲ解決スルコト、シ之カ交渉委員トシテ張志弼、李而笑、金東錫ノ三名ヲ選定セリ
一、社員生産物ニ干スル件
本件ニ就テハ非社員ニ奪取セラレサル様ニ通文ヲ発送スルコト

ニ決定ス

一、各道地方大会ニ干スル件

本件ニ就テハ地方大会ニ視察委員ヲ派遣スルコトニ決定シタルカ大会場所日時及視察委員氏名並ニ視察区域左ノ如シ

五月三十日　公州　六月十日　全州
六月二十日　清州　六月二十五日　大邱
七月一日　安東　七月十日　釜山
七月十五日　晋州　八月一日　光州
八月十五日　洪川　八月廿日　元山
九月五日　海州　十月三日　京城

視察委員及区域

全南北　張志弼、禹浩景、呉成煥
慶南北　姜相鎬、李学賛
京畿道　李址永、趙貴容
江原道　張志弼、李而笑、徐光勲

一、全国視察ニ干スル件

本件ハ全鮮ニ於ケル各支分社ヨリ一名宛選択シテ全鮮各支分社ヲ視察セシムルコトニ決定シタルカ視察員選択方法ハ本部常務委員ニ一任セリ

一、教育ニ干スル件

本件ニ就テハ左ノ三項ヲ決議セリ

一、学校当局者ヨリ本社員ノ子弟ヲ差別スルコトヲ撤廃セシムルコト

一、本社員中ヨリ衡平社運動ニ対シ将来有力者ト認ムルモノヲ毎年一名宛選択シテ内地ニ留学セシムルコト

一、各支分社ニ講習所ヲ設置（ママ）シムルコト

本件ハ地方視察委員ヨリ勧誘スルコト

一、世光社ニ干スル件

衡平社機関雑誌発刊ニ干シテハ目下準備中ナルカ未タ完全ナラサルヲ以テ来ル八月ニハ発行スル予定ナリ之カ事務執行ハ本部有給常務委員ニ一任スルコト、セリ

一、義務金及維持費ニ干スル件

本件ハ今回地方巡回委員ニ一任シ徴収スルコトニ決定セリ

一、規則改正ニ干スル件

本件ニ就テハ規則改正委員張志弼、李而笑、禹浩景ノ三人ヲ選定シ改正スルコトニ決定セリ

一、其他事項

重大ナル公文ニ対シテハ常務執行委員会ニ通過セシメテ各地方ニ発表スルコトニ決定セリ

晋州社文簿引継ハ来月常務執行委員会ニ参席スル委員ニ一任スルコトニ決定セリ

一、閉会　午后三時三十分散会セリ

以上ノ通リ決議実行ヲナサムトスルモノナルカ本団体ハ近時衡平運動ノ目的外ナル社会運動ニ参加シ且ツ団員中左傾思想ノ抱持者ヲ入

社セシムル等漸ク左傾思想団体ニ傾キツ、アリテ計画中ニ係ル地方大会前后ノ状況ハ特ニ注意ヲ要スルモノアリ殊ニ何等資財ヲ有セサルニ団員中ヨリ留学生ヲ出サムトスルカ如キハ殊更注意ノ要アリト認メ厳密注意中

以上

一、報告先　警務局、警察部、検事局
一、通報先　公州署、安東署、全州署、釜山署、清州署、晋州署
大邱署、光州署、洪川署、海州署、元山署

6　8月17日　衡平社中央総本部動静ニ関スル件（醴泉事件）

『大正十四年　検察事務ニ関スル記録』Ⅰ

京鍾警高秘第九二一六号ノ一
大正十四年八月十七日

京城鍾路警察署長

京城地方法院検事正殿

衡平社中央総本部動静ニ干スル件

府内臥竜洞七五番地ニ所在スル衡平社中央総本部ニテハ這般慶北醴泉ニ於テ発生セル衡平社員対群衆ト騒擾事件ニ対シ仝地状況視察ノ為メ一昨十五日本部ヨリ金士琠、水原支社ヨリ李成玉、忠南天安支社金萬業三名ヲ醴泉ニ特派シ其外本部書記金相光モ同伴シタルカ（金相光ハ或ハ大田迄ニ止ムルヤモ知ラス）之等三名ノ特派員ハ先方ノ状況調査ノ為メナルカ其後之レカ善後策ヲ講スル為メ昨十六日午后一時ヨリ仝二時マテ衡平社総本部内ニ於テ江景呉成煥、天安笠場ノ趙貴容、水原支社李址永、本部ノ書記徐光勲、方麟永等五名カ集合シ臨時委員会ヲ開催シ左ノ事項ヲ決議セリ
右及報告候也

左記

一、各支分社ニ事実ノ顛末ヲ通知スルコト
一、各支分社ニ於テハ臨時総会ヲ開催シ醴泉ニ慰問スル者ヲ本部ニ報告セシムルコト
一、特派員ノ報告ニ依リ決死隊又ハ応援隊ヲ派遣スルコト
一、特派員報告ニ依リ救護隊ヲ派遣スルコト（醴泉事件ノタメ社員ノ家族等路頭ニ迷ヒ居ルモノアリ特ニ大田地方ヘ迄逃ケ延ヒタルモノアリ）ト云フ

以上ノ通決議第一項二項ニ対シテハ各支分社ニ通文ヲ発スル予定第三項ニ関シテハ特派員ノ報告ヲ待チツ、アリテ特派員ノ報告済ナレハ直ニ出動スヘク画策中ニシテ特派員ノ行動ニ関シテハ相当注意ノ要アルモノト認メラル

以上

追テ本件ハ本道警察部ヲ通シテ慶北警察部ニ電話ス

一、報告先　警務局、警察部、検事局

7　8月18日　衡平社ノ中西等主義者招待ニ関スル件

『大正十四年　検察事務ニ関スル記録』Ⅰ

京鍾警高秘第九二三七号ノ一
大正十四年八月十八日
京城鍾路警察署長
京城地方法院検事正殿
衡平社ノ中西等主義者招待ニ関スル件
昨十七日午后三時ヨリ入京中ノ内地主義者中西伊之助奥むめおノ両名ヲ衡平社中央総本部ガ表面両氏ノ慰労ヲ謝スル意味ニテ市内料亭明月館ニ招待セシニ奥ハ午後二時ヨリ鮮人婦人団ノ招待ヲ受ケ清涼里ニ行キシ為メ出席シ能ハス中西外鮮人主義者トシテ一流ノ連中二十名ニテ仝五時食堂ニ入リ左ノ如キ談話ヲ交換シ仝七時四十分散会セリ
右及報告（通報）候也

左記

一、出席者
中西伊之助
朴純秉　時代日報記者
金東明　火曜會員
金　燦　〃
洪悳裕　〃
金若水　北風會員
馬　鳴　〃
徐廷禧　〃
李鳳洙　東亜日報記者
孫永極　朝鮮日報記者
宋　憲　天道教青年聯合會幹部
李元植　労働聯盟會
金南洙　無産者同盟
朴一秉　無産者同盟
金鴻爵　〃
李敏行　北風會員
朴来源　印刷職工組合
権五卨　労農總同盟
徐光勲　衡平社中央総本部員
李秉斗　〃
趙貴容　〃
権淑範　〃
金思国　서울《ソウル》系
李廷允　〃
外ニ二名招待セシモ出席セス
一、招待ノ挨拶　権淑範
遙々東京ヨリ今回四団体ノ御招キニ応セラレ朝鮮無産者運動ノ為メ骨ヲ折テ頂キタルコトニ対シ心ヨリ感謝イタシマスノテ誠ニ粗末ナルモノテハアリマスガ之レハ我等衡平社全員ノ誠心ヨリ御招待シタ訳テ何モアリマセヌカ緩リ召シ上ラレムコトヲ願

マス云々

一、紹介ノ辞　孫永極

此様モ御承知ノ通リ中西君ハ内地ニ於テモ社会運動ノ実地家テ朝鮮無産者ニハ絶対ノ同志テ我等ノ目的ノ通リ今後内鮮無産者ハ親密ニ接近スルハ朝鮮ノ運動ニ一大曙光ヲ齎スモノテ朝鮮ノ社会運動ノ大小ト云ハス今後直接ニ尽力シテ頂クコトテアリマス云々

一、中西伊之助

朝鮮衡平社ヨリノ手厚キ招待ニ対シ甚ダ光栄ニ存シマス微力ナル中西ヲシテ色々御観待(マヽ)ニ預ルト云フコト之レ又一生ヲ通シテ忘ル、コトノ能ハサルト同時ニ自分一生ヲヲ(マヽ)通シテ朝鮮諸氏ノ為メ相互ニ協力スル考ヘデアリマス

私ハ幼少ノ頃ヨリ私ノ故郷ニ今ノ水平社員諸君ガ棲ンテ居リマシテ学校モ同ウシ一緒ニ遊ヒテ其間何等差別的ニ感シタコトハアリマセンテシタ然ルニ長スルニ従ツテ水平社運動カ勃起シタノテ自分ハ静カニ考ヘタ時之レハ人間社会ノ生活上精神向上ノ待遇改善運動テ至極至当ナルモノト感シ先年初メテ京都、大阪ニ水平社運動ノ大会ノ際招カレテ岡崎君ト共ニ京都ニ行タ際ノ如キハ旅費ガナクテ妻ノ衣類ヲ質ニ入レテ行ツタ処カ京都ニハ刑事カ二名尾行シアナタハ何処ノ水平社員テスカト頻リニ問ハレタコトガアリマス斯ノ如キ訳テ内地所謂衡平運動ニハ最初カラ干係ヲシテ居リマスノテ多少其内容モ知テ居ルノデアリマス

要スルニ衡平社運動ハ民族中ノ民族運動テ東洋ニ於テハ大運動ノ一デ然カモ有力ナル力ノ結晶団ヲ将来ニ偉大ノ使命ヲ持続シ永イ間虐レタル差別待遇ヲ爆発セシムルコトハ諸君ノ双肩ニ担ツテ居ラル、ノデ此ニ勇往邁進ノ努力ヲセラレンコトヲ望ミマス云々ト

以上終ルヤ直チニ食堂開始途中ヨリ衡平社ノ本日招待ノ目的タル醴泉事件ノ報告ニ入リタリ

一、金南洙報告

私ト張志弼、李笑而(而笑)ノ三名ガ醴泉ニ行キマシタ処数千名ノ労働者農民ガ我等衡平社同志ノ家族ヲ追出シ三日ニ渉ツテ同志ノ家屋ヲ破壊シ家具全部ヲ掠奪スル等乱暴狼藉ヲ為シタ為メ同志ノ家族ハ遂ニ避難スルノ止ムナキニ至リ之ヲ防止セントシテ張李ハ半死半生ノ負傷ヲ受ケ自分ハ九死一生ヲ得テ帰ツテ来タノデアリマス

此ノ三日ニ渉ル暴動ヲ警察ガ防止スルコトノ能ハサルト云フニ至リテハ我等ハ絶体ニ警察ヲ信シテ居ルニモ拘ラズ何等ノ価値ヲ認メス無警察状態テ如何ニモ残念デアリマシタ此事実カ総本部ニ知ルヤ直ニ全鮮衡平社員ニ檄ヲ飛ハシ全鮮的ニ之ニ対抗スルト云フガ此等ハ種々考究中デ目的ハ朝鮮ニ於テ今後此ノ如キ事件ノ再発ノ無キ様運動ヲ開始スル方針テアリマス云々ト何等諸氏吾等ノ境遇ニ同情セラレンコトヲ

一、主義者側ノ意見

衡平社ハ衡平社トシテノ最善ノ運動ヲ執ルコト我等運動員ハ社会運動トシテ適当ナル方法ヲ講スルコト、ス衡平社員ハ中西ニ対シ日本水平社トノ連絡ノ可否ハ別問題トシ鮮内ニモ此ノ如キ不祥事ノアルコトヲ通シ頂キ併テ御指導ヲ願フ云々ト内鮮連絡《(ママ)》ヲ対スル秋波ヲ送リタルカ中西ハ日本ニ帰ツテ我等同志ト談合シ充分将来ノ為メ便宜ヲ計レル《(ママ)》答シ夫レヨリ各自隠芸ヲ演シ散会セリ

以上

報告先　局長、部長、検事正

通報先　本州署、警視庁

8　8月19日　衡平社総本部ノ動静ニ関スル件

『大正十四年　検察事務ニ関スル記録』Ⅰ

京鍾警高秘第九二九〇号ノ一

大正十四年八月十九日

京城鍾路警察署長

京城地方法院検事正殿

衡平社総本部ノ動静ニ関スル件

過般醴泉ニ勃発セル衡平社員対地方民ノ騒擾事件ニ関シ団結力ノ強キ彼レ等社員ハ必スヤ過激不穏ノ挙措ニ出ツルモノト認メ事件直後衡平社総本部ノ幹部ヲ招致シテ本件ニ関シ軽挙妄動ナキ様予メ警告ヲ発シ置キタル処本月十五日午後六時ヨリ衡平社総本部ニ呉成煥、趙貴容、李趾永、方麟栄、徐光勲等常務委員会ノ名義ノ下ニ会議シ別紙ノ如キ不穏過激ノ決議文ヲ作成シ全鮮百五十二個所ノ支分社ニ発送シタルコトヲ発見直ニ幹部タル徐光勲、方麟栄ノ両名ヲ招致シ曩ニ一応警告シアルニモ不拘斯ル軽挙ヲ為シタリト其非ヲ責メタルニ彼レ等ハ単ニ金南洙ノ状況報告ヲ聴取シ同志ニ同情ノ途《(余)》リ前後ノ分別モナク軽挙ニ出タルモノニシテ何トモ申訳ナシト自己ノ非ヲ語リ只管恐縮シ仝十九日附ヲ以テ別紙通文ノ発送先ニ之カ取消通文ヲ発送スルト同時ニ各支分社ニ対シ本部ヨリ何等カノ命アル迄ハ決シテ軽挙妄動セズ自重スル様附加通文ヲ発送スル旨ヲ誓ヒ又正衛團ヨリ十三名ノ決死隊派遣ニ関シテハ絶対ニ之ヲ中止セシメ将来同地方ニ社員派遣ノ必要アル場合ハ当署ノ了解ヲ得テ然ル上実行スルコト又将来本件ニ関シテハ総テ当署ノ指揮ヲ待チ措置スルコトヲ誓ヒ引取リタリ素ヨリ彼等ノ誓言ニ依リテ安全ヲ期シタリト云フニハアラザルモ曩ニ一度警告ヲ受ケ置キナカラ之ニ悖ルベキ所為ニ出タルコトニ付テハ相当恐縮シタルモノ、如ク申訳ニ努メツ、アル状況ニ有之尚引続キ注意中ナルモ一応及報告候也

報告先　局長、部長、検事正

写　醴泉署

總《(ママ)》衡第六〇三號

衡平三年八月十六日

衡平社中央總本部

各支分社貴中

慶北醴泉分社襲擊事件에 對하야

우리 衡平社員의 取할 態度

수제에 대하야 지난 양역 팔월구일（음六月二十日）에 예천분사이 주년 기렴축하식인바 본부에서는 장지필 이소 양씨가 참석하게되여 성대히 거행중 당지 청년회장 김석히의 축사가 너무나 무지몰각할 뿐더러 우리 운동의 큰 해독을 맺츰으로 몇 개인의 질문도 잇섯든바 김석히는 당지 노동자를 충동식켯음으로 무식계급에 노동자 천여명이 「백정늠들을 따려죽여라 신흥청년회를 부셔라」하며（자세한 것은 조선일보 八月十四日 음六月二十五日 一千八百호 데이면 데사단 국문기사와 八月十六日 음六月二十七日 一千八百二호 데이면 데삼단 국문기사를 보시요）장이양씨는 피하야 자혜병원에 입원하얏는대 우□ 형평□□ 다행이다 할는지? 불행이라 할는지?

아! 우리 형데자매아! 이 일을 엇지할가 형평운동이 이러나자여러번 이런 일이 잇스되 오날 우리 사십만을 대표한 두분이 죽는 경우에 잇스되 우리는 같은 처지에 잇는 우리 사원이 죽어도무관하다 하고잇슬 수 업다 더욱이 노동자들이 엇던 자의 충동으로 깃뿐 취지 및 우리를 불상히도 아지아니하고 생명의 약탈까지 하는데 대하야 가삼이 아팠고 뼈가 쓰라리여 견딜 수 업습니다 우리는 그전에는 백정이엿으나 오날은 정신이 살고 고기덩이에 피가 뛰노는 사람인 중에도 무거운 형평의 짐을 진 우리가 아닌가! 이번 이 일에 대하야 우리 사십만 형데자매는 힘잇게 굿세게 피가 끌고 생명이 붓터잇는 데까지는 그 악마! 우리 운동을 방해하는 저·적들을 그냥 둔다 할 것 갓흐면 우리 형평의 본뜻이아니요 우리의 중대한 책임을 다하지 못하넌 것이니 여러 형데자매는 힘잇게 단결하야 대적하자! 그리하야 우리의 목적을 도달하야 개선가를 불너보자!

衡平社中央総本部

衡平三年八月十六日

総（ママ）衡第六〇三号

各支分社貴中

慶北醴泉分社襲擊事件ニ対シテ

我カ衡平社員ノ採ルヘキ態度

首題ニ対シ去ル陽暦八月九日（陰六月二十日）醴泉分社二週年記念祝賀式行ハレタルカ本部ヨリ張志弼、而笑両氏カ参席スルコト、ナリ盛大ニ挙行中同地青年会長金錫（碩）熙ノ祝辞カ余リニ没常識ナリシニ由リ吾人ノ運動ニ大害毒ヲ与ヘタルヲ以テ幾人カノ質問モアリタルカ金錫熙ハ同地労働者ヲ煽動シタルヨリ無識階級労働者千余名カ「白丁ノ奴等ヲ殴殺セ、新興青年會ヲ打倒セ」叫ヒ（詳細ナル事ハ朝鮮日報八月十四日陰六月二十五日千八百号第二面第三段国文記事ト八月十六日陰六月二十七日、千八百二号第二面第三段国文記事ヲ見ラレヨ）張、而両者ハ避難シ慈恵医院ニ入院シタルカ吾人衡平運動ニ多幸ナリトスルヤ？不幸ナリトスルヤ？

噫！吾カ兄弟姉妹ヨ此事件ヲ如何ニセムトスルカ衡平運動起リテ此ノ方斯ノ如キ不詳事幾回トナク起リタリシカ今コソ吾人ハ吾人四十万ヲ代表セル二人カ死ニ瀕セルヲ目睹シテ無関心タルヲ得ス殊ニ彼ノ労働者等カ或者ノ煽動ニ乗リテ同シ境遇ニ在ル吾人ヲ不憫トモ思惟セス生命ノ掠奪迄モ敢行セルニ対シ胸疼キ骨撓ム感ナクンハアラス吾人ハ以前ハ白丁ナリシカド今日ニ於テハ自覚セル肉ト血ノ活躍スル自由人ナリ加之重キ衡平ノ勢力ヲ有スル吾等ニ非スヤ此度此ノ事件ニ対シテ我カ四十万衡平ノ兄弟姉妹ハ力アル限リ強キ熱血ニ生クル限リ彼ノ悪魔、吾々運動ヲ妨害スル彼ノ敵共ヲ其儘差措クカ如クンハ之レ吾カ衡平ノ本意ニアラス且吾人ノ重大ナル責任ヲ尽サヽルモノナレハ諸兄弟姉妹ハ力強ク団結シテ対敵セヨ！斯クシテ吾々ノ目的ヲ到達シテ凱旋歌ヲ高唱セム

衡平社中央總本部

衡總第六〇四號

衡平三年八月十八日

各支分社貴中

례천폭동사건에 관하야

우리 례천사원은 폭도들로 말미아마 가산집물을 모도다 약탈을당하고 부모처자가 동분서이하야 기급한 상태에 잇슬뿐 아니라 그자들은 장차 우리 사십만 대중을 모욕하고 죽이며 형평의 두자를 업새랴고 하는대 엇지 우리로써 그대로 잇겟습닛가 당장에라도 그자□□□ 대하야 우리는 피를 흘리고 목숨을 밧처가며 저놈들을박멸□□지아니하면 아니될것입니다 그러나 무슨 일이든지 그전약을 생각지아니하고 나가면 실패되 □류□음 □□으로 데일먼저 결사적으로 례천에 출동할 준비를 완전히 하야 못오실분에게대기로 하는 동시에 만일 여차하야 어느곳으로든지 집합하라고 전보가 나려가거든 백만사를 제지하고 속히 출동케하야 저대적을 대하야 싸우며 위선 귀디에서는 긴급총회를 개최하고 특별의연금을 모집하야 본부로 보내주시기를 바라오며 그 결의한 것을 본부에 보고하시면 신문에도 기재하려니와 저-악마의 대처할일 강구하야 힘잇게 처결합시다

재고 이소 장지필 양선생의 소식을 궁금히 생각들하실 듯하야 대강을 적습니다 장지필 선생은 두골의중상이 생기고 폐가 상하얏으며 이소 선생은 면상을 상하야 두분이 안동자혜병원에 입원하야 치료중 생명에는 관계업스나 아즉 병석에 누어잇스며 장지필 선생은 늑막염이란 병만 나으면 전쾌하겟스나 엇지 우리의 사십만 형평사원으로써 그대로 잇겟습닛가? 우리는 죽기를 악가워말고 싸워셔 반닷이 성공하야 승리를 어듭시다

衡平社中央総本部

衡総第六〇四号

衡平三年八月十八日

各支分社貴中

醴泉暴動事件ニ関シテ

我ガ醴泉社員ハ暴徒等ノ為メ家財道具ヲ悉ク掠奪セラレ父母妻子東奔西移《(マヽ)》シ憐ムヘキ状態ニ在ルノミナラス彼等ハ漸次我カ四十万大衆ヲ侮辱シ殺害シ由テ衡平ノ二字ヲ消滅セムトシツヽアルカ吾人ヲシテ争テカ其儘黙視セシメムヤ直チニ彼等ニ対シ吾人ハ血ヲ流シ生命ヲ抛ツテ以テ彼奴等ヲ撲滅セサルヘカラス乍併何事ニテモ其戦略ヲ整ヘスシテ進出セハ失敗ニ終ルコト多キヲ以テ先ツ決死的ニ醴泉ニ出動スル準備ヲ完全ニシ事ノ顛末ヲ新聞紙上ニ掲載セシムルト同時ニ万一斯クノ如クニシテ何処ニテモ集合セヨトノ電報一下セハ取ルモノモ取リ敢ヘス速カニ出動セシメ彼ノ大敵ニ対シ戦ヲ開始スヘク先ツ貴地ニテハ緊急総会ヲ開催シ特別義捐金ヲ募集シ本部ニ送付セラレ度尚決議セル事項ヲ本部ニ報告セラルレハ新聞紙上ニモ記載スヘク而シテ彼ノ悪魔ノ対敵方法ヲ講究シ力強キ処決ヲ為サムトス

再告　而笑、張志弼両先生ノ消息ヲ心待チニセラル、コト、思ヒ茲ニ概略ヲ記載ス張志弼先生ハ頭骨ニ重傷ヲ蒙リ骨折ヲ来シ而笑先生ハ裂傷ヲ受ケ両氏ハ安東慈恵医院ニ入院シ治療中ナルカ生命ニハ異状ナキモ未タ病床ニ呻吟シ張志弼先生ハ脳膜炎《(マヽ)》ヲ併発セサレハ全快セムモ争テカ吾人四十万衡平社員トシテ黙視スルニ忍ヒムヤ吾人ハ生命ヲ惜マス闘フヘク必ス成巧《(功)》シ勝利ヲ得ムト期ス

9　8月19日　慶北醴泉事件ニ対スル衡平社員其ノ他ノ動静ニ関スル件

『大正十四年　情報綴』第二冊

大正十四年八月十九日　京高秘第三、八六六号　京畿道

慶北醴泉事件ニ対スル衡平社員其ノ他ノ動静ニ関スル件

京城府臥龍洞七五番地衡平社中央総本部ニ在リテハ曩ニ慶尚北道醴泉郡ニ於テ勃発セル衡平社員対普通民ノ衝突事件ニ関シ之カ状況調査ノ為八月十五日社員金士琠（本部）李成玉（水原支社）金萬業（天安支社）金相光（本部書記ニシテ本人ノミハ大田ヨリ引返スヤモ知レス）ノ四名ヲ特派シタル後更ニ十六日午後一時ヨリ同社総本部内ニ於テ呉成煥（江景）趙貴容（天安笠場）李址永（水原支社）及本部書記徐光勲、方麟永等集合臨時委員会ヲ開催シ種々善後策ニ関シ協議ヲ凝シ結局左記事項ヲ決議シ午後二時散会シタルカ該決議ニ基キ各地支分社ニ対シ八月十八日附別紙訳文ノ如キ通知ヲナスト共ニ特派員ノ報告如何ニ依リテハ直ニ出動スヘク画策中ニ在リ依テ所轄鍾路警察署ヲシテ主要幹部ニ対シ此際徒ラニ妄挙ニ出ツスルカ如キコトナキ様厳重注意ヲ与ヘシメ引続キ動静視察中ナルカ特派員竝ニ各地支分社員ノ行動ニ対シテハ相当注意ヲ要スト認メラル尚朝鮮青年總同盟常務執行委員李英ハ本件ノ真相調査ノ為ト称シ八月十七日午後十時京城駅発列車ニテ醴泉ニ向ケ出発セリ慶尚北道（貴道）ニ於テハ相当注意セラレ度シ

記

一、各支分社ニ事実ノ顛末ヲ通知スルコト

一、各支分社ニ於テハ臨時総会ヲ開催シ醴泉ニ慰問スル者ヲ本部ニ報告セシムルコト
一、特派員ノ報告ニ依リ決死隊又ハ応援隊ヲ派遣スルコト
一、特派員報告ニ依リ救護隊ヲ派遣スルコト
（醴泉事件ノ為社員ノ家族等路頭ニ迷ヒ居ルモノアリ特ニ大田地方ヘ迄逃ケ延ヒタルモノアリ）ト云フ

以上

本書発送先
警務局長、各道知事、管下一般、
京城地方法院検事正

（別紙）訳文
衡総第六〇四号
衡平三年八月十八日

衡平社中央総本部

各支分社　貴中

醴泉暴動事件ニ関シテ

吾ガ醴泉社員ハ暴徒等ノ為ニ家産ヲ掠奪セラレ父母妻子東奔西走シ可憐ノ状態ニアル而已ナラス彼等ハ将来吾カ四十万大衆ヲ侮辱シ衡平ノ二字ヲ抹殺セントス吾々ハ当ニ之ニ対抗シ流血生命ヲ賭シテ彼等ヲ撲滅セサルヘカラス然レトモ何事モ戦略ヲ定メ進行セサレハ失敗ニ帰スルヲ以テ先ツ決死的ニ醴泉ニ出動スヘキ準備ヲナシ此ノ旨ヲ新聞紙ニ掲載スルト同時ニ万一何レノ処ニ集合セヨトノ電報アラハ直ニ集合シ彼等ニ対抗スヘク先ツ貴地ニ於テ緊急総会ヲ開催シ特別義捐金ヲ募集シ本部ニ送付アレ又総会ニ於テ決議セラルコトヲ本部ニ報告セラルルニ於テハ新聞ニ掲載スルハ勿論彼等悪魔ノ対策ヲ講究シカノアル限リ処決セム

再告　而笑、張志弼両先生ノ消息ヲ期待セラレ居ルト考ヘ概略記載シマス、張志弼先生ハ頭骨ニ重傷ヲ負ヒ肺ヲ痛メ而笑先生ハ顔面ヲ傷ケ両名ハ安東慈恵病院ニ入院治療中生命ニハ別ニ関係ナキモ今尚病床ニ在リ、張志弼先生ハ肋膜炎治癒セハ全快スルモ豈吾等四十万衡平社員ヲ以テ其儘傍観スルヲ得ムヤ吾等ハ死ヲ惜マス闘ヒ必ス成功ノ上勝利ヲ得ラレタシ

10　8月20日　醴泉衡平社事件対策集会ニ関スル件

『大正十四年　検察事務ニ関スル記録』Ⅰ

京鍾警高秘第九三〇七号ノ一
大正十四年八月二十日

京城鍾路警察署長

京城地方法院検事正殿

醴泉衡平社事件対策集会ニ干スル件

昨十九日午后五時十五分ヨリ府内斉洞八四番地京城青年会ニ於テ朝鮮労農総同盟外十四ケ団体代表出席シ慶北醴泉衡平分社員対地方民衝突事件ニ干シ之レカ対策ノ為メ連合協議ヲ為シタルガ開会ニ先チ

主催者朝鮮労農総同盟常務執行委員権五卨ニ対シ不穏煽動ニ亘ル事ナキ様警告ヲ与ヘ監視シタルニ比較的平穏ニ進行セラレ午后八時無事解散セリ

其ノ会議進行状況等左記ノ通ニ有之及報告候也

左記

一、会集団体

北風會、火曜會、無産者同盟、労働黨、京城青年會、新興青年同盟、漢陽青年聯盟、서울《(ソウル)》印刷職工青年同盟、京城労働聯盟、鮮明青年會、京城洋襪組合、民文社、女性同友會、女子青年同盟、夜珠青年會

一、会集人員　北風會常務執行委員金若水外二十九名

一、議長　主催者権五卨ヨリ会ノ形式上議長ヲ必要トスト述ヘ口頭選挙ノ結果徐廷禧当選

一、書記　議長呼選ニ依リ許貞淑被選

一、醴泉事件真相報告

対策講究上先ツ事件ノ真相報告ヲ徴スル必要アリト述ヘ出席ノ金南洙ニ之ヲ求ム

金南洙ハ吾人ハ直接遭難者ナリト雖モ調査ノ為メ派遣セラレタルニアラス報告ノ責任者トシテハ聊カ苦痛アリト答フルヤ座中ヨリ南洙ノ答弁一応理ナルモ同氏ハ火星會及安東小作人幹部ニシテ又吾人ノ同志タリ而モ直接遭難者トシテ報告ノ任ニ就テ至当ト認ムトノ慫慂的要求アリ金南洙之ヲ容レテ座席ヨリ「事件ハ八月九日ノ衡平社醴泉分社ノ第二週年紀念式ニ発端シ其ノ動機詳ナラサルモ仝紀念式場ニ於テ醴泉青年會長金碩熙ノ為シタル式辞カ余リニ衡平社ヲ侮辱セルモノナリシ為紛議ヲ醸シ金《(南洙)》金碩熙ノ退場ヲ求メタルカ此ノ侮辱的式辞ノ原因ハ仝地ノ非白丁タル新興青年會員カ悉ク衡平社ニ入社シタルノミナラス醴泉青年會員中ニモ十四五名ノ入社アリタルハ甚タ醴泉青年會側ノ感情ヲ損ネタルモノ、如ク他ノ一因ハ従来自ラ謙遜シ普通民ニ敬意ヲ表シ来リタル某白丁某婦人ガ同地某婦人ニ対等的言辞ヲ以テ遇シタル為該婦人ハ白丁婦人ニ其不都合ヲ詰リタルニ昨日迄ハ白丁婦人ナリシモ今日以后ハ吾人モ相当ノ人格ヲ認メラレタルモノニテ対等ノ権利ヲ行使スルニ何ノ不都合アリヤト反駁シ一場ノ紛擾ヲ生シタル事アリトモ伝ヘラル然レドモ其ノ后ノ調査ニ依レハ白丁婦人ニ此ノ種不遜ノ言動アリシヲ発見セス

一方会場ハ金碩熙ヲ退場セシメテ稍平静ニ帰シ漸次余興等ニ移リシカ突如労働者約二百名式場ヲ襲ヒテ器具器物ヲ破壊シ分社長及来賓ニ重傷ヲ負シムル等非常ノ混乱ヲ呈シ斯クテ衡平社側百名程ニテ対策講究シタルモ適当ノ方法ヲ発見セス翌午前十時衡平社側ハ臨時緊急会議ヲ開催セムトセシモ警察側ハ反対派トノ紛擾ヲ拡大スル虞アリトテ之ヲ許可セス依テ止ナク非公式ニ会合シ醴泉青年會ノ煽動ニ依リテ盲動シタル醴泉労農會ニ対シ謝罪広告文ヲ発スヘク警告文ヲ発スルコト、

ナリ居タルカ折柄市内草生地ニ住民側四百名集合シアリトノ風評ヲ聞キ調査セシメタルニ事実ナルコト判明シ衡平社側モ棍棒刀ヲ用意シ充分ニ腹拵ヘヲ為シ気勢頗ル興奮ノ態ナリシカ此秋ヲ見タル張志弼ハ李準泰、李而笑等ト共ニ地方民側ヘノ説得ニ努力シ相当静聴ヲ惹キシカ此ノ時何者カ背后ニ在リテ吾々ハ衡平社ノ講話ヲ聴キニ来タノカト使嗾的言動ヲ弄スルヤ此ノ一言ニ刺激セラレタル群衆ハ忽チ暴動ヲ開始シ相互入乱シテ七八分間ニ亘リ乱闘ヲ続ケタルカ衡平社側ハ衆寡敵セス加害者三名ノ拘引ヲ以テ一段落ヲ告ケタルカ其ノ翌日（十日）醴泉市内ノ風説ヲ聞クニ「地方社員ヨリモ今回当地ニ来レル張志弼、李而笑、金南洙ノ三名ヲ撲殺スルノ要アリ云々ト」アリ衡平社ニ何等ノ干係ナク単ニ新聞記者トシテ参席セル吾人ニ対シ斯ク悪感ヲ抱ク彼等ノ心裡寧ロ滑稽ナリシカ当日ハ市日ナリシトハ云ヒ平常ノ市日状況ト異リ早朝ヨリ市中ニ押詰メ何トナク殺気立アリシカ我等一行ハ徒ニ喧嘩ニ応スルハ不利益ナリト認メ一般社員ニ対シテモ此ノ旨ヲ説シ且ツ后日吾カ恐懼タル教唆煽動者ヲ糺弾セムト懇諭シ午后出発セムトシタルモ折悪シク安東行自動車票ハ売切トナリ滞在ノ止ナキニ至リタルカ警察署ヨリ我等三名ト衡平分社幹部数名並ニ仝地労農会、新興、醴泉両青年會員市民等数十名ヲ集合セシメ妥協点ヲ発見セント斡旋シタルガ当初吾人ハ無干係ノ故ヲ以テ参席ヲ拒ミタルモ警察署ノ承認ヲ得ス止ナク出席セリ出席中安東火星會ニ電話スヘク外出セル為メ多少ノ聞漏シアラムモ要スルニ衡平社側ハ醴泉青年側ニ謝罪文ヲ新聞紙上ニ掲載スルヲ要求シ青年側ハ衡平社看板ノ撤去ヲ主張シ各自説ヲ固持シテ譲ラス此ノ時署長ハ署長トシテ最モ公平ニ処決セントスルカ一同異議ナク賛成スルヤト諮リタルニ張及李ハ仮令署長ノ言語ト雖モ其ノ発言ニ先チ賛否表示シ能ハスト駁シ署長ハ署長ノ言ヲ信用セサルヤト繰返シ此間長時間ノ押問答アリシカ結局仝地署長ハ

一、張志弼、李而笑、金南洙ハ明日退去スルコト

一、新興青年會ハ衡平社ニ入社セサル事

一、相互紳士的態度ヲ執ル事

一、醴泉青年會ハ暴動ヲ鎮圧スル事

　然ラサレハ警察ノ力ヲ以テ鎮圧スル事

ノ四条件ヲ提示セリ

此間ト雖モ約千名ノ暴民ハ始終警察署ヲ包囲シ衡平社ニ罵声ヲ浴セ居タリ斯クテ退出ニ当リ吾等ハ身危険ヲ虞リ包囲セル群衆ノ解散ヲ要請シ署長ハ責任ヲ以テ解散ヲ声明シ約二三十分間署員ヲ集メ訓示カ密議ヲ為シタルカ十四五ノ警官ヲ以テ吾等ヲ送ル事トシ警官ニ追尾シテ群衆ノ中ヲ割リツヽ進路ヲ採リシカ群衆ハ何等警察官ニ恐怖ノ情ナク警官亦解散セムトモセサル状態ナリシカ此間李而笑ハ暴民ノ為メ軽傷ヲ受ケ加害者二名ノ検束ヲ以テ当場ヲ終ヘテ帰途ニ就キ途中警官ハ自署ニ吾等ハ命ニ依リテ衡平事務所ニ

避難セシカ当時夜ニ入リテ何人カノ認識不能ナリシカ洋服奴三名ヲ撲殺セハ当地ハ無事ダトノ罵声頻ナリシカ約一時間ニ亘リテ器物ノ破壊ハ勿論凡有乱暴狼藉ヲ極メ遂ニ屋外ノ様子ヲ覗カントセル張志弼ヲ屋外ニ拉去シ哀号ノ一声ヲ掲ケタルノミニテ生死不明ノ状態トナリ次イテ而笑ヲ同様ノ目ニ会ヒ自分ノ所在ヲ極力探索セシモ予ハ威力ヲ示シテ不法ヲ詰リ数名ヲ蹴散ラシタルモ間断ナク押来ル暴挙ニ衆寡敵セス垣根家屋ヲ跳越シ辛フシテ危地ヲ脱セリ而シテ翌朝状況ヲ確ムヘク屋外ニ出テシモ依然約百名ノ包囲ヲ受ケ形成不穏ナルヲ以テ之ヲ脱シ安東ヨリ義勇隊ヲ組織シテ仝地ニ出張セシメ張志弼、而笑両名ヲ救出スルヲ得タリ」ト経過ヲ報告シタルニ之ヨリ討議ニ入リ

金燦ハ金南洙ハ当部ノ調査派遣員ニモアラス衡平社員ニモアラサルヲ以テ価値アル報告トシテ受理スルヤ、又同氏ハ火星會安東小作人會幹部タル吾人ノ同志ニシテ且ツ今回ノ直接遭難者ナルヲ以テ有効トシテ受理スヘキヤト諮リ満場一致后説ヲ採用シ次テ

金若水ハ附近支分社ノ態度如何ト質問シ

金南洙ハ自分ノ目撃セル事ニ非レハ明言シ得サルモ新聞紙ノ報導ニテ忖度サレタシト答ヘ

氏名不詳某ハ警察署カ張、李、金三名ヲ安全地帯ニ送ルヘク警官ヲ附シタルニ係ラス其ヲ変更シ途中放任シテ衡平事務所ニ入ラシメタル警察当局ノ理由如何ト質問シ

権五卨ハ本件ハ本集会ノ目的以外ナルヲ以テ論議ノ要ナシト排シ

金若水　衡平社ノ虐待ヲ受ケシハ只今金南洙報告ニテ明ナル（ママ）カ本件ハ吾人ノ運動ニ影響スルコト少シトセス金南洙君ニ対策ノ妙案ナキヤト質シ

金南洙ハ何等意見ナシト簡単ニ答ヘ

金若水ハ具体的ノ意見ハ格別部分的ニモ何等ノ意見ナシトスルハ個人ノ運動トシテモ金南洙君ノ答弁ハ余リニ無気力ナリト難シ

李奭発言シテ　今更調査員ヲ派遣スルモ余リニ時期遅延ノ虞アルヲ以テ金南洙君ノ報告ヲ信シ此后ノ処置トシテハ応援方法ヲ講スルコト慰問員ヲ派遣スルコト当然不買同盟等ニテ奪ハレタル衣食住ノ援助ヲ講シ教唆者又ハ悪分子ヲ調査スル事トシ本集合体ヲシテ醴泉衡平社被襲事件応援団又ハ其ノ他ノ名称ヲ附シテハ如何ト諮リ

金若水、吾人ハ仮令実行上ノ欠陥アリシトハ謂ヒ従来モ相当援助シ来レリ今更応援団等ノ名称ヲ附スルハ却テ不干渉主義ナリシ如ク世ノ誤解ヲ受クト之ヲ駁シ

金燦モ同意見ヲ主張シ

李奭ハ従来援助セサリシト云フニアラサルモ醴泉衡平社ノ突発事件ニ対シテノ意味ナリト繰返セシモ容レラレズ

金若水更ニ発言シテ今回ノ被襲事件ハ其ノ罪固ヨリ住民側ニアリト雖モ又一面衡平社ノ従来ノ態度カ出入的連絡的妥協的ナリシタメ我思想青年労農団体ノ如ク重要視サレス換言セハ無気力ナル為メ斯ク侮蔑セラルモノナレハ此ノ際従来ノ欠点ヲ摘発一大鞭韃（ママ）ヲ

与ヘテ激励シ以テ相当ノ価値ヲ自覚セシムル要アリト説キ
権五卨ハ衡平社ノ従来ノ行動ヲ摘発シ批判的激励ヲ与フルハ興奮セル現下ノ衡平社員ヲシテ徒ニ反感ヲ醸生スルノ虞アリトテ反対シ
金燦ハ金若水説ニ
金丹冶ハ権五卨説ヲ賛シ相互相容レス論争セルカ裁決ヲ諮リテ権五卨説採用サレ次テ起草委員李奭、馬鳴、権五卨ヲ選任シ左記決議文ヲ草シ其ノ第四項ニ同情金ヲ贈リテ被害地衡平社員ヲ慰問スヘキ一項ヲ設ケシモ実行不能ナリトテ之ヲ削除シ多少ノ修正ヲ加ヘテ可決シ実行委員トシテ金燦、金若水、金在鳳、権五卨、李奭ヲ実行委員ヲ選ビ不日二名ノ代表員ヲ派遣スル権限ヲ之ニ委シタリ

左記

一、今回ノ事件ニ犠牲トナリタル同志ヲ慰問シ市民ノ反省ヲ促スタメ代表者ヲ派遣スルコト
二、今回ノ事件ノ煽動者ヲ調査シ社会的ニ制裁スルコト
三、今回ノ事件ハ大衆カ衡平運動ノ根本義ヲ徹底ニ理解セサル点ヨリ起リタルモノナルヲ以テ吾人ハ演説会其他必要ナル方法ヲ以テ衡平運動ノ意義宣伝ノ為メ努力スルコト

以上

一、報告先　警務局、警察部、検事局
一、写　醴泉署

11　8月20日　衡平社中央総本部動静ニ関スル件（醴泉事件）

『大正十四年　検察事務ニ関スル記録』Ⅰ

京鍾警高秘第九三二六号ノ一

大正十四年八月廿日

京城鍾路警察署長

京城地方法院検事正殿

衡平社中央総本部動静ニ関スル件

府内臥龍洞七十五番地所在衡平社中央総本部ニ於テハ醴泉問題ノ善後策ヲ討議セムカ為メ明廿一日慶北安東ニ於テ慶北第二支社大会及翌廿二日中央常務執行委員会ヲ開催スル事トナリシガ之ニ出席ノタメ本部常務執行委員趙貴容ハ昨十九日午后十時京城駅発列車ニテ安東ニ向ケ出発シ其他江原道横城郡ニ居住中央執行委員吉萬學モ之ニ出席ノタメ昨十九日入京衡平社ニ立寄リ今廿日午后十時京城発列車ニテ安東ニ向フ予定ナリト而シテ此外各地方ヨリ左記ノ者等状況視察ノタメト称シ昨十九日入京シ中央総本部ニ立寄リ打合セタルガ廿一、二日ノ両日安東ニ於テ大会開催スル事ヲ聞キ仝地へ往カムトノ意嚮ナリシカ本部ニ於テハ彼等ニ対シ出席ノ必要ナシト差止メ大会ノ結果ヲ待ツテ更ニ通知スル筈ナレハ其迄各自宅ニテ自重スヘシト愉（諭）サレ入京シタル吉道根、金正奉、千天奉、金命福四名ハ出席ヲ見合セ本日自宅へ出発セリ

右及報告候也

左記

利川分社　吉道根
水原支社　金正奉
原州支社　金成順
横州《(マヽ)》分社　李東秀
〃中央常務委員　吉万學
烏山分社　千天峰
〃　金命福
江景分社　禹浩景

追而金成順　李東秀ハ明日出発スル予定ナリ

以上

報告先　局、部、検事正
写　醴泉署

『大正十四年　情報綴』第二冊

12　8月20日　慶北醴泉事件ニ対スル衡平社員其ノ他ノ動静ニ関スル件

大正十四年
八月二十日　京高秘第三、八六六号　京畿道

慶北醴泉事件ニ対スル衡平社員其ノ他ノ動静ニ干スル件

（八月十九日本号参照）

慶北醴泉事件ニ対スル衡平社中央総本部並ニ在京各思想団体ノ行動ニ関シテハ引続キ注意視察中ナルカ所轄鍾路警察署ニ於テハ衡平社員等カ予メ充分ナル警告ヲ加ヘ置キタルニモ不拘既報ノ如キ決議ヲナシタルノミナラス各地支分社ニ対シ不穏煽動的ノ文書ヲ発送シタルヲ以テ八月十九日更ニ幹部徐光勲、方麟榮ノ両名ヲ招致シ厳重ナル警告ヲ加ヘタルニ渠等ハ社員金南洙ノ状況報告ヲ聴取シ同情ノ余リ何等前後ノ思慮ナク軽挙ニ出テタルハ恐縮ハ外ナシト称シ只管陳謝スル処アリ八月十九日附ヲ以テ改メテ該不穏文書発送先ニ対シ之レカ取消文ヲ発送スルト同時ニ各支分社ニ対シ中央総本部ヨリ何分ノ通知アル迄決シテ軽挙妄動スルカ如キコトナキ様充分自重スヘキ旨通知スヘク且ツ別項記載ノ如ク正衛団ヨリ派遣スヘク決定シ居リタル十三名ノ決死隊モ絶対ニ之レヲ派遣セサルコトトナシ将来ノ行動ニ関シテハ予メ所轄署ノ了解ヲ得テ之レヲナスヘク誓言ノ上引取リタリ素ヨリ本誓言ヲ以テ万全ヲ期シ難キハ勿論ナレハ一層厳密ナル視察ヲ加ヘ居レリ尚既報不穏通文ニ関シ其後精査ノ結果右ハ衡平社中央總本部書記中ニ介在セル北風會系会員ニ於テ衡平社員タル幹部ノ無学ニシテ事理ヲ弁ヘサルニ乗シ任意ニ作製シタモノニシテ全ク衡平社幹部ノ意思ニアラサルカ如ク厳重処分ノ見込ヲ以テ目下取調中ナルカ此外中央総本部ノ姉妹団タル正衛団並ニ在京各思想団体ニ於テモ本件対策ニ関シ会合ヲ催シ諸種ノ決議ヲナシタルカ状況左記ノ如クシテ引続キ厳重注意視察中ニ在リ

記

一、正衛団臨時集会
八月十六日午後八時ヨリ京城府橋南洞八十二番地李晩瑞方ニ於テ正衛団員徐光勲外十六名会合醴泉事件ニ干シ緊急協議会ヲ開催シ衝突事件ノ内情詳細報告ノ上善後策ニ対シ講究スル処アリ

シカ結局事情調査ノ為メ先以テ団員十三名ヲ派遣シ之カ報告ヲ待ツテ更ニ何等カノ対策ヲ講スルコトニ決定セルモ旅費ノ出途ナキ為メ未タ出発スルヲ得サリシカ前述ノ如ク鍾路警察署ニ於テ多数者ノ派遣ハ徒ラニ事件ヲ紛糾拡大セシムル虞アリト認メ懇諭阻止シタル為メ遂ニ中止シ居レリ

二、ソウル青年會ノ行動

京城府堅志洞八十番地ソウル青年会ニ在リテハ醴泉事件ニ関シ八月十八日午後三時ヨリ同事務所ニ於テ林鍾萬、金榮萬外三名集合緊急会議ヲ開キ左記ノ如キ決議ヲナシタルカ本会合ハソウル青年会幹部数名ノ決議ナルニ不拘在京城八ケ団体（ソウル青年会、京城労働会、社会主義者同盟、赤雹団、京城労働教育会、自由労働組合、京城女子青年会、社稷青年会）幹部会合決議シタルモノ、如ク装ヒ殊更ニ事件ヲ拡大セシメムトシ誇張的記事ヲ新聞紙ニ発表掲載セシメタルヲ以テ所轄鍾路警察署ニ於テ前記会合者五名ヲ留置取調中

決議事項

イ、調査委員ヲ該地へ派遣シ事件ノ真相ヲ調査スルコト
ロ、調査報告会ヲ開催スルコト
ハ、無産大衆解放運動ト衡平運動トハ不可分ノ関係アルコトヲ一般民衆ニ理解セシムル様宣伝スルコト
ニ、今回ノ衝突シタル裏面扇動者ヲ調査シ積極的ニ膺懲スルコト
ホ、実行委員ニ林鍾萬、金思国、金永培、金榮萬ノ四名ヲ選定ス

三、労農總同盟外十三団体聯合會

八月十九日午後五時十五分ヨリ京城府齋洞八十四番地京城青年會内ニ於テ労農總同盟外十三団体聯合會ヲ開催シタルカ集合人員金若水外二十九名ニシテ権五卨主催トナリ臨時議長ニ徐延禧ヲ推シ醴泉事件対策ニ関シ協議ヲ進メ起草委員李奭、馬鳴、権五卨ヲシテ左ノ決議文ヲ作製通過セシメ実行委員金燦、権五卨、李奭、金若水、金在鳳五名ヲ選挙シ午後八時三十分解散セリ

吾人ハ今回醴泉衡平社被撃事件ニ対シテハ吾人社会運動ノ陣営カ反動分子ノ手ニ蹂躙セラレタルモノトシテ奮起シ左ノ各項ヲ実行シ衡平運動ヲ徹底的ニ掩護スルコトヲ決議ス

一、今回ノ事件ニ付キ犠牲トナリタル同志ヲ慰問シ市民ノ反省ヲ促ス為代表者ヲ派遣スルコト
二、今回ノ事件ノ扇動者ヲ調査シ社会的ノ制裁ヲスルコト
三、今回ノ事件ハ大衆カ衡平運動ノ根本義ヲ徹底的ニ理解セサル点ヨリ起リタルモノナルヲ以テ吾人ハ演説会其ノ他必要ナル方法ヲ以テ衡平運動ノ意義宣伝ノ為ニ努力スルコト

（了）

本書発送先

警務局長、各道知事、管下一般、京城地方法院検事正

13　8月22日　朝鮮青年総同盟警告文発送ニ関スル件（醴泉事件）

『大正十四年　検察事務ニ関スル記録』Ⅰ

京鍾警高秘第九三八三号ノ一

大正十四年八月廿二日

京城鍾路警察署長

京城地方法院検事正殿

朝鮮青年総同盟警告文発送ニ干スル件

朝鮮青年総同盟ニテハ本月九日醴泉衡平社員ニ対スル地方民ノ暴行事件ニ対シ同総同盟常務執行委員李奭ヲ同地ニ派シ実地調査ノ結果其状況ヲ一般細胞団体ニ通告スルト共ニ各階級意識ヲ自醒シ将来如此不祥事ノ勃発ヲ防止セム趣旨ノ下ニ別紙写ノ警告文ヲ全鮮細胞団体ニ宛発送セリ

右及報告候也

一、報告先　警務局、警察部、検事局

謹啓今月九日以来慶北醴泉及其他地方ニ於テ勃発シタル農民対衡平社員ノ衝突事件ハ我カ大衆解放運動上一大遺憾ナルト同時ニ至大ナル障碍ヲ与ヘルト同時、同一ナル境遇ニ在ル農民（無産群衆）ト衡平社員間ニ如此ナル衝突ヲ惹起セシメ階級戦闘上共同戦線ヲ薄弱ナラシメテ解放運動ヲ阻害スルハ我カ無産青年運動者ヲシテ敢テ黙過ノ出来サル重大事件ナリ然ルニ今般醴泉事件ニ対シ本総同盟ニテハ常務執行委員李奭君ヲ派遣シテ調査シタル処ニ依レハ淳実ナ農民カ一挙シテ同一ナル境遇ニ在ル衡平社員ヲ虐待シ且ツ暴行ヲ加フルハ該地方農民ノ階級意識カ薄弱ナルハ勿論ナレトモ其ノ裏面ニハ該地方特殊階級ニ在ル或ル不良輩ノ煽動ニ起因シタルハ正確ナ事実ナルヲ以テ今般ノ祥事《（ママ）》ヲ単純ナル農民対衡平社員ノ衝突ト看過スヘキニアラス少クモ有産無産ノ階級衝突ナルハ明若観火ノ事実テアル、此ニ対シテ同志諸君ハ慎重ナ態度ヲ取ツテ階級戦ヲ尚ホ充実ナラシメ貴地方農民及労働群衆ヲシテ衡平運動ト無産大衆ノ解放運動ガ不可分ノ干係カアルカ《（ママ）》アルコトヲ理解セシメ階級意識ヲ尚ホ充実ナラシメテ斯ノ如キ不祥事ヲ未然ニ防止スルト同時ニ戦闘上共同戦線ヲ一層鞏固ナル様努力セラレムコト敢要ス

一九二五年八月　日

朝鮮青年総同盟常務執行委員

一同

青年会貴中

14　9月3日　衡平運動ト北風会系主義者ノ行動ニ関スル件

『大正十四年　検察事務ニ関スル記録』Ⅱ

京鍾警高秘第八九四六号ノ一

大正十四年九月三日

京城鍾路警察署長

京城地方法院検事正殿

衡平運動ト北風會系主義者ノ行動ニ関スル件

衡平運動ノ取締ニ就テハ屢及報告置候通リ当署ニ於テモ細心ノ注意ヲ払ヒ昨年四月京城中央総本部設置以来重ナル幹部ヲ召致シ懇談ノ結果衡平社員ハ衡平運動以外ニ絶対ニ加担セス殊ニ主義者ヲ加入セシメサル事ヲ誓ヒ当署ハ出来得ル限リ之レヲ指導啓発ニ努力スル事ヲ明言シ極メテ順調ニ進展シ其成績ヲ見ルヤ北星會系主義者及内地水平社員等ハ屢之レニ加盟締契ヲ計リシモ常ニ当局トノ口約ヲ憚リ関係密接ナルニ至ラス殊ニ本春メーテー前ニ於ケル主義者必死ノ活動ニ際シテハ一時衡平社、正衛団、屠夫組合ノ三個団体ハ北風會系ノ大合同発起団体ニ加盟シ居リシヲモ当局ノ注意ニ因リ断然干係ヲ絶チテ官憲ノ指示ニ従フ等極メテ良好ノ結果ヲ修メツヽアリシガ北風會側ニテハ何トカ四十万ノ衡平社員ヲ自己ノ共産運動ニ利用ス可ク苦心ノ結果衡平社員カ文筆ニ通セサルニ乗シ無報酬ニテ事務ノ処理ヲ加勢セシム可シトテ京城青年會員徐光勲、横城青年會員方栄麟《(鱗栄)》ノ二名ヲ書記名儀ニテ入社セシメ総本部事務ハ勿論各地ニ散在セシ衡平社員四十万ヲモ操縦セムトシツヽアリシ内偶々醴《(醴泉)》事件突発スルヤ金南洙以下中西伊之助等迄ノ声援ヲ得内地ニ於ケル水平運動以上ノ事件タラシム可ク奔走シ何モ知ラサル衡平社中央執行委員ヲ客月十六日頃夜間西大門外橋南洞ニ召集シ総テヲ一任シ斯々ノ決議ヲ為シタリトノ形式ヲ整ヘ置キ各地方会員ニ対シ此際決死隊ヲ派遣シ血ヲ見サレバ已マサル迄ヲ奮闘シ最后ノ勝利ヲ期ス可シトノ激励通告文ヲ密送シ京城ヨリハ委員ノ外十三名ノ屠夫ヲ決死隊トシテ醴泉ニ派遣スル事ヲ議決セシムル等其間衡平社員ヨリ自発的発議シタルモノ無キニ非サルモ徐光勲、方栄麟《(マヽ)》ノ計画大部分ヲ占メ而カモ当局ニハ全然之レヲ知ラシメス容易ナラサル事態ヲ惹起セシムルニ至レリ当署ニ於テ翌日ニ至リ之レヲ知リ先ツ決議通告文即決死隊ノ準備ヲ為シ命令一下発足ヲ待タシムル書面ノ取消ヲ為サシムルノ必要ヲ認メ徐、方、両人ニ対シ之レカ責任ヲ問ヒ結局之レヲ取消ス事トシ翌十九日附取消文ヲ発スル事決死隊ハ絶対派遣セサルコト、爾后醴泉方面ヘ人ヲ派スル時ハ必ス警察ノ許可ヲ得タル后紹介状ヲ携ヘ出張セシムヘキ事トノ条件ヲ履行ス可キ事ヲ誓ヒタルヲ以テ不穏文書発送ニ対スル訴追ヲ見合セタルニ翌日ニ至ルモ更ニ取消サヽルノミナラス益々問題ノ拡大ヲ図レル形跡アリシヲ以テ予メ上司ノ指揮ヲ受ケ衡平社ヨリ主義者二名ヲ除去スル目的ヲ以テ両人ヲ出版法違反トシテ身柄留置シタルニ、四五日ノ后頻リニ前非ヲ悔ヒ爾后衡平運動トノ干係ヲ絶チ徐ハ活動写真ニ方ハ雑誌社ニ入ル事ヲ誓ヒ自ラ誓書ヲ認メ哀願スルヲ以テ衡平社ト絶縁セシム可キ条件ノ下ニ一応身許釈放シタルニ翌日ヨリ衡平社ニ入リ継続事務ヲ処理スルノミナラス之レヲ利用シテ更ニ階級闘争ノ機関雑誌出版ノ計画ヲ為シツ、アリ

以上ノ通リ当署ニ於テハ彼等主義者ヲ衡平問題トシテ取扱フハ策ノ得サルモノナル事ヲ信シ処分ヲ寛大ニシテ隔離セシムル事ニ努メタルモ廉耻ト誓約ヲ無視セル彼等ニ対シテハ法ノ制裁ヲ受ケシムルノ外手段ナキモノト認メ通告文実際ノ起草実行者タル徐、方両人ヲ出版法違反トシテ起訴意見ヲ附シ身柄釈放ノ儘不日検事局ニ送致ノ筈

ナリ

右及報告候也

一、報告先　警務局、警察部、検事局

15　9月4日　達城郡事件ニ対スル衡平社中央総本部ノ動静ノ件

『大正十四年　検察事務ニ関スル記録』Ⅱ

京鍾警高秘第九九〇九号ノ一

大正十四年九月四日

京城鍾路警察署長

京城地方法院検事正殿

達城郡事件ニ対スル衡平社中央総本部ノ動静ノ件

府内臥竜洞七五、衡平社中央総本部ニ於テ曩ニ醴泉事件突発以来各支分社ニ激(徹)ヲ飛シ運動費ノ徴収ニ努メ一面府内ニ散在セル社員（正衛團）数名ヲ決死隊トシテ派遣スルノ計画ナリシモ当署ノ注意ニ依リテ之等ノ派遣ヲ中止シ只趙貴用、禹時旭ノ両幹事ヲ出張セシメ事実ノ真想(マヽ)ヲ調査セシムルト共ニ安東ニ於ケル執行委員総会決議ノ結果ニ依リテ総本部ノ態度ヲ決スルコト、ナリ居リタルカ目下入院加療中ナル張志弼、而笑ノ退院ヲ俟テ臨時総会ヲ開キ徐ロニ対策ヲ講スルコト、ナセリ、而シテ暴行者ノ処分ニ就テハ呑舟ノ魚ヲ逸シタル嫌アルモ法ノ命スル処ニ従ヒ当局ニ信頼シ一面其余ノ者ニ対シテハ徹底的ニ糺弾スルコトニ決定シ居レリト

一、本月二日大邱達城郡ニ惹起シタル事件ニ付テハ依命総本部員ニ対シ警務当局ニ於テ事件ノ真想ニ付キ極力調査ヲ進メ適当ナル処置ヲ為シツヽアルニ依リ決シテ前回ノ如ク不穏当ナル通文ヲ発スル等軽挙妄動ヲ為ササルハ勿論已ヲ得ス社員派遣ノ場合ハ必ス当署ヨリ交附スル照会状ヲ携帯出張セシム可キ様懇諭的厳達シタルニ大ニ感謝シ居リシガ総本部ノ動静ヲ内査スルニ総本部ニ於テハ四日付東亜日報記事ニ依リテ始メテ知ルヲ得タルモノ、如ク総本部ニ末(未)タ詳報ナク之レカ真想ヲ得サルモ幹事ノ言フ処ヲ聴クニ大邱ニ於テハ支社長金慶三アリテ相当ノ勢力ヲ有シ応急ノ措置ヲ講スルコト信ス故ニ本部ニ於テハ末タ何等対策ナク勿論社員ヲ派遣スルカ如キ計画ナシト総本部ノ状況以上ノ通ニシテ幹部トシテハ趙貴用ハ天安ニ禹時旭ハ江景ニ帰省シ現在常務委員呉成煥外書記二名勢(マヽ)務シ居レルノミニテ前記呉成煥ノ洩ス処ヲ聴クニ醴泉事件ト様(マヽ)シ大邱事件ト謂フモ斯カル事件突発スル毎ニ我等社員ハ歩一歩旧幣ヲ打破シ人類ノ衡平ヲ期スル上ニ頗ル好(効)果アルハ信シテ疑ハサル処ニシテ殊ニ地方青年団（普通人）ヨリ多大ノ同情ト援助ヲ受クルニ至レルハ実ニ感謝スル処ニシテ之レ全ク衡平運動ヲ理解シ時代ニ目醒タル結果ニシテ今後相提携シテ飽迄モ頑迷ナル輩ヲシテ覚醒セシメサル可カラスト云々

一、京城ニ在社員ノ動静

京城社員ノ多クハ屠夫人夫獣肉販売及行商其外皮革製造靴直シ等ニ従事シ其ノ多クハ日々ノ口(マヽ)糊ニモ窮スルモノ多ク醴泉、大邱ノ事件等ニ関シテ比較的冷淡ニシテ総本部ノ運動費ヲ支出スルノ余

力ナク且又私費ヲ以テ遠ク応援ニ出張スルカ如キ気力ナク四囲事情止ムナク折々促サレテ集会スルノ状態ニテ一部社員ニアリテハ迷惑ヲ感シ之等ノ運動ニ共鳴スルモノナキ模様ナルガ何等如何ナル態度ニ出スルナキヲ得シ難ク厳密警戒中

右及報告候也

一、報告先

警務局、警察部、検事正

16　9月6日　衡平社中央総本部ノ動静ノ件

『大正十四年　検察事務ニ関スル記録』Ⅱ

鍾警高秘第九九八六号ノ一

大正十四年九月六日

京城鍾路警察署長

京城地方法院検事正殿

衡平社中央総本部ノ動静ノ件

府内臥竜洞七五、衡平社中央総本部ニ於テハ常務執行委員趙貴用（天安）禹時旭（江景）ノ両名ハ昨五日午後急遽入京シ総本部幹部呉成煥ト本日午前九時中央総本部ニ会合シ醴泉、大邱両事件ノ善后策并ニ今後斯カル事件ノ頻発スル虞アルハ之レガ対抗策ヲ講スルト共ニ予メ是レニ備ヘルノ要アリトシ協議ノ結果来ル十五日京城ニ於テ全鮮社員大会ヲ開催シ社員ノ奮起ヲ促シ諸般ノ打合ヲナスコト、シ別紙写ノ如キ通文ヲ作成シタルカ当署ニ於テハ釁ニ惹起シタル醴泉大邱事件モ末（未）タ解決セサルニ先チ大会ヲ開催スルカ如キハ一般ノ誤解ヲ招キ事端ヲ紛糾ニ導ク虞アリテ今其時期ニアラサル旨ヲ懇諭シ計画セル大会ヲ中止セシムルト共ニ該通文ノ発送ヲ禁止シ引続キ行動注意中

右及報告候也

報告先　警務局、警察部、検事正

衡總第六六四號

衡平三年九月六日

朝鮮衡平社中央總本部

支分社貴中

全國臨時大會開催ノ（ママ）件

首題에 関하야 今月十五日（음七月二十八日）下午一時에 全國臨時大會를 開催합니다

아시는 바와 같이 우리 運動의 致命傷인 구事件으로……各支社에서 代表者 몇분식 꼭 出席하여야 됩니다（各支分社代表는 臥竜洞七五、本部事務室에 오시면 指定旅舘으로 引導합니다。十四日以内에 京城으로……꼭）

以上

[編者訳文]

衡総第六六四号

衡平三年九月六日

朝鮮衡平社中央総本部

支分社　貴中

全国臨時大会開催ノ件

首題に関して今月十五日（陰七月二十八日）下午一時に全国臨時大会を開催します

御存知のように我が運動の致命傷である事件のため……各支社から代表者数名ずつはかならず出席しなければなりません（各支分社代表は卧竜洞七五、本部事務室に御参集になれば指定旅館へ引導する。十四日までにに京城に……かならず）

以上

17　9月18日　衡平社幹部歓迎会ニ関スル件

『大正十四年　検察事務ニ関スル記録』Ⅱ

京鍾警高秘第一〇五〇六号ノ二

大正十四年九月十八日

京城鍾路警察署長

京城地方法院検事正殿

衡平社幹部歓迎会ニ関スル件

既報ノ通昨十七日帰来セル衡平社幹部張志弼、李東求両名ノ為メ衡平社員主催トナリ午後九時ヨリ敦義洞支那料理店悦賓楼ニ於テ歓迎会ヲ開催シタルカ最初当署ノ注意ニ因リ社員ノミノ参席ニ止メ五十名ノ予定ノ処開会間際ニ至リ各派思想団体及新聞記者合シテ参拾余名会場ニ押掛ケ参席シ主催者側ニ於テモ之ヲ拒ムニ由ナク全部七十名余トナリ先ツ大邱支社長金慶三歓迎ノ挨拶ヲナシ続テ各派代表トモ目スベキ左記ノ者交々三分乃至五分ニ亘ル激励的歓迎辞ヲ述べ終リテ張志弼、李東求ヨリ簡単ナル謝辞ヲナシ後宴ニ移リ仝十時四十分散会セリ

右及報告候也

報告先　局、部、検事正　　通報先　醴泉署

左記

一、大邱衡平社員金慶三、歓迎ノ辞

張志弼、李而笑両名ハ衡平運動ノ為メ努力中今般醴泉事件ニ関シ労働者ト農民カラ欧(殴)打サレテ死ンダト思ツタ人ガ生キテ今日来マシタカラ我カ社員ハ大ニ喜ビテ今日此席ニ於テ歓迎会ヲ開キタル次第デアリマス云々

一、来賓歓迎辞　許貞淑

私ハ女性同友會ノモノデアリマスガ張志弼、李而笑両氏ハ過般醴泉事件ニ就テ死ンダト思ツタカ今日此ノ席ニ於テ逢ヒマスノハ何トモ云ヘナイ嬉シサヲ感シマス又此ノ機会ヲ与ヘラレタル事ヲ感謝スル次第テアリマス尚衡平運動ハ之レカラ一層発展セラレム事ヲ希望スルノデアリマス

一、金燦

今般醴泉事件ニ対シテハ我ガ各運動者ニテ宣伝カ不充分ノ為メ農

民労働者等ハ労農運動ト衡平運動ノ間ニ如何ナル密接ナ干係アルヲ知ラスシテコウ云フ不詳事件ガ発生シタルト言フコトハ其ノ責任ハ寧ロ我等ニアルカラ両氏ニ対シ又四十万社員ニ対シテ謝罪スルノデアリマス之レト同時ニ更ニ四個団体ノ主催ニテ来タル十九日午后三時清涼里、清涼館ニ於テ張志弼、李而笑両氏ヲ招待シ歓迎会ヲ開催スルト共ニ我ガ社会運動者トシテ警察当局ガ無罪ナモノヲ無理ニ監獄ニ遣リタル処無罪ニテ先達出獄シマシタ元友観、李鳳洙、申伯雨三名モ同一ナル事件ト認メ全日一緒ニ歓迎会ヲ開催シマスカラ張志弼、李而笑ハ勿論皆様モ参席シテ貰ヒタイノデアリマス

一、서울《ソウル》青年会　鄭栢

張志弼、李而笑両氏ハ衡平運動ノ為メ今般醴泉事件ニ付キ多大ノ犠牲トナラレタ事ヲ感謝スルノデアリマス之レト同時ニ四十万ノ社員ハ層一層奮発シ此后ノ自衛上団結ヲ固クシテ自由ヲ解放シ平等ナル所遇ヲ受クルニ至ラルル事ヲ祝福シテ止マナイ次第デアリマス

一、漢陽青年聯盟　宋奉瑀

血デ血ヲ洗フト言フ古来カラ惨該《(害)》ナル記録モアルガ今回醴泉事件モソウ云フ惨膽《(憺)》ナル事ハ二度トナイト思フ而シテ社員ハ一層奮激シテ固ク団結セラレム事ヲ希望シテ已マナイ云々

一、労働者倶楽部　金革鳴

醴泉事件ハ衡平運動カ創立后初メノ惨膽ナル事件テアリマシタ全社員各位ハ一層憤慨シ此后団結ニ努力セラレム事ヲ希望スル外アリマセヌ云々

朴一秉

過日醴泉事件カ突発シタ其原因スル処ハ弊習ニ捉ワレ普通一般人ノ時代ニ目醒メサル結果ニシテ此種ノ紛争ハ曽テ内地ノ水平社カ群馬県其他処々ニ於テ惹起シタ要スルニ事件ノ頻発スル毎ニ水平社ノ結束ヲ固フシ現在デハ益々其地位ヲ向上シテ居ル衡平社ニ於テモ醴泉事件ノ如キ紛争ガ惹起シ毎ニ時代ヲ解セサル頑迷ノ者ニ自覚ヲ与ヘタル結果トナル衡平社モ斯ル事件ノ発スル毎ニ結果シ吾々ハ之ト提携シ且ツ応援シテ目的ノ貫徹ヲ期セネハナラン云々

李極光（労働党）

私ハ張志弼、李而笑両名ニ対シ感謝ノ意味ニテ歌ヲ以テ祝賀ヲ致シマスト云ヒ露西亜語ニテ歌ヲ唄ヒタルモ意味ヲ解スル者ナシ

金南洙（安東朝鮮日報支局記者）

私ハ今回醴泉事件惹起ノ際其惨状ヲ目撃シタル一人テアリマスガ其時張及李ノ態度ニ就テ特ニ感シタ事ヲ二、三申上マス

一、労、農民カ衡平社員ヲ襲撃セムトスルニモ拘ラス其時ノ社員カ百余名居リテ集合者ニ対シ冷淡ナル態度ニテ社員全部ヲ解散サセタルコト

一、夜ニナツテ数千名ノ人カ衡平分社ヲ襲撃シタル時張君ハ之ヲ怖レス門前ニ出テタルニ群衆カラ駆打《(ママ)》サレタコト

一、李而笑ハ張ハ自分ノ同志テアルガ今同志カ死ヌカラ自分モ出テ

共ニ死スト云ヒ勇敢ニ門外ニ出テタルコト

一、右両名ハ衡平運動ノタメニ自分ノ生命ヲ重シトモ思ワレスシテ犠牲ニナラレマシタガ其ノ結果衡平運動カ発展原動力トナルコト

李而笑（幹部）

吾カ両名ハ今回醴泉ニ於テ農民カラ欧（殴）打サレタノハ実ニ恥シイノテアリマス吾等カ愚味（昧）ノタメニ破レ欧打サレタノテアリマスカ彼ハ無意識ノ者テアルガ将来指導セネバナリマセン

我四十万ノ社員ハ社会ノタメ犠牲ヲ出シテ差支ナイト思ヒマス

一、서울青年会幹部　李英

私ハ醴泉事件ガ惹起シテカラ状況ヲ調査スル為メニ醴泉ニ旅行シテ部民ヲ調査シタル処同地農民等ハ白丁ハ一名モ余サズ殺ス積リテアリマシタカ意ノ如クナラナカツタト云フテ居マス私ハ秘カニ考ヘルニ未タ従来ノ習慣的観念カアルト云フ事ヲ痛切ニ感シマシタ之レハ無知覚ノモノデアルカラ撤低（底）的ニ覚醒セシメルト同時ニ衡平社員ハ一層奮激シ団結ニ努力セラレム事ヲ願ヒマス

（一、欠）衡平社幹部張志弼

同等人類ノ人間デアツテ人間ノ取扱ヒヲナサナイ彼等ヲ私ハ相手ニシマセンガ社員及各位一同ハ自分等両名ニ対シ歓迎シテ下サルト云フ事ハ恥シイノデアリマス

一、水原社員　李趾永

張志弼、李而笑両先生ヲ我等ノ為メ又ハ衡平運動ノ為メ今回醴泉ハ将来一層団結ニ努力シテ此ノ禍ヲ利用セネバナリマセン

以上

一、各派参席者氏名

北風會　馬　鳴、孫永極
労農總同盟　金鴻爵、金南洙
革清団　権泰彙、金　赫
火曜會　元友観、金璟載
無産者同盟　朴一秉
労働者倶楽部　金革鳴
京城青年會　金平山、李七成
新興青年同盟　金　燦
漢陽青年聯盟　宋奉瑀
女性同友會　許貞淑
京城女子青年同盟　朱世竹
労働党　李極光

一、서울青年会派

青年總同盟　李　英、鄭鶴源
서울青年會　鄭　栢
無産者青年會　尹　植、李允植
京城労働會　李丙儀、金瓊植
労働者倶楽部　李一心、李明儀

一、新聞記者

金丹冶、朴憲永、洪徳裕、林元根

以上

18　9月19日　衡平社中央総本部動静ノ件

『大正十四年　検察事務ニ関スル記録』Ⅱ

京鍾警高秘第一〇五〇六号ノ三

大正十四年九月十九日

京城鍾路警察署長

京城地方法院検事正殿

衡平社中央総本部動静ノ件

衡平社幹部張志弼、李東求ノ両名ハ醴泉事件ニ因リ社員ヨリ多大ノ同情ト尚ホ帰来ニ際シ盛大ナル歓迎ヲ受ケ是ニ報ユル為メ昨十八日正午十二時ヨリ清涼里永同寺ニ於テ地方ヨリ入京セル社員并ニ府内ノ主ナル者三十余名ヲ招待シ午餐会ヲ開催シ終リテ醴泉事件ノ顛末報告其他対策ニ付協議ヲナサンントスルヲ以テ東大門署高村警部補ニヨリ中止ヲ命セラレ午後四時三十分解散シ更ニ総本部ニ帰来シ午後六時再ヒ開会セムトスルヲ以テ当署長ノ許可ヲ得然ル上開会ナスヘク視察刑事ヨリ該集会ヲ中止セシメ午后七時一同散会セリ而シテ各地方ヨリ入京セルモノハ大邱支社長金慶三外三十二名ニシテ本朝迄ニ帰郷セシモノハ十八名残余ハ本夜又ハ明廿日朝迄ニ退京スル予定ナリト引続キ注意中

右及報告候也

報告先　局長、部長、検事正

19　11月30日　慶北醴泉事件予審終結決定

『独立運動関連判決文』

（編者注＝以下『　』は加字を、［　］は削字を示す）

大正十四年予審第一九号

予審終結決定

本籍　慶尚北道醴泉郡虎鳴面穆山洞
住居　仝道仝郡醴泉面路下洞金碩熙方
雇人農　南興世
当三十年

本籍住居共仝道仝郡醴泉面栢田洞一八番地
穀物商　黄柄七
当三十年

本籍　仝道仝郡知保面大竹里
住居　仝道仝郡醴泉面路下洞李子軒方
雇人農　李守岩
当二十四年

本籍　仝道盈徳郡盈徳面花開洞
住居　仝道醴泉郡醴泉面路上洞黄甲龍方
荷馬車挽　陸澤龍
当三十六年

本籍　仝道醴泉郡醴泉面清福洞
住居　仝道仝郡仝面路下洞崔秉柱方
雇人農　朴壽萬
当三十年

本籍　忠清北道槐山『郡』慈仁面芳國里
住居　慶尚北道醴泉郡醴泉面東本洞
日稼業　明龍伊
当三十六年

本籍
住居　共慶尚北道醴泉郡醴泉面路下洞
農　黄又春
当三十五年

本籍
住居　共仝道尚州郡尚州面草山里四八番地
機業　南八星
当三十年

本籍　仝道醴泉郡醴泉面路下洞
住居　同所崔秉柱方
雇人農　徐北述
当三十六年

本籍
住居　共仝道仝郡仝面路上洞
雇人農　李江牙之事　李江牙只
当二十五年

本籍
住居　共仝所三四番地
面小使　張在和
当三十年

本籍
住居　共仝道仝郡仝面東本洞一一五番地
農　黄仁煥事　黄仁漢
当三十一年

本籍
住居　共仝所
農　黄仁杓事　黄仁錫
当二十七年

本籍
住居　共仝道仝郡仝面路下洞三八番地
日稼業　權興雲事　金興雲
当三十二年

本籍　仝道仝郡仝面栢田洞一三〇番地ノ一
住居　仝道仝郡仝面路上洞五二番地
共益組合書記　金敬萬
当二十四年

本籍
住居　共仝道仝郡仝面路上洞
穀物商　黄炳泰事　黄柄台
当三十二年

本籍
住居　共仝所
農　姜江牙之事　姜江牙只
当三十四年

本籍
住居　共仝道仝郡仝面東本洞

農　具学東コト具應淳　当五十八年

本籍　仝道義城郡面以下不詳
住居　仝道醴泉郡醴泉面西本洞
農　金童伊及琴童伊事　琴秉翊　当三十四年

本籍
住居　共仝道醴泉郡醴泉面南本洞二四番地
農　安億岩　当二十五年

本籍
住居　共仝道仝郡仝面東本洞四二一番地
農　金元漢　当三十一年

本籍
住居　共仝道仝郡仝面路下洞六二番地ノ一
農兼雑貨商　金碩熙　当四十一年

本籍　仝道金泉郡金泉面黄金町
住居　仝道醴泉郡醴泉面西本洞
教員　文夏永　当三十九年

本籍
住居　共仝道醴泉郡醴泉面路下洞
車修繕業　張厚永　当四十二年

右之者ニ対スル騒擾傷害毀棄被告事件ニ付予審ヲ遂ケ決定スルコト左ノ如シ

主　文

被告興世、守岩、澤龍、壽萬、龍伊、又春、北述、在和、仁漢、興雲、敬萬、秉翊ニ対シ本件ヲ大邱地方法院合議部公判ニ付ス

被告柄七、八星、江牙只（李）、仁錫、柄台、江牙只（姜）、應淳、碩熙、夏永、厚永、億岩、元漢ヲ各免訴ス

理　由

被告興世、守岩、澤龍、壽萬、龍伊、又春、北述、在和、仁漢、興雲、敬萬、秉翊ハ醴泉郡邑内ニ居住セル普通民ナルカ朝鮮衡平社安東支社醴泉分社創立満二週年祝賀会ヲ大正十四年八月九日醴泉郡醴泉面南本洞朴元玉方ナル同分社ニ於テ開催シ其会場ニ［於テ］ハ緑門ヲ設ケ万国旗ヲ張リ装飾セル自働車ニテ醴泉邑内ヲ馳セテ宣伝ビラヲ散布シ以テ気勢ヲ挙ケ且ツ普通民ヲ以テ組織セル新興青年會員カ衡平社ニ入社セシヨリ『同』邑内ノ衡平社員ハ此ノ機ニ於テ『白丁ハ』一般両班等ト全ク同一ノ地位ヲ獲得セルモノナリト云ヒ触シ俄ニ普通民ニ対シ「君」又ハ「オ前」等ノ語ヲ以テ応酬スル等ノコト各所ニ起リタル折柄右祝賀会席上ニ於テ醴泉青年會々長金碩熙カ祝辞トシテ白丁ハ昔時国法上一般常民ヨリ差別的待遇ヲ受ケ民籍ニ編入セサリシカ現代ニ於テハ其差別カ撤廃サレ常民ト異ル所ナク戸籍ニ入籍シ得ヘケレハ殊更ニ衡平運動ヲ為スノ必要ナク夫レヨリモ寧ロ子弟ヲ教育スルカ急務テアル教育サヘスレハ白丁ト雖モ道知事

若シクハ郡守タリ得ヘシ併シ現時尚ホ老年者ニ於テ常民ト同等ノ待遇ヲ為サヽル者アルヤモ知レヌカ夫レハ止ム得サル事ナリトノ趣旨ヲ陳フルヤ衡平社側ニ於テハ其祝辞カ不穏当ナリト解シ衡平社員二名及安東火星會員金南洙等カ野次リ且ツ反問ヲ為ス等ノ態度ニ出テタルヨリ被告等ハ今後白丁等ハ常民ニ対シ如何ナル態度ニ出ツルヤトノ杞憂ヲ抱キ此際一般衡平社員ヲ膺懲シテ従前ノ如ク常民ニ対シ相当ノ敬意ヲ表セシムルノ必要アリト思惟セル折柄

第一、被告興世、壽萬、守岩ハ大正十四年八月九日午後九時頃醴泉邑内漢川川ノ堤防ニ於テ参集セル被告又春其他労働者ニ対シ醴泉青年会『長』スラ演説ヲ為シ衡平社員ヨリ非常ナル攻撃ヲ受ケタレハ我々ノ如キ労働者ハ今後如何ナル圧迫ヲ受クルヤモ知レヌカラ衡平社ヲ打破シテハ如何ト発議スルヤ一同之ニ賛成ヲ為シ夫レヨリ労働者ヲ集ムル目的ニテ鉦ヤ太鼓ヲ叩キテ邑内ヲ廻ルコト、シ被告壽萬ハ鉦［ヲ］被告澤龍ハ太鼓ヲ叩キツ、醴泉邑内ヲ行進シテ労働者集合ノ方法ヲ取リ被告在和、興雲其他多数ノ労働者ハ其鉦、太鼓ノ音ヲ聞キ付ケテ馳セ来リ之ニ追従シ前記漢川川ノ堤防ニ集合シタル労働者百名以上ニ達スルヤ其労働者ハ前記朴元玉方ヲ襲ヒ緑門ヲ破壊シ万国旗ヲ切断シ朴元玉及金四壽ニ対シ暴行ヲ加ヘ金四壽ハ傷害ノ程度ニ至ラス朴元玉ハ右顴骨部其他ニ治療三週間ヲ要スル傷害ヲ与ヘ且其地方ノ静謐ヲ害シ

第二、翌十日前顕労働者ハ醴泉邑内ノ衡平社員カ斯ク横暴ナル態度ニ出テタルハ畢竟京城ヨリ出張セル本社員ノ煽動ニ基クモノナリト称シ仝人等モ膺懲スルノ必要アリト称シ仝日午後八時頃被告在和、興雲、守岩、仁漢、壽『萬』、又春ハ外二百名位ノ労働者ト共ニ当時仝人等ノ滞在セル前記朴元玉方ヲ襲ヒ仝家ノ周囲ニ於テ騒クヤ京城ノ衡平社員張志弼及李而笑ハ群［集］聚ニ対シ何カノ話カアレハ代表者四五名ヲ選定セヨト云フヤ被告在和、興雲、守岩、仁漢及氏名不詳者一名ハ之カ代表者トナリテ仝家ニ入リ口論ヲ為シ其際群聚ハ衡平社員金三壽ニ対シ暴行ヲ加ヘ腰部左手其他ニ十日間加療『ヲ』要スル傷害ヲ与ヘ且『其』地方ノ静謐ヲ害シ居リタル処警官ヨリ解散ヲ命シタル為メ其目的ヲ達セスシテ四散シ

第三、［多］数『百名ノ』労働者ハ前顕第二ノ目的ヲ遂ク『ル』為メ翌十一日午後八時頃醴泉邑内郡庁前道路ニ［前］［記数百名カ］聚合シ張志弼、李而笑等カ醴泉警察署ヨリ帰ルヲ待チ受ケ居リタル処同九時頃右両名ハ巡査ノ護衛ヲ受ケナカラ同署ヲ出テ郡庁前道路ニ来ルヤ被告興世、龍伊ハ多数労働者ニ卒（率）先シテ李而笑ヲ突キ倒シ（被告興世、龍伊ハ直ニ警官ニ逮捕サレ）張志弼、李而笑ハ宿屋ナル前記朴元玉方ニ帰ルヤ多数労働者ハ引続キ同家ヲ襲ヒ群聚ノ或者ハ同家ニ侵入シ張志弼、李而笑、金三伊ヲ同家ノ南方ナル埋立地ニ引摺リ出シ李而笑、金三伊ヲ同所小屋ノ柱ニ縛リ付ケテ其三名ヲ殴打シ張志弼ハ後頭部顔［部］面其他ニ約四週間加療ヲ要スル傷害李而笑ニハ顳顬部前胸部其『他』ニ約三週間加療ヲ要スル傷害ヲ金三伊ニハ後頭部左眉毛部其他ニ約十日間加療ヲ要スル傷害ヲ各与ヘ尚ホ金南洙ヲ殴打シ顔面ニ数ケ所ノ擦過傷（休業ヲ要セス）ヲ与ヘ被

告秉翊ハ金三伊ノ殴打ニ加担シ被告壽萬ハ仝家ニ侵入シ家屋道具ノ損壊ニ加担シ被告在和、守岩、北述、敬萬ハ同所ニ於テ各群聚ヲ指揮シ尚ホ［金］敬萬ハ其時群聚ニ対シ新白丁ヲモ襲撃セヨト煽動スルヤ群聚ハ其煽動ニ従ヒ同『所』新興青年會ヲ襲ヒ同会ノ看板ヲ損壊シ更ニ群聚ノ一部ハ衡平社員ノ各戸ヲ襲ヒ同所金元俊方ニ侵入シ仝人ヲ殴打シ肋骨其他ニ約百日以上加療ヲ要スル傷害ヲ与ヘ被告北述ハ仝所李厚世方ニ侵入シテ仝家ニ避難セル金奉伊ニ対シ傷害ニ至ラサル暴行ヲ加ヘ且其地方ノ静謐ヲ害シタルモノナリ

右犯罪ノ嫌疑アリト認メ其所為ハ刑法第百六条『第一号同条』第二号第二百四条第二百二十条第百三十条第五十五条第五十四条第十条ヲ適用処断スヘキ案件ナルニ付『刑事訴訟法第二百十二条ニ則リ』本件ヲ大邱地方法院合議部公判ニ付スヘキモノトス

被告柄七、八星、江牙只（李）、仁錫、柄台、江牙只（姜）、應淳、碩熙、夏永、厚永、億岩、元漢カ前記犯行ニ加担シ尚被告億岩、元漢ハ引続キ醴泉面南本洞衡平社員金慶秤、崔道河、金鳳俊、金二出、李連伊方ニ到リ騒擾ヲ為シタリトノ起訴事実ハ其嫌疑ナキヲ以テ刑事訴訟法第『百』三十三条ニ則リ是等ノ者ニ対シテハ免訴ノ言渡ヲ為スヘキモノトス

右ノ理由ナルニ付主文ノ如ク決定ス

大正十四年十一月三十日

大邱地方法院安東支庁

豫審掛朝鮮総督府判事　中澤金吾

第二部　京城地方法院検事局文書ほか

――一九二六年

1　4月19日　思想要視察人連名簿追加ノ件（抄）

『大正十五年　検察事務ニ関スル記録』

号外

大正十五年四月十九日

京城鍾路警察署長

京城地方法院検事正殿

思想要視察人連名簿追加ノ件

大正十三年二月第一回送呈仝年十二月二十七日附号外ヲ以テ追加送呈致置候首題名簿別冊ノ通リ再次追加致候ニ付御参考迄ニ合綴相成度及送呈候也

以上

張志弼　明治十七年生

本籍　慶南宜寧郡宜寧面東洞九一九

住所　京城府仁寺洞二三四

衡平社中央総本部常務委員

性陰険ニシテ奸智ニ長ケ白丁出身ナリトテ自ラ僻見ヲ有シ世ヲ呪フ風アリ曾テ東京ニ留学シ早稲田（ママ）大学ニ学ヒ大正十一年十月同志ト共ニ晋州ニ衡平社ヲ創立シタルカ姜相鎬、申鉉寿等ト意見ヲ殊（異）ニシ大正十三年四月二十五日更ニ衡平社革新同盟総本部ヲ京城ニ設立シ後衡平社中央総本部ト改称シ現在之レカ牛耳ヲ執リツ、アリ大正十四年八月十日醴泉支社大会ニ於テ普通民ト□□□□ヲ受ケ負傷安東郡病院□全鮮衡平社員ヲシテ復讐ノ挙ニ出テシメムトシタルカ官憲ノ厳密ナル制限ニ依リ鎮静シタリ本部ヲ京城ニ設置当時ハ良ク当局ノ指示ニ服シツ、アリシカ元来共産主義者ニ利用セラレ易ク常ニ徐光勲等ヲ社内ニ止メ常ニ共産運動ニ加担シ居レル風アリ

禹時旭　当二十九年

本籍　咸南端川郡波道面

住所

衡平社中央総本部検査員

熾烈ナル排日思想ヲ有シ性極メテ傲慢不遜ノ者ナルカ幼時露国ニ渡リ其後支那各地ヲ転々シ両国語ニ通ス為メニ常ニ居留民ヲ煽動シ主義ノ宣伝ヲナス為メ領事館ヨリ居住制限セラレ大正十三年上旬帰鮮爾来衡平社ニ出入シ仝社総本部幹部トシテ各思想団体要注意者ト交遊シ居レリ

2　4月25日　衡平社三週年紀念式ニ関スル件

『大正十五年　検察事務ニ関スル記録』

京鍾警高秘第四〇四七号ノ一

大正十五年四月二十五日

京城鍾路警察署長

（印）「京城地方法院検事正殿」

警務局長殿

京畿道警察部長殿

干係各警察署長殿

衡平社三週年紀念式ニ関スル件

四月二十五日午后一時五十分ヨリ府内堅志洞侍天教堂内ニ於テ首題紀念式ヲ開催シタルガ参席者ハ前日大会ニ出席シタルモノ約百三十名ニシテ左記式順ニ依リ挙行中祝文朗読ニ入リ内容文不穏ト認ムベキモノ三件ハ之ガ発表ヲ臨監警察官ヨリ禁止ヲ命ジ更ニ社員ノ所感談ニ入リ社員李東勲、呉成煥ノ両名ハ社会主義思想ヲ風刺スルガ如キ言動ヲ弄セルヲ以テ之ニ中止ヲ命ジ進行セシメ午后五時五十分衡平社万歳三唱裡ニ閉会シ全教堂庭内ニ於テ一同紀念写真ヲ撮影ノ上解散セルガ本日ノ傍聴者ハ主義思想系ノモノ約五十名アリタリ

右及報告（通報）候也

左記

一、開会　張志弼司会者トナリ洋楽裏ニ開会ス

一、開会ノ辞　　呉成煥

数年来人権ヲ侮視セラレ無惨ナル環境ニ陥リドン底蹂躙セラレテ居タ吾等社員四十万ハ人ノ如ク生キテ見ントシ声ヲ叫ヒテ生レ出タル衡平児ガ既ニ三年ヲ経テ今年四歳トナリタルガ尚今后健全ニシテ元気ヨク進ンデ行クコトヲ祈ル次第ナリ云々

一、祝文祝電朗読

祝文祝電ハ文ノ内容ヲ臨監警察官ニ於テ一々検閲シタルニ文句不穏過激ニ亘ルモノ三件アリ之ガ発表禁止ヲ命ジタルガ内容別紙ノ如ク他ハ穏健ナル文ノミナルヲ以テ発表セシメタリ

発送者左ノ如シ

開城青年聯盟、自由會、
松都青年會、　安東豊山小作人會、
馹州分社、　天道教会聯合會、
醴泉黄昌燮、　京城木工組合、
吉林省天道教會、京城労働聯盟、
抜法溝労働講習所、陜川分社、
城北倶楽部、　朝鮮労農総同盟、
全国水平社青年聯盟、慶北安東分社、
義城分社、江陵分社、江陵青年會、
太《（大）》田分社、慶南金海農民聯盟、
江景衡平青年會、
香川県水平社、　晋州　朴壮根、
京城無産青年會、吉林－大新、
前進會、　社會団体中央協議會、
京城青年聯合會、自由労働組合、
慶北興海青年會、労働倶楽部、
プロ女性同盟、　金海分社、
錦山分社、　大邱徳山　金敬三、
晋州分社、　京畿道青年聯盟、
全州分社、　在日本　夢笑、
裡里分社、　大阪西浜全国水平社、

盈徳分社、　京城青年會、
虎勇青年會、　禹瑞卧、
洋襪職工組合、　軍威分社、
咸正熙、　江陵分社、
載寧無産青年會、仝青年會、
山礼《（礼山）》分社

一、社員所感

忠南瑞山郡海美分社　　朴甘淑

私ハ私ノ分社員ニ事故ノ生ジタルコトヲ申上ゲマス、今年陰正月二十日海美ニ於テ社員ノ李熙鉉家ノ軒先ニ洗濯物ヲ乾ス為メ縄紐ヲ繋ギアリタルニ酔漢六名ガ通リカヽリ縄紐ニ頭ヲ引懸ケ李熙鉉ノ妻ニ対シ此ノ白丁奴通行両班ヲ妨害スルハ甚ダ不都合ナリト怒号シ更ニ主人、社員李熙鉉ガ出デタルニ通行人等ハ此ノ白丁奴ハ不都合ナリト直ニ無数乱打シタリ、其翌日李熙鉉ハ社員李甲山、李金玉ニ之ヲ通知シタル為メ両名救助ニ来レルガ村民ハ此ノ白丁奴何ヲ為サントスルヤ打チ殺セト怒号シ無数ニ欧打セラレ重傷ヲ負ヘリ

其ノ翌日瑞山警察署ノ姜警部来リ負傷シタル李熙鉉ヲ同行シ駐在所ニ拘束シ相互和解セヨト説諭サレタルモ相手方ノ六人ハ何レモ聞キ入レズ李熙鉉ハ三日間モ拘束サレタリ之ヲ中央本部ニ通知シタル処張志弼ガ到来シ相互間ニ交渉シ斡旋シタル結果漸ク和解シ李熙鉉モ釈放セラレタリ　然ルニ村民等ハ見ヨ白丁等ハ吾等ニ負ケタリ勝祝ヲシヨウト村内ニ於テ大祝賀ヲ為スト同時ニ白丁ト絶対交渉ヲ断チ一切ノ売買ノ同盟罷業ヲシヤウト決議シタリ

斯ノ如ク海美社員ノ侮辱セラルヽコト甚ダシク食物其他ノ物品ノ売買交換迄断絶サレ生キルコト能ハザルノ悲境ニ陥リ実ニ痛痒ニ堪ヘザル次第ナリ皆様ニ哀願スル次第ナリ云々

前記ノ所感談ヲ初メトシ継続シテ登壇シテ述ブルモノ十三名アリタルガ其ノ中二名ノ所感談ハ不穏ト認メ中止ヲ命ジタルガ要旨左ノ如シ

咸南咸興　　李東勲

「前略」吾等ガ白丁奴ナリト侮辱的迫害ヲ受ケツヽアル所ハ学バザリシ為メナリ故ニ吾等ハ何ヨリモ学ブヲ緊急トス自由平和ヲ主唱セシ米国モ裏面テ野心ヲ抱キ侵略主義ヲ取《（ママ）》リヨリ又英国モ宗教云々ノ口実ノ下ニ印度ノ侵略ヲ計ル故ニ現在ハ道徳モ何モ不要ナリ此ノ世ノ文明ハ悉ク矛盾シタル文明ニシテ吾等ニハ必要ナシ故　吾等ハ新ニ学ビ習ヒテ此ノ総テノ不合理ナル現制度ヲ打破シテ（中止ヲ命ズ）

中央総本部　　呉成煥

「前略」我等ハ現ニ衡平運動ヲ為シツヽアルハ自由平等人格ノ向上ヲ渇望スルニ止マラスソレ以上ニ尚ホ現社会ノ制度即チ此ノ不合理不平等ナル制度ノ否認　之ヨリ尚一層ヨキ理想ノ（中止ヲ命ズ）

一、余興
魔術其他歌舞ノ四件ヲ演ジテ閉会ニ際シ衡平學友會代表者ヨリ學友會ニ楽器風琴一個寄贈方ヲ哀願シ承諾ヲ受クル為メ斡旋シタルモ希望通リノ金額ニ達スル見込ナク各自帰郷后幾何宛ヲ送金セラル、様同情方ヲ願ヒタリ
一、司会者張志弼ヨリ　明二十六日午前九時集合シ一同東大門外涼里ヘ野外園遊会ヲ開催スルコトヲ宣シタルニ一同之ニ賛成シ実行スルコトニ決定セリ
一、閉会
一同衡平社万歳三唱裡ニ閉会シ同教堂ノ庭内ニ於テ紀念写真ヲ撮影シ解散ス

以上

朝鮮衡平社三週年紀念祝辞

三年前ノ今日ハ皆様カ解放ノ初声ヲ挙ケタ日テアル吾等モ人間タ人並ニ生活シヨウト大ニ叫ムテ出来タ日テアル皆様ノ生命カ躍起ヲナシ幸福ノ種ヲ蒔タ日テアル此日ハ実ニ喜フヘキ日テアリ農奴解放日ヨリモ又××××日ヨリモ楽イ《(ママ)》日テアル久シイ過去ニアツテハ蔑視ト侮辱ト総テ虐待ト惨酷ナル蹂躙ヨリ大ニ腥メ念奴ナル注目ヲ堅ク持シ勇気ヲ以テ起キタル此日ハ永遠ニ貴重ナル紀念日テアル
四十万人カ苦心シタル暗窟ニ新シイ光明ハ輝イタ在来ノ総テノ不合理ナル社会因襲ノ鉄鎖ヲ断チテ真実ナル人間ノ生活ヲ目標トシ奮闘シテ来タ過去三年ノ間美イ歴史ヲ賛美致シマス而シテ只今マテニ最モ熱心ナル少数人ノ奮闘タケテハ苦暗中ニアル四十万中ノ完全ナル解放ヲ期待スルコトカ困難テアル衡平社員全体カ解放ノ全責任カ各自己ニアルコトヲ痛切ニ感シテ突進セナケレハナラヌ而シテ総テカ―精誠ト物質ヲ借マス皆出サナケレバナラヌ
皆様ノ先祖ノ仕事ノコト言ハントセハ当然涙ニ袖ヲ濡サム又吾等ノ過テ来タルコトヲ思フ時毎ニ戦慄シ又胸ヲ塞クテアロウ　アー諸君過古《(ママ)》ノ非人間的生活カ果然怨痛タリ真ノ人間生活自由平等ノ総テ幸福ヲ渇求セムトセハ衡平運動ノ為メ献身セナケレハナリマセヌ皆様!!皆様ノ胸ノ内ニ躍ル心臓カ有リ血管ノ中ニ赤イ血ガ流ル、ナラハ衡平運動ノタメ□□犠牲的□□行ハネハナラヌ犠牲的献身□□□マス
自由平等□□□生キル□観喜ノ殿堂カ展開スル□□□奮闘モ少ナカラサル収穫カアツタ今日ヨリ一層百倍ノ勇気ヲ出シ新ラシイ決心ノ下ニ最后ノ勝利ヲ得ルマテ躍進セラレムコトヲ望ミマス
丙寅四月二十五日　朴一秉祝賀

祝　詞

衡平社創立三周年紀念大会ヲ遥ニ祝福ス永イ間虐メラレタ俺達エタノ子ハ欺瞞階級ノ毒牙ノ為メ只一遍ノ反抗ノ拳モ振フ事ガ出来ナカツタ然シ俺達穢多（白丁）ノ子ハ実ニ眠レル獅子テアツタノダ、ソシテ大正十一年三月三日ヲ紀念トシテ奮然厥起シ荊ノ旗ヲ高ク翳

シテ解放戦ヘト猛進シテ来タサレド支配階級ハ絶ヘス吾等ヲ圧迫シ制止セムトシタ政府ハ懐柔政策□□□ナレトモ、目醒メタル吾等兄弟ハ彼等ノ政策ヲ打破ツテ突破シテ来タ、双シテ今ヤ吾等ノ水平運動モ第二期戦ニ入ツタ此時ニ至リ支配階級ハ卑劣ニモ暴威取締令ヲ五十一議会ヲ通過セシメ此ノ暴悪法ヲ以テ吾等ノ運動ヲ鎮圧セシメントシテイル然ニ彼等支配階級ニ悪法アレハ吾等穢多ノ兄弟ニハ団結シタ肉弾カアルノダ振ヘ戦ヘ兄弟解放ノ為メニ朝鮮ノ兄弟ヨ吾等ハ本国ニ於テ兄弟解放ノ為メニ血ヲ流シテ苦闘ヲ広ケツ、アル勇敢ニ華々シク戦ツテ居ル兄弟ヨ心配スルナ俺達兄弟タケタ、三百万アルノダ其レニ朝鮮ノ兄弟ヲ合シテ三百四十万ニナル戦ヘ〳〵兄弟（白丁）解放ノ為メニ決シテ心配スルナ何時テモ応援ニ行ク吾等兄弟ハ衡平社ノ兄弟ト完全ニ握手スル機会ヲ希ツテ居ル吾等（衡平社ヲモ含ム）ハ解放戦場ニ屍ヲ晒ス事ヲ忘レテハナラナイ若シ無理解ナ官憲カ暴圧ヲ加ヘタリ一般民カ迫害シタラ直ニ通知シテ呉レ応援ニ行クナラバ兄弟ヨ面会ノ時語ロウ

浜松市福地町静岡県水平社本部

山《(小)》山荊冠

朝鮮衡平社創立三週年紀念大会御中

祝衡平社創立三週年紀念

歴史的血ハ涙ヲ以テ赤イ浸サレタ衡平旗幟カ既ニ三四年ノ祝賀カスルコトカ出来タ噫嬉シイケレトモ未タ復讐ノ快釼ニ赤褐色ニナラヌ今日ニ至ルヲ見ル理想的新社会ヲ確実ニ健《(建)》設スル其日マテノ祝盃ヲ挙ケマシヨウ

新一年四月二十五日　満州四五社

3　4月26日　衡平社中央執行委員会ニ関スル件

『大正十五年　検察事務ニ関スル記録』

京城鍾路警察署長

京鍾警高秘第四〇四七号ノ二

大正十五年四月二十六日

(印)「京城地方法院検事正殿」

警務局長殿

京畿道警察部長殿

各干係警察署長殿

衡平社中央執行委員会ニ干スル件

四月二十五日午后八時五十分ヨリ府内臥竜洞七十五番地衡平社中央総本部ニ於テ首題会ヲ開催セルカ出席者三十五名ニシテ左記事項ヲ決議シ仝十二時閉会シタルガ□□□左ノ通リ

右及報告（通報）候也

左記

一、開会午后八時五十分呉成完開会ノ辞ヲ簡単ニ述ベ口頭ヲ以テ議長ヲ選挙シタルカ呉成完議長ニナレリ

一、点名三十五名

一、委員ノ増員及改選ノ件議長ヨリ中央執行委員増員緊急ナル事ヲ討議シタル結果六名ヲ増員スル事ニ決定シ口頭ヲ以テ張志弼、呉成完、徐光勲ノ三名ヲ詮衡委員トシ左ノ通リ増員改選ヲ行ヒタリ引続キ此等中央執行委員二十七名中ヨリ十名ノ常務執行委員ヲ選挙シ内有給委員四名ヲ決定シ外ニ執行委員中ヨリ一名社員中ヨリ一名ノ検査委員ヲ選挙セリ

中央執行委員

本部　張志弼　呉成完
開城分社　金奉周　徐光勲
笠場分社　趙貴用　吉淳吾
裡里分社　趙明旭
洪城分社　金三奉
横城分社　吉萬学
長湖院分社　金千孫
水原分社　李址永
晋州分社　申鉉寿
原州分社　鄭東浩　金八竜
群山分社　趙景賛　李東煥
全州分社　権斗浩
扶餘分社　金鍾澤
黄登分社　李丙澤
保寧分社　金在実
安城分社　片明旭
論山分社　片(任)允宰
大邱分社　金慶三
駋州分社　千君弼
興陽分社　柳公三
北青分社　裴鍾鍇

常務執行委員

本部　○張志弼（庶務）　○呉成完（財務）
開城分社　徐光勲　教育部
笠場分社　趙貴用　外交部
同　吉淳吾　財務部
晋州分社　申鉉浩(寿)　外交部
原州分社　鄭東浩　調査部
扶餘分社　○金鍾澤　教育部
論山分社　任允宰　調査部
興陽分社　○柳公三　庶務部

内○印ハ有給委員ニシテ月三十五円ヲ給ス

一、月報及雑誌ニ干スル件

衡平社機関紙トシテ消息通報及教養資料ヲ掲載シタルプロレタリアヲ発行スル事ニ決定シタルモ方法ニ干シテハ委員ニ一任スル事

一、各分社分担金ニ干スル件

議論百出シタルモ結局昨年ノ例ニ依リ甲乙丙ノ等級ヲ定ムルコト、シ其決定方法ニ付テハ常務委員ニ一任ス

一、地方巡回ノ件

1地方各分社ニ事件発生シタルトキハ本部ニ通知シ更ニ之レヲ常務執行委員ヨリ各分社ニ通知シテ処理ノ任ニ当ル事

2右常務執行委員旅費ニ干シテハ各事件ヲ発生シタル分社ニ於テ負担スルコト

3地方巡回ノ方法ハ常務執行委員ニ一任スルコト

一、規約通過

規約別紙ノ通リ通過シタリ

一、其他事項

イ今回晋州分社ノ姜相鎬ヨリ百円ノ寄附ヲ申出タルモ遂ニ寄附ヲ実行セサリシハ如何ト議論出タルモ結局保留スルニ決ス

ロ各分社ニ於テ祝賀式其他講演会等ヲ開催スル場合ハ本部ハ勿論各分社ヘ通知スルコト

（本年五月二日居昌分社ニテ祝賀式及仝十日ニ江原道三渉分社ニテ祝賀式挙行）

ハ裡里分社ニテ過般起レル老少衝突事件ニ干シテハ常務執行委員ニ一任シテ解決セシムル事

以上

規　則

第一章　名称及目的

一、本部ハ朝鮮衡平社中央総本部ト称ス

二、本部ハ衡平社綱領ノ主旨ヲ貫徹シ一般社員ヲ代表シ衡平運動ヲ咀戯又ハ人権ヲ蹂躙シ財産ヲ侵掠スル等一切迫害ノ当面問題ヲ解決スル目的トス

第二章　組織及位置

三、本部ハ綱領ト規則ヲ承認シ決議ニ服従シテ社費ヲ負担スル朝鮮各地ニ散在スル衡平団体ヲ以テ組織ス

四、本部ハ大同団結ヲ目的トシテ中央執権制ヲ以テ組織ス

五、本部位置ハ京城ニ置ク

六、各地ニ衡平分社ヲ置クコト、ス

七、各地衡平分社ハ毎年末ニ該地方状況報告ヲ為スモ緊急事故有ル時ハ至急ニ報告スヘシ

第三章　集会

八、本部ノ集会ハ左ノ四種ニテ定ム

イ、定期大会　ロ、臨時大会　ハ、執行委員　ニ、常務委員会

九、定期大会ハ毎年四月二十四日ト定ム

一〇、臨時大会ハ必要ト認ムル時ニ中央執行委員会ニテ之ヲ召集ス

但シ細胞団体ノ三分ノ一以上ノ要求アル時召集スルコト

一一、執行委員会ハ毎年二回式開催スルカ二月八月ト定ム

但シ臨時執行委員会ハ常務委員会ニテ之ヲ召集ス

一二、常務委員会ハ毎月一回式開クコト、定ム

第四章　委員

一三、中央執行委員ハ若干人ヲ定期大会ニテ公選ス

一四、常務委員ハ中央執行委員会ニテ若干人ヲ互選シテ左記各部ノ事務ヲ分掌処理セシム

イ、庶務部　ロ、財務部　ハ、外交部　ニ、教育部

ホ、調査部

一五、委員ノ任期ハ満一ケ年ト定ム

一六、委員中ニ欠員カ有ル時ハ中央執行委員会ニテ之ヲ補選スルコトヽス

第五章　権利義務

一七、本社員ハ発言決議選挙被選挙ノ権利ヲ有ス

一八、本部ニテハ左ノ該当スル不正社員ハ三回以上ノ勧誘ニ応セサル時ハ執行委員会ノ決議ヲ以テ除名処分ス

イ、本社ノ根本精神ニ違反行為アル者

ロ、本社ノ規約及決議ヲ遵守セサル者

一九、本部ニテ左ノ該当スル善行有ル社員ニ対シテハ執行委員会ノ決議ヲ以テ表彰ス

イ、本運動ニ勤労多キ者

ロ、教育熱ガ高尚スル者

ハ、友愛親睦スル者

第六章　財政

二〇、本部ノ財政ハ各地衡平社ノ負担金ト其他諸収入ヲ以テ充当ス

二一、本部ノ予算及決算ハ執行委員会ニテ定期総会毎ニ提出シテ大会ノ承認ヲ要ス

二二、本部ノ会計年度ハ毎年五月二十一日ヨリ翌年五月二十日マテト定ム

二三、各地衡平分社ニテハ本部規約ニ準用ス

二四、本規約ノ末《(未)》備事項ハ細則又ハ通常例則ニ依ル

二五、本規約ハ大会ニテ三分ノ二以上ノ決議ヲ以テ加入削除訂正スルヲ得

二六、本規約ハ通過日ヨリ施行ス

細　則

一、本社員中疾病又ハ災難ニ罹リ其ノ情状困難ノ者ハ執行委員会ノ決議ヲ以テ之ヲ救護ス

一、本社員中喪事ニ当ル者アレハ執行委員会ノ決議ヲ以テ弔慰シ一般社員ニ通知シテ相互弔慰ノ通ヲ行ハセシム

一、本社員間ニ野蛮澎漲シテ陰謀妨害スル者ハ其行為ヲ一々調査ノ上執行委員会ノ決議ヲ以テ一般社員ニ永久不通ノ間特《(ママ)》之ヲ公開ス

以上

『独立運動関連判決文』

4　4月29日　慶北醴泉事件大邱地方法院判決

（編者注＝以下『　』は挿入を、［　］は削字を示す）

大正十四年刑公第百八一号

判　決

慶尚北道醴泉郡虎鳴面穆山洞在籍
同道同郡醴泉面路下洞金碩煕方
居住　農業日稼業
南興世
当三十一年

同道同郡知保面大竹里在籍
同道同郡醴泉面路下洞李子軒方
居住　農業日稼業
㊞
李守岩

昭和十三年勅令第七七号 第一条ニ依リ復権セラル 大邱地方法院検事　印

当二十五年

同道盈徳郡盈徳面花開洞在籍
同道醴泉郡醴泉面路上洞黄甲龍方
居住　荷車挽
陸沢龍
当三十七年

同道同郡同面清福洞在籍同面
路下洞崔秉柱方居住　農兼傭人
朴壽萬
当三十一年

忠清北道槐山郡慈仁面芳國里在籍

慶尚北道醴泉郡醴泉面東本洞居住
日稼業
明龍伊
当三十七年

慶尚北道醴泉郡醴泉面路下洞在籍居
住　日稼業
黄又春
当三十六年

同所在籍居住　農兼傭人
徐北述
当三十七年

同道同郡同面路上洞三十四番地
在籍居住　面小使
㊞
張在和

昭和十三年勅令第七七号 第一条ニ依リ復権セラル 大邱地方法院検事　印

当三十一年

同道同郡同面東本洞百十五番地
在籍居住　農業　仁煥事
黄仁漢
当三十二年

同道同郡同面路下洞三十八番地
在籍居住　農業
金興雲

当三十三年
同〔郡〕道同郡同面栢田洞百三十番地ノ一在籍同面路上洞五十二番地居住　共益組合書記

(印) 昭和十三年勅令第七七号第一条ニ依リ復権セラル　大邱地方法院検事　印

金敬萬

当二十五年
同道義城郡丹北面新鶴洞在籍
同道醴泉郡醴泉面西本洞居住
農兼傭人　琴童伊事

琴秉翊

当三十五年
同道安東郡豊北面五美洞在籍
同道醴泉郡醴泉面路下洞居住
農業

申命吉

当三十年

右申命吉ノ騒擾其ノ余ノ者ノ騒擾傷害毀棄各被告事件ニ付朝鮮総督府検事山沢佐一郎立会併合審理判決スルコト左ノ如シ

主　文

被告南興世李守岩朴寿萬張在和金敬萬ヲ各懲役六月ニ処ス
但右被告五名ニ対シ未決勾留日数中百五十日ヲ各本刑ニ算入ス
被告陸沢竜明竜伊ヲ各罰金五十円ニ被告黄又春徐北述黄仁漢金興雲琴秉翊申命吉ヲ各罰金三十円ニ処ス
右罰金ヲ完納スル能ハサルトキハ一円ヲ一日ニ換算シタル期間ヲ労役場ニ留置ス
訴訟費用中予審ニ於ケル証人張命伊ニ支給シタル旅費日当ハ被告黄仁漢ノ負担トシ同上証人崔度化張志弼金三伊ニ支給シタル旅費日当ハ被告南興世明竜伊張在和金敬萬李守岩朴寿萬徐北述琴秉翊同上証人裵炳轍ニ支給シタル旅費日当ハ被告等全部ノ各連帯負担トス

理　由

被告等ハ慶尚北道醴泉郡醴泉邑内ニ居住シ被告張在和ハ面小使被告金敬萬ハ共益組合書記タルノ外孰レモ労働ニ従事スル者ナル処従来同地方ノ白丁ハ被告等労働者ニ対シテモ其ノ下位ニ居リ差別待遇ヲ甘受シ居リタルニ拘ラス輓近各階級ノ平等差別待遇ノ撤廃ヲ唱フルニ至リ大正十四年八月九日同面南本洞朴元玉方ニ於テ朝鮮衡平社安東支〔庁〕社醴泉分社創立満二週年祝賀会ヲ開催セントスルヤ普通民タル同地青年等ノ組織セル醴泉新興青年会員等カ差別待遇ノ非ヲ高唱シ同分社ニ入社シタルヨリ同地衡平社員等ハ一般両班等ト同一ノ地位ヲ獲得シタルモノナリト宣伝シ従来ノ態度ヲ一変シテ被告等労働者階級ニ対シテハ寧ロ侮蔑的態度ヲ示シ『且』同祝賀会ニ付盛ニ宣伝ビラヲ配布シ気勢ヲ挙ケ該祝賀会ノ席上醴泉青年會会長金碩熙カ祝辞ヲ述フルヤ列席セル衡平社社員等ハ嘲罵ヲ浴ヒセ反問ヲ為ス等ノ態度ニ出テタルヨリ之ヲ伝聞シタル被告等労働者階級ノ者等ハ有力者ナル青年会会長スラ斯ル侮辱ヲ受クルニ至ルニ於テハ将来

被告等労働者階級ニ対シ果シテ如何ナル態度ヲ持スルニ至ルヤモ料ラレスト為シ被告等労働者階級ノ者等ハ随所ニ集合シ此際衡平社員ニ対シ暴力ヲ加ヘ膺懲シ従来ノ如ク被告等階級ニ対シテモ敬意ヲ表セシムヘシト為シ其目的ヲ以テ

第一、同日午後九時頃同面内漢川川ノ堤防ニ労働者百余名聚合シ前掲朴元玉方ヲ襲撃シ暴行脅迫ヲ逞フシタル際

一、被告南興世李守岩張在和朴寿萬ハ共ニ群衆ノ先頭ニ立チ之ヲ指揮シ且衡平社員金四寿及右朴元玉ヲ殴打シ同人ノ顔面ニ治癒約数日ヲ要スル打撲傷ヲ加ヘ次テ他ニ率先シテ騒擾ノ勢ヲ助ケ

二、被告陸沢竜ハ太鼓ヲ叩キツ、又被告黄又春金興雲申命吉ハ喊声ヲ挙ケツ、右群衆中ニ参加シテ附加随行シ

第二　翌十日被告等労働者ハ衡平社員カ横暴ナル態度ニ出ツルハ畢竟京城ヨリ来レル衡平本社社員ノ煽動ニ基クモノナルヲ以テ同人等ニ対シ制裁ヲ加フヘシト為シ同日午後八時頃被告等労働者二百余名集合シ前示朴元玉方ニ殺到シ同人及同社員金三寿等ヲ毆打シ暴行脅迫ヲ加ヘタル際

一、被告張在和李守岩朴寿萬ハ「進メ〳〵殴レ〳〵」ト疾呼シ以テ他ニ率先シ騒擾ノ勢ヲ助ケ

二、被告金興雲黄仁漢黄又春ハ右群衆中ニ参加シ喧騒シツ、附加随行シ

第三　翌十一日午後八時頃数百名ノ労働者ハ前同様ノ目的ヲ以テ同邑内郡庁前ニ聚合シ同所ヲ通行セル衡平社員ニ対シ脅迫ヲ加ヘ前掲朴元玉方ニ喧鬧シ更ニ同邑内新興青年会及衡平社員各戸ヲ襲ヒ殴打暴行ヲ極メタル際

一、被告南興世ハ群衆ノ先頭ニ立チ衡平社員李而笑ヲ突キ倒シ被告金敬萬ハ「白丁ヲ遣ツ付ケテ仕舞ヘ」「新興青年会ヲ襲ヘ」ト呼号シ被告張在和李守岩朴寿萬ハ他ト共ニ衡平社員張志弼李而笑金三伊金元俊等ヲ毆打シ孰レモ打撲傷ヲ加ヘ群衆ノ行動ヲ指揮シ以テ他ニ率先シ騒擾ノ勢ヲ助ケ

二、被告明竜伊琴秉翊徐北述ハ右群衆ニ参加シ被告明竜伊ハ喧号ヲ極メツ、行動ヲ共ニシ以テ何レモ附加随行シタルモノニシテ被告等（被告陸沢竜高仁漢琴秉翊徐北述申命吉ヲ除ク）ノ右各所為ハ継続ノ犯意ニ係ルモノナリ

按スルニ判示事実ハ当廷ニ於ケル

（一）被告明龍伊ノ醴泉ニ於ケル白丁ノ態度ハ近来判示ノ如ク変リ来リタルヨリ従来ノ如ク普通民ニ対シ敬意ヲ表セシムル必要アリトシ労働者ノミナラス一般人モ到ル処其ノ噂ヲ為シ居リ其ノ結果衡平社ヲ打破セントノ議出テ判示ノ如ク漢川川ノ堤防ニ多数民集合シタリ次テ群衆ハ判示朴元玉方庭内立入リ金三寿ニ暴行ヲ加ヘ同人ノ腰部左手等治癒約十日間ヲ要スル傷害ヲ加ヘタル事アル旨、（一）被告黄又春ノ判示ノ如キ騒擾ノ原因ノ下ニ判示第一事実ノ如キ騒擾アリタル旨、（一）被告張在和ノ判示ノ原因ヨリ白丁ヲ懲スヘク多数民集合シタル際自分モ判示ノ如ク群衆中ニ参加シタル事アル旨ノ各供述、（一）被告陸澤龍ノ予審調書中ニ同被告ノ所為ニ付判示同旨、

（一）被告［被告］徐北述ノ予審調書中ニ判示第三事実ノ群衆中ニ参加シタル事アル旨ノ各供述記載、検事ノ（一）被疑者南興世訊門(問)調書中ニ判示八月十一日夕食後醴泉警察署前ノ群衆中ニ参加シタルカ明龍伊ハ白丁ハ只今警察ニ入リ込ミ居ル故捕ヘテ危害ヲ加ヘヨト申シ自分モ共ニ白丁ノ出テ来ルヲ待チ居リタル処京城ヨリ来リタル白丁出テ来リタル故龍伊ハ同白丁ノ襟ヲ握リ突倒シ自分ハ其奴ノ帯ヲ押ヘ倒シタル旨、（一）同上李守岩ノ訊問調書中ニ判示ノ如ク三回群衆中ニ加ハリタル事アリ其ノ内八月九日ノ際ハ陸沢竜ハ太鼓ヲ打チ居リ同十日ノ際ハ被告黄仁漢モ群衆中ニ居リ代表者ナリト称シ居リタル旨同上寿萬ノ訊問調書中ニ判示第一及第三事実ノ群衆中ニ参加シタル事アル旨、（一）同上黄又春ノ訊問調書中ニ判示ノ如ク自分ハ群衆中ニ加リ判示朴元玉方ニ行キタル際ハワーット叫ヒタリ又南興世ハ白丁ノ処ニ押寄セヨト申シ一同之ニ和シ判示朴元玉方に赴キタル事アル旨、（一）同上張在和ノ訊問調書中ニ判示第二第三事実ノ群衆中ニ参加シタル事アル旨、（一）同上金興雲ノ訊問調書中ニ判示第一及第二事実ノ群衆中ニ参加シタル事アル旨、（一）同上金敬萬ノ訊問調書中ニ判示第三事実ノ群衆中ニ参加シ路上ニ於テ群衆ニ対シ新白丁ヲ襲フヘシト申シタル事アル旨及同上申命吉ノ訊問調書中ニ判示同旨ノ自供各供述記載、（一）司法警察官ノ被疑者南興世訊問調書中ニ判示八月九日朴方ニ於テ衡平社員ニ対シ暴行ヲ加フヘキ旨ノ謀議ヲ為シ多数群集シタル際自分モ参加セシ旨ノ供述記載、（一）証人朴元玉ノ予審調書中ニ大正十四年八月九日衡平社安東支社醴泉分社ノ祝賀会ヲ開催シタルカ二三日前ヨリ自分方前埋立地ニ緑門ヲ設ケ宣伝ビラヲ邑内ニ配付シ醴泉有志官公署ニ招待状ヲ発シタリ同月九日夜醴泉労働者多数集合シ自分方ヲ襲ヒ自分ヲ殴打シ且蹴リタルカ其ノ為自分ハ歯動キ手首ヲ折ラル、ニ至リシ旨、（一）証人金四寿ノ予審調書中ニ判示八月九日夕食中朴元玉方前埋立地ニ百名以上ノ労働者集合シワット叫ヒ内一名ノ者ハ自分ヲ捕ヘ顔ヲ殴打シ腰部ヲ蹴リタリ翌十日又数百名ノ労働者ハ朴元玉方ヲ包囲シワア〳〵叫ヒ衡平社員全部ヲ打殺スト申シ居リ被告金興雲張在和黄某外二名ハ特ニ代表者ナリト称シ居リタル旨、（一）証人金三寿ノ予審調書中ニ判示八月十日多数労働者朴元玉方ニ押寄セ暴行ヲ為シ自分ヲ殴打シ負傷セシメタルカ其ノ際被告黄仁漢金興雲張在和外三名ハ屋内ニ入リ来リタル旨、（一）証人証人金元俊ノ予審調書中ニ判示八月十一日ノ夜群衆ハ自分ヲ便所ヨリ引出シ蹴リタル為人事不省ニ陥リタルカ其ノ為頭部顔部ヨリ出血シ安東病院ニ三週間許リ入院シタル旨、（一）証人張志弼ノ予審調書中ニ判示ノ如ク群衆ノ為引倒サレ且ツ蹴リ殴打シ人事不省ニ陥ラシメラレ打撲傷ヲ負ヘル旨、（一）証人朴乭奉ノ予審調書中ニ判示十一日ノ夜群衆襲ヒ来リ張志弼李而笑ヲ殴打シタル旨、（一）証人金永漢ノ予審調書中ニ判示十一日午后八時頃判示埋立地ニ赴キタル処被告金敬萬ハ新白丁ヲ遣ツ付ケテ仕舞ヘト叫ヒ居リタル旨、（一）証人具滋益ノ訊問調書中ニ判示十日ノ夜二百余名ノ労働者判示朴元玉方前ニ集合シ居リ這入レ殺セ等申シ居リ被告張在和ハ騒キ居リテハ駄目タ這入レ〳〵

ト叫ヒ居リタリ又翌十一日郡庁前ニテ被告金敬萬ハ白丁ヲ襲ヘ等申シ居リ他ニ率先シテ群衆ヲ指揮シ居リタル旨ノ各供述記載在ル等ヲ綜合参酌シ其ノ証明十分ナリ

法ニ照スニ判示被告等ノ所為中被告南興世李守岩朴寿萬張在和金敬萬ノ騒擾ノ点ハ刑法第百六条第二号ニ其ノ余ノ被告等ノ騒擾ノ点ハ同第三号ニ傷害ノ点ハ同法第二百四条ニ各該当シ被告南興世李守岩張在和朴寿萬ハ一所為数罪名ニ触ル、場合ナルヲ以テ同法第五十四条第一項前段第十条ニ従ヒ何レモ重キ傷害罪ノ刑ニ従ヒ所定刑中懲役刑ヲ選択スヘク尚連続犯ニ付テハ同法第五十五条ヲ適用シ各所定ノ刑期範囲内ニ於テ主文ノ刑ヲ量定シ同法第二十一条ニ従ヒ懲役刑ニ処シタル被告ニ付テハ未決勾留日数中百五十日ヲ各本刑ニ算入シ罰金刑ニ処シタル被告等ハ之ヲ完納スル能ハサル時ハ同法第十八条ニ則リ一円ヲ一日ニ換算シタル期間労役場ニ留置スヘク訴訟費用中証人張命伊ニ支給シタル旅費日当ハ刑事訴訟法第二百三十七条第一項ニ依リ被告黄仁漢ニ負担セシムヘク同項及同法第二百三十八条ニ依リ証人崔度化張志弼金三伊ニ支給シタルモノハ被告南興世明竜伊張在和金敬萬李守岩朴寿萬徐北述琴秉翊ニ証人裵炯轍ニ支給シタルモノハ被告等全部ニ各連帯負担セシムヘキモノトス

仍テ主文ノ如ク判決ス

大正十五年四月二十九日

大邱地方法院刑事部

裁判長朝鮮総督府判事　金川廣吉

朝鮮総督府判事　酒見緻次

朝鮮総督府判事小野勝太郎転任ニ付署名捺印スル能ハス

裁判長朝鮮総督府判事　金川廣吉

5　9月17日　各団体ノ動静ニ関スル件（衡平青年聯盟ほか）

『大正十五年　思想問題ニ関スル調査書類』

京鍾警高秘第一一四二二号

大正十五年九月十七日

京城鍾路警察署長

京城地方法院検事正殿

各団体ノ動静ニ関スル件

国葬時ノ不穏計画者検挙ニ次(ママ)キ朝鮮共産党事件発覚シ是レガ検挙サルルニ至リ民衆ノ代表ナリト自尊豪語シ居タル主義者モ色ヲ失ヒ僥倖ニシテ検挙ノ手ヲ免レ居ルモノモ殆ント姿ヲ晦マシ鮮内運動線統一ヲ標榜セル火曜會系ノ各種団体ニハ操縦者一人モ残存セズ又統一運動ノ第一着手トシテ四個団体ヲ解体合同セル正友會ハ只一人孫永極ヲ残スノミニテ只서울《ソウル》青年會系ニ於テ中央協議会並ニ思想同盟等ノ統一団体組織ニ奔走中ナルモ同志間ニ相当信用ヲ博シ居タル朴泰善、裴致文、愼杓晟等ガ猿犬モ只ナラザル火曜會系ノ共産党ニ入党検挙セラレ無論無事釈放セラル、モノト夢見テ居タル甲斐モ無ク予審ニ附セラレ居リ自分等ノ頭上ニモ何時検挙ノ手カ閃クカト殆ント

薄氷ヲ踏ムカ如キ感ヲ抱キ出来得ル限リ危地ヲ避ケント各自自宅ニ引籠リ居リ中央協議会思想同盟等モ勢ヒ振ワズ目下各団体ノ概況左記ノ通リニ候条及報告候也

左　記

一、朝鮮青年総同盟
四月以来李英金炳一等常務委員執務中ニ在リ一時李仁秀常務ヲ代理シ居リシカ李英ハ同志張釈極ト感情上別居スルノ止ム無キニ至リ青年総同盟内ニ起居シ居リ金炳一モ当分間上京セズトテ帰郷中只一人李英ノミ残存セルモ就務セズ冬眠状態ニ在リ

二、朝鮮労農総同盟

三、京畿道青年聯盟

四、漢陽青年聯盟

五、新興青年同盟

六、京城労働聯盟
等牛耳ヲ握ルモノ一名モ残ラズ検挙若ハ逃走シ居リ朴世栄一人就務シ居ルモ是レモ主義戦線上ニ何等経験無ク只機械的ニ就務シ居ルノミナリ事務所モ労総内ニ併置シ在ルモ労総責任者無キ為メ車今奉等ヨリ立退キヲ命セラレ居レリト

七、革清党
革友青年同盟
共ニ責任者無ク共産党検挙ノ余波ヲ受ケ活動休止状況ニ在リ

八、朝鮮学生科学研究會

九、朝鮮学生會
共ニ国葬ニ対シ不穏計画ヲ為シタル際操従者検挙セラレ会閉鎖シ居レリ

一〇、서울青年會

一一、京城青年聯合會

一二、京城労働会

一三、社会主義者同盟

一四、前進會

一五、京城印工同盟
等総括シ中央協議会思想同盟等ノ準備ヲ兼ネ李炳儀、任鳳淳、韓愼教、李相学、韓海、朴鳳然等交互ニ就務シ居ルモ内部至ツテ振ワズ

一六、朝鮮女子苦学生相助會
鄭鍾鳴ノ会金費消問題及京城青年會員姜守連ノ任龍化ノ欧打問題等ニテ幾分活気ヲ呈シ居ルモ後援者無キ為メ尻込ミノ状態ニ在リ

一七、正友會

一八、京城青年會
正友會ニ徐永極一人残リ居リ京城青年會ニ責任者居ラズ鄭𢢞、金石駒等各々地方ニ旅行中ニ在リ済洞八四番地ヲ追立テラレ慶雲洞ニ移居后一月会員南大観、安光泉等会合何事カ協議中

ニ在ルモ会勢至ツテ振ワズ
一九、京城労働青年會
二〇、北岳青年會
等嘉會洞上帝教内ニ事務所ヲ置キタルモ該家屋腐敗取壊ワシタル為メ移転先キモ無ク操従者金振釵ハ北間島ニ至リ金瑛培ハ目下電車々掌ヲ務メ居リ冬眠状態ヲ継続中
二一、赤雹團
許一金泉ニ帰郷中ナルモ申拳徐、叺金光等滞シ比較的勢力ヲ示シ居レリ
二二、第四階級社
一時廃滅状態ニ在リシモ許一ノ勧誘ニ依リ金泉ヨリ金光入京金百円ヲ支出同人トナリ原稿ヲ蒐集許可願ヲ提出セシモ不許可処分ニ附セラレ再ヒ廃滅状態ニ陥レリ
二三、朝鮮衡平社総本部
衡平青年聯盟
是亦共産党検挙ノ影響ヲ受ケ幹部等各地方ニ出張スルト同時ニ京城ニ於テ友宜団体ノ后援無ク社会運動ニ深ク経験無キ張志弼、徐光勳等ガ直接指導シ居ルモ前記両名間ニモ暗流ヲ生ジ居リ近ク暗闘生ズルモノヽ如シ
二四、朝鮮労働党
二五、京城無産青年會
二六、労働者倶楽部
金徳漢共産党事件発覚ノ際本籍地ニ逃レ居リシガ過日本籍地ヨリ浦塩ニ向ヒ出発シ李正洙、左公林等只現状維持ニ努力シ居ルモ何等振興スル見込ミ立タス黄永緑、郭仲桓等モ共産党干係ノ疑ヲ生シ受クルヲ怖レ居ルモノヽ如ク団体出入モ控ヘ居レリ
二七、朝鮮印刷職工組合総聯盟
二八、서울印刷職工青年同盟
二九、京城印刷職工組合
三〇、鉛友社
昨年一月前幹部崔益進等ヨリ横取的ニ組合ヲ奪取セル朴来源、閔昌植等ハ引継ノ際受領セシ約二百円ノ金モ全部費消シタル旨各方面ニ借財ノミ残シ投獄サレ目下朴世栄一人残務ヲ整理シ居ルモ家主ヨリノ追立テヲ迫ラレ居リ鉛友ノ如キハ復活ノ見込ミ無シ
三一、朝鮮女性同友會
三二、京城女子青年同盟
許貞淑ハ外遊中ニシテ朱世竹ハ咸興ニ在リ金瑛禧投獄サレ趙元淑、鄭仁淑等モ運動線ヨリ退歩セシトスルモノノ如ク女性解放運動ノ先駆者ト自尊シ一時ノ流行ニ追ワレ断髪セシモ最近ニ至リ毛髪ヲ継キ足シ結髪シ居リ会勢至ツテ振ワザルノ感アリ
三三、京城女子青年會

金思國死亡后朴元熙運動線ヨリ退キ看板ノミ掲出シ居ルモ何等活動ナシ

三四、프로《(エ)(プロ)》女性同盟

創立后朝鮮労働党李正洙等ノ使嗾ヲ受クベキ疑ヒアリシモ何等為スコトナク自然消滅ノ域ニ有リ

三五、乙丑青年會

三六、朝鮮新聞配達組合総同盟

三七、京竜新聞配達組合

車今奉、朱駿植、蘇秉喆等ニ依リ漸ク存続シ居リ客月初旬中林洞ヨリ堅志洞ニ事務所ヲ移転セシモ何等為ス事ナシ

三八、第四青年會

操従者李楽永運動線ニ出ズ何等活動ナシ

三九、敦化青年會

姜一（憲）牛耳ヲ握リ居ルモ指導者無キ為メ活動不能

四〇、京城洋襪職工組合

執行委員長李殷植投獄サレ剰ヘ指導者トノ連絡絶ヘタル為メ策動出来ズ

四一、和一青年會

操従者李珖春川ニ旅行中ナルモ申拳、朴鳳然、閔晄等此ノ機ニ乗シ策動ヲ画シ居ルモ取締厳重ナル為メ何事モ出現セズ

四二、鮮明青年會

四三、仁旺青年會

四四、夜珠青年會

趙夢悦、宋夢竜等牛耳ヲ握リ居ルモ何レモ指導者ヲ失ヒ活動セズ

四五、朝鮮鉄工組合総同盟

四六、朝鮮無産青年團

共ニ辛哲鎬、金振鐸等ノ計画ニ依リ組織シタルモノナルモ自然消滅ノ状態ニ在リ所在地スラ一定セズ

四七、時代配達동무《(トンム)》會

張震秀、金之誠等ノ手ニ依リ組織セルモ指導者ナク存在スラ認メラレザル状態ニ在リ

以上

発送先　局、部、検事局

第二部　京城地方法院検事局文書ほか

——一九二七年

1　5月30日　朝鮮衡平社常務執行委員会ニ関スル件

『昭和二年　思想問題ニ関スル調査書類』

京鍾警高秘第六〇三八号

昭和二年五月卅日

京城鍾路警察署長

京城地方法院検事正殿

朝鮮衡平社常務執行委員会ニ関スル件

府内雲泥洞二三番地所在朝鮮衡平社総本部ニ於テハ一昨二十八日午后一時ヨリ仝会館ニ於テ首題会ヲ開催セルガ出席者沈相昱、李春福、李東煥、金鍾澤ノ四名ニシテ常務執行委員七名中、金三奉、金慶三ノ両名ハ地方巡回中ニシテ不出席李鍾元ハ事故ノ為メ委任状提出ニテ開会セルガ李東煥司会トナリ簡単ナル開会ノ辞ヲ述ベ引続キ李春福議長ニ沈相昱書記ニ就任シ左記議事ヲ可決セルガ状況左ノ如シ

左　記

一、全国水平社定期大会出席ノ件

近々開催セラル（場所未定ナルモ概ネ京都ナラン日時不明）全国水平社定期大会出席ニ関シ代表者一名派遣スベク討議セルガ前例ニ依リ李東煥ヲ派遣スベク可決ス旅費其他ニ関シテハ大会場及日時決定後中央執行委員ニ通知シ可決スベキコトトセリ

一、全州衡平社対芸妓券番反動ニ関スル件

本年正月頃ヨリ紛糾ヲ惹起セル首題ニ関シテハ現在黒幕ガ背後ニ在リテ頻リニ下級妓生ニ差別待遇ヲ受ケルハ一人全州衡平社ノミニ止マラズ全鮮的問題トシテ解決セザルベカラズ云々トシテ相当討論シタルガ結局左ノ日定（程）ヲ以テ群山、全州、全北、大会ガ開催セラル、コトトナリ居ルヲ以テ総本部ヨリ李東煥ヲ代表トシテ参席セシメ仝大会ニ於テ前記紛糾事件ヲ討議シ行動ヲ決スルコト

大会日定

群山衡平社定期大会　陰五月五日

全州〃　〃　〃五月七日

全州ニ於テ全北衡平社定期大会〃五月八日

一、衡平社ノ為メ起訴ヲ受ケタル宋永燮ニ対スル件

右問題ニ関シテハ民興会ニ於テモ数日前記討議シタル事実アルガ全州青年會員宋永燮ハ全州ニ於ケル衡平社対仝妓生券番問題ノ為メ目下起訴ヲ受ケ（身柄不拘束）目下審理中ナルガ原因ハ吾衡平社ノ為メ犠牲トナリタルモノナレバ吾総本部トシテ他事トナスヲ得ズ如何ナル行動ニ出テルヤヲ討議シタルガ結局全北大会ニ出席スベキ代表者（李東煥）ニ一任スベク可決セリ

一、仙掌（忠南）紛糾ニ関スル件

右問題ハ約廿日前仙掌ニ於テ普通民対衡平社員間ノ紛糾殴打事件ニシテ既ニ当時（要注）金士琠ヲ派遣シ調査セシメタル処ナルガ更ニ最近ニ至リ双方一層紛糾ヲ重ネ遂ニ牛肉非買同盟ヲ惹起スルニ至リ数日前更ラニ金士琠ヲ派遣セル処ナルモ特ニ全北大会出席代表李東煥ヲ巡回セシメ解決ニ当ラシムベク可決ス

一、巡回講演ニ関スル件

吾衡平運動ノ速（促）進ヲ図ルニハ巡回講演ヲ為スヲ最モ急務ナリトシ是レガ実行ヲ図ルコトニ可決シ演士トシテ本年夏季休暇ヲ利用シ衡平學友會ヨリ学生ヲ派遣スルコトトセリ

一、衡平運動精神発刊ニ関スル件

右問題ハ数ヶ月前赤雹團幹部安秉禧ニ於テ出版物許可トナリ居ルモノニシテ衡平運動機関雑誌ナルガ資金ノ為メ発刊ニ至ラズ今日ニ至リタル処ナルガ速ニ発刊ヲ為スベク常務委員ニ於テ取計ルコト而シテ一部代金拾銭トシテ六百部ヲ印刷シ各社ニ二部宛発送スルコト

一、衡平月報ニ関スル件

衡平月報ニ関シテモ数年前ヨリノ問題ニシテ未ダ実行ニ至ラザルハ遺憾トスル処ナリトシ此際衡平運動精神ト共ニ発刊ニ努メルコト

資金募集其他準備ヲ李東煥及李春福ニ一任シ本年七月迄ニ実行セシムルコト

右及報告候也

以上

発送先　局長　部長　検事正、

2　7月4日　衡平学友同盟臨時総会ニ関スル件

『昭和二年　思想問題ニ関スル調査書類』

京鍾警高秘第七五四四号

昭和二年七月四日

京城鍾路警察署長

警務局長殿

京畿道警察部長殿

京城地方法院検事正殿

衡平學友同盟臨時総会ニ関スル件

府内雲泥洞二三所在衡平學友同盟ニ於テハ本月二日午后三時ヨリ仝会館ニ於テ首題会ヲ開催セルガ出席者李漢浩、李栄秀、白漢竜、金竜澤、吉義星外三名ニシテ李浩（ママ）議長トナリ李栄秀書記ニ就キ定期大会開催及反動会員ニ関スル二項ヲ可決セルガ状況左記ノ通リ

左記

一、定期大会開催ニ関スル件

来八月十日大安ニ於テ定期大会ヲ開催スベク可決セルガ開催ニ先キ立チ仝地方ヲ巡回シ多数集合ヲ図ルベク講演等ヲ為スノ要アリトシ金竜澤、吉義星ノ二名ヲ選ビ其他大会準備委員トシテ李漢浩白漢竜ノ二名ヲ選挙ス

一、反動会員ニ関スル件

養正學校生徒金石順ハ吾会ノ規約ニ違反スル反動分子ナレバ処理セザルベカラ（ママ）ト討議シタル結果会員ヨリ一応注告ヲ発シ応ゼザル場合ハ場合（ママ）ハ除名手段ニ出ルベク可決セリ

右及報告（通報）候也

以上

発送先、局長　部長　検事正
㊢天安署

3　9月14日　衡平社本部行動ノ件（江原道寧越郡での紛糾）

『昭和二年　思想問題ニ関スル調査書類』

京鍾警高秘第一〇三二一号
昭和二年九月十四日
京城鍾路警察署長

寧越警察署長殿

衡平社本部行動ノ件

九月十一日付東亜日報ニヨレバ江原道寧越郡邑内寧越衡平社ニ於テ客月末普通民対衡平社員間ニ於テ紛糾事件惹起シ社員朴八奉ハ欧（殴）打サレ負傷セル由ニテ右事実ニ関シ本部ニ未ダ何等通知ニ接セザルモ該新聞ニ依本部ニ於テハ本月十一日常務委員等協議ヲ開キ善后策ヲ講究シタル結果本部委員ヲ特派スルト云フ

了

右及報告（通報）候也

発送先　部　寧越署

4　10月7日　衡平社総本部通文ニ関スル件（本部維持費の督促）

『昭和二年　思想問題ニ関スル調査書類』

京鍾警高秘第一一一三〇号
昭和二年十月七日
京城鍾路警察署長

京城地方法院検事正殿

衡平社総本部通文ニ関スル件
（対九月廿七日春高秘第二三八四号）

衡平社本部ニ於テハ最近維費《（マヽ）》ノ送達著シク減退シ夫レガ為メ維持困難ニ陥リタリト称シ幹部間ニ於テハ極力委員ヲ地方ニ派スルト同時ニ一方未納地方衡平社ニ宛テ督促状ヲ発送セル処ナルガ去月廿三日ハ更ニ別紙訳文ノ如キ通文ヲ作成シ全鮮未納社ニ向ケ（約三十枚）発送セリ

右及報告（通報）候也

訳文

前代未曽有ナル人類歴史ノ新頁数ヲ展開セル衡平運動ハ生動不息ナル闘争過程ニ順応シテ闘争機関タル組織体ヲ絶ヘズ発展向上シテ勇進シ来ル処ニシテ地方ニ特派セル巡回委員ノ報告ヤ貴社ノ決議報告等ヲ見ルニ常ニ事項ノ如何ヲ問ハズ継続的報告アルモノト信ジ総本部モ事業ヲ進行シツヽアリ夫レニ維持金モ定日ニ送金アルモノト信ジ居ルニ貴社ハ既ニ決議アルニモ不拘《（マヽ）》ズ今日迄一言ノ返答ナキハ維持上多大ナル支障アル処ナレバ至急ノ公文ノ到着次第負担金ヲ一一計算ノ上即時送附アラン事ヲ望ム若シ送金ナキ場合ハ本部ノ都合上本部員ヲ出張セシムル筈ナルガ出張スルトキハ特ニ主費関係アリ

発送先　局長、部長、検事正

以上

5　10月26日　朝鮮衡平社常務執行委員会ニ関スル件

『昭和二年　思想問題ニ関スル調査書類』

京鍾警高秘第一一八九九号ノ一

昭和二年十月廿六日

京城鍾路警察署長

京城地方法院検事正殿

朝鮮衡平社常務執行委員会ニ関スル件

府内雲泥洞二三所在朝鮮衡平社総本部ニ於テハ既報ノ通リ本月二十五日午後七時ヨリ仝会館ニ於テ常務執行委員会ヲ開催セルガ出席者金三奉、李東煥、金鍾澤ノ三名ニシテ（大邱金慶三、洪城沈相昱ヨリ委任状到達）形式ノミヲ取リ座談的ニ李東煥議長トナリ左ノ事項ヲ決議シ仝七時半ニ閉会セルカ容疑ノ言動ナシ

左記

一、地方紛糾ニ関スル件

最近地方ニ於テ発生セル普通民対衡平社員紛糾事件ニシテ未夕末《（未）》解決ニアル錦山事件論山郡仁川里及餅店事件ニ関シ一般的声明書発表スルコトニ決議セルカ声明書発表前充分ニ調査ノ必要アリトシテ本部幹部金三奉ヲ特派シ調査セシメルコト

一、中央執行委員会召集ノ件

本部員ノ手不足ニ依リ事務其他ノ渋滞及本部維持費問題ニ関シテ近ク中央執行委員会開催ノ必要アリトシテ来ル十一月十五日開催スヘク可決

以上

発送先　局、部、検事局

6　11月10日　衡平社ノ高麗革命党事件ニ対スル通文ニ関スル件

『昭和二年　思想問題ニ関スル調査書類』

京鍾警高秘第一二七二八号

昭和二年十一月十日

京城鍾路警察署長

（印）「京城地方法院検事正殿」

衡平社ノ高麗革命党事件ニ対スル通文ニ関スル件

府内雲泥洞三二《（ママ）》所在朝鮮衡平社総本部ニ於テハ本年正月新義州署ニ於テ高麗革命党ノ検挙ニ依リ繰縦者張志弼ヲ失ヒ以来運動モ活気ナク単ニ李東煥、金三奉ニ依リ運動ヲ継続シ居ルニ過ギザルガ本月四日新義州地方法院ニ於テ前記高麗革命党ノ予審終結セル旨ヲ左記ノ如ク約百枚ノ葉書ニ印刷シ水原安城外地方細胞各衡平社ニ向ケ発送セル外最近ニ至リ公判ニ対スル弁護ノ為メニ京城ヨリ一二名ノ弁護士ヲ派遣スベク画策シ居ル模様ナリ引続キ注意中ナルモ一応参考迄ニ及報告（通報）候也

左記

通文（釈文）

新義州予審事件終結通牒

首題ノ件ニ付テ昨年旧十一月頃高麗革命党事件ト云フ名称ノ下ニ新義州ノ寂シイ鉄窓中ニ苦痛ヲ受ケタ諸先生（張志弼、呉成完等ヲ指ス）等ハ陽十月三十一日ヲ以テ漸ク予審終結シ治安維持法違反ト云フ名目ノ下ニ新義州地方法院ニ起訴サレル事トナツタ故寂寞ナル同志等ヘ通告ス

公判日時ハ追テ更ニ発表シ慰安セントス

以上

発送先　局長　部長、検事正

㊢　新義州署

7　11月21日　衡平社中央執行委員会ノ件

『昭和二年　思想問題ニ関スル調査書類』

京鍾警高秘第一三三三九号

昭和二年十一月廿一日

京城鍾路警察署長

京城地方法院検事正殿

衡平社中央執行委員会ノ件

府内雲泥洞所在朝鮮衡平社総本部ニ於テハ昨二十日午後二時ヨリ仝会館ニテ中央執行委員《（ママ）》ヲ開催シタルカ出席者、李春福、李東煥、金鍾澤、地方ヨリ金三奉（洪城）金士典（利川）吉奉西、吉淳吾（天安）羅秀煥（全州）趙漢洙（群山）李鍾淳（安城）李景春（京城）十一名（沈相昱、金水同、千君弼、吉萬學ノ四名ヨリハ委任状送付ス）及張志弼ノ妻参加シ李東煥司会ノ下ニ開会シ金鍾澤ノ点名終リ執行部選挙ノ結果李春福議長、金鍾澤書記ニ当選シ李東煥司会ニ就任シ討議ニ移リ仝六時閉会セルカ開会中容疑ノ点無之候条及報告候也

記

一、経過報告

金鍾澤ヨリ本年五月以降ノ経過報告トシ禮山、群山、洪川、錦山、沃溝、寧越、海美等ノ紛糾事件解決、未解決ニ付キ簡単ニ述ヘ次ニ

李春福ヨリ江原道ニ於ケル大会状況ヲ述ヘタリ

一、全国水平社大会出席者ノ件

来ル四日広島市ニ於テ開催ノ全国水平社大会ニ代表一名出席スル事ニ決シタルカ旅費及人選ニ就イテハ常務委員ニ一任ス

一、会館問題ニ関スル件

従来会館ハ地方社員ヨリ会館建築費トシテ買収金ヲ徴集シ大正十五年春弐千百余円ヲ以テ買収セルモノナルカ当時徴集金壱千百余円ニ過キサル為メ社員趙貴用ヨリ（天安笠場）ヨリ《（ママ）》不足金壱千円ヲ借入レ登記手続ノ際趙貴用名義ニ為シ今日ニ及ヒタルヲ以テ今回同人名義ヨリ社員名義（各道ヨリ一名ヲ選ヒ十三名ノ共同名儀）ニ変更セントスルモノニシテ協議ノ結果名儀変更登記手続ハ

常務委員ニ一任シ前記趙貴用ニ返済スヘキ借金壱千円ニ対シテハ左記四名ヲ義捐金募集員ニ選挙シ地方ヲ巡回セシメ地方ヨリノ徴集金ヲ以テ返済スヘク可決ス

李春福　金士典

吉奉西　金三奉

一、生活問題ノ件

本件ニ就イテハ執行委員ニ於テ討議セルモ結局纏ラス常務執行委員ニ一任ス

一、差別問題ノ件

地方ニ於ケル差別問題ハ依然トシテ打破サレス殊ニ警察官中鮮人巡査及下級鮮人タル労働者カ最モ差別シ常ニ紛糾事件発生スル処ナレハ如何ニシテ之レヲ処理スヘキヤ協議ノ結果差別者巡査ナル時ハ駐在所首席ニ訴ヘ次ニ署長ヨリ部長警務局長ノ順序ニ訴ヘ普通民ノ場合亦同シ、面書記ノ場合ハ面長ヨリ郡守、知事ノ順ニ訴フヘク決ス

一、今後ノ運動方針ノ件

従来本部ヲ執行員制度ニシテ地方衡平社ヲ社長制度ト為シ来タリタル処ナルカ今回ヨリ之レヲ本部地方共ニ委員長制度ニ改ムル要アリトテ討議ノ結果委員長制ニ異議ナク可決セルカ其実施ニ就イテハ来ル全鮮大会ノ通過ヲ待ツ事ニ決ス

一、地方巡廻ニ関スル件

従来ノ地方巡廻委員ヲ全部改選シ適当ニ配置シ之レカ実施ニ努ムル事其区域及人選ハ常務委員ニ一任ス

一、新義州事件公判ノ件

新義州地方法院ニ於テ公判開廷ノ高麗革命党事件公判傍聴ノ為メ代表一名派遣スル事ニ可決セルカ旅費及人選ニ就テハ常務委員ニ一任ス

一、常務執行委員補選ノ件

七名ノ常務執行委員中沈相昱、李春福、金三奉、金鍾澤、李鍾元ノ五名ヨリ辞任書提出セルニ依リ総辞任トナリ改選ノ結果二名ノ減員トナリ左記五名当選ス

李春福、吉淳吾、金三奉、李東煥、金鍾澤

一、其他事項

地方ニ於テ本部ト連絡無キ衡平社ヲ調査シ本部ト連絡ヲ執ラシムル事尚ホ目下新義州事件ノ為メ拘束中ノ張志弼及徐光勲ノ家族ハ悲惨ナル生活ヲ続ケ居リ衡平社トシテ之レヲ看過スルヲ得ス応分ノ同情金ヲ募ル事ヲ協議シタルカ異議ナシ

了

発送先　局部へ（ママ）　検事局

『昭和二年　思想問題ニ関スル調査書類』

8　11月24日　朝鮮衡平社総本部通文ニ関スル件（本部維持費の督促）

京鍾警高秘第一三一四九号ノ二

昭和二年十一月廿四日

京城鍾路警察署長

（印）「京城地方法院検事正殿」

朝鮮衡平社総本部通文ニ関スル件

府内雲泥洞所在朝鮮衡平社総本部ニ於テハ本部維持費徴集ニ関シ通文ヲ以テ督促ヲ為シ或ハ徴集員ヲ派遣スル等ノ方法ヲ以テ常ニ維持費徴集ニ努メ居ル処ナルカ本年ハ地方ニ於ケル米価下落ニ因シ成績不良ナル為メ本部ニ於テハ一層維持困難ノ状態ニアリ加ヘテ新義州事件公判傍聴者派遣及日本水平社大会出席者派遣等ノ費用ニ窮セル折柄本月十四日別紙意味ノ通文ヲ印刷シ（ハガキ）末（未）納衡平社百二十ケ所ヘ向ケ発送セリ

右及報告候也

発送先　局、部、検事局

通文内容

衡平社本部維持費ニ関シ末納社ハ本月二十一日以内ニ送附相成度若シ期日内ニ納入ナキ時ハ本部ニ於テ決議ノ結果本部員ヲ地方ヘ派遣シ徴集セシムルコトニ可決セルカ本部員ヲ派遣セハ旅費其他ノ費用カ生スルモノナレハ相違無ク期日内ニ送附相成度尚新義州事件ノ予審終結ノ通知ハ既ニ御承知ノ事ト信シ居リ候公判ハ来ル十一月二十一日（延期決定前）ニ有之候云々

以上

9　11月25日　衡平社常務執行委員会ニ関スル件

『昭和二年　思想問題ニ関スル調査書類』

京鍾警高秘第一三三四七号

昭和二年十一月廿五日

京城鍾路警察署長

（印）「京城地方法院検事正殿」

衡平社常務執行委員会ニ関スル件

府内雲泥洞所在朝鮮衡平社ニ於テハ昨二十四日午后七時ヨリ仝会館ニ於テ常務執行委員会ヲ開催セルガ出席者金慶三（目下滞在中）李東煥、金鍾沢ノ三名ニシテ委員会トハ形式ノミニシテ内々仝人等ノ協議中ナリシ左記三事項ヲ決定シ仝三十分ニ閉会セルガ何等異状ヲ認メズ

右及報告候也

左記

一、全国水平社大会出席者ニ関スル件

来月三、四日広島ニ於テ開催ノ全国水平社大会ニ関シ朝鮮衡平社ヨリ左記一名代表トシテ参席セシムルコト

代表者　金三奉　当二十六年

一、新義州高麗革命党事件

公判傍聴ノ為メ朝鮮衡平社総本部ヨリ左記一名代表トシテ派遣スルコト

代表　李春福　当四十三年

一、常務部門選挙ノ件
十一月二十日中央執行委員会ニ於テ改選セル左記五名ノ常務執行委員ニ対シテ左ノ通リ部門ヲ定メタリ
庶務部　金三奉
経理部　金鍾澤
教養部　李春福
調査部　李東煥
宣伝部　金慶三
以上
発送先、局長　部長　検事正

10　11月28日　衡平社会録印刷ニ関スル件（中央執行委員会）

『昭和二年　思想問題ニ関スル調査書類』

京鍾警高秘第一三四三五号
昭和二年十一月廿八日
京城鍾路警察署長
(印)「京城地方法院検事正殿」
衡平社会録印刷ニ関スル件
朝鮮衡平社本部ニ於テハ去ル廿日全会館ニ於テ中央執行委員会ヲ開催シタル会録ヲ左記訳文ノ如ク二十三部ヲ謄写シ地方居住ノ中央執行委員ニ配送セリ
右及報告候也

左記
衡平五年第一回中央執行委員会及常務委員会々録
衡平五年十一月二十日午后二時ヨリ第一回中央執行委員会ヲ京城府雲泥洞本会館ニ於テ開催シ李東煥氏ヨリ意味深キ開会辞ガアリテ後点名セルニ参席委員十二名委任状委員三名アリ半数以上ノ承認ヲ得(ママ)会会議ヲ進行セルニ順序ニ依リ金鍾沢氏ノ庶務経理両部ノ報告通過シ十一月十五日衡平全江原大会ニ出席セル李春福氏ガ大会顚末ノ報告アリ継続シテ臨時執行部員三名ヲ口頭ヲ以テ選挙シタルニ李東煥議長ニ金鍾沢ヲ書記ニ李春福ヲ査察ニ各々被選サレ異状無ク全部ヲ進行セリ
決議事項
一、全国水平社大会出席ノ件
周義環境ガ皆同一ナル水平社全国大会ハ来ル十二月二、三(三、四)日広島ニ於テ開催サレル処置立場ガ同一ナル吾等モ大会ニ出席セヨト李春福氏ノ意見ニ金棒氏ノ動議デ出席ト可決シ参席委員選挙ハ常務委員会ニ一任セリ
一、犠牲同志家族後援ノ件
討議禁止
一、会館問題ニ関スル件
会館移転登記所有権ニ対シ道別的ニ名義ヲ連袂シテ個人名義ハ絶対否認スルコトトシ会館買収時借リ入金未済一千余円ニ対シ其支払方一式ハ委員ヲ選挙シ義捐金ヲ募集シテ支払フコトニシテ中央

執行委員会ニ於テ被選セル委員ハ趙漢洙、李春福、趙好年、吉奉西氏ニ決定ス

一、地方熱（ママ）反動団体ニ関スル件

討論禁止

一、生活問題ニ関スル件

生活問題ニ対シテハ衡平元年以来効果ガ無イノハ只地方団体ノ団結如何ノ操縦ニ依ルトシテ常務委員ヘ一任スルコト、シ地方団体ト堅固ナル連絡ヲ取リ吾等ノ目的ヲ達成セント李春福氏ノ動議ニテ趙漢洙、趙好年ノ二氏再特デ可決ス

一、差別問題ニ関スル件

差別ニハ官公吏ヨリ意義的職名ニテ普通民以上侮視的言行ニテ吾等ニ対シ普通民ヲ教化セントスル斯ル差別ガ伝染続出スル其事実有無ヲ地方ヘ歴訪シ実地調査スベク方法ハ上級官庁ニ交渉スベク交渉官庁ハ警、郡、面、トシテ積極的ニ徹廃セヨト一般委員共声ヲ以テ一致可決ス

一、今後運動ニ関スル件

衡平元年以来地方ニハ社長制度アリ本部ニハ委員制度トセシガ其制度ヲ変革シテ委員委員長制ニセヨウト健（建）議ニ一致可決シ此レヲ大会ニ通過スルコト、セリ

一、地方巡回ニ関スル件

地方巡回ハ過去二度三度巡回シタル社員ハ比較的地方団体ノ信念上軽関スル事無キニアラズトシテ変更スルト同時ニ委員選挙ノ責任ハ常務委員ニ一任スベク可決ス

一、新義州公判ニ関スル件

公判傍聴者一名新義州ヘ派遣スルコト

旅費其他干係デ人選ハ常務委員ニ一任ス

一、常務委員改選ノ件

今二十日ヲ機会ニ本部常務ノ責任ヲ私情上辞任願ヲ提出セル者セザル者ヲ問ハズ総改選スル事トナリ従来七人ノ常務ヲ二人除滅シ各部一名式五人ト定メ部署マデ総変革ニ口頭ヲ以テ選挙ノ結果金棒（庶務）経理部金鍾沢（教養部）李春福（調査部）李東煥（宣伝部）金慶三ノ五氏ガ被選サレ常務五人中有給三人無給二人トシ有給ハ本部会館ニ出勤日ニ限リ支払フモノトシ地方在中ニモ必要条件ノ有ル時ニ限リ支払フベク可決ス

1、地方ヘ在中ノ常務ガ本部ヘ来社スル時ニハ本部ノ使命有無ニ不拘旅費ヲ支給スベク可決

2、常務員ガ地方ヘ出張ノ際ハ正式公文ノ有ルニ限ル（中央委員亦同ジ）

3、中央執行委員召集ノ際ニハ其旅費ヲ本部ニテ負担支払ヒシテ居タルガ本部経費ノ関係上自後召集ノ際マデハ委員所在団体ヨリ負担スベク一致可決

一、其他事項デ午后八時ニ異状無ク閉会セリ

全日九時ニ常務委員会ヲ開キ水平大会出席員ハ金棒氏ニ新義州公判ニハ李春福氏ヲ派遣スルコトニ決定セリ

追テ常務委員会ハ十一月廿四日ノ夜正式ニ開キ決議セルモノニシテ仝日九時ニ開キタル地方社員ニ関スル虚偽ノ通報ナリ

以上

発送先、局長　部長　検事正

11　12月5日　衡平学友同盟臨時総会ニ関スル件

『昭和二年　思想問題ニ関スル調査書類』

京鍾警高秘第一三七六五号
大正《(ママ)》二年十二月五日

京城鍾路警察署長

京城地方法院検事正殿

衡平學友同盟臨時総会ニ関スル件

府内雲泥洞所在朝鮮衡平社内衡平學友同盟ニ於テハ一昨三日午后三時半ヨリ仝会館ニ於テ首題会ヲ開催セシガ出席者崔萬栄外八名ニシテ李栄秀司会ノ許ニ開会シ執行部選挙ノ結果議長ニ崔萬栄書記ニ李栄秀就任シ左ノ如ク決議ヲ為シ仝六時ニ閉会散会セルガ異状認メズ
右及報告候也

左記

討議事項

一、天安大会々録作成ノ件
本年十月天安ニ於テ開催セシ衡平學友大会々録作成ニ就キ討議ノ結果左ノ三名ヲ作成委員ニ選ビ来ル三学期マデニ作成スルコトニ可決セリ
作成委員 崔萬栄　金竜沢　李漢浩

一、宣言規約綱領印刷ノ件
宣言規約綱領印刷ニ就キ左ノ三名ヲ起草委員トシテ草案ヲ為サシメルコト
崔萬栄　金竜沢　李漢浩

一、本同盟財政整理ノ件
財政整理ニ関シテハ財務部員ニ一任ス

一、任員選挙
従来ノ委員ヲ改選スルコトニ可決シ正式選挙ハ次会執行委員会ニ決議スルコト

一、会員整理ノ件
反動分子ノ有無ヲ調査シテ整理ニ努ムルコト

一、本同盟名称変更ノ件
従来ノ衡平學友同盟ヲ今回衡平學友総同盟ニ変更スルコト

一、地方学友ト連絡ノ件
地方学友ト親睦ヲ図ル為メ密接ナル連絡ヲ取ルコト

一、女子学友ノ件
女子学友ヲシテ本会員ニ入会セシムルコト

一、雑誌発行ノ件
本会機関紙《(ママ)》トシテ雑誌ヲ発行スベク可決セリ

一、今后進行方針ノ件

今后ノ進行方針トシテ毎週集合シ各自ノ親義ヲ計ルコト

以上

発送先　局　部　検事局

第二部　京城地方法院検事局文書ほか

――一九二八年

1　4月30日　朝鮮衡平社第六回全鮮大会状況報告通報

『昭和三年　思想問題ニ関スル調査書類』Ⅰ

京鍾警高秘第四六九七号ノ六

昭和三年四月三十日

京城鍾路警察署長

警務局長殿
京畿道警察部長殿
京城地方法院検事正殿
関係各警察署長殿

朝鮮衡平社第六回全鮮大会状況報告通報

月　日　自四月二十四日至仝月二十六日　三日間
場　所　京城府慶雲洞八八　天道教堂内
日　割　第一第二日議案審議其他第三日衡平社六周年紀念式
集合人員　五十七団体百二十四名、社員家族十余名、傍聴者若干
議　長　李春福　　副議長　吉淳吾
書　記　書記長李東煥、書記金鍾澤、千万奉
制限事項
1、議案中不穏ト認メ傍線ヲ施シ削除セシメタルモノ
(イ)　差別問題ニ関スル件
(ロ)　犠牲同氏《ママ》家族後援ノ件
(ハ)　一般社会問題中A全民族的単一協同戦線、党積極支持ノ件
B労働農民運動トノ有機的連絡ノ件　C諸般封建的思想支持機関積極的反対ノ件
2、場内ニ掲ゲタル不穏標語ノ撤去
3、日本水平社執行委員徳永参二ノ祝辞ニ対スル通訳（朴世淑）ハ不当ニシテ不穏ニ亘リ禁止及徳永ノ祝辞中止
4、祝辞祝文中不穏ナルモノ十三通差押
5、討議事項中官公吏学校ノ差別問題中止（以上第一日）
6、不穏祝文二通差押（第二日）
7、来賓新幹會員白己満ノ祝辞不穏ト認メ中止
8、日本水平社員徳永参二ノ祝辞中「日本帝国ノ国勢ヲ四海ニ輝カサム云々」不穏ト認メ中止（第三日）

順　序

第一日

1、開会ノ辞
2、代議員ノ点名
3、臨時執行部選挙
4、祝辞祝電及祝文ノ朗読
5、各部経過報告
6、予算案通過
7、規約案ノ件
8、組織問題ニ関スル件
9、委員選挙
10、指導方針及自体教養

11、差別問題

第二日

12、生活難保障
13、祝電祝文（第二日目）朗読
14、機関紙発行ノ件
15、各地方紛擾ノ件
16、反動分子排撃ノ件
17、衡平青少年運動ノ件
18、衡平女性ノ運動並ニ教養ノ件
19、其他事項

第三日

20、紀念式開会
21、紀念式々辞
22、祝電祝文朗読
23、来賓祝辞
24、閉式

状況

午前十一時金三奉開会ヲ宣ス
一、開会ノ辞　李東煥開会ノ辞
一、代議員点名　別紙第一号ノ通リ
一、臨時執行部選挙　口頭呼選ニ依リ

議長李春福、副議長吉淳吾

書記長李東煥、書記金鍾澤、千万奉

一、前回会録朗読　異議ナク通過
一、祝辞及祝電祝文朗読

祝辞徳永参二　通訳朴世淑（要旨別紙第二号）

祝電十二、祝文二十九通内十三通不穏ト認メ差押

一、各部経過報告

(イ)　庶務部　別紙第三号ノ如キ謄写刷ノ印刷物ヲ配布シ通過

(ロ)　経理部　別紙第四号ノ表ヲ配布

一、水平社情勢報告　徳永参二　別紙第四号
一、各地方状況報告　省略
一、休会　午后二時四十分（中食ノ為メ）
一、続会　午后四時十分
一、予算案通過　別紙第六号　徴集方法ハ各地方ヲ甲、乙、丙ニ分ケ新任委員ニ徴集方ヲ一任ス
一、規約案ノ件

本部作成ノ別紙第七号ノ規約案ハ趙明旭、李先同、李東煥ノ三修正委員ニ一任ス

一、組織問題

名称ヲ改メ中央集権制トシ本部ヲ衡平社全国総本部トシ地方ハ衡平社××（地名）支部ト改称ス

一、委員選挙

委員長一、副委員長一、委員十五、候補三ヲ選挙スルコト、シ吉漢同、朴好君、李東煥、李先同、李鍾元、吉淳吾、金鍾沢、趙景贊、李址永、千万奉ヲ詮衡委員トシテ詮衡ノ結果

吉奉西（笠場）千万奉（襄陽）金鍾澤（扶余）崔良均（保寧）
李鍾淳（安城）朴好君（笠場）李東煥（益山）吉万學（原州）
李先同（群山）李春福（華川）趙明旭（裡里）羅寿完（全州）
姜竜生（河陽）李景春（京城）李竜淳（洙）（進永）金三奉（洪城）
卞仁貴（全義）吉相洙（清州）金奉周（開城）金東錫（鳥致院）

ノ二十名ヲ選ビ各一名宛ヲ動議可決ス

一、委員長選挙

吉奉西ヲ委員長ニ推選協議シタルモ否決サレ更ニ李東煥、李春福、金鍾澤ノ三名ヲ候補ニ選ルモ無記名投票ノ結果

金鍾澤五十票　李東煥三十票　李春福十九票

ニシテ金鍾澤当選委員長ヨリ簡単ナル挨拶アリ

一、指導方針確立ノ件　新任常務委員ニ一任ス

一、自体教養ノ件　巡回講演、講座パンフレット等ニ依リ常識涵養ヲ為スコト

一、差別問題

イ、警察官　ロ、学校　ハ、一般民衆中殊ニ無識者

以上三項目ニ亘リ提案シタルモ　イ、ロ、ハ討議ヲ禁止シタルトコロ「千差万別ノ差別ヲ撤廃シヤウ」ノ票語ノ通リナルヲ以テ其方法ニ於テ新任委員ニ一任ス

明朝続会開催ヲ宣シ九時休会ス

第二日　続会

続会開催ニ先チ禁止サレタル討議事項ニ付当局ニ交渉スルコトトシ交渉委員ハ鍾路（署）ニ赴ク

午前十一時三十分開会ヲ宣シ昨日ノ議長ヲ其儘議長トシ着席ノ上交渉委員ト同行セル徳永三二ヨリ李東煥ヲ通訳トシテ交渉ノ結果ヲ報告シ（事実ニ非ザル抽象的事項故禁止セリト）全国大会ナルヲ以テ慎重ニ討議セラレ度シト附言ス

一、生活難保障ノ件　本部提案トシテ李東煥説明ス

イ、営業権保守ノ為メ獣肉販売組合ヲ組織シ当局ノ許可ヲ得テ本部ニ於テ之ヲ指導シ地方ハ組合組織ヲ各地代表ニ任シ尚地方ニ於テ組織不可能ノ地ハ本部ニ於テ措置スルコト

ロ、肉ノ定価ニ対シテハ区々ニ亘リ警官ノ干渉等アリ肉価廉ク生活中安事アレバ本部ニ報告シ本部ノ専務調査委員ニ於テ上級官庁ト交渉シ適策ヲ講ズルコト金慶三、李東煥ノ両名ヲ委員トシ委員派遣ヲ必要トスル所ハ今夕迄ニ申シ出ズル事トス

ハ、屠殺料一定　方法ニ就テハ目下ノ状況ヨリ統一困難ナルヨリ前項委員ニテ実地調査スルコト

ニ、干皮場　官営中ノモノヲ吾手ニ納ムル様調査委員ニ一任ス

一、祝電祝文朗読不穏ト認メタルモノ二通差押（第八号）

一、機関紙発刊　本部ニ機関紙発行準備委員会ヲ組織シ実行方法ハ

中央委員ニ一任スルコトニ可決
一、各地紛擾ノ件　今后発生シタル場合ハ附近ノ社ニ通知シ応援ヲ求ムルコト
一、反動分子排斥　意識的ニ反動行動ニ出ル時ハ声明書ヲ送リ全鮮的ニ埋葬スルコト特ニ晋州姜相鎬ニ対シテハ各層社会団体ニ発表シ輿論ヲ喚起セシムルコト
慶南大会ニ対シテハ金慶三ヨリ詳細ナル報告ノ后慶南大会ニ解散命令ヲ発シ仝時ニ慶南各衡平社ニ対シ態度ヲ決スル様通知スルコトニ決定ス
無意識的反動分子ニ対シテハ反省ヲ促シ若シ覚醒セザル際ハ除名ス
一、衡平青年運動ニ関スル件
明日ノ青年大会ニテ措置スルコト、シ其ノ準備委員トシテ趙景賛、吉淳吾ノ二名ヲ選出シ之ニ一任ス
一、衡平女性特殊教養ノ件　保留
一、水平社提携ノ件
提携　必要ニ付キ徳永三二ヨリ説明シ堅ク握手シ一身同体トナリ迫害ニ対抗スルノ必要アリト力説シ李東煥之ガ通訳ヲ為シタルニ時期尚早説、保留説、非提携説、提携説ト岐レ長時間討議ノ結果五十八票対十二票ニテ提携ニ可決シ中央執行委員ニ於テ正式提携ノ日時場所等ヲ確定ノ上各衡平社ニ通知スルコト、ス
一、一般女性運動ノ件　単一制女性団体ヲ積極的ニ支持スルコト
一、青年及少年運動ニ関スル件
何レモ衡平運動ト必要アル時ハ有機的連絡ヲトリ尚共同委員会ヲ組織スルコトニ可決ス
一、其他事項
イ、正衛団ニ関スル件
正衛団ノ復興ヲ満場一致可決シ左ノ十名ヲ復興準備委員ニ決定ス
李景春、李文應、金士典、趙明旭、李鍾淳、金鍾淳(沢)、吉淳吾、朴好君、千万奉、金義成
一、債務ニ関スル件
本部会館買収ノ際社員趙貴容ヨリ金一千百七十三円五十銭登記料九十五円ヲ借入レ其他崔鎭漢ヨリ四十五円ノ債務ニ関シ討議ノ結果委員長金鍾沢ノ立会ヲ求メ別紙第十号ノ如ク任意醵出ヲ申シ出デタリ尚不足額ハ個人ヨリ募ルコトトシ其ノ方法ハ執行委員長ニ一任ス
一、閉会　午后七時二十五分
第三日　第六週年紀念式
一、開式　午前八時二十分　金慶三開式ヲ宣ス
(一、脱カ)式辞　金慶三
朝鮮ニ於テ五百年来人ラシキ待遇ヲ受ケズ圧迫サレタル白丁階級ハ人権同等自由ヲ叫ビツ、生レテ既ニ六年ヲ迎ヘルニ至リ目

的ニ向テ進行シツ、アルコトハ欣喜ニ堪ヘヌ次第ニシテ尚今后益々団結シ以テ目的ヲ達スルコト、信ズ云々

一、祝電祝文朗読　金三奉

一、来賓ノ祝辞　白己満（新幹會員）

（前略）此ノ衡平運動ハ人権ノ自由同等ヲ獲得スルガ最后ノ目的ナルモ之ヲ達シタル后ハ一般ノ経済環境ノ条件ニ基ク経済運動ニ（中止）

権泰彙

衡平運動ハ各自団結シテ目的ニ向フ云々

徳永参二

（前略）日本ノ穢多トカ朝鮮ノ白丁トカノ名称ハ或ル者ガ其名称ヲ附ケテ呉レタノデアリマス　吾々モ人間デアリマス　侮辱スルモノガアレバ水平社員四百万、衡平社員三十万ノ人ハ皆団結シ何処迄モ之ニ対抗スル積リデス吾ガ

天皇陛下ハ一視同仁ト仰セラレタノデアリマス　夫レニ拘ラス吾等ガコンナニ差別ヲ受ケルノハ　其間ニ或者等ノ策術ノ為メデアリマス　水平社員ト衡平社員トガ　互ニ握手シテ共ニ日本帝国ノ国勢ヲ四海ニ発輝スル様ニ努力サレムコトヲ御願ヒシマス云々

一、社員ノ所感

社員朴好君外五名ノ所感談アリタルモ何レモ衡平運動ノ発展ヲ喜ビ将来益々団結ヲ固クシ円満ニ目的ヲ達シ度キ旨ノ簡単ニシテ不穏ノ点ナキモノナリキ

茲ニ於テ別紙第十号ノ如キ余興ニ入ラムトスルヤ来賓席、白己満、権泰彙（新幹會）等ハ先刻ノ徳永ノ祝辞中衡平社ト水平社ト握手シ日本帝国ヲ四海ニ発揮スル云々ノ理由ハ那辺ニアルヤ答弁ヲ求ムト質問アリ之ニ対シ徳永ガ答弁ヲ為サムトシタルヲ以テ斯ル場内ニ於テ斯ル論議ヲ為サシムルハ一般ニ対シ悪影響ヲ及ボスモノト認メ臨監警察官ヨリ司会者ニ対シ式順ニ依リ進行方注意ヲ与ヘタルヲ以テ其儘余興ニ移リ別紙添付ノ카나다《カナダ》会員ノ音楽舞踊余興ヲ演ジタリ

一、閉会

余興終了后閉会ニ当リ徳永参二ハ再ビ登壇シテ別ノ辞トシテ一句ノ歌ヲ歌ヒマス　先刻私ノ祝辞中失言アツタコトハ申訳アリマセン　謝罪致シマス　ソレデ吾々水平社ハ如何ナルモノデアルカ先ニ質問アリマシタガ　水平社ハ此ノ資本、帝国主義ノ大日本帝国々家ニ対シテト興奮シ不穏ノ言動ヲ為サムトシタルヲ以テ中止ヲ命ジタルニ　一句ノ歌（簡単ナル一句ニシテ拍手ノ為メ歌ノ文句不明）ヲ歌ツテ降壇ス

一、閉会

衡平社万歳ヲ三唱シ午后十一時十五分閉式解散セリ

以上

追而中央執行委員ニ当選セラレタル者ノ身元ニ付キ役員名簿各欄項目ニ付調査記入ノ上御回報相煩度申添候

場内ニ貼付シタル標語

一、吾等ハ我等自身デ団結シ衡平運動ノ円滑ト単一ノ促成ヲ期ス。
一、全国ニ散在スル衡平階級ヤ団結セヨ。
一、我等ハ経済条件ニ必要ナル人権解放ヲ根本的使命トス。
一、吾等ノ大会ハ吾等ガ厳守ショウ。
一、千差万別ノ差別ヲ徹廃ショウ。
一、理論的闘争ト闘争的理論ヲ展開ショウ。

別紙第一号

衡平社第六回全国大会地方代議員氏名

安城　張用成　李鍾淳　張判基　李南用　吉墨剣
利川　吉道根　李旺根　李旺山　金水同
華川　李春鳳　金浩成　李春福
笠場　吉奉熙　林好根　金成玉　吉奉西　吉義星　吉水同
　　　李万成
忠州　張登立　申海鎭　李赤印
陰城　李竜嶌
鳥致院　金東錫　李長述　李成勇
海美　吉漢東　李喆玉
芙江　白楽憲　崔基完　李鳳鶴
大興　金点侗
群山　趙景賛　朴根成　李先同
牙山　李址永　李命福　趙信徳　李順億　元得淳
裡里　趙明旭
扶餘　李文竜　朴先玉
挿橋　金奉根　李起昌
南原　崔　鈺
舒川　趙好年　李賛用
成歓　金元景　李乭岩　李大坪
礼山　李長根
京忠　金士璵　崔万英　金己奉
襄陽　千万奉
平沢　李順万　李日成　金芝英　李日万
横城　趙先奉　李一先
原州　金成順　趙万順
広州　宋黄雲
結城　宋載玉
沔川　李周喆　林潤福　金學奉
洪城　李青竜　金寿真
瑞山　李元俊
韓山　金在逑
水原　金平俊　李順英
青陽　李奇俊

保寧　金在実　金年学
騈州　金万山　吉万同　崔順山
定山　金日泰　朴元東　金俊石
屯浦　李景安　李昌奉
鎭川　張順春　李必星
天安　金必星　吉貮釗　吉千福　李奉録
餅店　金振玉　金点乭
河陽　河敬七　姜竜生
竜潭　余達用　金海善
全義　卞漢玉
論山　李福振
江景　李鍾元
堤川　李寿昌
並川　李長洙
黄登　李東湖
開城　金奉周　金義赤
大田　李達俊　李　善　李学先
任実　李聖学　朴先春
竹山　片順天
鳥山(烏)　千化春
清州　吉福万　吉相洙　趙鳳植　朴定順
西井里　金学奉
全州　李景鎬　趙日奉　羅寿完
金溝　文甲武　李判根
文興　李点乭

別紙第二号

徳永三二ノ祝辞（通訳朴世淑　李東煥ノ妻）

拍手裡ニ登壇

遙カニ玄海灘ヲ渡リ朝鮮衡平社ノ諸兄弟ト顔ヲ合ハスルコトノ出来タルモ喜フ自分一人ノ喜ヒニ止マラス日本水平社同人トシテ涙ノ出ル程嬉シイ此ノ永イ間吾々同人ノ歴史ハ実ニ血ト涙テ綴ラレタル真暗ナモノテアッタ。（此時最初ヨリ通訳ヲ誤リテ出発セル朴世淑ハ故ラニ虚偽ノ通訳ヲ為シ煽動的ニ亘リタルヲ以テ通訳ノ中止ヲ命ス）ソシテ血ト涙デ色彩セラレタル惨酷ナル生活ハ徳川三百年来踏襲シ来タリ非立憲的（中止）

不穏ノ点ナシ

祝電　十二通　祝文十六通

（別紙第三号）

一、忠南仙掌ニ差別及迫害事件

旧三月十七日ニ社員金奉成ト非社員間ニ於ケル先般ノ紛糾事件ガアツタガ悪魔デアル崔ノ婦人ガ金奉成ノ家ノ前ニ来テ自己家ニ這入ル様ニ這入ルノデ社員婦人ガ断リタルヲ文句モ言ハズ□多ノ女

ノ癖ニ文句ヲ言フナト侮辱シタ事ニ動機ヲ発シテ結局欧(殴)打迄ニ及ビ五月十一日中央委員金士璵ガ出張シテ円満ニ解決セリ

一、忠南全義ニ学校組合搾取事件

五月二十四日ニ以前ニ衡平社ト学校組合員ニ販売所事件ガアツタガ学校組合デ経営センガ為ニ販売所ヲ建築シ使用シテモシナクテモ営業者ヨリ使用料ヲ取ツテ来タ所衡平社ニ於テハ吾等ニ於テ販売所ヲ建築シテ営業スベシト当局ニ陳情書ヲ提出シタルモ許可出来ナイト云フ通知ニ本部ニ於テハ金棒氏ガ出張シ光州迄行ツテ販売所税金ヲ安クシ使用シナイ時ニハ使用料ヲ出サヌコト、シタリ

一、慶北亀尾ニ差別事件

旧五月二十三日ニ社長裵用雲氏ト舟渡シトノ間ニ紛糾事件アリタルガ渡シヲ一寸渡シテ呉レト言ヒシ所白丁等着物脱イデ往ケト言ヒ結局欧打迄ヤツタガ金慶三氏ガ六月二日ニ出張シテ円満ニ解決セリ

一、全北熊浦ニ差別欧打事件

旧五月三日ニ社員沈富山ト非社員林官玉トノ間ノ紛争事件ガアツタガ沈ガ飲食店ナル林観五ノ家デ寝テ居タトコロ沈ノ妹ガ連レニ往ツタ所悪口ツキ結局欧打迄ニ事件ハナリ趙明旭ガ出張シテ円満ニ解決シタリ

一、全北錦山ニ差別及欧打事件

六月十四日ニ社員李鍾仁ト非社員趙源順ノ間ニ悪口事件アリタルガ部民側デ三十五名党ヲ作リ社員ヲ欧打シタル事件アリタルガ吉奇同氏ガ出張シテ償金ヲ取リ円満解決ス

一、洪川ニ差別欧打事件

六月二十日社員金妻同ト非社員金容仁兄弟間ニ紛糾事件ガアツタ金容仁カラ種々差別シタカラ言争ヒトナリ金容仁ノ弟ガヤツテ来テ兄弟力ヲ合セテ欧打迄シタルガ結局告訴迄ニ及ビタルガ金兄弟ガ謝リタルヲ以テ損害金ヲ取ツテ解決

一、慶北興海ニ欧打事件

六月二十八日社員李安用ト非社員権務用間ノ紛糾事件アリ欧打サル、ニ及ビ悪魔タル権氏ハ引致サル　后金慶三氏ガ出張シテ円満解決セリ

一、全北金堤ニ差別事件

八月十二日社員李平内ト非社員任従権間ノ紛糾事件アリ李平内ハ悪口ツカレ欧打迄サレタルヲ以テ重傷迄被リタル事件アリ其后報告ナキヲ以テ解決ノ如何不明

一、全北錦山ニ社員間紛糾事件

八月一日同衡平社員ナレ共悪魔ノ如キ崔鳳乭ト衡平社間ニ紛争アリ当衡平社ノ重要幹部八人ノ拘禁迄見総本部ヨリハ李東煥、金鍾沢、金棒等数回出張シタルガ事件ガ事件デアル為メニ円満ナル解決ヲ得ルコトヲ得ズ社長李鍾元氏ハ七ヶ月ノ懲役迄喰ハサレタリ

一、忠南成歓ニ差別事件

九月十六日ニ京畿利川社員金鍾根ト非社員金佳得氏外四人トノ欧打事件アリ市場ニテ白丁ダノナンダノト言ヒ之ガ動機トナリ結局

欧打迄サレ本部ヨリ吉淳吾氏ガ出張シテ結局検事局迄往ツテ損害金ト治療費トヲ取ツテ和解セリ

一、忠南光時ニ差別欧打事件

九月十五日ニ社員ノ婦人金氏ト非社員李鍾女トノ間ニ欧打事件アリ金氏村内ニ肉売ニ往ツタ処悪魔ナル李鍾女ガ無暗ニ欧打サレ金棒氏ト沈相昱氏ガ出張シテ円満解決セリ

一、忠南結城竜湖里ニ欧打事件

八月十日ニ社員金鍾七氏（衍）氏非社員厳増五間ニ紛糾事件アリ金鍾七氏ガ悪魔デアル厳ニ粟ヲ売リニ往ツタ所白丁カラ恥カシクモナク粟等買フモノカト言ヒシガ動機トナリ言争ヒニナリ金容節ノ煽動ニテ市場ニテ数十名ノ群衆ヨリ欧打サレタガ金棒氏ガ出張シテ円満解決

一、安城ニテ社員間不平事件

十二月二日衡平社員ト前社長張成万ノ間ニ紛争アリ吉淳吾氏特派サレ本部ヨリ金棒氏ガ出張シテ張成万ノ謝罪ヲ以テ解決ス

一、江原道寧越ニ差別欧打事件

旧七月十九日ニ社長朴八奉氏ト非社員金海妻間ニ欧打事件アリ白丁奴ノ癖ニ肉屋ヲセズニ雑貨商トテ両班ノスル営業ヲ為ストテ家屋売買ニ対シ妨害セシガ動機トナリ結局欧打サレタルガ十月八日千君弼氏ガ出張シテ円満解決

一、江原道寧越ニ於テ李巡査ノ職権濫用事件

十月十八日社員金百万ト非社員厳鳳内間ニ欧打事件アリ金百万ハ憤慨ニ堪ヘズシテ診断書ヲ添付シテ告訴シタ所李巡査ガ之位ノ事件ハ握ハズシテモ差支ヘナイトテ其儘トセリ以后事件ハ如何トナリシヤ不明ナリ

一、京畿餅店ニ屠夫事件

十月二十三日ニ屠夫事件アリ駐在所ニ於テ屠夫ヲ小使ト同シ様ニ使ヒタル為メ衡平社員之ニ服従セザランガ為メ屠夫同盟迄シテ休業シ結局李東煥ガ出張シタガ解決ヲ得ズシテ二十六日ニ金棒氏ガ出張シタガ悪魔ノ如キ李巡査ノ為メ解決ヲ得ズ

一、忠南海美ニ営業妨害事件

十一月四日営業妨害事件ガ突発シタルガ海美衡平社ニ於テハ数年間非売同盟事件ガ継続サレ全鮮的ニ問題トナリタル件当局カラ特ニ組合ヲ成立サセムトシタルモ駐在所ノ松原ト柳ノ二人ガ非常ニ干渉シテ悪魔ヲ又許可シテ営業ノ妨害ヲシタノデ本部ヨリ李東煥氏ガ出張シテ円満解決ス

一、忠南論山仁川里ノ金巡査ノ職権濫用事件

旧八月十三日ニ衡平社員ト巡査金鍾然間ニ事件アリ村間デ殺シタ牛ノ皮ハ衡平社員ガ買フ事ガ出来ズ江景警察ノ命令デ呉主事ガ買フ様ニナツテ職権ヲ濫用シテ社員達ノ営業ヲ妨害シ本部カラ金棒、李東煥ガ出張シタガ解決ヲ得ズ其后如何ニナリシヤ不明ナリ

一、江原道洪川ニ於テ許面長差別及営業妨害ノ件

今年一月三日ニ社員金士集ト同面々長許某トノ間ニ差別問題デ営業迄中止ヲサレタ事件アリタルガコハ面長ノ前デ煙草ヲ吸フタト

テ面長ノ前デ煙草ヲ吸フナド不都合ナリトテ面事務所ニ呼ビ出シ商売ヲセントセバ平壌笠ヲ被リテ来レサモナケレバ牛ヲ殺シテヤル事ハ出来ヌトテ営業ヲ妨害シタルガ本部ヨリ千君弼氏ガ出張シテ円満解決セリ

一、京畿道西井里ニ差別欧打事件

一月十一日ニ社員ノ妻金氏ガ非社員朴某ヨリ侮辱ヲ受ケ欧打迄サレタル事件アリ飲食代ヲ取ラントスル時朴ガヤツテ来テ白丁ノ癖ニ生意気言フトテ欧打迄シタルガ本部ヨリ金捧氏ガ出張シテ告訴シ書類ガ検事局ニ入リタルモ后ノ消息ナシ

一、忠南唐津ニ差別殺人未遂事件

二月九日ニ社員金時福ト非社員全姓女間ニ紛争事件アリ原因ハ肉ヲ掛デ売ラヌ事ガ動機トナリ全ハ肉売リ包丁デ金時福ノ尻ヲ切リタルガ其処ニ巡査部長迄居リタルガ保護兼テ全姓女ヲ連レテ往キ其儘放免セリ本部デハ急報ニ接シ李東煥氏ガ出張シタガ時已ニ金姓女ハ逃亡シ現在迄解決ヲ得ズ

一、忠南ノ屯浦学校内差別問題及非売同盟事件

二十一日屯浦衡平社ニ差別問題アリタルガ原因ハ学校内ニ於テ学生間差別問題デ不良学生ノ父デ悪魔デアル金現光ヲ衡平社ヨリ訪問シテ貴方ノ息子ガ非常ニ衡平社員ノ息子ヲイジメルカラ訓戒シテ呉レト申シ込ミタル所白丁ノ奴ガ私ノ家ニヤツテ来テツマラヌ事ヲ言フトテ市内ノ悪分子ト協力シ白丁ノ肉ヲ買フナト非売同盟ヲ為シタル為メ社員ノ生存危殆ニ瀕シタルヲ以テ吉淳吾氏ガ出張シテ非社員ノ営業ヲ休業サセタガ円満ナル解決ヲ得ズ

一、忠南鳥致院ニ警察官呉巡査ノ差別事件

三月十日ニ社員ノ姜□氏ト当地巡査呉永済トノ間ニ差別事件アリタルガ原因ハ呉巡査ガ市場ニ行ツテ密屠殺デハナイカト言フノデ此ノ検印ハ偽造デスカト反問シタ処白丁ノ癖ニ生意気ダトテ其儘警察ニ連行シ白丁ハ近頃社ガ出来タトテ意《(感)》張リ祭日ニモ肉一斤モ呉レズ町デ逢フテモ旦那トモ言ハズ煙草フカシテ居ルガコンナ不都合ナコトハナイトテ欧打シタ事件アリ鳥致院衡平社ニ於テ之ヲ朗読シタ処不穏ダトテ中止サセラレタル事アリ未ダニ解決ヲ得ズ

一、忠北堤川ニ面長差別事件

日ハ未詳ダガ堤川邑内デ所謂紳士ト云ハレル人ト面事務所トデ貧民救済ヲヤリシ所社員李用學氏ガ同情心ヲ以テ粟ヲ提出シタ処面ノ重ダツタ人々ガ白丁ノモノハ穢イトテ之ヲ退ケタルコトアリタルガ本部デハ新聞デ之ヲ知リ即時警告文ヲ発シ堤川青年会ニ於テモ之ニ対スル対策ヲ書面ヲ以テヤリシ所不幸ニモ声討シタラ拘禁サル、所トナリ堤川衡平社ニ於テハ何等ノ通知モセス為メ出張シナイカラ解決如何ハ不明ナリ

（別紙第四号）

衡平六年四月　第六回定期大会経理経過報告

各地衡平社　貴中

衡平　自五年五月一日
至六年四月廿日　迄歳入部

団体	金額	団体	金額	団体	金額	団体	金額	団体	金額	団体	金額
開城	五十七円	利川	五十一円	駋州	十七円	西井里	十二円	水原	四十一円	鳥（烏）山	十□円
餅店	六円五十銭	平沢	七円	安城	七十二円五十銭	鳥致院	百円	（京畿道計参百七十四円也）			
清州	百十円	忠州	参十五円	鎭川	十八円	清安	二十五円	堤川	十円	陰城	三十□円
無極	二十一円	（忠北計弐百四十九円也）						江景	四十五円	保寧	七十□円
海美	八十六円	笠場	百十円	洪城	十二円五十銭	扶餘	六十円	舒川	百円	青陽	三十□円
定山	二十円	鳥致院	三十五円	成歓	十三円	全義	三十四円	沔川	四十四円	挿橋	二十□円
屯浦	八円	天安	五十七円	並川	六円	礼山	二十円	広川	二十二円	牙山	五□□円
大田	四円	（忠南計八百六十三円五十銭也）						全州	百二十七円	郡（群）山	二十□円
錦山	十円	鎭安	十八円	南原	五十円	長水	五円	茂朱	十円	金溝	五□□円
長溪	拾円	（全北計二百六十二円也）									
原州	六十円	江陵	十円	華川	十九円	襄陽	五十円	横城	三十円	春川	三十□円
三陟	十五円	洪川	十五円	寧越	八円	旌善	八円	文興	十一円	延白	六円

（江原計弐百三十六円也）

合計金壱千九百七拾九円五拾銭也

衡平六年四月　第六回大会経理経過報告

衡平　自五月一日
至四月廿日　迄特別義捐収入部　（無順）

氏名	金額	氏名	金額	氏名	金額	氏名	金額
白順万	六十円	金徳根	五円	李允万	一円	金義京	拾円
趙富岳	二十円	李育鳳	五円	李宗南	一円	金元京	二円
崔先伊	五円	李炳煥	三円	宋松泰	三円五十銭	金日成	三円
李豊先	一円	金允根	五円	李万俊	二円	金福厚	拾円
鄭聖道	一円	吉尚同	拾円	李雙鳳	五円	金奥伊	二円
金水根	三円	金学西	五円	張長劉	四円	金雲瑞	一円
鄭順奉	一円二十銭	李鍾淳	一円	李東伯	一円	李敬永	五十銭
金基山	一円	金基子	一円	片文玉	三円	朴巨富	五十銭
吉秉九	五円	李明五	一円	宋済元	一円	金石出	五十銭
金小童	五十銭	張成万	三円	張万基	五十銭	金基必	五十銭
朴雲竜	一円	金千童	一円	李文應	五十銭	朴得竜	一円
朴興石	一円	崔福順	一円	李五成	五十銭	禹三福	一円
金基鳳	一円	金竜卜	五十銭	咸在化	五十銭	片用奉	五十銭
金千乭	五十銭	金千石	二円	李明根	五十銭	金相根	五十銭
趙奉三	五十銭	吉敬童	一円	李明順	一円	李一善	一円
吉学成	二円	金石崇	一円	趙光奎	一円五十銭	吉今乭	五十銭
金日成	一円	金万奉	一円	李基俊	三円	李春日	一円
李宗千	一円	李学乭	一円	趙雲善	一円	□□	四円
繰越金	九円	笠場社貸入二十円		李先同	一円五十銭	古新聞代	一円三十銭

合計金弐百五十七円弐銭也（但参拾壱円八十二銭ハ繰越金其他）

衡平六年四月

第六回全鮮定期大会経理部経過報告

各地衡平社　貴中

衡平　自五年五月一日
　　　至六年四月廿日　迄歳出部

参拾円五十五銭也　新聞及雑誌秩
拾参円弐十銭也　公用通信秩
拾九円七十四銭也　電灯料
六拾五円弐拾六銭也　郵票（切手葉書）
九百弐拾八円八十二銭五厘也　出張費（常務中央委員）
参拾壱円弐拾五銭也　事務費
参拾七円八十参銭也　交際費
壱百四十壱円八十六銭也　公用義捐及同情
壱百二十円七十四銭也　雑費（借館柴炭）
五拾参円五十銭也　印刷秩（但七十五円五十銭ノ内）
参拾弐円八十五銭也　公用食代（中央委員来賓）
四拾円参十銭也　貸下

常務委員手当部（食代併合分）

八拾五円六拾四銭也　（四ヶ月分）　李春福
弐百参拾五円五十二銭也（十一ヶ月分）金鍾沢
百七拾壱円二十八銭也　（八ヶ月分）　李東煥
百七円五十五銭也　（五ヶ月分）　沈相昱
百二十九円拾銭也　（六ヶ月分）　金　棒

総支出高　弐千弐百四拾四円九拾四銭五厘也

衡平五年度収支総計表

収入

一、歳入額　壱千九百九拾円五拾銭也
一、特別義捐　弐百弐拾五円弐拾銭也
一、雑収入　参拾壱円八拾二銭也
合計　弐千弐百四十七円五十二銭也

支出

一、歳出　弐千弐百四十四円九十四銭五厘也
合計　弐千弐百四十四円九十四銭五厘也
差引　弐円八十七銭五厘也

別紙第五号

水平社ノ情勢報告　徳永三二拍手裡ニ登壇

日本全国水平社ハ生レテ以来七ヶ年ノ星霜ヲ経タ其ノ間各種ノ迫害ヤ迫圧（圧迫）ニ遭遇シタルモ三百万ノ水平社員ハ血ト涙テ堅キ握手ヲ結ヒツ、今日ニ来タ其ノ闘争ハ吾々個人ノ為メニ非ラス吾子孫ノ為メ吾々ノ闘争ハ偉大ナル力ヲ現ラハシタ其間誤謬ガア

リ又誤解ガアリ特ニ第三回全国大会ニハ指導方針ヲ誤リ分裂ヲ生シ種々ノ個人的糾弾トナリ、各種ノ弊害ヲ生シ為メニ懐柔政策買収政策等ニ左右サレ悪戦悪闘ノ末ハ方向転換トナッタ而シテ各地ニ一ツノ問題ヲ生スレバ中央部ニ於テ徹底的ニ調査シ其ノ結果ヲ全国水平社ニ激(檄)シ三百万ノ社員カ一丸ト団結シ解決セシメテ来リタリ、今日ノ水平社ハ其勢力ハ万国ニ響イテ居ル之レ一ニノ力テナク友誼団体即チ団体間ノ友達カアル各地ノ農民組合労働組合ト堅キ握手ヲ為シ総テノ事物ニ衝ッタ　自分ハ昨日入京シタ仔細ノ事ハ判ラヌカ朝鮮ニモ新幹会ヤ其他ノ青年会カ多数アル事ト思フ　諸君カ諸君ノ事件ヲ処理スル上ニ於テ諸君ノ生活ヲ脅カス侮辱ノアル場合ハ是レヲ友誼団体ト提携処理セラレヌ事ヲ望ム水平社カ何故提携ヲ望ムカ其効果ハ内部ノ組織カ完備スルト同時ニ外部ノ力カ偉大トナリ解放ノ力カ拡大スルカラテアル衡平社モ水平社ト仝様ブルモアレバプロモアル、然レトモ受クル差別ニ変リナイ（拍手）衡平社ノ兄弟諸君水平社ト同様団結ノ力カ必要テハアルマイカ一本ノ箸ハ易ク折レル十本十五本ノ箸ハ却々折レヌ（拍手）之レ団結ノ力ニ非ラサルヤ一昨年李東煥氏カ来ラレタ其時恰度水平社中央執行委員会カ開カレタ其時以来水衡提携ノ問題ハ生レテ居ル　昨年水平社大会ノ折リ金三奉氏カ来ラレタカ　遺憾ナカラ水衡提携問題カ上程サル、一時間前惜シクモ解散ヲ命セラレタ　諸君糾弾分裂ヲ排シ大同団結ショウ（拍手）ソウシテ吾々ノ戦線政治闘争迄突出セシメヨウ、自分ノ郷里ニハ村会県会議員トナッテ居ル計リテ無ク普選ノ当時五名迄モ候補者ヲ出シタ　然レ共衡平社ニ於テハ水平社ノ進歩ニ比較シ其ノ色モ見ヘンノハ遺憾タ

諸君糾弾分裂ヲ排シテ大同団結ニ進モウ（拍手）

言葉カ通センノテ血ノ出ル様ナ思ヒカスル　然モ言葉ハ通セヌトモ私ノ真心ハ能ク諸君ニ通スルト思フ　若シ通セン際ハ後日要旨ヲ謄写ノ上諸君ニ送呈スル考ヘテアル（了）

別紙第六号

予算案（支出ノ部）

一、金参拾三円也	三新聞代
一、金弐拾円也	図書代
一、金弐拾円也	電信料
一、金八拾円也	切手代
一、金六百円也	出張費
一、金弐拾七円三十六銭也	電灯料
一、金五拾円也	事務費
一、金壱百円也	運動費
一、金六拾円也	義捐及同情金
一、金一千四百四十円也	委員四名手当
一、金壱百円也	印刷費
一、金五十円也	公用食代
一、金参百円也	非常金

計金参千八十円三十六銭也

収入ノ部

一、金参千八十円三十六銭也

内訳

一、金二千八百円　細胞団体負担金

一、金弐百八十円三十六銭　特別会員ヨリ収入

計金参千八十円三十六銭也　（了）

別紙第七号

衡平社全国総本部規約起草案

一、本総本部ハ衡平社全国総本部ト称シ位置ハ京城□□

二、本総本部ハ本総本部基本綱領ノ主旨ヲ貫徹□□ガ為メノ目的トシ全国各地衡平社ノ統制任務□□

三、本総本部ハ全国各地ノ白丁男女ヲ以テ組織□□社員七人以上有ル地方ニハ支社ヲ置ク

四、本総本部ノ機関ハ定期大会臨時大会中央執行委員ノ五種《ママ》トシ定期大会ハ毎年四月中臨時大会ハ必要ト認メタルトキ中央執行委員会ニ於テ此ヲ召集シ中央執行委員会ハ委員長ガ中央常務執行委員会ハ中央常務執行委員長ガ検査委員会ハ常務検査委員□必要ト認メタルトキ此ヲ召集ス（但シ此等会ノ開会ハ各其資格会員ノ二分ノ一以上出席其以テ成立ス

五、本総本部大会ニ於テノ代議員人数比例ハ毎□□々員五十以上迄ヲ点メル衡平社ニテ八三人□内トシ此ヲ超過スル時ハ毎五十人□□□□□ツ、加フ

六、本総本部ハ定期大会ニテ中央執行委員長一人中央執行委員若干人検査委員若干人選出シ選出サレタル中央執行委員ハ左ノ各部ヲ分掌ス（但シ中央執行委員長及中央執行委員ノ任期ハ次期定期大会迄トシ其ノ欠員有ル時ハ臨時大会ニ於テ補選スルコトヲ得

△各部　庶務部　経理部　教育部　調査部　正衛部

七、大会ニ於テ選出サレタル中央執行委員長及中央執行委員中央執行委員会ヲ組織シテ本総本部ヲ総括代表シ中央執行委員会ハ中央執行委員長ガ之ヲ統制代表ス（但シ該委員長事故有ル時ハ庶務部中央常務執行委員ガ之ヲ代理ス

八、中央執行委員会ニ於テ中央常務執行委員若干人ヲ互選シ本規約第六条ノ各部署ヲ担当ス

九、中央執行委員会ニ於テ互選サレタル同常務執行委員ハ中央常務執行委員ヲ組織シ中央執行委員会一切事ヲ掌理シ中央常務執行委員長一人ヲ置キ中央常務執行委員長此任ニ当リ中央常務執行委員ハ中央常務執行委員ガ之ヲ統制代表ス

一〇、大会ニ於テ選出サレタル検査委員検査委員会ヲ組織シ本総本部ノ中央執行委員会及同常務執行委員ノ一切事務整理ヲ検査ス

一一、各衡平社ノ義務権左ノ如シ

カ、大会代議員選出及建議案提出ノ権利

ナ、負担金納入ト命令順従ノ義務
（但負担金ハ甲乙丙種ニ分ケ甲種五円（毎月）乙種三円（毎月）
トシ其ノ甲乙種ノ区別ハ中央執行委員会ニテ区別ス
一二、本規約ノ未備ナル点ハ臨時決議又ハ通常慣例ニ依ル

別紙第八号

祝文（不穏ノ点ナシ）

革友青年同盟
全北益山郡黄登青年会
禮山衡平社内　李烈
慶南安東衡平青年会内　金披平
江原道旌善郡邑内　高權柱
右　仝　金萬成
京竜合同労働組合
朝鮮労働總同盟
朝鮮農民總同盟

祝電

三禮（ママ）衡平社　寧越衡平社　金海　玉泉

祝文

親愛なる朝鮮の同志よ！
我等は遙々日本海の地より貴社大会の盛会を心から祝福する
人間が人間を支配し搾取する
人間が人間を差別する
人間の自由を奪はんとする一切の者を抹殺せよ！
然して一日も早く自主自治相互扶助社会建設の為めに邁進せよ！
一九二八．四月二十二日
日本静岡県浜松市福地町
静岡県水平社本部
浜松水平社解放聯盟
朝鮮京城天道教紀念会館内
衡平社第六回全鮮大会御中

全衡平万歳万歳

祝

西伯利亜ノ勇敢ナル猛風ハ逼リ来リ何時ノ間ニカ時計ノカチ〱スル音ト共ニ衡平六年ハ過ギタ見ヨ四十万同胞兄弟ヨ過去ノ風塵歴史ヲ回顧シ百折不屈ノ勇力ヲ出シ団結セヨ団結ノ師子吼ハ全宇宙ヲ衡平ノ二字ニ感化セン更ニ言葉ヲ換ヘテ言ヘバ階級主義ヲ打破スル事ナリ衡平ヲ主唱スル我等ハコブシヲ握リ団結ノ一団トナリ地球ヲ衡平ト致シマシヨウ衡平ノ団結万々歳

忠清北道清州衡平社一同　印

別紙第九号

債務分担衡平社名及分担金額

金額 円	衡平社名	金額 円	衡平社名	金額 円	衡平社名
三〇〇〇	安城衡平社	一〇〇〇	横城衡平社	一〇〇〇	黄登衡平社
二五〇〇	利川　〃	一〇〇〇	廣川　〃	五〇〇	任実　〃
二〇〇〇	華川　〃	一〇〇〇	結城　〃	一〇〇〇	竹山　〃
三〇〇〇	天安笠場〃	二〇〇〇	沔川　〃	一〇〇〇	烏山　〃
一五〇〇	忠州　〃	一〇〇〇	洪城　〃	二〇〇〇	春川　〃
一〇〇〇	陰城　〃	一〇〇〇	端山　〃	三〇〇〇	清州　〃
二〇〇〇	鳥致院〃	二〇〇〇	韓山　〃	五〇〇	江界(景)　李鍾元
一〇〇〇	海美　〃	二〇〇〇	水原　〃	三〇〇〇	全州衡平社
一五〇〇	芙江　〃	二〇〇〇	保寧　〃	一〇〇〇	金溝　〃
五〇〇	大興　〃	一〇〇〇	文興　〃	一〇〇〇	無極　〃
五〇〇〇	群山　〃	一〇〇〇	驪州　〃	四〇〇〇	金陽場〃
四〇〇〇	牙山　〃	五〇〇	屯浦　〃		
二〇〇〇	裡里　〃	二〇〇〇	鎭川　〃		
二〇〇〇	扶餘　〃	二〇〇〇	河陽　〃		
一〇〇〇	□拘　〃	三〇〇〇	大邱　〃		
一五〇〇	南原　〃	五〇〇	竜譚　〃		
三〇〇〇	舒川　〃	一五〇〇	論山　〃		
一〇〇〇	京忠　〃	三〇〇〇	江景　〃		
一〇〇〇	襄陽　〃	一五〇〇	堤川　〃		
一五〇〇	平沢　〃	一〇〇〇	並川　〃		
三〇〇〇	原州　〃				

総計　九百拾円也

(編者注＝別紙第十号カ)

全朝鮮衡平社第六週年紀念大会

◎会順

一開会

一開会辞

一祝電祝文朗読

一来賓祝辞

一社員所感説

一余興

下午七時부터(より)

一閉会

餘興順

第一部

會歌…合唱

냇가에서…合唱

가장가…独唱

무도…

자나깨나한울구경…合唱
장군석…独唱
무도
개고리학생…合唱
賣花女…童謡劇
第二部
꾀꼴이…合唱
무도…
닐니낫고나새떼…合唱
노래…独唱
무도…
저녁때…独唱
할미꼿…童謡劇

以上

［編者訳文］
余興順
第一部
会　歌…合唱
川辺で…合唱
子守唄…独唱
舞　踏…
寝ても覚めても天を見る…合唱
将軍石…独唱
舞　踏
カエルの生徒…合唱
売花女…童謡劇
第二部
ウグイス…合唱
舞　踏…
飛んでいったか鳥の群れ…合唱
歌…独唱
舞　踏…
夕方の時…独唱
オキナグサ…童謡劇

以上

祝文
弾圧の猛火の下のあたかも戒厳令下の如キ反動潮流の中に最も盛大に挙げられた我等の兄弟全鮮衡平社第六回大会お祝す
我等の友三団体は暴戻田中反動内閣によって解散お命《(ママ)》ぜられ吾等の指導者前衛分子は殆ど奪はれ全被圧迫階級は圧殺されんとしてゐる
然しながら日本無産階級運動は微動だにしない我等は旗高く押立て、結束益々固く『一切の差別を無くしろ！』と叫んで邁進する

全朝鮮被圧迫大衆の健闘を祈る
田中反動内閣を倒せ！
一切の差別おなくしろ！
衡平社万才！水平社万才！
全国水平社総本部　印

祝辞
我等ハ如何ニスレバヨク暮サレルカ唯我等ハ悲シイ処地ガ同シ人ト強ク〳〵一ツニナラナケレバヨク暮スコトガ出来マセン万一固ク団結シナケレバ私等ハ何時迄モヨク暮スコトハ出来マセン汝ノ重大ナル使命ヲ尽スガ為メ血ヲ流カセ我等無産大衆ハ全世界的ニ団結シヨ‼鋼鉄ノ如ク固クナリ水ノ如ク合シヨ大同団結ノ前ニハ宇宙万物ガ所願成就ナルノダ
一九二八年四月廿四日
和順青年同盟春陽支部
朝鮮衡平社全国定期大会貴中

祝朝鮮衡平社第六回全鮮大会
数千年以来我等ノ言動ヲ支配シタ封建的観念ハ所謂文明世界ト云フ現今迄残存シテアル我等民族ノ頭脳中ヲ彷徨ラル分限的階級意識ハ衡平運動者デアル皆々同務ヲ如何ニ沢山困境ニ陥ラシメ其他ノ客観的情勢ハ我等ヲ包囲シタ皆々ノ物質的条件ハ如何ニ我等運動ノ阻害ヲスルカ
同務達ハ封建物残存物ノ掃滅ノ第一線ニナッタノカ既ニ六ヶ年ニナッタコノ歴史アル運動ノ戦線ヲ拡大シテモット展開スル為メ固ク〳〵結束シテ二重三重ノ不幸ニ続ケタル現階段ヲ勇敢ニ突破セヨ
一九二八年四月十二日　서울《ソウル》青年会　印
朝鮮衡平社第六回全鮮大会貴中

祝
噫今日ハ我等ノ年ヲ一才増シテ六才ニナル今日ダ四十万兄弟ヨ団結シ拘束事業皆棄テ、自由活動進発シヨ四十万兄弟中ニ寝ル此ノ場ニテ悔改シ文化世界建設シヨ万歳々々衡平六年万才
衡平社総本部貴中
・　社員片己男

祝辞
一九二八年四月十四日
朝鮮青年総同盟在日本朝鮮青年同盟　印
朝鮮衡平社総本部第六回定期大会貴中
本同盟ハ貴大会ニ対スル満腔ノ戦意ヲ以テ力アル激励ヲ致シマス
代議員諸君！諸君ハ幾千年間ヲ政治的ニテ社会的ニテ口ヲ開ケル事ノ出来ナイ圧迫ヲ受ケテ来タモノデナイカ全然非人間的虐待ニ

呻吟シテ来タノデナイカ其当時ニアリテ諸君ヲ圧迫シテ諸君ヲ虐待スルモノハ朝鮮ノ封建的上級階級デアル　其レナラ諸君！今ニアリテハ諸君ヲ賤待シテ圧迫スル者ガ其レ誰ナルヤ君等ニ勇敢闘争ヨリ過去封建的圧迫ト賤待ヲ蹴破ニシテ居ル其レナラ諸君ハ共ニ封建遺物ニ対シ勇敢スル闘争ヲ政治的ニ発散シナケレハナラヌ其レナラ諸君ハ朝鮮民族××運動ノ勇敢スル一部部隊ヲ政治的自由獲得運動ニ先頭ニテ戦フコトヲ願ヒマス諸君ノ完全ナル解放ハ全朝鮮民族ガ完全ナル××解放ヲ受ケルマデ不可能テアリマス

朝鮮衡平運動万歳！

朝鮮衡平運動統一線確立万歳

祝大会盛況

同胞ヨ衡平社員ヨ三重四重ノ迫害ノ万里ノ長城ハ我等周囲ヲ包囲シテ居ルデハナイカ一筋ノ熱血アレバ争フヲ見ヨ人ヲ死害シテ自己利益ヲ閣謀スル掠奪者ハ高貴ナル待位ヲ受ケ牛ト豚ノ食料品ヲ提供スル労働者ニハ待位ヲスル□□□千万ノ事実抗争シヨ衡平社員ヨ美シイ衡平ノ名カ朝鮮丈ニ局限シナクテ真ニ世界衡平ニナル様過去人権運動ヨリ方向ヲ転換シヨ当面ノ敵ヲ置イテ英雄的綜派的派閥的心理ヲ棄テ全無産階級ノ利益ヲ為スガ為メ闘争スル自己犠牲ノ精神カ豊富ナル精鋭シテ勇敢ナル前衛隊ニナッテ世界衡平ノ光明ナル迄争ソヘ

一九二八年四月廿日　　江原咸赤松

朝鮮衡平全国大会貴中

祝文

茲ニ衡平社第六回全国大会ノ幕ガ開カル様ニナッテ我等ノ喜ハ胸ニ満チテ居ル

四十万ノ大衆ニテ結成シタ戦ノ陣営！アーソレハ何ヲ荘厳シ威力アル陣営デアルカソレデ我等ハ忘レテハナラヌ築城シタ制度ハ封建的腐敗ナル残渣ノ上アルヲ我等ハ封建的専制ノ代身ニ新絶対主義ヲ見テ居ルデハナイカアーソレヲ我等ハ我等ノ目的ヲ完全ニ達成スルガ為メ次ノ如ク勇敢ナル戦闘ヲ継続シナケレバナラヌ

一、旧封建的残渣ヲ完全ニ清算シヨ

一、我々ノ陣営ヲ益々鞏固ニスルト同時ニ擡頭シヨト派閥ノ害毒要素ヲ完全ニ除去シヨ

一、ブルジヨアノ新絶対主義ヲ打倒シヨ

一、民族単一党デアル新幹会ヲ支持シヨ

一、労働者農民ト握手シヨ

同志ヨ我等ノ戦野ヲ益々広クシ闘争ノ対像《(象)》ハ益々複雑ニナツテ来ルデハナイカ固ク戦フ我等ノ目的地ニ向ヒ勇敢ナル前進ヲ継続シヨ

衡平六年四月　　日

全北南原衡平社

衡平社全国大会貴中

祝‼

アー四十万兄弟ヨ今日ハ我等ノ兄弟ガ一線ニ集マリ当面任務ヲ解決スル日ナリ

大衆ノムネガ如何イタイデシヨウカ痛イヲ無理ニシテ六週年ト云フ定期日迄当リノ来テ特権階級ノ祝盃ハ享楽溢レ流レ我等ハ虐待搾取圧迫ノ皆世襲ヲ其ノマ、引継ヲシタクナイ四十万大衆ノ解放ノ大衆運動ハ其声既ニ高クナツタシカシ強権ノ誘拐ニ犠牲トナルノデアル西山落照ナイ過呈ナリ兄弟ヨ定期大会ハ活気アル戦ヲセヨ

衡平六年四月廿四日

朝鮮衡平社定期大会万歳！

全州衡平社　印

祝！

朝鮮衡平社定期大会万歳！

今日ハ我等衡平社ガ誕生シタ日デアル全鮮ニ散在スル被圧迫白丁階級ハ喜ビトウラミヲ今日ノ大会テ解キマシヨウ

今後益々力アル非人間的社会ヲ撲滅スルト同時ニ自由平等則衡平的新社会ヲ建設シヨ

衡平六年四月廿五日　平沢衡平社　印

祝文

全鮮ニ散在スル四十万ノ同志ヨ
噴出セル血ヲ止マセズ戦フ
吾等ノヤルモハ必ズ之レナリ
オドリナガク愈快ニ戦フ
百折不掘（屈）シテ粉骨細鎖シテモ
四十万同志等ヤ健闘セヨ
最後ニ答フ者ニナルマデ
終リ迄全鮮大会万々世

一九二八年四月廿三日

金溝衡平社　印

祝‼

全鮮衡平社定期大会万歳々々

全国ニ散在スル被圧迫白丁階級ヤ衡平ノ旗発（幟）下ニ集マレ〳〵五百年間長久セル時日ヲ置イテ皆々圧迫ト改属シテ生レテ来ル四十万大衆ヤ団結シテ千差万別ノ賤視ヲ撤廃スル同時ニ非人間的ト云フ迄旧社会制度ヲ撲滅シテ新人間則衡平的新社会ヲ建設シヨ‼

一九二八年四月二十四日

忠南牙山郡屯浦衡平社　印

祝辞

千万畳ノ暴圧ト不合理極マル待遇ノ下ニ勇敢ニ戦ツテ居ル衡平社全国大会ヲ無産階級ノ一分子ニテ戦闘的意志ヲ表シテ祝ス

解放ノ意識アル諸君‼諸君ハ歴史的ニ非人間的ニテ人類的差別ヲ受ケ来ルハ再ビ云フ余地モナイ戦闘的同志諸君！我等ハアノ横暴無道ナル〇〇（ママ）主義者丈ニ向ケテ抗争スルコトハ出来ナイカ真ニ無意識ナルアノナンノ（ママ）階級友ニ向ケ猛烈ニ戦ハナケレバナラナイ

茲ニ表ス封建的全般人類差別ヲ撤廃シテ全無産階級ト衡平同人ハ団結シヨ

朝鮮総督警察政治ニ絶対反シヨ

一九二八年四月二十四日　在大阪具徳祖

衡平社全国大会貴中

祝辞

親愛ナル朝鮮衡平社同人諸兄‼

諸兄ノ絶ユルコトナキ運動ノ決算タル第六回大会ヲ祝シ向後益々御健闘アランコトヲ祈リマス

今ヤ世界ヲ挙ケテノ新興無産階級解放運動ハイヨ〳〵白熱化シテキマシタ

而シテ吾水平運動貴衡平運動ハソノ民族解放運動ト無産階級運動トノ関係ニ於テ翻訳的社会問題学者及ビ一般社会人ノ漸ク疎ンスル処ナリ殊ニマルクス主義者ノ如キハ水平運動ノ不必要ヲサヘ発表スルニ至リテイマス

時宛カモ田中内閣出現シテソノ露骨ナル反動政策弾圧政策ノアルアリ吾々ノ運動ハ実ニ容易ナラヌ難関ニ遭遇シテ居ルト思ヒマス

然シ乍ラ諸君‼吾々ノ境遇ハ無産階級デアルト同時ニ今一ツノ差別待遇ノ鉄鎖ニ縛ラレテ居ル社会群デアルコトハ現実ノ問題テ有リマス　コノ現実ノ鉄鎖ノ苦痛ニ吾々ハ忍フコトカ出来ナイテアリマス

茲ニ於テ吾々ハ水平運動戦線ニアツテ翻訳的理論ニ惑フコトナク水平運動ヲシテ『理論ニ行動ニ創造ノ運動』タラシメヨト提唱呼号シテ居ルノデアリマス

勿論吾々ハブルシヨアジーノ一切ニ反対スルモノデアリマス

資本家地主特権階級等人類ノホンノ僅カノ一部ノ者共ニ媚ビテ新興民衆運動ニ弾圧政策ヲ執ルガ如キハ田中反動内閣デアレ民族党内閣テアレ何テアレ吾々ノ断々乎トシテ反対シ排撃セントスルモノデアリマス

欺クシテ吾々ハ新興民衆運動ノ一翼トシテソノ任務ヲ自覚分担シ過去ノ輝ケル吾々ノ旗ヲシテ更ニ一層世界解放運動史上ニ輝カシメナケレバナラント思ヒマス

衡平運動万歳‼

水平運動万歳‼

千九百二十八年四月廿四日

全国水平社解放聯盟

名古屋市西区平野町三ノ九九

全国水平新聞社
　東京市浅草区亀岡町三ノ一〇一
全国水平社関東聯合会本部
　東京市浅草区亀岡町三ノ一〇一
以上

2　7月18日　朝鮮衡平社夏期講演講座開催ニ関スル通文ノ件
『昭和三年　思想問題ニ関スル調査書類』Ⅰ

京鍾警高秘第八二八八号
昭和三年七月十八日
京城鍾路警察署長
警務局長殿
京畿道警察部長殿
京城地方法院検事正殿
関係各警察署長殿
朝鮮衡平社夏期講演講座開催ニ関スル通文ノ件
管下雲泥洞二二所在朝鮮衡平社ニ於テハ夏期巡回講演講座ヲ開催スベク計画中ノ処愈々来ル十九日ヨリ実施スルコト、ナリ本月十六日別紙ノ如キ印刷文約三十枚ヲ印刷シ左記団体へ発送セリ因ニ演士ハ本部幹部教養部長朴平山仝部員李先同（群山在住）仝部員李東煥ノ三名ナリ
右報告（通報）ス

左記
七月十九日　開城
〃　二十日　水源（原）
〃　廿一日　平沢
七月廿二日　安城
〃　廿三日　笠場
〃　廿五日　成歡
七月廿六日　天安
〃　廿七日　温陽
〃　廿九日　礼山
〃　卅日　洪城
〃　卅一日　廣川
八月　一日　保寧
〃　二日　舒川
〃　三日　群山
〃　四日　全州
〃　五日　裡里
〃　六日　黄登
八月　七日　江景
〃　八日　論山
〃　九日　大田
〃　十日　鳥致院

〃 十一日 清州
〃 十二日 鎭川
〃 十三日 清安
〃 十四日 槐山
〃 十五日 忠州
〃 十六日 堤川
〃 十七日 原州
八月十九日 驪州
〃 二十日 利川
〃 廿一日 長湖院 以上三十一ヶ所

以上

衡總第一三〇號

一九二八年七月十六日

朝鮮衡平社總本部

衡平社 支部貴中

夏期巡回 講演 講座 開催의 件

右件은 우리 운동이 발전하는 그 과정에 잇서서 만흔 必要로늑겨오앗슴과 함께 그의 倶体的反映으로 去四月 第六回全國大會에서 決議된 것인바 此件을 左記規定에 依하야 實施開催하려하오니 貴支部에서는 貴支部地域의 順次에 依하야 萬般의 準備를 完備하시는 中 特히 當日에는 만흔 聽衆이 来参하도록 하시와 아무조록意義잇고 同時에 収穫이 만흘 이 講演 又는 講座를 우리 自身의 支持에 依한 盛況을 期必하도록 하십시다

規定

一、地方의 形便에 依하야 講演□□ 한가지만 取함.
一、聽講範囲—主로는 社員 男女老少 全部로 하되 特히 地方非社員青年 及 其他各層들까지 만히 歡迎함
一、時日及場所

七月十九日 開城
〃 二十日 水原
〃 二十一日 平澤
〃 二十二日 安城
〃 二十三日 笠場
〃 二十五日 成歡
〃 二十六日 天安
〃 二十七日 温陽
〃 二十九日 禮山
〃 三十日 洪城
〃 三十一日 廣川
八月 一日 保寧
〃 二日 舒川
〃 三日 群山
〃 四日 全州

〃五日　裡里
〃六日　黄登
〃七日　江景
〃八日　論山
〃九日　大田
〃十日　鳥致院
〃十一日　清州
〃十二日　鎭川
〃十三日　清安
〃十四日　槐山
〃十五日　忠州
〃十六日　堤川
〃十七日　原州
〃十九日　駋州
〃二十日　利川
〃二十一日　長湖院

夏期巡回講演講座開催ノ件

右件ハ我運動ノ発展スル過程ニ在リ多クノ必要ヲ感シタルト同時ニ其ノ具体的反映ニテ去四月第六回全国大会ニ於テ決議シタル所此件ヲ左記規定ニ依リ実施開催セントスルニヨリ貴支部ニ於テハ貴支部地域ノ順序ニ依リ万般準備ヲ完備セラレル中特ニ当日ニハ多クノ聴衆カ来聴スル様セラレ是非意義アルト同時ニ収穫多ク此講演又ハ講座ヲ我自身ノ維持ニ依ル盛況ヲ期セントス

規定

一、地方ノ都合ニ依リ講演講座中ノ一ヲ採ル事

一、聴講範囲　主トシテ社員男女老少全部トシ特ニ地方非社員青年及其他各層ヲ持（ママ）チ多ク歓迎ス

以下省略

3　7月30日　朝鮮衡平社印刷文ノ件

『昭和三年　思想問題ニ関スル調査書類』Ⅰ

京鍾警高秘第八七六五号

昭和三年七月卅日

京城鍾路警察署長

京城地方法院検事正殿

朝鮮衡平社印刷文ノ件

管下朝鮮衡平社総本部ニ於テハ臨時大会ヲ開催スルニ当リ中央執行委員会開催ノ必要通リタルモ地方農家ノ多忙時期ナル為メ其ノ事情ニ鑑ミ六月七日付ヲ以テ中央執行委員書面大会ヲ開催スルコト、ナリ地方ニ散在セル中央執行委員十四名ニ召集文ヲ印刷シ（六月九日付本号既報）発送シ居タルカ此程半数以上ノ可便ノ回答アリシヲ以テ愈々本年十月二三日ノ両日間大田ニ於テ臨時大会ヲ開催スルコトニ決定シ別紙印刷文ヲ前回通リ地方中央執行委員十四名ニ対シ本月

廿四日発送セルガ容疑ノ点ヲ発見セズ
右報告ス
追而臨時大会ノ目的ハ中央執行委員不足ノ為メ増選其他事務渋帯ニ依リ整理云々トアルモ本年春慶南晋州居住姜相鎬ノ組織セル慶南衡平聯盟ノ撲滅ヲ計ル為メニアルモノノ如シ

以上

発送先、局長　部長　検事正

衡總第一四七号

衡平六年七月二十四日

朝鮮衡平社總本部

中央執行委員長

中央執行委員　貴中

第一回中央執行委員書面大會顛末報告及
第二回中央執行委員書面大會의　件

首題之件에　関하야　衡總第五三号六月七日付中央執行委員書面大會에　□에잇서〃　決議事項（全鮮衡平社臨時大會召集의件）에
中央執行委員諸氏로부터　来到한　結果는　如左함

可便　吉奉西　李先同　金　棒　金東錫
李鍾淳　吉相洙　羅秀完　李龍守
姜龍弼
否便　趙明旭
反答未到便　李春福
最多数可便으로　決定되엿□□에　対하야　第二回中央執行員書面大會를　左記事項으로써　開催함

決議事項
全朝鮮臨時大會開催에関하야
日時　衡平六年十月二、三、両日間（旧八月十九、二十日）
場所　大田
予告討議案提議（但討議案에는理由及實行方法　또는　明記를　要함　提議案時日은　八月三十一日까지　總本部로　提出함）
以上에一切準備는　常務委會에一任함
前記事項을　正式으로（別紙에）可否의　理由를　明記하야　八月十日까지　總本部到着케　即反信을　要함（但　時日이　経過도록　反信이　無한　時에는　可便으로　取扱함）

（本文上部に横書き）
우리의　責任이　그얼마나　重한가？

[編者訳文]

衡総第一四七号

衡平六年七月二十四日

朝鮮衡平社総本部

中央執行委員長

中央執行委員　貴中

第一回中央執行委員書面大会顛末報告及び

第二回中央執行委員書面大会の件

首題の件に関して衡総第五三号六月七日付中央執行委員書面大会において決議事項（全鮮衡平社臨時大会召集の件）に中央執行委員諸氏から届いた結果は左の如し

賛成　吉泰西　李先同　金棒　金東錫
李鍾淳　吉相洙　羅秀完　李龍守
姜龍弼（生）

反対　趙明旭

返答なし　李春福

最多数賛成で決定され□□に対して第二回中央執行委員書面大会を左記のように開催する

決議事項

全朝鮮臨時大会開催に関して

日時　衡平六年十月二、三、両日間（旧八月一九、二十日）

場所　大田

予告討議案提議（但し討議案には理由及び実行方法又は明記を要する。討議案時日は八月三十一日までに総本部に提出する）

以上の一切準備は常務委に一任する

前記事項を正式に（別紙に）可否の理由を明記して八月十日までに総本部に到着するように即ちに返信を要す（但し時月が経過しても返信がない時には賛成として取り扱う）

（本文上部に横書き）我らの責任はどんなに重いか？

4　8月3日　衡平社忠南大会及禮山支部設立六週年紀念式開催計画ニ関スル件『昭和三年　思想問題ニ関スル調査書類』Ⅰ

京鍾警高秘第八九〇七号

昭和三年八月三日

京城鍾路警察署長

京城地方法院検事正殿

衡平社忠南大会及禮山支部設立六週年紀念式開催計画ニ関スル件

府内雲泥洞三二番地朝鮮衡平社中央総本部ニ於テハ来ル十六日忠南禮山郡禮山面香泉里衡平社支部会館ニ於テ首題会ヲ開催スルコト、シ此レガ為メ別紙訳文ノ如キ宣伝文二千枚ヲ印刷シ（原稿ハ総督府図書課ニ於テ検閲スミト云フ）支部及社員ニ宛テ配布スル予定ニシテ二日ノ内ニ印刷ニ附スル筈ナリト云フ

右報告（通報）ス

発送先、局長　部長　検事正　禮山署長

衡平社忠南大会ト合セテ禮山支部設立六週年紀念祝賀式宣伝文

（本文上部に横書き）「人生ハ自由ト平等ノ権利ヲ有スル」

凡ソ公平ト云フモノハ社会ノ道徳デアル人間界本質デアル　アー本当ニ悲シイ‼悲切惨憺シ切歯腐心スル位不合理ナル旧制度ノ下ニ於テ最下階級ニ処セラレテ居ッタ四十万生霊ヨ、所謂最下階級ヨト云フ差別其レガ何処ヨリ出テ来タノカ‼檀君以後四千年ノ槿花大地ニ

於テ同一ナル生活ヲ経営シテ来タノハ純然タル家族制度ノ保全デハナカッタカ？同時ニ所謂白丁トカ婢僕トカ上典トカ文官トカ武官トカ座首トカ掌儀トカ労働者トカ漁僕トカ左族トカ右族トカ南人トカ老論トカ小北トカ西人トカ等ノ千差万別デアッタ残忍無道ナル制度之ガ如何ニシテ人類社会ノ公平ト謂フベキカ千万意外ニ大矛盾撞着デアル何トナレバ人ナレバ人ノ待遇ヲスルモノデアル犬ナレバ犬ノ待遇ヲスルノガ至当デアル人ニ禽獣ノ待遇ノ受ケル者ヨリモ与ヘシ人ノ意志ガ悪ニ悲ズシテ何ゾ‼見ヨ白丁ヲ何故賤待シ同族ニアルニモ拘ラズ仇讎ノ反視ヲ行ッタノカ仮令屠牛屠狗スルヲ以テ賤視圧迫スルトセバ牛狗豚肉ヲ喰フモノハソノ罪如何テアリ食料品ヲ供給スルカラトテ蔑視拘迫スルトセバ作米業者トカ厨房ニ於テ御飯作リ御饌作ル婦女ニ対シテハ如何ナル待遇ヲシテ可ナリヤ？獣ノ生命ヲ奪フカラト云フテ賤トセバ「白昼路上ニ於テ人ノ自由ヲ奪フモノハ何テ白丁ト云ヒ」虎兎獐鹿飛鳥走獣ヲ問ハズ勝手ニ射テ生命ヲ奪フモノハ上典ノ待遇ヲ受ケルノハ大矛盾テナクテ何ゾ‼

柳ヲ切ツテ杷柳紅工業ヲ為スカラトテ賤者トバ大松木ヲ切ツテ大工業ヲ為スモノハ如何テ賤待ヲ為シテ可ナリヤ？之レ総テガ不合理ナル旧制度ソレガ産出物デアッタ

此ニ覚醒シタル我等モ宇宙ノ大自然ト社会ノ新風潮ニ順応シテ天賦的本能タル自由ヲ回復スルト同時ニ共存共栄ヲ図謀センガ為メ茲ニ衡平運動ヲ叫ンテカラ既ニ過去六個星霜タル今日ニ我ガ禮山ニ於テ衡平社忠南大会ト併セテ本支部設立六週年紀念祝賀式ヲ挙行スル事ニナリ半島兄弟姉妹ヨー周囲環境ニ従ッテ総テノモノガ皆ナ等シキ我ガ白衣同胞ヨー！一般礼山人士ヨ‼惟一ナル人類ノ愛ヲ以テ共栄ヲ祝スルノミデアル

全鮮ニ散在セル衡平階級ヨ団結セヨ！

千差万別ノ賤視ヲ撤廃セヨ！

満天下人士ハ共栄ノ為メ衡平旗下ニ衡平社総本部ヲ死守セヨ

時日　一九二八、八月十二日

場所　忠南禮山郡禮山面香泉里衡平支会館

衡平社　忠南大会
禮山支部　白

以上

「経済条件ヲ必要トスル人権解放ノ衡平運動」（本文下部に横書き）

5　8月6日　朝鮮衡平社印刷文ニ関スル件

『昭和三年　思想問題ニ関スル調査書類』Ⅰ

京鍾警高秘第九〇八四号

昭和三年八月六日

京城鍾路警察署長

（印）
「京城地方法院検事正殿」

朝鮮衡平社印刷文ニ干スル件

朝鮮衡平社総本部ニ於テハ本月二日元幹部張志弼来京セルヲ以テ幹部（執行委員長）等ト共ニ禮山衡平社六週年紀念式開催セムト協義（議）中ノ処本年十月頃大田ニ於テ全鮮臨時大会ヲ開催スルニ当リ其ノ予

備トシテ開催スルヲ必要ナリトノ理由ニテ開催スルコトニ可決シ翌三日別紙（二様）ノ如キ忠南大会召集文（約六十枚）及禮山六週年紀念祝賀会宣伝文約一千五百枚ヲ印刷シ本月四日各地へ発送セルガ前記通文ハ総督府図書課ニ於テ検閲済ノ如ク不穏ノ点ヲ認メス

右報告（通報）ス

発送先　局　部　検事局　大田禮山署

（本文上部に横書き）人生은自由와平等의 權利를 가젓다

衡平社忠南大會와 아울너

禮山支部設立六週年

記念祝賀式宣傳文！

大抵 公平이라 함은 社會의 道德이요 人間界의 本質이엿슴니다아！果然슴프다！ 悲切惨憺하고　絶齒腐心하게도 不合理한 舊制度下에서 最下階級에 處하여잇든 四十萬의 生霊아 所謂 最下階級이란 差別 그것이 어느 곳으로부터 왓던고？ 檀君以後 四千年의 槿花天地에서 同一한 生活을 經營하여온 것은 純全한 家族制度의 保全이 안이엿슴니가？ 同時에 所謂 白丁이니 黑丁이니 婢僕이니 上典이니 文官이니 武官이니 座首이니 掌議이니 勞働者이니 漁漢이니 左族이니 右族이니 南人이니 老論이니 小北이니 西人이니 等의 千差萬別이엿다

아！ 残忍無道한 制度이 엇지 人類社會의 公平이라할가！ 千萬義外에 大矛盾 憧錯이로다。 何哉呼？ 사람이면 사람의 待遇를 하는 것이요　개이면 개의 待遇를 하는 것이至當할 것이다 사람의게 禽獸의 待遇를 밧는 者보다도 주는 사람의 生覺이야말로 이 엇지 妄發이아닐가？ 보시요！ 白丁를 무엇으로써 賤待하며 同族임에도 不拘하고 仇讐의 反視를 行하엿든가！假令 屠牛도 狗를 한다함으로써 賤視壓迫한다하면 牛 狗 豚肉을 食하는 者는 그 罪如何하엿스며 食料品을 供給한다고 蔑視拘迫한다하면 作米業者이나 厨房에서 밥 짓고 반찬만드는 婦女의게는 何如한 待遇를 하여야 可할는지요？ 짐승의 生命을 빼앗는다하야 賤하다 할것이면 白晝路上에서 사람의 自由를 빼앗는 者는 무삼 白丁이라하며 범 톡기 노루 사슴 날는 짐승 기는 짐승할 것 업시 함부로 탕々 쏘아보는대로 生命을 빼앗는者는 上典의 待接을 하니大矛盾憧錯이 아니고 무엇인가？

버들을 비어 楊柳細工業을 한다고 賤하다 할것이며 大松木을 비여 大工業을 하는者는 무슨 賤待를 하여야오를가요？ 이것이모다 不合理한 舊制度 그것이 産出한 遺物이엿다

이것을 覺悟한 우리들도 宇宙의 大自然과 社会의 新風潮에 順應하야 天賦的本能인 自由를 回復함과 同時에 共存共榮을 圖謀하기 爲하야 於是乎 衡平運動을 불으지진지 임의 過去 六個星霜인 오날에 우리 禮山에서도 衡平社忠南大會와 아울너 本支部設立 六週年紀念祝賀式을 擧行하게 되는바 半島兄弟姉妹여！ 周圍와 環境을 따라서 모ー든 것이 다갓흔 우리의 白衣同胞여？ 一般 禮山人士여！ 唯一한 人類의 愛로써 共榮을 祝할뿐이외다

全鮮에 散在한 衡平階級아 團結하라！

스 로 간

千差萬別의 賤視를 撤廢하자!

満天下人士는 共榮을 爲하야 衡平旗下로!

××××源泉인 衡平總本部를 死守하자!!

時日　一九二八年八月十二日（陰六月二十七日）

場所　忠南禮山郡禮山面香泉里衡平社支部會舘

衡　平　社　忠南大會 禮山支部　白

（本文下部に横書き）經濟条件을必要로한 人權解放인 衡平運動

（編者注＝右史料はNo.4の資料と同じにつき、編者訳文は略す）

衡總第一七〇号

衡平六年八月四日

朝鮮衡平社總本部㊞

衡平社各支部　貴中

忠南大會召集에 関한 件

首題之件《슈데지건》에 附《부》하야는 우리의 活路《활로》를 開拓《개척》하자는 것이다 人權《인권》을 迫脱当《박탈당》한 우리는 所謂《소위》 特權階級《특권계급》과 勇敢《용감》하게도 百折不屈《백절불굴》로 戰鬪《전투》하엿스며 經濟的《경제적》으로 精神的《정신적》으로 迫害《박해》를 當《당》한 우리의 白丁階《백뎡계》級《급》은 말할餘地《여지》도 업시 死線《사선》에서 呻吟《신음》하엿슴도不拘《불구》하고 鬪爭《투쟁》에 鬪爭《투쟁》을 하게된 것이다 諸君《제군》?! 諸君《제군》은 이를 엇지하려는가?! 抗爭《항쟁》에서 抗爭《항쟁》을 거듭하여온지 벌서 過去《과거》 六個星霜《육개성상》이 되엿다 그러나 完全《완젼》한 効果《효과》를 엇지못하엿다 아ー니 撤底的《철저적》으로 抗爭《항쟁》하지못한 우리 忠南《츙남》에 잇서〃 撤底的《철저적》으로 完全無違《완젼무위》한 人權的《인권적》 経濟的《경제적》으로 解放《해방》의 前路《전노》를 찾지안이하면 아니되겟다는 것이다

이에 잇서〃（總本部綱領第一條《총본부강령데일》）에《我等《아등》은 経濟的條件《경제적죠건》을 必要《필요》로한 人權解放《인권해방》을 根本的使命《근본적사명》으로 期《기》함》ー우리의 먹고살 것은 屠獣場問題《도수장문제》 乾皮場問題《건피장문제》 屠夫問題《도부문제》 獣肉価格問題《수육가격문제》 差別問題等《차별문제등》외 数十種《수십종》이며 現下《현하》 우리 四十萬《사십만》에 白丁群《백뎡군》을 蔑視《멸시》하고 凌辱《능욕》하야 迫脱《박탈》하려는 各地紛爭事件《각지분쟁사건》이며 今般《금반》 忠南大會《츙남대회》가 아니 젼션 四十萬《사십만》에 莫大《막대》한 利害関係《리해관계》가 잇는것이다

諸君《제군》! 이를 엇지하려는가 모여라! 우리의 活路《활로》를 찾기 為하야 貴支部《귀지부》에서는 이에 無違《무위》히 參加《참가》하야 左記《좌기》 日時場所《일시장소》에 出席《출석》하심을 大望《대망》。

時日　六年八月十二日（음六月二十七日午前十時부터

場所　忠南禮山《예산》郡邑内香泉里（禮山支部講習所内《예산지부강습소내》에서）

大会參加規定書《대회참가규정서》　參加金《참가금》　每支部《매지부》　貳円也《이원》

參加人員《참가인원》　每支部《매지부》　二人以上《이인이상》

[編者訳文]

衡総第一七〇号

衡平六年八月四日

朝鮮衡平社総本部㊞

衡平社各支部　貴中

忠南大会召集に関する件

首題の件に附いては我らの活動を開拓しようとするものだ。人権を剥奪された我らは、いわゆる特権階級と勇敢にも百折不屈に戦闘し、経済的に精神的に迫害された我が白丁階級は、いうべき余地もなく死線で呻吟したにも拘らず、闘争に闘争を重ねることになったのだ。諸君⁉ 諸君はこれをどうしようとするのか？ 抗争に抗争を重ねて来てすでに過去六箇星霜となった。しかし、完全な効果を見ることができなかった。いや、徹底的に抗争できなかった我が忠南において徹底的に完全無欠な人権的、経済的に解放の前途を見い出さねばならないということだ。

ここにおいて「総本部綱領第一条」に『我等は経済的条件を必要とする人権解放を根本的使命として期する』―我らの食べて生きるのは屠獣場問題、乾皮場問題、屠夫問題、獣肉価格問題、差別問題等のほか数十種であり、現下我が四十万の白丁群を蔑視し凌辱して剥奪しようという各地紛争事件であり、今般忠南大会がひいては全鮮四十万に莫大な利害関係があることだ。

諸君！これを如何にしようか。集まれ！　我らの活路を見い出すために貴支部ではこれに漏れなく参加し左記の日時場所に出席することを是非望む。

時日　六年八月十二日（陰六月二十七日）午前十時から

場所　忠南禮山郡邑内香泉里（禮山支部講習所内で）

大会参加規定書　参加費　毎支部　弐円也

参加人員　毎支部　二人以上

『昭和三年　思想問題ニ関スル調査書類』Ⅰ

6　8月21日　朝鮮衡平社最近紛糾事件ニ関スル件

京鍾警高秘第九八一八号

昭和三年八月廿一日

京城鍾路警察署長

㊞「京城地方法院検事正殿」

朝鮮衡平社最近紛糾事件ニ関スル件

最近衡平社員対普通民紛糾事件頻発スルヲ以テ朝鮮衡平社総本部ニ就キ其ノ状況ヲ内査スルニ左記ノ通リニ付報告ス

左記

一、褮樹支部告訴事件（全北任実郡）

（発生）六月二十二日褮樹衡平社支部創立当時仝地普通民ハ人権打破運動スルハ不都合ナリトシ衡平社支部ヲ襲撃シ普通民側二十余名ニ達スル告訴ヲ受ケタル事件発生シ目下衡平社本部ニ於テハ其ノ成行キ傍観中

二、鳥致院事件

（発生）七月九日鳥致院警察署長ハ仝地衡平社員ヲ呼出シ説諭スルニ当リ武道場ニ呼入レ侮辱的言辞ヲ為シタルトシテ問題惹起シ衡平社本部ニ於テハ本月八日署長宛警告文ヲ発送シ更ニ督促状ヲ発送スベク幹部等ニ於テ目下協議中

三、論山郡陽村面仁川里事件

（発生）七月十四日社員対普通民ノ喧嘩ニ対シ駐在所巡査ガ不公平ナル処置ヲ執リ社員ニ侮辱言語ヲ為シタルトアリ

本件ハ当時既ニ解決セルニモ不拘ズ七月廿九日張志弼ハ総本部ヲ代表シ署長宛警告文ヲ発送シ尚近ク常務委員会ヲ開催シ対策ヲ講究スルト云フ

四、成歓事件

（発生）七月十五日頃最近駐在所在任鮮人巡査某ガ三ヶ月前ノ社員対普通民紛糾事件ニ就キ突然社員ヲ呼出シ不法ニモ金十五円ヲ被害者ニ提供セヨ云々ニテ事件発生シ衡平社本部ニ於テハ一端解決セル事件ニ関シ更ニ訊問ヲ受ケ又ハ暴行サレテ十五円ヲ提供スルコトナシト反対論煽動中

五、契樹事件

（発生）七月廿四日面事務所小使某ガ他人ニ白丁ヨリ肉ヲ買フナト告ゲタルガ動機トナリ面長ガ介在シ白丁ニ侮辱言辞ヲ為シタリトアリ直チニ総本部ニ於テ面長ニ対シ警告文ヲ前後二回ニ亘リ発送シタルヲ以テ面長ニ於テモ八月九回答ヲ発送スルニ至リ本部ニ於テハ之レニ再協議ヲ重ネ近ク再警告文ヲ発送スベク準備中

六、新泰院事件

（発生）七月卅日新泰院ニ於テ衡平社支部定期総会開催ノ際新泰院労働組合ヨリ会館借リ入レニ当リ労働組合員ノ一部ガ吾等ノ会館ヲ白丁ニ借シ与ヘルハ会館ノ神聖ヲ穢ストシテ拒絶シタルニヨリ事件発生シ本部ニ於テハ同一運動ニ立ツ労働団体ヨリ差別的待遇ヲ受ケ且ツ侮辱ヲ受ケタルハ由々敷問題ニシテ此儘放任スルヲ得ズトシテ仝地社員真相調査ヲ命ズルト共ニ警告文ヲ発送スベク準備中

七、堤川事件

（発生）七月三十日衡平社員某ガ豚買入レノ際普通民ト飲酒ノ上喧嘩ガ動機トナリ殴打事件発生シ社員某ハ医師診断書ヲ附シ告訴ヲ提起シ加害者ハ拘束ノ上八月十四日忠州地方法院ニ廻送サレタリト本部ニ於テハ成行傍観中

八、天安事件

（発生）八月六日社員某ガ犬買入ノ際普通民ヨリ殴打サレタトアリ此報ニ接シタル天安衡平社員ハ直チニ自動車ニ便乗シ普通民ヲ襲撃セムトシタルヲ天安署ヨリ解散ヲ命セラレ目下本部ト連絡ヲ取リ対策講究中

九、禮山事件

（発生）八月十二日禮山衡平社ニ於テ忠南衡平社大会閉会後普通民約千名ガ衡平社ヲ襲撃セムト押掛ケタル事件アリ直チニ禮山署ニ於テ解散セシメ事ナキヲ得タルモ其後禮山普通民ハ牛肉非買同盟ヲ組織セムト画策中トアリ本部ニ於テハ事重大トシテ禮山支部ヘ真相調査方ヲ命シ目下幹部間ニ於テ対策講究中

一〇、舒川事件

発生、八月十三日八月十六日舒川衡平社支部ヨリ本部ニ達シタル通信ニ依レバ金西千、鄭徳奉、趙五奉、吉同云ノ四名ガ犬肉ヲ販売シタル為メ三円ノ罰金ニ処セラレ納附不能ノ為メ四日間ノ換刑処分ニ附セラレ目下拘留中トアリ本部ニ於テハ従来地方ニテ犬肉販売スルモ特ニ許可ナカリシモノヲ直チニ罰金刑ニ処スルハ不法ナリトシ全地社員ニ真相調査方ヲ命ズルト同時ニ幹部等協議中

以上ノ如クニシテ目下本部ノ態度ニ依テハ相当注意中ナリ

以上

発送先、局長　部長　検事正

7　8月22日　衡平社総本部印刷文発送ノ件

『昭和三年　思想問題ニ関スル調査書類』Ⅰ

京鍾警高秘第九八六二号

昭和三年八月廿二日

京城鍾路警察署長

京城地方法院検事正殿

衡平社総本部印刷文発送ノ件

管下朝鮮衡平社総本部ニ於テハ去ル十二日禮山ニ於テ開催セシ忠南衡平社大会々録ヲ作成中処本月廿一日別紙ノ如ク謄写シ百部ヲ各地団体ヘ郵送セルガ不穏ノ点ヲ認メズ

右報告ス

以上

発送先、局長　部長　検事正

一九二八年八月十二日

衡平社忠南大會々錄

朝鮮衡平社總本部

衡平社忠南大會々錄

衡平社忠南大會々錄 目次

一．開會（개회）

一．開會辭（개회사）

一．代議員資格審査（대의원자격심사）

一．臨時執行部選擧（임시집행부선거）

一．經過報告（경과보고）

一．祝文祝電及祝辭（축문축전 급 축사）

一．各支部狀況報告（각지부상황보고）

▲討議事項（토의사항）

一．一般社會問題（일반사회문제）

一．其他（기타）

一．閉会（폐회）

一九二八年八月十二日《일구이팔년팔월십이일》 午后《오후》二時半《이시반》부터 衡平社忠南大會《형평사충남대회》를 衡平社《형평사》禮山支部會舘內《례산지부회관내》에서 開催《개최》하다

一．開會《개회》＝朝鮮衡平社總本部《조선형평사총본부》 中央執行委員長《중앙집행위원장》 金鍾澤氏《김종택씨》로 開會宣言《개회선언》하다

一．開會辭《개회사》＝張志弼氏《장지필씨》의 開會辭《개회사》로

歷史的《역사적》으로 意義《의의》잇는 우리의 衡平社忠南大會《형평사충남대회》는 使命《사명》을 띄고열니게되엿는가 勿論《물론》 代議員諸君《대의원제군》은 잘알것이다 千差萬別《천차만별》을 撤廢《철폐》하리라는 뜻을 가지고 이 자리에 모엿다고 본다 그러면 우리의 大會《대회》를 우리가 엄숙하게 직히며 同時《동시》에 압흐로 重要《중요》한 討議案《토의안》을 만흔 理論《리론》을 展開《전개》식히여 우리의 活路《활로》를 찻게하자는等《등》〃에……開會辭《개회사》는 이로 맛치고

一. 代議員資格審査《대의원자격심사》＝代議員資格審査《대의원자격심》하니 代議員《대의원》이 七拾七人《칠십칠인》이며 各支部《각지부》에서온 代議員代表者《대의원대표자》가 八十餘名《팔십여명》이러라

一. 臨時執行部選擧《림시집행부선거》＝議長《의장》은 總本部《총본부》 中央執行委員長《중앙집행위원장》으로하자는 意見《의견》이잇섯쓰나 委員長《위원장》은 엇더한 事情《사정》으로 나오지못하겟다하야 臨時執行部八人《림시집행부팔인》을 選擧《선거》하자는 意見《의견》에 滿場一致可決《만장일치가결》하다 議長二人《의장이인》 書記三人《서기삼인》 糾察三人《사찰삼인》을 口頭呼薦《구두호천》하니 議長《의장》 張志弼《장지필》 吉淳吾《길준오》 書記《서기》 李址永《리지영》·朴平山《박평산》·李東煥《리동환》 糾察《사찰》 趙貴用《됴귀용》 片仁貴《편인귀》 金東錫《김동석》

一. 経過報告《경과보고》＝経過報告《경과보고》는 時間上關係《시간상관계》로 畧《약》하자는 意見《의견》에 滿場一致《만장일치》로 可決《가결》하다

一. 祝電文及祝辭《축뎐문규축사》＝三十餘通《삼십여통》에 祝電文七通《축뎐문칠통》을 臨席警官《림석경관》에게 押收《압수》를 當《당》하고 辭祝《축사》에 들어가 멀니 群山支部《군산지부》、全州支部《전주지부》 또는 十餘代表《십여대표》、東亜日報礼山支局諸君《동아일보례산지국제군》의 熱烈《열렬》한 祝辭《축사》가잇섯다

一. 各支部状況報告《각지부상황보고》＝各支部状況報告《각지부상황보고》는 畧《약》하자는 意見《의견》에 無議可決《무의가결》되다

▲討議事項《토의사항》

一. 總本部維持《총본부유지》에 關《관》한 件《건》

總本部維持《총본부유지》는 總本部《총본부》의 指定《지정》한 대로 未納《미납》된곳은 速々《속々》히 上納《상납》하도록하고 各支部《각지부》에서는 每月二十日以內《매월이십일이내》로 納入《납입》하도록 滿場一致可決《만장일치가결》되다

一. 教養問題《교양문제》에 關《관》한 件《건》

各支部《각지부》 教養部《교양부》에 一任《일님》하되 学校《학교》단니지못하고 無産児童《무산아들》에게는 夜學部《야학부》 또는 講習所《강습소》를 設立《설립》하고 教養《교양》케하고 社員《사원》들은 講演会《강연회》 講座会《강좌회》를 開催《개최》하여 教養《교양》에 全力《전녁》을들이자는意見《의견》이一致可決《일치가결》되다

一. 衡平学友会《형평학우회》 積極的支持《적극적지지》에 關《관》한 件《건》＝理由《리유》＝우리 衡平社員《형평사원》은大体《대체》로 보아 教養《교양》이 不足《불족》한 것은 事実《사실》이다 그것은 過去《과거》에 잇서 배우지도 못하고 배운다하더라도 充分《충분》히 배우지못한것이다 그럼으로 未來《미래》의 主人公《주인공》이 될学生《학생》에게 더욱 教養《교양》을 充実《충실》히 하며 衡平学友会《형평학우회》를 積極的支持《적극적지지》하기로 하다 実行方法《실행방법》＝各支部《각지부》에 一任《일님》하다

一. 社員親睦《사원친목》에 關《관》한 件《건》＝社員親睦《사원친목》에 잇서〃는 우리 親睦会《친목회》라는 常設《상설》機関《기관》을 두자는 意見《의견》이 잇섯스나 結局《결국》은 그전에 全例《전례》에 依《의》하야 親睦《친목》하자는 것으로 可決《가결》되다

一. 早婚廢止《조혼폐지》에 關《관》한 件《건》＝理由《리유》 엇더한 나라를 勿論《물론》하고 早婚廢止《조혼폐지》가 되고잇다 그러나 朝鮮《조선》에 만 特別《특별》히 아직아직도 그러한 風俗《풍석》이 남어잇다 그러면 엇더한 方面《방면》으로 보든지 早婚《조혼》 이라는 것은 좃치못한 것이다 그러면 우리는 早婚廢止《조혼폐지》를 해야한다 実行方法《실행방법》＝女子《여자》는 十八歲以上《십팔세이상》 男子《남자》는 二十歲以上《이십세이상》으로 할 일

一. 道支部聯合会《도지부연합회》에 關《관》한 件《건》＝理由《리유》 우리 衡平運動《형평운동》의 組織体《조직체》는各支部《각지부》가 總合《총합》하야 總本部《총본부》가 되여잇다 그러나 그것은 時間上《시간상》 또는 経《경》

濟上《제상》莫大《막대》한 損失《손실》이다 그러면 우리는 道支部聯合会《도지부연합회》를 必要《필요》로 한다 実行方法《실행방법》=總本部《총본부》의 健議《건의》하기로 하다 健議案作成委員《건의안작성위원》 三人《삼인》을口頭《구두》로 選擧《슨거》하니

李址永《리지영》　吉淳吾《길준오》　張志弼《장지필》

一．衡平社道機関紙《형평사도기관지》에 関《관》한件《건》=理由《리유》　過去《과거》에 잇서〃衡平機関紙《형평기관지》가 잇섯스나 그러나 至今《지금》은 存在《존제》좃차 이저버리게되엿다 그러면 우리는 總本部《총본부》 機関紙《기관지》를 發刊《발간》하는 同時《동시》에 道機関紙《도기관지》를 必要《필요》로 한다 이러한 理由《리유》를 總本部委員長《총본부위원장》에게 먼저 問議《문의》할 必要《필요》가 잇다하야 問議委員《문의위원》 三人《삼인》을 口頭《구두》로 呼薦《호천》하야 明日《명일》 續會《속회》하도록 하자는 意見《의견》으로 一致可決《일치가결》되고 停会《정회》하니 때는 午后七時《오후칠시》러라（問議委員《문의위원》 金東錫《김동석》 李址永《리지영》 吉淳吾《길준오》 三人《삼인》으로）議長《의장》으로부터 明日午前九時《명일오전구시》부터 續会《속회》한다는 것으로 宣言《선언》하고 臨時休會《림시휴회》하다

第二日部《뎨이일부》　翌日《익일》인 十三日午前九時半《십삼일오전구시반》부터 議長《의장》의 續會宣言《속회선언》이잇자 警察當局《경찰당국》으로부터 午前十二時以内《오전십이시이내》로 大會《대회》를 맛추라는 時間制限《시간제한》까지 잇섯다　第一日部《제일일부》에 道機関紙《도기관지》 發刊《발간》에 対하야 總本部《총본부》 委員長《위원장》에게 問議《문의》하기로 하엿던 問議委員《문의위원》의 報告《보고》가 잇스니 다음과 갓다　報告（보고）委員長《위원장》의 答《답》　勿論《물론》 道機関紙《도기관지》에 対《대》하야 퍽 必要《필요》로 안다 그러나 그의 實行方法《실행방법》에 잇서〃 아즉 何等《하등》의 具体的方針《구체적방침》이 엄슴으로 그것을 이 자리에서 맡처 答《답》하기가 어렵습니다 그러니 그것은 保留《보류》하여주고 만이 研究《연구》할 必要《필요》가 잇다고 生覺《생각》합니다=問議委員報告《문의위원보고》에 빗쳐 保留《보류》하기로 異議《이의》업시 可決《가결》되다

一．生活問題《생활문제》　（가）屠獣場問題《도수장문제》　（나）乾皮場問題《건피장문제》　（다）獣肉販問題《수육판문제》　（라）屠夫問題《도부문제》　生活問題《생활문제》에 잇서〃는 時間上関係《시간상관계》 또는 날도 덥고함으로 実行委員《실행위원》二人을 選擧《선거》하야 全部《정부》를 一任《일님》하자는 意見《의견》이 滿場一致可決《만장일치가결》되다 実行委員《실행위원》을 口頭《구두》로 呼薦《호천》하니 張志弼《장지필》 趙貴用《됴귀용》

一．差別待遇《차별대우》 積極的撤廢《적극적철폐》에 関《관》한件《건》=理由《리유》　우리는 過去《과거》에 잇서〃 말할것도 업시 만흔 差別《차별》을 밧어왓다 그러나 지금에 잇서도 만흔 差別《차별》을 當《당》하고잇슴을 말하지아니하더라도 잘 알것이다。그럼으로 우리는 差別待遇《차별대우》 積極的抗議運動《적극적항의운동》을 일으키자　実行方法《실행방법》『엇더한 勿論《물론》하고 밧지마자』

一．地方分爭事件対策《지방분쟁사건대책》에 関《관》한件《건》=分爭事件《분쟁사건》은 대개가 差別《차별》로부터 일어나게된다 그러면 우리는 差別《차별》을 밧지아니하면 分爭《분쟁》도 업스니마 엇재든 差別《차별》을 밧지마자는 것이 滿場一致可決《만장일치가결》되다

一．産業奬勵《산업장려》에 関《관》한件《건》=産業奬勵《산업장려》 實行委員《실행위원》을 十五人《십오인》을 選定《선정》하는대 選挙方法《선거방법》은 銓衡委員三人《전형위원삼인》을 口頭《구두》로 呼薦《호천》하야 実行委員《실행위원》을 選擧《선거》키로 함

銓衡委員《전형위원》 趙貴用《됴귀용》、李址永《리지영》、金東錫《김동석》、銓衡委員《전형위원》이 實行委員《실행위원》을 選定《선정》하니

趙貴用《됴귀용》、李址永《리지영》、張志弼《장지필》、金東錫《김동석》、李宗男《리종남》、金仲學《김중학》、金益善《김익선》、趙和成《됴화성》、李達俊《리달준》、千基德《천기덕》、李点順《리점순》、李壁奎《리벽규》、金鍾澤《김종택》、吉奉西《길봉서》、金在德《김제덕》

一．一般社會問題《일반샤회문제》=衡平社總本部綱領《형평사총본부강령》대로 實行《실행》하자는 것이 滿場一致可決《만장일치가결》되다

綱領《강령》=我等《아등》은 一般社會團体《일반샤회단체》와 共同提携《공동제휘》하야 合理的社會建設《함리적샤회건설》을

期《기》함
其他《기타》＝會錄《회록》을 作成《작성》하는 것은 一切《일절》을 總本部委員《총본부위원》에게 一任《일님》함
一、會錄費《회록비》는 參加金《참가금》以外《이외》 五拾錢式《오십전식》을 더내자는 意見《의견》에 滿場一致《만장일치》로 可決《가결》되다

［編者訳文］

一九二八年八月十二日

衡平社忠南大会々録

朝鮮衡平社総本部

衡平社忠南大会々録

衡平社忠南大会々録目次

一、開会
一、開会辞
一、代議員資格審査
一、臨時執行部選挙
一、経過報告
一、祝文祝電及祝辞
一、各支部状況報告

▲討議事項

一、一般社会問題
一、其他
一、閉会

一、一九二八年八月十二日午後二時半から衡平社忠南大会を衡平社禮山支部会館内で開催する。
一、開会＝朝鮮衡平社総本部中央執行委員長の金鍾澤氏が開会宣言する。
一、開会辞＝張志弼氏の開会辞
歴史的に意義ある我が衡平社忠南大会は使命を帯びて開かれた。勿論、代議員諸君は承知であろうが千差万別を撤廃しろという意志を持って、この場に集まったと思う。ならば、我が大会を我らが厳粛に守り、同時に今後の重要な討議案を、多数の理論が展開され、我らの活路を見出そう等々……開会辞はこれで終わり
一、代議員資格審査＝代議員の資格を審査すると、代議員が七拾七人で、各支部からは代議員代表者が八十余名だ。
一、臨時執行部選挙＝議長を総本部中央執行委員長にせよという意見があったが、委員長は如何なる事情であろうとできないとし、臨時執行部の八人を選挙せよという意見に満場一致で可決した。議長二人、書記三人、査察三人を口頭推薦し、議長の張志弼、吉淳吾、書記李址永・朴平山・李東煥　査察趙貴用、片仁貴、金東錫
一、経過報告＝経過報告は時間上の関係で省略しようという意見に満場一致で可決す。
一、祝電及び祝辞＝三十余通の祝電、七通を臨席警官に押収され、祝辞に入り遠くの群山支部、全州支部又は十余代表、東亜日報禮

山支局諸君の熱烈な祝辞があった。

一、各支部の状況報告＝各支部の状況報告は略そうという意見に異議無しで可決す。

▲討議事項

一、総本部維持に関する件

総本部維持は総本部の指定通り、未納の所は早々に上納し、各支部では毎月二十日までに納入することを満場一致で可決す。

一、教養問題に関する件

各支部の教養部に一任するが、学校へ通えない無産児童に夜学部、又は講習所を設立し、教養を受けるようにし、社員らは講演会講座を開催し、教養に全力を尽くそうという意見で一致可決す。

一、衡平学友会への積極的支持に関する件＝理由＝我が衡平社員は大体からして教養が不足していることは事実だ。それは、過去に学ぶこともできず、学んだとしても充分に学べなかった。よって、未来の主人公となる学生により教養を充分につけさせ、衡平学友会を積極的に支持することとする。実行方法＝各支部に一任す。

一、社員親睦に関する件＝社員親睦においては〝我が親睦会〟という常設機関を置こうという意見があったが、結局、その前に前例によって親睦しようとすることで可決する。

一、早婚廃止に関する件＝理由　どのような国に置いても早婚は廃止されている。しかし、朝鮮には特別に、まだまだこのような風俗が残っている。ならば、どのような方面から見ても早婚というのはよいものではない。そうであれば、我らは早婚廃止をしなければならない。実行方法＝女子は十八歳以上、男子は二十歳以上とすること

一、道支部連合会に関する件＝理由　我が衡平運動の組織体は、各支部が総合して総本部となる。しかし、それは時間上又は経済上莫大な損失だ。ならば、我らは道支部連合会を必要とする。実行方法＝総本部に建議するようにして、建議案作成委員三人を口頭で選挙すると

李址永、吉淳吾、張志弼

一、衡平社道機関紙に関する件＝理由　過去において〝衡平社機関紙があったが、しかし今は存在すら忘れてしまった。ならば、我らは衡平社機関紙を発刊して、同時に道機関紙を必要とする。このような理由を総本部委員長に先ず問議する必要があるので、問議委員三人を口頭で推薦し、明日続会をしようという意見で一致可決し、停会する時は午後七時だった（問儀委員金東錫、李址永、吉淳吾の三人に）。議長から明日午前九時から続会をすることを宣言し、臨時休会にする。

第二日部、翌日である十三日午前九時から議長の続会宣言があると、警察当局から午前十二時までに大会を終えよという時間の制限まであった。第一日に、道機関紙発刊について総本部委員長に問議することになっていた問議委員の報告があると、次のような報告委員長の答。

勿論、道機関紙に対して大変必要とする。しかし、その実行方法において、いまだ何等具体的な方針がないので、それをこの場で適当に答えるのは難しいです。なので、これは保留にしてもらい、大いに研究する必要があると考える。＝問議委員の報告に照らして保留することに、異議なく可決された。

一、生活問題（カ）屠獣場問題（ナ）乾皮場問題（タ）獣肉販売問題（ラ）屠夫問題、生活問題においては〝時間上の関係、又は天気も暑いので、実行委員の二人を選挙して、全部を一任しようという意見が満場一致で可決され、実行委員を口頭で推薦すると、張志弼、趙貴用

一、差別待遇の積極的撤廃に関する件＝理由　我らは過去において、言うまでもなく多くの差別を受けてきた。しかし、現在においても多くの差別を受けていることを、言わずとも知っているだろう。それゆえ、我らは差別待遇に積極的抗議運動を起こそう。実行方法『どんなものを問わず受けないようにしよう』

一、地方紛争事件対策に関する件＝紛争事件は大概差別から起こることになる。ならば、我らは差別を受けなければ、紛争もなく、とにかく差別を受けまいということが満場一致で可決される。

一、産業奨励に関する件＝産業奨励実行委員十五人を選定するが、この選挙方法は銓衡委員三人を口頭で推薦し、実行委員を選挙することにする。銓衡委員　趙貴用、李址永、金東錫。銓衡委員が実行委員を選定したところ、

趙貴用、李址永、張志弼、金東錫、李宗男、金仲學、金益善、趙和成、李達俊、千基徳、李点順、李壁奎、金鍾澤、吉奉西、金在徳

満場一致で可決される。

一、一般社会問題＝衡平社総本部の綱領通り実行しようというのが満場一致で可決される。

綱領＝我らは一般社会の団体と共同提携して合理的な社会建設を期する。

その他＝会録を作成することは一切を総本部委員に、一任すること。

一、会録費は参加金以外の五拾銭ずつをさらに出そうという意見に満場一致で可決される。

『昭和三年　思想問題ニ関スル調査書類』Ⅰ

8　9月7日　衡平社常務執行委員会ニ関スル件

京鍾警高秘第一〇七八八号

昭和三年九月七日

京城鍾路警察署長

（印）
「京城地方法院検事正殿」

衡平社常務執行委員会ニ関スル件

管内朝鮮衡平社総本部ニ於テハ一昨五日午後一時仝会館ニ於テ首題会ヲ開催セルガ出席者李先同（群山）金三奉、金鍾沢、朴好君（京城）李鍾淳（安城）及傍聴者張志弼（洪城）吉淳吾（天安笠場）李

景春（京城）ノ八名ニシテ金鍾沢議長李先同書記ノ下ニ開会シ左記事項ヲ決議ナシ仝三時ニ閉会散会セルガ異状ノ点認メズ
右報告ス

左記（決議事項）

一、地方紛糾事件ニ関スル件
最近地方ニ社員対普通民紛糾事件頻発スルヲ以テ調査ヲ兼ネ鎮撫委員ヲ派遣シ調査又ハ事件ノ鎮撫ニ努メルコト緊要ナリトノ動議ニ対シ満場一致ヲ以テ左ノ調査兼巡撫委員ヲ派遣スルコトニ可決ス

巡撫委員
忠南　金三奉　李鍾淳
全北　吉万學　李京冀
　但シ全州迄ハ李東煥全州ニテ交代
忠北　吉淳吾
清州、鳥致院、大田、論山、江景
　金鍾沢　吉奉西
江原道　張志弼　李先同
　以上九月七日迄出発ノ予定

一、臨時大会準備ニ関スル件
書面大会ニ於テ決定シ居ル臨時大会ヲ来ル九月三十日及十月一日ノ両日ニ亘リ本会館ニ於テ開催スヘク可決シ左ノ準備委員ヲ選定セリ

準備委員
吉淳吾　李先同　朴好君　金三奉　李東煥　李鍾淳
発送先　局長　部長　検事正

9　9月8日　朝鮮衡平社総本部巡撫委員派遣通信ニ関スル件

『昭和三年　思想問題ニ関スル調査書類』Ⅰ

京鍾警高秘第一〇八二九号
昭和三年九月八日

京城鍾路警察署長

（印）
「京城地方法院検事正殿」

朝鮮衡平社総本部巡撫委員派遣通信ニ関スル件

朝鮮衡平社総本部ニ於テハ去ル五日常務執行委員会ヲ開催シタル結果最近地方ニ頻発セル普通民対社員紛糾事件ニ関シ社員ヲ特派巡回セシメ調査又ハ之レガ鎮撫ニ当ラムト巡撫委員ナル者ヲ選定忠南北全南北京畿一部及江原道ヘ派遣スルコトニ可決シ夫レ〳〵出発セシメタルガ委員派遣ニ先キ立チ別紙ノ如キ通知文（ハガキ）約五十枚ヲ印刷シ巡回先キ各支部ヘ発送セルカ今回ノ巡撫委員派遣ノ目的ハ臨時大会召集ノタメナルガ如シ
右報告ス
発送先　局長　部長　検事正

通知文（葉書）訳文

支部宛　本部

巡撫委員派遣ノ件

首題ニ関シ本年四月以降各所ニ妄動連発セル彼ノ無知分子等ハ経済的圧迫、営業上ノ侵害人権暴圧等継続的連出セルニ従ヒ我等姉妹等ハ戦ヒト憤慨ノ如何ニシテ募リ居ルヤ仰ヒテ慰メ解決ノ方針ヲ求メントシ又本部現下状態ハ危機ニ接シ有ルト共ニ全鮮臨時大会ヲ目前ニ置イテ各貴地方巡撫委員ヲ派遣スルニ付茲ニ予告ス

了リ

10　10月8日　衡平社執行委員会ニ関スル件

『昭和三年　思想問題ニ関スル調査書類』Ⅱ

京鍾警高秘第一二八三七号

昭和三年十月八日

京城鍾路警察署長

㊞「京城地方法院検事正殿」

衡平社執行委員会ニ関スル件

本月六日正午衡平社本部ニ於テハ執行委員張志弼、朴平山、吉漢東、金鍾澤等会合シ今回黄金町光武台ニ於テ開演中ノ光月團ノ仕組メル劇中薬用ニ供スル人ノ胆ヲ取ルハ白丁ニ依ル等ノ場面ハ吾等衡平社員ヲ侮辱スルトノ見解ノ下ニ全団ニ対シテ是ガ取止メ方ヲ決議直ニ交渉シタル処該団ニ於テモ之ヲ諒トシ円満解決ヲ為シタリト

右報告ス

発送先　局、部長、検事正

以上

11　10月「朝鮮出版警察月報」第三号（『化学世界』第七号）

『昭和三年十一月　朝鮮出版警察月報』第三号

題号	化学世界第七号
種類及使用文字	雑誌諺漢文
処分年月日及区別	三．一一．二二　削除
発行地	京城
発行人	申洪均

記事要旨

一、衡平社諸君ニ寄ス

諸君ノ結社団合ハ何ヲ目的トスルカ一般ノ知ル所ノ如ク自由平等ヲ叫フノデハナイカ自由平等ヲ叫ブニハ唯単ニ口ノ喧伝ニテ形式ノミヲ取ツテハソノ結果得ラレマイ、実際的ニ実力ヲ養成スル方ガ其ノ捷径ダラウト思フ、実力ヲ養成シテ以テソノ土台ヲ堅確ニスヘキデアル。

12　11月2日　追悼会延期通知通文発送ニ関スル件

『昭和三年　思想問題ニ関スル調査書類』Ⅱ

京鍾警高秘第一四四三二号

昭和三年十一月二日

京城鍾路警察署長

(印)「京城地方法院検事正殿」

追悼会延期通知通文発送ニ関スル件

京城府雲泥洞二三番地衡平社ニ於テハ死亡セル社員ノ追悼会ヲ秋季総会ヲ兼テ施行スル筈ナリシモ御大典ノ為メ遠慮シテ来春迄延期シタル旨各支部宛別紙ノ如キ通文ヲ発送シタルニ付報告ス

衡總三一〇号

衡平六年十月三十一日

朝鮮衡平社總本部

衡平社各支部　貴中

追悼會延期通知의 対하야

가을바람 쇠잔한 목엽（木葉）이 안이고 생긔발랄（生氣潑溂）한 긔분（氣分）을 우리에게 집어주는 투쟁의 가을이 될것이다 이때 여러 동무들의 건젼과 아울너 분투를 축복하며 딸아서 우리는 지나간 륙개셩상（六個星霜）을 통하야 우리 운동에 비분감개（悲憤感慨）에 넘친 순사（殉死）로 최후（最後）의 종막（終幕）불귀객（不皈客）이 된 멧々 동지들의 한 만흔 싸인 죽엄을 생각할 때 부절히 단장성（断腸趖）은 더욱　극심하도다 우리는 과거를 거울 삼어 그 정의가 비타（非他）하여왓슴은 지나간（暦史）역사를 통하야 못 박힌 인상을 부인（否認）치못할것은 사실이 증명하고 잇섯스니 더욱 최근 육년 이래 우리 운동이 방〃곡々 그 찰난한 광휘（光揮）를 빗내지아니한 곳이 업스니 그리함으로 날이 가고 해가 더하도록 우애와 친목은 절정（絶頂）에 달하고잇다 그리하야 동서가 상응하고 분산（分散）에서（糾合）규합적 생활을 필요로 하야 우후죽순（雨後竹筍）봉긔적세（蜂起的勢）로 더욱 남녀로약할 것 업시 공고무비（鞏固無比）한 결속（結束）에 생활노써 사활（死活）을 다갓치 맹세하고 용진히 암성（暗城）과 철벽（鉄壁）을 부서나아가니 때로는 비절참절（悲絶惨絶）한 잔학사（殘虐史）비인간적 대우제도（非人間的待遇制度）그것에 대한 비판（批判）때로는 썩고 곰팽이나는 동일한 인류 가운대 게급과 차별에 대하야 만흔 저주도 하며 하염업시 사지（四枝）에 맥（脈）과 맥에 열혈（熱血）이 넘칠 때도 업지아니하엿스니 아모 죄도 업시 무단히 선부형의 죽엄을 당한 우리는 그 얼마나 원통하엿쓰리요 그러나 시대（時代）는 진화（進化）한다。인지（人智）는 발달（発達）된다. 아즉도 게급층이 잠재（潛在）한 곳은 업지아니하엿는지、인류애（人類愛）동족애（同族愛）에 굴먼는지 무의식 악분자들（無意識悪分子等）은 혹 대두（擡頭）하는 영향이 잇섯스니 우리는 필연적으로 당면（當面）의 투쟁도 하고잇다 이제 그 수회（数爻）를 헤알일 수 업는 건수（件数）에 달하고잇다 일어한 철아흠로（鉄芽険路）즁임도 불구하고 전선에 허터져잇는 사십만대즁（四十萬大衆）아니 전인류 사회에 정의인도로（正義人道）무한（無限）히 싸워오기를 게을이아니하엿스니 때로 무의식 군즁에게 모진 매도만이 당하고 무시（無時）로 물질（物質）로나 정신（精神）으로나 육신（肉身）으로나 다대한 희생（犧牲）을 당한 이가 만하얏스니 결국 인류애（結局人類愛）에 참시러운 우리 형데자매즁에는 모진 박해（迫害）모진 공긔（空氣）에 싸이여 혹은 즁상（重傷）으로 죽은 자도 잇고 즁상을 당하야 모진 격류（激流）에 신흠（呻吟）하다가 병마（病魔）로 고통（苦痛）을 한（限）업시 밧다가 천진무결（天眞無缺）한 귀여운 생영（生灵）을 최후의 운명（運命）까지 잇섯스니 그의 죽엄을 생각할 때마다 엇지아니 통분할 뿐이리요 이러한 무궁심장한 의미（意味）에서 총본부（總本部）로서는 사십만을 즁심으로 하고 불귀（不皈）의 혼이된 동지들을 위로키위하야 박됴（薄吊）이나마 추도회（追悼會）를 거행하고저 결정되여 만반의 준비에 착수하려고 할지음에 당하야 란관（難関）에 거듭된 사정이 가로노이여 부득이 명년 뎨칠회 정기대회까지 연기에 계약을 짓고 잇게되엿스니 이것을 각지부 형뎨들의게 말하여 둔다

반동분자가 잇다면 늑긴 말

그러나 애처롭게한 민흔이 세상을 떠난 여러 동지들의 약력（略歴）을 말하기 젼에 총본부에서는 면첨만흔 늑김이 압흘 가로막킨 것이 잇구나 그것은 달은 것이 아니다 력사적（歴史的）필연적（必然的）촉진（促進）에 의응（依應）하야 이러난 우리 형평운동은 이래 육개성상（六個星霜）의 만흔 젼적（戰蹟）을 두고 지징과 반동과의 비교적（比較的）열々히 싸워왓다 그러나 그 반동세력（友《ママ》動勢力）이 역시 적지아니할 줄 우리가 다시 말할 수 업지만은 사원제군은 진실한 의의（意義）를 가지고 우리는 모든 반동뎍대세력（反動敵対勢力）에 반항（反抗）하야 인간（人間）으로서 인간의 자유평등즉 저을대와 갓흔 꼿〃하고 평〃한 새 사회를 건설하자는 것이다 그런대 반동분자라는 것은 반다시 외적（外的）으로 잇는 게급분자뿐자《ママ》만아니라 내부（內部）즉 자체내（自体内）에도 반동악분자가 잇스니 이것이 더욱 가징（可憎）하다는 것보다도 무의식 무리해함에 만이 유감하는 바이다。그러나 그의 악분의 행동이라는 것은 늘 우리를 흔들고잇다는 것이다 한두가지 실례를 들어말하자면 남녀로약 힘잇는자나 약한자나 할 것업시 우리의 목젹지（目的地）저 언덕을 건너가랴고 전심일치하는대 태평양과 갓흔 큰 바다 한복판에서 배바닥을 뜰는 자와 달음이 업스니 엇지 가징가징（可憎可恐）하다 뿐이리요 이러한 자에게 대하여는 일도하에 양단（一刀下両端）을 낸다는 것보다 뿌리 밋구영（根底）까지 아주 말살（抹殺）를 하여야 당연할 것이다

이러한 반동악분자가 언의 지방에 생기여 다소라도 우리의 속을무한히 썩여낸 일도 잇섯스니 더하지는 아니하나 대체 반동분자라 하면 죽어 멧백년된 귀신이라도 노하지아니할수 업슬 것이니 이에 말을 줄이며 우리 운동에 한만히 이 세상을 떠난 동지들의 략력（略歴）과 천승（天性）을 말하고자 하니 대개 일어하다

멧々 동지의 약력을 대략 말해둔다

一．츙복뎨천（忠北堤川）고김오돌（故金五乭）동지는 형평 이년도뎨천지부설립 당시（衡平二年度堤川支部設立當時）에 인류애 동족애에 버서진 무도악분자에게 유린과 박해를 여지업시 당하여

결국 중상까지 입어 한만코 원만흔 첩〃한 장내를 압두고 그만이 세상을 떠낫스니 우리는 그의를 생각할 때마닥 눈물이 압흘가리며 그의는 평소로부터 강직한 지개를 가저왓다 하며

一. 즁남공쥬 (忠南公州) 고최병식 (故崔秉植) 동지는 가세가 쳘빈한 무산가졍 (無産家庭) 에 태여나섯쓰며 형평원년度 (도) 이래 三四년간을 두고 투쟁 (鬪爭) 에서 살어왓다 그리하다가 군은 그만 三十남어지에 꼿다운 시절에 이르기까지 모든 환경에 만흔 물질적、정신적、고통을 당할 때로 당하엿스니 모진 병마 (病魔) 의 격류 (激流) 에 밀녀 형평사년도 (衡平四年度) 찔뜨한 시절에 그만 참담한 최후의 일생을 맛추엇스니 군은 원래 강유한 지개와 명쳘한 두뢰를 가젓스니 지우 (智友) 로서 학자의 말도 만히 들엇다 그의 환경은 그로하여금 쳔습을 밭츄치못하고 일생을 맛추엇다

一. 경북례쳔 (慶北醴泉) 고김원준 (故金元俊) 동지는 예쳔지부설립 당시 형평삼년도 승하 (衡平三年度盛夏) 평소 유의한 지사 (志士) 라 무지중인의게 박해를 여지업시 당하야 그만 모진 즁샹 (重傷) 의 격류 (激流) 에 몰니여 한만코 원만흔 최종의 불귀객이 되엿스니 그 당시 흔들인 파도 (波濤) 는 사회적 력사적 신기록을 내엿스니 우리의 긔역은 해가 더하도록 새로워지는구나

一. 츙남쳔안 (忠南天安) 고김만업 (故金萬業) 동지는 형평원년이래 참시러운 성의를 다하야 운동에 만흔 공흔이 잇섯스니 다방면 (多方面) 으로 희샹도 때업시 당하엿섯다 당지 쳔안지부 간부로서 이래 용감한 싸움을 거듭하다가 四十에 한만흔 일긔로 하야 영원한 길을 발바섯다

一. 경북영천 (慶北永川) 고리송아지 (故李松牙之) 동지는 형평운동에 진력하며 모진 빵의 도 (道) ｜그도 역시 먹지안코는 살 수 업는 인간이기 때메 입과 배 (口腹) 역 (役) 에 허매다가 그것이 탈노나 무지막지한 타상을 당하야 힘잇게 뛰여보지도 못하고 남북만주의 악착한 죽엄의 길을 떠낫스니 그의 한만흔 배경은 우리의 머리를 항상 찍어주고잇다

一. 즁남아산 (忠南牙山) 고길점득 (故吉点得) 동지는 형평원년이래 각방면으로 용감한 투사이엿다 군은 편모시하 (片母侍下) 임도 불구하고 항상 청년의 지도적 정신이 츙만하엿섯다 군은 동지애에 부 (富) 하엿섯다 천승을 발휴할 기회를 엿보고 군의 가삼엔 증의 (正義) 에 불근피가 끌코 모든 뜻아닌 방면에도 향 (向) 하려고 하엿다 그러나 수한 (壽限) 은 그로하여금 원대한 포부를 실현 (實現) 하기 젼에 한만흔 최후 (最后) 의 근원을 맨들엇스니 그는 병마 (病魔) 가 용서치아니하얏다 청년의 용사 (勇士) 길점득동지를 일흔 우리는 군이 죽엄이 너머나 애석하야 눈물을 금치못하것다

一. 전북군산 (全北群山) 고리장명 (故李長命) 동지는 무산가정 (無産家庭) 에 태여낫스나 항상 교육열이 풍부하고 원래 강위 (剛毅) 한 지혜와 두뢰명민 (頭腦明敏) 하엿다 그러나 그의 모｜든 환경은 그로하야금 긔회를 주지아니하얏스니 군의 가삼은 더욱

열혈히 넘처섯다 그러나 그도 역시 구복（口腹）의 사역（使役）에 억매이게되엿스나 자긔에 형편에 따라 이투（移住）하는 것마닥 간부의 책님으로 용감히 싸웟섯다 그리하야 형평오년도 됴션형평사총본부 중앙집행위원의 임명되여 이래 꾸준히 싸워옴에 게속하얏다 그러나 군의게 닥쳐오는 환경은 항상 조조한 때가 만하엿스니 형여나여기다저기나하다가 경긔도 수원에서 멀니 군산（群山）으로 이주하얏스나 역경（逆境）에서 헤매이는 사람들이 어대인들 자유가 만하리요 도로혀 한만흔 최후의 길을 밟게되엿다 고리장명지사를 일흔 우리는 실노 가슴이 압흐구나 군의 죽엄이 너무나 비운（悲運）라 아니할 수 업다

지금 이지면에 뵈인 이외도 또한 다 기록지못할 만큼 만타 그러나 흉즁이 맥킨다 그의들이 열〃히 싸워준 그 전적사（戰蹟）는 우리사회를 위하야음〃히（陰〃）도와주는 것갓다 처지가 다 갓튼 동무돌아 힘자라는데까지 한하야 투쟁하자 배움에 주린 우리는 교육에 열중하자 허례허식（虛禮虛飾）을 폐하고 치열（熾烈）한 경제에 금소하야 우리의 긔관에 보츙하자 연락에 게을이말고 큰 소리를 갓치하자

—무슨 공문이고 고로 돌녀보시요—

◎공문은 전술의 지침（指針）◎

[編者訳文]

衡総第三一〇号

衡平六年十月三十一日

朝鮮衡平社総本部

衡平社各支部　貴中

追悼会延期通知に対して

秋の風に散った木の葉ではなく生気溌剌な気分を我々に与える戦いの秋になるだろう。この時、多数の友たちの健康と共に奮闘を祝福しながら、従って我々は過ぎし六箇星霜を通じて我が運動に悲憤慷慨にあふれた殉死で最後の終幕を終え、不帰の客となった幾人かの同志たちの恨の多い死を考える時、絶えず断腸の□はいっそう激しい。我らは過去を鏡としてその正義が覆されてきたことは、過ぎし歴史を通して変わらなかった印象を否認できないのは、事実が証明していたので、いっそう最近の六年以来我が運動が至る所で光輝を放たない所はなく、よって日が過ぎ年が経つごとに友愛と親睦は絶頂に達している。そしてこそ東西が相応し、分散から糾合的生活を必要とし、雨後の竹筍の如く蜂起的勢いで男女老少を問わず鞏固無比な結束で生活によって死活を共にすることを誓い、勇敢に暗城と鉄壁を壊し、さらに時には悲絶惨絶な残虐史に非人間的待遇制度そのものに対する批判は、時に腐敗しカビ臭い同一の人類の中の階級と差別に対して多くの呪いもし、四肢の脈に熱血が溢れない時もなく、何の罪もなくいわれなく祖先父兄を殺された我らはどれほど嘆かわしかったか。

しかし時代は進化した。人智は発達する。未だに階級層の潜在する所はなかったのか、人類愛、同族愛に飢えているのか、無意識悪分子等が抬頭する影響があったので、我らは必然的に当面の闘争もしている。今やその数を数えられぬ件数に達している。このような鉄牙険路あるにも拘らず、全鮮に散らばっている四十万大衆、否、全人類社会が正義人道に向かって無限に戦うことを怠らなかったため、時には無意識な群衆から酷い罵倒を受け、常に物質でも精神でも肉体でも多大な犠牲を受けた人が多かったので、結局人類愛に真に嫌になった我が兄弟姉妹の中には酷い迫害、酷い空気に包まれ，又は重傷によって死んだ者もあり、重傷を受け酷い激流に呻吟した末に病魔で苦痛を限りなく受けて、天真無欠な貴重な生霊を最後の運命まであったがゆえに、彼らの死を考えるたびにどうして痛憤するだけでいられようか。このような無窮深長な意味で総本部としては四十万を中心に不帰の魂となった同志たちを慰労するために、簡素なものであっても追悼会を挙行することが決定され、万全の準備に着手しようとする時に当たって難関が重なった事情が横たわって、やむを得ず来年の第七回定期大会まで延ばすことに約束することができたので、これを各支部兄弟に告げておく。

反動分子がいるならば、感じた言葉

しかし、不憫に思う民の魂が世を去った多数の同志たちの略歴を言う前に、総本部ではまず多くの思いが前を塞いでいるのだ。これはほかでもない。歴史的、必然的促進によって立上がった我が衡平運動は以来六箇星霜の多くの戦蹟をあげ、支障と反動と比較的に熱烈に戦ってきた。しかし、その反動勢力がやはり少なくないことは我らが再び言うことはできないが、社員諸君は真実なる意義を持ち、我らはすべての反動敵対勢力に反抗し人間として、人間の自由平等など秤台ように生き生きとし平等な新しい社会を建設しようとするのである。しかし、反動分子というのは必ず外的にある階級分子だけでなく、内部即ち自体内にも反動悪分子がいるから、これがいっそう憎くむべきというよりは無意識、無理解であることだけが遺憾である。しかし彼ら悪分子の行動というものは、常に我らを揺さぶっているのだ。一つ二つの実例を挙げて言ってみると、老若男女、力のある者、弱い者を問わず我らの目的地であるあの丘を越えて行こうとすべての心を一致させているが、太平洋のような大きな海の真ん中で船底を破られた者のと変わらないので、どうして憎み恐れるだけでいいだろうか。このような者に対して一刀両断するよりも、根底まで抹殺するのが当然であるだろう。

このような反動悪分子がある地方に生まれて多少でも我らの内部を無限に傷つけたこともあったので、それ以上酷くなることはないが、大体反動分子といえば、死んで何百年たった鬼神でも怒らねばならないから、これに言葉少なく我が運動に参加し、この世を去った同志たちの略歴と天性を語ると、およそ次のようだ。

何人かの同志の略歴を紹介しておこう

一、忠北堤川の故金五㐨同志は、衡平二年度堤川支部設立当時に人類愛、同族愛を捨てた非道な悪分子に蹂躪と迫害を余地なく受け、結局重傷まで負い、恨多く、怨めしく、洋々たる前途を前にしてこの世を去ったため、我らは彼を思うたびに涙が目の前を覆い、彼は平素から頑丈な背負子を持ってきたという。

一、忠南公州の故崔秉植同志は、貧困な無産家庭に生まれ、衡平元年度以来三、四年の間、闘争に生きてきた。そして君は、三十歳を超えて花のような時期にいたるまですべての環境において多くの物質的、精神的苦痛を受け続けてきたが、酷い病魔の激流に呑まれて、衡平四年度の暑い時期についに惨憺たる最後の一生を終えたが、君は本来健全な肉体と明哲な頭脳を持ち、智友として学者の話もたくさん聞いた。彼の環境は彼に天寿を全うさせることなく、一生を終えた。

一、慶北醴泉の故金元俊同志は、醴泉支部設立当時、衡平三年度の盛夏に平素有意な志士として無知衆人に迫害を余地なく受け、重傷の激流に呑まれて、恨み深い最終の不帰の客になったが、その当時押し寄せた波涛は、社会的歴史的新記録を出したので、我らの記憶は年を過ぎるごとに新しくなる。

一、忠南天安の故金萬業同志は、衡平元年以来本当に誠意を尽くし運動に多くの貢献があった。多方面に犠牲も常に受け、当地天安支部の幹部になって以来、勇敢な戦いを繰り返して四十歳で恨み多い一期にして永遠の道に旅立った。

一、慶北永川の故李松牙之同志は、衡平運動に尽力して酷いパンの道―彼もやはり食べなくては生きていけない人間なので、口腹の役に苦しんで彷徨っていたが、これが見つかり酷い打撲傷を負い、力強く飛び回ることも出来ず、南北満州の残忍な死の道に旅立ったため、彼の恨が多い背景は我らの頭に常に刻み込まれている。

一、忠南牙山の故吉点得同志は、衡平元年以来、各方面で勇敢な闘士であった。君は独り身の母の下に育ったにも拘らず、常に青年の指導的精神が充満していた。君は同志愛に富んでいた。天性を発揮する機会を待ち、君の胸には正義の赤い血がたぎり、すべての気に染まない方面にも向かおうとした。しかし寿命は彼に遠大な抱負を実現させる前に、恨みの多い最后の根源をつくったので病魔が彼を許さなかった。青年の勇士吉点得同志を亡くした我々は、君の死が余りにも哀惜であり涙を禁じえない。

一、全北群山の故李長命同志は、無産家庭に生まれたが、常に教育熱が豊富で、本来剛毅な知恵と頭脳明敏だった。しかし彼のすべての環境は、彼に機会を与えず、君の胸は熱血で溢れていた。しかし彼もやはり口腹の使役にとらわれることになり、自分の状況によって移住する所ごとに幹部の責任として勇敢に戦った。そして衡平五年度朝鮮衡平社総本部中央執行委員に任命され、以来絶え間なく戦いを継続した。しかし、君に迫ってきた環境は、常に切迫した場合が多く、あそこに出て、京畿道水原から遠く群山に移住したが、逆境に彷徨う人たちは、どこに行っても自由、が多いだろうか。かえって恨み多い最後の道を歩むことになった。故李長命志士を亡くした我々は実に心が痛い。君の死が余りにも悲運と言うしかない。

今この紙面で見た人以外にも、すべて記録できないほど多い。しかし胸がつまる。彼らが熱烈に戦ってくれたその戦蹟は、我が社会のために陰々と助けてくれたようだ。あの世に行った友たちよ、力の及ぶ限り闘争しよう。学ぶことに飢えた我々は教育に熱中しよう。虚礼虚飾を止め、熾烈な経済に倹約して、我々の機関に補充しよう。連絡を怠らす大声を共にあげよう。

―何の公文でも回して読もう―

◎公文は戦術の指針◎

13　11月27日　衡平学友会ニ関スル件

『昭和三年　思想問題ニ関スル調査書類』Ⅱ

京鍾警高秘第一五九四八号

昭和三年十一月廿七日

京城鍾路警察署長

警務局長殿

京畿道警察部長殿

京城地方法院検事正殿

衡平学友会ニ関スル件

府内雲泥洞二三番地衡平社本部内所在ノ衡平学友会ニ於テハ十一月廿四日土曜日ヲ利用シ府内ニ居住ノ会員李圭煥外九名ノ者会合シ同会員ノ一致団結ヲ計ルトノ趣旨ノ下ニ別紙ノ如キ宣言書ヲ作成シ会員各自ニ配布シタルガ別ニ容疑ノ点ナシ

右報告ス

以上

宣言

一. 全鮮에散在한衡平階級여團結하자

一. 우리는未来에 衡平運動에 先頭가되자

綱領

一. 우리는學業奬勵에努力할일.

一. 우리는衡平運動을積極的으로支持할일.

一. 우리는互相親睦을向上할일.

[編者訳文]

宣言

一、全鮮に散在する衡平階級よ、団結しよう

一、我々は未来の衡平運動の先頭になろう

綱領

一、我々は学業奨励の努力すること

一、我々は衡平運動を積極的に支持すること

一、我々は互相親睦を向上すること

14　12月5日　普通民対衡平社員ノ紛争ニ関スル件

『昭和三年　思想問題ニ関スル調査書類』Ⅱ

京鍾警高秘第一六一八五号ノ三

昭和三年十二月五日

京城鍾路警察署長

㊞「京城地方法院検事正殿」

普通民対衡平社員ノ紛争ニ関スル件

対（十一月廿八日付洪高第五二二一号）
〃 廿九日付〃　〃

今回忠南洪城郡内ニ惹起セル首題ノ件ニ関シ衡平社本部ニ於ケル幹部ノ意向等内査スルニ事件発生ト仝時ニ執行委員金三奉事実調査ヲ為シ居レルガ事重大ニシテ今一名幹事ノ派遣方ヲ乞フトノ入電アリタルニ付社員張志弼ガ仝地ニ出張ノ筈ナルガ普通民側ヨリモ治療費慰謝料等負担ヲ為スニ付和解ノ希望アル趣キナルモ之ガ希望ヲ容レナバ将来ニ及ボス影響甚大ニシテ今回ハ宜シク法ノ制裁ヲ望ミ断ジテ和解ヲ為サズ社員ノ被害者六名ニ対シテ全鮮社員ノ同情金ヲ以テ治療費及其他ノ費用ニ充ツベク之ガ醵金ニ付テハ別紙ノ如キ通文ヲ各支部宛発送シタルニ付報告（通報）ス

以上

発送先　局、部、検事局、洪城署

衡総第三六三号

衡平六年十二月四日

朝鮮衡平社總本部

衡平社各支部　貴中

白二寬《백이관》、趙允福《됴윤복》、金甲山《김갑산》、李允成《리윤성》、金時年《김시년》、宋吉用婦人《송길용부인》이

여섯 우리집 식구를 구원합시다

본데와 갓치 이 이 몃々 동지는 忠南《츙남》青陽郡《청양군》化城面《화성면》山亭里《산정리》라는 일우촌락에서 빈한 하기짝이 업는 극도의 무산자로서 늙은 부모 절문처 어린자식을 두고 밤하로라도 평안히 쉬지못하엿스나 쓰럭이죽에 우럿다한다 배곱하 우는 극히 참혹한 형세이엿다 양녁十二月五日 朝鮮日報 데二千八百三十五호 五면에 상세히 기재도 되엿거니와 부모처자 동기간을 멕여살니기 위하야 양녁十一月二十七日 자정에 홍성군장곡면（長谷面）으로 우리의 항상하는 영업에 대한 준비를 하러 갓다가 참혹히도 구타를 당하얏다한다 그에 대한 내용을 됴사하여보면 시대도 인도정의도 무엇도 모르는 모질기 도사 갓흔 저자들에게 담배 피운다고 권봉으로 쳐서 죽을 지경에 이르러 위급한 현상이엿스며 지금도 오히려 의사에 말이 二三日후 보기전에는 생사의 판단할 수 업다는 즁상이 되엿스며 가해자들은 당국에서 즉시 구금하야 엄즁한 취조즁이라한다 가해자는 법율로 당연한 처치는 하려나와 무엇보다도 막대한 문데는 피해된 우리의 식구 다시말하면 우리형데 목숨 구할 문데가 데일 압스는 문데이다 죽은 목숨 살니는 치료비 약갑 미음쌀갑 이것이 문데이다 동지야 안이 우리 집안식구들아 한달이상이나 치료하여도 완전하지 못하겟다는 저—형데의 목숨을 구하여줍시다 다만 몃푼식이나 맘음잇는 대로 구원하여 주

십시다 이것이 병들면 구원、죽으면 무더주는 우리의 근본적 친목이요 천년적 의리가 여기에 잇지아니한가?!

구원하여 줍시다 위급한 병자！

동정의 물질은 홍성지부로！

[編者訳文]

衡総第三六三号

衡平六年十二月四日

朝鮮衡平社総本部

衡平社各支部　貴中

白二寛、趙允福、金甲山、李允成、金時年、宋吉用婦人の

六人の我が家族を救いましょう。

本題のように、この何人かの同志は、忠南青陽郡化城面山亭里という一隅の村落で貧しい限りの極度の無産者で、年老いた両親と若い妻、幼い子どもをかかえて一晩も平穏に休めなかった。大根の葉のような粥に泣いたという。飢えて泣く、極めて惨憺たるものであった。陽暦十二月五日朝鮮日報第二千八百三十五号の五面に詳しく記載もされているが、両親や妻子兄弟を食わせるために陽暦十一月二十七日午前零時に洪城郡長谷面に、我らが常に行う営業の準備をしにゆく途中で、残酷にも殴打を受けたという。それについての内容を調査してみると、時代も人道正義も何も知らない残忍な祈禱師のような奴らに煙草を吸うと言って棍棒で叩かれ、死にそうな、危険な現状であり、今もむしろ医師の言葉によると二、三日経たないと生死の判断もできないほどの重傷になり、加害者たちは当局で即時拘禁し、厳重な取り調べ中だという。加害者は法律で当然な処置がとられるだろうが、何よりも大きな問題は被害を受けた我が家族、言い換えれば我が兄弟の命を救う問題が最も優先する問題である。亡くなった命を救うための治療費、薬代、重湯の米代これが問題である。同志よ、我が家の家族たちよ、ひと月以上も治療しても完治できないというあの兄弟の命を救ってあげましょう。ただ、何銭ずつかでも気持ちのある限りで救援してあげましょう。これが病気になれば救援、亡くなれば埋めてあげる我らの根本的な親睦であり、自然な義理がここにあるのではないか?!

救援しよう。危急な病人！

同情の物資は洪城支部に！

15　12月5日　衡平忠南産業株式会社設立趣旨書配布ニ関スル件

『昭和三年　思想問題ニ関スル調査書類』Ⅱ

京鍾警高秘第一六三五二号

昭和三年十二月五日

京城鍾路警察署長

(印)「京城地方法院検事正殿」

衡平忠南産業株式会社設立趣旨書配布ニ関スル件

首題ノ件ニ関シ衡平社員張志弼外十四名ガ発起トナリ目下設立準備

二奔走中ナリシガ今回別紙ノ如キ趣旨書ヲ各支部宛発送ノ筈ナリ
右報告ス

以上

報告先、局、部、検事局

衡平忠南産業株式會社《형평충남산업쥬식회사》

趣旨書

全国《전국》에 散在《산재》한 四十萬《사십만》의 衡平同志《형평동지》들아 忠南《츙남》에 잇는 우리兄弟《형제》야?
우리는 인간으로써 人間《인간》아닌 生活《생활》을 하야왓다 生命《셩명》도 營業《영업》도 自由《자유》
로 살지못하야왓다 그래서 옷, 밥, 집, (衣食住) 를 풍더분하게
맘대로 먹고 살고 입지못하여 왓다 보라! 재래에 우리의 생활을!?
관포사 (官包肆) 에는 방백수령으로붓터 아전장교 관로사령까지
촌포사 (村包肆) 에는 판서참판 승지 선달로부터 딸각바리 부스럭
장이 토호군에 하인에게까지 고기, 우피 초 (燭) 치 (箕) 고리당
식 (柳箱子) 등속을 소용대로 식양대로 집어갓다 여기에서 우리는
자기집흔 마루걸네갓치 짓발피웟스며 착취 (搾取) 를 당하여왓다
이 얼마나 인권박탈에 몰낙젹 (没落的) 생활이랴 아-이 세상에 설
비 (設備) 된 모-든 그것을 결코 우리의 생명에 행복과 영업에 리
익 (利益) 을 위하야 된 것은 한아도 안이다 뿐만 아니라 그것은 분
명코 (分明) 우리를 엉구렁 (地下線) 그늘 밋헤 끄러늘수만 잇스
면 어디까지라도 내리치지자는 반동적 (反動的) 시설이 아니고 무
엇이랴 이러한 무경우 몰념치 야박무지한 판세에 독한 착취와 악한
수단하에서 반생반사 (半生半死) 의 쓰드른 운명으로 나려온 그것
이 백뎡이라는 다시 말하면 버들그릇짓고 고기와 김생의 껍줄을 파
는 영업자이다

천진의 어린이가 어둔밤 호젓한 곳에서 호랑이와 독갑이 맛난 무서
운 꿈속의 생활이엿다 이와 갓흔 우리의 사원은 아니 일반 우리의
영업자는 무서운 꿈 어두밤을 발키려고 몸도 뒤우치며 몸부름하엿다
다밝고 꿈깨친 오날々에도 우리의 생활상 근본되는 영업상태를 도
라보면 수유판매업에 대하야도 한두가지 아닌 (悲境《비경》) 에 빠저 잇
거니와 우리 손으로 산출 (産出) 되는 우피 (牛皮) 수이출 (輸移出)
즉 우피 판매방식에 대하야 보면 한심함을 금할 수 업다 전조선에
산출되는 물품즁에 우피란 이것이 막대한 지위를 점영하고잇다 여
러분도 아시려니와 조선물품 (物品) 에 쌀 (米) 금은동철 (金銀銅
鉄) 로부터 목화 (木花) 뉘에곳치 그 가운대 빠지지안는 권위를 가
진 우수한 물품이다 그래서 멀고 먼 타국 (他国) 에 금전을 조선으
로 몰아들이는데는 우리 손에 나는 우피란 그것도 굉장한 역군 (役
軍) 되여잇다 이러한 산물의 주인공되는 우리는 광채잇는 리익 (利
益) 훌늉한 운용을 못하여왓다 뿐만 아니라 노력과 땀은 우리가 훌
니여왓스나 여기에 나는 리익은 엉뚱한 인간 (人間) 이 집어삼킨다
보라 갑 (甲) 의 손에서 나는 우피를 을 (乙) 에게 을 (乙) 은 병 (丙)
에게 병 (丙) 은 정 (丁) 에게 김 (金) 은 리 (李) 서방에게 리 (李)
는 박 (朴) 서방에게 전지전차로 수십의 사람의 손을 거칠동안에
산낙끼장시 지게꾼 구루마꾼에게로 쉴사이업시 신세를 끼친다 이곳

저곳 정거장（停車場）마다 운송점（運送店）이란 운송점을 차례로 차저단이며 연고업는 리익을 내노아주웟다（配當）이놈어 우피는 열이 나도록 끌니여단니다가 결국에는 배를 타고 머나머ㅡㄴ 바다를 건너서 일본（日本）에는 동경（東京）대판（大阪）기타 각처에（모리상）（시다상）（야마상）을 차저가게되고 즁국에는 안동현（安東縣）상해（上海）텬진（天津）방면을 차저가서 왕（王）장괘 손（孫）장괘를 골고리도 차저서 리익을 배당하야준다 아니 우피라는 자신을 열군대 스무군대 자기를 끄으는 곳마다 조곰식 조곰식 비여주고잇다 천신만고를 격다가 비로소 자기 갈곳을 차저갓다 제혁공장（製革工場）으로 그리하야 조선에 넷주인（故主人）을 차저을 때에는 우피（牛皮）그자신이 반돈박（経半）도 못된 병신이 되여온다

만일 우피 그가 병신이 잇다면 그 아버지되는 생산자（生産者）를 얼마나 원망하랴！우피 그것이 반돈박병신이 되여옴과 동시에 생산자 그가 반돈박 병신생활을 하고 왓다 우피가 생산자（生産者）를 원망함보다 생산자의 자녀질이 그 부모의 병통성 규모성 단합성에 눈뜨지 못한 것을 원망한다

아ㅡ형뎨들아 우리의 영업하는 동무들아 츙남 일대를 여기에 반성（反省）하야 본년 음칠월（本年陰七月）분에 열닌 츙남대회석상에서도 결의（決議）된 바어니와 그간 여러가지 사정으로 진직 실행 못한것은 유감천만이다 여러분아 암흑한 속에서 꿈꿈이 세음으로 반돈박이 생활하든 그것을 버서치고 대々적（大大的）새로운 규모로써 영업상 개량과 생활상 안정을 위하야 경제상（経済上）융통（融通）즉 우리의 사업（事業）의 자본（資本）을 우리가 합자（合資）하야 자유롭게 우리손에서 신출（新出）되는 생산기관（生産機関）의 산업（産業）에 운용（運用）장녀（奨勵）즉 슈이츌판매（即輸移出販賣）를 우리의 손으로 경영하자는 이것이 우리의 일대 갈망적（渴望的）으로 바라고 기다리든 형평츙남산업쥬식회사（衡平忠南産業株式會社）창립이 곳 이것이다

생활안정을 다갓치 구하는 일반 영업자야 우리의 형뎨와 동지야！

새로 세우는 이기ㅡㅅ발 미트로 모이자！

모ㅡ든 경위에 목마른 우리야 엉뚱한 샘（泉）구하지말고 내집에 솟는 샘（泉）을 우리가 마시자

一．우리는 우리 손에 나는 물품을 우리 우리가 운용하자

一．우리는 헛된 손해를 막어버리자！

發起人

吉奉西　金在德　李碧奎　李点孫

趙貴用　吉相洙　金仲學　金東錫

金鍾澤　申喜安　趙化成　李達俊　吉淳吾

李宗男　千基德　李址永　乎　正

戊辰十二月　日

【編者訳文】

衡平忠南産業株式会社

趣旨書

全国に散在する四十万の衡平同志たちよ、忠南にいる我が兄弟よ？我らは人間として人間ではない生活をしてきた。生命も営業も自由に生きて来られなかった。それで、衣食住を豊かに心置きなく、食べて、ろくに着ることもできなかった。見よ！現在の我らの生活を⁉官包肆には方伯守令から衙前将校、官僚司令まで、村包肆には判書、参判、承旨、先達から貧乏学者、がさつな土豪軍に下男にまでが、肉、牛皮、燭、箕、柳箱子などを好むがままに摑んで持っていった。ここで、我らは自分の家の雑巾のように踏みにじられ、搾取を受けてきた。これは如何に人権剥奪の没落的な生活ではないだろうか。あーこの世に設備された、すべてのものを決して我らの生命の幸福と営業の利益のためになされたものはひとつもないだけではなく、これは明らかに我らを地下線の日陰の下まで引きずり込むことさえなら、どこまでもたたきつけようとする反動的な施設ではなく何であろう。このような筋の通らない、没廉恥、薄情で粗暴な形勢に、激しい搾取と悪辣な手段の下で、半生半死の苦しみこの上ない運命で代を継いできたのが、白丁という、言い換えれば、柳の器を作り、肉と動物の皮を販売する営業者である。

純真な幼子が真夜中に静まりかえった場所で、虎とトッケビに出会った恐ろしい夢の中の生活であった。このような我が社員、否一般の我らの営業者は恐ろしい夢の暗闇を照らそうと体を投げ打って身悶えてきた。

夜が明け夢から覚めた今日においても、我らの生活上、根本となる営業状態を見回してみると、獣肉販売に対しても一つや二つでない悲境に陥っているが、我が手で産出される牛皮の輸移出、即ち牛皮販売方式について見ると、嘆かわしさを禁ずることはできない。全朝鮮で産出される物品の中で、牛皮というのが膨大な地位を占領している。皆さんも知ってのとおり朝鮮の物品のうち米、金銀銅鉄から棉花、蚕、繭の中で抜けることのない権威を持っている優秀な物品だ。それで、ずっと遠い他国で金銭を朝鮮に集めてくるのに、我らの手になる牛皮もすばらしい働き手となった。このような産物の主人公たる我らは光輝く利益の立派な運用ができなかった。それのみか、努力と汗は我らが流してきたが、ここから生まれる利益はとんでもない人間が横取りする。

見よ、甲の手になる牛皮を乙に、乙は丙に、丙は丁に、金は李さんに、李は朴さんに、地面を転がし車で転がして数十の人々の手を経る間に定期市の市場の荷担ぎ、車引きに、休むまもなく世話になる。ここあそこで停車場ごとに運送店という運送店を順番に探し歩きながら、理由もなく利益を差し出した（配当）。この牛皮というは熱が出るほど引きずりまわされた後、結局は船に乗ってずっと遠い海を渡り、日本では東京、大阪その他各地にモリさん、シタさん、ヤマさんを訪ねて行き、中国では安東県、上海、天津方面に持って行き、王氏商集団、孫氏商集団を順番に訪ねて、利益を配当してやる。否、牛皮という自身を十箇所、二十箇所の、自身を引き寄せる所に少しずつ、少しずつ分け与え、全身万苦をなめた後、ようやく自らの居場所を見つけたのが製革工場で、そうして朝鮮に昔の主人を訪ねた時には、牛皮そのものは切れ端にもならない病身になって帰ってくる。

もし、牛皮に病があるなら、その父となる生産者をどれほど恨むことか！　牛皮そのものが半身不随の病を得て帰ったのと同時に生産自身も半身不随の病の身の生活をして帰った。牛皮が生産者を恨むよりは、生産者の子女たちはその両親の変通性、規模性、団合性に目覚めていないことを恨む。

あー兄弟たちよ、我らの営業する友よ、忠南一帯をここに反省し、本年陰歴七月に開かれた忠南大会席上でも決議されたところだが、この間様々な事情によって、直ぐに実行できなかったことは遺憾千万である。みなさん、暗黒のなかで夢夢思うことで、半身不随となった生活そのものを蹴飛ばし、大大的に新たな規模で営業上の改良と生活上の安定のために経済上の融通、即ち我らの事業の資本を我らが合資し、自由に我らの手で新出される生産機関の産業に運用奨励、即ち輸移出販売を我らの手で経営しようという、これが我らの一大渇望的に待ち望んできた衡平忠南産業株式会社創立が、まさにこれである。

生活安定をみんなで求める一般経営者や我らの兄弟と同志よ！

　新しく立てる旗の下に集まろう！

さまざまな経緯で飢えている我らよ、とんでもない泉を求めず、我が家に湧く泉の水を我らで飲もう。

一、我らは我が手に産まれる物品を我らで運用しよう。

一、我らは無駄な損害を防ごう！

　発起人

吉奉西　金在德　李碧奎　李点孫

趙貴用　吉相洙　金仲學　金東錫

金鍾澤　申喜安　趙化成　李達俊　吉淳吾

李宗男　千基德　李址永　乎　正

戊辰十二月　日

16　12月「朝鮮出版警察月報」第四号（『解放』創刊号）

『昭和三年十二月　朝鮮出版警察月報』第四号

題　号　　　解放　創刊号
種類並使用文字　　雑誌、諺漢文
処分年月日及区別　　三、一二、一八　不許可
発行地　　　京　城
発行人　　　張志弼

記事要旨

一、解放運動途程上ニ立ツタ吾ガ白丁階級

（前略）吾等ハ闘争センガ為ニ闘争スルモノデハナイ、平和ノ為ニ已ムナキ時ニハ勇敢ニ闘争シナケレハナラナイ、闘争シナイ者ハ生キル欲望ト勇気ノナイモノデアル

二、我等ハ学バウ

我ガ朝鮮人等ガ外国人ノ奴隷トナツテ圧迫ヲ受ケルノモ憤慨ニ堪ラナイノニ我カ少年マデモ圧迫サレルトハ何ジヤ、ダカラ我カ少年達ハ将来良イ人ニナツテ只今我カ朝鮮人ヲ圧迫スル人等ヲアベコベニ圧迫ヲ加ヘナケレハ我カ少年ノ顔ガ立タナイ

三、私ノ進路

私ハ玄界灘ヲ渡ル壱岐丸甲板上ニ立ツテ自ラ斯ウ誓フタコトガアル「アー汝ハ最モ純潔ナ精兵ニナレ、責任ヲ全フスル精兵ニナレ、汝ガ行ク世ノ中ハ汝ノ対対デアリ戦闘ノ対象デアル、汝ハ彼ノ世界ヲ征服スル精兵トナレ」云々

第二部　京城地方法院検事局文書ほか

――一九二九年

1　1月7日　朝鮮衡平社通文ノ件

『昭和四年　思想問題ニ関スル調査書類』Ⅰ

京鍾警高秘第一三二一号

昭和四年一月七日

京城鍾路警察署長

「(印)京城地方法院検事正殿」

朝鮮衡平社通文ノ件

管下朝鮮衡平社総本部ニ於テハ去ル二日別紙ノ如キ月捐金督促文約五十枚ヲ即時義捐金滞納支部ヘ向ケ発送セリ

右報告ス

発送先　局長　部長　検事正

衡總□□□号

衡平六年十二月三十日

朝鮮衡平社總本部

衡平社各支部貴中

月捐金督促의件

본데에 잇서 항상 총본부로서는 이러한 공문을 하지아니 하려하나 엇지 할수업는 사정으로 인하야 귀지부의 경제에 대곤난을 격는 줄을 번연이 알면서 발송하게되며 또는 아니할 수 업게되는 바이외다 전선 각지부를 총관활하는 총본영인 총본부에서는 다만 얼마의 부담액 즉 다시말하면 유지비라고 하는것이 아니면 도저이 경비써 나갈길이 업수며 우리의 운동상에도 대부분 지체와 늣김을 면치못하개 된다는 것까지도 각지부 여러 형데들은 잘 알것이외다 총본부에서는 례년과 다른 금년에는 각 지방의 투쟁사건은 격증하야 여러가지 형용할 수 업는 복잡 곤경의 상태에 이르러스니 귀지부에서도 이러한 현상을 짐작하고 리해하거든 유지금 중 자　　월지

월분까지　개월분 일금　　원　견 애를 보내주시면 다만 일부분이라도 보충이 될가하니 깁히 고구하야 음금월三十일내로 부송하야주심을 경요

총본부에서 발송하러든 년하장은 작년은 압수 금년은 원고금지로 일관되엿기 증(정)식 년하는 그만두오

새 해를 마지하는 동무들아

과거를 거울삼아 새로운 정신으로 더 잘 살길을 찻자

【編者訳文】

衡総□□□号

衡平六年十二月三十日

朝鮮衡平社総本部

衡平社各支部貴中

月捐金督促の件

本題において、常に本部としてはこのような公文を送るまいとしたが、どうしようもない事情により貴支部の経済に大困難をもたらすことはよく知りながらも、発送することになり、またそうせざるを得なくなったところである。

全朝鮮各支部を管轄する総本営である総本部では、ただいくらかの負担金、即ち言い換えれば維持費というものがなければ、到底経費を使って前進することができず、我が運動上においても大部分遅滞と遅れを免れないということくらいは、各支部の兄弟の皆様は良くご存知のはずである。

総本部では例年と違って今年には各地方の闘争事件が激増し、あらゆる形容のしようのない複雑で困難な状態に至ったので、貴支部においてもこのような現状を推察し、理解したならば維持金を　月から　月まで　箇月分、金　円　銭を送って下さるならば、ただ一部分でも補充できるので、深く考究して陰暦で今月三十日までに送って下さることを謹んでお願いいたします。

　総本部で発送しようとした年賀状は、昨年は押収、今年は原稿禁止も一貫しているので、正式な年賀状を送るのはとりやめます。

新年を迎える友よ

過去を鏡として新しい精神でよりよく生きる道を探そう

2　1月16日　朝鮮衡平社常務執行委員会開催ニ関スル件

『昭和四年　思想問題ニ関スル調査書類』Ⅰ

京鍾警高秘第四五六号ノ一

昭和四年一月十六日

京城鍾路警察署長

（印）「京城地方法院検事正殿」

朝鮮衡平社常務執行委員会開催ニ関スル件

管下雲泥洞所在朝鮮衡平社総本部ニ於テハ昨十五日午後三時十分ヨリ仝会館ニ於テ第三回常務執行委員会ヲ開催セルガ出席者李春福外三名ニシテ金鍾沢議長ノ下ニ左ノ決議ヲナシ仝四時三十分閉会セルガ特異ノ点認メス

右報告ス

左記

一、中央執行委員会召集ニ関スル件

事務其他処理ノ必要上来ル二月廿六日本会館ニ於テ中央執行委員会ヲ開催スルコト（可決）

一、地方紛糾ニ関スル件

(イ)　井邑事件

昨年十二月十四日井邑ニ於テ発生セル社員李桂宗対受持巡査崔判仲殴打事件ニ関シ井邑警察署ニ抗議文ヲ発送シ仝時ニ仝巡査崔判仲ニ対シ警告文ヲ発送スルコト

万一警告文抗議文ニ対シ効果ナキ場合ハ全州警察部及警務局ニ交渉スルコト

(ロ)　開城屠夫紛糾事件

目下紛糾中ノ開城屠夫事件ニ関シテハ本月十一日頃面長ニ宛円満解決方ヲ妥協スベク申込ミアレバ本回答ヲ待ツテ善後策ヲナスコト

(ハ)　公州羅殊栄事件

本件ハ来ル中央執行委員会ニ一任スルコト

(ニ)　襄陽（長谷里）事件

昨年十二月二十五日襄陽ニ於テ発生セル煙草事件（社員ガ普通民ノ面前デ煙草ヲ咽ンダトテ殴打サレタ事件）ニ関シ目下慶州支部ニ照会中ナルヲ以テ回答ヲ待ツテ処理スルコト

一、全北大会ニ関スル件

来ル二月十三日及十四日（旧正月四、五日）両日裡里ニ於テ全北衡平社大会ヲ開催スベク本部ニ於テ承認スルコト

一、産業株式会社ニ関スル件

本件ニ関シテハ中央執行委員会ニ一任スルコト

一、其他事項

ナシ

以上

発送先　局長　部長　検事正

3　1月26日　衡平社通文発送ニ関スル件

『昭和四年　思想問題ニ関スル調査書類』Ⅰ

京鍾警高秘第八八七号

昭和四年一月廿六日

京城鍾路警察署長

警務局長殿

京畿道警察部長殿

京城地方法院検事正殿

衡平社通文発送ニ関スル件

管下朝鮮衡平社総本部ニ於テハ（既報）去ル十五日常務執行委員会ヲ開催セル際中央執行委員会ヲ開催スベク決議シタルガ本日別紙ノ如ク委員召集状約二十枚ヲ印刷シ即時委員ニ向ケ発送セリ

右報告ス

以上

衡總第四二九号

衡平七年一月二十三日

朝鮮衡平社總本部

中央執行委員長

金鍾澤

中央執行委員貴下

中央執行委員召集의 件

朔風寒雪에 時候不調한　此辰에 먼첨 동지들의 健安을 祝하며 모든 周圍事情으로 因하야　這間 本委員會가　正式会合을 열지못하얏슴은 實로　遺感으로　思料하는 바이다．同時에　去一月十五日 常務執行委員會決議에　依하야　中央執行員會 正式召集의　必要를 認하고　左와　如한　時日場所에서　首題의　委員會를　開催하오니　企期 無漏參席하심을　献要

左記

一．時日　二月二十六日

　　　午后二時（음正月十七日）

一．場所　本總本部會舘内

[編者訳文]

衡総第四二九号

衡平七年一月二十三日

朝鮮衡平社総本部

中央執行委員長

金鍾澤

中央執行委員貴下

中央執行委員(会)召集の件

朔風寒雪の時候不調なこの時季に、先ず同志たちの健康と平安を祝し、すべての周囲の事情によってこの間本委員会が　正式会合を開くことができなかったのは実に遺感と考えるところである。同時に、去る一月十五日、常務執行委員会決議に依って中央執行員会正式召集の必要を認め、左のような日時場所で首題の委員会を開催するので、時期を合わせて漏れなく参席されることを謹んで要請する。

左記

一、時日　二月二十六日

　　午後二時（陰歴正月十七日）

一、場所　本総本部会館内

4　2月27日　朝鮮衡平社第七回全鮮大会準備委員会ニ関スル件

『昭和四年　思想問題ニ関スル調査書類』Ⅰ

京鍾警高秘第二四四八号

昭和四年二月二十七日

京城鍾路警察署長

警務局長殿

京畿道警察部長殿

京城地方法院検事正殿

関係各警察署長殿

朝鮮衡平社第七回全鮮大会準備委員会ニ関スル件

朝鮮衡平社総本部ニ於テハ昨廿六日午后五時卅分ヨリ首題会ヲ開催セルガ出席者金鍾澤、吉漢童(同)、李東煥、朴好君、千萬奉、李先同、李鍾淳、吉萬學ノ八名ニシテ金鍾澤議長ノ下ニ左記事項ヲ決議シ同七時閉会セルガ異状ヲ認メズ

右報告（通報）ス

記

一、大会準備部作成ノ件

　イ　庶務部

　ロ　議案部

　ハ　経理部

ニ　巡回部

（一）巡回委員及区域作成ノ件

一道二人ヲ以テ一組トシ左記ノ通リ分担セシム

イ　江原道　李春福（華川）千萬奉（襄陽）

ロ　忠南道　吉萬學（楊平）吉淳吾（笠場）

ハ　全羅道　李東煥（本部）李鍾淳（安城）

ニ　京畿道　金三奉（本部）金士琠（長湖院）

ホ　慶南道　李龍守（馬山）李聖順（本部）

ヘ　慶北道　姜龍生（河陽）河敬七（河陽）

ト　忠北道　金鍾澤（本部）吉奉西（笠場）

以上

追テ巡廻期日ハ決定シ居ラザルモ近ク実施スル模様ナリ

以上

発送先　警務局長　警察部長　検事正　天安　華川

　襄陽　利川　楊平　馬山　慶山

『昭和四年　思想問題ニ関スル調査書類』Ⅰ

5　2月27日　朝鮮衡平社中央執行委員会開催ニ関スル件

京鍾警高秘第二四四九号

昭和四年二月廿七日

京城鍾路警察署長

（印）「京城地方法院検事正殿」

朝鮮衡平社中央執行委員会開催ニ干スル件

朝鮮衡平社総本部ニ於テハ昨廿六日午后二時ヨリ仝会館ニ於テ首題会ヲ開催セルガ出席者金鍾沢、朴好君、李鍾淳（安城）李東煥、吉漢同、李先同、吉萬學（楊平）千萬奉（襄陽）李京春ノ九名ニシテ（李春福外三名ノ委任状アリ）金鍾沢司会ノ下ニ左記事項ヲ決議シ仝五時三十分ニ閉会セルガ容疑言動認メズ

右報告ス

左記（決議事項）

一、臨時執行部選挙

口頭ヲ以テ選挙ノ結果

議長金鍾沢

書記李先同

一、経過報告及各部報告

金鍾沢ヨリ簡単ナル経過報告アリテ各部報告ハ略ス

一、第七回全鮮大会ニ干スル件

来ル四月廿四、五日開催ノ予定ノ第七回全鮮大会ニ就キ左記廿三名ノ準備委員ヲ選定セリ

金鍾沢、吉漢同、李先同、朴好君、李春福、千萬奉、金三奉、羅秀完、吉萬學、金士琠、吉淳吾、李鍾淳、李東煥、姜竜生、河敬七、李竜守、張志弼、沈相昱、金八用、李漢竜、金卜洛、徐光勳、李俊鎬

一、地方巡廻ニ干スル件

引続キ地方巡廻視察ハ励行スルコト

一、各地争議解決ニ干スル件

昨年四月以降数十件ノ紛諍《ママ》事件発生シ一部ハ解決ヲ見タルモ大部分ハ未解決ノ儘ニアレバ之レヲ如何ニスルヤトノ提議ニ対シ万場一致ヲ以テ巡廻委員ニ一任シ調査セシメ来ル大会ニ報告ノ上決議スルコトニ可決

一、辞任ニ干スル件

常務委員庶務部長李春福辞任状提出ニ干シ討議ノ結果受理スベク可決

一、補欠選挙ニ干スル件

庶務部長補欠ニ対シ吉萬學ヲ選挙セリ

一、会館借金問題ニ干スル件

会館借金問題ハ大会前ニ於テ各支部ヨリノ負担金ヲ調査シ未納支部ニ対シテハ極力徴集励行シ大会ニ報告ノ上決議ヲ為スコトニ可決

一、産業株式会社ニ干スル件

目下株式募集中ノ衡平社産業株式会社ニ対テハ本部ハ最近ニ於ケル其ノ成行キ及詳細ナル内容ニ就キ左ノ調査委員三名ヲ選ビ調査セシムル事ニ可決

調査委員

李東煥、朴好君、李先同

以上

発送先　局　部　検事正

6　2月「朝鮮出版警察月報」第六号（楊平支部設立）

『昭和四年三月　朝鮮出版警察月報』第六号

題号　衡平社楊平支部設立大会宣伝文

種類並使用文字　ビラ諺漢文

処分年月日及区別　四、二、二〇　削除

発行地　京城

発行人及団体名　金鍾澤

記事要旨

東方ノ檀君民族ガ今日此ノ境遇ニ至ツタ原因ハ党派ノ争ト階級ノ差別ヲ事トシタ為デアル。

7　3月6日　衡平社開城支部紛糾ノ件

『昭和四年　思想問題ニ関スル調査書類』Ⅰ

京鍾警高秘第二八〇四号

昭和四年三月六日

京城鍾路警察署長

(印)「京城地方法院検事正殿」

衡平社開城支部紛糾ノ件

朝鮮衡平社総本部ニ於テハ最近幹部等何事カ協議シ居ル事実ヲ探聞セルヲ以テ内容調査スルニ本件ハ客月十二日頃開城ニ於テ発生セル

開城衡平社員対地方ヨリ来開中ノ屠夫ノ暴行事件ナルコト判明セリ、本件ニ就キ開城衡平社員張正煥ハ二月十五日頃本部ヲ訪問シ本件ノ発生事実ヲ報告シ続ヒテ仝月十八日頃開城支部ヨリ別紙一号ノ如キ通文郵送越シ来ルガ本部ニ於テハ直チニ別紙第二号ノ照会文ヲ発送シタルニ仝廿四日別紙第三号ノ如キ回答文ニ接シタルガ本件ハ屠夫（社員）間ノ紛糾ニシテ即チ罹（罷）業中ノモノガ他方ヨリ来開シ屠夫ニ従事シ居ル者ニ対シテ怨ミヲ抱キ居リテ邪魔立テ為スモノノ如ク思料サルモ本部ニ於テハ金義赤ノ拘留ニ対シ不当処分ニアラズヤト騒キ居リ近ク真想（ママ）調査員ヲ派遣シ万一開城署ノ処置不当トセバ警務局長ヲ訪問シ抗議スベシト洩シ居レリ引続キ内査中

開城（央）署ニ於テハ本件成行至急御回答相成度

右報告（照会）ス

発送先、局部長　検事正　開城署長

別紙第一号

開城衡平社

衡平社総本部御中

新年御目出度フ金先生御健勝デスカ

本部ニ於テハ開城事件ニ就キ定メテ御配慮ノ事ト思ヒマス

此回ノ同情金ニ対シテ感謝状ヲ送リマシタ

金義赤ハ未ダ留置中デアリマス前ニ同情金送ラレタノヲ書イテ送ツテ下サイト言ツタノハ斯ノ如キ理由ガアツタノデアリマス云々

別紙第二号

朝鮮衡平社総本部

衡平社開城支部御中

金義赤事件ニ対スル照会ノ件

首題ノ件ニ就テ先日張正煥君ヨリ一時留置サレタト言フ事ハ口頭ニテ大略聞キマシタケレ共只今総本部ニ於テ其レニ対スル内幕ヲ詳細ヲ問合ス可ク考ヘ居リタル処丁度貴支部ヨリ報告ガ来タノデ拝見シタガ其ノ報告モ矢張リ詳細ナラサル為メ更ニ照会シマスカラ如何ナル理由ノ下ニ何日間拘留サレタカ詳細ナル報告ヲ望ム云々

別紙第三号

正月一日平福、美赤（義）、正煥三人ガ同伴シテ金世赫ト云フ飲食店ニ於テ飲酒シ平福ハ帰家シ義赤ハ酒ニ泥酔シ出テ来ル途中京城釜山社員ガ仝家ノ隣室ニテ飲酒シテ居タノデ合同シテ飲モウト言フケレ共被（彼）等ハ聞入レナイノデ門外ニ於テ二言三言不快ナル言語ヲシタ処ガ彼等ガ這入ツテ来テ来イト云フカラ部屋ニ行ツテ見タラ被等ハ皆外ヘ出テ行ツテシマツタノデ義赤ヲ連レテ家ニ帰リ更ニ私ガ内ノ稼人二三人ヲ連レテ飲酒ニ出掛ケタ処ガ被等ガ何モ言ハズニ私ヲ捕ヘ五六人ガ棒ヲ以テ乱打シタルガ其際警察官ガ来テ私ヲ警察署ニ同行シ暴行罪テ拘留シ義赤ヲ捕ヘルマデハ放サナイト言フタ義赤ガ旧正月三日ニ警察ニ来タノデ私ハ釈放サレ義赤ハ暴行罪デ二十九日ノ拘

留ニ処セラレマシタ
而シテ義赤ガ警察署ニ於テ言フニハ彼ノ人等ハ暴行罪デ検事局ニ告訴状ヲ出スト言ヒマスガ告訴ガ生立(成)シマスカ
ソレカラ私ハ彼ノ人等ニ暴行シタ事モ無ク殴打シタコトモナク何ノ罪モナイノニ彼等ハ返ツテ私ガ暴行シタト云ツテ告訴ヲシタノデ警察デハ彼等ノ言葉ノミヲ信シ義赤ヲ拘留ニ処シマシタ
併シテ私ノ十八金ノ時計ヲ彼等ガ打破リ警察署ニテ買ツテ呉レルト言ハレマシタノデ破レ時計ハ出シマシタガ何等ノ通知モアリマセン
此ノ手紙ヲ拝見サレタラ事情ハ此ノ通リデアリマスカラ善後策ヲ指示シテ下サイ
返事ハ私ニ願ヒマス云々

一九二九　二、四、

松部面南東町四七弐　張正煥

8　3月　「朝鮮出版警察月報」第七号（『正進』創刊号）

『昭和四年三月　朝鮮出版警察月報』第七号

題　号　　正進　創刊号
種類並使用文字　　雑誌、諺漢文
処分年月日及区別　　四、三、二八　削除
発行地　　京　城
発行人及団体名　　張志弼

記事要旨

一、衡平運動ノ精神
衡平ト云フノハ人間社会ヲ衡ノ如ク均シクスルト云フ意味デアル。尊卑、貴賤ト云フ階級ノ差別ヲ無クシ総テノ人間社会ガ万物ノ霊長トシテ尊敬ス、人間ヲシテ皆同ジ関係ニテ親睦シ自由平等ノ幸福ノ美シイ社会ヲ作ラントスルノデアル云々。

9　4月2日　朝鮮衡平社印刷文ニ関スル件（代議員証の送付）

『昭和四年　思想問題ニ関スル調査書類』Ⅱ

京鍾警高秘第四〇一五号

昭和四年四月二日

京城鍾路警察署長

警務局長殿
京畿道警察部長殿
(印)「京城地方法院検事正殿」

朝鮮衡平社印刷文ニ関スル件

朝鮮衡平社総本部ニ於テハ来ル廿四日五日ノ第七回定期大会ニ対シ準備中ナルガ昨一日別紙ノ如キ代議員証ヲ約百枚印刷シ地方支部ニ向ケ発送セルガ支部ニ於テハ之レニヨリ出席議員ヲ決定シ準備委員会ヘ申込ムモノナリト
以上報告ス

以上

代議員證

代議員（氏名印）
〃〃
〃〃
〃〃
〃〃
〃〃

本支部에서는 第七回 全朝鮮定期大會 代議員으로 前記　人이 總本部規約第五條에 依하야 被選되야 參席키로함
（但 代議員은 支部社員三十人에 対하야 一人式으로 하야 四月二十日까지 總本部로 送達키를 要）

衡平七年四月　日　住所
衡平社　支部　（印）

朝鮮衡平社第七回全朝鮮定期大會
大会準備委員會　貴中

【編者訳文】

代議員証

代議員（氏名印）
〃〃
〃〃
〃〃
〃〃
〃〃

本支部においては、第七回全朝鮮定期大会代議員として前記の人が総本部規約第五条に依って被選され参席することにする。
（但し、代議員は支部社員三十人に対し、一人ずつとし、四月二十日までに総本部に送達することを要する）

衡平七年四月　日　住所
衡平社　支部　（印）

朝鮮衡平社第七回全朝鮮定期大会
大会準備委員会　貴中

10　4月2日　朝鮮衡平社ポスター印刷ニ関スル件（第七回大会）

『昭和四年　思想問題ニ関スル調査書類』Ⅱ

京鍾警高秘第四〇一六号
昭和四年四月二日
京城鍾路警察署長

警務局長殿
京畿道警察部長殿
京城地方法院検事正殿

朝鮮衡平社ポスター印刷ニ関スル件

朝鮮衡平社総本部ニ於テハ予テ準備中ナリシ全鮮衡平社第七回定期大会ニ対スルポスター約八百枚ヲ昨一日印刷シ近ク各地方ノ支部及ビ府内思想団体ヘ向ケ発送ノ筈ニ付別紙ポスター添付報告ス

以上

（編者注＝第七回大会ポスターは、口絵を参照）

11　4月5日　衡平社本部通文発送ノ件

『昭和四年　思想問題ニ関スル調査書類』Ⅱ

京鍾警高秘第四一三一号

昭和四年四月五日

京城鍾路警察署長

(印)「京城地方法院検事正殿」

衡平社本部通文発送ノ件

管下朝鮮衡平社総本部ニ於テハ来ル全鮮大会準備ノ為メ準備委員等ハ諸般事務ニ従事中ナルガ本日別紙如キ大会召集文及紀念式通文並ニ大会規程及注意事項ト題スル通文ヲ各二百四十枚印刷シ各地方ヘ向ケ発送セリ

右報告ス

以上

衡總第五二一號

衡平七年四月二日

朝鮮衡平社總本部

中央執行委員長　金鍾澤

第七回全朝鮮定期大會召集의 件

북풍한설（北風寒雪）에 씨날니여 소조랭락（蕭條冷落）하든 망상（萬像）이 양춘가절의 화창한 봄을 마지하자 고목（古木）에 새싹이 나고 기는놈 구멍에서 나오며 나는놈 공즁에서 힘잇게 날개치며 노래하니 사위（四圍）의 사정에 잇서서도 힘끗、니、갈고 싸와 온 모―든 사회는 이 시절을 당하야 각방면으로 신흥긔분（新興氣分）을 떨치고 새진용（陣容）을 정돈하야 싸우는 이때에 우리 형평대즁（衡平大衆）의 총력량（總力量）집즁（集中）한 우리 형평운동도 새 경륜 새 포부를 가지고 획시기적（劃時期的）대진젼（大進展）을 꾀할 때가 닥쳐왓다 이에 즁앙집행위원회의 결의에 의하야 됴선형평샤 데칠쥬년전됴선졍기대회（朝鮮衡平社第七週年全朝鮮定期大會）와 칠쥬년기렴식（七週年紀念式）을 좌기와 여히 개최하오니 사원제씨는 별지대회규정（別紙大會規程）에 의하야 만일의 빠짐（踈漏）이 업도록 주의하시고 분발참석（憤発参席）하시여 우리의 살길을 다갓치 도모합시다

記

一．大會時日　四月二十三四両日間（음三月十四五양일간）

一．紀念式時日　四月二十五日（음三月十六日）

一．大會場所　京城天道教紀念舘에서

◎大會規程及注意事項

一．全鮮大會建議案에 対한 것

各地方支部에서 全鮮大會에 議案을 建議하는 方法은 総本部規約上

大会 規約中 第五條에 依準하고 建議案은 必코 그 理由 實行方法等書를 添付하야 大会前 四月十五日까지 総本部常務委員会에　提出할事

(但 建議案 이라는 것은 여러가지 문데를 토의하고 결정하는 것을 실행하는 것이다)

一、会舘買受時 借金負担과 大會準備金 及 未納維持金에 対하야

이 문데에 대하야는 총본부 대회준비 순회위원 출장시에 잇서셔 충분한 이약기가 잇섯쓸 것이기로 거급 말하지 아니하고 밋는 바이다

一、社旗新作에 対한 것

이것은 지난 二月二十六日 中央執行委員 顚末에 記載하고 또 地方 巡回委員 付托으로 자세히 아실줄 알며 우리가 늘ㆍ생각하고 보는바 衡平元年度以来 各支部에서 自由로 製作한 社旗가 너머도 均一치 못하야 심히 유감으로 생각하며 多年考究한 남어지 全鮮的으로 統一케하기 爲하야 일등 毛糸로 長廣幅染色　永久 不変旗竹 (기때)는 長六尺 木製 二折式 黒膝鉄槍付 厳粛한 社旗로 全鮮各支部数에 依하야 注文하얏는데 맨첨 中央執行委員会報에는 六円式이라고 하얏스니 다시 協議한 結果 減価되야 五円式 確定되얏스니 今番大会때 社旗価 五円式 꼭 가지고와서 旗를 가저가도록 주의할 것

一、마크에 대한 것

이것은 시계줄에 차는 메달루와 갓흔 것인데 형평샤원으로 증명되는 목표와 갓흔 것이다 지난 즁앙집행위원회 결의로 우리 형평사원은 누구나、다、한 개식 꼭 가저야 필요하다는 것을 결증하고 마ー크 한 개 二十五銭식 작정하야 주문하얏스니 이것도 대회때 그 지방사원수효에 의하야 二十五銭식 수합한 후 대의원이 꼭 가지고와서 가저가도록 할 것。

一、正進雜誌에 대하야

오래 동안 열망즁에 잇든 정진잡지 창간호가 허가되여 방금인쇄즁이니 구독 제위에 만흔 리릭을 줄것이어니와 계속하야 차호준비가 되도록 원고를 써보내주시요

一、각지방 대의원 여러분은 四月二十二日 (음三月十三日) 午后七時까지 경성에 도착하게하시요。

一、지방 특수사정을 만히 생각하야 대회에 가지고오시도록 하시요。

(생활문데、교양문데、차별문데、건피장、수육가문데 기타 여러가지)

[編者訳文]

衡総第五二一号

衡平七年四月二日

朝鮮衡平社総本部

中央執行委員長　金鍾澤

第七回全朝鮮定期大会召集の件

北風寒雪にもまれ、蕭條だった万象が陽春の麗らかな春の日を迎え、古木に新芽が芽生え、這いつくばるものは穴から出てきて、空を飛びかうものは空中から勢いよく羽ばたきながら歌う。四方の状況においても力いっぱい磨き、戦ってきたすべての社会は、このような時期を迎え、各方面新興気分を轟かせ、新陣容を整えて戦うこの時期に、我らの衡平大衆の総力量を集中させた我が衡平運動も新たな経綸や新たな抱負を持って画期的に大進展を図るべき時期が迫ってきた。ここに、中央執行委員会の決意によって朝鮮衡平社第七週年全朝鮮定期大会や七周年記念式を下記のとおり開催するので、すべての社員は、別紙大会規定により全員漏れなく参加しよう。憤発参席し我らの生きる道を共に探ろう。

記

一、大会時日　　四月二十三、四両日間（陰三月十四五両日間）
一、記念式時日　四月二十五日（陰三月十六日）
一、大会場所　　京城天道教記念会館にて

◎大会規程及注意事項

一、全鮮大会建議案に関すること
各地方支部から全鮮大会に議案を建議する方法は総本部規約上、大会の規約第五條に準じる。建議案は、必ずその理由や実行方法等の書を添付して、大会前四月十五日までに総本部常務委員会に提出すること。
（但し、建議案というのは、様々な問題を討議し決定されたものを実行することだ）

一、会館買受時の借金負担や大会準備金及び未納維持金について
この問題については、総本部の大会準備巡回委員の出張の際、十分な説明があったであろうから、ここでは繰り返して言わないことにする。

一、社旗新作に関すること
これは去る二月二十六日、中央執行委員の経過に記載し、また、地方巡回委員の依頼により詳しくご存じだと思われるが、我らが常に考えているように衡平元年以来、各支部で社旗を自由に製作した社旗があまりにも均一でないことをはなはだ遺憾に思い、長年に渡って考究してきた結果、全鮮的に統一させるため、一等級の毛糸で長広幅を染色、永久不変、旗竿は長さ六尺の木製の二ツ折方式に黒漆塗りで鉄槍を付け、厳粛な社旗として全鮮各支部数に依って注文した。はじめ中央執行委員会報では六円ずつとしたが、改めて協議した結果、減価され五円ずつと確定したので、今度の大会時に社旗価格の五円を必ず持参し、旗を持ち帰るように注意すること。

一、マークに関すること
これは、時計のバンドにかけるメダルのようなもので、衡平社員であることを証明する目的のようなものである。去る中央執行委員会の決議によって我らの衡平社員は誰もが皆、一つずつ持参することを決定し、マーク一つにつき二十五銭で作製し、注文したので、これも大会の時、その地方社員数の分として二十五銭ずつ集めて代議員が必ず持ってきて、持ち帰るようにすること。

一、正進雑誌に関すること
長い歳月、熱望してきた正進雑誌創刊号が許可され、いま印刷中である。購読諸位に様々な利益を与えるもので、引き続き次号の準備ができるように原稿を送りください。
一、各地方代議員の皆さんは四月二十二日（陰暦三月十三日）午後七時までに京城に到着するようにしてください。
一、各地方の特殊事情を大いに考えて、大会に参加するようにしてください。（生活問題、教養問題、差別問題、乾皮場、獣肉価問題、その他）

衡總第五二七号
衡平七年四月三日
朝鮮衡平社總本部
大会準備委員長　張志弼
各支部貴中

제칠쥬년기렴식에 대한 통지서

오날은 형평이 이세상에 머리를 들고 이러선지 칠년을 마지하는 기사년 四月二十五日이다
오날은 전됴션에 산재한 우리네의 게급은 만천하 모－든 대즁의 우렁차고 굿세인 성원하에서 됴션형평샤란 이것이 처음으로 탄생된 깁붐의 날이다
본부에서 례년보다도 일곱돌잽이하는 본년에는 특별한 방식과 대규모로써
기렴식을 거행하옵게되오니 뜻잇는 우리의 형평사원아 이날에는 만가지를 정지하고 한자리에 가치 하야 과거를 기렴하고 장래를 축화하자!!
오라 이날엔
잔말 오실 때 여홍거리나 만히 장만하야가지고 오시요。
一．각지방에 잇는 사원들도 이날에는 엄무를 휘업하고 기렴축화하자！
一．뽀스다는 제칠쥬년을 기렴하는 것이니 회관에 반다시 부치고서 축화하자！

【編者訳文】

衡総第五二七号
衡平七年四月三日
朝鮮衡平社総本部
大会準備委員長　張志弼
各支部貴中

第七週年紀念式に対する通知書

今日は、この世に衡平が世に頭を持ちあげ、立ち上ってから七年を迎える己巳年四月二十五日である。
今日は、全朝鮮に散在していた我らの階級が満天下のすべての大衆の勇ましい雄叫びの声援の下に朝鮮衡平社というものが初めて誕生した喜びの日である。

本部では、例年よりも七週年を迎える今年には特別な方式と大規模に記念式を行うので、志しある我らの衡平社員たちよ。

この日には、万障繰り合わせのうえ席を共にし、過去を記念し、未来を祝いましょう！

来たれ！この日に。

ぜひ来られる時には、余興をたくさん用意して来てください。

一、各地方にいる社員たちもこの日には仕事を休んで記念と祝賀をしよう！

一、ポスターは、第七週年を記念するものなので、会館に必ず貼り祝賀しよう！

12　4月10日　衡平社総本部印刷文ニ関スル件（第七回大会）

『昭和四年　思想問題ニ関スル調査書類』Ⅱ

京鍾警高秘第四五二二号

昭和四年四月十日

京城鍾路警察署長

（印）「京城地方法院検事正殿」

衡平社総本部印刷文ニ関スル件

管下朝鮮衡平社総本部ニ於テハ去ル九日別紙ノ如キ全鮮衡平社大会ニ関スル通知書約三百枚ヲ印刷シ各思想、民族、衡平、女性等ノ団体へ向ケ発送セリ

右報告ス

以上

通知書

最敬愛하는 同志들이여

諸君의 勇敢한 闘争은 怒濤狂浪의 波瀾을 突破하며서 長足之勢로 発展하고잇는 貴會에 対하야 더욱 더욱 隆崇한 健展을 祝하며 따라서 弊社 第七回定期大會 及 七週年紀念式을 左記 時日場所에서 開催하오니 熱々한 支持와 힘찬 聲援이 잇기를 仰望하나이다

祝文、祝電、祝辞를 雨下하라！

記

時日　四月二十三、四両日 午后一時부터 定期大會

四月二十五日 午后七時부터 紀念式

場所　京城慶雲洞　天道教紀念館

一九二九年四月　日

京城府雲泥洞弐拾参番地

朝鮮衡平社總本部　白

貴中

[編者訳文]

通知書

最も敬愛する同志たちよ

諸君の勇敢な闘争は、怒涛狂浪の波瀾を突破しながら長足の勢いで

発展している貴会に対して、更なる隆崇な健展を祝し、従って、弊社第七回定期大会及び七週年記念式を左記の時日、場所で開催しますので、熱烈な支持と声援をいただけることを願っています。祝文、祝電、祝辞を送れ

記

時日　四月二十三、四、両日　午后一時から　定期大会
　　　四月二十五日　　　　　午后七時から　紀念式
場所　京城慶雲洞　天道教紀念館

一九二九年四月　日

京城府雲泥洞弐拾参番地
朝鮮衡平社総本部　白

貴中

13　4月10日　衡平社全鮮大会準備金ニ関スル件

『昭和四年　思想問題ニ関スル調査書類』Ⅱ

京鍾警高秘第四五二四号
昭和四年四月十日

京城鍾路警察署長

警務局長殿
京畿道警察部長殿
京城地方法院検事正殿

衡平社全鮮大会準備金ニ関スル件

来ル本月廿四五日ノ両日天道教紀念館ニ於テ開催ノ予定ナル全鮮衡平社大会ハ目下本部ニ於テ諸般準備中ナルガ大会準備予算金六百円ニ対シ現在各支部ヨリ郵送シタルモノ状況左ノ如シ右報告ス

記

一、禮山支部　金五円
一、鎮川支部　金十円
一、安城支部　金十円
一、利川支部　金二十円

以上

14　4月25日　朝鮮衡平社第七回定期大会ノ件

『昭和四年　思想問題ニ関スル調査書類』Ⅱ

京鍾警高秘第五三四六号
昭和四年四月廿五日

京城鍾路警察署長

警務局長殿
京畿道警察部長殿
関係各警察署長殿
(印)「京城地方法院検事正殿」

朝鮮衡平社第七回定期大会ノ件

四月廿四日午前十一時十分ヨリ府内慶雲洞天道教紀念館ニ於テ金鍾

澤司会ノ下ニ首題会ヲ開催シタルガ出席者百四十七名ニシテ傍聴者約百名左記会順ニ依リ大会ヲ進行セシメタルガ標語トシテ

1、団結ナキ社会ハ勝利ナシ

1、汗ナキ社会ハ食物ナシ

右二項及衡平社ノ綱領ヲ掲ゲ本部旗一本支部旗百本ヲ立列ベタリ

右報告（通報）ス

左記

一、開会　司会者金鍾澤ヨリ本大会ハ昨廿三日ヨリ開催ノ予定ナリシガ事情ノ為メ本日迄延期シ只今ヨリ開催スル事トセリト簡単ニ述ベタリ

一、開会辞　張志弼ヨリ別紙一号表ノ如キ開会辞ヲ述ベタリ

一、代議員点名　多数決ヲ以テ点名ハ中止シ資格審査問題トナリ代議員ノ審査委員五名ヲ選挙セントスル意見アリテ挙手可決シ審査委員、李鍾淳、金士琠、朴平山、李春福、吉義星、等ガ口頭選挙サレ審査ノ結果代議員中無資格者ハ晋州姜相鎬、原州金成俊ナリト発表スルト同時ニ退場ヲ命ジタルガ会員中ヨリ資格有無ノ質問等アリテ場内騒然タリシガ議長ヨリ無資格者ハ代議員証ナキモノナリト答弁アリテ静マリタリ点名出席者ハ別紙第二号表ノ通リ

一、臨時執行部選挙

多数決ニ依リ口頭呼選ニ依リ左ノ詮衡委員五名ヲ選挙セリ

詮衡委員

李俊鎬　李先同　吉汗《（漢）》同　李東煥　沈相昱

右委員ニテ臨時執部委員選挙ノ結果

議長　吉淳吾　副議長　李春福

書記長　李東煥　書記　金三奉　李龍守

一、前会録朗読　省略

一、各部経過報告

庶務部金三棒　経理部吉漢同　教養部朴平山　争議部張志弼各々朗読アリ然ルニ会員側ヨリ争議部ノ報告ニ干シ更ニ詳細且ツ具体的（原因結果本部ノ処置）ニ報告セラレ度キ旨迫リタルガ何分件数多数ノ為メ及ビ時間ノ都合ニ依リ詳細ノ報告ヲ為サス支部ノ新ニ創設サレタルモノ四ヶ所計現在二百四十二支部ナリ

一、祝文祝電朗読　李東煥、金三奉ヨリ

別紙第三号表ノ祝電　通　祝文　通朗読セルガ最初検閲ノ結果祝文　通ハ不穏ト認メ押収セリ

一、来賓祝辞

出版労働金暹　新支会高憲植　新幹本部朴漢卿　서울《（ソウル）》青年会沈致沢　苦学堂卒業生　崔鳳煥等ノ五名アリタルガ高憲植、朴漢卿二名ノ外何レモ不穏ト認メ中止シタリ

別紙第四号表ノ通

一、任員選挙

十一名ノ詮衡委員ヲ選ビ該詮衡委員ニ於テ二十九名ノ中央執行委員及同候補及中央検査委員ヲ選ビタリ而シテ中央執行委員長及仝候補ノミハ一般会員ノ投票ニ依レリ

其ノ結果
中央執行委員
趙貴用　沈相昱　李竜洙　金在徳　朴平山　金三奉
張志弼　吉萬学　金士琠　李基俊　李漢容　金甲千
姜竜生　趙寛玉　李鐘淳　金在実　李東煥　李京基
李明録　金八元　李漢東　金八用　李俊鎬　趙奉植
李春福　崔学洙　徐光勲　吉淳吾　千萬奉
同候補者………李京春　金奉周　李玉泉　李泰紘　片奉仲
中央検査委員………吉奉西　李先同　金鍾沢　吉義星　朴京煥
中央執行委員長　趙貴用
仝　候補者　張志弼
一、規約修正　別紙第五号表
本件ニ干シテハ左記修正委員五名ヲ口頭ニテ選出ノ上修正委員ニ一任セリ
右修正委員
張志弼　李東煥　朴平山　李先同　金鍾澤
一、予算通過　別紙第六号ノ通
一、閉会　朝鮮衡平社第七回定期大会万歳ヲ三唱シ仝午後八時十分閉会セリ

（別紙第一号）　開会辞　張志弼
私ハ開会ノ辞ヲ述ベヨト言ハレタノデ簡単ニ一言申上マス衡平運動モ早ヤ七ヶ年ト云フ年ヲ迎ヘマシタ大イニ喜ブ処デアリマス本会ハ最モ緊張シテ最後ノ結果迄御覧下サレン事ヲ御願シマス本大会ヘ出席者減少シタノハ去年ノ水害及旱魃ノ為メナラン考ヘマス乍遺憾之ヲ以テ祝辞トシマス
以上

（別紙第二号）　出席者

支部名	郡名	氏名	支部名	郡名	氏名
大田	大田	崔成福	竹山	安城	吉衡進
黄登	益山	李秉浲	全州	全州	李京冀
礼山	礼山	李用谷	屯浦	牙山	李寿哲
仝	仝	申熙安	獒樹	任実	朴正順
仝	仝	金成俊	結城	洪城	宋在玉
保寧	仝	金在實	仝	仝	吉宗哲
仝	仝	金年學	扶餘	扶余	李太錫
温泉	牙山	趙龍九	洪城	洪城	李化東
仝	仝	金一成	洪城	仝	金寿辰
安城	安城	李相同	横城	横城	趙萬奉
成歓	天安	金寿福	華川	華川	李春奉
原州	原州	金遊山	仝	仝	元徳声
仝	仝	趙萬順	仝	仝	李必成
仝	仝	金萬奉	仝	仝	金長福
原州	原州	李成萬	無極	陰城	申一白

麗(驪)州	麗州	李壮完
笠場	天安	吉寿東
春川	春川	鄭一萬
仝	仝	鄭石崇
宜寧	宜寧	金笑容
群山	群山	朴昌玉
全州	全州	羅秀完
化(華)川	華川	金好成
瑞山	瑞山	李化春
群山	群山	朴根成
仝	仝	金甲千
原州	原州	金成順
利川	利川	李三奉
仝	仝	趙和厚
大田	大田	白春成
泰安	泰安	李有福
瑞山	瑞山	李太吉
天安	天安	金伊眞
仝	仝	李彭石
横城	横城	趙先奉
仝	仝	趙在奉
堤川	堤川	李寿昌
全義	燕岐	卞漢玉
新灘	大田	羅衡哲
京城	京城	金　珍
公州	公州	金八奉
扶余	扶余	金培玉
臨波	沃溝	朴明春
仝	沃溝	林日尋
扶余	扶余	金景善
仝	仝	李太石
仝	仝	李培玉
仝	仝	李伯伊
洪川	洪川	李雙鳳
笠場	天安	李奉雲
麗州	洪城	吉萬東
大坪田	鳥致院	吉玉東
大坪田	鳥致院	崔完國
仝	仝	吉昌水
長湖院	利川	崔鍾燮
温陽	牙山	宋奉用
仝	仝	片二龍
温泉	仝	李青應
清安	槐山	元巨富
横城	横城	金日成
芙江	清州	李英吉
楊平	楊平	吉萬學
公州	公州	金在徳
慶州	慶州	片文伊
仝	仝	李温出
無極	陰城	李逢順
安城	安城	朴雲竜
長湖院	利川	金千乭
青陽	青陽	金建吾
陰城	陰城	李炳塞
利川	利川	李旺振
仝	仝	李一錫
烏山	水原	千寿甫
清安	槐山	李萬坤
槐山	仝	白長水
仝	仝	金千石奉
烏山	水原	金石福
公州	公州	申基卜
南原	南原	崔公順
清州	清州	吉明学
雲峰	南原	金月仙
瑞山	瑞山	李弼成
陰城	陰城	崔順山
麗州	驪州	金基俊
青陽	青陽	鄭長仙
群山	群山	金水東
定山	定州(ママ)	趙寿萬
天安	天安	朴春成
華川	華川	李春奉
舒川	舒川	李賛用
水原	水原	李成玉
安城	安城	張成萬
原州	原州	金三俊
鉄原	鉄原	韓昌燮
笠場	天安	吉義星
温陽	牙山	片己男
西井里	振威	金学奉
河陽	慶山	李八元
江景	論山	李鍾元
密陽	密陽	孫益三
仝	仝	金鎌煥
仝	仝	吉春日
大昭(召)院	忠州	申海真

平沢	振威	金俊君	淳昌	淳昌	李英俊
大昭院	忠州	朴昌伯	仝	仝	尹奉化
平沢	振威	李秀完	西井里	振威郡	李百円
笠場	天安	李成玉	任実	任実	朴漢燮
仝	仝	李昌振	定山	定州（ママ）	金於得
仝	仝	李剣乭	唐津	唐津	金雲光
義城	義城	安又岩	笠場	天安	吉鳳西
宜寧	宜寧	張益在	海美	瑞山	朴甘述
長湍	長湍	李順業	襄陽	襄陽	千興基
潭陽	潭陽	朴七童	原州	原州	金八用
仝	仝	朴石眞	黄登	益山	申光五
楊平	楊平	李春實	華川	華川	李春福
洪城	洪城	張志弼	洪城	洪城	金　棒

（別紙第三号）

祝電、祝文

祝電（二十七通）

順天新幹會支會　　礼山衡平社支部
順天自由労働聯盟　　慶山衡平社支部
順天農民組合　　高城下里小作組合
済州青年同盟　　三陟衡平社支部
長水衡平社支部　　済州島琴浦支部
大邱、金慶三　　原州、李商鎔
金溝衡平社支部　　陜川衡平社支部
宜寧、申鉉寿　　襄陽衡平社支部
慶北茲仁衡平社支部　　襄陽青年同盟
襄陽일수（ママ）　　仝　農民組合
旧馬山新幹支會　　晋州衡平社支部
仝　槿友會支會　　盈徳衡平社支部
京城少年聯盟　　全北鎮安竜譚衡平支部
平壌労働総同盟량강（ママ）聯盟

祝文（百五十通内〇印ヲ附シタル三十二通ハ押収）

江景支部　　京城光活青年會
衡平学友同盟　　〇衡平社平沢支部
〇在日本朝鮮青年同盟東京支部
扶余衡平社員　李文竜　　〇新幹會大阪支部
槿友會瑞川支會　　〇新幹會井邑支會
群山獣肉販売営業　　朝鮮프로레타리아《プロレタリア》芸術同盟
月刊雑誌　正進社　　新幹會本部
尚州労働組合　　青総尚州郡委員會
尚州青年會　　新幹會尚州支會
華川華農青年會　　〇群山、李珠煥
衡平社礼山支部　　衡平社礼山支部内　申喜安
仝礼山支部女性親睦會　　衡平社任實支部

原州少年同盟　金啓敦
東萊労働組合
新幹會蔚山支會
昌寧南旨　李周穆
○金海農民聯盟
唐津小作組合
中央青年同盟
尚州青年同盟
新幹會南原支會
梁山衡平社支部
衡平社礼山支部内　李烈
江陵邑、金炳烈
槿友會京城支會
安東青年同盟臨河支部
温陽温泉、李順億
忠南瑞山邑内　李元俊
朝鮮衡平社瑞山支部
仝　河陽支部
新幹會奉化支會
奉化青年同盟
金商震
慶南조계《草渓》　李致先

○栄州青年同盟
新幹會栄州支會
天道教聯合教會
昌寧郡農業會
扶安合同労働組合
唐津青年同盟合徳支部
新友會支部
南原青年同盟
忠南瑞山여미《ママ》　金甲周
衡平社天安本部内　李夢述
駋州郡康川面裡虎里　千君必
安東臨河労働親睦會
金海青年同盟
待天教中央青年會
衡平社瑞山支部　李仁
龍寅青年會
利川青年同盟
苦学生갈돕《カルトプ》會
槿友會木浦支會
烏山支部内　宋大俊
○広島県水平社本部
京竜合同労働組合

仝　昌寧　河峻
仁旺青年会
朝鮮農民社
京城衡平社員一同
京城洋服技工組合
○全国水平社関東聯合会本部
○東京水平社
新幹會尚州支會
大邱新幹會支會
在日本伊勢松坂西部二丁目二五一〇　朴成圭
衡平社全州支部
衡平社平安支部　白道源
仝　仝　金成功
○鎮川衡平社支部内　李必成
新幹會淳昌支會
○衡平社天安支部内　金必成
衡平社礼山支部内　金光
○群山　趙漢珠
新幹會求礼支會
新幹會安州支會
仝　栄州支會
安東臨河労働親睦會

新興青年同盟
朝鮮労働総同盟
東小門外城北洞　崔光玉
○定平青年同盟
○東京府水平社
天安、盧緒鎬
慶北安東衡平社　金徳天
新幹會京西支會
安州青年同盟
衡平社天安支部内　金徳連
香川県水平社本部
平安支部
○衡平社鎭川支部
新幹會唐津支會
衡平社天安支部内　李金福
洪川郡北方面　金点乭
江景　李貞旭
求礼青年同盟
○江界青年同盟
槿友會京城支會
天道教青年党

安東青年同盟臨河支部
安東市内　金道天
○中央青年同盟
新幹會淳昌支會
挿橋支部
新幹會密陽支會
大邱青年同盟
淳昌少年團
江陵支部　金有福
衡平社仙掌　金鳳成
○尚州青年同盟
新幹會安州支會
郡(群)山衡平社　沈相洛
江陵邑内　朴基敦
槿友会城津支會
○城津青年同盟
○江陵郡青年同盟
新興青年同盟
唐津青年同盟
原州少年同盟

別紙第四号

温陽温泉　李順徳
安東衡平社支部
○新友會本部
新幹會唐津支會
東莱青年同盟
新幹會洪城支會
淳昌青年同盟
○義州青年同盟
○江陵支部　金黄雲
○海州青年同盟
○咸南永興労働同盟
衡平社黄登支部
新幹會宣川支會
咸興青年同盟
○新幹會城津支會
槿友會江陵支會
○新幹會江陵支會
安東豊西農友會
○仁川青年同盟新花水里班
○原州少年同盟　姜仁玉

一、来賓祝辞

出版労働組合　金暹

私ハ出版労働組合代表トシテ一言申上ケマス朝鮮衡平階級ハ封建的デアル両班差別等ガ新聞紙上ニ掲載サレタ如ク又社員中ニモ現下朝鮮社会ハ資本主義社会云々　中止

一、　新友会　高義誠

何等不穏ノ言動ナキヲ以テ筆記省略

一、　ソウル青年会　沈致寧

今日此ノ大会ニ出ル様ニナリマシタノヲ喜ブ次第デアリマス衡平運動ハ封建的制度ガ未ダ残ツテ居リ云々　中止

新幹会　朴漢卿

白丁ノ集リハ涙ノ団結即チ血涙ノ団結ナリ歴史的観ルモ賤視サレタルハ遺憾ニ堪ヘナイ目的ヲ達スル迄奮発セナケレバナラヌ常ニ団結ヲ忘レルナ然シ本会ニ討議事項ナキヲ遺憾ナル次第ナリ云々

苦学堂卒業　崔鳳煥

現下朝鮮衡平社半千年歴史ヲ顧レバ民族圧迫ガ堪シ云々　中止

了

別紙第五号

第一章　名称及位置

第一条　本社ハ朝鮮衡平社ト称ス
第二条　本社ノ本部ハ京城ニ置ク
第三条　総本部ハ本社ノ最高機関トシ支部ヲ置キ統制任務ニ当ル

第二章　機関

第四条　総本部ノ大会ハ支部代議員及本部任員ヲ以テ構成ス

第五条　総本部ノ定期大会ハ四月中ニ臨時大会ハ随時ニ中央執行委員ノ決議ニ依リ委員長ガ此ヲ召集ス

但シ中央執行委員会ハ常務委員会ノ建議ニ依リ委員長ガ此ヲ召集シ常務委員会ハ必要ニ依リ随時開催ス

第六条　総本部ノ委員長ハ中央執行委員、検査委員ハ大会ニ於テ此ヲ選挙シ各部署幹部及常務委員ハ中央執行委員会ニ於テ之ヲ選ス

第七条　大会ハ代議員三分一以上ノ出席ナケレバ開会スルコトヲ得ズ

第八条　大会ハ中央執行委員会、検査委員会ノ報告ヲ受理ス

但シ中央執行委員会ハ次期大会迄最高執行機関トシテ大会ニ対シテ責任ヲ負担スルコト

第九条　中央執行委員会ノ決議ニ依リ部署増減スル事ヲ得

一、庶務部　一、経済部　一、経理部　一、調査部

一、組織部　一、教養部　一、青年部　一、正衛部

一、学生部　一、女性部

第十条　検査委員会ノ職能ハ左ノ如シ

一、一般財政出納ヲ検査ス

一、社員ノ非違的行動ヲ検査ス

一、社務延行情況ヲ検査ス

第三章

第十一条　総本部ニハ左ノ如キ任員ヲ置ク

一、委員長一人

二、部長若干人

三、部員若干人

（委員長候補ハ委員長ガ事故アルトキ社務ヲ代理ス）

第十二条　委員長ハ本部ヲ代表シ一般社務及各支部ノ統制任務ニ当ル

第十三条　部長及部員ハ委員長ヲ補佐シ当該部任務ニ当ル

第十四条　委員長ノ任期ハ二ヶ年其他任員ハ満一ヶ年トシ補選任員ハ前任者ノ修理ニ当ル

第四章　経費及会計

第十五条　総本部ノ経費ハ支部負担金ヲ以テ此ニ充当ス

第十六条　予算及決算ハ大会ニ此ヲ通ス

第十七条　会計年度ハ四月一日ヨリ翌年三月末日迄ト定ム

第五章

第十八条　社員ハ社内一般問題ヲ自由ニ討討《(マヽ)》スルコトヲ得一度決議ヲ経タル后ニハ一致必行ス

第十九条　総本部ノ指導精神ニ背馳スル者本社目的ニ違反スル者本社ノ反動ハ無誠意ナル者及機関ノ決議ヲ履行セサル者、其ノ行動軽重ニ依リ社内懲戒公開懲戒等トシテ処分ス

第廿条　社員ハ個人ノ紀律ヲ犯シタル新《(所)》属支部検査委員ガ之ヲ審

査シ該支部ノ判決処分ヲ経タル后総本部ニ報告シテ支部全体ガ紀律ヲ犯ス時ハ総本部ノ検査委員ガ此ヲ審査シ中央執行委員会ニ於テ判決処分ス

第六章　親睦

第廿一条　社員ハ哀愛ニ対シ相扶相助ス

第廿二条　争議ガ発生シタル時ハ総本部ノ指揮ニ従ヒ挙社一致ノ団結ヲ以テ対抗ス

第七章　表彰

第廿三条　社務ニ対シテ特種ノ功ガ有ル者ハ功労ヲ表彰ス

但シ表彰方法ハ中央執行委員会ニ於テ此ヲ定ム

第八章　支部

第廿四条　支部大会ハ支部社員ヲ以テ構成シ一切方法トシテ総本部規定ニ依リ準ス

但定期大会ハ総本部定期ノ一個月前トス

第廿五条　支部任員ハ総本部規程ニ準シテ地方事情ニ依リ部署増減スル事ヲ得

第廿六条　代議員ハ支部大会ニ於テ此ヲ選挙ス

但支部所属社員三十人対一人比ヲ以テ三十人未満ノ時ハ一人トシ三十人ヲ超過シ十五人以上時ニハ一単位ト看做ス

（編者注＝第廿七条・第廿八条は欠）

第廿九条　代議員ハ所属支部大会ニ於テ提出シタル建議案説明ニ当ル

第卅条　支部規約ハ総本部規約ニ依リ地方形勢ニ依リ支部細則ヲ制定施行スル事ヲ得

但支部細則ハ総本部ノ承認ヲ要ス

第卅一条　本規約ハ大会出席代議員半数以上ノ決議ニ依リ増削スル事ヲ得

第卅二条　本規約ハ決議日ヨリ此ヲ施行シ其他ハ細則トシテ施行ス

以上

別紙第六号

衡平七年度歳入歳出予算表

歳入ノ部

項目 款	項	予算金	附記
第一款負担金		三六八〇円〇〇	
	第一項負担金	三三八〇　〇〇	各支部負担金
	第二項義捐金	三〇〇　〇〇	有志義捐及其他
第二款雑収入		二〇　〇〇	
	第一項雑収入	二〇　〇〇	不用品売却代
計		三七〇〇　〇〇	

歳出ノ部

第一款報酬		二四四〇円〇〇	

第一項手当　一七四〇円〇〇　委員長毎月四十五円
学務四人月二十五円平均
第二項雑給　一〇〇　〇〇　中央委員会費及其他
第三項出張費　六〇〇　〇〇　各支部及其他出張費
第二款事務費　二二〇　〇〇
第一項備品費　一〇〇　〇〇　諸器具購入
第二項消耗費　一〇〇　〇〇　諸用紙及其他印刷
第三項図書費　二〇　〇〇　図書費
第三款需用　二〇〇
第一項式費　一〇〇　〇〇　諸式費
第二項　一〇〇　〇〇　一般同情及交際費
第四款修繕　七〇　〇〇
第一項　二〇　〇〇　諸器具修繕
第二項　五〇円〇〇　会館修理費
第五款通信／運搬　一八〇　〇〇
第一項　五〇　〇〇　新聞及雑誌費
第二項通信運搬　一三〇　〇〇　電報電話及切手
第六款雑費　一九〇　〇〇
第一項　五〇　〇〇　諸税金及義務負担金
第二項　四〇　〇〇　電灯料
第三項薪炭　一〇〇　〇〇　ストーブ、宿直室薪炭代
第七款債務　三〇〇　〇〇
第一項借入金　二五〇　〇〇　負担金未収入ニ依リ生シ
タル債務
第二項未支払　五〇　〇〇　諸物品代
第八款予備費　一〇〇　〇〇　非常支出及諸款項引用
計　三七〇〇　〇〇

15　4月25日　衡平社員追悼式ニ関スル件

『昭和四年　思想問題ニ関スル調査書類』Ⅱ

京鍾警高秘第五三四二号
昭和四年四月廿五日
京城鍾路警察署長

(印)「京城地方法院検事正殿」

衡平社員追悼式ニ干スル件

昨二十四日午后八時ヨリ府内慶雲洞天道教紀念館内ニ於テ衡平運動ノ為メ犠牲トナリタル社員ノ追悼式ヲ行ヒタルカ参席者約二百名ニシテ午后八時三十分閉会シタルガ其ノ状況左ノ如シ
右報告ス

左記

司会者張志弼ヨリ人生中最モ可憐ナルモノハ衡平社員ニシテ之ヲ思ヘバ涙グマシクナリ歴史上ヨリ見テモ吾等程可憐ナルモノハナシ故ニ我先祖ヲ祭リ霊前ニ於テ追悼ノ意ヲ表スモノナリト簡単ニ述ブ
一、追悼文朗読

서울《ソウル》青年会張志弼衡平社ノ三箇所ヨリ送リシ追悼文ヲ朗読シタルガ内容文意ニ何等不穏ノ点ナク省略ス

一、哀悼辞

李東煥ヨリ吾々先祖ハ怨ヲ抱キ死セル同志ノ霊ニ対シ万分ノ一ナリトモ慰労シ悲シミニ堪ヘザル次第ナリト述ブ

一、黙想

一同起立シ三分間黙想ス

一、閉会

以上

発送先　局　部

16　4月26日　朝鮮衡平社第一回中央執行委員会ノ件

『昭和四年　思想問題ニ関スル調査書類』Ⅱ

京鍾警高秘第五三八五号

昭和四年四月廿六日

京城鍾路警察署長

（印）
「京城地方法院検事正殿」

朝鮮衡平社第一回中央執行委員会ノ件

本月廿五日午前十一時三十分ヨリ府内雲泥洞二三番地衡平社総本部会館ニ於テ張志弼司会ノ下ニ首題会ヲ開催セルガ出席者廿五名ニシテ其ノ状況左記ノ通リニ付キ

右報告ス

発送先　局　部

左記

一、開会　張志弼開会ヲ宣シ簡単ナル辞ヲ述ブ

一、点名出席者左ノ如シ

趙貴用　沈相昱　李竜洙　金在徳　朴平山　金棒　張志弼
吉萬學　金士琠　李基俊　李漢容　金甲千　姜竜生　李鍾淳
金在実　李東煥　李京基　李漢東　金八用　李俊鎬　李春福
崔学洙　徐光勲　吉淳吾　千萬奉　以上

一、臨時執行部選挙ノ件

本件ニ干シテハ更ニ選挙スル必要ナシトシテ委員長趙貴用ヲシテ議長トシ議長ヨリ吉漢同ヲシテ書記ニ口選シタリ

一、経過報告

第一回執行委員会ニ付キ報告資料ナシ

一、各部分担

規約ニヨリ定メラレタル庶務部、経理部、調査組織部、正衛部、教養部ノ各部署ニ各二名宛ノ有給常務委員ヲ置ク事トシ之ガ人員ノ詮衡ニ干シテハ口頭ヲ以テ詮衡委員五名選出シ更ニ詮衡委員ニ依リ十名ノ常務委員ヲ選ビタリ

1、詮衡委員

吉淳吾　金棒　沈相昱　金俊浩　李東煥

2、常務委員

庶務部　部長李基俊　部員徐光勲

経理部　部長金在実　〃　吉漢同
調査組織部　〃　李東煥　〃　朴平山
教養部　〃　李俊鎬　〃　沈相昱
正衛部　〃　李漢容　〃　李鍾淳

3、徐光勲ヨリ衡平青年總聯盟ノ解体ニ就テハ朝鮮社会ニ先駆タル朝鮮青年總同盟ニ於テ単一青年党ヲ組織シタル干係ニヨリ我ガ総聯盟ハ解体シタルモ現在ニ於テハ遺憾ニ堪ヘザル次第ナリ故ニ今回更ニ衡平青年団体ヲ復活セシメラレ度キ旨ノ意見ヲ述ベタルガ該件ニ干シテハ教養部ニ一任スルコトニセリ

一、全鮮巡回ニ干スル件

本件ニ干シテハ新任常務委員ニ一任ニ可決

一、其他事項

地方巡回ニ干シテハ前記ノ通リナルガ地方巡回ニ於テハ必ズ総本部ヨリ指定セル公文簿一際ヲ調査検閲スルト共ニ文簿ニ捺印スル事ニ決定セリ

一、閉会　午后二時二十分閉会

以上

17　4月26日　朝鮮衡平社第七回紀念式ニ関スル件

『昭和四年　思想問題ニ関スル調査書類』Ⅱ

京鍾警高秘第五三八九号

昭和四年四月廿六日

京城鍾路警察署長

(印)「京城地方法院検事正殿」

朝鮮衡平社第七回紀念式ニ干スル件

昨廿五日午后七時四十分ヨリ府内慶雲洞天道教紀念館ニ於テ首題ノ式ヲ開催セルガ出席者約二百五十名ニシテ其状況左記ノ通リニ付報告ス

左記

一、開式　張志弼開式ヲ宣ス

一、開式ノ辞　李東煥

開式ノ辞ハ私ガ申シ上グルマデモナク皆様ガ詳シク御承知ノ事ト思ヒマス本日衡平第七歳ヲ紀念スル為懐シキ会員同志ガ相会シ過去ヲ回想スルト共ニ現在及将来ヲ如何ニ進展セシムベキヤヲ考ヘネバナラヌノデアリマス何卒益々堅実ニ猛進セラレン事ヲ希望シテ止マザル次第デアリマス

一、祝電祝文朗読ノ件　金棒ヨリ

別紙第一号ノ祝電祝文ヲ朗読ス

一、経過報告　李東煥ヨリ

衡平社支部二百五十九　人員三九七、六八三名

重要事件取扱件数三八〇件ノ報告アリ

一、社員感想及来賓ノ祝辞ハ時間ノ都合上之ヲ取止メタリ

一、閉式

午后八時十分閉式ト共ニ朝鮮衡平社紀念式万歳ヲ三唱ノ上終了セリ

一、午后八時三十分ヨリ別紙プログラムニ依リ紀念余興ヲナシ午前零時五分何等不穏ノ言動ナク解散セリ

以上

発送先　局　部

別紙第一号

祝　文

新幹会密陽支会
朝鮮青總東莱青年同盟
〃　仁川青年同盟
仁旺青年會
洪城新幹会支会
栄州新幹会支会
朝鮮青總安州青年同盟
温泉　李順徳
唐津新幹会支会
省州（ママ）新幹会支会
求禮青年同盟
淳昌新幹会支会
安東衡平社支部
中央青年同盟
天道教女性同盟中央部

大邱新幹会支会
京竜合同労働組合
新興青年同盟
安東市内　金通大
槿友会京城支会
安州新幹会支会
京城□活青年会
安東青年同盟臨河支部
江景衡平社支部
安東　金徳天
新幹会京西支会
竜寅青年会
安東臨河労働親睦会
京城洋服技工組合
天道教青年總同盟

江景　李貞旭
新幹会本部

烏山衡平社支部

祝　電

金海衡平社支部
草渓衡平社支部
京城　李　仁
梁山　林相浩
忠州衡平社支部
旧馬山槿友会支会

達城郡花園衡平支部
醴泉郡（永川郡カ）新寧衡平支部
旧馬山新幹会支会
大邱　金慶三
盈徳衡平社支部
原州　李相竜

以上

朝鮮衡平社總本部創立第七週年紀念

餘興프로그람

第一部

一．合唱　봄제비（가나다会）
一．独唱　길이혼까마귀（가나다会）
一．무도　（가나다会）
一．独唱　두루미（新友京支　金東赫君）
一．独唱　송아지（가나다会）
一．合唱　금붕어（가나다会）
一．무도　월쓰（新友本部　男李完植군　女李熙英낭）
一．하모니가（군함진행곡）（新友京支　白元基君）

一．独唱　고향한울（가나다会）
一．合唱　제비남매（가나다会）
一．무도　（가나다会）
一．独唱　（新友京支　姜俊熙君）
一．独唱　김연실
一．무도　아시보리（新友本部　男李完植　女李熙英）
一．独唱　슯흔밤（가나다会）
一．合唱　자나깨나한울구경（가나다会）
一．무도　데러사보리（新友本部　男李完植　女李熙英）
一．独唱　쪼각빗（가나다会）
一．꼽박　李水童君（新友京支）
一．合唱　하〃호〃（가나다会）
一．童謡劇　꼿동산（가나다会）
一．오에스파리（무도）（新友本部　李完植 李熙英）
一．独唱　봄편지（가나다会）

第二部

一．단가　独唱 임명옥
一．경성화창　리옥화、임명옥、증명주、임명월
一．가야금병창　김종기
一．심청가　独唱 임명옥
一．셔도놀량　임명옥　리옥화　임명월　증명주
一．男子独唱　임종생
一．육자박이　총출연
一．셩주푸리　총출연
一．춘향가（제일회）임명옥 임명월
一．무도　임명옥 임명월

閉会

以上

[編者訳文]

朝鮮衡平社総本部創立第七週年紀念
余興プログラム

第一部

一、合唱　春のツバメ（カナダ会）
一、独唱　遠くから来た鳥（カナダ会）
一、舞踏　（カナダ会）
一、独唱　鶴（新友京支　金東赫君）
一、独唱　子牛（カナダ会）
一、合唱　金魚（カナダ会）
一、舞踏　ワルツ（新友本部　男李完植君　女李熙英嬢）
一、ハモニカ（軍艦マーチ）（新友京支　白元基君）
一、独唱　故郷の空（カナダ会）
一、合唱　ツバメの兄妹（カナダ会）
一、舞踏　（カナダ会）

一、独唱　（新友京支　姜俊熙君）
一、独唱　金ヨンシル
一、舞踏　アシボリ（新友本部　男李完植　女李熙英）
一、独唱　悲しい夜（カナダ会）
一、合唱　寝ても覚めても空眺め（カナダ会）
一、舞踏　テレサボリ（新友本部　男李完植　女李熙英）
一、独唱　小船（カナダ会）
一、花畑　李水童君（新友京支）
一、合唱　ハハホホ（カナダ会）
一、童謡劇　花園（カナダ会）
一、オーエスパリ（舞踏）（新友本部　男李完植　女李熙英）
一、独唱　春の手紙（カナダ会）

第二部

一、短歌　独唱　イム・ミョンオク
一、京城パンソリ　リ・オクファ、イム・ミョンオク、
チョン・ミョンジュ、イム・ミョンウォル
一、伽耶琴並唱　キム・ジョンキ
一、沈清歌　独唱　イム・ミョンオク
一、西道ノルリャン《（雑歌）》イム・ミョンオク、イ・オクファ、
イム・ミョンウォル、チョン・ミョンジュ
一、男子独唱　イム・ジョンセン
一、ユッチャペギ《（朝鮮南部地方の雑歌）》　総出演
一、ソンジュ《（家の神）》プリ　総出演
一、春香歌（第一会）イム・ミョンオク、イム・ミョンウォル
一、舞踏　イム・ミョンオク、イム・ミョンウォル

以上

閉会

18　5月1日　衡平社本部通文ノ件

『昭和四年　思想問題ニ関スル調査書類』Ⅱ

京鍾警高秘第五五九六号
昭和四年五月一日
京城鍾路警察署長
（印）「京城地方法院検事正殿」

衡平社本部通文ノ件

朝鮮衡平社総本部ニ於テハ去月二十四五日ニ於ケル全鮮衡平社大会々録及七週年紀念式及追悼式顛末ヲ別紙ノ通リ印刷シ約二百五十部ヲ本日各支部ヘ向ケ発送セルガ該文中赤線ニ入レアル処数行ハ穏当ナラズト思料スルモ今回ニ限リ将来ニ注意ヲ加ヘ配布ヲ許可セリ
右報告ス

以上

発送先　局長　部長

衡総第一号

衡平七年四月二十六日

朝鮮衡平社総本部

各支部貴中

第七回全鮮定期大會　紀念式　追悼式　中央執行委員會에関한 顚末

第七回定期大會《제칠회증기대회》

朝鮮衡平社《조선형평사》 第七回定期大會《제칠회정기大회》를 衡平七年四月二十四日《형평칠년사월이십사일》 午前十時《오전십시》에 天道教紀念舘《천도교기렴관》에서 金鍾澤氏《김종택씨》 開会宣言《개회선언》 及《급》 張志弼氏《장지필씨》의 開会辭《개회사》로 開會《개회》하니 參加支部《참가지부》가 百四十三《백사십삼》、出席代議員《출석대의원》이 二百八十六人《이백팔십육인》이요 會順《회순》은 如左《여좌》하다

一. 開會《개회》
一. 開會辭《개회사》
一. 代議員点名《대의원점명》
一. 臨時執行部選挙《임시집행부선거》
一. 前會録報告《전회록보고》
一. 祝電祝文朗讀《축전축문낭독》
一. 来賓祝辭《래빈축사》
一. 各部経過報告《각부경과보고》
一. 任員選挙《임원선거》
一. 規約修正《규약수정》
一. 予算案通過《예산안통과》
一. 閉會《폐회》

△代議員資格審査會《대의원자격심사회》에 対《대》하야 警備係委員《경비계위원》 李鍾淳《리종순》、金士琠《김사전》、朴平山《박평산》、李明福《리명복》、吉義星《길의성》、五氏《오씨》에게 一任《일임》하야 審査《심사》게한바 原州金成順《원수김성순》、晋《진》州姜相鎬《수강상호》兩氏《양씨》는 代議員資格《대의원자격》이 無함으로 傍聴席《방청석》으로 退席게하다

△臨時執行部選舉《임시집행부선거》…銓衡委員五名《전형위원오명》을 口頭《구두》 單線《단전》으로 選定《선정》하야 臨時《임시》執行部《집행부》를 選挙《선거》케하얏는대 銓衡委員《전형위원》은 李俊鎬《리준호》、李先同《리선동》、吉汗同《길한동》、沈相昱《심상욱》、李東煥《리동환》、이며 臨時執行部《임시집행부》에는 議長《의장》 吉淳吾《길순오》、副議長《부의장》 李春《리춘》福《복》、書記長《서기장》 李東煥《리동환》、書記《서기》金棒《김봉》、李龍守《리용수》 諸君《저군》이 被選《피선》되다 正副議長《정부의장》 及《급》 書記着席《서기칙석》으로 會務《회무》를 進行《진행》할새 会順《회순》에 討議案《토의안》이 업슴은「무은 까닥인야」할는 質問《질문》이 續出《속출》함에 準備委員《준비위원》으로부터 議案《의안》은 全部禁止《전부금지》할 理由《리유》를 説明《설명》하다

△前会録報告《전회록보고》…書記長《서기장》으로부터 前会録《전회록》을 朗讀《랑독》함에 錯誤《착오》입시 通過《통과》되다

△祝電祝文朗讀《축전축문랑독》…祝電十三通《축전십삼통》、祝文百四十二通中《축문백사십이통중》 三十三通《삼십삼통》은 臨席《임석》 警官《경관》으로부터 押收《압수》하고 書記《서기》로부터 餘余件《여예건》만을 朗讀《랑독》함에 全員拍《전원박》手《수》로 感謝《감사》의 意《의》를 表《표》하다

△来賓祝辭《래빈축사》…左記諸君《좌기저군》이 所属團体《소속단체》를 代表《대표》하야 熱々《열々》한 祝辭《축사》를 呈함에 全員拍手《전원박수》로 感謝《감사》의 意《의》를 表《표》하다 然《연》이나 祝辭中《축사중》 대개를 臨席警官《임석경관》으로부터 中止《중지》하얏다 来賓祝辭《래빈축사》者諸君《자저군》…京城出版労働組合《덩성출판노동조합》…金暹《김섬》(中止《중지》)新友会本部《신우회번부》…高義誠《고희성》、서울青年會《청년회》…沈致英《심치영》…(中止《중지》)新友会京城支会《신우회경성지회》…朴漢京《박한경》、学生《학생》…崔鳳官《최봉관》…(中止《중지》)下午一時四十分頃《하오일시사십분경》에 議長《의장》으로부터 休會《휴회》를 宣言《선언》하고 午食《오식》을 畢《필》한 後《후》 全員出席《전원출석》으로 天道教廣場《천도교광장》에서 紀念寫《기념사》

眞《진》을 撮影《촬영》하고 同下后四時十五分《동하오사시십오분》에 継續開會《계속개회》하다
追後来着《추후래착》한 祝電五通《축전오통》、祝文一通《축문일통》을 書記《서기》로부터 朗讀《낭독》할새 定平青《정평청》
年同盟祝文《년동맹축문》은 臨席警官《임석경관》으로부터 押収《압수》하다
△各部報告《각부보고》…各部所属委員《각부소속위원》으로부터 當該部《당해부》 経過報告《경과보고》에 臨《림》함에 調《조》
査研究部《사연구부》 争議事件《쟁의사건》 七十餘件《칠십여건》의 報告《보고》에 當《당》하야 会場《회장》은 突然《돌연》 緊張《긴장》
한 氣分《기분》으로 静聴《정청》하다가 좀더 昭詳《소상》이 報告《보고》하라는 注意要求《주의요구》가 續《속》
出《출》하고 끗흐로 密陽事件《밀양사건》에 對《대》하야 該支部代議員《해지부대의원》 金秉煥君《김병환군》으로부
터 事件顚末《사건전말》을 一々《일々》히 報告《보고》한 后《후》 経理報告《경리보고》에 對《대》하야 負担金《부담금》을 不《불》
納《랍》한 支部《지부》는 義務《의무》를 履行《이행》치 안니하니 其支部《기지부》 名別《명별》을 一々《일々》히 報《보》
告《고》하야 相當《상당》히 處分《처분》하자는 意見《의견》이 續出《속출》하며 会場《회장》의 空気《공기》는 一時《일시》
緊張《긴장》하엿스나 時間関係《시간관계》로 中央執行委員会《중앙집행위원회》에 一任《일임》하기로 可決《가결》하
고 다음 教養部報告中《교량부보고중》 昨年《작년》에 巡回講演《순회강연》은 禮山《례산》에 到《도》하야 演士不《연사불》
温《온》이라는 理由《리유》로 解散《해산》을 當《당》하얏스며 雑誌《잡지》「解放《해방》」은 發刊手續《발간수속》을
経《경》하여 準備가 結局《결국》 順産《순산》치 못하고 其後《기후》 正進《정진》이라는 名稱《명칭》으로 出《출》
版手続《판수속》을 経《경》하여 印刷中《인쇄중》에 잇다는 経過《경과》를 注意《주의》하야 聴取《청취》하다 各部《각부》
報告《보고》가 끗나매 今番《금번》 密陽事件《밀양사건》에 犠牲同志《희생동지》의 家族《가족》에 対《대》하야 同情《동정》
하자는 意見《의견》이 滿場一致《만장일치》로 可決《가결》되야 即席《즉석》에서 收合《수합》한 同情金《동정금》이
十五円十九錢에 達《달》한바 臨席警官《림석경관》으로부터 此《차》를 禁止《금지》하다
△任員選挙《님원선거》…銓衡委員《전형위원》十一人을 口頭呼薦《구두호천》하야 委員長《위원장》一人及同候《급동후》
補《보》一人을 倍数公薦《배수공천》으로 하야 無記名投票《무기명투표》로 하고 中央執行委員《중앙집행위원》
二十九名《명》 同候補《동후보》五人 中央検査委員《중앙검사위원》五人을 単望《단망》으로 選挙《선거》케한바
左記諸君《좌기제군》이 當選《당선》되다

一．銓衡委員《전형위원》…李鍾淳《리종순》、李俊鎬《리준호》、吉漢東《길한동》、李先同《리선동》、李龍守《리용수》、姜龍生《강용생》、
金甲千《김갑천》、朴平山《박평산》、徐光勲《서광훈》、吉淳吾《길순오》、沈相昱《심상욱》
一．中央執行委員長《중앙집행위원장》 趙貴容《조귀용》 李箕俊《리기준》
一．執行委員長候補《집행위원장후보》 張志弼《장지필》、李偆福《리춘복》
一．中央執行委員《중앙집행위원》、趙貴容《조귀용》（忠南《충남》）千興基《천흥기》（江原道《강원도》）李俊鎬《리준호》（全北《전북》）、
李龍守《리용수》（慶南《경남》）、金甲千《김갑천》（全北《전북》）、李春福《리춘복》（江原道《강원도》）、趙寛玉《조관옥》（忠南《충남》）、
朴平山《박평산》（忠南《충남》）、張志弼《장지필》（忠南《충남》）、千興基《천흥기》（江原道《강원도》）、朴平山《박평산》（忠南《충남》）、
張志弼《장지필》（忠南《충남》）、徐光勲《서광훈》（京畿道《경기도》）、李京冀《리경기》（全北《전북》）、崔学洙《최학수》（慶南《경남》）、
金士琠《김사전》（京畿道《경기도》）、吉淳吾《길순오》（忠南《충남》）、金八元《김팔원》（慶北《경북》）、李漢用《리한용》（忠南《충남》）、
金八用《김팔용》（江原道《강원도》）、姜龍生《강용생》（慶北）、沈相昱《심상욱》（忠南）、趙鳳植《조봉식》（忠北）、
李鍾淳《리종순》（京畿道）金在實《김재실》（忠南）金在德《김재덕》（忠南）李東煥《리동환》（全北）
金棒《김봉》（忠南）李明錄《이명록》（慶南）吉萬学《길만학》（京畿道）吉漢東《길한동》（忠南）
李箕俊《리기준》（江原道）
一．中央執行委員候補《중앙집행위원후보》 金奉周《김복주》（京畿）李京春《리경춘》（京畿）李玉泉《리옥천》（慶北）
李泰鉉《리태현》（경상）片泰仲《편태중》（경상）
一．中央検査委員《중앙금사위원》 吉奉西《길봉서》（忠南）李先同《리선동》（全北）金鍾澤《김종택》（忠南）
吉義星《길의성》（忠南）朴京煥《박경환》（京畿）
△中央執行委員長《중앙집행위원장》 及《급》 中央執行委員長候補《중앙집행위원장후보》의 投票点数《투표점수》 発表《발표》
委員長《위원장》 趙貴容《조귀용》（百二十一点）李箕俊《이기준》（四十八点）
委員長候補《위원장후보》 張志弼《장지필》（百二十四点）李春福《이춘복》（四十点）
投票点数《투표점수》에 따라 委員長《위원장》 趙貴容《조귀용》 委員長候補《위원장후보》 張志弼《장지필》 両同志《양동지》가 被《피》
選《선》되니 全員拍手《전원박수》로 歡迎《환영》하다

△規約修正《규약수정》……規約草案《규약초안》을 書記《서기》로부터 朗讀《낭독》한 后《후》 時間関係《시간관계》로 修正《수정》委員《위원》五人을 口頭《구두》로 選挙《선거》하야 一任修正《일임수정》케하기로 可決《가결》한바 被選《피선》된委員《위원》은 左《좌》와 如《의》하다 金鍾澤《김종택》 李先同《리선동》 張志弼《장지필》 李東煥《리동환》 朴平山《박평산》

△予算案通過《예산안통과》……時間上《시간상》 関係《관계》로 逐条審議《축조심의》가 難《난》함으로 中央執行委《중앙집행위》員会《원회》에 一任《일임》하기로 可決《가결》하다

下午八時五分《하오팔시오분》에 副議長《부의장》 李春福君《이춘복군》의 發声《발성》으로 朝鮮衡平社萬歲三唱《조선형평사만세삼창》으로 閉會《폐회》하다

衡平七年四月二四日

臨時議長 吉淳吾
仝副議長 李春福
仝書記長 李東煥
仝 書記 李龍守
仝 書記 金 棒

追悼式

衡平運動《형평운동》이 이러남으로부터 苦心血誠《고심혈성》으로 闘争《투쟁》하다가 生命《생명》을 犠牲《희생》한 同志《동지》들의 追悼式《추도식》을 衡平七年《형평칠년》四月二四日 午后《오후》八時十分에 天道教《천도교》紀念舘《기념관》에서 張志弼同志《장지필동지》의 開式及式辞《개식급식사》로 式《식》을 開《개》하니 때마참 저믄봄날 구진비 나린다 沈鬱《침울》한 空気《공기》는 會場《회장》을 싸고돌며 滿場社員《만장사원》의 永眠《영면》한 同志《동지》들을 追慕《추모》하는 悲哀《비애》는 慘憺《참담》한 人間悲劇《인간비각》을 그대로 演出《연출》하엿다 이어서 張志弼同志《장지필동지》의 恨《한》만코 눈물겨운 追悼文朗讀《추도문낭독》과 「서울青年会《청년회》」로부터온 追悼文《추도문》을 継續朗讀《계속낭독》한 后《후》 李東煥同志《리동환동지》 애끗는 哀辞《애사》가끗나고 三分間黙想《삼분간묵상》으로 閉式《폐식》하다 永眠《영민》한 同志《동지》의 住所《주소》 氏名《시며》 及《급》 式《식》順《순》은 如左《여좌》하다.

一．開會《개회》
一．式辭《식사》
一．追悼文朗讀《추도문낭독》
一．哀辭《애사》
一．黙想《묵상》
一．閉式《폐식》

永眠同志住所氏名《영민동지주소시명》

金吾乭《김오돌》（堤川《제천》） 金元俊《김원준》（레천） 張明岩《장명암》（라주） 金萬業《김만업》（天安《천안》）
李長命《리장명》（群山《군산》） 吉点得《길점득》（温良《온양》） 李松華《리송화》（永川《영천》） 朴東根《박동근》（부여）
崔良行《최양행》（보령） 吉元石《길원석》（堤川《제천》） 金顯升《김현승》（堤川《제천》） 崔秉植《최병식》（公州《공주》）

朝鮮衡平社創立第七週年紀念式《조선형평사창립제칠주년기념식》

衡平社創立七週年紀念式《형평사창립칠주년기념식》을 衡平七年四月二十五日《형평칠년사월이십오일》 下午六時二十分《하오육시이십분》에 京城府慶雲洞《경성부경운동》 天道教紀念舘《턴도교기렴관》에게 張志弼同志《장지필동지》의 開式《개식》 及《급》 李東煥同志《리동환동지》의 式辭《식사》로 式《식》을 開《개》하고 各團体《각단체》로부터온 우리運動《운동》을 熱々《열々》이 支持《지지》한다는 意味《의미》의 祝電祝文《축전축문》을 朗讀《낭독》한 后《후》 社員所感《사원소감》은 時間関係《시간관계》로 約《약》하고 李東煥同志《리동환동지》의 會況報告《회항보고》로 式《식》을 맛치고 餘興《여흥》으로 幕《막》을 옴김에 가나다會《회》의 少女歌劇《소녀가극》과 新友会本部《신우회본부》의 舞蹈等《무도등》은幕《막》을 거듭할사록 雨雹《우박》과 갓치 일어나는 観衆《관중》의 拍手《박수》는 沈鬱《침울》한 밤空気《공기》를 흔들며 一部《일부》가 끗나고 二部《이부》로 幕《막》을 開《개》하고 一類名唱《일류명창》과 名妓《명기》의 朝鮮歌曲《조선가곡》은 더욱〳〵

觀衆《관중》의 興味《흥미》를 도와 下午十二時頃《하오십이시경》에 大盛況《대성황》으로 幕《막》을 닷치니 式順《식순》은 如左《여좌》하다

一. 開式《개식》
一. 式辭《식사》
一. 祝電祝文朗讀《축전축문낭독》
一. 社員感想談《사원감상담》
一. 會況報告《회황보고》
一. 餘興《여흥》
一. 閉式《폐식》

마크 수여식

△衡平七年《형평칠년》 四月《사월》二十四日 午前《오전》八時에 總本部会舘內《총본부회관내》에서 새로 制定《제정》形《형》마크 佩用宣誓式《패용선서식》을 張志弼同志《장지필동지》이 宣誓文朗讀《선서문낭독》으로 式《식》을 맛치고 社員一同《사원일동》은 圓形《원형》 마크를 차고 社旗《사기》를 □고 大會場《대회장》으로 行列參進《행렬참진》하다

衡平七年四月二十六日

委員長　趙貴容

庶務部長　李箕俊

中央執行委員會

衡平七年《형평칠년》 四月二十六日《사월이십육일》 午后二時《오후이시》에 第一回《제일회》 中央執行委員会《중앙집행위원회》를 本会《번회》舘內《관내》에서 委員長《위원장》 趙貴容同志《조귀용동지》의 司會《사회》로 하다

會順《회순》

一. 開會《개회》
一. 点名《점명》
一. 部署幹部選挙《부서간부선거》
一. 地方巡回《지방순회》의 件《건》
一. 其他《기타》
一. 閉會《폐회》

△点名《점명》…出席員《출석》이 二十五人《이십오인》、欠席員《결석원》이 四人《사인》이러라

△部署幹部選挙《부서간부선거》…本件《번건》은 銓衡委員五人《전형위원오인》을 口頭呼薦《구두호천》하야 各部署幹部《각부서간부》를 選挙《선거》케한바 被選者氏名《피선자시명》은 如左《여좌》하다

銓衡委員《전형위원》…沈相昱《심상욱》 李東煥《리동환》 吉淳吾《길순오》 李俊鎬《리준호》 金《김》　棒《전》

被選《피선》된 幹部《간부》…庶務部長《서무부정》 李箕俊《리기준》 部員《부원》 徐光勳《서광훈》

經理部長《경리부장》 金在實《김재실》 部員《부원》 吉漢東《길한동》

教養部長《코양부장》 李俊鎬《리준호》 部員《부원》 沈相昱《심상욱》

調査研究部長《조사연구부장》 李東煥《리동환》 部員《부원》 朴平山《박평산》

正圍部長《정위부장》 李漢用《리한용》 部員《부원》 李鍾淳《리종순》

中央検査委員長《중앙검사위원장》 金鍾澤《김종택》

常務委員《상무위원》

李箕俊、金在實、李俊鎬、李東煥、李漢用

△地方巡回《지방순회》의 件《의》…常務委員会《상무위원회》에 一任《일임》하고 同《동》 下午三時半頃《하오삼시반경》에 閉《폐》會《회》하다 臨時議長《임시의장》…趙貴容《조귀용》、書記《서기》…吉漢東《길한동》

△總本部維持費《총본부유지비》 地方各支部《지방각지부》 負擔額分配《부담액분배》의 件《건》

本件《번건》을 常務委員會《상무위원회》에서 左《좌》와 如《여》히 決定《결정》하다
甲《갑》 乙《을》 丙《병》 三種《삼종》으로 分割《분활》하야 甲《갑》은 七円《칠원》으로부터 六円《육원》까지
乙《을》은 五円《오원》으로부터 四円《사원》까지 丙《병》은 二円《이원》으로부터 一円《일원》까지로 하다.

朝鮮衡平社總本部　衡平社　支部
貴支部《귀지부》는　種《종》으로　每月《매월》　圓式《원식》
右金額《우금액》 支拂期限《지불기한》은 每月十五日內《매월십오일내》로 付送《부송》함을 敬要《요》
△社旗《사기》에 關《관》하야는 今番全鮮定期大會《금번전선정기대회》에 사가지안은 支部《지부》에서는速《속》히 社旗代金五円《사기대금오원》을 周宣《주선》하야 売切《매절》되기 前《전》에 사가도록 함을 切望《절망》

以上

［編者訳文］

衡総第一号

衡平七年　四月二十六日

朝鮮衡平社総本部

各支部貴中

第七回全鮮定期大会、記念式、追悼式、中央執行委員会に関する顚末

第七回定期大会

朝鮮衡平社第七回定期大会を衡平七年四月二十四日、午前十時に天道教記念館で金鍾澤氏の開会宣言及び張志弼氏の開会辞で開会したが、参加支部が百四十三、出席代議員が二百八十六人で、式順は左の通りである。

一、開会
一、開会辞
一、代議員点名
一、臨時執行部選挙
一、前会録報告
一、祝電文の朗読
一、来賓祝辞
一、各部経過報告
一、役員選挙
一、規約修正
一、予算案通過
一、閉会

△代議員資格審査に対して警備係委員李鍾淳、金士璵、朴平山、李明福、吉義星、五氏に一任して審査したところ原州金成順、晋州姜相鎬両氏は、代議員資格が無いため傍聴席に退席させる。

△臨時執行部選挙・・銓衡委員五名を口頭で単線にて選定し臨時執行部の選挙したところ、銓衡委員は李俊鎬、李先同、吉汗同、沈相昱、李東煥となり、臨時執行部には議長吉淳吾、副議長李春福、書記長李東煥、書記金棒、李龍守の諸君が被選される。正副議長及び書記の着席により会務を進行する際、会順に討議案がないのは「どういうことなのか」という質問が続出したため、準備委員から議案は全部禁止した理由を説明する。

△前会録報告・・書記長から前回の会録を朗読したところ錯誤なく通過する。
△祝電祝文朗読・・祝電十三通、祝文百四十二通中三十三通は、臨席警官から押収して、書記から余件だけを朗読したところ全員拍手で感謝の意を表す。
△来賓祝辞・・左記諸君が所属団体を代表して熱々な祝辞を呈したところ、全員拍手で感謝の意を表す。
然し祝辞中ほとんどを臨席警官から中止した。来賓祝辞者諸君・・京城出版労働組合・・金暹（中止）新友会本部…高羲誠、ソウル青年会…沈致英…（中止）新友会京城支会…朴漢京、学生…崔鳳官…（中止）午後一時四十分頃に議長から休会を宣言し、昼食を終えた後、全員出席して天道教広場で記念写真を撮影し、午後四時十五分に継続開会する。

追後来着した祝電五通、祝文一通を書記から朗読する中で、定平青年同盟の祝文は臨席警官から押収する。
△各部報告…各部所属委員から当該部の経過報告に臨んで、調査研究部の争議事件七十余件の報告に至ると、会場は突然緊張した雰囲気で静聴したが、より詳細に報告しろという注意要求が続出し、最後に密陽事件について、当該支部代議員の金秉煥君から事件の顛末を一々報告した後、経理報告に対して、負担金を納めない支部は義務を履行しないので、その支部の名を一々報告して相当に処分しようという意見が続出して、会場の空気は一時緊張したが、時間の関係で中央執行委員会に一任することに可決し、次に教養部報告中、昨年の巡回講演は禮山に到着するや演士不穏という理由で解散をさせられ、雑誌「解放」は発刊手続を経て準備が結局、順調に生まれず、その後に正進という名称で出版手続を経て、印刷中にあるという経過に注意して聴取する。各部報告が終わると、今回の密陽事件の犠牲同志の家族に対し、同情しようという意見が満場一致で可決され、即席で収合した同情金が十五円十九銭に達したが、臨席警官からこれを禁止する。
△役員選挙…銓衡委員十一人を口頭推薦し、委員長一人及び同候補一人を倍数公薦とし、無記名投票にして、中央執行委員二十九名、同候補の五人、中央検査委員五人を単望で選挙するようにして左記の諸君が当選する。
一、銓衡委員…李鍾淳、李俊鎬、吉漢東、李先同、李龍守、姜龍生、金甲千、朴平山、徐光勲、吉淳吾、沈相昱
一、執行委員長　趙貴容、李箕俊
一、執行委員長候補　張志弼、李偆福
一、中央執行委員、趙貴容（忠南）千興基（江原道）李俊鎬（全北）、李龍守（慶南）、金甲千（全北）、李偆《(春)》福（江原道）、趙寛玉（忠南）、朴平山（忠南）、張志弼（忠南）、千興基（江原道）、朴平山（忠南）、張志弼（忠南）、徐光勲（京畿道）、李京箕（全北）、崔学洙（慶南）、金士典（京畿道）、吉淳吾（忠南）、金八元（慶北）、李漢用（忠南）、金八用（江原道）、姜龍生（慶北）、沈相昱（忠南）、趙鳳植（忠北）、

李鍾淳（京畿道）、金在實（忠南）、金在德（忠南）、李東煥（全北）、金棒（忠南）、李明錄（慶南）、吉萬学（京畿道）、吉漢東（忠南）、李箕俊（江原道）

一、中央執行委員候補 金奉周（京畿）李京春（京畿）李玉泉（慶北）李泰鉉（慶尚）片泰仲（慶尚）

一、中央検査委員 吉奉西（忠南）李先同（全北）金鍾澤（忠南）吉義星（忠南）朴京煥（京畿）

△中央執行委員長及び中央執行委員長候補の投票点数の発表
委員長趙貴容（百二十一点）、李箕俊（四十八点）
委員長候補張志弼（百二十四点）、李春福（四十点）
投票点数によって委員長趙貴容、委員長候補張志弼両同志が被選されると全員拍手で歓迎する。

△規約修正……規約草案を書記から朗読した後、時間の関係で修正委員五人を口頭で選挙し、一任修正させることで可決し、被選された委員は左のとおりである。金鍾澤　李先同　張志弼　李東煥　朴平山

△予算案通過……時間上の関係で逐条審議が難しいので、中央執行委員会に一任することに可決する。

午後八時五分に副議長の李春福君の発声によって朝鮮衡平社万歳三唱で閉会する。

衡平七年四月二四日

臨時議長　吉淳吾
仝副議長　李春福
仝書記長　李東煥
仝　書記　李龍守
仝　書記　金　棒

追悼式

衡平運動が起こってから苦心血誠をもって闘争したが、生命を犠牲にした同志らの追悼式を、衡平七年四月二四日、午後八時十分天道教記念館で張志弼同志の開式及び式辞で式を開いたが、時あたかも春の夕暮れにじめじめとした雨が降る。沈鬱な空気は会場を包み、満場の社員の永眠する同志らを追慕する悲哀は、惨憺たる人間悲劇をそのまま演出した。続いて、張志弼同志の、恨多く、涙あふれる追悼文朗読と、「ソウル青年会」からきた追悼文を継続して朗読後、李東煥同志の断腸の思いの哀悼辞が終わり、三分間の黙禱で閉式する。永眠した同志の住所、氏名及び式順は左のとおり。

一、開会
一、式辞
一、追悼文朗読
一、哀悼辞
一、黙祷
一、閉式

永眠同志の住所、氏名

金吾乭（堤川）、金元俊（禮川）、張明岩（羅州）、金萬業（天安）、
李長命（群山）、吉点得（温陽）、李松華（永川）、朴東根（扶余）、
崔秉行（保寧）、吉元石（堤川）、金顯升（堤川）、崔秉植（公州）、

朝鮮衡平社創立第七週年紀念式

衡平社創立第七週年紀念式を衡平七年四月二十五日、午後六時二十分に京城府慶雲洞の天道教紀念館で、張志弼同志の開式及び李東煥同志の式辞で式を開き、各団体からきた我が運動を熱烈に支持するという意味の祝電文を朗読後、社員の所見は時間の関係で省略し、李東煥同志の会況報告で式を終え、余興の幕を上げるとカナダ会の少女歌劇と新友会本部の舞踊などは幕を重ねるごとに、嵐のごとく起こる観衆の拍手は沈鬱な夜の空気を揺らせ、一部を終え、二部の幕を開いて一流の名唱と名妓の朝鮮歌曲は、ますます観衆の興味を集め、午後十二時頃に大盛況にて、幕を終えたが、式順は下の通りだ。

一、開式
一、式辞
一、祝電祝文朗読
一、社員感想談
一、余興
一、閉式

マーク授与式

△衡平七年四月二十（ママ）四日午前八時に総本部会館内で新たな制定形マークの佩用宣誓式を張志弼同志の宣誓朗読で式を終え、社員一同は円形マークを付け、社旗を□して大会場に行列参進する。

衡平七年四月二十六日

委員長　趙貴容
庶務部長　李箕俊

中央執行委員会

衡平七年四月二十六日、午後二時に第一回中央執行委員会を本会館内で委員長の趙貴容同志の司会で開会する。

会順

一、開会
一、点呼
一、部署幹部選挙
一、地方巡回の件
一、其の他
一、閉会

△点呼…出席社員が二十五人、欠席社員が四人である。

△部署幹部選挙…本件は銓衡委員五人を口頭で推薦し、各部署幹部を選挙したが、被選者氏名は左の通りである。

銓衡委員　沈相昱、李東煥、吉淳吾、吉俊浩、金　棒
被選された幹部 庶務部長 李箕俊 部員 徐光勲
経理部長 金在實 部員 吉漢東
教養部長 李俊鎬 部員 沈相昱
調査研究部長 李東煥 部員 朴平山
正圍部長 李漢用 部員 李鍾淳
中央検査委員長　金鍾澤
常務委員
李箕俊　金在實　李俊鎬　李東煥　李漢用

△地方巡回の件…常務委員会に一任して、同午後三時半頃に閉会する。

臨時議長…趙貴容、書記…吉漢東

△総本部維持費の地方各支部負担額分配の件
本件を常務委員会で左の如く決定する。
甲・乙・丙三種に分割して、甲は七円から六円まで、乙は五円から四円まで、丙は二円から一円までとする。
朝鮮衡平社総本部　衡平社　支部
貴支部は　種で、毎月　円ずつ
右金額支払期限は、毎月十五日までに送ることを謹んで求める

△社旗に関しては、今回「全鮮定期大会」で買わない支部では、早く社旗代金五円を周旋し、売り切れる前に買っていく

以上

19　5月21日　全鮮巡廻委員派遣ノ件

『昭和四年　思想問題ニ関スル調査書類』Ⅱ

京鍾警高秘第六六七〇号
昭和四年五月廿一日
京城鍾路警察署長
㊞「京城地方法院検事正殿」
全鮮巡廻委員派遣ノ件
衡平社総本部ニ於テハ先般来ヨリノ社員対非社員ノ紛争事件ノ真相調査及維持金ノ徴収教養問題等ニ関シ各地支部ト連絡ヲ執リ踏査ヲナスベク別紙通文ヲ各支部ニ郵送シ不日委員ヲ派遣スベク計画シ居レリ
右報告ス
以上
発送先　局　部

衡總第二九號
衡平七年五月十五日
朝鮮衡平社總本部
各支部貴中
全鮮巡廻委員派遣에 関한件
首題之件에 附하야 左와 如히 委員을 派遣하오니 以此照諒하신 後積滞된 萬般事務를 協議處理하시와 本運動에 曙光이 빗나게 하시기

를 獻要

慶南北　李玉泉　李龍守　金鍾澤　全南北　羅秀完　張志弼
忠北　朴平山　徐光勳　忠南　李東煥　金在德　吉奉西
京畿　吉汗洞　李漢用　江原　李春福　金　棒
西北鮮　金士琠　徐光勳

【編者訳文】

衡総第二九号

衡平七年五月十五日

朝鮮衡平社総本部

各支部貴中

全鮮巡廻委員派遣に関する件

首題の件について、左の如く委員を派遣しますので、此れをもって了承してくださった後、滞った万般事務を協議処理し、本運動に曙光が輝くことを謹んで求めます。

慶南北　李玉泉　李龍守　金鍾澤　全南北　羅秀完　張志弼
忠北　朴平山　徐光勲　忠南　李東煥　金在徳　吉奉西
京畿　吉汗同　李漢用　江原　李春福　金　棒
西北鮮　金士琠　徐光勲

20　5月25日　全鮮巡廻委員派遣ニ関シ巡廻区域変更ノ件

『昭和四年　思想問題ニ関スル調査書類』Ⅱ

京鍾警高秘第六六七〇号ノ一

昭和四年五月廿五日

京城鍾路警察署長

（印）「京城地方法院検事正殿」

全鮮巡廻委員派遣ニ関シ巡廻区域変更ノ件

対五月廿一日本号

衡平社総本部ニ於テ計画中ノ首題ノ件ニ関シ巡廻区域ヲ別紙ノ通リ変更シ各地支部宛テ昨廿四日郵送シ巡廻委員ハ巡廻ヲ開始セリ

右報告ス

以上

発送先　局　部

衡総第三四号

衡平七年五月二十四日

朝鮮衡平社総本部

各支部貴中

全鮮巡回委員派遣에 關한 件

首題之件에 附하야 左와 如히 委員을 派遣하오니 以此照諒하신後 積滯된 萬般事務를 協議處理하시와 本運動에 曙光이 빗나게 하시기를 獻要

慶南北　金鍾澤　李龍守　姜龍生　全南北　羅秀完　李東煥
忠北　金士澤　吉漢東　忠南　朴平山　沈相昱

京畿　吉萬学　徐光勲　　江原　李俊鎬　李漢容
西北鮮　徐光勲　金士典

［編者訳文］
衡総第三四号
衡平七年五月二十四日
朝鮮衡平社総本部

各支部貴下中

全鮮巡回委員派遣に関する件

首題の件について、左の如く委員を派遣しますので、此れをもって了承してくださった後、滞った万般事務を協議処理し、本運動に曙光が輝くようされることを謹んで求めます。

慶南北　金鍾澤　李龍守　姜龍生　　全南北　羅秀完　李東煥
忠北　金士典　吉漢東　　忠南　朴平山　沈相昱
京畿　吉萬学　徐光勲　　江原　李俊鎬　李漢容
西北鮮　徐光勲　金士典

21　6月1日　衡平社総本部ノ全鮮巡回委員派遣ニ関スル件

『昭和四年　思想問題ニ関スル調査書類』Ⅱ

京鍾警高秘第六六七〇号ノ二
昭和四年六月一日
京城鍾路警察署長

「（印）京城地方法院検事正殿」

衡平社総本部ノ全鮮巡回委員派遣ニ関スル件
対五月二十二日仝廿五日本号

首題ニ関シ巡回区域及派遣委員ハ予テ既報シ置キタル通リナルガ其後巡回委員ノ心得トシテ別紙添付ノ如キ委員心得書ヲ各委員ニ携帯セシメ精密調査スルコト、ナシタルガ調査事項中特ニ不穏ノ点認メサルモ各地ニ於ケル委員ノ行動相当注意ノ要アルモノト思料セラル
右報告ス

以上

発送先　局長　部長

道巡回委員心得

左記事項을 詳細히 調査 又난 訓示할 事
一．文簿整理의 関한 件
二．総本部維持費 負擔金徵収의 件
三．支部維持方針의 関한 件
四．支部任員調査의 件
五．社員中有望青年調査의 件
六．集會에 関한 件
七．未組織地方組織促進의 件
八．紛争事件處理 又난 豫防 及 處理概要訓示의 件
九．社旗賣渡의 件（至今 本部에 三十餘나 残在）

十. 社旗代金 未拂支部徵収의 件
十一. 正進雑誌販賣 及 配付地方集金의 件
十二. 正進発刊 祝賀廣告料 募集의 件（마은 注力을 要）
十三. 支部内 講演 及 講座의 件
目次　児童問題　女性問題　青年의 役割　常識普及
迷信打破　現下情勢報告

[編者訳文]

道巡回委員心得

左記事項を詳細に調査又は訓示する事
一、文簿整理に関する件
二、総本部維持費負担金徴収の件
三、支部維持方針に関する件
四、支部役員調査の件
五、社員中有望青年調査の件
六、集会に関する件
七、未組織地方組織の促進の件
八、紛争事件処理又は予防及び処理概要訓示の件
九、社旗売渡の件（現在、本部に三十余も残在）
十、社旗代金未払い支部徴収の件
十一、正進雑誌販売及び配付の地方集金の件
十二、正進発刊祝賀広告料募集の件（多大な注力を要す）
十三、支部内講演及び講座の件
目次　児童問題　女性問題　青年の役割　常識普及
迷信打破　現下情勢報告

22　6月13日　慶北飢饉救済ニ関スル通文郵送ニ関スル件

『昭和四年　思想問題ニ関スル調査書類』Ⅱ

京鍾警高秘第七八一九号
昭和四年六月十三日
京城鍾路警察署長

（印）「京城地方法院検事正殿」

慶北飢饉救済ニ関スル通文郵送ニ関スル件

朝鮮衡平社総本部ニ於テハ慶北飢饉救済ニ関シ別紙ノ如キ通文ヲ発送セント届出タルガ本件ヲ案ズルニ已ニ府内水標町教育協会ニ於テ現ニ飢饉救済会ノ設アリテ特ニ衡平社トシテ募集スルノ必要ナク且ツ同情セントスルモノハ直接同会ニ送付スルヲ可トスルモノナルヲ以テ其旨示達ノ上該印刷物ノ送付方ハ之ヲ中止セシメタリ
右報告ス
発送先　局　部

衡総第　（ママ）　号
一九二九年六月九日
朝鮮衡平社総本部

各支部貴中

餓ニ泣ク同胞ノ生命ヲ速カニ救ワン各紙面ヲ通シテ連日連載サル、慶北一帯ノ同胞達ノ生死ノ岐路ニ立チテ生キ途ヲ捜シ得ズ彷徨シツヽアル此ノ惨境ヤ実ニ今此処ニ於テ更ニ話サヾルトモヨリ知ラル、事デアリ一日モ早ク救援スル機会ヲ待タル、モノデアル　昨年秋以来非常ニ乾イタ命ヲ保チ長キ歳月ヲ連命シテ来タガ而シ未ダ生キル途ヲ求メル事ヲモ得ズ種ヤ草根木皮等ニテ連命シテ来タガ之レモ不足シテ窮迫シタ命ヲツナグ方法モナク只生死ノ岐路ニ立チテ泣キツ、アル

義情アル兄弟達ヨ速ニ急援センコノ悲惨極リナキ現状タルヤ実ニ一時一刻ナリトモ急ナリ此処ニ於テ総本部ニ於テハ我々ノ力ヲ以テ可愛想ナル同胞ノ生命ヲ協力救助セントスル所ナルヲ以テ同胞愛ト熱キ同情ノ涙アル方ハ多少ニカ、ワラズ此ノ危機ニ切迫シタル幾千万ノ生命ヲ我々ノ力ト情ヲ以テ六月廿五日以内ヘ総本部ニ送ラレ兄弟達ノ愛情ヲ以テ救援セン

物質ノ多少ニ不拘速ニ送付サレン事ヲ

以上

23　6月15日　朝鮮衡平社宣言・綱領・規約印刷ニ関スル件

『昭和四年　思想問題ニ関スル調査書類』Ⅱ

京鍾警高秘第七九三〇号

昭和四年六月十五日

京城鍾路警察署長

(印)「京城地方法院検事正殿」

朝鮮衡平社宣言綱領規約印刷ニ関スル件

管下朝鮮衡平社総本部ニ於テハ本年四月全鮮大会ニ於テ一部ノ改正ヲ為セル宣言、綱領、規約等ヲ今回更ニ印刷シ（五百部）各支部ニ向ケ本日発送セリ

右報告ス

（編者注＝「朝鮮衡平社　宣言、綱領、規約」は、口絵を参照）

朝鮮衡平社　宣言、綱領、規約

宣《선》言《언》

人《인》生《생》은 自《자》由《유》와 平《평》等《등》의 權《권》利《리》를 가젓다 自《자》由《유》와 平《평》等《등》의 權《권》利《리》가 업는 사람에게 엇지 生《생》의 意義《의의》가 잇스랴

半《반》千《천》年《년》 동안 奴《노》隷《예》의 逆《역》境《경》에 處《처》하엿던 우리는 喪《상》失《실》한 人《인》權《권》을 차저야 한다

蹶《궐》起《기》하라! 白《백》丁《정》階《계》級《급》아 모혀라 이 衡《형》平《평》깃발 아래로!

綱《강》領《령》

一、我《아》等《등》은 經《경》濟《제》的《적》 條《됴》件《건》을 必《필》要《요》로한 人《인》權《권》解《해》放《방》을 根《근》本《본》的《적》 使《사》命《명》으로함

一、我《아》等《등》은 我《아》等《등》自《자》身《신》으로 團《단》結《결》하야 衡《형》平《평》運《운》動《동》의 圓《원》滑《활》과 單《단》一《일》의 促《촉》成《성》을 期《기》함

一、我等《아등》은 一般社會團体《일반사회단체》와 共同提携《공동제휴》하야 合理的《합리덕》 社會建設《사회건설》을 期《기》함

一、我等《아등》은 本階級《본계급》의 當面《당면》한 實際的《실데덕》 利益《이익》을 爲《위》하야 鬪爭《투쟁》함

一、我等《아등》은 本階級《본계급》의 訓鍊《훈련》과 教養《교양》을 期《기》함

規約《규약》

第一章《제일장》 名稱《명칭》 及《급》 位置《위치》

第一條《제일됴》 本社《본사》는 衡平社《형평사》라 稱《칭》함

第二條《제이됴》 本社《본사》의 總本部《총본부》는 京城《경성》에 置《치》함

第三條《제삼됴》 總本部《총본부》는 本社《본사》의 最高機関《최고기관》으로 支部《지부》를 置《치》하고 統制任務《통제임무》에 當《당》함

第二章《제이장》 機關《긔관》

第四條《제사됴》 總本部《총본부》의 大會《대회》는 支部代議員《지부대의원》 及《급》 總本部任員《총본부임원》으로 構成《구성》함

第五條《제오됴》 總本部《총본부》의 定期大會《정기대회》는 四月中《사월중》으로 臨時大會《임시대회》는 隨時《수시》로 中央《중앙》執行委員會《집행위원회》의 決議《결의》에 依《의》하야 委員長《위원장》이 此《차》를 召集《소집》함 (但《단》 中央執行委員會《중앙집행위원회》는 常務委員會《상무위원회》의 建議《건의》에 依《의》하야 委員長《위원장》이 此《차》를 召集《소집》하고 常務委員會《상무위원회》는 必要《필요》에 依《의》하야 隨時開催《수시개최》)

第六條《제육됴》 總本部《총본부》의 委員長《위원장》、中央執行委員《중앙집행위원》、檢査委員《검사위원》은 大會《대회》에서 此《차》를 選擧《선거》하고 各部署幹部《각부서간부》 及《급》 常務委員《상무위원》은 中央執行委員《중앙집행위원》會《회》에서 此《차》를 互選《호선》함

第七條《제칠됴》 大會《대회》는 代議員三分一以上《대의원삼분일이상》의 出席《출석》이 아니면 開會《개회》함을 不《부》得《득》함

第八條《제팔됴》 大會《대회》는 中央執行委員會《중앙집행위원회》、檢査委員會《검사위원회》의 報告《보고》를 受理《수리》함 (但《단》 中央執行委員會《중앙집행위원회》는 次期大會《차기대회》까지 最高執行機關《최고집행긔관》으로 大會《대회》에 對《대》하야 責任《책임》을 負擔《부담》할 事《사》)

第九條《제구됴》 中央執行委員會《중앙집행위원회》의 決議《결의》에 依《의》하야 部署增減《부서증감》을 得《득》함

一、庶務部《서무부》

一、經理部《경리부》

一、調査研究部《조사연구부》

一、教養部《교양부》

一、正衛部《정위부》

第十條《제십됴》 檢査委員會《검사위원회》의 務能《무능》은 如左《여좌》함

一、一般財政出納《일반재정출납》을 檢査《검사》함

一、社員《사원》의 非違的《비위덕》 行動《행동》을 檢査《검사》함

一、社務處行情況《사무쳐행정황》을 檢査《검사》함

(但《단》 檢査委員《검사위원》은 中央執行委員《중앙집행위원》 及《급》 常務委員會《상무위원회》에 出席《출석》하야 發言《발언》을 得《득》함)

第三章《제삼장》 總本部任員《총본부임원》

第十一條《제십일됴》 總本部《총본부》에는 左《좌》와 如《여》한 任員《임원》을 置《치》함

一、委員長《위원장》 一人《일인》

二、部長《부장》 若干人《약간인》

三、部員《부원》 若干人《약간인》

(委員長候補《위원장후보》는 委員長《위원장》이 有故時《유고시》 社務《사무》를 代理《대리》함)

第十二條《제십이됴》 委員長《위원장》은 總本部《총본부》를 代表《대표》하며 一般社務《일반사무》 及《급》 各支部統制任《각지부통제임》

務《무》에 當《당》함

第十三條《제십삼됴》 部長《부장》及《급》部員《부원》은 委員長《위원장》을 補佐《보조》하야 當該部任務《당핵부임무》에 當《당》함

第十四條《제십사됴》 委員長《위원장》의 任期《임기》는 滿二個年《만이개년》 其他任員《기타임원》은 滿一個年《만일개년》으로 定《정》하되 補選任員《보선임원》은 前任者《전임자》의 任期《임기》를 當《당》함

第四章《제사장》 經費及會計《경비급회계》

第十五條《제십오됴》 總本部《총본부》의 經費《경비》는 支部負擔金《지부부담금》 其他寄贈金《기타긔증금》으로 此《차》를 充當《충당》함

第十六條《제십육됴》 予算《예산》及《급》決算《결산》은 大會《대회》에 此《차》를 通過《통과》함

第十七條《제십칠됴》 會計年度《회계년도》는 四月一日《사월일일》부터 翌年三月末日《익년삼월말일》로 定《정》함

第十八條《제십팔됴》 社員《사원》은 社內一般問題《사내일반문제》를 自由《자유》로 討論《토론》함을 得《득》하되 一次決《일차결》議《의》를 經《경》한 后《후》에는 一改處行《일개쳐행》함

第十九條《제십구됴》 總本部《총본부》의 指導精神《지도정신》에 背馳《배치》되는 者《자》、本社目的《본사목뎍》에 違反《위반》하는 者《자》、本社《본사》의 反動《반동》又《우》는 無誠意《무성의》한 者《자》及《급》機關決議《긔관결의》에 履行《이행》치 아니하는 者《자》 그 行動輕重《행동경중》에 依《의》하야 社內懲戒《사내징계》、公開懲戒《공개징계》等《등》으로 處分《쳐분》함

第二十條《제이십됴》 社員個人《사원개인》이 紀律《긔율》를 犯《범》할 時《시》는 所屬支部《소속지부》 檢查委員《검사의원》이 此《차》를 審查《심사》하야 該支部《핵지부》의 判決處分《판결쳐분》을 經《경》한 后《후》 總本部《총본부》에 報告《보고》하고 支部全体《지부전체》가 紀律《긔율》을 犯《범》할 時《시》는 總本部《총본부》의 檢查委員《검사위원》이 此《차》를 審查《심사》하야 中央執行委員會《중앙집행위원회》에서 判決處分《판결쳐분》함

第五章《제오장》 親睦《친목》

第廿一條《제이십일됴》 社員《사원》은 哀慶《애경》에 對《대》하야 相扶相助《상부상조》함

第廿二條《제이십이됴》 爭議《쟁의》가 發生《발생》할 時《시》는 總本部《총본부》의 指揮《지휘》에 從《종》하야 擧社一致《거사일치》의 團結《단결》로 對抗《대항》함

第六章《제육장》 表彰《표창》

第廿三條《제이십삼됴》 社務《사무》에 對《대》하야 特殊功効《특슈공효》가 有《유》한 者《자》는 功勞《공노》를 表彰《표창》함
(但《단》表彰方法《표창방법》은 中央執行委員會《중앙집행위원회》에서 此《차》를 定《정》함)

第七章《제칠장》 支部《지부》

第廿四條《제이십사됴》 支部大會《지부대회》는 支部社員《지부사원》으로 構成《구성》하야 一切方法《일절방법》을 總本部《총본부》規程《규뎡》에 依《의》함
(但《단》定期大會《정기대회》는 總本部定期大會《총본부정기대회》 一個月前《일개월전》으로 함)

第廿五條《제이십오됴》 支部任員《지부임원》은 總本部規程《총본부규뎡》에 準《준》하되 地方事情《지방사정》에 依《의》하야 部署《부서》增減《증감》을 得《득》함
(支部委員長《지부위원장》은 該地方形便《핵지방형편》에 依《의》하야 總本部《총본부》에 直接任命《직접임명》함도 得《득》함)

第廿六條《제이십육됴》 代議員《대의원》은 支部大會《지부대회》에서 此《차》를 選擧《선거》함
但《단》支部所屬社員《지부소속사원》 三十人《삼십인》對一人《대일인》 比《비》로 하되 三十人未滿時《삼십인말만시》는 一人《일인》으로 하고 三十人《삼십인》을 越過《초과》하야 十五人以上時《십오인이상시》에는 一單位《일단위》로 看做《간고》함

第廿七條《제이십칠됴》 支部《지부》는 總本部《총본부》의 經費《경비》를 負擔《부담》함
(但《단》金額《금액》及《급》納入方法《납입방법》은 總本部《총본부》의 指揮《지휘》에 從《종》함)

第廿八條《제이십팔됴》 支部大會《지부대회》의 決議《결의》로 提出《제출》할 建議案《건의안》은 總本部大會前《총본부대회전》 七日以內《칠일이내》에 提出《제출》함

第廿九條《제이십구됴》 代議員《대의원》은 所屬支部大會《소속지부대회》에서 提出《제출》한 建議案說明《건의안설명》에 當《당》함
(但《단》代議員《대의원》의 權利義務《권리의무》는 次期大會《차기대회》까지 存續《존속》함)

第卅條《제삼십됴》 支部規約《지부규약》은 總本部規約《총본부규약》에 依準《의준》하되 地方形便《지방형편》에 依《의》하야 支部細則《지부세측》을 制定施行《제정실행》함을 得《득》함

第卅一條《제삼십일됴》 本規約《본규약》은 大會出席代議員《대회출석대의원》 半数以上《반수이》의 決議《결의》에 依《의》하야 增《증》
(但《단》 支部細則《지부세측》은 總本部承認《총본부승인》을 得《득》함)
削《삭》함을 得《득》함

第卅二條《제삼십이됴》 本規約《본규약》은 決議日《결의일》로부터 此《차》를 施行《시행》하고 其他《기타》는 細則《세측》을 施行《시행》함

[編者訳文]

朝鮮衡平社　宣言、綱領、規約

宣　言

人生は自由と平等の権利を持っていた。自由と平等の権利のない人にどうして生の意識があろうか

半千年の間、奴隷の逆境に処していた我らは喪失した人権を取り戻さねばならない。

蹶起しよう！　白丁階級よ、集まれ。この衡平の旗の下に！

綱　領

一、我等は経済的条件を必要とする人権解放を根本的使命とする

一、我等は我等自身で団結して衡平運動の円滑と単一の促成を期する

一、我等は一般社会団体と共同提携して合理的社会の建設を期する

一、我等は本階級の当面する実際的利益のために闘争する

一、我等は本階級の訓練と教養を期する

規　約

第一章　名称及び位置

第一条　本社は衡平社と称する

第二条　本社の総本部は京城に置く

第三条　総本部は本社の最高機関として支部を置き統制任務に当たる

第二章　機　関

第四条　総本部の大会は支部代議員及び総本部役員で構成する

第五条　総本部の定期大会は四月中とし、臨時大会は随時に中央執行委員会の決議に依って委員長が此れを召集する（但し、中央執行委員会は常務委員会の建議に依って委員長が此れを召集し、常務委員会は必要に依って随時開催する）

第六条　総本部の委員長、中央執行委員、検査委員は大会で此れを選挙し、各部署幹部及び常務委員は中央執行委員会で此れを互選する

第七条　大会は代議員の三分一以上の出席がなければ、開会する

ことを得ない

第八条　大会は中央執行委員会、検査委員会の報告を受理する（但し、中央執行委員会は次期大会まで最高執行機関として大会に対し責任を負担する事）

第九条　中央執行委員会の決議に依って部署増減を得る

一、庶務部

一、経理部

一、調査研究部

一、教養部

一、正衛部

第十条　検査委員会の職能は左の如くとする

一、一般財政出納を検査する

一、社員の非違的行動を検査する

一、社務処理情況を検査する

（但し、検査委員は中央執行委員及び常務委員会に出席して発言することを得る）

第三章　総本部役員

第十一条　総本部には左の如く役員を置く

一、委員長　一　人

二、部　長　若干人

三、部　員　若干人

（委員長候補は委員長が事故ある時、仕務を代理する）

第十二条　委員長は総本部を代表して一般社務及び各支部統制任務に当る

第十三条　部長及び部員は委員長を補佐し、当該部任務に当たる

第十四条　委員長の任期は満二個年、其の他の役員は満一個年と定めるが、補選役員は前任者の任期を当てる

第四章　経費及会計

第十五条　総本部の経費は支部負担金其の他寄贈金をもって此れに充当する

第十六条　予算及び決算は大会に此れを通過させる

第十七条　会計年度は四月一日から翌年三月末日と定める

第十八条　社員は社内一般問題を自由に討論し得るが、一度決議を経た後には一途に処行する

第十九条　総本部の指導精神に背馳する者、本社目的に違反する者、本社の反動又は無誠意な者及び機関決議を履行しない者、その行動の軽重に依り、社内懲戒、公開懲戒等で処分する

第二十条　社員個人が規律を犯す時は、所属支部の検査委員が此れを審査し、該支部の判決処分を経た後、総本部に報告し、支部全体が規律を犯す時は、総本部の検査委員が此れを審査し、中央執行委員会で判決処分する

第五章　親　睦

第廿一条　社員は弔慶に対し相扶相助する

第廿二条　争議が発生した時は、総本部の指揮に従い、挙社一致して団結し対抗する

第六章　表　彰

第廿三条　社務に対し特殊の功績が有る者は功労を表彰する
（但し、表彰方法は中央執行委員会で此れを定める）

第七章　支　部

第廿四条　支部大会は支部社員で構成し、一切の方法を総本部規程に依る
（但し、定期大会は総本部定期大会一個月前とする）

第廿五条　支部役員は総本部規程に準じ、地方事情に依り部署の増減を得る
（支部委員長は該地方の形勢によって、総本部が直接任命することを得る）

第廿六条　代議員は支部大会で此れを選挙する
但し、支部所属社員の三十人につき一人とするが、三十人未満の時は一人とし、三十人を超過するときは十五人以上ごとに一単位と見做す

第廿七条　支部は総本部の経費を負担する
（但し、金額及び納入方法は総本部の指揮に従う）

第廿八条　支部大会の決議として提出する建議案は、総本部大会前七日以内に提出する

第廿九条　代議員は所属支部大会から提出する建議案の説明に当たる
（但し、代議員の権利義務は次期大会まで存続する）

第　卅　条　支部規約は総本部規約に準じるが、地方の形勢によって支部細則を制定施行することを得る
（但し、支部細則は総本部の承認を得る）

第卅一条　本規約は大会出席代議員の半数以上の決議に依って増削することを得る

第卅二条　本規約は決議日から此れを施行し、其の他は細則を施行する

24　6月15日　衡平社通文ニ関スル件

『昭和四年　思想問題ニ関スル調査書類』Ⅱ

京鍾警高秘第七九三一号

昭和四年六月十五日

京城鍾路警察署長

（印）

「京城地方法院検事正殿」

衡平社通文ニ関スル件

管下衡平社本部ニ於テハ慶北飢饉状況ヲ新聞紙上其他ニ於テ知リ衡平社本部トシテ之ヲ他事トスルヲ得ズトシテ昨十四日別紙ノ如キ通文（百五十枚）ヲ印刷シ各支部ニ向ケ発送セルガ本件ハ直接飢饉救済会宛送金セシルモノニシテ弊害ナキモノト思料セラル

右報告ス

以上

衡總第六三號

衡平七年六月十四日

朝鮮衡平社總本部

各支部貴中

慶北飢饉同胞救済에 関한 件

首題之件의 対하야 各紙面으로 連日 連載되는 바와 갓치 慶北一帯의 同胞들이 生死에 岐路에서 헤매이며 살길을 찻지못하야 彷徨하는 悲境이야말로 뜻잇는 人間으로서 同情의 눈물을 흘니지아니치 못하리라 無心한 自然의 災禍로 昨年 겨울以来 까물〃〃하는 목심을 가지고 오날까지 연명하야 왓스나 아직도 살길을 찻지못하고 겨와（서속껍질）等을 먹고 살어오다가 그것도 부족하야 草根木皮로 延命하야간다 하니 압흐로 時刻을 닷투는 危期는 一髪에 絶処에 立하엿다 이제 同胞에 相扶相助에 愛로 우리는 救하자 의분잇는 兄弟들이여 구원하자 悲絶惨絶한 그말을 듯고 무심이 잇스랴

이말을 듯고 同情金을 至急히 보내시는 兄弟자매시여 左記場所로 보내주심을 献要 本部로도 通知하시요

京城府水標町四拾弐番地　朝鮮教育協會内

慶北飢饉救済會

[編者訳文]

衡総第六三号

衡平七年六月十四日

朝鮮衡平社総本部

各支部貴中

慶北飢饉同胞救済に関する件

首題の件に対し、各紙面に連日掲載されている通り、慶北一帯の同胞らが生死の岐路で彷徨い、生きる道を探せず、彷徨する悲境こそ、心ある人間として同情の涙を流さずにはいられない。無心な自然の災禍により、昨年の冬以来命も絶え絶えに今日まで延命してきたが、いまだ生きる道を探すこともできず、糠と黍粟の皮等を食べて生きてきたが、それも足りず草根木皮で延命していくということで、今後時刻を争う危期一髪の絶壁に立っている。いま同胞に相扶相助の愛で、我らは救おう。義憤ある兄弟たちよ、救援しよう。悲絶惨絶な言葉を聴いて無心でいられようか。

このことを聞いて同情金を至急に送られる兄弟姉妹よ、左記場所に送って下さることを謹んで求める。本部にも通知してください。

京城府水標町四拾弐番地　朝鮮教育協会内

慶北飢饉救済会

25　7月6日　衡平社通文ノ件

京鍾警高秘第八九七五号

昭和四年七月六日

京城鍾路警察署長

警務局長殿

京畿道警察部長殿

京城地方法院検事正殿

衡平社通文ノ件

管下衡平社総本部ニ於テハ去ル四日別紙ノ如キ通文百枚ヲ印刷シ各支部ヘ向ケ本部維持費（月捐金）督促文ヲ発送セルガ本文ノ如キハ時々発送スル督促状ニシテ異状ナシ

右報告ス

以上

衡總第九四號

衡平七年六月四日

朝鮮衡平社總本部

各支部貴中

月捐金독촉의件

슈제지건에 대하와 귀지부에셔도 사무진행에 경비가 곤난하실 줄 알고잇습니다 그려하온동시에 우리의 四十万 대즁의 운동녁을 총집즁하고잇는 본부을 좀 생각하야 보시요! 유지에 곤난하와 경영한 사업에 착슈치못하고 종일토록 상무원일동이 비인손으로 마른 목구영으로 잇싸오니 쳔만 유감이오며 한심임이다 굼꼬잇는 것은 임만도 유감이 업사오나 의무 이행에 해태이하오면 우리 운동이 젼진하지못하고 주져안고 말것이오니 속히 각오하시고 사업진행과 의무을 생각하시와 좌긔와 여한 월연금 체랍을즉시 부송하시고 다음으로 매월 십오일래로 부송하시기을 경요함

以上

記

月捐金　個月分　円

正進雑誌　部金　円

創刊祝賀料　円

合計　金　円　銭也

【編者訳文】

衡総第九四号

衡平七年六（七）月四日

朝鮮衡平社総本部

各支部貴中

月捐金督促の件

首題の件について、貴支部でも事務進行に経費が窮屈なことと思います。それと同時に、我が四十万大衆の運動力を総集中している本部を少し考えてみてください！　維持が困難で、経営した事業に着手できず、一日中、常務員一同が手ぶらで、喉が乾いたままでいるため、大変遺憾であり、情けない状態です。飢えていることは少しも遺憾ではありませんが、義務の履行を無にすると我が運動は前進できず、落ち込んでしまいますので、早々に覚悟して事業進行と義務を考えられ、左記の滞納している月捐金を即時に送って下さり、今後毎月十五日までに送って下さることを謹んで求めるものです。

以上

記

月捐金　個月分　円

正進雑誌　部金　円

創刊祝賀料　円

合計　金　円　銭也

26　7月29日　朝鮮衡平社執行委員会開催ノ件

『昭和四年　思想問題ニ関スル調査書類』Ⅲ

京鍾警高秘第九九五七号

昭和四年七月廿九日

京城鍾路警察署長

警務局長殿

京畿道警察部長殿

京城地方法院検事正殿

関係各警察署長殿

朝鮮衡平社執行委員会開催ノ件

朝鮮衡平社総本部ニ於テハ去廿七日午前十一時ヨリ同会館ニ於テ首題常務執行委員ヲ開催セルガ出席者趙貴用、李箕俊、李東煥、金鍾澤（傍聴李京春、李漢同、李先同）ニシテ趙貴用議長ノ下ニ左記事項ヲ決議シ午後二時卅分閉会セルガ異状ヲ認メズ

右報告（通報）ス

記

一、天安支部生活問題ニ関スル件　目下天安ニ於テ普通民等ガ資本金一万円ヲ投ジ獣肉販売組合ヲ組織セント現ニ一口五円ノ株金募集シ居ル状態ナレバ此儘放任スル時ハ吾社員ノ職業ハ奪ハレ天安支部員ノ死活問題惹起スルヲ以テ之レヲ如何ニスルヤノ提議ニ対シ最モ穏健ナル態度ヲ以テ天安署長ヲ訪問シ普通民ニ許可ナキ様陳情書ヲ提出スル事尚提出員ハ本部ヨリ特派スル事

（未定）

一、密陽殺人事件ニ関スル件　犯人ハ犠牲トナリ家族等ハ生活ニ窮シ居ル状態ナレバ其ノ理由ヲ認メ特ニ寛大ナル判決アル様判検事ニ陳情書ヲ提出スル事

一、中央執行委員会召集ノ件　中央執行委員会開催ノ必要アレバ旧七月十五日ニ召集スル事（可決）

一、京畿道大会促成ノ件　曩ニ利川、驪州、長湖院、楊平、安城ノ五支部ヨリ道大会ノ発起通知アルヲ以テ本部トシテハ促成通文発送ノ事

一、忠南大会ニ関スル件　忠南ハ笠場支部ニ対シ忠南大会促成通文ヲ発スル事

一、忠北支部大会ニ関スル件　忠北支部大会ハ巡廻委員ニ一任シ促成通告ヲ為ス事

一、江原道大会ニ関スル件　江原道大会ハ其発起支部タル原州支部ニ促成通文ヲ発スル

以上

27　8月7日　衡平社通文発送ノ件

『昭和四年　思想問題ニ関スル調査書類』Ⅲ

京鍾警高秘第一〇三七八号

昭和四年八月七日

京城鍾路警察署長

京城地方法院検事正殿

衡平社通文発送ノ件

朝鮮衡平社総本部ニ於テハ去ル二十七日常務執行委員会ヲ開催シ中央執行委員召集ノ件ヲ可決シタルガ本月六日別紙ノ如キ召集文三十枚ヲ印刷シ地方ニ散在セル中央執行委員二十七名ニ宛テ発送セリ

右報告（通報）ス

以上

発送先　局、部、

衡總第壱四弐號

衡平七年八月五日

朝鮮衡平社總本部

中央執行委員長

貴下

中央執行委員會開催의 関한 件

首題之件의 対하야 今年四月의 大會를 開催하얏슬때 여러가지 사졍으로 우리압헤 하여 나갈 문제와 여러가지 해결할 결의를 못하고 오직 닥치는 디로 상무위원회에셔 긴급하게 대략을 쳐리하엿쓰나 이것으로써 만족치못할 뿐만아니라 重大사건은 나날이 늘어감으로 상무위원회로셔는 해결할만한 능력이 업슴로 이것을 해결고자하와 좌긔 시일에 中央執行委員會를 개최코자 하오니 소만 내림하시와 조흔 의견을 발표하야 주시기를 쳔만 바라나이다

一、時日　衡平七年八月拾九日午前拾壱時

一、場所　朝鮮衡平社總本部會舘

以上

[編者訳文]

衡総第壱四弐号

衡平七年八月五日

朝鮮衡平社総本部

中央執行委員長

貴下

中央執行委員会開催に関する件

首題の件について、今年四月に大会を開催した時、種々の事情によって我らの前に立ち現れる問題と種々解決すべき決議が行われず、ただ手当たり次第に常務委員会で緊急に大略を処理しましたが、これでは満足できないだけでなく、重大事件が日々増加しており、常務委員会としては解決すべき能力がないため、これを解決すべく左記の日時に中央執行委員会を開催するので、万障繰り合わせの上、良い意見を発表して下さることをお願いいたします。

一、時日 衡平七年八月拾九日 午前 拾壱時

一、場所 朝鮮衡平社総本部会館

以上

記

洪城衡平社支部　張志弼

天安郡笠場　〃　朴平山、吉漢同

唐津郡沔川　〃　李鍾奭

瑞山　〃　李必成

華川　〃　李春福

牙山郡温陽　〃　李漢祥

忠南広川　〃　沈相昱

〃　公州　〃　金在徳

全北全州　〃　羅秀完

以上

28　8月8日　雑誌正進社通文ノ件

『昭和四年　思想問題ニ関スル調査書類』Ⅲ

京鍾警高秘第一〇四一七号

昭和四年八月八日

京城鍾路警察署長

(印)「京城地方法院検事正殿」

雑誌正進社通文ノ件

管下朝鮮衡平社雑誌正進社ハ近ク第二号（目下原稿検閲中）発刊ニ際シ印刷費用等協議アリトテ昨七日別紙ノ如キ通文約十五枚ヲ印刷地方ニ散在スル左記社員宛郵送セリ

右報告ス

正發第一三號

一九二九年八月六日

月刊雑誌　正進社印

氏貴下

本社維持方針에 関한 件

首題之件에 就하야 本社가 創立以來 五月分에 創刊號를 發刊한 至於今日까지 第二號를 發刊치못함은 大般 遺憾千萬일뿐 不啻따라 本社運命 問題까지도 惹起할 形便이올시다 各地方에서 第二號 請求가 遝至함으로 第二號 原稿는 當局 檢閲中인바 萬般을 協議고자 하옵기 茲以通知하오니 左記 時日 場所에 掃萬來

臨하시기를 仰望

記

八月二十日　午前十時

京城府雲泥洞二二三番地

【編者訳文】

正発第一三号

一九二九年八月六日

月刊雑誌　正進社㊞

氏貴下

本社維持方針に関する件

首題の件に就いて、本社が創立以来五月に創刊号を発刊した後、今日に至るまで第二号を発刊できないのは、大変遺憾千万であるだけでなく、本社の運命問題までも惹起する状況であります。各地方から第二号の請求が殺到しているため、第二号の原稿は当局が検閲中です。

万般を協議すべくここに通知いたしますので、左記の日時の場所に万障繰り合わせの上参加してくださるよう仰望します。

記

八月二十日　午前十時

京城府雲泥洞二二三番地

29　8月14日　衡平社本部会館問題ニ関スル件

『昭和四年　思想問題ニ関スル調査書類』Ⅲ

京鍾警高秘第一〇七三二号

昭和四年八月十四日

京城鍾路警察署長

「(印)京城地方法院検事正殿」

衡平社本部会館問題ニ関スル件

管下朝鮮衡平社総本部ニ於テハ最近一部ノ社員間ニ於テ幹部等ガ会館ヲ低(抵)当ニ金員ヲ借リ消費シ居ルガ如キ流説アルヲ以テ真相ヲ内査スルニ左ノ如シ

右報告（通報）ス

左記

本会館ハ元来買入ノ際（大正十五年）地方各地ノ支部ヨリ分担金ヲ徴収シタルモノナルガ当時集金成績不良ニシテ不足額千三百円ヲ天安富豪（現在本部中央執行委員長）趙貴用ヨリ借款シ置キタルモ其后之ガ返済出来ザリシ為〆自然趙貴用ノ名儀(ママ)ニテ今日ニ及ビタルガ趙ハ該金ノ受入困難ナルコトヲ覚リ本年四月大会前潔ク之ヲ衡平社へ寄附スベキ旨申出タリ其后本部ニ於テハ名義ノ移転ヲ為サムトシ大会ニ提議シタルニ吉淳吾、金鍾澤、趙貴用、張志弼、吉奉西ノ五名ヲ会館代表者トシ名義ヲ移スベク決定シタルモ大会后前記五名ハ実家又ハ地方ニ四散シ調印容易ニ纏ラザル為〆移転登記手続不能トナリ居タルガ仝社ハ大会后マーク及社旗代其他本部維持費ニ借金ヲ生シ困難ヲ来シタル為メ委員長趙貴用ハ金鍾澤ト協議ノ上自己等二人ヲ代表者トシテ会館ノ移転登記ヲ為スト同時ニ本年五月該会館ヲ韓一銀行東大門支店へ低当《(マヽ)》ニ金五百円ヲ借リ本部維持費ニ当テタルト判明セルガ残金ハ趙貴用ガ保管中ニシテ濫リニ私消シタルモノニアラザルガ如シ

以上

発送先、局、部、天安署

30　8月15日　衡平社本部内訌ニ関スル件

『昭和四年　思想問題ニ関スル調査書類』Ⅲ

京鍾警高秘第一〇四一七号

昭和四年八月十五日

京城鍾路警察署長

(印)「京城地方法院検事正殿」

衡平社本部内訌ニ関スル件

最近朝鮮衡平社本部内ニ於テ小壮《(少)》幹部派ト旧幹部派トガ内訌ヲ生ジ盛ンニ反対気勢ヲ掲ゲ居ル事実内査スルニ少壮派非社員徐光勲ガ主トナリ社員（普朴《(マヽ)》平山、吉漢同、李先同、李鍾淳、李俊鎬、沈相昱等ヲ煽動シ張志弼、金三奉、趙貴用等ノ計画創立中ナル産業株式会社ヲ搾取機関ナリトシテ此レヲ反対スルハ仝時ニ旧幹部派ノ操縦スル衡平運動ハ総テ合理的ナラズトノ理由ニテ反対説ヲ以テ暗闘ヲ続ケ居ルガ徐光勲ハ昨冬高麗革命党事件ニテ不起訴トナリ出獄以来中外日報崇仁支局ヲ設置シ又ハ新幹會京東支会ヲ組織シ或ハ最近東大門外ニ於テ労工団ナルモノ、組織ヲナサムト計画スル等種々ナルナル《(マヽ)》方面ニ活動ヲ続ケ居ルモ一ツトシテ永続出来ス不成功ニ終リ居ルモノニシテ本内訌如キモ徐ノ画策ニ依ルモノニシテ左程重視スルヘキモノニ非スト思料スルモ旧幹部派タル李東煥ハ徐策動ニ反抗セント目下原稿検閲中ノ雑誌正進第二号ニ『必然的ニ起キタ新旧衝突』ト題スル記事ヲ掲ゲ居ルヲ以テ今后両者ノ内訌持続ス可キモノト思料サレ引続キ注意内査中

右報告（通報）ス

発送先　局、部、東大門

裡里

31　8月20日　朝鮮衡平社本部中央執行委員会ノ件

『昭和四年　思想問題ニ関スル調査書類』Ⅲ

京鍾警高秘第一一〇四七号

昭和四年八月廿日

京城鍾路警察署長

(印)「京城地方法院検事正殿」

朝鮮衡平社本部中央執行委員会ノ件

集会取締状況報告

集会日時　八月十九日　自午后二時　至仝六時半

同場所　朝鮮衡平社総本部会館

主催者　右仝
後援者
司会者　趙貴用
集会ノ目的　運動方針促進ノ為メ
主ナル集会者　趙貴用　吉淳吾　徐光勲
集会人員及其種別　中央執行委員十一名
演題竝演士
開催ノ状況　別紙ノ通
臨監警察官ノ官職氏名　道巡査梅野富士吉
警察取締状況
講演要旨
聴衆ノ感想
参考事項又ハ意見

一、総本部維持方針ノ件
本件ニ関シテハ常務委員ニ於テ積極的維持費ノ徴集ニ努力シ活動ヲ為サシムルコトニ可決セルガ此間本部会館ヲ趙貴用、金鍾沢ノ両名ガ何等委員会ヲ開カズ個人的態度ヲ以テ韓一銀行東大門支店へ抵当権ノ設定ヲ為シ五百円ノ借款ヲ為シタル件ニ関シ本行為不法デアリ又轄（ママ）幹部ノ責任ヲ問フトノ問題デ所謂革新派ト称スル少壮派タル徐光勲、李鍾淳、朴好君、李俊鎬、吉漢東等対趙貴用派ト討論トナリ容易ニ可決ヲ見サリシガ結局明春大会マデ趙貴用等ガ責任ヲ負フ事ニテ他ノ事項ニ移リ保留トナル

一、総本部細則作成ノ件
本件ハ本部幹部ノ行動ニ関シ細則ヲ設ケルモノニシテ作成ノ件ハ常務委員ニ一任セリ

一、中央執行委員及常務執行委員辞任受理ノ件
中央執行委員及常務執行委員中吉漢東、姜龍生、徐光勲、金在実、李箕俊、李東煥ノ辞表ヲ提出セルヲ受理ニ関シ協議ノ結果吉漢東　李東煥　金在實ノミ受理スルコト、可決セリ

一、委員補選ノ件
前記辞任委員ニ対シ補欠選挙ヲ為シタル結果常務委員ニ吉漢東、朴好君、趙鳳植、李京冀ノ四名選挙サル

一、慶南北道各支部指導方針ニ関スル件
従来慶南北各支部ト本部トノ連絡甚ダ不撤底ニシテ面白カラサルヲ以テ親善ヲ図リ促進セシムル為メ両代表者ヲ会見セシムル必要アリトノ意見ヨリ近ク両代表ヲ大田ニ於テ会合セシムルコトニ可決シ本部代表トシテ趙貴用、吉淳吾ノ両名ヲ選定セリ

一、山間七邑支部連合体組織ノ件
本件ハ最近錦山（ママ）支部ヨリ山間ニ散在スル七支部ノミ連合体ヲ組織シ運動ノ連絡ヲ為シタキ旨本部へ通知アリタルモノナルガ本部トシテハ全然規約違反ナリトノ理由ニテ拒絶スルコトニ可決

一、地方巡回講演講座ニ関スル件
本件ハ朝博（朝鮮博覧会）モ切迫セルヲ以テ当分教養部ニ一任スルコトニ可決

一、雑誌正進社後援ノ件
本件ハ本部ノ機関紙(誌)タルモ本部トシテ物質ノ後援出来サルヲ以テ正進社員ノ努力ヲ促スコトニ可決
一、産業機関組織促進ノ件
本件ハ本部ニ於テ積極的後援ヲ為スコト、シ方法トシテハ株ノ勧誘等ナリ
一、各地方発生問題処理ノ件
本件ハ常務委員ニ一任スルコトニ可決

以上

発送先、局長、部長、検事正

32 9月6日 集会取締状況報告（常務執行委員会）

『昭和四年 思想問題ニ関スル調査書類』Ⅲ

京鍾警高秘第一一九八九号

昭和四年九月六日

京城鍾路警察署長

(印)「京城地方法院検事正殿」

集会取締状況報告（報告）

集会日時 九月三日 自午後二時ヨリ同三時十分
同場所 市内雲泥洞二三衡平社総本部
主催者 朝鮮衡平社総本部
後援者
司会者
集会ノ目的 常務執行委員会
主ナル集会者 朴好君 吉漢同 李箕俊
集会人員及其種別 常務執行委員三名
演題竝演士
開催ノ状況 別紙ノ通
臨監警察官ノ官職氏名 道巡査梅野富士吉
警察取締状況 何等不穏点ナシ
講演要旨
聴衆ノ感想
参考事項或ハ意見

（別紙）

一、本部維持ニ関スル件 本件ハ左ノ通リ巡回委員ヲ選定シ来ル廿二日頃ヨリ実施シ巡回委員ヲ以テ維持費徴集ニ努メサス事
(一)巡回委員及同区域 京畿道金士琠、忠北金三奉、慶南李聖順、慶北李龍守、姜龍生、忠南及全南趙貴用、吉淳吾
一、中央委員細則通過ノ件 本件ハ保留スル事ニ決ス
一、月刊雑誌正進ニ関スル件 本件ハ従来衡平運動ノ機関紙(誌)トシテ本部ニ於テ維持シ来リタル処ナルガ前中央執行委員会ニ於テ本維持方法ハ雑誌社独立ノ件ヲ決議シ正進社ヲ独立セシメタル処ナルガ其後独立ハ到底至難トシテ再ビ本部ニ於テ維持スル事トセリ

一、各地方紛争ニ関スル件　本件ハ地方巡回委員ニ一任シ解決スル事トス

一、在満同胞救済ノ件　本件ハ新聞紙上ニ発表セラレ居ルモノニシテ満洲（州）移住者ニ対シ応分ノ同情金ヲ送ラントスルモノニシテ方法トシテハ支部ニ通文ヲ発シ有志アレバ幾何ニテモ募ル事

一、全北道連盟ノ件　本件ハ過日群山ニ於テ全北衡平社大会ヲ開催シタル際其ノ記事ガ某諺文紙ニ掲載サレタルニ全北道聯盟会トアリタルヲ以テ本部ハ規約違反トシテ調査委員ヲ派遣スル予定ノ処之ハ全ク新聞紙ノ誤報ニシテ連合会ニアラザル事判明セルヲ以テ調査ノ要ナシト決ス

一、常務委員（正衡部）ノ件　本件ハ常務委員李漢用辞任セルヲ以テ之ヲ受理シ当分間李俊鎬兼任スル事

一、其他事項　ナシ

発送先　局　部

33　9月6日　衡平社員ニ対スル同情金募集ニ関スル件

『昭和四年　思想問題ニ関スル調査書類』Ⅲ

京鍾警高秘第一二一〇〇号

昭和四年九月六日

京城鍾路警察署長

警務局長殿

京畿道警察部長殿

鎭川警察署長殿

衡平社員ニ対スル同情金募集ニ関スル件

対九月三日附鎭高第二五九四号

首題ノ件ニ関シ対号通報ニ基キ内査スルニ総衡平社総本部ニ於テハ中央検査委員李先同ノ肺病ニ同情シ幾分ノ同情金ヲ募ラントシテ別紙訳文ノ如キ通文十通ヲ作成シ左記衡平社支部ヘ発送セルガ未タ送リ越シタル事実ナシ

右報告（通報）ス

通文発送先

温陽支部　笠場支部　成歡支部　鎭川支部　禮山支部　洪城支部

全州支部　廣州支部　瑞山支部　保寧支部

追　本件目下成行キ注意中ナルガ弊害アリト認ムル時ハ適当ナル制限ヲ加フル筈ニツキ申添フ

以上

訳文

同志李先同ノ同情ニ関スル件

此世ノ中ノ人生ハ海ニ浮ク舟ノ如ク順風ナレバ無難ニ航海シ得ルモ何時暴風逆風ガ吹クヤモ知レズ暴逆風ニ逢ヘバ帆ハ折レテ漕ヲ動カス事スラ出来ズ人生モ如斯ニシテ健康ノ中ニモ悪魔ノ病気ガ侵入シ来ル時ハ五尺ノ肉体モ自由ヲ奪ハレ病床ニ臥スル事トナル斯ル運命ノ中ニ不幸ニモ吾衡平運動ニ全北群山支部ニテ闘争シ現中央検査委

員正進社記者トシテ三年ノ長日月ヲ一日ノ如ク闘タ君ハ神ニ見離サレタカ病中ノ難病肺病衰弱症ニ罹リ呻吟中ナルガ一銭ノ貯ヘモナク東取西貸シテ治療シタルモ薬効ナク遂ニ運命ヲ天ニ委シ死ヲ待ツノ状態トナレリ。悲惨ナル同志ヲ救フ！熱イ血涙ヲ以テ救ハフ！精神的物質的ニテ同情セウ。追テ李先同ガ支部及個人ヲ訪問シタ場合ハ愛護ヲ望ム次第ナリ

以上

34 9月14日 衡平社本部印刷文ノ件

『昭和四年 思想問題ニ関スル調査書類』Ⅲ

京鍾警高秘第一〇七一〇（ママ）号

昭和四年九月十四日

京城鍾路警察署長

（印）「京城地方法院検事正殿」

衡平社本部印刷文ノ件

管下朝鮮衡平社総本部ニ於テハ九月十四日（別紙）中央執行委員会々録二百部ヲ印刷鮮内各支部ヘ発送セリ

右報告ス

発送先 局長 部長

衡總第二一五號

一九二九年九月十三日

朝鮮衡平社總本部

衡平社各支部貴中

第二回中央執行委員會顚末書

지난달 八月十九日 午后二時부터 본회관안에서 뎨이회 즁앙집행위원회（中央執行員會）를 위원장 됴귀용（委員長趙貴用）씨 사회로 열고 위원일동은 무더운 혹서도 불구하고 엄숙하게 회를 진행할새 지난 四月에 뎨일회 즁앙집행위원회를 열은후 사오개월이래로 각지방에서 발생한 파란즁첩의 란관（難関）에 해결키어려운 적체（積滞）된 문뎨를 토의하는 때이라 회원 태도는 긴장미를 띄엿다 회순에 따라 위원을 뎜명하니 츌석원 十六人中 위임장이 五人엿고 결원이 十一人이엿다 경과보고（経過報告）에 들어가 서무보고（庶務報告）를 하니 일노부터 질문이 시작되엿다 지난 五月十二日에 제일회 즁앙상무위원회에 위원불참으로 류회（流會）되엿다는 보고와 전선젹순회에 잇서 어느도는 순회를 하고 어느도는 순회를 아니하얏스니 엇지된 리유며 그외 여러가지 질문이 잇섯스나 대략만 기입하고 즁앙상무위원회 류회에 대하야는 엄즁한 항의가 잇섯는 즁 다음부터 성심성의로서 사무를 집행하여 달나는 부탁과 순회위원책임이 행치못한 것은 즁앙금사위원에게 일임하여 처리하기로 하다

경리보고（經理報告）에 잇서 사긔、마크대금 미지불（代金未支拂）에 대하야 여러가지 이론이 분〃하얏섯고 총본부 채무가 태과하얏스니 그의 내용은 각지부 부담금（負擔金）월연금 미랍된 리유로 그리되엿다는 보고에 위원일동은 극력 주선하야 청장하자는 의견에 채무（債務）의 환보（還報）기한이 멀지아니하얏스니 상무위

원의게 일임하야 지방을 순회하도록하고 수리하다
경의부（正衛部）보고에 금년사월 이래로 발생한 즁요사건만이 三十一件이란 보고에 의원으로 단 三十一件만이라는 것은 됴사 불충분한것이 아니냐는 질문에 「지방에서 여간 적은 사건은 보고하지도안코 우물쭈물하는일이 만어서 본부에서도 사무처리상 접수키골난한 일이 만타」는 반답이 잇섯고 해결 급 미결 또는 사건종별만 보고키로하니 미결사건 二十一件中 내부사건이 八件 해결건 十여件을 보고한후 미결건은 지방순회위원이잇스니 순회위원의게 일임키로 하다
교양부 됴사연구부（教養部調査研究部）보고가 업슴에 장황 논설에 여러가지 질문이 잇슨후 다음으로는 절실이 성의로서 책임이 행키를 위원장의게 일임하고 찌듯한 더위로 인하야 잠간 휘회하니 때는 三時十分이라
다시 오후 三時二十分에 속개회를 선언하고 토의안（討議案）에 들어가
一、本部維持方針에 對에 關한 件
이 문데는 현하 본부 경비 곤란으로도 건의된 것이어니와 더욱이 사긔（社旗）「마크」대 미지불조、회관등긔 급 수속에 대한 채무와 재작년、작년이래의 채무가 위선 급하게 청장하지안으면 안될채무가 八九百円에 갓가우니 이것을 즁앙위원으로서 속히 책임지고、활동하야 청장키로 하고 구체적으로 실행방침에 잇서서는 지방순회를 하되 상무위원에게 일임하기로 하다
一、中央常務委員細則에 關한 件
세칙에 잇서서는 작성위원을 선경하되 상무위원으로 선경하야 상무위원회에 일임하기로 함
一、中央常務委員辞任에 關한件
庶務部長　李箕俊　　部員 徐光勲
経理部長　金在實　　部員 吉汗同
調査研究部長　李東煥　　中央執行委員 李龍守
이상 제씨가 사임원을 제출하얏스나 경리부장、부원、됴사연구부장만 사임원을 수리하다
경리부장 김재실씨는 하로라도 책임을 실행한 일이 업스니 그를 처리하기 위하야 전조선적으로 성명서를 배부하자는 의견도 잇섯스나 결국 위원장으로서 충고문과 총본부로서 경고문을 발송하기로 하다
一、委員補選에 関한 件
庶務部長（旧任）李箕俊　　庶務部員（旧任）徐光勲
経理部長（新任）吉汗同　　経理部員（新任）趙鳳植
教養部長（旧任）李俊鎬　　教養部長《ママ》（新任）沈相昱
調査研究部長（新任）朴平山　　部員（新任）李京冀
正衛部長（新任）李漢容　　部員（旧任）李鍾淳
만일 상무위원인 부장이 할수업는 사경으로서 사고가 잇는때에는 부원으로서 게속 책임을 행키로 함
一、慶南北道運動指導方針에 関한 件

형평 이년도이래로 경상도는 총본부의 지도에 시행치아니하야형평운동에 막대한 불상사이엿다 총본부에서는 항상 내적 외적으로 통일에 주력(注力)을 거듭하엿스나 거금 륙년간을 소위、남、북、분열이라는 일홈을 가지고 왓다 총본부에서는 금번 위원회에 결의을 어더 절대통일의 노력코자 대표위원 二人을 선거하야 모든 결의권에 책임을 일임키로 하고 大田서 음八月二十日에 경상도 대표와 회합하기로 하다

代表委員 趙貴用 吉淳吾

一、全北山間七邑連合會에 關한 件

이 련합회 문뎨는 작년도부터 문뎨의 문뎨이엿스나 불승인하얏고 또한 이 문뎨는 현하 규약상으로 보나 조직뎨를 보나 승인치못할 문뎨임으로 불승키로 하다

一、地方巡回講演講座開催에 關한 件

현하 상태로는 불리한 시긔인 관계상 어느 시긔□까지는 보류하되 교양부에 일임하다

一、月刊雜誌正進社에 關한 件

총본부 상무위원회에 일임키로 하다

一、産業機関組織促成에 關한 件

우리 사원의 생산품으로 조직케하되 각지부에서도 조직하고 경성에다 련합뎨를 두기로 하나 재래 조직뎨를 변경케하기로 함

一、各地方爭議事件解決方針의 件

상무위원의게 일임하야 순회위원으로서 근져를 해결토록 함

閉會에 동일 오후七時半에 폐회하다

議長 趙貴用

書記 李箕俊

[編者訳文]

衡総第二一五号

一九二九年九月十三日

朝鮮衡平社総本部

衡平社各支部貴中

第二回中央執行委員会顚末書

先月八月十九日、午後二時から本会館内で第二回中央執行委員会が、委員長の趙貴用氏の司会で開かれ、委員一同は蒸し暑い極暑にもかかわらず、厳粛に会を進行していたところ、去る四月に第一回中央執行委員会を開いた後、四、五ヶ月の間に各地方で発生した波乱重畳の難関に、解決し難い積み重なった問題を討議する時には、会員の態度に緊張感が見られた。会の順序に従い委員の出席をとると、出席員十六人中委任状が五人で、欠席は十一人であった。経過報告に入り、庶務報告をすると最初から質問が始まった。去る五月十二日、第一回中央常務委員会に不参加によって流会になったという報告と、全朝鮮への巡回においてある道は巡回が行なわれ、ある道は巡回しなかったが、どのような理由なのか、これ以外にも幾つかの質問があったが、大よそのみ記入する。中央常務委員会の流会に対する厳重な抗議があり、今後は誠心誠意事務を執行してほしいという要望と、巡回委員の責任を履行できないのは、中央検査委員に一任して処理することにする。

経理報告において、社旗、マーク代金の未支払に対して多様な意見があり、総本部の債務が□□したが、その内容は各支部の負担金、月捐金の未納によるとの理由の報告に、委員一同は極力周旋して清算しようという意見に対して、債務の還報期限が遠くないので常務委員に一任し、地方を巡回するようにして、受理した。

正衛部の報告に、今年四月以降も発生している重要事件だけが三十一件という報告に議員が、たった三十一件だけだというのは調査不十分ではないかという質問に、「地方ではとても小さな事件は報告もせず、右往左往していることが多く、本部でも事務処理上受け付けるのが困難なものが多い」という答えがあり、解決及び未決又は事件の種別だけを報告することにしたので、未決事件の二十一件中、内部事件が八件、解決件数が十余件と報告した後、未決件は地方巡回委員がいるので、巡回委員に一任することにする。

教養部調査研究部の報告がないことについて、冗長な論説に対する幾つか質問があった後、今後は切実に誠意をもって責任を履行することを委員長に一任し、蒸し暑さのために少し休会したが、時は三時十分であった。

再び午後三時二十分に、続会を宣言し、討議案に入る。

一、本部維持方針に関する件

この問題は現下の本部経費困難としても建議されたことであるが、さらに社旗、「マーク」代未支払□、会館登記及び手続きに対する債務と、一昨年、昨年以来の債務を先ず急いで清算しなければならない債務が八九百円近いので、これを中央委員が早く責任を持って活動して清算することにし、具体的に実行方針においては地方巡回をするが、常務委員に一任することにした。

一、中央常務委員細則に関する件

細則においては作成委員を選定するが、常務委員を選定し、常務委員会に一任することにする。

一、中央常務委員辞任に関する件

常務部長　李箕俊　　　部員 徐光勳
経理部長　金在實　　　部員 吉汗同
調査研究部長　李東煥　中央執行委員 李龍守

以上諸氏が辞任願を提出したが、経理部長、部員、調査研究部長のみ辞任願を受理する。

経理部長金在實氏は一日も責任を実行したことがなく、彼を処分するために全朝鮮的に声明書を配布しようという意見もあったが、結局委員長として忠告文と、総本部として警告文を発送することにする。

一、委員補選に関する件

庶務部（旧任）李箕俊　　庶務部員（旧任）徐光勳
経理部（新任）吉汗同　　経理部員（新任）趙鳳植

教養部（旧任）李俊鎬　　教養部長《ママ》（新任）沈相昱

調査研究部長（新任）朴平山　部員（新任）李京冀

正衛部長（新任）李漢容　部員（旧任）李鍾淳

万一常務委員が部長を務められない事情により事故がある時に、部員が引き続き責任をとる事にする。

一、慶南北道運動指導方針に関する件

衡平二年度以来、慶尚道が総本部の指導に従わず、衡平運動においては多大な不祥事であった。総本部では常に内的外的にも統一に注力を重ねたが、これまで六年間、いわゆる南、北の分裂と言われてきた。総本部では今回の委員会で決議をもってして絶対統一の努力をしようと、代表委員二人を選挙し、すべての決議権の責任を一任することにして、大田で陰暦八月二十日に慶尚道の代表と会合することにする。

代表委員　趙貴用　吉淳吾

一、全北山間七邑連合会に関する件

この連合会の問題は昨年度から問題中の問題であったが承認せず、また、この問題は現下の規約上で見ても、組織体を見ても承認できない問題であるので、承認しないことにする。

一、地方巡回講演講座開催に関する件

現下の状態としては、不利な時期である関係上、或る時期の○までは保留とするが、教養部に一任する。

一、月刊雑誌正進社に関する件

総本部常務委員会に一任することにする。

一、産業機関組織促成に関する件

我が社員の生産品で組織するが、各支部でも組織し、京城に連合体を置くこととして在来組織体を変更することにする。

一、各地方争議事件解決方針に関する件

常務委員に一任して巡回委員として根底から解決するようにする。

閉会　同日午後七時半に閉会する。

議長　趙貴用

書記　李箕俊

衡總第二一六号

一九二九年九月十三日

朝鮮衡平社總本部

各支部貴中

第三回常務委員會顚末書

지난 九月三日 午后두時에 본회관안에서 뎨삼회 상무위원회（第三回常務委員會）를 열고 각지방 쟁의사건 해결책과 재만동포 구제책이며 순회위원 배치와 좌기사항을 토의한 后 동일 네시에 폐회하다

討議案

一、本部維持方針에 關한 件

지방에 순회원원을 파견하야 월연금 의연금을 증수하야 급한 채무를 청장토록하고 순회위원 출발일자는 九月二十日로 정함.

一、中央執行委員細則에 關한 件
보류키로함.
一、月刊雜誌正進社에 關한 件
금후로는 총본부에서 직접 경영키로 함.
一、各支部에 發生한 爭議事件에 關한 件
미결사건은 순회위원으로서 됴사하야 근저까지 해결케함.
一、在滿同胞救濟에 關한 件
각지부에다 지령하야 동정금을 모집키로 함.
一、常務委員（正衛部）辭任에 關한 件
당분간 교양부에서 겸무키로 함.

朝鮮衡平社総本部

【編者訳文】

衡総第二一六号
一九二九年 九月 十三日

各支部貴中

第三回常務委員会顚末書

去る九月三日の午後二時に本会館の中で第三回常務委員会を開き、各地方の争議事件の解決策と在満同胞救済策、巡回委員の配置と左記事項を討議した後、同日四時に閉会する。

討議案

一、本部維持方針に関する件
地方に巡回委員を派遣し、月捐金・義捐金を徴収し、急ぎの債務を清算するようにして、巡回委員の出発日時は九月二十日と定める。
一、中央執行委員細則に関する件
保留することにする。
一、月刊雑誌正進社に関する件
今後は総本部で直接経営することにする。
一、各支部に発生した争議事件に関する件
未決事件は巡回委員として調査し、根底まで解決させることにする。
一、在満同胞救済に関する件
各支部に指令して同情金を募集することにする。
一、常務委員（正衛部）辞任に関する件
当分の間、教養部で兼務することにする。

衡總第二一七号
一九二九年九月十三日

朝鮮衡平社總本部

衡平社　支部貴中

재만동포구제금모집에 관한 件

본건은 연일 우리 목전에 각 신문지상을 통하야 보도되는 바와갓치 여러분도 잘알것이외다 만주에 헛터저잇는 여러동포들의 사는 현상을 신문지상으로 본바 들은바를 이야기하면 듯기에도 끔직한 기로에서 허매이고 잇스며 떨고 잇스니 형뎨들이여! 사랑하는 고국을 떠나 멀니 만주디방면에서 서리오고 바람찬 벌판에서 로숙(露宿)하는 됴선 동포들을 구하기 위하야 동정하는 마음으로써 만코적은 것을 헤아리지말고 하로밧비 총본부로 보내주시기를 바라는 바이외다 총본부에서는 각지부와 갓치 눈물을 흘니고서 몃장의 공문으로서 보내오니 밀우지말고 공문보는 그시로 운니동이십삼번지(京城雲泥洞二三)으로 보내주시기를 바라나니다

끗

[編者訳文]

衡総第二一七号

一九二九年九月十三日

朝鮮衡平社総本部

衡平社　支部貴中

在満同胞救済金募集に関する件

本件は、連日我らの目前に各新聞紙上を通して報道されているように、みなさんも良く知っているとおりです。満州に散在する同胞たちが暮らす現状を新聞紙上で見てのとおり、聞いたとおり話すならば、聞くにも耐えない岐路で彷徨っていて、震えているので兄弟たちよ!愛する故国を離れて遠く満州の方面で霜が降り、嵐の野原で野宿する朝鮮の同胞たちを救出するために、同情心をもって、多い少ないを気にせず、一日も早く総本部に送って下さることを願っている。総本部では各支部とともに涙を流しながら、何枚もの公文を送るので、遅れることなく公文を見て即時に京城雲泥洞二三に送って下さるよう願います。

終わり

衡總第二一八号

一九二九年九月十三日

朝鮮衡平社總本部印

衡平社　支部

순회위원출장의 관한 건

수제의 대하야 즁앙집행위원회의 결의로 본부유지에 대한 것과 이외에 여러가지 즁닙을 가지고 지방을 순회하야 순회위원 지시사항을 됴사하고저 좌와 여히 순회위원을 배치하엿스니 틀님업시 실행하여주심을 바라오며「별지 보고하는 서식과 가치 꼭 금후로는 준행하야 보고하야 주시면 본부에서는 사무처리상 적지아니한 편니가 잇겟사오니 꼭 실하여주심을 경요」

본부유지에 대하야는

즁앙집행위원 급 상무집행위원회에서도 만흔 토의한 바와 갓치 총본부에서는 항상각지부에서 부담한 월현금이 미랍되는 관계로 사무처리상 경비곤난도 만흘뿐더러 루차 본부에는 二三년이래로 전채무가 급하게 갑하야만할 것이 우선 八九백원에 갓가웟다 이는 각

지부에서 부담한 월현금이 미랍된 관계이다 二百七十여 지부로 월현금 보내주는 곳이 몃지부나 되는가? 아는 바와갓치 불과 몃지부에 달하는가? 물논 각지부에서 성심성의로서 본부유지에 대한 각성만 갓는다면 그럿케 빗까지 내게되며 막々한 현상에 이르지는 아니하겟슴니다. 형제들이여! 본부유지에 대하야 심양하야 각성하라! 거의 전부가 월현금 미랍한 관계로 보내는 항상 힘쓰는 지부는 힘이 만이 드는 지부도 잇다 일반적으로 각자가 각성한다면 지부도 그리 곤궁하지 아니할것이니 二百七十여지부가 본부유지란 엇더한 것이다하는 생각만이라도 잇지말고 항상 힘써쥰다면 현상과 갓치 막연한 상태에 이러지는 아니할터이니 전선 각지부에서는 다갓치 일반적으로 힘써 활동하자 월현금 들어온 지부가 불과 몃지부이니 이것으로써 본부 예산안이 충당하겟는가! 심양하기를 바라오며 월현금 미랍조　　월붓터　　월까지　　개월분　　원也를 꼿 보내주심을 바람니다

　순회위원

京畿道　金　棒　　忠北　金士琠　　慶南　李聖順
忠南全南北　趙貴容　吉淳吾　　江原　吉萬學　千興基
慶　北　李龍守　姜龍生

以上

【編者訳文】

衡総第二一八号

一九二九年九月十三日

朝鮮衡平社総本部㊞

衡平社　　支部

巡回委員出張に関する件

首題について、中央執行委員会の決議で本部維持に関する事とこれ以外に様々に中立を保ち、地方を巡回して巡回委員の指示事項を調査するために、左のように巡回委員を配置し、間違いなく実行することを願い、「別紙報告すると同時に、みな必ず今後は遵行し、報告して下されれば、本部としては事務処理上少なからず便利なので、必ず実行してくださることを謹んで求める」

本部維持については、中央執行委員及び常務執行委員会でも多く討議したように、総本部では常に各支部が負担する月捐金の未納による関係で、事務処理上の経費困難も多いだけでなく、累次本部では二、三年以来、全債務中急ぎ支払わなければならないものが、先ず八九百円近かった。これは各支部で負担する月捐金が未納である関係である。二百七十余支部のなかで月捐金を送ってくる所が何支部になるのか？承知のように僅か数支部に至るのか？勿論、各支部が誠心誠意をもって本部維持に対する覚醒さえあるなら、このように借金まで出すような絶望的な現状に至らなかったであろう。兄弟たちよ！本部維持に対して心して覚醒しろ！ほとんど全部が月捐金未納のため、送ることに常に力を入れる支部は、大変苦労している支部もある。一般的に各自が覚醒すれば、支部もこれほど困窮しなかっただろうから、二百七十余支部が本部維持とはどのようなものかと考えることを忘れないなら、常に援助してくれるなら、現状のように絶望的な状態に至らなかっただろうから、全朝鮮各支部でみなが一般的に全力で活動しようと月捐金を送ってくれる支部が僅か数支部しかない、これで本部予算案を充当できるだろうか！心して考え直すことを願い、月捐金の未納も　月から　月まで　か月分円也を必ず送って下さることを願います。

巡回委員

京畿道　金　棒　忠北　金士典　慶南　李聖順

忠南全南北　趙貴容　吉淳吾　江原　吉萬學　千興基

慶　北　李龍守　姜龍生

以上

第二部　京城地方法院検事局文書ほか

——一九三〇年

1　1月4日　衡平社本部通文ニ関スル件

『昭和五年　思想ニ関スル情報綴』Ⅰ

京鍾警高秘第一八三九二号ノ一
昭和五年一月四日
京城鍾路警察署長

（印）「京城地方法院検事正殿」

衡平社本部通文ニ関スル件
対十二月卅一日電話報告（部ノミ）

管下衡平社本部ニ於テハ元幹部タリシ李俊鎬ニ対シ別紙ノ如キ除名声明書約百二十枚ヲ印刷シ去月廿八日各支部ニ向ケ発送セントセルガ内容不穏当ナル点アルヲ以テ当署ニ於テ之レガ発送ヲ中止スベク論シタルニ全部ニ於テハ了トシ発送ヲ任意中止セリ

右報告（通報）ス

以上

発送先、局部長　検事正　聞慶署

衡總第参七四号
衡平七年十二月二十七日
朝鮮衡平社總本部
中央検査委員長

各支部貴中

慶北聞慶事件 及 李俊鎬非行事実 正体暴露의 件

幾百年間 人権을 喪失하고 착취와 圧迫에서 씨달니고 잇은 우리도 時代順應에 따라서 萬人平等 人権自由를 부르짓고 형평운동이 이러남으로부터 過去七個星霜을 經過하야 벌서 運動이 組織過程에 이르기까지는 우리 四十万大衆의 生命과 物質을 犠牲한 代償이라고 아니 할수업다 그러함으로 우리는 무엇보다도 自体團結에 置重하야 敵対階級과 闘争하야온 것이다 朝鮮衡平社中央委員이요 本部教養部長 正衛青年部長兼務 如斯한 重任에 当한 李俊鎬가 過般 문경支部設立大會에 対하야 諸般準備事項을 依頼밧은 機會를 利用하야 同準備金이라는 名目下에 聞慶社員의 熱誠으로 捻出된 数百円金額을 領収하야 準備에는 一分도 使用치안코 全部消費하고 마럿스니 青天白日下에 如斯한 悪行動冒犯으로 한 本人의 罪悪은 勿論하고 運動線上에 一大悪影響을 及하게함은 큰不幸이다 이에 잇서셔 去十二月二十三日 第三回中央執行委員會에서 此를 調査摘発하야 本人所帯職任을 一切□奪하는 동時에 李俊鎬의게 対하야 荊道를 充分히 改悛할 時까지 우리 運動線上에서 歐逐하고 前記犯行을 世上에 公布하야 正義의 審判을 加하기로 決議하야씁기 玆以公開함

［編者訳文］

衡総第参七四号
衡平七年十二月二十七日
朝鮮衡平社総本部
中央検査委員長

各支部貴中

慶北聞慶事件及び李俊鎬非行事実の正体暴露の件

幾百年間、人権を喪失し搾取と圧迫に苦しめられている我らも、時代の順応に従って万人平等の人権自由を叫び、衡平運動が起こってから過去七個星霜を経過し、すでに運動が組織過程に至るまでは、我が四十万大衆の生命と物質を犠牲にした代償と言わねばならない。そうであるゆえに、我らは何よりも自体団結に重きを置き、敵対階級と闘争してきたのだ。朝鮮衡平社中央委員であり、本部教養部長正衛青年部長を兼務□□した重任にある李俊鎬が、過般、聞慶支部設立大会に対し、諸般の準備事項を依頼され、機会を利用して同準備金という名目で聞慶社員の熱誠で捻出された数百円の金額を領収し、準備には一銭も使用せず全部消費してしまったので、青天白日下にこのような悪行動、犯罪をした本人の罪悪は言うまでもなく、運動線上に一大悪影響を及ぼすことは大きな不幸だ。ここにおいて、去る十二月二十三日、第三回中央執行委員会で此れを調査摘発し、本人が帯びる職任を一切□奪すると同時に、李俊鎬に対して荊道を充分に改悛する時まで、我らの運動線上から放逐し、前記犯行を世上に公布し、正義の処判を加えることを決議し、ここに公開する。

『昭和五年　思想ニ関スル情報綴』Ⅱ

2　2月24日　衡平社本部常務執行委員会ニ関スル件

京鍾警高秘第二、三一四号

昭和五年二月二十四日　京城鍾路警察署長

(印)「京城地方法院検事正殿」

衡平社本部常務執行委員会ニ関スル件

集会取締状況報告（通報）

集会日時　昭和五年二月二十二日　午後二時

同　場所　京城府雲泥洞二十三

後援者

主催者

司会者

集会ノ目的　衡平社中央（常務）執行委員会

主ナル集会者　趙貴用、金士琠、徐光勲

集会人員及其種別　四名

演題竝演士

開催ノ状況　別紙ノ通リ

臨監警察官ノ官職氏名　道巡査　梅野富士吉

警察取締状況

講演要旨

聴衆ノ感想

参考事項或ハ意見

決議事項

一、地方巡廻ニ関スル件

先ニ選定セラレタル地方巡廻委員中実行セザルモノアルヲ以テ

一応督促状ヲ発シ尚実行セザル場合ハ更ニ委員ヲ改選スルコト

一、機関紙ニ関スル件

衡平運動機関紙ヲ発行スル事トシ発行ニ至ル迄準備委員トシテ左記七名ヲ選ビ準備ニ着手スル事、尚其間衡平ニユースヲ発行スル事

準備委員

趙貴用、張志弼、沈相昱、金鍾澤

李箕俊、吉萬学、李東煥

一、中央執行委員会召集ノ件

本年大会ニ関スル打合セノタメ三月四日中央執行委員ヲ召集シ委員会ヲ開ク事

以上

発送先　局、部、検事正

3　3月5日　集会取締状況報告（中央執行委員会）

『昭和五年　思想ニ関スル情報綴』Ⅲ

京鍾警高秘第二八六八号

昭和五年三月五日　京城鍾路警察署長

(印)「京城地方法院検事正殿」

集会取締状況報告（通報）

集会日時　三月四日　自午后二時三十分　至〃　四時二十分

同場所　雲泥洞二三本会館

主催者

後援者

司会者　趙貴容

集会ノ目的　朝鮮衡平社総本部中央執行委員会

主ナル集会者　趙貴容　張志弼　徐光錫(勲)　吉漢同外三名

集会人員及其種別　右仝

演題並演士

開催ノ状況　別紙ノ通リ

臨監警察官ノ官職氏名　道巡査　徐商景　巡査部長　高木義雄

警察取締状況　金溝事件ニ関シ警察当局ノ処置ニ不満ヲ抱キ居レルヲ以テ禁止ス

講演要旨

聴衆ノ感想

参考事項或ハ意見

一、経過報告

徐光勲経過報告ヲ為シタルガ異状ナシ

一、全鮮定期大会及紀念式挙行ノ件

大会日時　四月二十四日　仝二十五日

紀念式　四月二十五日夜

右準備委員

張志弼、吉漢同、李漢容、趙貴容

徐光勲、朴平山、金　奉(棒)、李東煥

部署　委員長　張乎定
庶務部　徐光勲　趙愚石
議案部　朴平山、李東煥、徐光勲
経理部　吉漢同
案内部　金　奉　李東煥、李漢容
設置部　張乎定、李漢容
余興部　李東煥、朴平山
大会及紀念式ニ要スル費用
約五百円ヲ以テ充当セシムコト、ナス

一、機関紙発行ノ件
ニユウスヲ発行スルコト、セリ

一、金溝及江景支部争議事件
1、二月廿八日全北支部ヨリ別紙ノ如キ金溝事件顛末報告アリ之ヲ一般ニ報告シ対策ヲ協議セントスルガ其ノ内容警察当局ノ処置ノ不当ヲ強調シアリ不穏ト認メ禁止ス
2、江景支部事件ニ関シテハ全鮮大会迄保留スルコト、セリ

一、巡回委員増選ノ件
忠北　李命福、張志弼
全北　金　捧(棒)、李京冀
忠南　金在徳、吉相洙
　申喜安
江原　吉萬学、李漢容

一、京畿道大会開催ノ件
本部大会后ニ開催スルコトニ決定ス

一、京畿支部復活促進ニ関スル件
本件ハ吉漢同、李京春、徐光勲ノ三名ニ一切ヲ一任セリ

一、委員辞任及補選ニ関スル件
中央執行委員李俊鎬辞任ヲ提出シタルヲ以テ李京春ヲ補選ス

以上

別紙

金堤警察及金溝駐在所金巡査ガ金正基ニ対スル調査書

昭和五年二月二十四日午后一時ニ本調査員ハ衡平社金溝支部ニ到着シテ同支部長李宗根及社員趙鳳安君ニ逢ヒ問題ヲ調査スルニ趙奉安曰本当ニ笑フベキデ閉口スルコトデアリマス今日迄モ我等ハ人間ニアラサルヲ先日（二十日）金巡査行動ヲ見テ酷毒ナル差別ハ尤モ宜ク判ル様ニナリマシタ而シテ事実ヲ語ラントセバ本駐在所金巡査ガ衡平社会館ヲ来訪シ金溝支部常務員吉奉華ノ父親死亡生存ト云フ討論ノ如キ問答ガアル時ニ雲峰社員金正基ガ傍ニアリテ一時黙笑シテ居マシタ其レハ吉奉華父親無恙生存ヲ宜ク判ルガ為メ一笑ヲ禁ジ止マナカッタ金巡査ハ金正基笑フモノヲ見テ勃然怒気大発シテ警官ノ前ニ於テ白丁漢ガ笑フカト云フテ金正基ヲ同駐在所ニ仝行シテ行テ職業ヲ問フニ農業ト答ヘルニ白丁漢ガ農業トハ何ンカト云フテ乱打スルニ我ガ家

ニ於テ牛ハ屠スモ農業ヲ本業トシテ居ルト答ヘルニ雲峰、南原地方ハ特異ナル所ナリト云ヒ悪イ白丁漢ト云ヒ乍ラ乱打ヲ重ネル際ニ金正基答ヘテ曰ク総督政治下々官庁ハ同一ナル筈テアルニ何ウシテ法律迄テ亦違フカト質スルニ（ナマイキ）ト云ヒ乍ラ蹴ル〳〵苛酷殴打ヲナシ其ノ翌日金堤署ニ金巡査ガ同行シテ行ツタト云フ笑ツタト云フテ警察署ニ捕マツテ行クトセバ此世上ニ何ウシテ生キルカト云タ云々

二月二十四日午后四時頃ニ調査員等ハ同金巡査ヲ訪問シ其始末ヲ尋ネルモ兎角雲峰衡平社員金正基ヲ殴打シテ金堤署ニ捕マツテ行タコトガアルカ

答　ソーデアル

問　何故ニ

答　大シタコトデハナイガ警察ガ語ル席ニ於テ厳視スルガ如キモノデ其ウナリマシタ

問　談話中ニ他人ガ笑ツタトセバ道徳上ニハ如何ニ見ルカ判リマセンカ

答　法律上ニ殴打スル警察署迄捕マツテ行クカソンナ法律ガアルカ本署ノ命令ニ他地方〳〵特殊ノモノハ捕マツテ来イト云フタテ来タカラ検束シタノデア（ママ）然シ乍ラ今日カ来日ニハ必ス出テ来ル筈デアルカラ安心シナサイ

問　不審ノモノアレバ逃ケナイ以上苛酷ナル殴打ヲナシテ捕マツテ来イトノ命令アリマスカ

答　無答

問　雲峰南原地方トハ異ナルト云ヒ無数乱打シタ理由ハ如何デアリマスカ

答　無答

調査員等ガ立ツヤ金巡査ガ門外ニ従ツテ来乍ラ今回ノ事ハ不知中如斯クナリマシタガ今後ハ如斯キコトガナイ筈テアリマスト

二十五金堤社電話ニテ二十日拘留云々

追而　金正基ハ全州支部社員ニシテ金溝支部ニ遊ビニ行ツテ斯ク如キ不詳（祥）事発シタルヲ以テ全州支局ニ於テ其ノ顚末ヲ本部ニ報告シタルモノナリ

4　3月7日　金堤衡平社紛糾事件ニ関スル件

『昭和五年　思想ニ関スル情報綴』Ⅲ

京鍾警高秘第二、九九七号

昭和五年三月七日

京城鍾路警察署長

（印）「京城地方法院検事正殿」

金堤衡平社紛糾事件ニ関スル件

朝鮮衡平社本部宛金堤支部ヨリ去ル二十日巡左（査）対社員ノ紛糾事件発生セル旨ノ通報アリタルヲ以テ本部ニ於テハ直チニ調左ヲナスベク委員トシテ全州居住ノ李京冀ヲ仝地ニ特派セルガ仝人ハ去ル二十八日別紙ノ如キ調左報告書ヲ本部宛郵送セリ

尚引続キ本部ノ態度内左中ナルガ本部ニ於テハ去ル四日中央執行委員会ヲ開催シ其ノ席上ニ於テ本件ヲ報告セントシタルモ内容穏当ナラザル点アリタルヲ以テ臨監私服員ニ於テ発表ヲ中止セシメタルニ本件ハ巡回委員ニ一任シ更ニ調左ヲ為シタル後対策ヲ講ズルト云フ

右報告（通報）ス

発送先、局、部、検事正　金堤署

通文（訳文）

金堤警察官金溝駐在所巡左

金巡左ト金正基ニ対スル調左書

昭和五年二月二十四日午後一時ニ本調左員ハ衡平社金溝支部ニ到着シ仝支社長李宗根及社員趙鳳安君ニ面会シ本問題ヲ調左セルニ趙奉安曰ク実ニ可笑シクテ問題ニナラヌ事ダ今日マデ我等ハ人間デナイ事ヲ先日（二十日）金巡左ノ行動ヲ見テ疑ヒナク覚ツタ

而シテ其ノ事実ヲ話セバ本駐在所金巡左ガ衡平社会館ヲ訪門（問）シ金溝支部常務員吉奉華ノ父親ガ死亡生存ト云フ討論ノ如キ問答ヲヤツテ居タ際雲峰社員金正基ガ傍ラニアリテ黙笑一吐シマシタ其理由ハ吉奉華ノ父親無恙生存ヲ良ク知ツテ居ルカラ不禁一笑シタノデアル。金巡左ハ金正基ガ笑ツテ居ルノヲ見テ勃然怒気大発シテ警官ノ前デ白丁ガ笑フト云フ事ガアルカト云フヤ金正基ヲ同駐在所ニ仝行シテ行キ職業ヲ問フノデ農業ナリト答ヘタルニ白丁奴ガ農業トハ何ダトテ乱打シ私ノ家ハ牛ハ殺シマスガ農業ガ本位デアルト述ベタルニ雲峰、南原等地トハ異ナル処ナリト云ヒ悪イ白丁奴トテ乱打ヲ重ネルノデ金正基曰ク総督政治ノ下ニ在ル官庁ガ法律ハ違ヒマスカト云ツタトコロ生意気ナリトテ一層苛酷ニ殴打シ其翌日金堤警察署ヘ金巡左ガ仝行シテ行キマシタ

笑ツタ原因デ警察ニ仝行サレルト云フ此ノ世ノ中ガ如何シテ生キテ行カレマスカ云々

二月二十四日午後四時次ニ調左員等ハ同巡査ヲ訪問シ其始末ヲ問フタ

問、兎ニ角雲峰衡平社員金正基ヲ殴打シテ金堤署ヘ貴下ガ仝行サレタ事ガアリマスカ。

答、アリマス

問、何故デスカ

答、大シタ事デハナイガ警官ガ話シテ居ル前デ笑ツタノガ警官ヲ無視セルモノ、如ク、ソノタメデス。

問、談話中ニ他人ガ笑ツタトスレバ道徳ニテハ兎ニ角法律上ニ殴打又ハ警察署マデ仝行シテ行ク斯ル法律ガアリマスカ

答、本署ノ命令デ皆地方特殊常者（ママ）デアツタラ仝行セタシトノ事デアツタカラ検束シタ。然シ今日カ昨日ハ出テ来ルカラ安心シナサイ。

問、怪シイ者ガ居タラ逃亡セザル以上苛酷ニ殴打シ仝行スル命令ガアリマスカ。

答、答ヘ無シ。

問、雲峰、南原等地トハ異ナルトシテ無数乱打シタ理由ハ何デスカ

答、答へ無シ。

　調左員等ガ問フテ居ル間ニ金巡左ガ門外ニ出テ行キ今回ノ事ハ不知中ニ斯ク迄ニ起ツタガ此ノ後ハ斯ンナ事ハ無イデシヨウ

以上

5　3月10日　衡平社京城支部設立準備会通文印刷ノ件

『昭和五年　思想ニ関スル情報綴』Ⅲ

京鍾警高秘第三一二二号

昭和五年三月十日

京城鍾路警察署長

警務局長殿

京畿道警察部長殿

府内各警察署長殿

「(印)京城地方法院検事正殿」

衡平社京城支部設立準備会通文印刷ノ件

管下朝鮮衡平社本部ニ於テハ去ル四日中央執行委員会ヲ開催セル際京城支部ノ復興ヲ計画シ準備委員ヲ選定シ居タルガ来ル十九日在京城社員ノ有志懇談会ヲ開クベク本日別紙（局部ノミ）ノ如キ案内状絢約三十枚ヲ印刷シ市内外ニ散在スル（主トシテ東大門外ノ屠夫）社員ニ発送セリ

右報告通報ス

6　3月22日　集会取締状況報告（京城支部の復興大会）

『昭和五年　思想ニ関スル情報綴』Ⅲ

京鍾警高秘第三六二三号

昭和五年三月廿二日

京城鍾路警察署長

警務局長殿

京畿道警察部長殿

府内各警察署長殿

「(印)京城地方法院検事正殿」

集会取締状況報告（通報）

集会日時　三月廿一日　自午後四時半至午後七時

同場所　府内雲泥洞二三番地

司会者　徐光勳

集会ノ目的　衡平社京城支部復興大会

主ナル集会者　徐光勳　李東煥　朴好君　外十七名

開催ノ状況　左記ノ通リ

臨監警察官ノ官職氏名　巡査部長劉承雲　道巡査梅野富士吉

左記

一、経過報告（吉漢同）別紙ノ通リ

一、臨時執行部選挙　左ノ通リ当選ス

議長徐光勲　書記吉漢同　査察白順福

一、規約朗読　徐光勲規約朗読セルガ本規約ハ衡平社本部規約ニ等シキヲ以テ略ス

一、委員及代議員選挙ノ件　議長ヨリ詮衡委員トシテ吉漢同、朴好君、朴景煥ノ三名ヲ選定シ左記委員長外十五名ノ執行委員ヲ選定シ部署ヲ定メタリ

支部長	李東煥	経理部員	白順福
庶務部長	徐光勲	同	李英培
同　部員	張志弼	教養部長（兼）	李漢容
同	趙順景	同　部員	金龍澤
経理部長（兼）	李漢容	調査組織部長	朴景煥
調査組織部員	朴平山	正衛青年部員	辛始用
同	権泰元	同	李仁福
同	李明吉	同	宋成鎮
正衛青年部長	李京春		

一、支部維持ニ関スル件　支部維持ニ関シテハ毎月月捐金三十銭宛ヲ各員ヨリ徴集シ之ニ充ツル事

一、会館問題ニ関スル件　会館ハ当分間本部内ニ置ク事

一、未組織大衆ニ関スル件　纛島、清涼里、其他未組織ニ対シテハ調査部ヘ一任ノ事

一、月例会ニ関スル件　月例会ハ毎月（旧）四日午後八時ニ開催ノ事

一、建議案ニ関スル件　本部大会ニ対スル建議案ハ朴好君、吉漢同、朴景煥三名ニ作成セシムル事

一、進行方針ニ対スル意見交換　屠牛手数料ヲ引下ケ又ハ他人ノ職業ヲ妨害スル者アル時ハ調査部ニ於テ調査シ執行委員会及臨時総会ノ決議ヲ以テ相当ナル対策ヲ講究スル事

以上

別紙

経過報告（写）

一九二四年四月十五日市内外ニ散在セル社員五十名ガ市内都染洞朝鮮衡平社革新同盟會会館ニ於テ衡平社京城分社臨時総会ヲ開催シ京城支社ニ改名セル後漢江以北ヲ管轄セシメ分社ヲ創立ス

一九二四年十月十一日市内仁寺洞朝鮮衡平社総本部会館内ニ於テ緊急臨時総会ヲ開催シ本部内ヘ支部ヲ編入セシム

一九二五年一月十日市内外ニ散在セル社員一同カ集合シ正衛団ヲ組織スベク市内貫鐵洞朝鮮衡平社中央総本部会館内ニ於テ決議シ市内瑞麟洞明月館支店ニ於テ創立大会ヲ開催セリ

一九二五年六月一日市内外ニ散在セル社員一同ガ会合シ屠夫組合ヲ創立後市内勧農洞李京春方ニ於テ創立総会ヲ開催セリ

一九二五年十一月廿一日獣肉販売業洪鍾煥組合員李京春争闘事件起リ之ガ導火線ニテ組合員十六名ガ解雇サレ市内臥龍洞朝鮮衡平社中央総本部内ニ於テ屠夫組合臨時総会ヲ開催シ対策ヲ講究後屠夫組合

ノ各婦人等ハ洪鍾煥方ヲ訪問シ飯ヲ与ヘヨト要求シタルタメ組合員十五名ハ廿五日ヨリ十日間拘留処分ヲ東大門警察署ニテ即決サレ有耶無耶トナリタリ

一九三〇年三月四日朝鮮衡平社総本部第四回中央執行委員会ニ於テ京城支部復興大会準備委員トシテ吉漢同、徐光勲、李京春ノ三名ヲ選定シ同三月十日集会公文ヲ発送シ三月廿一日午後四時半ヨリ復興大会ヲ開ク云々ト

『昭和五年　思想ニ関スル情報綴』Ⅲ

7　3月24日　衡平社ニュース発行ノ件

京鍾警高秘第三六五七号

昭和五年三月廿四日

京城鍾路警察署長

警務局長殿

京畿道警察部長殿

善山、洪城、温陽、

原州各警察署長殿

(印)「京城地方法院検事正殿」

衡平社ニュース発送ノ件

管下朝鮮衡平社本部ニ於テハニユース発行ヲ計画シ三月十三日出版許可提出中ノ処同月十九日附許可トナリタルヲ以テ同廿日二百二十部（別紙）ヲ各支部ヘ向ケ発送セルガ来週更ニ発行スベク目下準備中ナリ

右報告通報ス

朝鮮衡平社總本部

「뉴ー쓰」　京城府雲泥洞二三

機關紙発行準備委員會　朝鮮衡平社總本部

一九三〇年三月十二日発行　第一號

本뉴ー쓰 発行에 對하야

親愛纓는 우리 社員大衆諸君！우리는 우리의 일상운동에 잇서셔 무엇보다도 우리 운동에 피줄（血脈）이요 숨통（呼吸器）인 긔관지가（教養과 報導를 主眼으로絅）잇서야絅다는 것을 늑긴다 우리는 과거에 잇서셔 이긔관지 발행을 위纓야 노력絅 바도 업지 아니纓다 그러나 내뎍（內的）의 토의방법과 성의의 부족도 잇섯고 외뎍으로의 그 환경（環境）이 불리하엿는 여러가지 리유로서 혹은 결의만에 긋쳣스며 혹은 태즁（胎中）에서 죽고 말엇다.

親愛纓는 우리 샤원대즁제군！ 그러면 우리는 이러타纓야 그만 여기서 만족 아니 락심纓고 말것인가? 아니다 우리는 언제든지 우리의 과거를 엄즁히 비판纓면서 아울너 불리絅 환경과 강력뎍 싸홈을 젼개纓는데서만 가장 뎡상（正常）絅 압길이 터일것이다 이에 우리 總本部는 단연絅 용긔와 일신（一新）絅 方法-誠意로서의 결사뎍 맹셔를 대즁젼에 선포纓고 긔관지 발행준비위원「를 두게 되엿스며 아울너 이「뉴쓰」를 발행纓게 되엿다 이 뉴쓰는 우리의 확

실絅 긔관지를 확득《ママ》（獲得）할 때까지의 산파뎍（産婆的）역활（役割）을 하려한다

친애纓는 사원대즁제군！우리는 이 긔간지 발행을 위한 결사의 로력을 纓지안으면 아니되며 그 로력（努力）은 반드시 本「機関紙發行準備委員會」를 통하야하지안으면 아니된다

一．우리의 機關紙는 우리 自身의 힘으로 獲得하자！

一．機関紙發行緊急大衆運動을 全土的으로 이로키자！

機関紙基金募集에 対한 方法

大衆團体의 機関紙 그는 두말할 것도 업시 그 大衆自身의 것이다 친애纓는 사원대즁제군！우리의 긔관지는 우리 자신의 힘으로 확득（獲得）・基金확립・纓지안으면 아니된다는것은 우리가 잘안다 그런면 그 方法이 엇더하냐？

물논 우리는 우리 일개인이 다대絅 금액을 낼수는 업다 그러나 성의（誠意）만虛은 가젓다 지부는 그 어느곳을 막론하고 긔관지발행준비지방위원「（機関紙發行準備地方委員會）를 설치纓고 그 지방활동（地方活動）을 본부위원「의 통제하（統制下）에서 강력적（強力的）으로 전개하지안으면 아니된다

社員個人諸君！제군은 제군의 먹는술 담배를 纓로라도 끗치는 릉사이요 나아가서는 제군의 일상생활 그 어느부분의 돈을 절약（節約）해가면서라도 사원纓고는 絅사람도 빠지지말고 이 긔금모집에 응모（基金募集에應募）纓여야絅다 五전 一전도 좃타 要컨대 우리는 필사의 노력을 다絅 그 성의만 요（要）한다 그러면 대즁의 힘은 크다 우리는 성공한다

一．支部마다 地方委員會를 곳 설치하라！

一．基金應募에 한 社員도 빠지마라！

一．基金確立을 爲한 一日間 禁酒煙을 断行하라！

機関紙發行 及 本뉴쓰발행은 지난 三月四日 本部 第四回中央執行委員會의 결의로 필사젹 로력과 활동으로 확득게함

各支部에서는 支部内에 機関紙發行地方準備委員會를 조직하고 進行状況을 報告할것．

［編者訳文］

朝鮮衡平社総本部　京城府雲泥洞二三
機關紙発行準備委員会　「ニュース」　朝鮮衡平社総本部
一九三〇年三月十二日発行　第一号

本ニュース発行について

親愛なる我が社員大衆諸君！

我らは我らの日常運動において何よりも我が運動の血脈であり呼吸器である機関紙が（教養と報道を主眼として）なければならないということを感じる。我らは過去においてもこの機関紙発行のために努力したことがないわけでもなかった。しかし、内的な討議の方法と誠意の不足もあり、外的にはその環境が不利なのか、いくつかの理由で、あるいは決議だけで終わり、あるいは胎中で死んでしまった。

親愛なる我が社員大衆諸君！　そうであるなら、我らはだからといって、ただここで満足、否落胆してしまうのか？　否、我らはいつでも我らの過去を厳重に批判し、さらに不利な環境と強力な戦いを展開しなければ、最も正常な将来が開かれないだろう。ここに我が総本部は、断固たる勇気と斬新な方法□誠意をもって決死的な誓いを大衆の前に宣布し、機関紙発行の準備委員会を置くことになり、加えてこの「ニュース」を発行することになった。このニュースは我らが確実に機関紙を獲得する時までの産婆的な役割を果たそうとする。

親愛なる社員大衆諸君！我らはこの機関紙発行のため決死の努力をせねばならず、その努力は必ず本「機関紙発行準備委員会」を通してせねばならない。

一、我らの機関紙は我ら自身の力で獲得しよう！

一、機関紙発行の緊急大衆運動として全土的に起こそう！

機関紙募金に対する方法

大衆団体の機関紙、それは言うまでもなくその大衆自身のものだ。親愛なる社員大衆諸君！　我らの機関紙は我ら自身の力で獲得―募金確立―せねばならないことを我らはよく知っている。ならば、その方法は如何なるものか？

もちろん、我ら一個人が多大な金額は出せない。しかし、誠意だけは持っている。支部はそのいずれを問わず機関紙発行準備地方委員会を設置し、その地方活動を本部委員会の統制下に強力に展開せねばならない。

社員個人諸君！　諸君は諸君の飲む酒、煙草を一日だけでも禁ずることができる。さらに、諸君の日常生活のどの部分のお金を節約してでも、社員たる者は一人も脱落することなく、この基金募集に応募せねばならない。五銭、一銭でも良い。要するに、我らの必死の努力を尽くすその誠意だけを要する。そうなれば、大衆の力は大きい。我らは成功する。

一、支部毎に地方委員会を必ず設置せよ！

一、基金応募に一人の社員も脱落するな！

一、基金確立のために一日の禁酒禁煙を断行しろ！

機関紙発行及び本ニュースの発行は、去る三月四日、本部第四回中央執行委員会の決議により、必死の努力と活動で獲得すること。

各支部では支部内に機関紙発行地方準備委員会を組織し、進行状況を報告すること。

『昭和五年　思想ニ関スル情報綴』Ⅲ

8　3月24日　衡平社通文郵送ノ件

京鍾警高秘第三七一八号

昭和五年三月廿四日

京城鍾路警察署長

（印）「京城地方法院検事正殿」

衡平社通文郵送ノ件

管下朝鮮衡平社本部ニ於テハ別紙ノ如キ全鮮大会召集文約二百部及代議員届用紙五百枚及七週年紀念式準備ニ対スル通文約二百部ヲ印刷シ本廿四日各支部宛発送セルガ其ノ中七週年紀年準備ニ対スル通文中侮辱ト拘束云々ヨリ両班階級ニ対シ開戦ヲ宣布シ云々ノ二行ハ不穏ト認メ削除（墨汁ヲ以テ抹消）ヲ命ジタリ

右報告ス

発送先　局長　部長

衡總第五五四號

一九三〇年三月二十二日

朝鮮衡平社總本部

中央執行委員長　趙貴用

各支部貴中

全朝鮮衡平社 第八回定期大會召集의件

지난 一年間의 우리 운동을 새로히 비판（批判）하고 아울너 그가 지시（指示）繆는바 압「로의 신진영（新陣營）을 정제（整齊）할 금년도ㅡ第八回ㅡ定期大會를 좌긔 규정（規定）에 의하야 소집（召集）繆오니 전조선 각지부는 규경과 여히 대의원（代議員）과 의안（議案）보내주시기 절요（切要）함니다

左記ㅡ規定ㅡ

一、日時ㅡ一九三〇年四月二四日五日午前九時로 午后六時까지

（음三月二十六日七日）

一、場所ㅡ京城慶雲泥（ママ）洞天道教紀念舘内

一、代議員選出比例　ㅡ　社員男女合하야 每十人에 一人式　百人以上엔　每二十人에　一人식 증가함.

一、代議員登錄ㅡ代議員届書는　本部所定의 用紙에 所要의 文字를 記入繆後　四月二十二日까지 本部에 도착하도록 내줄 일

一、대「에 제출할 의안은 四月二十日이내로 리유와 실행방법을 명긔（明記）하야 大會準備委員會로 보내줄 일

一、의안의 대「상졍 여繆（大會上程如何）는 대「준비위원회에 그 권綱（權限）이 잇스며 동일綱 의안（議案）이 두 지부로부터 제출（提出）될 때는 선착（先着）된 支部의 案을 採用（채용）함

一、대의원은 반드시 대회에 보고할 지부사업경과 급 일반상항보고서（支部狀況報告書ㅡ支部事業經過及一般經過）를 가지고 올 일

一、대「「비는 매지부 二円식으로 하되 四月二十四日 대의원증과 차를 교부함

一、대의원은 반드시 잡긔장 연필을 가지고 참석할 일

一、대의원 제동지는 四月二十四日오전 여듧시반전으로 본부회관（本部會舘）에 모일 것.

以上

代議員届

氏　名（當　年）　氏　名（當　年）
〃　〃
〃　〃
〃　〃
〃　〃

右를 全朝鮮第八回定期大會의 本支部代議員으로 選定하야 届出함

一九三〇年　月　日

住　所
衡平社　支部印

朝鮮衡平社總本部
第八回定期大會準備委員會　貴中

【編者訳文】

衡総第五五四号
一九三〇年三月二十二日

朝鮮衡平社総本部
中央執行委員長　趙貴用

各支部貴中

全朝鮮衡平社第八回定期大会召集の件

去る一年間の我が運動を新たに批判し、合わせてそれが指示するように、今後の新陣営を選ぶ今年度―第八回―定期大会を左記の規定によって召集しますので、全朝鮮の各支部は規定とその代議員と議案を送って下さることが切に必要です。

左記―規定―

一、日時 ― 一九三〇年四月二四日五日午前九時から午後六時まで（陰暦三月二十六日七日）
一、場所 ― 京城慶雲泥（ママ）洞天道教紀念館内
一、代議員選出比例 ― 社員男女合わせて十人毎に一人ずつ、百人以上は二十人毎に一人ずつ増加。
一、代議員登録 ― 代議員届書は本部所定の用紙に必要な文字を記入した後、四月二十二日までに本部に到着するように提出すること。
一、大会に提出する議案は、四月二十日までに理由と実行方法を明記し、大会準備委員会に提出すること。
一、議案の大会上程如何は大会準備委員会にその権限があり、同一の議案が二つの支部から提出された時は、先着した支部の案を採用する。
一、代議員は必ず大会に報告する支部事業経過及び支部状況報告書（支部事業経過及び一般経過）を持って来ること。
一、大会の会費は支部毎に二円ずつとするが、四月二十四日の代議員の増加差を交付する。
一、代議員は必ず雑記帳、鉛筆などを持って参席すること。

一、代議員諸同志は四月二十四日午前八時半に本部会館に集まること。

以上

代議員届

氏名（当年）氏名（当年）
〃　〃
〃　〃
〃　〃
〃　〃

右を全朝鮮第八回定期大会の本支部代議員として選定し届出。

一九三〇年　月　日

住所　衡平社

朝鮮衡平社総本部
第八回定期大会準備委員会　貴中

衡總第五五五號
一九三〇年三月二十二日

朝鮮衡平社總本部
紀念式準備委員會

衡平社各支部貴中

朝鮮衡平社創立 第七週年紀念式準備에 對한 公文

四月二十五日! 이날은 언제든지 우리의 머리에 사라지지안코 남아잇는 우리의 긔렴일（紀念日）이다

왜? 이날은 모욕과 구속만 사라오든 우리 백정대중이 저 양반계급들에 대絅 개젼（開戰）을 선포（宣布）絅 즉 우리도 인간으로서의 참다온 생활을 纓려고 이러선 날이다. 우리는 이날을 긔렴하지안코는 안된다 본부에서는 금년도 예년（例年）과 갓치 성대한 긔렴식을 四月二十五日밤 경성경운동 텬도교긔렴관（京城慶雲洞天道敎紀念館）내에서 거행하려한다

친애絅 젼지부원제군! 우리는 「셩대」그도 다만 피상젹（皮相的）－량（量）으로만의 성대에 끗처서는 안이된다

금년도 긔렴식（今年度紀念式）엔 특히 내용（內容）－질젹 방면（質的方面）에 유（留）絅 진정（眞正）의 성대한 긔렴식을 거행하지안으면 안이된다 이러絅 의미에 셩대絅 긔렴식이란 그 엇더한 것을 말繙인가 우리는 먼저 과거 우리운동을 엄혹（嚴酷）히 비판하지안으면 안이된다 엄혹絅 비판이 업시는 충실한 이다음이 잇슬 수 업다는 다른 동무에 말을 우리는 지금 채용하여야한다

（一）全體的《전체적》 指導精神《지도정신》及《급》方針《방침》에 잇서서
（二）본부의 지도방침에 잇서서
（三）本部《본부》 指導者《지도자》의 誠意《성의》와 그 態度《태도》에 잇서서
（四）본부 일반사업 경과에 잇서서
（五）본부와 지부와의 연락관계에 잇서서

（六）지부지도자의 誠意《성의》와 態度《태도》에 잇서서
（七）지부와 지부원과의 련낙 관게에 잇서서
（八）지부 一般事業連絡關係《일반사업련낙관게》에 잇서서
（九）衡平運動《형평운동》一切《일절》對外関係《대외관게》에 잇서서

엄혹（嚴酷）絅 비판을 갓지안으면 안이 되며 따라서 명々정々（明々正正）絅 새로운 압길을 가지지안이 纓면 안이 된다 이 것이 금년도（今年度）우리 긔렴과업（紀念課業）으로 제공（提供）絅 역무（役務）이다 이것을 구체적（具體的）으로 가지기 위纓야는 지부마다 이를 위絅 젼사원적「합（全社員的會合）을 개최纓고 서로서로의 조금도 숨김업는 의견（意見）을 발노（發露）絅 후 위원 약간인（委員若干人）을 선거纓야 과거 형평운동 비판 급 금후진행 의견서『過去衡平運動批判及今後進行意見書』라는 성문（成文）을 작성（作成）纓야 그를 가지고 二十五日紀念式에 참석하도록 하시옵

（이는 긔렴식회의에서 보고할것）

그리고 또 絅가지 부탁할 것은 그 날은 여흥（餘興）이 잇게 됨니다 그 여흥만虛은 활동단체의 여흥인 만虛 긔생（妓生）의 가무（歌舞）직업음악（職業音樂）무도가（舞踊家）의 음악（音樂）무도（舞踊）로서는 도저히 원만絅 흥취（興趣）를 풀 수 업는것이다 그럼으로 금년 긔렴식 여흥장（今年紀念式餘興場）은 완젼히 대중자신（大衆自身）을 만들지안으면 안이된다 이에 잇서서 지부출석위원제군（支部出席員諸君）이 다 각긔 絅 사람식 자긔의 장긔（長氣）대로 노래！춤！웃기기！또는 단체적 연극（團體的演劇）을 하기로 되얏다 지부출석원제군（支部出席員諸君）은 모다 이 준비까지도 해가지고 오시기를 바람

포스터 비라등은 사월 십일이내로 보내드리겟소

［編者訳文］

衡総第五五五号

一九三〇年三月二十二日

朝鮮衡平社総本部
紀念式準備委員会

衡平社各支部貴中

朝鮮衡平社創立第七週年紀念式準備に対する公文

四月二十五日！この日は常に我らの頭に消えず残っている我らの記念日だ。

何故か？この日は、侮辱と拘束の中で生きてきた我ら白丁大衆が、あの両班階級に対して開戦を宣布した、即ち我らも人間としての真の生活をすべく立ち上がった日だ。我らはこの日を記念しなければならない。本部では、今年も例年のごとく盛大な紀念式を四月二五日の夜、京城慶雲洞天道教紀念館内で挙行せんとする。

親愛なる全支部員諸君！　我らは「盛大」、それもただ皮相的、量的にだけの盛大に終わってはならない。

今年度記念式では、特に内容、質的方面に留意した真正で盛大な記念式を挙行しなければならない。このような意味の盛大な記念式とは、そのようなことをいうのか、我らは先ず過去の我らの運動を厳しく批判しなければならない。厳しい批判なくしては忠実に次ぐものはないという他の友の言葉を我らは今採用しなければならない。

（一）全体的指導精神及び方針において。
（二）本部の指導方針において。
（三）本部指導者の誠意とその態度において。
（四）本部一般事業の経過において。
（五）本部と支部との連絡関係において。
（六）支部と指導者の誠意とその態度において。
（七）支部と支部員との連絡関係において。
（八）支部一般事業連絡関係において。
（九）衡平運動の一切の対外関係において。

厳しい批判を持たなければならず、従って明々正々な新しい将来を持たねばならない。これが今年度の我らが記念課業として提供する役務である。これを具体的に持つためには、支部ごとにこのための全社員的会合を開催し、互いが忌憚のない意見を発露した後、委員の若干名を選挙し、過去の衡平運動の批判及び今後進行の意見書『過去衡平運動批判及び今後進行の意見書』という成文を作成し、これを持って二十五日の記念式に参席するようにされたい。

（これは紀念式会議で報告すること）

そして、もう一つ願うのは、この日は余興があります。この余興は活動団体の余興であるだけに、妓生の歌舞、職業音楽、舞踊家の音楽と舞踊では、到底円満な興趣を得ることができない。そのため今年の記念式の余興場は、完全に大衆自身で作らなければならない。ここにおいて、支部の出席委員諸君がさまざまな方面で一人ずつ各自の得意芸の歌！舞踊！笑わせること！又は団体的演劇をすることになった。支部出席員諸君は何か特別な準備もして来るよう願う。ポスター、ビラなどは四月十日までに送る。

9　4月11日　集会取締状況報告（常務執行委員会）

『昭和五年　思想ニ関スル情報綴』Ⅳ

京鍾警高秘第四七五九号

昭和五年四月十一日

京城鍾路警察署長

警務局長殿
京畿道警察部長殿
関係各警察署長殿
（印）「京城地方法院検事正殿」

集会取締状況報告（通報）

集会日時　四月十日午後一時ヨリ午後三時迄
同　場所　府内雲泥洞二三衡平社総本部内
司会者　趙貴用
集会ノ目的　衡平洞（ママ）本部常務執行委員会

主ナル集会者　張志弼　趙貴用　李東煥　外二名
開催ノ状況　左記ノ通リ
臨監警察官ノ官職氏名　巡査部長土井松太郎　巡査梅野富士吉

左記

一、錦南事件ニ関スル件　四月五日燕岐郡錦南衡平社支部ニ於テ発生セル農民対社員ノ闘争事件ニ対シテハ本部ヨリ幹部李東煥ヲ調査ノタメ特派シタル処ナルモ更ニ張志弼ヲ特派再調査セシムル事ニ決シ張志弼ヲ調査委員ニ選定ス
一、堤川事件ニ関スル件　堤川支部ニ発生セル社員対普通民紛糾事件ニ関シテハ全鮮大会モ近迫シ居ルヲ以テ本件ハ大会ニ提出討議スル事ニ決ス
一、天安笠場事件ニ関スル件　目下紛糾中ノ屠夫賃金値下ゲ問題ニ関シテハ本部ヨリ李東煥ヲ特派処理セシムルニ決ス
一、内倉支部内訌事件ニ関スル件　本件ハ社員間ニ素行不良ノ者アルヲ以テ之等ニ対シテハ忠告又ハ戒告文ヲ以テ覚醒ヲ促シ尚反省セザル場合ハ交際ヲ断絶シ除名スル事ニ決ス
一、清安事件ニ関スル件　曩ニ清安ニ於テ衡平社員ノ野犬撲殺ニヨリ事件ヲ惹起シタル問題ニ対シ本部ハ野犬撲殺ハ衡平社員ノ根本的侮辱ヲ招致スルモノデアルカラ今後ハ絶対ニ廃止スル事ニ決シ直ニ本部ヨリ支部宛指令ヲ発スル事ニ可決ス

以上

10　4月12日　衡平社ノ通文ニ関スル件（第八回大会の開催）

『昭和五年　思想ニ関スル情報綴』Ⅳ

京鍾警高秘第四七七二号
昭和五年四月十二日
京城鍾路警察署長
(印)「京城地方法院検事正殿」

衡平社ノ通文ニ干スル件

府内雲泥洞二十三番地朝鮮衡平社総本部ニ於テハ別紙添付ノ如キ通文ヲ四月十一日全鮮衡平社支部ニ宛テ郵送セリ
右報告ス

以上

発送先　局、部長、検事正

貴團体의 健實한 發展과 同志 諸君의 健鬪를 祝합니다.
本衡平社第八回全朝鮮定期大會와 第七回創立紀念式을 左記時日場所에서 開催하오니 積極的支持가 잇서주기를 바라나이다.

大會
時日＝一九三〇年四月二十四日五日両日間午前九時부터
場所＝京城慶雲洞天道教紀念舘內

紀念式
四月二十五日 밤 午后八時부터
大會場所 天道教紀念舘內

京城雲泥洞二三
朝鮮衡平社總本部
一九三〇年四月十日

[編者訳文]

貴団体の堅実な発展と同志諸君の健闘を祝します。

本衡平社第八回全朝鮮定期大会と第七回創立記念式を左記の日時の場所で開催しますので、積極的に支持してくださるようお願いします。

大　会　日時＝一九三〇年四月二十四日、五日の両日間、午前九時より
場所＝京城慶雲洞天道教紀念館内

紀念式　四月二十五日夜午後八時から
大会場所　天道教紀念館内

京城雲泥洞二三
朝鮮衡平社総本部

一九三〇年四月十日

11　4月14日　衡平社本部通文郵送ノ件（第八回大会ポスター）

『昭和五年　思想ニ関スル情報綴』Ⅳ

京鍾警高秘第四八一八号
昭和五年四月十四日
京城鍾路警察署長

㊞「京城地方法院検事正殿」

衡平社本部通文郵送ノ件

管下朝鮮衡平社総本部ニ於テハ来ル全鮮大会ニ対スル別紙ノ如キ通文（謄写二百枚印刷文二千枚及ポスター二千枚）ヲ印刷シ本日各支部へ向ケ発送セリ

右報告ス

以上

発送先　局長　部長　検事正

（編者注＝第八回大会のポスターは、口絵を参照）

一切差別待遇를 우리의 힘으로 업새기 爲한
衡平社 第八回定期大會를 守備하라！

親愛하는 우리의 社員大衆諸君！

우리는 우리의 運動 過去의 자취를 嚴酷히 批判하고 아울너 現階段의 모든 內外情勢를 明確히 分析하야 그가 指示하는 바 새로운 局野를 打開할 우리 衡平社 第八回全鮮定期大會를 이제 마지한다 事實이다 우리의 過去는 質에 잇서서 퍽으나 部分的이엿스며 그러나 量에서는 퍽으나 汎漠한 視野를 가지고 나왓다 또 우리의 態度는 퍽으나 우리 自身을 沒覺한 封建古典的이엿다 즉 우리 自身부터 모든 科學的 新事物觀을 戰取하지 못하엿다 따라서 우리의 過去는 嚴格한 意味의 反封建的 行動을 眞執하게 繼續하지 못하엿다 그리고 時代는 進展되는 만큼 衡平運動이 이러난 七年後의 오날의 外的及內的情勢는 그때의 그것과 달니한다 즉 우리의 進路는 그瞬間〳〵의 모든 客觀的情勢에 引合된 새 그것을 求하지아니치 못하얏다

時日 四月二十四五兩日

場所 京城天道敎紀念館

親愛하는 우리 支部員諸君！ 諸君은 이러케 우리의 過去를 嚴酷히 批判할 또 이 瞬間 모든 內外情勢를 明確히 分析할 勇敢한 代議員과 議案을 비빨가치 보내라！

自由와 平等을 要求하는 諸君！

諸君은 諸君의 利益戰에 한 튼々 盟友가 될 우리 衡平社 第八回定期大會를 意義깁게 收穫만케 進行되도록 諸君의 그 모든 힘을 注하야 支持하지아니하면 아니된다

全朝鮮 白丁階級解放 萬歲

衡平社 第八回定期大會 萬歲

附言　四月二十五日밤에는 衡平社 第七回記念式이 잇싸오니
同志 諸團体는 支持하라

年　　月　　日

京城雲泥洞二三番地

衡平社本部

【編者訳文】

一切の差別待遇を我らの力で無くす為の
衡平社第八回定期大会を守備せよ！

親愛なる我らの社員大衆諸君！

我らは我らの運動の過去の痕跡を厳しく批判し、さらに現段階のすべての内外情勢を明確に分析して、それが指示する所の新しい局面を打開する我らの衡平社第八回全朝鮮定期大会をいま迎えた。事実だ。我らの過去は質において余りにも部分的であり、しかし量的には余りにも茫漠とした視野を持ってきた。また、我らの態度は余りにも我ら自身を没覚した封建的で古典的であった。即ち、我ら自身ですべての科学的な新事物観を勝取れなかった。従って、我らの過去は厳格な意味での反封建的行動を真執に継続できなかった。そして、時代が進展するほどに衡平運動が起こり、七年後の今日の外的及び内的情勢は、あの時のそれとは違う。即ち、我らの進路はその瞬間、瞬間すべての客観的な情勢に引き寄せられるまま、それを求めないわけにはいかなかった。

時日　四月二十四五両日

場所　京城天道教紀念館

親愛なる我が支部員諸君！諸君はこのように我らの過去を厳しく批判し、またこの瞬間の全ての内外情勢を明確に分析する勇敢な代議員と議案を雨あられのように送れ！

自由と平等を要求する諸君！

諸君は諸君の利益戦に対する強固な盟友となる、我が衡平社の第八回定期大会を 意味深く収穫多く進行できるように、諸君のその全ての力を注ぎ、支持しなければならない。

全朝鮮の白丁階級の解放万歳

衡平社第八回定期大会万歳

附言　四月二十五日夜には衡平社第七回記念式があるので、同志諸団体は支持せよ。

年　月　日

京城雲泥洞二三番地

衡平社本部

친애하는 사원대중제군! 이제 우리가 마크를 차야만 되겟다는 데 잇서는 다시 두만할것도 업거니와 작년 전선대회에서 사지못하신 분과 사랴고 하시는 분은 총본부로 곳 주문하시면 본부에서는 마크를 제작하는 平壤府慶上里 赤星徽章製作所에로 젼탁（轉托）하야 製作所에서 代金引換으로 送呈케 하겟사오니 注文하시랴거든 본부로 통지하야 주시요.

◎먼저번 젼선大會召集공문에도 말삼한 바와 갓치 그 긔일이내로 의안（議案）과 대의원게（代議員屆）를 속속히 보내주심을 要

一、速히 全鮮大會議案과 代議員屆를 보내자!

一、各支部에서도 大會의 一切準備에 着々 進行식히라

一九三〇年四月十日　衡平社全朝鮮定期大會準備委員會白印

［編者訳文］

親愛なる社員大衆諸君！今や我らがマークを付けねばならないという点においては、再言するまでもありませんが、昨年の全朝鮮大会で買えなかった方と買おうという方は、総本部にすぐ注文されれば、本部ではマークを製作する平壤府慶上里、赤星徽章製作所に委託して、製作所にて代金引き換えで送呈することにしますので、注文されるならば、本部に通知してください。

◎先般の全鮮大会召集公文でも申し上げたとおり、その期日内に議案と代議員届を続々と送って下さるよう求める。

一、速に全鮮大会議案と代議員届を送ろう！

一、各支部でも大会の一切の準備に着々と進行させよ。

一九三〇年四月十日　衡平社全朝鮮定期大会準備委員会白印

12　4月22日　衡平社印刷文ニ関スル件

『昭和五年　思想ニ関スル情報綴』Ⅳ

京鍾警高秘第五三二四号

昭和五年四月二十二日

京城鍾路警察署長

（印）「京城地方法院検事正殿」

衡平社印刷文ニ干スル件

管下朝鮮衡平社総本部ニ於テ本日別紙ノ如キ大会意見書ナル印刷文約三百枚ヲ作成セルガ本印刷文ハ全鮮大会ノ際、出席者ニ配布スルモノニシテ尚本件ハ印刷前当署ニ原稿ヲ提出セルモノニシテ一部削除ノ上許容シ置キタルモノニツキ申添フ

右報告ス

以上

発送先　局　部長、検事正

大會進行意見書（總本部提出）

親愛《친애》하는 全代議員諸君《전대의원제군》! 우리는 意義《의의》잇는 우리의 全土的《전토적》인 이 大《대》會合《회합》을 가장 갑잇게 進行《진행》식히기 爲《위》하야 다음과 갓흔 의견서를제출한다。

우리는 첫재 우리의 過去運動《과거운동》을 嚴格《엄격》히 批判《비관》하고 아울너 現階段《현계단》의 情勢《정세》를 明確《명확》히 分析《분석》하야 그에 依《의》한 우리의 압길 特《특》히 今后《금후》 一年《년》間《간》의 우리가 할 바를 正確《정확》하게 規定《규정》하지아니하면 아니된다 그러면

이러한 理解《리해》를 가진 우리는 엇더한 態度《태도》로서 그 엇더한 것을決議《결의》하여야하겟는가 諸君《제군》은 現實的《현실적》으로 모든 逆境《역경》에서 이 現實《현실》을 차고 너무라는 社員大衆《사원대중》이 뽑어보낸 責任《책임》잇고 光輝《관휘》잇는 諸君《제군》이라는 것을 잠간이라도 이저서는 아니된다 이러한 自己《자긔》를 把握《파액》한 代議員諸君《대의원제군》!

諸君《제군》의 一動《동》一靜《정》과 半言半辭《반언반샤》가 모다 大衆《대중》의 利益《리릭》 大衆《대중》의 要求《요구》 大《대》衆《중》의 意思《의사》에서 動《동》하지아니하면 아니된다는 鐵筒《철통》갓흔 責任感《챡임감》에서 가장 嚴肅大膽《엄숙대담》한 態度《태도》로서 우리의大衆會《대중회》를 직히며 同時《동시》에 모든討議《토의》를 諸君《제군》의 가삼에 잇는 그대로 조곰도 숨김업시 吐《토》하여야한다 그리고 決議《결의》하여야할것은 特《특》히 우리 自体教養《자체교양》과 衣食住《의식수》문제에 대한 周《주》到正實《도정실》한 討議《토의》가 잇서야할것을 主眼《주간》으로 하고 우리 運動《운동》에 対《대》한 원만이 잇서야한다고 생각한다

［編者訳文］

大会進行意見書（総本部提出）

親愛なる全代議員諸君！我らは意義ある我らの全土的な大会合を最も価値あるものに進める為に、次のような意見書を提出する。

我らは第一、我らの過去の運動を厳格に判断し、さらに現段階の情勢を明確に分析し、これによる我らの前途、特に今後の一年間の我らが行うべきことを正確に規定しなければならない。ならば、このような理解を持つ我らはどのような態度で、どのようなことを決議しなければならないか、諸君は現実的ですべての逆境で、この現実を乗り越え、社員大衆が選んだ責任があり、光輝がある諸君であるということを少しも忘れてはならない。このように自己を把握した代議員諸君！

諸君の一動一静と半言半辞が、全て大衆の利益、大衆の要求、大衆の意思で最も厳粛で大胆な態度で、我らの大衆会を守り、同時にすべての討議を諸君の忌憚の無い意見を述べなければならない。そして、決議しなければならないことは、特に、我ら自体教養と衣食住問題に対する周到で正実な討議がなければならないことを主眼として、我が運動を円滑にしなければならないと考える。

『昭和五年　思想ニ関スル情報綴』Ⅳ

13　4月28日　衡平社（第八回）全鮮大会状況報告

京鍾警高秘第五五九六号

昭和五年四月廿八日

京城鍾路警察署長

警務局長殿

京畿道警察部長殿

関係各警察署長殿

衡平社全鮮大会状況報告（通報）

集会日時　四月廿四日午前十時ヨリ午後六時マデ
同　　　　四月廿五日午前十時ヨリ午後六時マデ
場所　京城府慶雲洞八八番地天道教記念館内
主催者　朝鮮衡平社
司会者　金鍾澤
集会ノ目的　衡平社全鮮大会
主ナル集会者　張志弼　趙貴容　金鍾澤　李春福　李東煥等
集会人員種別　衡平社員一五二名（五十七支部団体）
開催ノ状況　左記ノ通リ
臨監警察官ノ官職氏名　道警部吉野藤蔵　巡査部長土井松太郎　同劉承雲　道巡査梅野富士吉
警察取締状況　左記ノ通リ

左記

一、警察取締状況竝ニ開催状況

衡平社全鮮大会ハ例年例リ四月廿四、五両日午前十時ヨリ天道教記念館ニ於テ開催セルガ開催前本部幹部張志弼ハ本部ヲ代表シ此旨届出デタルヲ以テ上司ニ経伺ノ上社会団体等ノ干与ナキ様諭示ヲ与ヘ尚式順内容及議案、祝文、祝電、経過報告等ハ予メ之ヲ徴シ検閲ノ上祝辞ハ故ラニ社会主義者ガ現レ主義宣伝ノ意味ヲ包含シ風刺スルモノニシテ穏当ナラズト認メ人数ノ制限ヲナシ其他事項ハ臨監警察官ニ於テ検閲取締ル事トシ之ヲ許容シタルガ予定通リ議事ヲ進行シ無事終了散会セリ尚開催前ヨリ会場内ニハ衡平旗廿七本ヲ立テ別紙一号ノ如キ衡平社綱領及同衡平標語及ポスター数十枚ヲ貼付シタル外別紙二号ノ如キ「一切差別待遇ハ我等ノ力テナクスルタメ衡平社第八回大会ヲ守備セヨ」ト題スルビラ約百五十枚ヲ撒布シ定刻トナルヤ執行委員長趙貴容ヨリ開会ヲ宣シ金鍾澤司会ノ下ニ議事進行セルガ挙行中江界青年同盟員李松奎ノ祝辞ハ稍不穏ノ点アリタルヲ以テ中止（別紙第六号）ヲ命ジタル外祝文祝電ハ検閲ノ結果一三六通ノ内別紙三七通ハ内容不穏ノ点アリタルヲ以テ発表禁止ヲ命ジ（別紙第五号）且別紙議案中内容不穏ノモノ一件ハ討議ヲ禁ジ尚経過報告ニ移リ正衛部報告中公州事件外十八件ハ内容不穏当ト認メ報告ノ禁止ヲ命ジ外何等事故ナク衡平社万歳三唱ノ上閉会セルガ何レモ地方支部代表委員等ハ平静裡ニ閉会後天道教堂内ニ於テ記念撮影ノ上散会セリ

一、挙行状況（第一日）

一、開会ノ辞　司会金鍾澤簡単ニナス（省略）

一、点名　参加団体五十七支部　出席者百五十二名（別紙第三号）

一、資格審査　吉淳吾　呉成煥　李東煥　沈相昱　朴平山ノ五名審査委員トナリ審査ノ上発表セシメタルカ無資格者ナシ

一、大会執行部選挙　口頭呼選ノ結果左ノ如シ

議長李春福　副議長張志弼　書記長李東煥　書記朴平山

同金鍾澤
司察沈相昱　吉淳吾　李漢容　吉義星　李鍾淳　吉漢同
一、大会進行意見書朗読　金鍾澤朗読別紙四号ノ如シ
一、祝文祝電朗読　朴平山朗読別紙五号ノ如シ
一、祝辞　金貞媛及李松奎祝辞ヲ述ブ別紙六号ノ如シ
一、前大会会録朗読　朴平山朗読ス異議ナシ
一、各種報告　各部員報告ス別紙七号ノ如シ
一、規約修正案通過　李東煥朗読（別紙第八号）規約中第三章執行委員会ニ関スルモノノミヲ通過シ他ハ吉淳吾、張志弼、金鍾澤、吉漢同、呉成煥ノ五名ヲ修正委員ニ選定シ修正セシメタル後中央執行委員会ニ提出スル事ニ可決ス
一、役員選挙　役員選挙ニ移リ金鍾澤、呉成煥、朴平山、吉漢同、吉淳吾、沈相昱、金東錫七名ノ詮衡委員ヲ選挙シ委員長一、書記一、検査委員長一、及中央執行委員十五、検査委員四、ノ選挙ヲ行ヒタルガ時既ニ午後六時廿分ナリシヲ以テ之ガ発表ハ翌日ノ続会ニ於テナス事トシ閉会セリ

二、続会挙行状況（第二日）

一、役員選挙発表　廿五日午前十時ヨリ続会ヲ開クト同時ニ詮衡委員ヨリ次ノ如ク　第一回委員選挙
執行委員長張志弼　書記長沈相昱　書記李漢容
委員呉成煥　吉漢同　李鍾淳　金壽鎭　姜龍生　吉萬學　朴平山
金鍾澤　金東錫　李東煥　金光　吉淳吾　申鉉壽　羅秀完
徐光勲
検査委員長趙貴容
委員吉相洙　李春福　吉義星　金士璵

詮衡ノ結果ヲ発表シタルガ昨年以来同本部内ニ於テハ李漢容、朴平山外数名ノ主義色彩ヲ帯ビタル青年等ハ一ツノ新シキ派党ヲナシ常ニ旧派ノ幹部タル張志弼、趙貴容等ヲ排斥シテ其地位ヲ奪ハムトスルノ傾向アリタルカ其新旧派ノ内訌ハ該委員選挙ニ当リ露骨化シ其選挙ヲ覆スベク先ヅ新任委員中新派ニ属スル朴平山先ヅ辞任状ヲ提出スルヤ続イテ同波（派）沈相昱、吉漢同、李漢容、李鍾淳等ガ辞表ヲ提出セルヲ以テ場内ハ混乱ヲ生シ引続キ旧派ヨリ張志弼辞任シ之ニ伴ヒ金壽鎭、呉成煥等ノ辞任現レ同時ニ臨時書記長李東煥（旧派）、同書記朴平山（新派）ハ議事進行ニ障害アリトノ理由ノ下ニ臨時執行部ヲ辞任シ下壇スル等一時混雑ヲ醸シタルガ約卅分ニシテ稍鎮リタルヲ以テ議長ハ臨時書記長及書記ノ補欠トシテ申鉉壽及李址永ヲ指名選挙シタル後辞任委員ノ辞表ヲ受理スル事ヲ可決シ更ニ吉萬學、李漢容、吉淳吾、吉義星、金甲千ノ五名ノ詮衡委員ヲ選ビ補欠委員ノ詮衡ヲ行ヒタル結果
執行委員長金鍾澤　書記長李東煥　書記徐光勲
委員吉萬學　姜龍生　金東錫　吉淳吾　金士璵　金光　羅壽安（完）
申喜安　金甲千　李春福　李壽同　金顕徳　李必成　河石今
金棒
検査委員長趙貴容

委員吉相洙　吉義星　李京春　李址永
発表シタルカ執行委員長金鍾澤、書記長李東煥、検査委員長趙貴容等ハ張志弼ノ排除セラレタルハ将来衡平運動ノ進行上多大ノ支障ヲ生ズルモノト看破シタルモノナルヤ金鍾澤、李東煥、李春福、李必成、趙貴容、李京春、李址永、吉相洙、金光、河石今等ノ辞任現レ議論更ニ紛糾ヲ重ネ午後三時ニ至ルモ鎮ラズ新派側中ヨリハ詮衡委員及詮衡委員ヲ選挙シタルモノニ対シ全部不信任ストノ動議サヘ起リ之ニ賛成アリテ全部ヲ三度改選スル事ニ決スルヤ吉淳吾（旧）ハ遂ニ脱会ヲ告ゲ退場セルヲ以テ之ニ続イテ張志弼、李址永ハ臨時執行部委員ヲ辞任退場シ続イテ吉萬學、千君弼、金士琠、金東錫外旧派約三十名ノ退場者アリテ一時議事ヲ中止スルノ已ムナキニ至リタルカ残議員ヲ以テ漸ク場内ヲ整頓シ再ビ議事ニ移リ脱会セルモノハ其儘無資格ト認ムル事トシ第三回ノ役員改選ヲ行フ事トセルガ李漢容（新派）ヨリ場内ノ紛糾ハ執行委員長ノ問題ニ在レバ執行委員長及検査委員長ノミヲ無記名投票ニヨリ改選シ其他ノ委員ハ第一回ニ於テ選挙セシモノヲ其儘承認セント出議シタルニ賛成アリ異議ナク其儘可決セルヲ以テ吉漢同、金鍾澤、李長福、金壽福、李東煥ノ五名ヲ詮衡委員ニ選挙シ各倍数ノ候補者ヲ詮衡セシメタルガ委員長候補トシテ趙貴容、吉奉西、検査委員長候補トシテ張志弼、李址永ノ各二名ヲ詮衡シ之ニ対シ無記名投票ヲ行ヒタル結果執行委員長ニ趙貴容、検査委員長ニ張志弼絶対多数ヲ以テ当選シタルヲ以テ第一回当選者中両名ヲ改メ次ノ如ク

第三回役員選挙
執行委員長趙貴容（笠場）
書記長沈相昱（洪城）　書記李漢容（洪城）
委員呉成煥（江景）　吉漢同（笠場）　李鍾淳（安城）
金壽鎭（洪城）　姜龍生（河陽）　吉萬學（楊平）
朴平山（笠場）　金鍾澤（扶餘）　金東錫（大田）
李東煥（黄登）　金　光（禮山）　吉淳吾（笠場）
申鉉壽（晋州）　羅秀完（全州）　徐光勲（京城）
検査委員長張志弼（晋州）
委員吉相洙（笠場）　李春福（華川）　吉義星（笠場）　金士琠（安城）

決議発表セリ
一、決議案決議（別紙第九号）決議案ニ関シテハ大会ノ最モ重要ナル事項デアル関係上当日是非可決セント主張スルモノアリタルモ時間ノ関係等ニヨリ多数決ヲ以テ新任委員ニ一任ス
一、予算案通過（別紙第十号）李東煥朗読満場一致通過ス
一、其他事項　ナシ
一、閉会　万歳三唱閉会ス
叙上ノ通リニシテ役員選挙ノ紛糾ハ新旧派ノ衝突ニシテ要スルニ李漢容、朴平山、沈相昱、吉漢同等ノ新派ガ張志弼ヲ排斥スルニ基クモノニシテ新派ニテハ兎角問題ヲ惹起セシメント努ムルモ未ダ勢力旧派ニアリ新派ト称スルハ僅前者数名ニ過ギザルガ彼等新派ニハ社

会主義者李鍾律等ノ背景アルモノノ如クニテ丁度三年前任允宰、徐叭等一派ガ張志弼ヲ右傾派トシテ排斥セル二ノ舞トモ見ラルベク尚理論的闘争ニ於テハ数少シト雖モ旧派ヲ圧倒スルノ勢ヲ有シ居レバ今後多少ノ暗闘免レ難ク注意ヲ要スルモノト思料ス

尚新任委員ハ旧派多数ヲ占メ居レリ

追テ第二日大会終了後同所ニ於テ午後八時ヨリ午後十一時卅分マデ朝鮮衡平社第七週年記念ヲ挙行セリ参加人員衡平社員（地方代議員）約百五十名及観覧者約千五十名（内女約三百）ニシテ李東煥司会ノ下ニ挙式ス詳細別紙ノ如シ（局部ノミ）

以上

別紙（第一号）

場内ニ掲揚シタル標語

一、衡平運動総テノ権力ハ総本部ニ
一、総テノ討議ハ大胆細心ニ
一、我等ノ大会ハ我等ノ力デ守ラウ

場内掲揚シタル基本綱領

一、我等ハ経済的條件ニ必要トスル人権解放ヲ基本的使命トス
一、我等ハ我等自身団結シテ衡平運動ノ円滑ト単一ノ速成ヲ期ス
一、我等ハ一般社会団体ト共同提携シテ合理的社会建設ヲ期ス
一、我等ハ本階級ニ当面シタル実際的利益ノタメニ闘争ス
一、我等ハ本階級ノ訓練ト教養ヲ期ス

別紙第二号

衡平社第八回定期大会を守備せよ

（編者注＝一九三〇年史料№11と同一史料につき、省略）

（別紙第三号）

衡平社参加団体及代議員出席者

忠清南道

礼　山　申喜安、金光、李烈、金興男
瑞山郡泰安　李由福、金玉桐
笠　場　吉奉西、片根中、吉寿東、吉淳吾、吉義星、趙泰山
扶　餘　李次福、李長福
江　景　李判釗、呉成煥
温　陽　片己男
礼山押《(挿)》橋　李秉順、李成根、李奉春
全　義　卞漢玉、呉金石、吉福興
舒　川　趙東浩
瑞　山　金甲同
天　安　金允植、金顕眞、金必成、吉相洙
保　寧　李春學、趙信略
廣　川　宋化先、李允万、李宗男
公　州　金在徳、金順男、申順天、金鍾沢

鳥致院　李長術、金有成
成　歓　金将軍、金寿福、吉光國、李昌植
洪城結城　宋厚奉、吉牙山
唐津合徳　李元俊
洪　城　李青用、李化宗、金寿眞、金棒
温　泉　金日成、李址永、金寿京
大　田　金東錫、李文用、崔成福、吉鴻弼、崔用竜、李千文、
　沈相伊、朴乭万、李富根、李學洙
瑞山海美　朴日術、朴俊教
論　山　李福鎭、千基徳
青　陽　鄭仁相、李聖雲

忠清北道

堤　川　李八奉、申新出
陰城大兑(召)院　李三出
報　恩　李長龍、趙仁根
忠州内倉　李相眞
清州芙江　李鳳鶴、元江山
陰　城　申一伯、禹學伊
清　州　白昌順、吉旺学
鎭　安　李必成、李七福、李春奉、李允奉、李仁鶴、金昌福、
　金高斗
槐山清安　金長源、李萬源

京畿道

長湖院　金志(土)琠、金興石
京　城　李京春、李英培、朴平山、吉漢同、沈相昱、李東煥、
　李漢容、徐光勲、張志弼
餅　店　金点伯、金在玉、金在龍
水　原　金平俊
烏　山　千飛龍、金順根、金錫福
平　沢　金芝英、李順錫、李成用、李寿安
利　川　吉一錫、李旺山、李秋奉、趙相喜
安　城　金敬録、李鍾淳、李南一、朴大福、金基山、張判紀、
　金石出、金小童、吉徳善、吉衡進、李旺九、張萬徳
西井里　吉順應、吉順龍
楊　平　李春實

江原道

横　城　趙万奉、吉龍玉
洪　川　李寿秉
原　州　金萬奉、吉萬學
華　川　李春福、宋千萬、李昌秉

全羅北道

群　山　金甲千
裡里咸悦　申光五、李甲春
松汀里　趙東然

全　州　羅秀宮（完）、羅秉奎、金俊基
　裡里黄登　李秉鎬
慶尚南道
　晋　州　河石金、申鉉寿
　忠（ママ）州　白光彔
京畿道
　驪　州　金萬山
　開　城　張正煥

別紙第四号　大会進行意見書
（編者注＝一九三〇年史料No.12と同一史料につき、省略）

別紙第五号
　祝　電
洪城支部
鎮安支部
忠南公州支部
全北錦山支部
旧馬山支部
全南龍澤衡平社支部
原州衡平社支部
龍澤衡平社支部
光州寺屋町衡平社支部
　祝　文
槿友会新義会支会
新幹会安東支会
新幹会咸興支会
槿友会京城支会
槿友会大邱支会
群山　趙漢洙
安東衡平社支部
安東衡平社支部内　金道天
郡（群）山高栄町리코라이박（リコライパク）
全州郡菰田面石佛里　権斗晧
衡平社井邑支部
群山府榮町　沈相洛
群山府外毛票町二二五　金永目
江原南町　李鍾元
龍潭衡平社支部
京城洋服技工組合
朝鮮労働総同盟
咸北富寧富岩面新幹会支会
祈友会本部
相札青年同盟

龍寅青年会
衡平社定山支部　趙壽萬
衡平社慶州支会
新幹会京西支会
文川農民同盟
新幹会文川支会
衡平社蔚山支部
高原小作人組合
高原青年同盟
水原労働組合
水原少年同盟
全州　李鍾禄
衡平社全州支部
全州　羅秀完
全州支部槿友会
（群）郡山　李碧奎
群山支部　李珠煥
新幹会京城支会
全州支部　金浚基
礼山支部　申喜安
全州　趙壽乭
水原青年同盟

プロ藝術同盟水原支部
礼山支部内女性親睦会
新幹会水原支会
青年同盟水原支会
水振農民組合
衡平社大田支部
廣州　李銛男
衡平社京城支部
槿友会京東支会（吉峨山）
槿友会京東支会
衡平社契樹支部
廣川青年会
廣川労働組合
挿橋　李逢春
忠南廣川　尹楧
安東青年同盟臨河支部
新幹会釜山支会
豊山農友会
恩山　李培玉
忠南廣川　禹聖根
新幹会漆谷支会
衡平社契樹支部内　李成玉

李起龍
朴正順

天道教堂聯合会
天道教革新青年同盟
天道教会聯合会
朝鮮農民總同盟
新幹会洪城支会
衡平社公州支部
京城染洗労働組合
衡平社陰城支部　李炳煥
衡平社廣川支部
衡平社京城支部
朝鮮青年総同盟長興青年同盟
朝鮮学生科学研究会
弘濟少年軍本部
新幹会大邱支会
新幹会蔚山支会
朝鮮青年總同盟
衡平社河陽支部
衡平社礼山支部　李烈
忠北永同青年同盟
衡平社陰城支部　李炳煥
衡平社礼山支部　金光
平壌裁縫職工組合
新幹会相礼支会
朝鮮青年同盟会寧青年同盟

祝電　九通
祝文　九十通

不穏押収祝電祝文（目録）

一、日本全国水平社総本部
　大阪市浪花区栄町二丁目
二、全州衡平社支部内　李京鎬
三、中央青年同盟
四、朝鮮青年總同盟、釜山青年同盟
五、衡平社順（淳）昌支部
六、衡平社礼山支部
七、朝鮮少年軍第六十三虎隊
八、天安支部　金顯悳
九、衡平社廣州支部
一〇、井邑　崔錫
一一、衡平社無極支部禁酒同盟会
一二、中央青年同盟東区支部
一三、朝鮮農總平壌聯盟

一四、平壌府陸路里六九
　平壌労働大会
一五、咸悦青年会
一六、朝鮮青年總同盟、光州青年同盟
一七、衡平社結城支部　李聖基
一八、朝鮮青總平壌青年同盟
一九、長水衡平社支部内一員上ル
二〇、朝鮮青總寶城青年同盟
二一、朝鮮青總全南道聯盟
二二、槿友会光州支会
二三、新興農民組合
二四、平壌大同内　労働組合
二五、新幹會新興支会
二六、水平社大阪西成地区
二七、大阪皮革労働組合洋靴工部
二八、会寧記者一人　金在鳳
二九、釜山合同労働組合
三〇、豊橋合同労働組合
三一、洛東江農民組合
三二、新幹会大阪支会
三三、（祝電）九州水平社
三四、大阪皮革労働組合
三五、釜山出発下ノ関ニ赴ク　金正元
三六、陰城衡平社支部
三七、兵庫県川西皮革労働組合

一、
　祝ス
　日本全国水平社総本部
代議員諸君
我々ハ特殊ノ階級闘争ヲナシ進ンデ行クモノデハナイカ、我々ハ此ノ社会ニ於テ先頭ヲ進ンデ行クモノデハナイカ、階級闘争ニ於テモ、二重、三重ニ虐ゲラレテ居ル我々ハ一日モ早ク解放ノ途ヲ啓カウデハナイカ
日本、朝鮮ヲ問ハズ同一戦線ニ立ツ同志諸君、不満ハ之ヲ以テ帝国議会ト戦フ、死線ヲ目前ニ戦フ、我ガ三百万同志ト握手シテ叫ビト共ニ満足ナル社会ヲ作ロウ
帝国主義ヲ社会主義ニ、
満天下勇敢ナル代議員諸君
資本主義ヲヤッツケロ
　大阪市浪花(速)区栄町二丁目
　日本全国水平社総本部
以上

二、

祝ス

朝鮮衡平社総本部第七回記念大盛悦万歳！全鮮ニ散在スル衡平社員達ヨ、我等ハ千差万別ヲ受ケテ居ルデハナイカ、四十万大衆ヨ、血ヲ以テ団結セヨ、忘レルナ、団結ヲ忘レルナ

全州衡平社支部　李京鎬

三、

祝

衡平社第八回定期大会盛悦万歳！局限サレタル闘争ヲ、最モ戦線ヲ拡大セシメ過程ト段階トヲ明確ニシ認識戦取セシメ最モ自体ノ陣営ヲ鞏固ニセンコトヲ望ム

一九三〇年四月二十四日

中央青年同盟

衡平社第八回定期大会席上

四、

祝第八回全鮮定期大会大盛悦

親愛ナル全朝鮮被圧迫大衆諸君ヨ、闘争的同志諸君自身ニ強迫スル一切ノ迫害ヲ蹴テ自身ノ強大化ヲ現実的ニ戦取セナケレバナラヌ、重大ナル、モーメントニ当面シテ居ル大会ヲ通シテ不合理ナル現実ニ対シ、客観的情勢ヲ正当ニ批判分析シ、集ル暴圧ト難関ヲ勇敢ニ突破シテ果敢ニ争ニ展開セシメ光輝アル戦跡ヲ重ネヨ

朝鮮青年總同盟釜山青年同盟

朝鮮衡平社総本部貴中

五、

祝大会大盛悦

自由ト平等ガ根本的ニ此ノ社会ニ実現スル様望ム

一九三〇年四月二十二日

衡平社順昌支部

第八回全鮮衡平社定期大会貴中

六、

祝衡平社全国大会大盛悦万才

全国ニ散在スル惨メナル白丁階級達ヨ、我等ハ過去半世紀間ヲ回生スルト同時ニ現社会ヲ歓喜スル迄ニ至ラナイノダ又現制度ヲ怨ミ呪詛スルノダ、現在ニ於テハ団結ノミ我等ノ武器、弱者ノ生命アルノミ而シ我等ハ之ヲ死守スルヲ茲ニ祝ス

一九三〇年四月二十四日

衡平社礼山支部　白

七、

謹祝

波瀾重畳ナル現社会ニ白丁階級解放戦線ニ立脚スル同志諸君ニ最後ノ勝利ヲ期スハ貴社全国第八回定期大会ヲ双手ヲアゲテ歓迎謹祝ス

一九三〇年四月二十四日

朝鮮少年軍第六十三虎隊

全国衡平社第八回定期大会御中

八、
祝
造物主ガ人間ヲ創造シタ時ハ同一ナル人倫ヲ授ケタ様ニ水平線ノ人生権ヲ与ヘラレタ而シ現下我等人間ニハ如何カ、二重三重ノ階段ガアルデハナイカ、之皆時代変遷支配者ノ罪悪ダ、ソレ故、我等ハ不義ノ人生階級破滅ニ八年ノ時日ヲ経過シタル今日ダ、我等ハ必死的ニ不義ヲ破リ、正義ニ闘争シ今日ノ集リニ熱アル論議シ曙光アル様祝ス
双手万歳
天安支部　金顯悳

九、
祝
衡平社第八回定期大会万才
我等ハ過去半千年間被圧迫ヲ受ケテ来タガ新ニ空気ヲ味テ八週年ヲ味ッタ、諸君ア、団結セヨ弱小民族ハ団結ガ武器ダ、団結セヨ万才々々、万々才
一九三〇年四月二十五日
衡平社廣州支部
衡平社全国大会貴中

一〇、
祝
朝鮮衡平社第八回定期大会大盛況
全鮮ニ散在スル四十万衡平大衆ヨ、自由ハ生命ノ本質デアル、団結セヨ、団結セヨ、固ク団結セヨ、団結ノ力ニテ自由平等ヲ獲得シヨウ、
白丁階級解放万才
朝鮮衡平社万才
一九三〇年四月二十四日
井邑　崔錫
朝鮮衡平社本部貴中

一一、
祝
集レ、衡平社総本部旗幟ノ下ニ、
我等ハ本階級ノ当面セル実際的利益ノタメニ闘争シ、自由平等ナル人権ヲ求メヨウ自由解放万才々々
一九三〇年四月二十一日
衡平社無極支部禁酒同盟会
朝鮮衡平社総本部貴中

一二、
祝
衡平社第八回定期大会盛況、
不眠不休ノ闘争ハ勝利ノ関鍵ダ
一九三〇年四月二十四日
中央青年同盟東区支部

衡平社第八回定期大会席上

一三、

祝

闘争的同志等ノ凡テノ魔障ヲ一蹴シテ開催セラレタル全鮮衡平社第八回定期大会ヲ満腔ノ誠意ヲ以テ祝ス

無産階級ノ利権ヲ獲得セヨ

全鮮衡平社第八回定期大会万才

一九三〇年四月二十四日

朝鮮勞總平壌聯盟

全朝鮮衡平社第八回定期大会席上

一四、

祝

朝鮮衡平社第八回定期大会盛況万才

団結ハ我等ノ生命ダ団結力ニテ凡テノ魔障ヲ一蹴シテ大会ヲ死守セヨ

一九三〇年四月二十四日

平壌府陸路里六九

平壌労働大会

全朝鮮衡平社第八回定期大会席上

一五、

メッセージ

長久ナル歴史ヲ置キ踏マレタル諸君、五十万大衆ノ大部分ハ無産者ダ

茲ニ全被圧迫民族ノ解放ガナクテハ諸君等ノ解放ハ来ルマヂク、全無産階級ノ絶対ノ勝利ガナケレバ諸君等ノ解放ト勝利ハ到底來ラズ、諸君！我等ノ先祖ハ自由ト平等ノ渇仰者デアッタ実行者デアッタ、奴等ノ凡テノ弾圧ト横暴ナル迫害ヲ追放シ大胆ニ厳重ニ、慎重ニ最後迄奮発シテ人間性ノ原理ニ到達スル時迄戦ヘ

全朝鮮衡平社第八回定期大会万才

一九三〇年四月二十四日

咸悦青年会

一六、

祝

衡平社第八回定期大会大盛況！

客観的情勢ガ如何ニ険難ニアリテモ我等ハ歴史ノ正シキ道ヲ離レルコトガ出来ナイ、ソレハ却テ我等ノ運動ノ促進ヲ鞭撻スルダケデアルト認識セヨ、

歴史ノ必然的進化法則ニ順応シアル闘争ヲ以テ新局面ヲ打開シ勇進セヨ、凡テノ自由ガ剥奪セラレテモ却テ闘争ノ自由ダケハ燦爛トシテ居ルノダ

衡平社第八回定期大会万才

一九三〇年四月二十四日

朝鮮青年總同盟光州青年同盟

衡平社第八回定期大会席上

一七、

祝

衡平八年万才

戦ヘヨ我等ハ二重ニ踏マレタル我等ダ裡面ニアル矛盾ノトケル迄前ニ

一八、

祝

衡平社結城支部　李聖基

貴全鮮衡平社第八回定期大会盛況

全労働大衆ノ利権ヲ獲得セヨ

世界無産階級万才

全朝鮮衡平社万才

一九三〇年四月二十四日

朝鮮青總平壌青年同盟

全朝鮮衡平社第八回定期大会席上

一九、

人生権ト生活権ノ獲得ノ基礎ナル第八回定期大会祝

公平ノタメニ人類愛ヲ基調トシ誕生セル衡平社既ニ七箇星霜ノ歳月ヲ送リ、又更ニ八週年ヲ迎ヘテ暗夜ノ炬火、頽波ノ砥柱ナル第八回全鮮定期大会ヲ迎ヘルニ自然八年前、今日ノ我等ノ人生権ト生活権ノ状態ヲ回想シナケレバナラヌ、満腔ノ慶賀ト歓春ヲ憧憬スルモノデアル、先輩皆々同志先生ニ奮闘ノ努力ヲ以テ政治的経済的其他皆々方式ニテ難関ヲ排除シテ無数ノ抱負ト理想ノ骨髄ニナル正義ヲ実践シ成功スルタメニ躊躇セズシテ真剣的苦戦努力ノ結果、今大盛挙ヲ世上ニテヨク知ルヤウニナツタ殊ニ感謝スルノハ世上ニ存在スル半千年間ノ長才月ニ亘リ烙印ヲ以テ人間的権威ヲ掠奪シ皆無蔑ト虐待ニ呻吟シテ知ラナカツタ前提ヲ認定シ抗心シ酷毒スル豚犬的以上ノ待遇ヲ受ケテ来タ極貧生活状態ニテ五百年ノ才月ヲ哀怨ノ血涙ヲ流ス四十万白丁大衆ハ人権的権威ヲ自覚シ抗拒ノ高喊ヲ以テ我等ヲ捕縛シタ烙印ヲ、力一盃踏ミツケ在来式ノ因襲的階級ヲ打破シテ侮辱的称号ヲ廃止シ特殊部落民四十万大衆自体ヲ徹底的解放、ト同時ニ学ヲ奨励シ真ノ生活方針ヲ指示シ自由平等ノ社会ニ再生スルヤウ、要スルニ皆々同氏先生諸氏ニ過去八週年、ソレヨリモ以上ノ健闘ヲ双手ヲ挙ゲテ祈禱スルモノデアル

一九三〇年四月二十一日

長水衡平社支部内一員上ル

二〇、

祝

衡平社第八回全国大会盛況

客観的情勢ノ皆弾圧ト侵略トヲ激破シテ猛進セヨ

何ヨリモ団結ヲ鞏固ニシテ自由ト平等ヲ戦取セヨ

一九三〇年四月二十四日

朝鮮青總寶城青年同盟

衡平社第八回定期大会席上

二一、

祝

衡平社第八回定期大会盛況

友達ヨ！最モ組織ヲ鞏固ニシ訓練ヲ徹底セヨ！而シテ君等ニ賦与セラレタル歴史的使命ヲ遂行セヨ、正義ト自由ヲ拒否セヨソレ難カランヤ皆ノ自由ガ剥奪セラレテモ闘争ノ自由ノミハ燦爛タリ

一九三〇年四月二十四日

朝鮮青總全南道聯盟

衡平社第八回定期大会万才

二二、

衡平社第八回定期大会席上

祝

衡平社第八回定期大会盛況

歴史ハ皆闘争ノ条件ヲ提供シテ居ル機敏ニ把握シテ迫害ト難関ヲ排撃シテ勇進セヨ

理論ハ兵法デアル団結ハ武器デアル

一九三〇年四月二十四日

槿友会光州支会

衡平社第八回定期大会席上

二三、

悲シキ虐待ノ中ニ生キテ行ク四十万特殊大衆ヨ！奮闘セヨ、突進セヨ、一日モ早ク封建的最後ノ牙城ナル土班《(両)》豪農階級ヲ打倒セヨ、青天白日下ニ於テ新ラシキ人間ニナレ而シテ労農戦線ニ移動シテ其ノ武勇ヲ発揮セヨ

全朝鮮衡平運動万才

一九三〇年四月二十四日

新興農民組合

朝鮮衡平社第八回定期大会席上

二四、

祝

同志ノ健康ヲ祝イ合セテ健闘ヲ希望ス、万難ヲ排スル堅キ力ヲ以テ無産大衆ノタメニ闘争スル同志ヨ、力強ク戦ヘ、而シテ第八回定期大会ノ盛況ヲ誠心ヨリ祝ス、戦ヘ力アル限リプロレタリア大衆ノタメニ自由、平等、利権《(ママ)》ヲ獲得セヨ

全朝鮮衡平社第八回定期大会万才

一九三〇年四月二十四日

平壌大同内　労働組合

二五、

封建的賤待圧迫ノ鉄鎖ヲ早ク解放セヨ

一九三〇年四月二十四日

新幹会新興支会

朝鮮衡平社第八回定期大会席上

二六、

第八回大会ヲ祝ス

不合理ナル社会部落タル我々ハ団結ヲ武器トシテ現帝国主義ヲ蹴飛シ而シテ我等ノ社会ヲ建設シヨウ

水平社大阪西成地区

二七、

武器ハ団結！

勇気ヲ出シ猛烈ニ奮闘スル代議員諸君！自由旗下ニ団結スル迄堅ク戦ヘ

西比利亜ヲ向ケナガラ

大阪皮革労働組合洋靴工部

二八、

祝

腐ツテ溢レル温イ血ト堅イ力ニテ意義アル大会ヲ戦取セヨ

一九三〇年四月二十日

会寧記者一人　金在鳳

衡平社第八回定期大会席上

二九、

祝

貴団体第八回全鮮定期大会盛況

戦苦ヲ以テ戦ヒ来タリシ被圧迫同志諸君ヨ、過去ニ於テ険難ナリシ如ク先ノ日モ矢張リ険峻ナルモノデアル

我等ハ力アル武装ヲ以テ理論ヲ前ニ立テ勇進シ、弾圧ト搾取ナキ労働者、農民ノ社会ガ実現スル迄実践的争闘ヲセヨ、歴史的過程ニテ突進スルコトヲ信ズル

一九三〇年四月二十二日

釜山合同労働組合

朝鮮衡平社総本部貴中

三〇、

祝文

貴社全国第八回大会ヲ満腔ノ歓喜ヲ以テ感賀シ大盛況ヲ祝ス

熱烈ナル権域ノ闘志ナル諸君デアル現今大勢ノ思潮ハ逆流シ腐敗階級ノ醜悪ナル旧思想ト旧制度ヲ以テ人道正義ヲ無視シ人権ヲ蹂躙シ自由ヲ侵略シ侮辱的差別ヲ極ムル反動階級ヲ徹底的ニ打倒シ而シテ彼ノ資本主義ヲ根本的ニ打破シ権域ニ不合理ヲ除キ自由平等ノ新社会ヲ建建設ノタメ果敢ナル闘争ヲ以テ使命トシ最後迄躍進スルコトヲ確信ス

人権差別絶対反対！

全国白丁階級解放万才！

全無産階級解放万才！

反動総督政治打倒万才！

一九三〇年四月二十日

豊橋合同労働組合

全国衡平社第八回定期大会貴中

三一、

大会員諸君！

諸君ハ光輝アル白丁諸君ダ、而シソレハ両班ト合セテ支配勢力ヲ得ル事能ハズ打倒セル時コソ其ノ眼ニ光輝ガアル諸君ハ総テ反封建的及現状否認的強大ナル力ニテ我等労働者農民ノ盟友ナルコトヲ祝ス

一九三〇年四月

洛東江農民組合

衡平社大会席貴中

三二、

全鮮衡平社第八回大会ヲ労働者農民ノ赤血ヲ以テ死守セヨ

小ブル的観念解放運動ヲ揚棄シマルクス主義旗幟下ニ於テ階級的独自性ヲ武装セル衡平運動ノ政治的進出ノ同志的握手ヲ以テ第八回大会万才ヲ唱ヘヨ

一九三〇年四月二十五日

新幹会大坂(阪)支会

三三、

大会ヲ祝ス

白色テロルヲ粉砕セヨ

九州水平社

三四、

(訳文)

祝衡平社第八回全国大会

日本労働組合全国協議会大阪皮革労働組合

同志諸君！

特殊地区ニ居ル我等ハ昔ヨリ今日ニ至ル迄非人間的待遇ト蔑視圧迫虐待ヲ受ケ来ツタ！

文明デアリ人類平等デアリト云フ彼等ハ真ニ文明平等ヲ我等ニ呉レテ居ルノデハナイ、文明平等其ノ裡面ニ彼等ハ最モ巧妙ナ手段ニテ我等ヲ一層虐待シ居ルナリ

同志諸君！斯クノ如キ蔑視、虐待ノ屈辱ヲ免カレルタメ我等ハ今日迄闘争シ居リ又前進、新運動方針ノ下ニ勇敢ニ戦カハネバナラヌ

同志諸君！我等ハ過去ニアリテ勇敢ニ戦ツテ来タケレドモ我等ハ特殊闘争方針ヲ以テ戦ツテ来タソレデ我等ハ我等ノ努力ト正比例ナ効果ヲ得ズ、又前アリテモ効果ヲ得ルニ困難デアル、何故ニ我等ハ特殊的虐待ヲ受ケ居リ一方労働者階級ノ一部分ニテ賃銀労働ノ屈辱ヲ受ケテ居ル、我等ハ此ノ賃銀奴隷ノ鉄鎖ヲ切リ棄テナケレバ我等ノ解放ハ出来ヌ、

同志諸君！我等ハプロレタリアノ一翼ニテ勇敢ニ闘争セバ我等ノ蔑視虐待ハ免ゼラレ又プロレタリアガ解放セラレザレバ我等自身モ解放サレナイ

同志諸君！

総テノ搾取圧迫虐待蔑視一切ノ不合理ナ制度ヲ積極的ニ破ルト同時ニ労働者農民一切ノ被圧迫被搾取階級ノ自由ト平等ノ楽園ノ社会ヲ建設スルタメ労働階級ト握手シテ最后迄血戦ガナケレバナラヌ

同志諸君！

白熱度ヲ以テ大会戦場ニ従来ト同ジ強鉄ノ如キ新運動ニテーゼヲ樹

立シ果敢ニ闘争ヲ展開セヨ！
鮮日特殊民族提携万才！
鮮日労働者提携万才！
労働者農民政府樹立！
ソビエート露西亜ヲ死守！
一九三〇年四月二十四日
大阪市西成区北開町三ノ四
日本労働組合全国協議会大阪皮革労働組合

祝（三五）

鞏固ナル団結ノ下ニ熱烈ナル闘争ヲ望ム衡平ノ誕生ヲ祝シ無産大衆解放ノ烽火ヲ高ク上ケルヲ望ム
朝鮮衡平社第七週年紀念大会万才
釜山ヲ立チ下関ニ行ク　金正元

祝文（三六）

集マレ衡平大衆四十万達ヨ、アー我等ノ四十万ハ一身ノ如ク団結ヲ以テ勇敢ニ猛烈ニ奮闘シテ失ッタ自由ヲ索シ平等ヲ索シテ凡有悪制度ニ打破シテ我等ノ新社会ヲ建設シ勝利冠ヲ頭ニ固クカムリ前進々々セヨ
衡平八年四月廿三日
陰城衡平社支部

三七、

八回大会ヲ祝ス
日本兵庫県川西皮革労働組合

白丁階級デアルト云フテ躊躇スルナ全朝鮮被圧迫大衆ノ為メ全世界無産大衆ノタメ奮闘スル諸君全朝鮮労働無産者議会ヲ以テ帝国議会ト討入的行動ト反抗力ヲ出シ猛烈ニ争フコトヲ祝ス
世界無産階級ノ平和ト自由ノ鐘声ガ此ノ処迄聞ケル様ニスル代議員諸君ノ勇気ヲ出セ赤イ旗ノ下ニ於テ叫ブ同士ヨ

別紙第六号

祝辞

槿友会本部　金貞媛

表面運動ニ就テハ私ガ主張シナクトモ良ク御承知ト思フ今日我々ガ人類平等ヲ主張スルニモ不拘衡平社ノアルコトハ悲シクモ又寂シイコトデアル人間ガ母ノ腹ノ中デ十ケ月間生長シテ生レタラ英雄モアリ低能モアルレ《(ママ)》ケドモ同シク人間デアルカラ我等ガ社会ニ出タラ亨《(享)》楽平等ヲ主張スルノハ人間トシテノ原則テアル故ニ不自然ナル環境ニアル衡平社ハ其ノ目的ヲ達スヘク努力セラルベシ

祝辞

江界青年同盟　李松奎

意義アル第八回大会ヲ無限ニ感謝スル皆様ハ過去一ケ年間四十万ノ

社員ヲ代表シテ種々ナル問題ヲ対議シタリ闘争シタリシタノデアル将来ヲ自信スル大会即チ四十万ノ大衆ヲ代表スル此大会ヲ中心トシテ将来方針ヲ決定セラルベシ現在東洋ノ事情ハ皆様モ御承知ノ如ク正当ナル政治ガ腐敗スル今日ニ於テ世界的無産階級等ハ決定的闘争シツヽ（中止）

訳　文

公州事件

九月二十四日社員金萬釗君ノ店舗ニ李殷宰ガ来テ牛肉一斤ヲ要求スルノデ一斤ヲヤリマシタ処代金ヲ払ハズ黙ツテ行クノデ代金ヲ要求シタ処李ハ金ヲ欧（殴）打シナガラ営業ヲ廃止セシムルト云フノデ金占釗ガ金萬釗ヲ家ニ入ラシムルト李ハ金占釗ヲ亦欧打シテカラ後酒屋ニ行ツテ飲酒スルノデ金占釗ガ其ノ酒屋ニ往ツタ処李殷宰ハ崔昌植、金順甲等ト共ニ金占釗ヲ面事務所迄連行シテカラ欧打シタル事アリソシテ金占釗ハ彼等三人ガ営業ヲ廃止セシムルダケノ権力ガアルヤ否ヤヲ洪某ニ問ヒタル処洪某ハ金占釗ニ対シ夫レハ行ツテ謝罪シタ方ガ宜ロシイト云フノデ李、崔、金三人ニ対シ謝罪シタルコトアルガ其后支部ニ於テ之ヲ知リ検査委員長崔貞柱調査部長金奉両君ガ直グ駐在所ニ往ツタ処所長ハ居ラズ趙巡査ガ居ルノデ其ノ事実ヲ言ツタ処只今調査中ナリト云フノデ即時面事務所ニ行キタルニ面長留守ノ為メ不得已帰家シ其旨ヲ本部ニ報告シタ本部ニ於テハ事件調査ノ為メ委員ヲ派遣スルカラ事件ノ展開毎ニ報告セヨト言ツタガ報告ガ無イ為メ事件ハ此処迄、

求礼事件

陰ノ三月十日労働組合員ト新幹會員ト本支部員ト五十銭宛ノ会費ヲ出シ園遊会ヲ開催シタガ酒興ガ多ク遊ブ時ニ警官モ三、四人参席シタ

処ガ帰家ノ時新幹會鄭太奉氏ニ対シ社員金五奉君ガ言フニハ我等ガ先払シテ自動車ニ乗リマセウト云ツテ運転手ヲ呼ンダ処運転手ガ自動車ニ乗ツタマヽ、鄭太奉氏ト話シヲシテ居ルノデ金五奉君ガ運転手ニ対シテ車外ニ出テ話シマセウト云ツタラ車内ニ居タ金某ガ出テ来テ矢鱈ニ五奉君ヲ欧打スルノデ五奉君ガ金某ニ対シ貴公ニ対シテ言フタノデハナイト言ツテ弁明シタガ盛ニ差別的言辞ヲ為スノデ傍ニ居タ労働組合員等ガ階級差別ヲスルモノヲ踏ミ殺セト云ツテ欧打セムトスルノデ五奉ハ之ヲ制止シタガ越ヘテ三月十七日突然警察署カラ社員崔三岩、金三奉、金五奉ノ三人ヲ呼出シ留置シ少年日監鄭沢根木工組合員七名計十一名ハ暴行罪トシテ予審ニ廻サレ五ヶ月目ニ釈放サレタ

本部ニテハ李東煥、張志弼氏ヲ派遣シ事実ヲ調査シ解決ニ努力シタ

天安事件

六月十七日社員金伯用妻金五長両人ガ駅前ニ集金ヲ了シ帰家ノ際林時運ト云フモノガ金奉煕ノ家ヲ尋ネタルヲ以テ男ナラバ知ツテ居ルガ女ノ性名ハ知ツテ居ナイト云フト林ハ初メテ逢フタ女ヲ馬

鹿扱ヒニシテ雑言ヲ為シ衡平トハ何カ白丁ノ野郎ガヤツテ来タラ皆殺シテヤル今后営業モ出来ナイ様ニシテヤル御前ノ夫ヲ棄テロ等ト言ツタ

此ノ話ヲ聞キ天安支部社員数人ガ行キ欧打シテ告訴ヲ提起スルコト、ナリ当本部ヨリ金棒君ガ出張スルコト、ナリ又金奉熙ト云フ社員（女子）ガ林時運ガ欧打サレルノヲ見テ社員達ニ悪評スルノヲ女子社員連ガ聞キ紛争ヲ起シ警察ニ引致サレ金奉熙ハ出タガ他ノ社員女子ハ一日間留置サレタ

告訴シタノハ公州検事局迄送ラレ社員三人中金福泉ハ科料ニ処セラレタ

群山事件

乾皮場主徐圭鴻ト社員間乾皮場入庫ニ関シ話シガアツタガ社員側ガ之ニ応ジナカツタ処ガ突然七月十一日警察行政官庁ニテ管理スルコト、ナリ李太用、李元燮両名ト乾皮場主徐ト双方ヲ呼ビ出シ三銭ト云フ手数料ニ決定シタガ其后入庫シタル物品ヲ請求スルト突変トナリ五銭ノ手数料ヲ請求シタカラ応ジナカツタ

本部ヨリ張志弼氏地方巡回委員達ガ干渉シテ又警察当局背景下ニアル徐圭鴻ト云フ社員ハ結束シタル結果三銭五厘ニ解決

鎮川事件

五月初旬ニ警察当局ヨリ野犬撲殺ヲ命ズルヲ以テ支部ヨリ本部ニ打電

本部朴平山君ヲ派遣シ当局ト交渉シタ結果絶対ニ応ゼザルコトニ解決

鎮川事件

六月十二日社員金夢述君ガ豚ヲ買ヒニ三成面ニ行キ飲食店林丙植家ニテ七十銭位ヲ飲酒シ豚ノ話ヲシテ帰ラムトスル際林丙植ガ棍棒ニテ頭部ヲ欧打シテ人事不省ニ陥ラシメタル流血ノ狼藉ヲ為シタルニモ不拘三成面駐在所ニ口頭告訴ヲ為スト所長横沢八郎巡査部長ハ何故カ白丁ト云ヒ告訴ニ行ツタ社員ヲ無数乱打シタ消息ヲ聞キ鎮川支部社員李弼成、張順春外五名ガ事実調査ニ行ツタガ本部ヨリ金棒君ガ出張シ忠北巡回委員吉汗日（同）、徐光勲両名ガ清安ヨリ至急出張指令ヲ下シ解決スルコトニシ陰城警察署ヨリ日本人警部補ガ署長代理ニテ出張シタルヲ見テ質問シタル処廻避ノミシタ

社員李弼成、張順春金長業外四名ト金夢述等ヲ団体暴行罪トシテ拘禁シ

社員側ヨリ加害者ヲ三週間ノ診断書ヲ添付シ告訴ヲ提起シ

社員金夢述、張順春ハ三日后釈放外六名ハ十余日后放免サル

加害者側ヨリハ林丙植外五・六人ガ拘禁サレタガ告訴ニ依ツテ控訴マデシタル事件

安城事件

陰八月十五日竜仁郡古三面月杏里屠夫李龍安君ヲ無条件ニテ面長ガ今后ヨリハ屠獣場ヲ廃止スルカラ屠夫業ヲ止メヨト言フノデ安城支部デ吉黙釗、金敬録両氏ヲ派遣シタ

舒川事件

七月二十日社員趙在寛君ガ金行詰酒屋ノ酒代掛金十三銭ヲ督促シナガラ欧打スルノデ趙在寛ハ此掛金ヲ支払ヒ牛肉代掛金三円ヲ督促シタルニ亦欧打スルノデ五十歳ニモナツタ在寛ガ三十歳未満ノ行詰君ニ欧打侮辱ヲ受ケタルモ力ガナク尚衣類ヲ全部破ラレタノデ其日帰家スルコト出来ズ旅館デ泊リ翌日帰家シタルコトヲ支部ニ於テ知リ臨時総会ヲ開キ社員八名ヲ調査委員ニ選ビ調査セシメ金行詰ヲ連レテ来ル途中元日成ガ又欧打サレタガ署ニ於テ解散ヲ命ズルノデ金行詰ニ就テ調査シタル后其翌日趙在寛君ガ三ヶ月間ノ診断書ヲ添ヘ告訴ヲ提出シタル処署デハ行詰ト社員ニ対シ和解ヲ勧メタケレ共応ジナカツタ処社員六名ヲ呼ビ出シ調査スルコトアリトテ検束シタコトヲ本部ニ至急電報々告シタノデ本部ニテハ李俊鎬君ヲ派遣シ署ニ交渉シ社員全部ノ釈放トナリ趙在寛ノ告訴ハ慰謝料ヲ請求スルコト、ナリタリ

錦南事件

七月二十二日錦（マヽ）山支部設立届出許可問題ニテ本部委員李東煥君ヲ派遣シ鳥致院署長ヲ訪問シ結末ヲ得ズシテ上京スル夜農民、労働者、二、三百名会集シ社員一同ヲ襲撃セントスルヲ以テ社員一同ハ決死的ニ対抗シタル処警察当局ヨリ知リ解散セシメタルガ錦南ニハ空気ガ緊張シタ本部ニ於テハ此ノ消息ヲ聞キ展開ヲ観望シテ万一ヲ慮リ準備ヲ為シタ

錦南事件

錦南社員李文龍ガ社員代表ニテ本部ニ交渉シ支部ヲ設置スルコトニシタガ届出ヲ駐在所ニ於テ受理セズ本部ニ移牒シ駐在所警部補ガ此ノ地方ハ衡平運動スル必要ナシ階級ハドウシテモ平民ニハナレナイ此処ノ社員等ハ品行ガ正シクテ衡平支部ヲ設置シナクテモ良イ、尚李文龍君ニ対シテ曰ク君ガ不穏当デアリテ社員一同ヲ衝動シテ君ノ身元ガ良クナイト云フ口実ニテ禁止シタルヲ以テ本部ニ於テ金鍾澤、李東煥、金棒等ヲ派遣シテ交渉シタルモ頑強ニ拒絶ヲ受ケマシタ

扶餘事件

二月二十二日社員鄭月京君ガ屠殺申告ノ為メ面事務所ニ出頭シタル処面長尹鍾大ガ去般山林看守金鍾云氏ニ対シ肉代ヲ請求シタルコトアリヤ尋ネルニ左様ト答ヘタル処白丁ガ生意気ニ両班ニ対シ肉代ヲ督促スルカト呼令ガ秋霜ノ如ク遂ニ屠殺申告迄受付ケザル為メ一ヶ月間近ク営業ガ休止シタル事件ニシテ本部ニ於テ三月二日外山面長尹鍾大君ニ対シ警告文発送

江景地方法院ニ告訴ヲ提起シテ四月八日ガ公判日デアリシガ面長ノ活躍ニテ某々有力者ニ依頼シ私和請願ヲ受理（告訴内容不法行為、職権濫用、営業権侵害、損害賠償）シタ

コレヲ本部ニ於テ知リ鄭月京ヲ社員ヨリ除名（逐出）シタ

結城事件

旧四月二十八日社員中獣肉販売業者ガ屠殺届ヲ面事務所ニ提出シタル処仝事ム所ニ於テハ屠殺場ヲ検査ノ上許可スルト称シ検査ノ

結果屠殺場設備不充分ナリトテ中止セシメタルヲ以テ当地社員ハ生活難ニ迫リ
六月二十二日社員一同ガ面事務所ニ行キ屠殺場ハ面経費ヲ以テ改築シテ税金徴収スルモノナレバ速ニ改築シテ呉レト質問シタルニ面事務所ニ於テハ経費問題ニテ幾ヶ年ノ后ニ改築スルト答フルヲ以テ種々質問ヲ為シ道ニ交渉スル予定
本部ニ於テハ張志弼氏ニ通知シ指令ヲ発シタル后忠南巡回委員ニ対シ事件一切ヲ調査解決ヲツケル様シタル后
面事務所ハ屠殺届ヲ受ケザルヲ以テ警察当局ニ交渉質問シ自由屠殺スベク社員一同ハ盟約セリ
本部張志弼氏ガ出張シテ解決サレタ

仙掌事件

五月二日社員金奉成君ニ対シ朴義甫ト云フモノガ白丁ト侮辱セルヲ以テ
本部事件発生即時天安笠場ニ中央執行委員趙貴容、吉淳吾、金棒、吉奉西、張志弼外諸氏ト隣近支部社員代表者等、警察当局ニ交渉セムトシタルガ禁止サレタリ依テ各地支部ニ事件ヲ知ラセ地方支部ヨリ同情義捐金ヲ募集シ弁護士ヲ交渉シタリ
五月九日　公州検事局ニ護送サレ
　廿八日　検事拾年求刑
六月六日　判事言渡八年
　七日　京城覆審ニ控訴
　十二日　西大門刑ム所へ移送
七月十日　京城覆審ニテ八年求刑
　十七日　京城覆審ニテ八年言渡
現今西大門刑ム所ニ於テ服役中

公州支部事件

旧三月二十六日公州市日ニ社員李占福、白寿奉、李昌洙三人ガ錦江ノ越便朴基完酒家ニ於テ飲酒シ酒代四円五十銭中四円支払ヒ五十銭ハ掛ニシテ呉レト云フニ朴基完ノ妻ハ白丁漢ト侮辱スルヲ以テ白丁漢ガ如何シタカト言ツテ白寿奉君ガ喰ツテカ、ツタトコロ朴基完ノ妻ガ頬ヲ欧リ無数殴打サレル時公州義当面申某ト言フ者ガコレヲ見テゴム靴ヲ以テ白寿奉君ヲ欧打シテ市日ノ群衆ガ多数雲集スル時李昌洙ガ邑門ニ入リ白寿福ノ外七人ノ青年駆ケテ行ク時白寿福ガ朴基完妻ヲ見テ汝家ノ食刀ヲ以テ私ノ四寸弟ヲ欧ラズニ私ヲ此ノ刀ヲ以テ殺シテ呉レト云フ際ニ義当面駐在所巡査趙氏ガ此ノ光景ヲ見テ居ル時自然ト社員ト趙巡査トノ間ニモ言争ガアリシガ趙巡査ガ錦江橋迄来テ安刑事ト且ツ警察署巡査数名出動セシメ全部検束サレタル事件ニシテ
本部ニ於テ此ノ消息ニ接シ金棒君ニ対シ調査解決方指令ヲ発シタルガ金棒君ノ交渉ニ依リ説諭釈放スルト云ツタガ
旧四月十七日（二十日間）ニ七人ノミ釈放サレ三人ハ検事局ニ送局セラレ
六月四日公判延期サレタ

七月五日白寿福、白寿奉、李昌洙三人ハ罰金刑ニテ出監ス

西井里事件

六月三日社員吉寿命君ガ振咸郡鳳南里吉順龍君ニ小喪ニ参与シタル時当夜酒店ニテ飲酒シテ居ル時其前カラ親分ガ知レル李光三ト云フモノガ路傍ニ坐ツテ居ルノヲ見テ光三、一緒ニ酒ヲ一杯飲マナイカト云ツタ処「白丁奴生意気ナ両班ヲ呼ビ捨テニシタ」ト金先堂柳上公外五、六人ガ欧打シ群衆五、六十名ガ暴行ヲ加ヘタル時吉順龍弟ガ駐在所ニ駆ケ付ケタラ金巡査ノ処置ガ偏辟デアツタ故

本部ハ徐光勲氏ヲ特派シテ平沢警察署西井里駐在所鳳南駐在所ニ事実ヲ質シ金巡査ハ即時転勤トナリ加害者三人ハ六月八日西井里支部宛ニ始末書ヲ受取ル

清州事件

清州山北里ニハ社員趙八用ノ子ト非社員ノ子ト争ツテ居タノヲ父母ガ知ツタノデソレカラ大人ノ喧嘩トナリ社員趙八用ガ清州市日ニ行ツテ社員青年達ニ話シタ処青年十二名ガ山北里ニ行キ里民ト争ヒ非社員ノ父外数人ト撃闘シテ清州署ニ社員十二人ヲ拘束シタノデ本部カラ忠北道巡回員徐光勲、吉汗同両氏ニ通知シ署ニ支部趙福岳氏三人ガ交渉シ張志弼、金棒両氏ニ交渉スル様ニ願フタ処団体的暴行デアルトテ検事局ニ移送サレ

罰金刑ニ処セラル

青陽事件

陰三月十七日青陽市日ニテ午後七時社員金奉用、張聖徳両人帰宅ノ際酒屋李某方ニテ飲酒中、明石進ト云フモノガ酒席ヲ取ラウトシナガラ「白丁ノ奴等ダケニ酒ヲ売ル」トテ酒売女ヲ悪罵シ「白丁ノ奴等ニモ掛酒ヲ売ル」「白丁ノ奴ガ掛酒ヲ飲ム」ト侮辱スルニ社員張聖徳君ガ明石進ニ対シ人ガ掛酒ヲ飲ムモ飲マヌモ何ノ関係ガアルカ白丁ノ奴ト侮辱スル必要ハナイデハナイカト口争起リ不良青年等ガ集ルヤ「白丁等ガ喧嘩スル」ト叫ビ結局警察ヨリ来リテ一時ハ鎮静ニ帰セシメタルガ二十二日又市日ニ当リ再ビ明石進ト社員等逢ヒ喧嘩ハ再燃セムトシタル時巡回中ノ高等係朴刑事ハ喧嘩ヲ止メルノミニテ相手ニハ貴殿ト称呼シ我等ニハオマヘ等ト指称シツ、警察ニ通報シ多数警官出動シ社員九人ト非社員ヲ全部拘禁シタルガ非社員ハ当夜全部釈放シ社員ハ留置サレタルガ之ガ導火線トナリ各学校ニ沾波及シタルヲ以テ本部ヨリ金棒君ヲ派遣シ調査ニ当ラシメ解決ヲ図リタルガ社員李先吉金奉用、趙昌煥朴水秉、李甲洙五人ヲ十日間留置サレタルヲ担保ヲ以テ出監ス

張志弼ヲ特派シテ

社員鄭海成、李命奉、張聖徳、金甲山、四人ハ検事局ニ送致サレ

罰金刑

錦南事件

四月五日社員崔一國ノ父ガ酒ヲ飲ミニ行ツタ処姜某ナル老人ガ御前モ酒ヲ飲ミニ来タノカト云ヒタルヲ以テ崔一國ノ父ガ我等ハ互ニ年ヲ取ルガ御前ハ何カソレヲ言フ言葉ハ無イカトノ問答ガ動機

トナリ白丁奴生意気ダト群衆集リ来テ欧打セリ
本部ヨリ朴平山君ヲ特派調査シ張志弼君ヲ特派解決ニ努メ続イテ金棒君ガ現場ヘ出張シ解決ヲ図リタル時駐在所ヨリ社員七人ヲ拘禁シ去ル十三日三人ヲ釈放シ残リハ地方法院ニ送致スルモノ、如シ
各地応援隊ハ続々当局ニ検束セラル

金溝事件

二月二十四日社員五、六人ガ会合シ社員ノ老人生存死亡ニ対シ金正基君ガ話ヲシテ笑ツテ居タ処其時金巡査ガ警官ヲ笑フト云ツテ無数欧打シ署ニ引致シテ二十日間ノ拘留処分ヲ受ケタ
全州支部カラ特派委員二人ヲ派遣調査スル様ニシタ
本部デ出張中ノ張志弼氏ヲ派遣シタケレ共矢張リ拘留中
第四回中央執行委員会ニ建議トナツタガ金正基君出監后一層細密ニ調査シテ解決スル様ニ

春川事件

陰ノ八月中旬頃社員金春成君ハ牛肉販売営業ヲ経営シタルモノデアツタガ社員デアル屠夫金順萬君ハ手数料六十銭ノ以外ニ牛肉ヲ沢山取ルノデ此旨ヲ面事務所ニ話シタノデ面事務所ヨリ二、三回モ金春成ヲ呼ビ出シ許可証ヲ取リ消シタ事ガアツタガ尚当局ガ曰ク御前等ハ欲心ノ多イモノデアル当然許可証ヲ引揚ゲテモヨイト言フタ
其ノ為メニ衡平社本部ヨリ事実内容ヲ調査シテ之ヲ解決シタ

別紙第七号

衡平社第八回全鮮定期大会　経理部報告書

自一九二九年四月二十六日
至一九三〇年三月三十一日

総収入金弐千四百八拾円九拾五銭也

内訳

月捐金	壱千五百六拾四円九拾五銭也
義捐金	参百〇七円也
借入金	六百〇四円也
雑収入	五円也

×　×

総支出金弐千四百八拾円九拾五銭也

内訳

常務秩	六百六拾円参拾四銭也
旅費秩	参百八拾四円四拾四銭也
通信秩	壱百弐拾弐円四拾銭也
備品秩	九拾五円八拾弐銭也
図書秩	六拾四円拾参銭也
消耗秩	壱百五拾弐円九拾壱銭也
印刷秩	拾四円也
広告秩	九円也

交際秩　参拾円弐拾弐銭也
公用食代　八拾六円八拾弐銭也
雑費秩　弐百弐拾円五拾五銭也
同情金　弐百参拾六円七拾六銭也
사긔《社旗》、마크《マーク》代　壱百参拾円七拾銭也
正進雑誌　八拾円拾参銭也
会館登記　壱百六拾五円七拾八銭也
中央執行委員及個人貸下　弐拾六円九拾銭也
　差引残高金無
昨年度繰越債務金弐百四拾円
　合計八百四拾四円
今年度債務金　六百〇四円

別紙　第八號

□□□□□□□

第一章　名稱 位置 組織 及 目的

一、本部는 衡平社本部라 称하고 京城에 置함

二、本部는 衡平社地方支部로서 組織하되 本部의 諸種綱領宣言決議의 貫徹을 目的함

第二章 大會

三、本部大會는 本部의 最高決議機關으로서 支部代議員 及 本部執行委員會員 及 檢査委員會員으로 構成하되 決議權은 支部代議員만이 此를 有함

但 支部代議員選出比例는 大會準備委員會에서 此를 定함

四、大會는 定期 臨時의 二種으로 하되 定期는 每年四月中 臨時는 執行委員會에서 必要로 認하는 時 又는 支部 三分一以上의 要求가 잇슬 時 執行委員長이 此를 召集하되 大會準備委員會를 따로 構成하며 一切 大會役員은 大會에서 選出함

五、大會는 有權支部의 過半数의 出席으로써 成立하되 議事는 出席代議員의 過半数의 可決로서 此를 決定함

但 可否同数일 時는 議長이 此를 決定함

第三章　執行委員會

六、大會에서 選出된 執行委員長一人 書記長一人 書記 及 執行委員若干人은 執行委員會를 組織하고 左의 各部를 分担함

一、組織財政部　一、教養出版部　一、社會正衛部
一、生活保障部　一、青年婦人部

但 各部에는 部長一人式을 置함

七、執行委員會는 常務執行委員會에서 必要로 認하는 時 又는 執行委員 三分一以上의 要求가 잇슬 時 執行委員長이 此를 召集하되 議長은 執行委員長이 書記는 書記長이 此의 任에 當함

八、執行委員會는 本部의 最高執行機関으로서 大會의 閉會中에서 大會職能을 代行하며 大會에 対하야 責任을 負함

九、執行委員會서는 必要로 認할 時　時間的 及 地域的 各種専門委員會 又는 書記局等을 設置함을 得하되 次期大會의 決□□□함

十、執行委員中 缺員□□을 時는 次期執行委員會에서 □□補選하

되고 人員数 全委員二分一을 超過할 時는 執行委員會는 應急執行委員을 그 人員数대로 補選하고 補選한 一個月以内로 大會를 召集하야 此를 正히 選挙함

十一、執行委員會의 細則은 大會에서 此를 別定함

第四章　常務執行委員會

十二、執行委員長書記長 及 各部長은 常務執行委員會를 組織하되 常務執行委員長은 執行委員長이 常務書記長은 書記長이 此의 任에 當함

十三、常務執行委員會는 執行委員會의 統制下에 在하야 執行委員會의 役務을 常務代行함

十四、常務執行委員會는 該委員長이 必要로 認할 時 又는 該委員 三分一以上의 要求가 잇쓸 時 該委員長이 此를 召集하고 議長은 該委員長이 書記는 該書記長이 此의 任에 當함

十五、常務執行委員會의 細則은 執行委員會에서 此를 別定함

第五章　部會

十六、各部長 及 各部員은 該部會를 組織함

十七、部會는 執行委員會의 統制下에 在하야 部活動을 專門遂行함

十八、部會는 該部長이 必要로 認할 時 又는 該部員 三分一以上의 要求가 잇슬 時 部長이 此를 召集하되 議長은 部長이 此의 任에 當하며 書記는 會員中 部長이 此를 指名함

十九、部會는 部員의 不足을 느길 時 執行委員會의 決裁를 要한 嘱托部員 若干人을 置함을 得함

二十、部會의 細則은 執行委員會에서 此를 別定함

第六章　検査委員會

二十一、大會에서 選擧된 検査委員長一人 及 該委員若干人은 該委《ママ》委員會를 組織하고 執行委員會와 別立한 検査機関的役務를 遂行함

二十二、検査委員會는 該委員長이 必要로 認할 時 又는 該委員三分一以上의 要求가 잇슬 時 該委員長이 此를 召集하되 議長은 該委員長이 此의 任에 當하고 書記는 會員中 議長이 此를 指命함

二十三、検査委員會의 細則은 大會에서 此를 別定함

第七章　役員의 職能

二十四、本部役員의 職能은 左와 가틈

一、執行委員長은 本部를 總括代表함

一、書記長은 執行委員長의 活動을 保佐하며 一般書記事務에 任하되 執行委員長이 有故할 時는 執行委員長의 全職能을 代理함

一、書記는 書記長의 活動을 保佐하되 書記長이 有故할 時는 書記長一人을 互選하야 此의 活動을 代理함

一、部長은 該部의 活動을 統制하며 部와 部와의 活動을 統一斡旋함

一、部員은 部長의 活動을 保佐함

一、検査委員長은 該委員會를 統制하며 該委員은 該委員長의 活動을 保佐하야 左의 事項을 調査하야 適宜한 各種會合에

出席하야 勸諭 又는 糾彈함

（一）一般財政出納上에 在한 不正

（二）一般活動上에 在한 惰怠 又는 非違

但 検査委員會는 必要한 時마다 正式請求에 依한 本部 及 各支部의 文書類를 検査하며 또 該當責任者의 答辯을 들을 權限이 有함

二十五、時間的 及 地域的 特別活動機関의 役員에 對한 職能은該決定機関에서 此를 制定함

二十六、本部役員의 任期는 次期定期大會까지로 하되 再選함을得함

第八章　財政

二十七、本部의 経費는 支部負担金 及 其他收入으로써 充用하되 그 支部負担金의 金額 醵出比例는 支部員数 及 支部員의 生活相을 明細히 調査한 執行委員會의 決議가 此를 定함

但 支部로부터 納入된 負担金은 此를 一切返還치아니함

二十八、本部決算 及 豫算은 大會의 承認을 要하되 會計年度는 四月一日로부터 翌年三月末日까지로함

第九章　懲罰

二十九、運動의 根本的精神에 違反되는 行爲가 잇거나 又는 本部의 指導에 服從치안는 支部는 執行委員會의 決議로 譴責 又는 停權을 命함

第十章　附則

三〇、支部의 規約은 大會에서 此를 別定함

三一、本規約의 增削은 大會에서 此를 行하고 그 解釋權은 執行委員會에 此가 在함

三二、本規約에 未備한 点은 通常 慣例에 基準한 執行委員會의決議로 此를 補充함

[編者訳文]

別紙　第八號

□□□□□□□（衡平社総本部規約カ）

第一章　名称位置組織及目的

一、本部は衡平社本部と称し、京城に置く。

二、本部は衡平社総本部として組織するが、本部の諸種綱領宣言決議の貫徹を目的とする。

第二章　大会

三、本部大会は本部の最高決議機関として支部代議員及び本部執行委員会議員及び検査委員会員とで構成するが、決議権は支部代議員のみが此れを有する。

但し、支部代議員選出の比例は大会準備委員会で此れを定める。

四、大会は定期臨時の二種とするが、定期は毎年四月中に、臨時は執行委員会で必要と認める時、又は支部の三分一以上の要求がある時、執行委員会長が此れを召集するが、大会準備委員会を別に構成し、一切の大会役員は大会で選出する。

五、大会は有権支部の過半数の出席で成立するが、議事は出席代議員の過半数の 可決で此を決定する。但し、可否が同数の時は、議長が此れを決定する。

第三章　執行委員会

六、大会で選出された執行委員長一人、書議長一人、書記及び執行委員の 若干人は執行委員会を組織し、左の各部を分担する。
一、組織財政部　一、教養出版部　一、社會正衛部
一、生活保障部　一、青年婦人部
但し、各部には部長一人ずつを置く。

七、執行委員会は常務執行委員会で必要と認める時、又は執行委員会の三分一 以上の要求がある時、執行委員長が此れを召集するが、議長は執行委員長が、書記は書記長が此れに当たる。

八、執行委員会は本部の最高執行機関として大会の閉会中での大会の職能を代行し、大会に対して責任を負う。

九、執行委員会で必要と認める時、時間的及び地域的な各種専門委員会、又は書記局等を設置することを得るが、次期大会の□□□□する。

十、執行委員中に欠員□□時は、次期執行委員会で□□□補選するが、その人員数 が全委員の二分一を超過する時、執行委員会は応急執行委員をその 人員数通りに補選し、補選した一個月以内に大会を召集し、此れを正式に選挙する。

十一、執行委員会の細則は大会で此れを別に定める。

第四章　常務執行委員会

十二、執行委員長、書記長及び各部長は常務執行委員会を組織するが、常務執行委員長には執行委員長が、常務書記長には書記長が此れの任に当たる。

十三、常務執行委員会は執行委員会の統制下に在り、執行委員会の役務を常時代行する。

十四、常務執行委員会は該委員長が必要と認める時、又は該委員の三分一以上の要求がある時、該委員長が此れを召集し、議長は該委員長が、書記は該書記長が此れの任に当たる。

十五、常務執行委員会の細則は、執行委員会で此れを別に定める。

第五章　部会

十六、各部長及び各部員は該部会を組織する。

十七、部会は執行委員会の統制下に在り、部活動を専門に遂行する。

十八、部会は該部長が必要と認める時、又は当該部員の三分一以上の要求がある時部長が召集するが、議長は部長が此の任に当たり、書記は会員中の部長が此れを指命する。

十九、部会は部員の不足を感じる時、執行委員会の決裁を要する嘱託部員若干名を置くことを得る。

二十、部会の細則は執行委員会で此れを別に定める。

第六章　検査委員会

二十一、大会で選挙された検査委員長一人、及び該委員の若干名は該委員会を組織し、執行委員会と別立の検査機関的役務を遂行

する。

二十二、検査委員会は該委員長が必要と認める時、又は該委員の三分一以上の要求がある時、該委員長が此れを召集するが、議長は該委員長が此の任に当たり、書記は会員中の議長が此れを指命する。

二十三、検査委員会の細則は、大会で此れを別に定める。

第七章　役員の職能

二十四、本部役員の職能は左の通り。

一、執行委員長は本部を総括、代表する。

一、書記長は執行委員長の活動を補佐し、一般書記事務に任じるが、執行委員長が事故ある時は、執行委員長の全職能を代理する。

一、書記は書記長の活動を補佐し、書記長が事故ある時は書記長の一人を互選し、此の活動を代理する。

一、部長は該部の活動を補佐する。

一、検査委員長は該委員会を統制し、該委員は該委員長の活動を補佐し、左の事項を調査し、適宜各種会合に出席して勧論又は糾弾する。

(一)一般財政出納上の不正

(二)一般活動上の不正

但し、検査委員会は必要な時には正式請求に依る本部及び各支部の文書類を検査し、又、該当責任者の答弁を聞く権限を有する。

二十五、時間的及び地域的な特別活動機関の役員に対する職能は、該決定機関で此れを制定する。

二十六、本部役員の任期は、次期定期大会までとするが、再選することを得る。

第八章　財政

二十七、本部の経費は支部負担金及び其他の収入をもって充用するが、その支部負担金の金額醵出比例は支部員数及び支部員の生活相を明細に調査した執行委員会の決議が此れを定める。

但し、支部から納入された負担金は此れを一切返還しない。

二十八、本部の決算及び予算は大会の承認を要するが、会計年度は四月一日から翌年の三月末日までとする。

第九章　懲罰

二十九、運動の根本的精神に違反する行為があるか、又は本部と支部の指導に服従しない本部員は、執行委員会の決議で譴責又は停権を命じる。

第十章　附則

三〇、支部の規約は大会で此れを別に定める。

三一、本規約の増削は大会で此れを行い、その解釈権は執行委員会に此れが在る。

三二、本規約に未備の点は、通常慣例に基く執行委員会の決議で此れを補充する。

衡平社　支部規約

第一章　名称 位置 組織 及 目的

一、本支部는 衡平社　支部라 称하고　에 置함.

二、本支部는 本支部의 地域区内에 居住하는 白丁個人으로써 組織하되 衡平社本部의 統制下에 在하야 그 諸種綱領、宣言、決議、訓指令 及 本支部의 地域特殊的 諸種行動綱領宣言決議의 貫徹을 目的함

但 支部는 七人以上의 支部員으로서 此를 組織함

第二章　大會

三、大會는 衡平社本部의 指導範圍內에 在한 本支部의 最高決議機関으로써 支部員 及 支部役員으로써 構成하되 決議権은 支部員만이 此를 有함

四、大會는 定期、臨時의 二種으로하되 定期는 每年三月中 臨時는 衡平社本部의 訓令이 잇슬 時 又는 本支部執行委員會가 必要로 認할 時 又는 支部員 三分一以上의 要求가 잇슬 時 執行委員長이 此를 召集하되 執行委員會의 選任에 依한 大會準備委員會를 따로 構成하며 一切 大會役員은 大會에서　選出함

五、支部大會는 支部員 三分一以上의 出席員으로서 成立하되 議事는 出席會員의 過半數의 可決로서 此를 決定함

但 可否同数할 時는 議長이 此를 決定함

第三章　執行委員會

六、大會에서 選出된 執行委員長一人 書記長一人 書記 及 執行委員若干人은 執行委員会를 組織하고 左의 各部를 分担함

一、組織財政部　一、教養出版部　一、社会正衛部

一、生活保障部　一、青年婦人部

但　各部에는 部長一人式을 置함

七、執行委員会는 常務執行委員会에서 必要로 認할 時 又는 執行委員 三分一以上의 要求가 잇슬 時 執行委員長이 此를 召集하되 議長은 該委員長이 書記는 書記長이 此의 任의 当함

八、執行委員会는 本支部의 最高執行機関으로서 大会의 閉会中에서 大会職能을 代理行하며 大会에 対하야 責任을 負함

九、執行委員會는 必要로 認할 時 時間的 及 地域的 各種専門委員會 又는 書記局等을 設置함을 得하되 次期大會의 決議를 要함

一〇、執行委員中 缺員이 잇슬 時는 次期執行委員會에서 此를 補選하되 그 人員数 全委員二分一을 超過할 時는 執行委員會는 應急執行委員을 그 人数대로 補選하고 補選한 一個月以內로 大會를 召集하야 此를 正히 選擧함

一一、執行委員會의 細則은 大會에서 此를 別定함

第四章　常務執行委員會

一二、執行委員長、書記長 及 各部長은 常務執行委員會를 組織하되 常務執行委員長은 執行委員長이 常務書記長은 書記長이 此의 任에 當함

一三、常務執行委員會는 執行委員會의 統制下에 在하야 執行委員

會의 役務를 常務代行함

一四、常務委員會는 該委員長이 必要로 認할 時 又는 該委員 三分一以上의 要求가 잇슬 時 該委員長이 此를 召集하고 議長은 該委員長이 書記는 該書記長이 此의 任에 當함

一五、常務執行委員會의 細則은 執行委員會에서 此를 召集함

第五章　部會

一六、各部長 及 各部員은 該當部會를 組織함

一七、部會는 執行委員會의 統制下에 在하야 部活動을 專門遂行함

一八、部會는 該部長이 必要로 因할 時 又는 該部員 三分一 以上의 要求가 잇슬 時 部長이 此를 召集하되 議長은 部長이 此의 任에 當하며 書記는 會員中 部長이 此를 指命함

一九、部會는 部員의 不足을 늑길 時 執行委員會의 決議를 要한 囑托部員若干人을 置함을 得함

二〇、部會의 細則은 執行委員會에서 此를 別定함

第六章　検査委員會

二一、大會에서 選擧된 検査委員長一人 及 該委員若干人은 該委員會를 組織하고 執行委員會와 別立한 検査機関的 役務를 遂行함

二二、検査委員會는 該委員長이 必要로 認할 時 又는 該委員의 三分一以上의 要求가 잇슬 時 該委員長이 此를 召集하되 議長은 該委員長이 此의 任에 當하고 書記는 會員中 議長이 此를 指命함

二三、検査委員會의 細則은 大會에서 此를 別定함

第七章　役員의 職能

二四、支部役員의 職能은 左와 가틈

一、執行委員長은 本支部를 總括代表함

一、書記長은 執行委員會의 活動을 保佐하며 一般書記事務에 任하되 執行委員長이 有故할 時는 執行委員長의 全職能을 代理함

一、書記는 書記長의 活動을 保佐하되 書記長이 有故할 時는 書記長一人을 互選하야 此의 活動을 代理함

一、部長은 該部의 活動을 統制하며 部와 部와의 活動을 統一斡旋함

一、部員은 部長의 活動을 保佐함

一、検査委員長은 該委員會를 統制하며 該委員은 該委員長의 活動을 保佐하야 左의 事項을 調査하야 適宜한 各種會合에 出席하야 勸諭 又는 糾彈함

一、一般財政出納上에 在한 不正

二、一般活動上에 在한 惰怠 又는 非違

但 検査委員會는 必要한 時마다 正式請求에 依한 各支部의 文書類를 検査하며 또 該當責任者에 答辯을 들을 權限이 有함

二五、時間的 及 地域的 特別活動機関에 役員에 対한 職能은 該決定機関에서 此를 制定함

二六、支部役員의 任期는 次期定期大會까지로하되 再選함을 得함

第八章　財政

二七、支部에 経費는 支部員負担金、其他收入으로써 充用하되 그支部員負担金은 毎月　　錢하되 納入한 負担金은 此를 一切返還치 아니함

二八、本支部決算 及 豫算은 大會의 承認을 要하되 會計年度는 三月一日로부터 翌年二月末日까지로 함

第九章　懲罰

二九、運動의 根本精神에 違反되는 行爲가 잇거나 又는 本部와 支部의 指導에 服從치안는 支部員은 執行委員會의 決議로 譴責又는 停權을 命함

第十一（ママ）章

三〇、本規約의 增削은 大會에서 此를 行하고 그 解釋權은 執行委員會에 此가 在함

三一、本規約에 未備한 点은 通常 慣例에 基準한 執行委員會의決議로 此를 補充함

[編者訳文]

衡平社　　支部規約

第一章　名称位置組織及目的

一、本支部は衡平社支部と称し　　に置く。

二、本支部は本支部の地域区内に居住する白丁個人で組織され、衡平社本部の統制下に在り、その諸種の綱領、宣言、決議、訓指令及び本支部の地域特殊的諸種行動綱領、宣言、決議の貫徹を目的とする。

但し、支部は七人以上の支部員で此れを組織する。

第二章　大会

三、大会は衡平社本部の指導の範囲内に在る本支部の最高決議機関として支部員及び支部役員で構成されるが、決議権は支部員だけが此れを有する。

四、大会は定期、臨時の二種とするが、定期は毎年三月中、臨時は衡平社本部の訓令がある時、又は本支部執行委員会が必要と認める時、又は支部員の三分の一以上の要求がある時、執行委員長が此れを召集するが、執行委員会の選任に依って大会準備委員会を別に構成し、一切の大会役員は大会で選出する。

五、支部大会は支部員の三分の一以上の出席員によって成立するが、議事は出席会員の過半数の可決を持って此れを決定する。但し、可否が同数である時は議長が 此れを決定する。

第三章　執行委員会

六、大会で選出された執行委員長一人、書記長一人、書記及び執行委員の若干名は執行委員会を組織し左の各部を分担する。

一、組織財政部　一、教養出版部　一、社会正衛部

一、生活保障部　一、青年婦人部

但し、各部には部長一人ずつを置く。

七、執行委員会は常務執行委員会で必要と認定する時、又は執行委員の三分の一以上の要求がある時、執行委員長が此れを召集す

るが、議長は該委員長が、書記が書記長の此の任に当たる。

八、執行委員会は本支部の最高執行機関として大会の閉会中における大会の職能を代行し、大会に対して責任を負う。

九、執行委員会が必要と認める時、時間的及び地域的に各種の専門委員会、又は書記局等を設置することを得るが、次期大会の決議を要する。

一〇、執行委員中欠員がある時は、次期執行委員会で此れを補選するが、その人員数が全委員の二分の一を超過する時、執行委員会は応急執行委員をその人数通り補選し、補選した一個月以内に大会を召集し、此れを正式に選挙する。

一一、執行委員会の細則は大会で此れを別途に定める。

第四章　常務執行委員会

一二、執行委員長、書記長及び各部長は常務執行委員会を組織するが、常務執行委員長は執行委員長が、常務書記長は書記長が此の任に当たる。

一三、常務執行委員会は執行委員会の統制下に在り、執行委員会の役務を常務代行する。

一四、常務執行委員会は該委員長が必要とする時、又は該委員の三分の一以上の要求がある時、該委員長が此れを召集し、議長は該委員長が、書記長は該書記が此の任に当たる。

一五、常務執行委員会の細則は執行委員会で此れを召集する。

第五章　部会

一六、各部長及び各部員は該当部会を組織する。

一七、部会は執行委員会の統制下に在って、部活動を専門に遂行する。

一八、部会は当該部長が必要とする時、又は当該部員の三分の一以上の要求がある時、部長が此れを召集するが、議長は部長が此の任に当たり、書記は会員中から部長が此れを指命する。

一九、部会は部員の不足を感じる時、執行委員会の決議を要する嘱託部員若干名を置くことが出来る。

二〇、部会の細則は執行委員会で此れを別に定める。

第六章　検査委員会

二一、大会で選挙された検査委員長一人及び該委員若干名は該委員会を組織し、執行委員会と別立の検査機関的な役務を遂行する。

二二、検査委員会は該委員長が必要と認める時、又は該委員の三分の一以上の要求がある時、該委員長が此れを召集し、議長は該委員長が此の任に当たり、書記は会員中から議長が此れを指命する。

二三、検査委員会の細則は大会で此れを別に定める。

第七章　役員の職能

二四、支部役員の職能は左の通り。

一、執行委員長は本支部を統括、代表する。

一、書記長は執行委員長の活動を補佐し、一般書記事務に任ずるが、執行委員長に事故ある時は執行委員長の全職能を代理する。
一、書記は書記長の活動を補佐するが、書記長に事故ある時は書記長一人を互選し、此の活動を代理する。
一、部長は該部の活動を統制し、部と部との活動を統一し、斡旋する。
一、部員は部長の活動を補佐する。
一、検査委員長は該委員会を統制し、該委員は該委員長の活動を補佐し、左の事項を調査するが、適宜の各種会合に出席して勧諭又は糾弾する。
一、一般財政出納上の不正。
二、一般活動上の怠惰又は非違。
但し、検査委員会は必要なときには正式請求に依る各支部の文類を検査し、また当該責任者の答弁を聞く権限が有る。
二五、時間的及び地域的特別活動機関の役員に対する職能は、該決定機関で此れを制定する。
二六、支部役員の任期は次期定期大会までとするが、再選することを得る。

第八章　財政

二七、支部の経費は支部負担金、其の他の収入で充用するが、その支部負担金は毎月　銭とし、納入した負担金は此れを一切返還しない。
二八、本部の決算及び予算は大会の承認を要するが、会計年度は三月一日から翌年の二月末日までとする。

第九章　懲罰

二九、運動の根本的精神に違反する行為があるか、又は本部と支部の指導に服従しない支部員は、執行委員会の決議で問責又は停権を命じる。

第十一《(ママ)》章

三〇、本規約の増削は大会で此れを行い、その解釈権は執行委員会に此れが在る。
三一、本規約に不備の点は通常慣例に基く執行委員会の決議で此れを補充する。

衡平社本部検査委員会細則

一、本委員会는 会員過半数의 出席으로서 成立함
但 非常한 境遇에 잇서 〃는 会員 三分一 以上의 出席이면 会를 成立함
二、本委員会의 議事는 出席会員의 過半数의 可決로 此를 決定하되 可否同数일 時는 議長이 此를 決定함
三、本委員会에 連三次 無故欠席하는 会員은 本委員会의 決議로此를 除名하고 次期大会에 報告함
四、本細則의 増削은 大会에서 此를 行함
五、本細則의 未備한 点은 通常 慣例에 基準한 本委員의 決議가此

를 補充함

以上

［編者訳文］

衡平社本部検査委員会細則

一、本委員会は会員過半数の出席をもって成立する。但し、非常の場合においては 会員の三分の一以上の出席があれば、会は成立する。

二、本委員会の議事は出席会員の過半数の可決によって此れを決定するが、可否が同数である時は、議長が此れを決定する。

三、本委員会に続けて三回無断で欠席する会員は、本委員会の決議で此れを除名し、次期大会に報告する。

四、本細則の増削は大会で此れを行う。

五、本細則の不十分な点は、通常慣例に基く執行委員会の決議で此れを補充する。

以上

衡平社本部執行委員會細則

一、本委員會는 會員過半数의 出席으로서 成立함
但 非常한 境遇에 잇서〃는 会員 三分一 以上의 出席이면 會를 成立할 수 잇슴

二、本委員会의 議事는 出席會員 過半数의 可決로 此를 決定하되 可否同数일 時는 議長이 此를 決定함

三、本委員会에 連三次 無故欠席하는 会員은 本委員会의 決議로此를 除名하고 次期大会에 報告함

四、本細則의 増削은 大会에서 此를 行함

五、本細則의 未備한 点은 通常 慣例에 基準한 委員会의 決議가此를 補充함

以上

［編者訳文］

衡平社本部執行委員会細則

一、本委員会は会員の過半数の出席で成立する。
但し、非常の場合においては会員の三分の一以上の出席があれば、会を成立させることができる。

二、本委員会の議事は出席会員の過半数の可決によって此を決定させるが、可否が同数である時は議長が此れを決定する。

三、本委員会に連三次無故欠席する会員は本委員会の決議として此れを除名し、次期大会に報告する。

四、本細則の増削は大会で此れを行う。

五、本細則の未備な点は、通常慣例を基準とする委員会の決議が此れを補充する。

以上

別紙第九号

　衡平社定期大会議案

公州支部提出

一、未組織大衆獲得ニ関スル件

（イ）理由

我カ運動ハ其根本ガ大衆運動デアルダケニ大衆的結合デナクテハナラヌ

（ロ）実行方法

本部及各支部組織財政部ノ活動ヲ以テ未組織白丁ヲ詳細ニ調査シ入社セシム

本部提出

一、機関紙基金確立ニ関スル件

主文

基金五千円ヲ吾大衆ノ力デ弁出ス

理由

機関紙ハ吾運動ノ血脈デ咽喉デアル機関紙ガ確立サレテ居ナイコトハ即チ吾運動ガ展開サレテ居ナイ尺度デアル茲ニ於テ吾々ハ基金五千円ヲ吾ガ大衆ノ力デ弁出シナケレバナラヌ

実行方法

1、本部新任執行委員会ガ新ニ選挙スル機関紙発行準備委員会ニ一任シ此ノ運動ヲ積極的ニ展開セシメ一支部モ欠ケザル様基金募集ニ応ズルコト

2、基金確立スル迄ハ毎月廿五日ヲ禁酒断煙デート定メ其酒代煙草代ヲ基金ニ出スコト

3、基金ガ確立スル迄ハ如何ナル性質ヲ論ハズ会合ガアル時毎ニ帽子ヲ廻シテ基金ヲ募集スルコト

笠場支部提出

一、産業別組合組織ニ関スル件

理由

現代生存競争戦ニ於テ強者ハ勝テ弱者ハ敗レ階級ガ分離対立ス其レ故ニ吾等モ競争ヲ以テ営業スレバ親愛ナル社員間ニ暗々裡ニ嫉妬戦ガ生ズ結果ハ同一ナル立場ニテ相食戦ト化シ肉体内枝葉争闘アル儘ノ団結デ対敵スルハ不利ナリ団結アツテコソ勝利ガアルハ事実タルト仝時ニ結合的物質ガアツテコソ精神的鞏固ナル団結ガアル吾ガ運動上ヨリ見テ吾経済的見地ヨリ見テ組合問題ガ第一線ニアルト思フ

実行方法

本部及支部生活保障ニ一任スルコトトス

笠場支部提案（禁止）

一、獣肉価格制限廃止運動ニ関スル件

理由

現下商品ガ発達スル時代ニアルノミナラズ洋ノ東西ト時ノ古今トヲ問ハズ固定的価格ハナイ結（決）定シ居ルト云フノハ瞬間的定価デアル吾々ノ生産機関タル天賦的歴史的使命デアル獣肉販売業ニアリ

テ価格ハ到底結定サレナイ牛又ハ豚其他何デモ売買市場ニ永久ニ結定サレタ定価ガナイ価格ハ朝夕ニ変動スル其レヲ吾々ハ売買価格ヲ結定スルコトハ出来ナイ永久ニ結定シテ置クハ愚ナル商業者デアル吾々ハ絶対的ニ廃止運動ヲ着手シナケレバナラナイ

実行方法

本部及各支部生活保障ノ活動ニテハ抗争ヲ猛烈ニシテ原料商品ノ高低ニ従ツテ分売価格ヲ高下シ両方間不正又ハ損害ナキ様ニシ生活保障部ガ成功シナイ時ハ執行委員会ニテ全土的ニ運動ヲ起サナケレバナラン

公州支部提出

一、本部維持ニ関スル件

理由

活動団体ノ生命ハ活動ナク此ノ活動ニアリテハ確立ナル基金ガナケレバナラナイ支部負担金以外ノ特別収入テアル時期迄即チ基金ガ確立ニテキル迄之ヲ必要トス

実行方法

執行委員会ニ一任ス

禮山支部提出

一、賤視差別積極的撤廃ニ関スル件

主文

賤視的差別待遇ニ積極的抗争ス

理由

本案ハ我カ運動ノ根本的精神ナリ積極的抗争ガナクテハ吾運動ノ解放モナイ

実行方法

1、出版講演其他総テ会員ヲ通シ一般民衆ヲ以ツテ吾運動ガ充分理解出来ル様ニス

2、地方争議事件ガアルトキ毎ニ適宜ノ方法テ之ヲ解決スルニ或時大衆的動員ヲ要スル時ハ本部ノ訓令ニ依リ一地方又ハ全土的ニ動員ヲ敏捷ニスルコト

本部提出

一、衡平デー作定ニ関スル件

主文

九月第三日曜日ヲ衡平テート定メ毎年此ノ日ハ全土的ニ紀念ス

理由

吾運動ガ漸時第二期的新局野ニ其歩武ヲ移シツ、アル此過程ニアルハ総テ総テ(ママ)ノ反動勢力ニ鉄筒ノ如キ抗力アル全土的캄내니마《カンパニア》(特別時期的大衆行動)ノアルヲ切実ニ要求スル是レハ吾等ノ最終目的ノ達セラレル迄ハ何時デモ必要デアルソシテ文字通リ吾々ノ運動ニ一大特別感覚ト忿怒トヲ与ヘタ笠場事件ガ発生シ吾々ハ紀念シナケレバナラナイ月即チ九月ガ最モ適当ナ月デアルト考ヘル日ハ第三日曜ガ最モ適当デアル其日ハ一般的慣例ニアリテ其職場労働者ノ休業スル日ダカラ

実行方法

1、此日ハ本部及地方支部ガ有機的全土的気勢ヲ以テ反動勢力及自体内不純化ニ対シ暴露批判演説会示威運動等ヲ行フ

2、笠場事件ノ起因経過展開及運動全般ニ亘リ自己批判ノ刊行物発行又ハ講座等ヲ開催ス

総本部提出

一、同志家族救援ニ関スル件

理由

吾等ノ前デ勇敢ニ事ヲ為シテ義(犠)牲トナツタ其同志ハ勿論ナルガ其家族モ吾大衆力ヲ以テ救援シナケレバナラナイ之ハ即チ吾々自身ノ防衛戦デアル

実行方法

本部及支部社会正衛部ノ活動ニテ正衛基金ヲ確立シテ必要ナ時毎ニ物品又ハ金ヲ分ケ与ヘルコト

別紙第十号

一九三〇年度予算表　自一九三〇年四月一日　至一九三一年三月末日

収入金五千六百五十七円五十五銭也

内訳

第一款月捐金		四二七三	〇〇	
	第一項支部月捐	四二七三	〇〇	
第二款義捐金		一三六九	〇〇	
	第一項支部義捐	一一〇四	〇〇	
	第二項個人義捐	二六五	〇〇	
第三款雑収入		一五	五五	
	第一項雑収入	一五	五五	
計		五六五七	五五	

支出金五千六百五十七円五拾五銭也

内訳

第一款常務秩		一六〇〇	〇〇	
	第一項常務手当	一二〇〇	〇〇	七人分
	第二項常務外	四〇〇	〇〇	
第二款雑費秩		一六二	一五	
	第一項電燈料	四〇	八〇	
	第二項柴炭賃	六三	〇〇	
	第三項税金	五八	三五	
第三款図書秩		一〇〇	〇〇	
	第一項新聞代	五二	〇〇	
	第二項図書購入	四八	〇〇	
第四款旅費秩		四八〇	〇〇	
	第一項巡回費	一三〇	〇〇	
	第二項特別出張	三五〇	〇〇	
第五款修繕秩		一〇五	〇〇	
	第一項建物修繕	七〇	〇〇	臨時□会館修繕

第二項器具修繕	三五	〇〇
第六款印刷秩	二三五	〇〇
第一項各種印刷	一三五	〇〇
第七款機関紙補助	三〇〇	〇〇
第一項機関紙補助	三〇〇	〇〇
第八款消耗秩	一六三	〇〇
第一項事務費	七八	〇〇
第二項紙筆代	八五	〇〇
第九款通信秩	二一二	三〇
第一項電報電話	六二	三〇
第二項郵票代	一五〇	〇〇
第十款需要秩	二五〇	〇〇
第一項同情金	一三〇	〇〇
第二項交際費	一二〇	〇〇
第十一款備品秩	八〇	〇〇
第一項器具購入	八〇	〇〇
第十二款債務秩	一〇五〇	一〇
第一項借入□帳	九〇〇	〇〇
第二項債金利子	八五	三五
第三項未払条	六四	七五
第十三款集会秩	四〇〇（ママ）	〇〇
第一項大会費	三五〇	〇〇
第二項紀念式費	七〇	〇〇
計	五一五七	五五
予備秩　各項目不足金	五〇〇	〇〇
総計	五六五七	五五

以上

14　4月28日　集会取締状況報告（第七週年紀念）

『昭和五年　思想ニ関スル情報綴』Ⅳ

京鍾警高秘第五五九六号
昭和五年四月廿八日

京城鍾路警察署長

警務局長殿
京畿道警察部長殿
（印）「京城地方法院検事正殿」

集会取締状況報告（通報）

集会日時　四月廿五日自午后八時至同十一時卅分
同　場所　府内慶雲洞八八天道教記念館
主催者　朝鮮衡平社総本部
司会者　李東煥
集会ノ目的　朝鮮衡平社第七週年紀念
集会人員種別　衡平社員約一五〇名観覧者一〇五〇名内女三百
開催ノ状況　左記ノ通リ

臨監警察官ノ官職氏名　巡査部長土井松太郎、巡査梅野富士吉
巡査田村榮二　同韓昌履

警察取締状況　来賓祝辞中金振國ノ論旨政治方面ニ亘ルヲ以テ中止、入場者激増セルヲ以テ雑閙ヲ防止スベク責任者ニ注意ヲ与ヘ入口ヲ閉ザサシム

左記

一、開式　午後八時李東煥開式ヲ宣ス

一、開式ノ辞（李東煥）

我ガ衡平運動起リ今日第七週年記念式ヲ迎フルニ当リ過去五百余年間圧迫搾取其他人権ヲ余地ナク蹂躙サレタル事ヲ回顧スルニ其悲惨ハ果シテ如何！最近ニ於テモ各地方ヲ通ジテ常ニ如斯事件ノ少カラザルハ遺憾ニ思フ次第ナリ今日意味深キ記念式ニ於テ相互ニ固ク団結シ一層朝鮮衡平運動ノタメ闘争アラン事ヲ望ム

一、衡平運動ノ沿革

沈相昱ヨリ別紙第一号ノ衡平運動ノ沿革ヲ朗読ス

一、祝電祝文ノ朗読

李東煥祝電祝文ヲ朗読ス（祝電四祝文廿五）祝文廿五通ノ内二通ヲ不穏ト認メ朗読ヲ禁ジ押収ス（別紙第二号）

一、祝辞

新幹會本部金振國祝辞ヲナシタルガ論旨稍不穏ニ向ヒタルタメ中止ヲ命ズ（別紙第三号）

一、感想談

李漢容　千若同　張志弼等衡平社員ノ感想談アリ（別紙第四号）

一、余興

別紙第五号添付ノプログラムニヨリ余興ニ移リ午後十一時卅分無事閉会ス

別紙（第一号）

衡平運動沿革報告書（衡平社本部提出）

一九二三年四月廿五日白丁階級ノ解放竝ニ朝鮮ニ於ケル（封建制度ノ）打破ヲ目的トシ衡平社ガ創立サレタンデアル創立即時ヨリ総テノ封建反動群ノ反動的行為ガ少カリシガ戦フ事ヲ覚悟ノ上起キタル我運動ハ最モ強戦ヲ以テ彼等ニ対抗シ来タノデアル

一九二四年二月十一日釜山ニ於テ臨時全朝鮮大会ガ召集サレタ其席上ニ於テ本部ヲ釜山ニ置クベキ主張ト京城ニ置クベシトスル主張ト対立ノ結果大衆的決議ヲ以テ釜山ニ置ク事ニ可決サレタ然ルニモ拘ラズ京城ニ本部ヲ置クト云フ代表等ハ其ノ決議ヲ否認シ同十三日大田ニ於テ衡平社革新同盟準備会ヲ開イテ同年三月十五日天安ニ於テ創立サレタ

一九二四年四月廿四五日ノ両日晋州ニ於テ衡平社本部ノ名儀ヲ以テ衡平社全朝鮮大会ヲ召集シ京城ニ於テハ衡平社革新同盟ノ名儀ヲ以テ衡平社全朝鮮大会ヲ召集シタ必ズ対立シナケレバナラヌト云フ何等闘争ノタメノ理論的根拠モナク唯本部位置問題ノミ意見ヲ異ニシタル両派ガ如斯ク対立反目ヲ継続スルハソノ野慾的首領級等ノタメ

ニハ利益ニナル事アルヤモ知ラザルモ我大衆ハ急速ニ運動ノ統一ヲ要求セザルヲ得ナカツタ之ニヨリ両派代表ハ同年七月十一日合同ノタメ懇談会ヲ開キ京晋両社合同大会ヲ同年八月十五日大田ニ於テ開ク事ニ決定シタ八月十五日大田ニ於テ召集サレタル合同大会ハ統一ヲ決議スルト同時ニ名儀ヲ朝鮮衡平社中央総本部ト決定シ其位置ヲ京城ニ置ク事トシタ

一九二五年一月十日在京城社員ハ正衛團ト云フ別団体ヲ組織シ差別待遇ニ積極的ニ戦フ事トシタ

一九二五年本部教育部統制ノ下ニ衡平社京城学友会ヲ組織シタ

一九二六年四月廿三日京城ニテ衡平社総聯盟ヲ組織シタ

一九二六年九月廿一、二両日本部臨時大会ヲ開キ名儀ヲ朝鮮衡平社総聯盟ト改メ地方支部ヲ皆独立セル衡平社ニスル事トス

一九二七年四月廿四、五両日第五回全国大会ヲ開キ名儀ヲ朝鮮衡平社総本部ト改メ地方衡平社ヲ何々支部トセリ

一九二八年三月十三日馬山ニテ姜相鎬及其一派ノ主動ニテ所謂衡平社慶南大会ト云フモノヲ召集シ反動的決議ヲセリ之ニ対シ総本部ニ於テ撲滅声明書ヲ発スルト同時ニ大衆的闘争ヲ以テ之ヲ即時撲滅セリ

一九二八年四月廿六日京城ニ於テ衡平社少年聯盟及地方青年ヲ解体スルニ決ス

別紙（第二号）

祝

貴会第七週年記念式

吾人ノ記念式ハ××ノ記念ニシテ決意ノ記念デアル過去ノ戦跡ヲ回想シテ倍強ノ力ヲ以テ飛躍的進出ヲ図ル様決心ヲ固クスルヲ祝ス

四月廿五日　　洛東江農民組合

祝

盛記念式！

荒暴乱狂ナル白色テロヲ克服シ来ルコト七週年ヲ迎フ衡平社ニ感謝シ尚一層強大陣ニナルヲ祝ス

一九三〇年四月廿五日夜八時

朝鮮青年總同盟長興青年同盟

衡平社七週年記念式　貴中

別紙（第三号）

祝　辞　　　新幹會本部　金振國

衡平社人類其ノモノハ昔ヨリ他ノ人類ヨリ差別的階級ニ置カレタルノ感アリシガ今ヤ其ノ差別ガ自然解ケ水平線ニ達シツツアルモノト認メラル茲ニ於テ益々団結ヲ固クシ衡平人権解放ノタメ積極的闘争ヲ以テ進マザルベカラズ今日第七週年記念ヲ行フ事ニツイテ喜ヲ共ニスルト同時ニ衡平ソノモノノ最後ノ目的ニ達スル迄努力セラレタシ現下朝鮮ハ特殊地帯ナル程総テノ運動ハ圧迫ト（中止）

別紙（第四号）

感想談　李漢容

感想トシテハ何ニカ？皆同ジ境遇ニ居ル我等トシテ別ニ所感ハナイノデアル而シテ我社員ハ過去千有余年間辛痛蹂躙ヲ受ケ来タ今日衡平運動七週年ヲ迎フルニ当リ所感ハ愉快デアル然シテ諸君モ皆承知スル処デアルガ某地帯ニアリテ未ダ血涙ヲ流シ居ルモノアル我等ハ過去ヲ観察スルト同時ニ世界大勢ニ照ラシテ進ミ又ハ団結ヲ鞏固ニスルニ於テ最後ノ成功ガアルト信ズ今般代議員中或ハ不平ヲ抱持シ居ルモノアル模様デアルガ今日不平不満ハ遠カラザル将来ニ平和ガ来ルモノダ我等ハ同一ナル歩調ヲ執ルヲ望ム云々

感想談　千若同（女）

私ハ幼時ヨリノ経歴ヲ語ラウト思ヒマス十三歳ニ学校ニ入学シマシタガ友達ハ白丁ノ娘ガ何ヲスルカト云ツタ事ガ今迄尚其ノ声ガ耳ニ残ツテキマス然シテ私ハ圧迫ヲ受ケテモ勉強ヲヨクスレバ圧迫ヨリ脱シ得ルモノト思ヒマス

感想談　張志弼

衡平運動ト云フ程人間トセバ当然水平線上ニ立ツベキモノナリ今日朝鮮ニ於テ衡平運動ヲセネバナラヌト云フハ朝鮮人類ノタメ羞恥ナリト云ハザルベカラズ中国ニ八年風塵トノ説ガアルガ朝鮮ニ於テハ衡平運動八ケ年間難関ト波乱ヲ重ネテ戦ツテ来タノハ朝鮮ノ八年風塵トモ云フベキナリ我社員四十万大衆ノ代議員諸氏ガ今日朝鮮ノ中央地タル大京城ニ於テ此ノ記念式ヲ開キ且一般社会ノ多大ナル声援ヲ蒙ルハ満腔ノ誠意ヲ以テ感謝スル次第デアル従ツテ将来一層固ク闘争アラン事ヲ望ム

以上

別紙第五号

餘興프로―그람

第一部

喇叭　起床号
合唱　봄제비
独唱　고양한울
舞踏　에쓰가나
独唱　송아지
合唱　금붕어
独唱　朝鮮少年軍
喇叭　進行曲金鉉義
独唱　金東爀
하모니가　姜俊熙
唉話　金振九
童話劇　꼿파는어리니

第二部

喇叭　□□□李德鳳　金□□
合唱　□□□되제
유희　가나다아
独唱　姜俊熙
舞踏　파도
合唱　고초먹고뱅〃
独唱　감동본지
하모니가　白元基
独唱　봄오면
喇叭吹曲　朝鮮少年軍
童話劇　꼿동산

[編者訳文]

別紙第五号

余興プログラム

第一部

喇叭　起床号
合唱　春のツバメ
独唱　故郷の空
舞踏　エスカナ
独唱　子牛
合唱　金魚
独唱　朝鮮少年軍
喇叭　進行曲金鉉義
独唱　金東爀
ハモニカ　姜俊熙
笑話　金振九
童話劇　花売り子供

第二部

喇叭　□□□李德鳳　金□□
合唱　□□□□□
遊戯　カナダア
独唱　姜俊熙
舞踏　波
合唱　唐辛子を食べてぐるぐる
独唱　感動の源泉
ハモニカ　白元基
独唱　春が来れば
喇叭吹曲　朝鮮少年軍
童話劇　花園

15　4月28日　集会取締状況報告（中央執行委員会）

『昭和五年　思想ニ関スル情報綴』Ⅳ

京鍾警高秘第五五九六号

昭和五年四月廿八日

京城鍾路警察署長

警務局長殿
京畿道警察部長殿
関係各警察署長殿
（印）「京城地方法院検事正殿」

集会取締状況報告（通報）

集会日時　四月廿六日自午後〇時卅分至午後三時
同　場所　京城府雲泥洞二三番地衡平社本部会館内
主催者　朝鮮衡平社本部
司会者　趙貴容
集会ノ目的　衡平社第一回執行委員会
主ナル集会者　趙貴容　李漢容　朴平山　外十三名
開催ノ状況　左記ノ通リ
臨監警察官ノ官職氏名　道巡査梅野富士吉　同山口壽一　同徐商景
警察取締状況　左記ノ通リ

左記

一、賤視差別積極的撤廃ノ件　本件ハ最モ重要ナル問題ニツキ充分考慮スル必要アリトシテ常務執行委員会ニ一任ス

一、衡平デーニ関スル件　衡平運動宣伝記念日ヲ定メ衡平デーナルモノヲ組織シ各支部一斉ニ左記日時方法ニヨリ宣伝スルコトトセルガ本件ハ新派朴好君、李漢容等ノ提議案ニシテ社会運動化シタルモノナリ

日時　九月第三日曜日
方法法《ママ》講演　講座　ポスター　ビラ

一、反動社員懲戒ノ件　反動社員ニ対シテハ本部ニ於テニュースヲ発表スルト同時ニ各支部ニハ通文ヲ以テ同志間ノ交際ヲ絶チ本人ヲシテ反省スル様勧誘スル事若シ之ニ応ゼザル時ハ除名スル事トセリ

一、教養ニ関スル件　巡回講演隊ヲ組織シテ各支部ヲ巡回シテ教養ニ努ムベク議論アリタルモ結果教養部ニ一任スル事トス

一、機関紙基本金確立ノ件　基本金ヲ五千円トシ各支部ニ基本金募集委員ヲ置キ募集スル事トシ其実行方法ニ就テハ教養部ニ一任シタリ（募集員金鍾澤、沈相昱、張志弼、趙貴容）

一、未組織大衆獲得ニ関スル件　組織部員ヲ未組織地方ニ派遣シ組織ニ努メシメント種々ナル議論アリタルモ結局常務執行委員ニ一任スル事トセリ

一、道支部聯合会ニ関スル件　本部ノ活動力薄弱ナル結果沈滞状態ニ陥リタル支部尠ラズ仍テ各道支部聯合会ヲ組織スル事トセリ

一、旧産業別組合組織ニ関スル件　公州支部ヨリ提出セシ議案ニシテ充分考慮ノ要アリトテ生活保障部ニ一任スル事トス

一、本部維持方針　従来屠殺獣類ハ各自ニ於テ面事務所ニ手続（屠殺料金ヲモ納入）ヲナシ来リタルガ之ヲ各支部ニ於テハ其地方ノ分ヲ取纏メ面事務所ニ手続ヲナスト同時ニ本部維持金トシテ若干宛徴収スル事トセリ

一、屠殺税金減下運動ノ件　警務局ニ交渉スル事トシ交渉委員トシテ趙貴容、張志弼、申壽鉉（鉉壽）ノ三名ヲ選定ス

一、犠牲家族救済ノ件　各支部ニ公文ヲ発シ応分ノ救済金ヲ得ル事トセリ

一、争議事件ニ関スル件　常務執行委員ニ一任ス

一、辞任願受理ノ件　家庭ノ事情ニヨリ責任ヲ完フスル事ヲ得ズトテ吉萬學、吉淳吾、金東錫ハ辞任願ヲ提出シタルガ理由薄弱ナリトテ不受理ニ決ス

一、部署分担ニ関スル件　従来庶務、財政、宣伝組織、教養、正衛ノ五部ヲ設ケ居タルガ今回左記ノ通リ改正シ常務委員ヲ選定セルガ庶務部ハ部署ヲ廃シ書記長之ニ代リ庶務事務ヲ掌ルト同時ニ各部長ヲ指揮監督ス各部長左ノ如シ

組織財政部長吉漢同　部員羅秀完
教養出版部長金鍾澤　部員金　光
社会正衛部長李東煥　部員李鍾淳
生活保障部長呉成煥　部員吉萬學
青年婦人部長朴平山　部員申鉉壽

以上ニシテ部長及委員長、書記長、書記ヲ常務執行委員トス

以上

『昭和五年　思想ニ関スル情報綴』V

16　4月30日　集会取締状況報告（常務執行委員会）

京鍾警高秘第五七五〇号

昭和五年四月卅日

京城鍾路警察署長

警務局長殿
京畿道警察部長殿
(印)「京城地方法院検事正殿」

集会取締状況報告（通報）

集会日時　四月廿八日　自午後一時至仝二時半
同場所　朝鮮衡平社本部会館
主催者　朝鮮衡平社総本部
後援者
司会者　沈相昱
集会ノ目的　朝鮮衡平社常務執行委員会
主ナル集会者　沈相昱　李漢用　呉成煥　李東煥外三名
集会人員及其種別
演題竝演士
開催ノ状況　別紙ノ通リ
臨監警察官ノ官職氏名　道巡査梅野富士吉
警察取締状況
講演要旨
聴衆ノ感想
参考事項意見
別紙
議長ニ沈相昱書記ニ李漢容就任シ決議事項左ノ如シ

左記

一、賤視差別積極的撤廃ノ件
吾ガ社員ヲ賤視差別スル者ガアツタ場合ハ本部ニ於テ事実顛末ヲ詳細ニ調査ノ上事件ニヨリテハ全国的ニ総動員ヲナシ最後迄抗争スルコト（全員賛成可決）
本件ハ本部ニ於テ地方ニ於ケル紛糾事件ヲ煽動スルモノニシテ穏当ナラズト認メ全国的ニ総動員ヲナシ最后マテ抗争云々ノ字句ヲ削除セシム
一、争議事件ニ関スル件
目下未決中ノ江景支部対普通民紛糾事件及仝堤川事件ニ対シ本部ハ事実結果ノ如何ニヨリ大衆的拡大セシメ最后マテ勝利ヲ得ルコトニ李東煥ノ意見ニ対シ朴平山同意シ呉成煥ノ□請ヲ以テ可決
一、未組織大衆獲得ノ件
未組織ニアル地方及沈滞状態ニアル地方ハ調査ヲナシ組織又ハ活動ヲナサムルコト満場一致可決
一、月捐金配定ノ件
書記長及組織財政部長ニ一任ス
一、其他事項
目下忠南各支部ニ於テ計画中ノ忠南連合会ハ本部ニ於テ承認スルト同時ニ連合会ニ提出スル議案ハ本部ノ検討ヲ受ケシムルコト

以　上

17　5月3日　衡平社印刷文ニ関スル件

『昭和五年　思想ニ関スル情報綴』Ⅴ

京鍾城警高秘第五九六二号

昭和五年五月三日

京城鍾路警察署長

(印)「京城地方法院検事正殿」

衡平社印刷文ニ関スル件

朝鮮衡平社総本部ニ於テハ昨二日別紙ノ如キ全鮮大会々録百五十部ヲ印刷作成シ各支部へ発送先、局、部、検事正セリ

右報告ス

発送先、局長　部長　検事正

(編者注＝会録の表紙。口絵を参照)

一九三〇年(衡平八年)

會錄　過去　現在

平和　衡平　自由　平和　自由　衡平　平和　衡平　自由

主意

一、…會錄을 必히 熟覧할 事

一、……會錄을 嚴肅히 遵守할 事

一、…會錄을 잘 保管할 事

[編者訳文]

一九三〇年(衡平八年)

会録　過去　現在

平和、衡平、自由、平和、自由、衡平、平和、衡平、自由

主意

一、…会録を必ず持参する事

一、……会録を厳粛に尊守する事

一、…会録をしっかり保管する事

衡總第一号

一九三〇年四月二十五日

衡平社總本部

衡平社各支部貴中

第八回定期大会　紀念式　執行委員会及常務執行委員会에
関한 顚末

一九三〇年四月二十四日午前十時二十五分에 第八回 全國定期大会《젼국즁긔대회》를 京城慶雲洞《경성경운동》 天道教紀念館《텬도교긔렴관》에서「모-든 討議《토의》는 膽大《담대》하게 心細《심세》하게! 人生權《인생권》과 生活權《생활권》을 獲得《확득》하자! 우리의 大会《대회》는 우리의 힘으로 직히자! 衡平運動《형평운동》 모-든 權力《권력》은 總本部《총본부》에로! 싸홈 團体《단체》의 紀念《긔렴》은 싸홈으로! 差別《차별》을 업새기 為《위》한 紀念戰《긔렴젼》에!」等《등》의 스로강 밋테서 執行委員長《집행위원장》 趙貴用氏《됴귀용씨》 開会宣言《개회선언》으로 開催《개최》하니 金鍾澤氏《김죵택씨》의 意味深長《의미심장》한 開会辞《개회사》를 비롯하야 代議員資格審査《대의원자격심사》는 審査委員五人《심사위원오인》을 口頭單《구두단》

選《선》하야 一任《일임》하기로 全員《전원》이 可決《가결》하니 代議員資格審査委員《대의원자격심사위원》은 吳成煥《오성환》 朴平山《박평산》 李東煥《리동환》 沈相昱《심상욱》 吉淳吾《길순오》 諸氏《제씨》가 被選《피선》되고 審査《심사》한 結果《결과》 參加團《참가단》体《체》가 六十五 代議員《대의원》 一百七十四名《명》이러라 順序《순서》대로 大会執行部《대회집행부》를 選《선》擧《거》할 때 執行部員《집행부원》 十二人을 口頭呼薦《구두호천》하기로 可決《가결》되야 議長《의장》 李春福《리춘복》 副議長《부의장》 張志弼《장지필》 書記長《서기장》 金鍾澤《김종택》 書記《서기》 李東煥《리동환》 朴平山《박평산》 査察《사찰》 李鍾淳《리종순》 沈相《심상》昱《욱》 吉淳吾《길순오》 吉義星《길의성》 金東錫《김동석》 李奉春《리봉춘》 李漢容《리한용》 諸氏《제씨》가 被選《피선》되야 各己《각기》 任務《임무》에 나아가다。

祝電《축전》 祝文《축문》 及《급》 祝辭《축사》에 書記長《서기장》으로부터 祝電文《축전문》을 朗讀《낭독》하니 合《합》 一百十九通中《통중》 祝電《축전》八通《통》・祝文《축문》二十七通《통》은 臨席警官《림석경관》에게 押收《압수》되얏고 祝辭《축사》에 잇서〃二人《이인》의 制限《제한》으로 來賓中《내빈중》 槿友会本部《근우회본부》金貞琓《김정완》・江界青《강게청》年同盟《년동맹》李松奎《리송규》兩氏《량씨》의 熱々《열〃》한 祝辭《축사》가 잇는바 李松奎氏《리송규씨》는 臨席警察官《림석경찰관》에게 中止《중지》를 当《당》하자 場內《장내》는 一時《시》緊張《긴장》하얏다

臨時書記《림시서기》 朴平山氏《박평산씨》도 前大会々錄《전대회〃록》을 朗讀《낭독》하니 全員《견원》 無異受理《무이수리》되고

各種報告《각종보고》에 들어가

一、庶務部《서무부》 張志弼氏《장지필씨》 報告《보고》에 第二回《제이회》 常務執行委員会《상무집행위원회》 流会《류회》에 質問《질문》이 遝至《환치》하야 委員長《위원장》 趙貴用氏《됴귀용씨》의 流会結果《류회결과》를 答辯《답변》하고 地方巡廻《지방순회》 実行《실행》이 不履行《불이행》에 対《대》하야 代議員席《대의원석》에서 嚴格《엄격》한 批判《비판》이 잇섯고 따라 全員《견원》의 午食要求《오식요구》에 議長《의장》으로부터 休会《휴회》를 宣言《선언》할 때는 零時《영시》四十五分《분》이 엿다

午后《오후》二時《시》八分《분》에 議長《의장》이 續会《속회》를 宣言《선언》하고 遲參代議員《지참대의원》 及《급》 支部《지부》를 臨《임》時書記長《시서기장》으로부터 報告《보고》하니 異議《이의》업시 受理《수리》하고 이여서 延着《연착》된 祝《축》電《전》 祝文《축문》을 朗讀《낭독》하니 十二通中《통중》 四通《통》이 臨席警官《림석경관》에게 押收《압수》를 当《당》하고

2、經理部《경리부》 吉秋光氏《길추광씨》 報告上《보고상》 總本部負債問題《총본부부채문제》에 잇서 質問《질문》이 遝至《환치》하자 一九二九年度《년도》에 社旗《사긔》、마ー크、会舘移動手續費《회환이동수속비》、慶南密陽金《경남밀양김》一道《일도》、牙山仙掌《아산선장》 金鳳成《김봉성》 兩殺人事件《양살인사건》과 同情金《동정금》、正進雜誌《증진잡지》、未結《미결》算等《산등》에 至《치》하기까지 詳細《상세》한 答辯《답변》이 잇슨後《후》 異議《이의》업시 通過《통과》하고

3、教養部《교양부》 李東煥氏《리동환씨》 報告上《보고상》 機関紙委員会《긔관지위원회》는 엇더한 役割《역활》을 하는것이라는 質問《질문》에 仝委員会《동위원회》는 우리의 生命《생명》이라 할수잇는 機関紙基《긔관지기》本金《본금》 募集《모집》에만 限《한》한다는 答辯《답변》에 無異通過《무이통과》되고

4、調査組織部《됴사조직부》 金士琠氏《김사젼씨》 報告上《보고상》 全南康津支部《전남강진지부》 停權《정권》에 対《대》한 質問《질문》이 잇자 彼支部《피지부》는 本部公文《본부공문》을 返戾《반루》하며 書信往復《서신왕복》이 全無《전무》함과 同時《동시》에 今後《금후》로 懲戒《증계》하기 爲《위》하야 停權《정권》하얏다는 答辯《답변》에 無異受理《무이수리》하고

5、正衛部《증위부》 報告《보고》에 들어가자 責任部長《책임부장》 李京冀氏《리경긔씨》가 不參《불참》하얏슴으로 張志弼氏《장지필씨》가 代理報告《대리보고》케되니 代議員席《대의원석》에서 質問上《질문상》 答辯《답변》할 責任《책임》까지 하겟는야는대 아는대까지는 하겟다는 答辯《답변》에 通過《통과》하기로 하자 官公吏事件《관공리사건》十七 普通民間事件《보통민간사건》이 三十二로 未決《미결》十九件《건》 既決《긔결》三十件《건》이 끗나니 錦南事件報告《금남사건보고》가 업스니 代議員席《대의원석》에서 質問《질문》이 强硬《강경》하자 本部特派委員《본부특파위원》 張志弼氏《장지필씨》가 事件当時《사건당시》 及《급》 現下事態《현하사태》에 付《부》한 輪廓《윤각》만 口頭報告《구두보고》에 끗나고 爭議事件《쟁의사건》 決議時《결의시》로 回付《회부》하고 內紛事件《내분사건》에 잇서 雲峰《운봉》、驪州《여쥬》、內倉《내창》、豊基《풍기》、南原《남원》、錦山《금산》外《외》 諸事件《제사건》을 報告《보고》하니 無異受理《무이수리》하고

6、中央委員会《중앙위원회》 報告《보고》는 書記《서기》 李東煥氏《리동환씨》가 朗讀《낭독》하니 淸安《청안》、茂朱《무주》兩支《양지》部《부》 野犬撲殺事件《야견박살사건》에 対《대》한 質問《질문》이 잇슴에 事件《사건》의 質《질》이 爭議事件《쟁의사건》임

으로 正衛部《증위부》에 關《관》한 것으로 異議《이의》업시 通過《통과》되고 이여서 庶務部《서무부》 報告中《보고즁》 巡回狀況《순회장황》 報告《보고》에 巡回委員中《순회위원즁》 責任《책임》 不履行《불이행》한 委員《위원》은 懲戒《증계》하자는 말까지 잇자 懲戒《증계》할 必要《필요》가 업다고 可決《가결》되고 傍聽席《방청석》에서 發言權《발언권》을 要求《요구》하얏스나 場內紊乱《장내문란》이라는것으로 不許《불허》되다

고 이여서 執行委員中《집행위원즁》 申鉉壽《신현수》、李漢容《리한용》、金壽鎭《김수진》、朴平山《박평산》、李鍾淳《리종순》、沈相昱《심상욱》、吳成煥《오성환》、吉秋光《길추광》、委員長張志弼《위원장쟝지필》 合《합》九氏가 辭任願《사임원》을 提出《제출》하니 그 辭任願《사임원》 理由《리유》를 一一히 聽取《청취》하고 受理《수리》 不受理《불수리》 문데에 잇서셔 擧手取決《거수취결》하니 吉秋光《길추광》 朴平山《박평산》 吳成煥《오성환》 三人만 修理便《수리편》이 二十八点、全部《전부》 修理便《수리편》이 六十八点으로 結局《결국》 全部修理《전부수리》하기로 되고 金鍾澤《김종택》、李東煥《리동환》 兩氏《량씨》의 辭任願《사임원》이 잇섯스나 不修理《불수리》하기로 되다 다시 執行委員補選《집행위원보슨》 문데에 잇서셔 銓衡委員《전형위원》 五人을 口頭單選《구두단슨》하야 一任《임》하자는 意見《의견》에 滿場一致可決《만장치가결》되여 選擧《슨거》하니 吉萬學《길만학》 李漢容《리한용》 吉淳吾《길순오》 吉義星《길의성》 金甲千《김갑천》 五氏러라 銓衡委員《전형위원》으로 선거한 委員《위원》은 午食後《오식후》에 発表《발표》하기로하고 議長《의장》으로부터 休會《휘회》를 宣言《선언》하니 때는 正午十二時

二十分이러라.

下午一時에 議長《의장》으로부터 續會《속회》를 宣言《선언》한 后 銓衡委員《전형위원》의 報告《보고》는 다음과 갓다.

執行委員長《집행위원장》 金鍾澤《김종택》 書記長《서긔장》 李東煥《리동환》 書記《서긔》 徐光勳《서광훈》 執行委員《집행위원》 李壽東《리수동》 金顯悳《김현덕》 李必成《리필성》 河石金《하석금》 金棒《김봉》 申喜安《신희안》 金甲千《김갑천》 吉萬學《길만학》 姜龍生《강용생》 金東錫《김동석》 吉淳吾《길순오》 金士瑱《김사전》 金光《김광》 李春福《리춘복》

檢查委員長《검사위원장》 趙貴用《됴귀용》 委員《위원》 吉相洙《길상수》 吉義星《길의성》 李景春《리경춘》 李址永《리지영》 諸氏《제씨》엿다.

銓衡委員《전형위원》의 報告《보고》가 畢《필》하자 執行委員長《집행위원장》 金鍾澤《김종택》 書記長《서긔장》 李東煥《리동환》 執行委員《집행위원》 李春福《리춘복》 金顯悳《김현덕》 李必成《리필성》 李壽東《리수동》 金光《김광》 河石金《하석금》 檢查委員長《검사위원장》 趙貴用《됴귀용》 仝委員《동위원》 李京春《리경춘》 李址永《리지영》 諸氏《제씨》가 辭任《사임》하니 이것은 銓衡《전형》 不滿《불만》과 同時《동시》에 失策《실책》이라하야 銓衡委員《전형위원》 五人을 不信任《불신임》과 共《공》히 辭任願《사임원》 全部《전부》를 無異《무이》 修理《수리》하게되자 一部代議員側《부대의원측》에서는 突然《돌연》 退場等《퇴장등》 場內《장내》는 甚《심》히 混雜《끈잡》하야 一時《시》는 議事進行《의사진행》이 不能《불능》하야 議長《의장》으로부터 五分간 休會《휘회》를 宣言《선언》하다

다시 續會《속회》하고 退場《퇴장》한 代議員《대의원》은 本運動《본운동》에 背馳的行動《배치적행동》임으로 懲戒《증계》하자는 意見《의견》을 말하얏스나 此《차》는 略《략》하고 執行委員長《집행위원장》과 檢查委員長《검사위원장》만은 銓衡委員《전형위원》 五人을 選擧《선거》하야 候《후》補 二人式《식》 選出《선출》하야 全代議員《젼대의원》의 投票《투표》로 選定《선정》하고 其他委員《기타위원》은 第《제》一回《회》에 選擧《선거》된 委員《위원》을 採用《채용》하자는 動議《동의》 再請《재청》으로 可否《가부》를 取決《추결》한바 可便《가변》이 三十九 否便《부편》 九로 採用《채용》

一、規約修正《긔약수증》 書記《서긔》로 草案《초안》을 一次《일차》 朗讀《낭독》케하고 修正委員《수증위원》 五人《인》을口頭《구두》單選《단선》하야 一任《임》하기로 無異可決《무이가결》되니 修正委員《수증위원》 吳成煥《오성환》 張志弼《장지필》 金鍾沢《김죵택》 吉秋光《길추광》 吉淳吾《길순오》 諸氏《제씨》가 被選《피선》되다

이여서 本部委員長《본부위원장》 任期《임긔》二個年《개년》에 잇서는 新規約草案《신귀약초안》 第三章《제장》을 本大会《본대회》에서 採用《채용》하기로 可決《가결》하고 滿期《만긔》로 認《인》함과 同時《동시》에 受理《수리》하얏고

一、役員選擧本案《역원선거본안》에 잇서는 本部執行委員長《본부집행위원장》一人《인》 書記長《서긔장》一人《인》 執行委員《집행위원》十五人《인》 檢查委員長《검사위원장》一人 檢查委員《검사위원》四人《인》 合《합》二十三人《인》을 選挙《선거》하되 銓衡委員《전형위원》七人《인》을 口頭單選《구두단선》하야 一任《임》하자는 意見《의견》과 動議《동의》 再請《재청》으로 全員《전원》 無異可決《무이가결》되니 銓衡委員《전형위원》으로 吉秋光《길추광》 金鍾沢《김종택》 沈相昱《심상욱》 朴平山《박평산》 吳成煥《오성환》 金東錫《김동석》 吉淳吾《길순오》 諸氏《제씨》가 被選《피선》되야 翌日《익일》 續会時《속회시》에 発表《발표》하

기로하고 休会《휘회》하니 午后《오후》六時《시》十分《분》인데 議長《의쟝》으로 明日《명일》 午前《오젼》九時《시》에 續会《속회》하기로 宣言《선언》하다

[第二日] 二十五日《일》午前《오젼》十時《시》十分《분》에 議長《의장》이 續会《속회》를 宣言《선언》한 后《후》이여서 延着《연착》된 祝電《축젼》 祝文《축문》五通《통》을 朗讀《낭독》하고 銓衡委員《젼형위원》七人으로 銓衡報告《젼형보고》하니 本部執行委員長《본부집행위원쟝》 張志弼《쟝지필》、書記長《서긔장》 沈相昱《심상욱》、書記《서긔》 李漢容《리한용》、執行委員《집행위원》 吳成煥《오성환》、金鍾沢《김종택》、吉秋光《길추광》、金東錫《김동석》、李鍾淳《리종순》、李東煥《리동환》、金壽眞《김수진》、金光《김광》、姜龍生《강용생》、吉淳吾《길순오》、吉万學《길만학》、申絃壽《신현수》、朴平山《박평산》、羅秀完《라수완》、徐光勳《서광훈》、檢査委員長《금사위원장》 趙貴用《됴귀용》檢査委員《금사위원》 吉相洙《길상수》 吉義星《길의성》 金士瑛《김사전》 李春福《리춘복》 等諸氏《등제씨》가 被選《피선》되얏스며 臨時書記《임시서긔》 李東煥《리동환》 朴平山《박평산》 兩氏《양씨》가 口頭辭任《구두사임》함에 受理《수리》하고 議長《의장》 自辟《자벽》으로 臨時書記《임시서긔》 李址永《리지영》、申絃壽《신현수》 兩氏《양씨》가 被選《피선》되기로 決定《결정》되고 銓衡委員《젼형위원》은 李京春《리경츈》으로 金鍾澤《김종택》、朴平山《박평산》으로 吉漢同《길한동》、李長福《리장복》으로 李東煥《리동환》、李次福《리차복》으로 李長福《리장복》、吉義星《길의성》으로 金壽福《김수복》 五氏《오씨》가 被選《피선》된후 五分《오분》간 休會《휴회》를 議長《의장》으로 宣言《선언》하다

다시 議長《의장》으로 續會宣言《속회선언》에 銓衡委員《젼형위원》 五人《오인》의 候補二人式《후보이인식》 選擧發表《션거발표》하니

委員長候補《위원장후보》 趙貴容《죠귀용》　　檢査委員長《금사위원장》 李址永《리지영》
仝《동》 吉奉西《길봉셔》　　仝《동》 張志弼《쟝지필》

로 全代議員《젼대의원》은 投票《투표》한 結果《결과》 執行委員長《집행위원장》 趙貴容《죠귀용》七五 吉奉西《길봉셔》二一 檢査委員長《금사위원장》 張志弼《쟝지필》八一 李址永《리지영》一七、以上《이상》과 如《상》히 執行委員長《집행위원장》은 趙貴用《됴귀용》、檢査委員長《금사위원장》 張志弼《쟝지필》 兩氏《양씨》가 當選《당선》되다

一、議案《의안》、順序《순서》에 依《의》하야 決議案《결의안》은 時間上《시간상》 關係《관게》로 新任委員《신임위원》에게 全部《전부》를 一任《일임》하자는 意見《의견》에 動議再請《동의재청》이 有《유》하야 異議《이의》업시 可決《가결》되다

一、豫算案《예산안》、이는 全代議員《뎐대의원》에게 一部式《일부식》 配布《배부》하엿스나 一次朗讀《일차낭독》하니 無異通過《무이통과》되다

一、機關紙發刊《긔관지발행》에 對《대》한 基本金募集《긔본금모집》에 卽席《즉셕》에서 帽子《모자》 돌님하자는 緊急動議《긴급동의》 再請《재청》으로 滿場一致可決《만장일치가결》되고 卽席實行《즉셕실행》하니 應募金《응모금》이 三圓《삼원》五拾九錢《오십구젼》이려라

其他《긔타》

一、錦南事件《금남사건》 本件《본건》의 発生《발생》된 今日《금일》까지 被害《피해》된 社員七十餘名《사원칠십여명》은 飢餓《긔아》線上《선상》에 彷徨《방황》하야 生死《생사》의 岐路《긔로》에서 慘狀《참상》을 如何《여하》히 救濟《구제》할가! 代議席《대의석》으로부터셔 意見《의견》이잇자 臨席警官《임석경관》에게 発言禁止《발언금지》를 當《당》하다

一、總本部負債問題《총본부부채문제》는 代議員席《대의원석》으로부터 返償策《반상책》이 如何《여하》히 되겟는가 問議《문의》가 有《유》하며 未淸算《미청산》됨을 反答《반답》하고 巡回時募金總計《순회시모금총게》를 問議《문의》하며 大會後報《대회후보》로 通知《통지》하겟다하야 議事《의사》는 이것으로 끗나고 議長《의장》 李春福《리춘복》 同志《동지》 先導《선도》로 『衡平社第八回全國定期大會万歲《형평사제팔회전국증긔대회만세》』 三唱《삼창》으로 午后六時十分《오후육시십분》에 閉會《폐회》하고 卽時《즉시》 紀念寫眞《긔렴사진》을 撮影《촬영》하다

第七週年紀念式顚末

一九三〇年四月二十五日 下午八時에 仝天道教紀念舘《동천도교긔렴관》에서 弘濟少年《홍제소년》軍樂隊《군악대》의 奏樂《주악》으로 「싸홈 단체의 긔렴은 싸홈으로! 차별을 업새기 위한 긔렴젼에로!」 라는 莊嚴《장엄》한 標語下《표어하》에 李東煥氏《리동환씨》의 開式宣言《개식선언》과 仝氏《동씨》의 意味深長《의미심장》한 式辭《식사》를 비롯하야 沈相昱氏《심상욱씨》의 衡平運動沿革報告書《형평운동연혁보고서》 朗讀《낭독》이 끗나자 祝電文朗讀《축젼문낭독》이 잇섯는데 內外各《내외각》단체로부터 五十餘通《여통》의 祝電文《축젼문》이 還至《환치》하엿더라 다음으로 來賓祝辭《래빈축사》에는 一人에

만限《한》한다는 立會警官《립회경관》의 制限《제한》으로 多少《다소》 유감이 잇섯다 新幹會本部《신간회본부》金振国《김진국》씨가 登壇《등단》하야 烈辯《열변》을 吐《토》하다가 警官《경관》의게 中止《중지》를 當《당》하고 過去運動批判《과거운동비판》 及《급》 今後進行意見書《금후진행의견서》 朗讀《랑독》、今後進行《금후진행》에 對《대》한 標語作成等《표어작성등》은 臨席警官《림석경관》의게 禁止《금지》를 當《당》하고 社員所感《사원소감》에는 三人만 制限《제한》이되여 李漢容《리한용》、社員《사원》의女學生中《여학생중》 千若同《천약동》、張志弼氏等《장지필씨등》이 등단하야 血涙汪《혈누림》〃(〃)한 感想談《감상담》이 끗난后《후》 李東煥氏《리동환씨》의 先導《선도》로 衡平社《형평사》 第七週年紀念《제칠주년긔렴》式萬歲三唱《식만세삼창》과 奏樂《주악》으로 下午九時半에 閉式《폐식》하고 이여서 그전날부터 企待《긔대》하든 立錐《립추》의 餘地《여지》가 업는 傍聽席《방청석》과 餘興《여흥》의 幕《막》이 열니엿다

餘興《여흥》은 弘濟少年軍《홍제소년군》、가나다會《회》、少女《소녀》의 出演《출연》으로 独唱《독창》、合唱《합창》 遊戯《유희》 謠劇等《요극등》 천진란만한 幕《막》이 滿場《만장》의 熱狂的喝采中《열광적갈채중》에 社員女學生《사원여학생》과 有意社員《유의사원》의 連出《연출》로 下午十一時半에 興味津《흥미진》〃(〃)히 終幕《종막》하다

執行委員會會錄

一九三〇年四月二十六日 上午十一時二十五分에 雲泥洞《운니동》 衡平社總《형평사총》本部會舘《본부회관》안에서 執行委員長《집행위원장》 趙貴用氏司會下《됴귀용씨사회하》에 第一回執行委員會《제일회집행위원회》를 開《개》하니 執行委員十五人中《집행위원십오인중》 十三人이 出席《출석》하고 執行委員長《집행위원장》 趙貴用氏《됴귀용씨》 開會宣言《개회선언》으로 書記長《서긔장》 沈相昱氏《심상욱씨》가 臨時書記《임시서긔》로 被選《피선》되여 左記事項《좌긔사항》을 決議《결의》하다

◎決議事項

一、賤視差別《천시차별》 積極的撤廃《적극적철폐》의 件《건》

一、常務執行委員會《상무집행위원회》에 一任《임》하기로 無異可決《무이가결》되다

一、衡平《형평》데ー에 關《관》한 件《건》

每年《매년》 九月第《데》三日曜《요》日로 期《긔》하야 全朝鮮的《전됴선적》으로 포쓰타、講演《강연》、講《강》座及《좌급》 行列等《행열등》으로써 이날을 特《특》히 우리의 紀念《긔렴》을 意味《의미》잇게하자는 것으로 可決《가결》되다

一、爭議事件《쟁의사건》에 關《관》한 件《건》

常務執行委員會《상무집행위원회》에 一任《임》하기로 可決《가결》되다

一、反動社員懲戒《반동사원증계》의 件《건》

社員《사원》의 自体《자체》로써 社体《사체》를 侮辱《묘독》하거나 或《혹》은 社員間《사원간》의 互相親睦《호상친목》의 義《의》를 저바리는 者《자》는 우리 운동의 可憎可悪《가증가악》한 障碍物《장해물》이되며 自己自《자긔자》身《신》도 自滅《자멸》하는 者《자》니 若反動社員《약반동사원》이 잇슬 時《시》는 各支部《각지부》에 公文又《공문우》는 뉴ー쓰에 發表《발표》하야 除名処分《제명처분》하는 同時《동시》에 모든 것을 断絶《단절》하기로 可決《가결》되다.

一、教養問題《교양문데》에 關《관》한 件《건》

교양출판부에 일림키로 가결되다.

一、機關紙《긔관지》 基本金確立《기본금확립》의 件《건》

一九三〇年二月二十日 第《데》六回常務執行委員會《상무집행위원회》에서 予定《예증》한 基本金《기본금》五千円이 積立《적립》될 때까지 被選《피슨》된 基本金 募集委員《기본금모집위원》 李箕俊《리긔준》、沈相昱《심상욱》李東煥《리동환》 金鍾沢《김종택》 吉萬學《길만학》 趙貴用《됴귀용》 張志弼等《장지필등》 諸氏《제씨》와 新任《신임》 教養出版部《교양출판부》에 一任《임》하기로 可決《가결》되다

一、未組織大衆《미조직대중》獲得《획득》에 關《관》한 件《건》

常務執行委員會《상무집행위원회》에 一任《임》하다

一、道支部聯合會《도지부연합회》에 関《관》한 件《건》

형평운동이 이러난지 八個星霜《개성상》에 總括的運動《총괄적운동》을 떠나 地域的責任《지역적책임》

과 中央《중앙》에 事大人小《사대인소》로 偉大《위대》한 使命《차명》과 切實《절실》한 任務《책무》를 다하지못함은 特殊事情《특수사정》인 交通不便《교통불편》이 一大關練《대관연》임에 原因《원인》이 不無《불무》하다는 것으로 더욱 總本營《총본영》 指導下《지도하》에 組織《조직》할 必要《필요》가 잇다는 것과 아즉도 道別《도별》로 보아 不必要《불필요》하다는 것이 対立《대립》되엿으나 擧手取決《거수추결》한바 十対《대》四로 組織《조직》하기로 可決《가결》되다

一、産業別組合《산업별조합》 組織《조직》의 件《건》

實行方法等《실행방법등》은 本部生活保障部《본부생활보장부》에 一任《임》하자는 意見《의견》과 各支部生活《각지부생활》保障部《보장부》에 一任《임》하자는 의견이 대립함에 擧手取決《거수추결》하니 四対《대》八로 조직하되 각지부 生活保障部《생활보장부》에 一任《임》하기로 하다.

一、本部維持方針《본부유지방침》에 關《관》한 件《건》

支部《지부》 경비가 총본부 經費《경비》에 莫大《막대》한 傾向《경향》을 주는것이다 特《특》히 本件《본건》은 우리의 生産商品《생산상품》을 屠殺《도살》하는데부터 시간불經濟《경제》와 取扱當局《취급당국》의 不便宜《불편의》가 잇다 이것을 均便《균편》케하는 同時《동시》 其方法等《기방법등》은 生活保障部《생활보장부》에 一任《임》하야 早速實行《조속실행》하기로 可決《가결》하다

一、屠殺稅金減下運動《도살세금감하운동》의 件《건》

経濟恐慌《경제공황》과 諸種《제종》 物價低落《물가저락》함에도 不拘《불구》하고 生牛《생우》 時勢《시세》는 依然《의연》 暴騰《폭등》을 不免《불면》하고잇다 이에 緊縮當局《긴축당국》은 何等《하등》의 調定策《됴정책》이 업고 反《반》하야 生牛《생》一頭《두》에 対《대》하야 買賣稅《매〃세》 屠殺稅《도살세》 販賣營業稅等《판매영업세등》 三四種《종》의 稅金《세금》을 徵收《징수》하니 元價《원가》에 比《비》하면 生牛一頭《생우두》에 弍割《이활》에 當《당》하고잇다 이것이 正當《정당》한 稅金徵收《세금징수》에 依《의》한 方法《방법》이며 現下緊縮時代《현하긴축시대》에 잇서 薄利《박리》한 營業《영업》에 過重《과중》한 稅金《세금》이라! 따라서 肉價制定《육가제증》으로 우리의 경제가 나날이 沒落《몰낙》하고잇다 이에 잇서서 本意《본의》를 當局《국》에 陳情交涉《진정교섭》하기 爲《위》하야 交涉委員《교섭위원》三氏《씨》를 申鉉壽《신현수》 張志弼《장지필》 趙貴容《됴귀용》으로 선경하고 減下《감하》에 철저히 努力《노력》하기로 하다

一、獸肉價格《수육가격》에 關《관》한 件《건》

□□□□□□屠殺稅《도살세》 減下運動《감하운동》에 잇셔 被選委員《피선위원》에게 一任《일임》하야 交涉《교섭》하게하다

一、同志家族救援《동지가족구원》의 件《건》、事件種類《사건종류》 及《급》 窮極《궁극》한 경우 잇는 同志《동료》를 救援《구원》함은 우리의 自在《자재》한 責任《책임》이 되니 그려한 時《시》에는 各支部《각지부》에 指令《지령》하야 救援金《구원금》을 募集《모집》하자는 意見《의견》에 滿場一致《만장일치》로 可決《가결》되다

一、部署分担《부셔분담》의 件《건》、執行委員《집행위원》이 辭任願《사임원》을 提出《제출》하엿슴으로 收理不《슈리불》收理《슈리》의 擧手取決《거슈취결》한 결과 六對八《륙대팔》로 不受理《불슈리》하기로 可決《가결》되다 部署分担《부셔분담》에 잇셔는 銓衡委員《뎐형위원》 五人《오인》을 口頭單選《구두단선》하야 一任《일임》하기로 可決《가결》되니 銓衡委員《뎐형위원》은 羅秀完《라슈완》 吉秋光《길추광》 金鍾澤《김추광》 沈相昱《심상욱》 李東煥《리동환》 五氏《오씨》가 被選《피선》되야 銓衡《젼형》한바 被選《피선》된 各部《각부》는 如左《여좌》하더라

組織財政部長《조직재정부장》 吉秋光《길추광》 仝部員《동부원》 羅秀完《라슈완》 教養出版部長《교양출판부장》 金鍾澤《김종택》
仝部員《동부원》 金《김》 光《광》、生活保障部長《생활보장부장》 吳成煥《오성환》 仝部員《동부원》 吉萬學《길만학》、社會正衛部長《회증위부장》 李東煥《리동환》 仝部員《동부원》 李鍾淳《리종순》、 青年婦人部長《청년부인부장》 朴平山《박평산》
仝部員《동부원》 申鉉壽《신현수》

一、其他《긔타》、에들어가 別事件《별사건》없스니 閉會《폐회》하자는 特請《특청》에 異議《이의》없서 議長으로부터 閉會宣言《폐회선언》하니 午后三時半《오후삼시반》이러라

第一回常務執行委員会会錄

一九三〇年《년》四月《월》二十八日《일》午后《오후》一時半《시반》에 本部会舘內《본부회관내》에서 常務委員長《상무위원장》

代理《대리》沈相昱氏《심상욱씨》司会《사회》로 第《제》一回《회》常務執行委員会《상무집행위원회》를 開催《개최》하다

一、点名《점명》＝八人中《인즁》 七人出席《출석》이요 一人缺席《인결석》으로 会《회》는 成立《성립》되다

一、賤視差別積極的撤廢《천시차별적극적철폐》의 件＝実行方法《실행방법》에 잇서 賤視的差別《천시적차별》하는 者《재》 잇슬 時《시》에는 本部《본부》에서 事実顚末《사실전말》을 詳細調査《상세조사》함과 同時《동시》에 嚴重《엄중》 處理《처리》하기로 하다

一、争議事件《쟁의사건》의 件《건》＝江景事件《강경사건》、堤川事件《제천사건》、錦南事件《금남사건》、金溝事件《금구사건》 其《그》外《외》数件《수건》인바 錦南《금남》 金溝《금구》 兩事件《양사건》은 警察署《경찰서》로부터 禁止《금지》를 시키고 其《그》外事件《외사건》에 잇서는 事実顚末如何《사실전말여하》에 依《의》하야 大衆的《대즁적》으로 拡大《확대》시키여 最后勝利《최후승리》를 엇도록 하기로 無異可決《무이가결》되고.

一、未組織大衆獲得《미조직대즁획득》의 件《건》＝未組織地方《미조직지방》及《급》滞在狀態《체재상태》에 잇는 地方《지방》을 一々히 調査《조사》함과 同時《동시》에 組織《조직》하기에 活動《활동》하기로 滿場一致可決《만장일치가결》되고.

一、月捐金配定《월연금배증》의 件《건》＝書記長《서긔쟝》과 組織財政部長《조직재정부쟝》에게 一任《임》키로 可決《가결》되다

一、支部會合促成《지부회합촉성》의 件《건》＝各支部《각지부》에 指令《지령》하야 各種總会《각종총회》를 通《통》하야 總《총》本部指令《본부지령》을 遵守《준수》하도록 하기로 可決《가결》되다

一、其他事項《긔타사항》에 들어가 道聯合会《도연합회》（忠南道聯合会設置準備委員会報《충남도연합회설치준비위원회보》告《고》를 接《접》하고）召集《소집》함에는 먼져 總本部《총본부》의 承認《승인》을 엇들지며 聯合会《연합회》에 上呈《상증》할 議案《의안》도 總本部《총본부》의 檢定《금정》을 밧을 것이니 이에 從《죵》치안함은 不法《불법》임과 同時《동시》에 承認《승인》치안키로 可決《가결》되고 閉会《페회》를 宣言《선언》하니 午后《오후》二時半《시반》이러라

貴支部月捐金《귀지부월연금》은 每月《매월》 圓《원》 錢《젼》으로 配定《배증》하엿사오니 每月《매월》五日《일》內로 納付《남부》하기를 敬要《경요》하나이다

各支部《각지부》 各種總会《각종총회》 促成《촉성》의 件《건》

本題《본제》에 附《부》하야 諸君《제군》이여！ 諸君《제군》의 誠力《성력》은 無限大《무한대》하얏다 그러하얏슴으로 新陣營《신진영》을 樹立《수립》하기에 今般大会《금번대회》는 質《질》로써 量《량》으로 盛大《성대》하얏다 이어서 歷史的《력사적》으로 意義《의의》잇는 紀念日《긔렴일》로 遠大《원대》한 希望《희망》과 高尙《고상》한 抱負《포부》는 單《단》一的《적》으로 構成《구성》되얏섯다。 諸君《제군》은 代議員諸氏《대의원제씨》의 報告《보고》를 잘 들엇을 것이며 以上《이상》의 本部会錄《본부회록》을 잘 보앗스리라고 밋는다 同時《동시》에 各支部《각지부》에서는 各種總会《각종총회》（臨時總会《임시총회》 혹은 定期大会《정기대회》）를 一個《개》月以內《월이내》에 開催《개최》하야 一切《체》 決定《결증》한바를 至急即時《지급즉시》 보告《고》하야써 總本部《총본부》 複雜《복잡》한 事務《사무》에 支障《지장》이 업도록 健鬪《근투》하기를 敬要《경요》하노라

至急報告《긴급보고》～～注意事項《쥬의사항》

一、役員《역원》 職業《직업》 及《급》 氏名《씨명》＝役員職名《역원직명》은 大会時《대회시》에 配布《배포》한 新規約草案《신기약초안》에 記載《긔재》한 各部《각부》에 照《죠》하야 某部長《모부쟝》 某氏《모씨》 某部員《모부원》 某氏《모씨》라고 할것

一、看板《간판》＝看板《간판》쓰는 法《법》은 衡平社《형평샤》○○支部《지부》라고 만들어부칠 것

一、社印《샤인》＝社印《사인》도 역시 간판과 가치 衡平社○○支部 印라고 할일

一、文簿整理《문부증리》＝諸般文簿《제반문부》는 過去《과거》와 現在《현재》를 戰蹟上《전적상》 參考的材料《참고적재료》이니 完備《완비》할 것

一、事務室《샤무실》＝諸君《제군》이 한자리에 모야서 압흐로 살길을 꾀하는 곳이니 반듯이 一定《증》하게 定《증》할일

一、通信《통신》에 關《관》한 対《건》＝戰術《전술》에 對《대》하야 羅針《라침》이니 特殊《특수》한 事故《샤고》 即《즉》 争議《쟁의》 事件《사건》、營業《영업》에 關《관》한 問題《문제》、冠婚葬祭《관혼상제》、不良社員等《불양사원등》에는 몟번이고 詳細《상세》하게 至急報告《지급보고》할 것이며 平常《평상》의 우리의 戰野《전야》를 打開《타개》함에 잇

어도 毎月《매월》二回以上《회이상》의 密接《밀접》한 報告《보고》가 잇스야할일

——大略《대략》 以上《이상》——

［編者訳文］

衡総第一号

一九三〇年四月二十五日

衡平社総本部

衡平社各支部貴中

第八回定期大会、紀念式、執行委員会及び常務執行委員会に関する顛末

一九三〇年四月二十四日、午前十時二十五分に第八回全国定期大会を京城慶雲洞天道教紀念館で「全ての討議は大胆に、繊細に！人生権と生活権を獲得しよう！我らの大会は我らの力で守ろう！衡平運動全ての権力は総本部に！戦いの団体の記念は戦いで！差別を無くすための記念戦いに！」等のスローガンの下に執行委員長趙貴用氏の開会宣言で開催されると、金鍾澤氏の意味深長な開会辞をはじめとして代議員資格審査は審査委員の五人を口頭で当選し、一任することで全員が可決したところ、代議員資格審査委員は呉成煥、朴平山、李東煥、沈相昱、吉淳吾の諸氏が被選され、審査した結果、参加団体が六十五、代議員百七十四名である。式順に従い大会執行部を選挙する時、新しい執行部員十二人を口頭で呼薦するということで可決され、議長李春福、副議長張志弼、書記長金鐘澤、書記李東煥、朴平山、査察李鍾淳、沈相昱、吉淳吾、吉義星、金東錫、李奉春（春奉）、李漢容の諸氏が被選され、各自任務に当たる。

祝電祝文及び祝辞を書記長が祝電から祝電文を朗読すると一百十九通中祝電八通、祝文二十七通は臨席警官に押収され、祝辞においては、二人の制限により、来賓中の槿友会本部金貞瑗、江界青年同盟李松奎両氏の熱烈な祝辞があったが、李松奎氏が臨席警察官に中止を受けると、場内は一時緊張した。

臨時書記の朴平山氏から前大会々録を朗読すると、全員異議なく受理され、各種報告に入る。

一、（ママ）庶務部の張志弼氏の報告に、第二回常務執行委員会流会に質問が集中し、委員長趙貴用氏の流会結果に対し答弁する。地方巡回実行の不履行に対する代議員席から厳格な批判があり、よって全員の昼食要求に議長から休会が宣言された時間は、零時四十五分であった。

午後二時八分に議長が続会を宣言し、遅参代議員及び支部を臨時書記長から報告すると異議なく受理し、続いて延着した祝電祝文を朗読し、十二通中四通が臨席警官に押収された。

2、経理部の吉秋光氏の報告に、総本部負債問題において質問が集中すると、一九二九年度に社旗、マーク、会館移動手続費、慶南密陽の金一道、牙山仙掌の金鳳成両殺人事件と同情金、正進雑誌、未決算等に至るまで詳細な答弁があった後、異議なく通過した。

3、教養部李東煥氏の報告に、機関紙委員会はいかなる役割をする

のかという質問に同委員会は我らの生命といえる機関紙の基本金募集に限るという答弁に異議なく通過された。

4、調査組織部の金士琠氏の報告に、全羅南道康津支部の停権に対する質問があると、同支部は本部公文を送り返し、書信往復が全く無いと同時に、今後懲戒する為に停権したという答弁に異議なく受理される。

5、正衛部報告に入ると、責任部長の李京冀氏が不参加だったので張志弼氏に代理報告させ、代議員席からの質問で答弁する責任まで負うのかという質問に、知り得るところまで答弁するということで通過することになる。官公吏事件十七、普通民間事件が三十二で、未決十九件に既決三十件が終わると、錦南事件報告がないので代議員席から質問が強く出ると、本部特派委員の張志弼氏が事件当時及び現下の事態について輪郭だけを口頭報告で終わり、争議事件の決議時に回附し、内紛事件において雲峰、驪州、内倉、豊基、南原、錦山外諸事件が報告されると異議なく受理される。

6、中央委員会報告は書記李東煥氏が朗読すると、清安、茂朱の両支部の野犬撲殺事件に対する質問があり、事件の質が争議事件であるので正衛部に関しては異議無く通過し、続いて庶務部報告中の巡回状況報告に対し、巡回委員中の責任を履行しなかった委員を懲戒しようという意見まで出たが、懲戒する必要がないと可決され、傍聴席から発言権が要求されたが、場内紊乱ということで不許可となる。

続いて執行委員中の申鉉壽、李漢容、金壽鎮、朴平山、李鍾淳、沈相昱、呉成煥、吉秋光、委員長張志弼と合せて九氏が辞任願を提出すると、辞任願の理由を一々聴取し、受理不受理の問題において挙手を取ると、吉秋光、朴平山、呉成煥の三人だけの受理票が二十八点、全部の受理票が六十八点で、結局、全部受理することになり、金鍾澤、李東煥両氏の辞任願があったが、不受理することになる。再び委員補選問題において銓衡委員五人が口頭で当選し、一任しようという意見に満場一致で可決され、選挙すると吉萬學、李漢容、吉淳吾、吉義星、金甲千の五氏だ。銓衡委員に選挙された委員は昼食後に発表することにして、議長から休会が宣言されると、時間は正午十二時二十分だ。

午後一時に、議長から続会が宣言された後、銓衡委員の報告は次の通りだ。

執行委員長金鍾澤、書記長李東煥、書記徐光動、執行委員李壽東、金顯悳、李必成、河石金、金棒、申喜安、金甲千、吉萬學、姜龍生、金東錫、吉淳吾、金士琠、金光、李春福、

検査委員長趙貴用、委員吉相洙、吉義星、李景春、李址永の諸氏だ。

銓衡委員の報告を終えると、執行委員長金鍾澤、書記長李東煥、執行委員李春福、金顯悳、李必成、李壽東、金光、河石金、検査委員長趙貴用、同委員李京春、李址永 諸氏が辞任すると、これは銓衡

への不満と同時に失策だとして、銓衡委員五人の不信任と共に辞任願全部を異議無く受理すると、一部代議員側からは突然退場する等場内が甚しく混雑し、一時は議事進行が不能となり、議長から五分間休会が宣言された。

直ぐに続いて再会し、退場した代議員は本運動に背馳的な行動であるとして懲戒しろという意見を出したが、此れは略され、執行委員長と検査委員長だけは、銓衡委員五人を選挙し、候補二人ずつ選出し、全代議員の投票で選定し、其他の委員は第一回に選挙された委員を採用しようという動議を再請し、可否を取ったが可票が三十九、否票が九でこれが採用。

一、規約修正 書記に草案を一次朗読させ、修正委員の五人を口頭で当選させ、一任することに異議無く可決される。修正委員の呉成煥、張志弼、金鍾沢、吉秋光、吉淳吾の諸氏が被選される。

続いて、本部委員長の任期二個年において、新規約草案第三章を本大会で採用することで可決し、満期として認めると同時に受理した。

一、役員選挙の本案においては、本部執行委員長一人、書記長一人、執行委員十五人、検査委員長一人、検査委員四人、合わせて二十三人を選挙し、銓衡委員七人を口頭で当選させ一任せよという意見と、動議を再請し全員が異議なく可決し、銓衡委員として吉秋光、金鍾沢、沈相昱、朴平山、呉成煥、金東錫、吉淳吾の諸氏が被選され、翌日続会時に発表することとして休会し、午後六時十分だったが、議長が明日午前九時に続会することを宣言する。

[第二日] 二十五日、午前十時十分に議長が続会を宣言した後、続いて延着した祝電祝文五通を朗読し、銓衡委員七人が銓衡報告すると、本部執行委員長張志弼、書記長 沈相昱、書記李漢容、執行委員呉成煥、金鍾沢、吉秋光、金東錫、李鍾淳、李東煥、金壽眞(鎭)、金光、姜龍生、吉淳吾、吉万學、申紘壽、朴平山、羅秀完、徐光勳、検査委員長趙貴用、検査委員吉相洙、吉義星、金士璵、李春福等の諸氏が被選され、臨時書記李東煥、朴平山両氏が口頭で辞任するのを受理し、議長の指名で臨時書記 李址永、申紘壽両氏が被選されることが決定され、銓衡委員は李京春から金鍾澤、朴平山から吉漢同、李長福から李東煥、李次福から李長福、吉義星から金壽福(鎭)の五氏が被選された後、五分間休会を議長が宣言する。

再び議長からの続会宣言に、銓衡委員五人の候補二人ずつ選挙発表した。

委員長候補　趙貴容　　検査委員長　李址永
同　吉奉西　　同　張志弼

に全代議員は投票した結果、執行委員長に趙貴容七五、吉奉西二一、検査査委員長に張志弼八一、李址永一七、以上の如く執行委員長は趙貴用、検査委員長は張志弼 の両氏が当選する。

一、議案、順序に依って決議案は時間上の関係で新任委員に全部を一任せよという意見の動議が再請され、異議無く可決される。

一、予算案、これは全代議員に一部ずつ配布したが、一次朗読すると異議無く通過する。
一、機関紙発刊に対する基本金募集に、即席で帽子を回そうという緊急動議が再請し、満場一致で可決され、即席実行すると応募金が三円五拾九銭だ。
其の他
一、錦南事件、本件が発生した今日まで被害を受けた社員七十余名は飢餓線上に彷徨し、生死の岐路で惨状を如何に救済すべきか！代議席からの意見があるや臨席警官によって発言禁止を受ける。
一、総本部の負債問題は代議員席から返済策がどうなるのかという問議が有り、未清算であると返答し、巡回時の募金総計を問議し、大会後報にて通知するとし、議事はこれにて終え、議長李春福同志の先導で『衡平社第八回全国定期大会万歳』三唱で午後六時十分に閉会し、即時、紀念写真を撮影する。

第七週年紀念式顚末

一九三〇年四月二十五日、午後八時に同天道敎紀念館で弘濟少年軍楽隊の奏楽で「戦う団体の記念は戦いで！差別を無くすための戦いへ！」という荘厳な標語の下で、李東煥氏の開式宣言と同氏の意味深長な式辞を始め沈相昱氏の衡平運動沿革報告書の朗読が終わると、祝電文の朗読があったが、内外の各団体から五十余の祝電文が殺到した。次に来賓祝辞には一人にだけに限るという立会警官の制限で多少残念であった。新幹會本部の金振国氏が登壇すると熱弁を振るったが、警官の中止を受け、過去の運動の批判及び今後の進行意見書の朗読、今後の進行に対して標語の作成等は臨席警官に禁止を受け、社員の所感には三人だけに制限され、李漢容、社員の女学生中千若同、張志弼氏等が登壇し、血涙溢れるような感想談が終わった後、李東煥氏の先導で衡平社第七週年記念式万歳三唱と奏楽で午後九時半に閉式し、続いてその前日から期待していた立錐の余地も無い傍聴席と余興の幕が開かれた。
余興は弘濟少年軍、カナダ会、少女の出演で、独唱、合唱、遊戯、謠劇等天真爛漫な幕が満場の熱狂的喝采中に社員女学生と有志社員の連続の出演で、午後十一時半に興味深々な中で終幕する。

執行委員会会録

一九三〇年四月二十六日、午前十一時二十五分に雲泥洞衡平社総本部会館内で執行委員長趙貴用氏の司会の下で第一回執行委員会を開き、執行委員十五人中十三人が出席して、執行委員長趙貴用氏の開会宣言で書記長沈相昱氏が臨時書記として被選され、左記事項を決議する。
◎決議事項
一、賤視差別の積極的撤廃の件
常務執行委員会に一任することで異議無く可決する。
一、衡平デーに関する件
毎年九月の第三日曜日を期して全朝鮮的にポスター、講演、講座及び行列等で、この日を特に我らの紀念を意味有るものにしようと可決された。

一、争議事件に関する件

常務執行委員会に一任することで可決される。

一、反動社員懲戒の件

社員自体として社体を侮辱し、或は社員間の互相親睦の義を破る者は、我らの運動の憎むべき障碍物であり、自己自身も自滅する者なので、もし反動社員がいる時には各支部に公文又はニュースに発表して、除名処分にすると同時に、全てのことから断絶することで可決する。

一、教養問題に関する件

教養出版部に知らせることとして可決される。

一、機関紙基本金確立の件

一九三〇年二月二十日、第六回常務執行委員会で予定した基本金五千円が積立てできる時まで被選された基本金募集委員の李箕俊、沈相昱、李東煥、金鍾沢、吉萬學、趙貴用、張志弼等の諸氏と新任教養出版部に一任することで可決。

一、未組織大衆獲得に関する件

常務執行委員会に一任する

一、道支部連合会に関する件

衡平運動が起こって八個星霜に総括的運動を離れ、地域的責任と中央に事大人小により偉大な使命と切実な任務を遂行できなかったのは、特殊事情である交通不便が一大関連であることに原因が無いわけではないので、いっそう総本営の指導下で組織する必要があることと、いまだに道別に見て不必要だということで対立したが、挙手を取り十対四で組織することで可決した。

一、産業別組合組織の件

実行方法等は本部の生活保障部に一任せよという意見と各支部の生活保障部に一任せよという意見の対立により、挙手を取ると四対八で組織するが、各支部の生活保障部に一任することにする。

一、本部維持の方針に関する件

支部の経費が総本部の経費に莫大な傾向を与える事だ。特に本件は我らの生産商品を屠殺することから時間的不経済と取扱当局の不便宜があった。これを均便にすると同時に其の方法等は生活保障部に一任し、早速に実行することで可決する。

一、屠殺税金の減税運動の件

経済恐慌と諸種の物価低落にもかかわらず生牛の相場は依然暴騰を免れずにいる。これに緊縮当局は何等の調定策がなく、かえって牛一頭に対し売買税、屠殺税、販賣営業税等の三四種の税金を徴収するので、原価に比べれば生牛一頭につき二割に当たっている。これが正当な税金徴収に依る方法であり、現下の緊縮時代にあって薄利な營業に過重な税金である！依って、肉価制定で我らの経済が日々沒落している。これによって本意を当局に陳情交渉するために、交渉委員の三氏を申鉉壽、張志弼、趙貴容に選定し、減税に徹底して努力することにした。

一、獣肉価格に関する件

□□□□□□屠殺税減税運動において被選委員に一任し、交渉するようにする。

一、同志家族救援の件、事件の種類及び窮極な場合において、同志を救援することは我らの当然の責任となるので、このような時には各支部に指令し、救援金を募集しようという意見に満場一致で可決する。

一、部署分担の件、執行委員が辞任願を提出したので、受理不受理の挙手決議をした結果、六対八で不受理にすることで可決する。部署分担において銓衡委員の五人を口頭で当選させ、一任することで可決し、銓衡委員は羅秀完、吉秋光、金鍾澤、沈相昱、李東煥の五氏が被選され、銓衡により被選された各部は左の通りである。

組織財政部長　吉秋光　同部員　羅秀完、教養出版部長　金鍾澤　同部員　金光、生活保障部長　呉成煥　同部員　吉萬學、社会正衛部長　李東煥　同部員　李鍾淳、青年婦人部長朴平山、同部員　申鉉壽

一、其の他に入り、別に事件が無いので閉会しようという特請に異議無く、議長から閉会宣言すると、午後三時半であった。

第一回常務執行委員会会録

一九三〇年四月二十八日、午後一時半に本部会館内で常務委員長代理沈相昱氏の司会で第一回常務執行委員会を開催する。

一、点呼＝八人中七人が出席で、一人の欠席で会は成立する。

一、賤視差別の積極的撤廃の件＝実行方法において、賤視的に差別する者がいる時には、本部で事実の顚末を詳細に調査し、同時に厳重に対応することにする。

一、争議事件の件＝江景事件、堤川事件、錦南事件、金溝事件の其の外の数件である。錦南、金溝の両事件は警察署から禁止され、其の外の事件においては事実顚末の如何に依って大衆的に拡大させ、最後の勝利を得ることで異議無く可決される。

一、未組織大衆獲得の件＝未組織地方及び滞在状態にある地方を一々調査すると同時に、組織し活動することで、満場一致で可決される。

一、月捐金配定の件＝書記長と組織財政部長に一任することで可決する。

一、支部会合促成の件＝各支部に指令し、各種総会を通し総本部の指令を尊守するようにすると可決される。

一、其の他の事項において、道連合会（忠南道連合会の設置準備委員会報告に接して）を召集するには、まず総本部の承認を得るべきで、連合会に上程する議案も総本部の検定を受けるので、これに従わないことは不法であると同時に、承認しないことで可決され、閉会を宣言すると午後二時半であった。

貴支部の月捐金は毎月　円　銭に配定したので、毎月五日までに納付することを謹んで求める。

各支部の各種総会の促成の件

本題について　諸君よ！諸君の誠力は無限大であった。故に新陣営を樹立するうえで今般の大会は質としても量で盛大であった。続いて、歴史的に意義ある紀念日として遠大な希望と高尚な抱負は単一的に構成された。諸君は代議員諸氏の報告をよく聴き、以上の本部会録を熟読したと信じている。同時に各支部では各種総会（臨時総会又は定期大会）を一個月以内に開催し、一切決定した所を至急即時に報告して、総本部の複雑な事務に支障が無いように健闘することを謹んで求める。

至急報告～～注意事項

一、役員 職業及氏名＝役員職名は大会時に配布する新規約草案に記載した各部に照らし、某部長　某氏、某部員　某氏とすること。

一、看板＝看板の使い方は衡平社〇〇支部とすること。

一、社印＝社印もやはり看板と同じように衡平社〇〇支部 印とすること。

一、文簿整理＝諸般の文簿は過去と現在の戦績上の参考的材料であるゆえ完備すること。

一、事務室＝諸君が一つの場に集まり、今後の生きる途を模索する所であり、必ず一定に定めること。

一、通信に関する件＝戦術に対処する羅針であるので、特殊な事故即ち争議事件、営業に関する問題、冠婚葬祭、不良社員等には何度も詳細に至急報告すべきであり、平常我らの戦野を打開するにあって毎月二回以上の密接な報告があるべきこと。

――大略　以上――

18　5月3日　衡平社本部内ノ内訌ニ関スル件

『昭和五年　思想ニ関スル情報綴』V

京鍾警高秘第五九六五号

昭和五年五月三日

京城鍾路警察署長

京城地方法院検事正殿

衡平社本部内ノ内訌ニ干スル件

朝鮮衡平社総本部ハ昨春頃ヨリ幹部間ニ於テ新旧派ノ内訌ヲ生ジ常ニ運動方針ニ就キ意見相反シ一致ヲ欠キ来リ旧派張志弼等ハ青壮年幹部ハ徒ニ軽挙ニ出デ且ツ急進的ニテ稍モスレバ左傾分子等ト気脈ヲ通ジ衡平運動ヲ誤ラントスルモノナリトテ新派ヲ排撃シ又新派李漢容、吉漢同等ハ、張志弼ハ右傾ニ走リ運動ヲ誤リ且ツ専横的行動ニ出ルモノトシテ、双方睨合フコト犬猿モ啻ナラズ暗ニ内訌ヲ重ネ来リタルガ本年全鮮大会ニ於テ張志弼委員長ニ選バル、ヤ漸ク内訌暴露スルニ至リ一層濃厚トナリタルガ内容ヲ内査スルニ左ノ如ク新、旧、中間ノ三派ニ分レ居リテ中間派ノ重鎮徐光勲等ハ次ノ如ク洩ラシ居レルガ今後内訌ハ一層露骨ニ現レ運動ノ転換ヲ見ルモノト思料

セラレ相当注意中ナルガ一応参考迄報告ス

左記

新派

李漢容、沈相昱、朴平山　吉漢同、李鍾淳及社会主義者李鍾律等ノ介在アリ

運動方針

一般社会団体ト提携シ無産大衆運動ヲ起シ急進的ニ転換ヲ為サヾレバ衡平運動ノ目的ガ遅レルモノトシテ共同戦線ヲ張ルト主張シ本年大会ニ於テ決議セル衡平デーノ如キモ所謂無産青年デーニ因シ作成シタルモノニシテ共同戦線ノ第一歩ト見ラル、モノナリ

旧派

張志弼、吉淳吾（外無識社員全部加担）等

運動方針

衡平運動ノ目的ハ只人権運動ニアリ一般社会団体ト提携シ無産運動ヲ起ス時ハ未ダ知識浅薄ニシテ無識ナル地方社員ヲシテ徒ラニ誤ラスノミニシテ其ノ時機ニ非ズ専心官庁ノ援助ヲ待ツテ人権解放運動ニ尽酔（瘁）シ併セテ無識社員ノ教養ヲナシ向上ヲ計ルニアリト

中間派

呉成煥、徐光勲、李東煥、金鍾澤等

運動方針

旧派ノ主張ガ適法デアリ又合理ナリトスルモ旧派ノミニ賛成シ新派ヲ排斥スルトキハ運動ニ活気ヲ失ヒ運動ガ沈滞スル虞アリトシ双方ノ譲歩点ヲ見出サント両間ニアリテ努メツ、アリ

徐光勲（中間）ノ言動

張志弼ハ我ガ衡平運動ノ元祖ニシテ運動ニ尽シタル功蹟勘（尠）カラズ尚方針ノ如キモ衡平運動トシテ最モ合理的ニシテ地方ノ社員間ニモ相当信頼厚ク勢力ヲ有シ居ル者ナルガ、今、仝人ヲ我ガ運動戦線ヨリ葬ルトキハ衡平社員ノ一大損失デアルト共ニ地方ニ於ケル紛糾事件等ノ発生シタル場合官庁トノ交渉員ヲ失フコト、ナリ非常ナ不利ト云ハネバナラヌ新派側ハ只運動ヲ急進的ニノミ主張シ旧派ヲ排斥セムトスルハ運動ノ根本ヲ誤ルト共ニ四十万大衆ノ指導ヲ誤ルモノト思ハル

委員長趙貴用ハ何等ノ理論モ理想モ持タズ全然愚者ニシテ大衆ヲ指導スル力ヲ有セズ幹部ノ云フガ儘ニ傾クモノニシテ自由ニ利用ノ出来ルモノデアルカラ新派側ニテハ仝人ヲ利用スル魂胆ヨリ、カツギ出シタモノニシテ今後ハ新派ノ勢力内ニ巻込マレルモノト思ハレル

以上

発送先　局長　部長　検事正

19　5月30日　集会取締状況報告（京城支部の臨時総会）

京鍾警高秘第七九八一号
昭和五年五月三十日
京城鍾路警察署長

警務局長殿
京畿道警察部長殿
(印)「京城地方法院検事正殿」

集会取締状況報告（通報）

集会日時　五月二十九日　自午后九時　至午后十時
同場所　京城府雲泥洞二三
主催者　衡平社京城支部
後援者
司会者　朴平山
集会ノ目的　臨時総会
主ナル集会者　朴平山、沈相昱、李漢容
集会人員及其種別　京城支会員十八名
演題竝演士
開催ノ状況　別紙ノ通リ
臨監警察官ノ官職氏名　（密察）道巡査　梅野富士吉
警察取締状況
講演要旨
聴衆ノ感想
参考事項或ハ意見

開催状況

沈相昱議長ニ、吉漢同書記ニ就任ス

一、経過報告
朴平山ヨリ簡単ナル経過報告ヲナシタル後、規約ヲ朗読シタル
ニ不備ナル点アリトシ保留スルコト

一、役員選挙
朴景煥、吉漢同、李英培ヲ詮衡委員ニ選ビ詮衡ノ結果次ノ如ク
決定
執行委員長　李京春
書記長　李漢容
書　記　李漢東
委　員　吉(李)英培、朴平山
金壽石、沈相昱
白順福、朴景煥
崔石鎭、趙順景
検査委員長　朴聖泰
全委員　李順泰、金聖天

一、維持方針ノ件
会ノ維持ハ月損金二十銭宛ノ懲(徴)収及日給一円ノ稼高ニ対シ十銭
宛ヲ義務的ニ負担補充スルコト

一、会館問題ニ干スル件
当分間本部会館ノ一部ヲ借家シ置クコト

一、失業社員救済ニ干スル件

有業者同志ヲ以テ失業者同志ヲ救済スルコト、ソノ方法ハ稼高ノ一割ヲ提供スルコト

一、未組織社員獲得ノ件

加入セザル同志ヲ訪問シ勧誘スルコト

一、所謂釜山支部応徴(膺)ニ干スル件

慶南道支部聯合会ニ反対セル釜山支部ヘ警告文及ビ応徴文ヲ発送スルコト

以上

20　5月30日　集会取締状況報告（常務執行委員会）

『昭和五年　思想ニ関スル情報綴』Ⅵ

京鍾警高秘第七九八二号

昭和五年五月三十日

京城鍾路警察署長

警務局長殿

京畿道警察部長殿

(印)「京城地方法院検事正殿」

集会取締状況報告（通報）

集会日時　五月二十九日　自午后二時　至午后四時

同場所　衡平社総本部

主催者　沈相昱

後援者

司会者　沈相昱

集会ノ目的　常務執行委員会

主ナル集会者　沈相昱　朴平山　吉漢同

集会人員及其種別　三名

演題竝演士

開催ノ状況　別紙ノ通リ

臨監警察官ノ官職氏名　（密察）道巡査　梅野富士吉

警察取締状況

講演要旨

聴衆ノ感想

参考事項或ハ意見

開催ノ状況

議長ニ沈相昱、書記ニ吉漢同就任シ決議事項左ノ如シ

一、各部意見案提出採用ノ件

各部員ヨリ意見案ヲ提出セシメタルニ左記四項ヲ採用セリ

(イ)　差別撤廃ノ基本戦術

(ロ)　本部活動組織ノ改編ニ干スル件

(ハ)　社員教養大綱

(ニ)　趙貴用委員長ニ督励文発送

一、所謂釜山支部反動行為処置ニ干スル件

本件ハ本部ニ於テ声明書ヲ発送スルコトニ決ス

一、慶南道支部聯合会設置ニ干スル公文発送ニ干スル件

本件ハ本部ヨリ指示方針ヲ決定シ慶南支部ニ発送スルコトニ

ナリ居リタルモ、其ノ間、執行委員会ノ開催不可能ナリシタメ指示事項確定セザリシ干係上、本執行委員会ニ於テ道支部大会ト名称ヲ変更スルコト、シ通文ヲ発送スルコト、ス

一、錦南事件ニ干スル件

目下錦南ニ於テ非買同盟起リ居レバ之ニ対策ヲ講究スルト同時ニ、仝地社員ノ飢餓ニ迫レル者ニ対シ同情スベク一般社員ニ公文ヲ送ルコト、ス

一、平澤、西井里両支部合同承認ニ干スル件

本件ハ本部ニ於テ承認スルコト

一、執行委員会召集ノ件

六月五日京城本部ニ於テ本件召集スルコトニ決ス

以上

発送先　局　部　検事正

21　5月30日　衡平社中央執行委員（会）召集文ニ関スル件

『昭和五年　思想ニ関スル情報綴』Ⅵ

京鍾警高秘第七九八四号

昭和五年五月卅日

京城鍾路警察署長

警務局長殿

京畿道警察部長殿

（印）「京城地方法院検事正殿」

衡平社中央執行委員（ママ）召集文ニ関スル件

管下衡平社総本部ニ於テハ去ル廿九日常務執行委員会ヲ開催シ中央執行委員会ヲ召集スル事ヲ可決セルガ本日別紙ノ如キ召集文廿五枚ヲ印刷シ地方ニ散在セル委員宛発送セリ

右報告ス

以上

衡總第七壱號

一九三〇年五月二十九日

衡平社總本部

執行委員長　趙貴用

執行委員　貴下

第二回執行委員會召集의 件

右件에 附하야 第三回常務執行委員會를 마침과 同時에 道支部聯合會에 関한 規約 及 指示方針・本部活動組織의 改編에 関한 件을 為始하야 多端雑□한 難関의 諸般問題을 討議解決치 아니하면 아니될 現局面이엿삽기로 来月五日（陰五月初九日）午后二時에 本会舘内에서 第二回緊急執行委員會를 開催하오니 万事를 除外하시고 期必코 参席하심을 敬要함

【編者訳文】

衡総第七壱号

一九三〇年五月二十九日

衡平社総本部

執行委員長　趙貴用

執行委員　貴下

第二回執行委員会召集の件

右件につき、第三回常務執行委員会を終えると同時に、道支部連合会に関する規約及び指示方針、本部活動組織の改編に関する件をはじめとして、多端雑□な難関の諸般の問題を討議解決しなければならない現局面があるので、来月五日（陰五月初九日）午後二時に本会館内で第二回緊急執行委員会を開催するので、万障繰り合わせの上必ず参席することを謹んで求める。

22　5月30日　衡平ニュース発行ノ件

『昭和五年　思想ニ関スル情報綴』VI

京鍾警高秘第七九八五号

昭和五年五月三十日

京城鍾路警察署長

警務局長殿

京畿道警察部長殿

（印）「京城地方法院検事正殿」

衡平ニユース発行ノ件

管下衡平社総本部ニ於テハ本月十四日附出版物許可ヲ以テ第三回ニユース二百部ヲ印刷発行セリ

右報告通報ス

以上

衡平社總本部　京城府雲泥洞一三

機関紙準備委員會「뉴ー쓰」衡平社總本部

一九三〇年五月五日発行　第三號

活動하라！地方에 잇는 機関紙基金募集委員들아！

우리가 중대한 책님을 가지고는 결사뎍(決死的)으로 노력하지아니하면 아니된다「뉴ー쓰」를 가지고 모르는 동무에게 자사히 알이여 쥬기도하며 각종회셕(各種會席)을 통하야 긔금(基金)도 모집하며 유지개인(有志個人)을 심방하야 모집도하며 대대뎍으로 활동하야 一日이라도 속히 成功하지아니하면 아니될 사명(使命)이다

뎍극뎍으로 활동하야 긔금을 빗발갓치 보내라！

▲支部마다 責任委員을 두라

▲基金應募에 自發的 勇氣잇스라

▲基金確立을 爲하야 一日間 禁酒断煙하라

친애하는 사원제군 우리의 긔간지는 우리의 생명일 것이며 우리활로(活路)가 될것이다 우리 대즁의 압길을 위하야 즁대한 사명을 가지고 나올 것이라

△子女를 사랑하거든
機関紙發行에 힘쓰자！

인유뿐만아니라 우쥬에 잇는 만물이 다 자긔조자를 변식(蕃殖)하려는 階段에 잇셔〃 결실하는 것은 피치못할 의무이다 그와 동시에 우리 형평운동 현계단(現階段)에 잇셔셔 긔관지 발행할 것도 아니치못할 사명님과 동시에 외모이다 우리가 기여 만나어셔 이세상뭇놈들에게 학대와 천대만 밧게말고 긔관지을 발행하여셔 청연자녀(青年子女)가리치기를 힘스며 미래사회를 개척하여쥬자
우리는 항상 긔관지 긔금을 머리에 잇지마자！ 밥을 먹을 때도、슐을 마실 때도、담배 피울 때도、잠을 잘 때도、우리는 항상 긔관지 긔금이라는 것을 머리속에 잇지마자 잇지만 아니하면 되는가？ 아니다！ 우리는 긔관지 생각할 때마다 반다시 그 디방 긔금모집위원에게 될슈잇는 대로 拾圓도 좃코 一錢도 좃타 얼마든지 셩의것 보내야한다 한사원도 빠지〃말고 셩심것 보내라
우리는 긔필(期必)코 성공할 것이며 성공하야 말것이다 우리가 사십만대즁이 아닌가 이 사십의 分子가 각자분리(各自分離)하면 힘이 약하야 무엇이나 셩공못할 것이요 하나로부터 四十만의 分子가 결합하면 그힘이 위대(偉大)할 것이다 그 무엇을 셩공못할 것인가!? 대즁들아 갓치 울고 갓치 웃자！

基金應募者芳名　第二回発表

金額	回数	住所	氏名	金額	回数	住所	氏名
参拾銭也	一	京城	李漢容	四円也	一	鳥致院衡平社支部	
拾弐銭也	一	仝上	千秋華	五円也	一	論山	右仝
拾五銭也	四	右仝	吉秋光	拾円也	一	江原	右仝
拾円也	一	公州	衡平社支部	三円五十九銭也	一	京城	大会席上에서
拾弐銭也	一	陰城	金卜伊	拾壱銭也	一	陰城	禹石崇
拾壱銭也	一	仝上	崔福万	拾壱銭也	一	右仝	千一順
拾壱銭也	一	仝上	李萬興	拾壱銭也	一	右仝	李竜學
拾壱銭也	一	仝上	李□□	拾壱銭也	一	右仝	金萬業
五拾銭也	五	京城	吉秋光	拾壱銭也	一	右仝	李封根

一号発表의小計　拾参円参十銭也
二号発表의小計　参拾四円六十六銭也
累計　四十七円九十六銭也

忠清北道巡回報告中
陰城部金旺面無極里 衡平社支部에서는 샤원들이 「뉴쓰」을 보고서 늣긴바 잇서 긔관지 발행을 위하야 맹세하엿스며 또한 술로 인하야 된 싸흠은 승리가 업는 것을 알고 禁酒同盟을 죠직하엿는대 委員長　申二効　同盟員　李仁玉　申明均　申康均　禹學伊　禹壽學 諸氏라더라

【編者訳文】
衡平社総本部　京城府雲泥洞一三
「ニュース」
機関紙準備委員会　衡平社総本部

一九三〇年五月五日発行　第三号

活動せよ！地方にいる機関紙基金募集委員たちよ！

我らは重大な責任を持って決死的に努力しなければならない。「ニュース」を持って、知らない友に詳細に知らせることもあり、各種会席を通して基金の募集をし、有志個人を訪ね、募集もして大々的に活動し、一日でも早く成功しなければならない使命である。積極的に活動し基金を雨あられのように送れ！

▲支部ごとに責任委員を置け

▲基金応募に自発的勇気を持て

▲基金確立のために一日間、禁酒禁煙せよ

親愛なる社員諸君、我らの機関紙は我らの生命であり我らの活路となるだろう。我らの大衆の将来のために重大な使命を持って現れるだろう。

△子女を愛するならば

機関紙発行に努力しよう！

人類だけでなく宇宙にある万物が全て自分の子女を繁殖(□□)しようとする段階において結実するのは、避けることができない義務である。それと同時に我が衡平運動の現段階において、機関紙を発行することも必ず行わなければならない使命であると同時に義務である。我らが子女を産んで、この世の悪い奴らから虐待と賤待だけを受けるのでなく、機関紙を発行し、青年子女の教育に力を尽くして未来の社会を開拓してやろう。

我らは常に機関紙基金を頭の中から忘れるな！　食事をする時も、酒を飲む時も、煙草を吸う時も、寝る時も、我らは常に機関紙の基金ということを頭の中に忘れないようにしよう。忘れなければいいのか？　否！我らは機関紙を考えるたびに、必ずその地方基金募集委員にできる限り十円でもよいし、一銭でも良い。幾らでも誠意を尽くして送らなければならない。一人の社員も脱落することなく、誠意を尽くして送れ。

我らは必ず成功するだろう。我らは四〇万大衆ではないか。この四十の分子が各自分離すれば、力が弱まり、何ごとも成功できないのだ。一から四十万の分子が結合すれば、その力は偉大であろう。どんなことでも成功できないものか⁉大衆たちよ、共に泣き、共に笑おう！

基金応募者芳名　第二回発表

金額　回数　住所　氏名　　金額　回数　住所　氏名

参拾銭也　一　京城　李漢容　　四円也　一　鳥致院衡平社支部

拾弐銭也　一　仝上　千秋華　　五円也　一　論山　右仝

拾五銭也　四　右仝　吉秋光　　拾円也　一　江原　右仝

拾円也　一　公州　衡平社支部　三円五十九銭也　一　京城　大会席上より

拾弐銭也　一　陰城　金卜伊　　拾壱銭也　一　陰城　禹石崇

拾壱銭也　一　仝上　崔福万　　拾壱銭也　一　右仝　千一順
拾壱銭也　一　仝上　李萬興　　拾壱銭也　一　右仝　李竜學
拾壱銭也　一　仝上　李□□　　拾壱銭也　一　右仝　金萬業
五拾銭也　五　京城　吉秋光　　拾壱銭也　一　右仝　李封根

一号発表の小計　　拾参円参十銭也
二号発表の小計　　参拾四円六十六銭也
累計　　四十七円九十六銭也

忠清北道巡回報告中

陰城部金旺面無極里衡平社支部では、社員たちが「ニュース」を見て感じるところがあり、機関紙発行のために誓いをたて、また酒によって起こる戦いは勝利がないことを知って、禁酒同盟を組織したが、委員長の申二効、同盟員の李仁玉、申明均、申康均、禹学伊、禹壽学の諸氏だという。

23　6月2日　苦学堂生徒ノ暴行ニ関スル件

『昭和五年　思想ニ関スル情報綴』Ⅵ

京鍾警高秘第八〇六二号

昭和五年六月二日

京城鍾路警察署長

(印)「京城地方法院検事正殿」

苦学堂生徒ノ暴行ニ関スル件

首題ニ関シテハ五月三十一日付本号ヲ以テ報告シ置キタルガ取調ノ結果左ノ通リ処置シタルニ付報告ス

記

去ル四月二十五日夜天道教紀念館ニ於テ衡平社記念式挙行ノ際、一部苦学堂生徒ノ暴行ニ依リ仝堂生徒ノ内二名ノ拘束トナリシヲ以テ何等カノ機会ヲ見テ復襲(讐)ヲ為サヾ、(ママ)ルベカラズト金鍾元、明昌一、朴永萬等寄々談合センノミニテ苦学堂内ニ暴行団等ノ組織ナキ事判明シ、且ツ被害者李春浩モ事件トセサル様ニト希望セルヲ以テ訴追ヲ取止メ本人等将来ノ為メ六月二日ヨリ二十五日間ノ即決処分ニ附シタリ

以上

発送先、局長　部長　検事正

24　6月9日　集会取締状況報告（中央執行委員会）

『昭和五年　思想ニ関スル情報綴』Ⅵ

京鍾警高秘第八六四一号

昭和五年六月九日

京城鍾路警察署長

警務局長殿
京畿道警察部長殿
関係各警察署長殿
(印)「京城地方法院検事正殿」

集会取締状況報告（通報）

集会日時　六月七日　自午前十一時五十分至午後三時

同場所　　朝鮮衡平社総本部内
司会者　　趙貴用
集会ノ目的　中央執行委員会
主ナル集会者　趙貴用、呉成煥、朴好君、沈相昱　等中央執行委員七名
臨監警察官　道巡査　梅野富士吉
開催ノ状況　左記ノ通リ

記

午前十一時五十分趙貴用議長沈相昱書記ノ下ニ開会シタリ
一、第三回常務執行委員会決議案ニ関スル件　本件ハ五月廿九日開催セル既報常務執行委員会ニ於テ決議セル事項ヲ中央執行委員会ニ提出セルモノニシテ本会ニ於テ受理スル事ニ決ス
一、各種規約通過ノ件　本件ハ本年大会ニ於テ決議セル本部規約及支部規約ニ対シ修正委員ヨリ修正ヲ加ヘ中央執行委員会ニ提出セルモノニシテ本会ニ於テ受理ス（別紙局部ノミ）
一、道支部聯合会問題ノ件　本件ハ慶南道支部ニ関スル事項ニシテ従来ノ慶南北各支部ハ本部ヲ信任セズ常ニ独立的態度ヲ以テ進ミ其節度ニ服セザルガ如キ傾向アリシガ今回晋州ニ於テ開催セル道支部聯合会組織ニヨリ幾分緩和サルルニ至リタルヲ以テ本部ハ此際一層統一ヲ円滑ナラシメ又運動ノ連絡ヲ速ナラシムルタメ本部ヨリ委員一名ヲ派シ慶南道支部聯合会ノ事務ヲトラシムル事ニ決議セリ然シテ被派遣者ハ常務委員ニ其ノ選定方ヲ一任ス
一、本部執行委員活動ノ過去批判ト今後決心意見書ニ関スル件　本件ハ本部幹部ニ於テ過去ノ批判ト今後ノ意見ト題スル今後ノ衡平運動ノ精進ナルモノヲ作成シ本会ニ提出セントシタルモ未作成ノタメ常務委員ニ一任シ作成セシムルニ決ス
一、地方争議事件ニ関スル件　唐津郡合徳支部部事件ニツキ沈相昱ヨリ円満ニ解決スト報告シタル後目下紛糾（六月一日発生）中ノ全北沃溝郡米面事件ニツキ討議シタルニ本件ハ更ニ真相調査ノ必要アリトシ本部ハ書面ヲ以テ沃溝及群山支部ニ調査方ヲ命ジ其回答ニヨリ対策ヲ講ズル事トス
一、所謂釜山衡平社反動ニ関スル件　本件ハ曩ニ慶南支部聯合会組織ニ反対セル釜山支部ニ対スル処分問題ニシテ討議ノ結果本部ハ釜山支部ヲ除名処分ニ附シ同時ニ慶南支部聯合会ニ対シ釜山支部問題ト題スル声明書ヲ速ニ発表スベク通文ヲ以テ命ズル事ニ決ス
一、朝鮮日報平澤支局記事相違ニ関スル件　本件ハ最近平澤ニ牛肉非売同盟計画云々ノ記事朝鮮日報ニ掲載サレタルモノニ対シ本部ハ調査シタルニ全然事実ナク悪宣伝ナル事判明シタルヲ以テ本記事ノ出所ヲ調査スルタメ本部幹部朴好君ヲ朝日平澤支局ニ派シ投稿者ニ対シ謝罪セシムル事而シテ謝罪方法ハ新聞紙ヲ以テスル事ニ決ス
一、本部消息通発刊ニ関スル件　本部ハニユースヲ発行シ居ルモ之

ノミニテハ満足セズトシ月一回宛消息通ナルモノ発行スル事ニ決ス

一、辞任ノ件　金東錫（大田）ヨリ中央執行委員辞任状提出アリ受理ニ決シ此補欠トシテ馬山支部員朴有善ヲ選挙ス

以上

『昭和五年　思想ニ関スル情報綴』Ⅸ

25　9月4日　集会取締状況報告（常務執行委員会）

京鍾警高秘第一三〇九六号

昭和五年九月四日

京城鍾路警察署長

（印）「京城地方法院検事正殿」

集会取締状況報告（通報）

集会日時　九月三日　自午后一時半　至午々三時

同場所　京城府雲泥洞一二三

主催者　衡平社本部

後援者

司会者　沈相昱

集会ノ目的　衡平社常務委員執行委員会

主ナル集会者　沈相昱　李東煥　朴好君外一名

集会人員種別　右々

演題竝演士

開催ノ状況　別紙ノ通

臨監警察官ノ官職氏名　道巡査梅野富士吉

警察取締状況

講演要旨

聴衆ノ感想

参考事項或ハ意見

一、開会　沈相昱開会ヲ宣シ朴好君書記ノ下ニ開催ス

一、地方巡回ニ関スル件

例年秋期ニ地方巡回ヲ実施シ来リタルモ本年度ハ緊縮ノ為メ忠南ノ一部ニ沈相昱ヲ派遣スルコトニ可決ス

一、衡平デーニ関スル件

本年大会ニ於テ決議セル衡平デー（九月第三日曜）ハ当日本部ニ於テ宣伝ビラヲ作成シ各支部ニ発送スルト同時ニ地方支部ニ対シテハ当日講演講座ヲ開催スベク督励文ヲ発送スルコトニ可決

一、全北黄登争議事件ニ関スル件

本年八月四日全北黄登ニ於テ発生セル社員対非社員ノ欧（殴）打事件（当時報告スミノモノ）ニ対シ李東煥ヨリ説明「本件ハ当時道警察部ヨリ現場ニ出張サレタル警官ニ於テ責任ヲ以テ解決スレバ騒ガズニ任セヨトノ事デアツタ為メ全部ヲ其場デ一任シタノデアルガ其后今日ニ至ルモ何等ノ回答ニモ接セザルガ如何ニス

ルヤ」ニ対シ本部ハ警察部ニ事件ノ成行ヲ照会スルコトニ可決

一、全北咸悦支部内反動分子ニ関スル件

全北咸悦支部員申成烈ハ実兄ヲ欧打シタル事実アリテ目下全支部ヨリ除名処分ニ附セラレ居ルモ本部ハ本名(ママ)ガ態度ヲ改ムル時ハ除名ヲ解ク必要アリトシテ協議シタル結果其后ノ態度ヲ支部宛照会スルコトニ可決ス

一、忠南禮山支部内紛ニ関スル件

本件ハ会館問題ニテ内訌ヲ生ジ居ルニ依リ本部ヨリ沈相昱ヲ特派シ調査セシムルコトニ可決ス

一、忠南定山事件及反動分子ノ件

本件ニ関シ朴好君ヨリ「全地ハ目下非社員ニ於テ牛肉非買同盟ヲ組織シ実行中ナル為メ社員ハ全地ニ於テ生活シ能ハズ既ニ三四戸ハ他方ニ移住シタルモ残リ三四戸ハ移住スルニ金ナク全ク如何トモ為シ得サル苦境ニ陥リ居レリ尚此ノ非買同盟ニ李某ナル社員ガ加ハリ居ルハ正シク反動分子ナリ之ヲ如何ニ処置スルヤ」ト説明セルニ対シ本部ハ此ノ顛末ヲ定山警察署ニ陳情シ解決方ヲ依頼スルト同時ニ反動分子タル李某ニ対シテハ除名処分ノ通文ヲ発送スルコトニ可決ス

以上

発送先　局長　部長　検事正

26　9月12日　衡平社総本部通文ニ関スル件

京鍾警高秘第一三四六六号

昭和五年九月十二日

京城鍾路警察署長

(印)「京城地方法院検事正殿」

衡平社総本部通文ニ関スル件

管下朝鮮衡平社総本部ニ於テハ今回本部ノ維持費徴集ヲ兼ネ地方状況視察ノ為メ幹部沈相昱ヲ忠南地方ヘ特派スルコト、ナリ昨十一日別紙ノ如キ通文十七通ヲ作成シ禮山外十六支部ヘ向ケ発送セルガ特異ノ点ヲ認メズ尚沈相昱ハ去ル八日全地ヘ向ケ出発セリ

右報告ス

以上

発送先　局長　部長　検事正

衡総第一八〇号

一九三〇年九月十一日

衡平社総本部

巡回委員派遣ニ対シ這間情況ヲ知ラント□□

其間諸同志ノ健康ヲ祈ル！本部ノ諸般複雑ナル事情ニ依リ本部書記長沈相昱君ヲ派遣スルカラ巡回ノ要領ヲ察シ履行サレン事ヲ望ム

以上

27　12月3日　衡平社通文郵送ノ件（中央執行委員会の開催）

『昭和五年　思想ニ関スル書類　副本』

京鍾警高秘第一七〇二八号

昭和五年十二月三日

京城鍾路警察署長

（印）「京城地方法院検事正殿」

衡平社通文郵送ノ件

管下朝鮮衡平社総本部ニ於テハ前報ノ通リ来ル十日中央執行委員会ヲ開催スベク本月一日別紙ノ如キ召集文二十五枚ヲ印刷シ各委員宛テ郵送セリ

右報告ス

以上

発送先局長、部長

検事正

（編者注＝「別紙」は欠）

28　12月11日　集会取締状況報告（中央執行委員会）

『昭和五年　思想ニ関スル書類　副本』

京鍾警高秘第一七四二二号

昭和五年十二月十一日

京城鍾路警察署長

警務局長殿

京畿道警察部長殿

府内各警察署長殿

集会取締状況報告（通報）

集会日時　十二月十日午後一時十分至午後三時

同場所　京城府雲泥洞二二三

主催者　朝鮮衡平社総本部

司会者　趙貴用

集会ノ目的　第三回中央執行委員会

主ナル集会者　中央執行委員

集会人員種別　七名　全部衡平社中央執行委員

開催ノ状況　左記ノ通リ

臨監警察官　巡査梅野富士吉、同徐商景

警察取締状況　左記ノ通

記

午後一時十分議長趙貴用書記李漢用ノ下ニ開会シ沈相昱ヨリ点名シタル後経過報告ニ移リ吉漢同ヨリ忠州事件ハ目下紛糾中ニ付金三奉ヲ特派調査中又全州高山事件（六月中旬高山邑内ニ於テ社員金昌貴ガ非社員秋炳淳ニ何等理由ナク殴打サレ続イテ同人ノ妻鄭姓女ガ更ニ秋炳淳ニ治療二週間ヲ要スル打撲傷ヲ受ケタル事件アリ当時全州支部ヨリ本部宛通報アリタルモノ）ハ未解決ナル旨報告シタルモ対策ニ就イテハ保留スル事トシ何等決議ヲナサズ

沈相昱ヨリ全北錦山支部ニ於テハ山間七邑連合会設置ニ関スル承認

方ヲ本部ニ対シ申請シ来タレリト報告満場一致承認スル事ニ可決シ
討議事項ニ入ル
一、沈滞支部ニ関スル件　現在ノ支部中沈滞状態ニ在ルモノニ対シテハ激励文ヲ送リ尚不振ノモノアル場合ハ廃止ヲ命ズル事ニ決ス
一、聯合会未組織ニ関スル件　未組織道ニ対シテハ速ニ設立ヲ計ル様督励文ヲ発シ同時ニ巡回員ヲシテ組織ヲ援助スル事
一、慶南道聯合会特派員人選ノ件　本件ハ慶南道支部聯合会ヨリ本部幹部中ヨリ一人丈特派方ノ要求アリ本部ハ第二回中央執行委員会ニ於テ特派ヲ決議シ其人選ニ関シテハ常務執行委員会ニ一任シ居タルガ常務委員会ニ於テハ人員不足ノタメ人選出来ズ更ニ本中央執行委員会ニ提議シタルモノナルガ討議ノ結果李漢用ヲ特派スル事トシ直ニ赴任スルニ決ス
一、巡回委員配定ノ件　巡回委員ハ現実的細密ニ実行シ又道連合会設置ニ援助スル事トシ左ノ通配定ス
忠南呉成煥　　吉相洙　　金鍾澤　　江原吉萬學　　徐光勲
慶北姜龍生　　朴好君　　　　　　　慶南申鉉壽　　李漢用
全南李東煥　　李仲君（錦山）　　　全北吉漢同　　羅秀完
忠北京畿金光　　李鍾淳
一、本部財政問題ノ件　本部ハ現在維持費ニ窮シ借財ヲ居レバ今後一層努力ヲ以テ本部維持費ノ徴集ニ従事スル事尚徴集方法ハ近日中公文ヲ以テ各支部ノ情勢ヲ調査シ負担額ヲ定メ支部ヲ督励スル事
一、生活保障部事業ニ関スル件　該部ニ於テハ社員ノ主要事業タル牛皮ノ輸出ニ関シ今少シ研究シ輸出方法及規約等ヲ作成シ巡回委員ヲシテ配布セシムル事トシ規約ノ作成ハ常務委員ニ一任スル事トシ可決ス
一、辞任願ニ関スル件　金壽鎮及呉成煥（常務委員ノミ）ヨリ辞任願提出セルニ対シ討議ノ結果呉成煥ハ不受理金壽鎮ハ受理ト決シ其補欠トシテ公州居住ノ金在徳ヲ選定ス
一、其他事項　本部会館ハ余リニ広大過ギルヲ以テ之レヲ売却シ今少シ便利ナル地域ニ価格ノ廉ナルモノヲ買収シテハ如何トノ提議アリ之レニ対シ満場一致ヲ以テ賛成シ適当ナル買収者ニ売却スルコトニ決ス
一、閉会　午後三時閉会ス

以上

発送先　局長　部長　本町　東大門　西大門　龍山　天安
　　　　仁川　禮山　公州　忠州　錦山　全州（ペン書き）
　　　　各署長宛
『昭和五年　思想ニ関スル書類　副本』

29　12月11日　団体解散ニ関スル件（正衛団・衡平青年総聯盟）

京鍾警高秘第一七四四四号
昭和五年十二月十一日

京城鍾路警察署長

右報告ス

以上

局長、部長　検事正宛

「(印)京城地方法院検事正殿」

団体解散ニ関スル件

京城府雲泥洞二三

正衛團

右仝

衡平青年総聯盟

右正衛團ハ大正十四年一月京城及近効(郊)在住衡平社員ノ屠夫等ニ於テ同志ノ親睦ヲ計リ併セテ自己等ノ職業保全ノ為メ組織シタルモノナルガ創立後何等実行伴ハズ団員ノ大部分ハ其ノ存立ヲ知ラズシ殆ンド集合シタルコトナク只看板ノミヲ保持シ居ル状態ナリ

衡平青年総聯盟ハ大正十五年四月全鮮衡平社大会ノ際活動分子タル李東煥、金三奉等発起ノ下ニ創立サレタルモノナルガ其后殆ド活動ヲ見ズ只看板ノミノ保持ニ止リ居タル処昭和三年四月全鮮衡平社大会ノ際存在ノ必要ヲ認メズトノ提議シ既ニ解体声明書迄発表セントシタルモ其ノ当時反対者アリ該声明書ハ発表中止トナリ其后有耶無耶裡ニシテ今日ニ及べリ

以上二団体上述ノ如ク何レモ自滅ノ状態ナルヲ以テ本年四月全鮮大会席上ニ於テ解体シ正衛團ハ本部社会正衛部内ニ青年総聯盟ハ本部青年婦人部内ニ編入スルコトニ決議シタルモ未ダ其ノ実行ヲ見ズ依然看板ノミ保持シ居タルガ本月一日愈々之ヲ撤廃シ解体セリ依テ団体名簿ハ削除ス

第二部　京城地方法院検事局文書ほか

――一九三一年

1　1月17日　集会取締状況報告（常務執行委員会）

『昭和六年　思想ニ関スル情報　副本』

京鍾警高秘第五二九号

昭和六年一月十七日

京城鍾路警察署長

警務局長殿
京畿道警察部長殿
府内各警察署長殿
㊞「京城地方法院検事正殿」

集会取締状況報告（通報）

集会日時　一月十六日自午後一時至午後三時
同場所　京城府雲泥洞二三
主催者　朝鮮衡平社総本部
司会者　沈相昱
主ナル集会者　李東煥　朴好君　吉漢同　沈相昱　四名
集会ノ目的　常務執行委員会
開催ノ状況　左記
臨監警察官　道巡査　梅野富士吉
警察取締状況　何等異状ナク終了ス

記

一、開会　沈相昱開会ヲ宣ス

一、忠北大会召集ニ関スル件　本件ハ忠北各支部ヨリ多年ノ懸案トシテ開催方ノ申込アリタルモノニシテ本部ハ之ヲ開催スル事ニ決議シ左ノ五名ヲ全権委員兼準備委員トシテ選挙ス
委員張志弼　趙富岳　金鍾澤　吉漢同　李東煥

一、慶南道支部聯合会執行委員会及責任者大会承認ニ関スル件　本件ハ慶南道支部聯合会ヨリ一月十日附ヲ以テ産業組合組織問題ニ関スル件外十一ケ条ノ議案ヲ附シ開催方ノ申込アリ之ニ対シ許否ヲ討議シタル結果承認スルニ決ス

一、本部執行委員及京忠両道巡回委員金某不正行為ニ関スル件　本件ハ首題委員タル金光ガ本部維持費ヲ無断徴収シ消費シタル事件ニシテ本部ハ之ヲ如何ニ処分スルヤヲ討議シタル結果該巡回委員ハ停職処分ニ附シ其他ハ其儘トシテ本部ヨリ反省スベク戒告文ヲ発送シ若シ之ニ依リ反省セザル時ハ除名処分ニ附スル事
右戒告文ノ作成ハ沈相昱ニ一任ス

一、釜山支部無期停権復権ノ件　本件ハ昨夏慶南支部聯合会創立当時釜山支部ハ之ニ反対シタルタメ本部ハ同支部ヲ無期停権処分ニ附シタルモノナルガ最近本部員李漢用ガ釜山支部ヲ訪問シタル際同支部幹部某ガ其ノ非ヲ悟リ陳謝シタル事実アリ之ニ依リ本部ハ左ノ決議ヲナス
(1)　釜山支部ハ慶南各支部ニ対シ自己団体ノ非行ヲ謝罪スルタメ謝罪文ヲ発送スル事
(2)　本部ハ之ト同時ニ復権ヲ許ス事

一、閉会

以上

2　2月12日　朝鮮衡平社総本部通文ノ件（中央執行委員会）

『昭和六年　思想ニ関スル情報　副本』

京鍾警高秘第一六〇三号

昭和六年二月十二日

京城鍾路警察署長

（印）「京城地方法院検事正殿」

朝鮮衡平社総本部通文ノ件

管下雲泥洞二三所在朝鮮衡平社総本部ニ於テハ来ル二月廿日第四回中央執行委員会ヲ開催ス可ク別紙ノ如キ通文ヲ各中央執行委員宛本十二日郵送セリ

右報告ス

以上

発送先

局、部、検事正

（編者注＝「別紙」は欠）

3　2月27日　衡平社総本部動静ノ件

『昭和六年　思想ニ関スル情報　副本』

京鍾警高秘第二三六七号

昭和六年二月廿七日

京城鍾路警察署長

（印）「京城地方法院検事正殿」

衡平社総本部動静ノ件

管下朝鮮衡平社総本部ニ於テハ去ル二十日仝会館ニ於テ第四回中央執行委員会ヲ開催スベク各委員ニ通文ヲ発送シタル処当日ニ至リ出席者僅カニ名ニ過ギザリシヲ以テ遂ニ流会トナリタルガ大会準備ノ為メ来ル三月六日延期開催スルコト、シ本日別紙ノ如キ通文二十通ヲ作成シ前回仝様委員ニ宛発送セリ

右報告ス

以上

発送先

局、部、検事正

衡總第参壱〇号

一九三一年二月二十七日

衡平社總本部

執行委員長　趙貴用

執行委員貴下

第四回中央執行委員會延期의件

首題之件에 就하야 二月十二日附衡總第三〇四号（中央執行委員会召集件）는 잘 바라보왓스리라 밋습니다 期日인 二月二十日에 開作하라 하얏든바 委員諸同志의 不得己（ママ）한 事情이 잇슴으로 인지 出席

員三人 委任状六通으로 할수 업시 流会케 되엇습니다 아니！ 規約上 社員大衆의 要求하는바 모든 利益을 為하야 展開할 大会가 가까웟스매 이에 対한 相議며 內的不充分한 展策에 잇서서 必히 究明하야만 되겟기로　左記日時場所에서 委員会를 開催하겟사오니 萬事를 除止하시고 参席하심을 再要함니다

日時　一九三一年三月六日午后一時

場所　雲泥洞　本会館

以上

［編者訳文］

衡総第参壱〇号

一九三一年二月二十七日

衡平社総本部

執行委員長　趙貴用

執行委員貴下

第四回中央執行委員会延期の件

首題の件について、二月十二日付衡総第三〇四号（中央執行委員会召集件）はよくみてもらったことと思います。期日である二月二十日に開催しようとしましたが、社員諸同志のやむを得ない事情のため出席員三人、委任状六通で、仕方なく流会にしました。否！ 規約上、社員大衆が要求する全ての利益のために展開する大会が近づいており、これに対して相議し、内的不充分な展策について必ず究明しなければならないので、左記の日時と場所で委員会を開催するので、万障繰り合わせの上参席することを再度要請します。

日時　一九三一年三月六日午後一時

場所　雲泥洞　本会館

以上

4　3月7日　集会取締状況報告（中央執行委員会）

『昭和六年　思想ニ関スル情報　副本』

京鍾警高秘第二七四八号

昭和六年三月七日

京城鍾路警察署長

警務局長殿

京畿道警察部長殿

府内各警察署長殿

(印)「京城地方法院検事正殿」

集会取締状況報告（通報）

集会日時　三月六日自午後三時至午後五時

同場所　京城府雲泥洞二三

主催者　朝鮮衡平社本部

司会者　沈相昱

集会ノ目的　第四回中央執行委員会

主ナル集会者　李東煥　沈相昱　吉漢同　朴好君　等

集会人員種別　鮮男五名（中央執行委員）
開催ノ状況　左記
臨監警察官　道巡査　梅野富士吉

記

一、開会　沈相昱議長トシテ開会ス
一、第九回定期大会召集ノ件　本件ハ例年通リ四月廿四五日ノ両日ニ亘リ京城ニ於テ開催スルコトトシ次ノ如ク準備委員ヲ選挙ス
準備委員長　趙貴用
　庶務部　李漢用　呉成煥　財務部吉漢同
　議案部　呉成煥　吉漢同　李東煥
　案内部　朴好君　金鍾澤　朴敬植　金顕悳
一、第八週年記念式準備ニ関スル件　本件ハ例年通全鮮大会終了後引続キ京城ニ於テ開催スルコトト決定シ次ノ如ク準備委員ヲ選定ス
委員長　呉成煥
委員　李東煥　吉漢同　沈相昱　朴好君　金鍾澤
一、会館問題ニ関スル件　本件ハ今ヨリ六年前張志弼カ牛耳ヲ執リヰタル際献身的努力ニヨリ地方支部ヨリ負担金ヲ徴収シ二千六百四十円ヲ以テ買収シタル現在ノ会館ヲ売却セントスルニアルガ其理由ハ前々会ヨリ売却スルコトニ可決シ居リ其理由トスル処ハ
(1)　買入当時ノ不足額約千円ヲ趙貴用ヨリ借入レキタルコト
(2)　其後本部ガ維持費ニ窮シタル結果漢銀東大門支店ヨリ五百円ヲ借款シ居ルコト
(3)　昨年末趙貴用ガ金策ノタメ本部ノ諒解ヲ得テ同家屋ヲ抵当トシ某ヨリ金五百円ヲ借リタルコト
以上ノ事実ニヨリ本部ハ会館売却後其残金ヲ以テ小家屋ヲ買収方針ナルモ財界不況ノ今日適当ナル購入者ナキモノノ如シ
一、全羅巡回ノ件　例年通リ大会準備トシテ地方支部ヘ巡回委員ヲ派遣セントスルニアルガ左ノ如ク委員ヲ選定シ本月中旬ヨリ約一ケ月ノ予定ヲ以テ実施スルニ決ス
忠南　　金在徳　金鍾澤　慶南北　李漢用　朴敬植
忠北京畿　李鍾淳　金顕悳　全南北　沈相昱　羅秀完
江原　　吉萬學　朴好君
一、金光問題ノ件　本件ハ前回ヨリ問題タリシ中央執行委員金光ガ本部維持費横領費消ノ問題ニシテ本部ハ横領金額五円ヲ回収スルト同時ニ辞任ヲ勧告スルコトニ決ス
一、委員補選ノ件　金光ノ勧告辞任ニ伴フ補欠選挙ノ結果馬山朴敬植ヲ選挙ス
一、禮山支部問題ノ件　禮山支部ニ於テ衡平青年相助會ナルモノヲ組織シ本部ニ承認方ヲ申請シ来レルガ本部ニ於テハ本件ヲ組織前何等通知ナク組織シタルハ不都合ナリトシテ不承認ニ決ス
一、閉会
以上
発送先　局　部　禮山　馬山　温陽　天安　裡里　各署宛

5　3月20日　衡平社本部ヨリ公文郵送ノ件

『昭和六年　思想ニ関スル情報　副本』

京鍾警高秘第三三二六号

昭和六年三月二十日

京城鍾路警察署長

(印)「京城地方法院検事正殿」

衡平社本部ヨリ公文郵送ノ件

管下朝鮮衡平社総本部ニ於テハ去ル六日開催セル中央執行委員会々録及第八回《(ママ)》全鮮定期大会ニ関スル公文約二百部ヲ印刷シ本日各支部へ向ケ発送セリ

右報告ス

以上

発送先

局、部、検事正

衡總第三一八号

一九三一年三月十九日

衡平社總本部

執行委員長　趙貴用[印]

衡平社各支部貴中

第八回全鮮定期大會에 対한 各支部活動에 잇서서

各支部員諸君《각지부원제군》! 이제 우리는 全体的《전체적》모임을 마지하얏다 지나간 一年《년》간 活動《활동》의 戰線《전선》에서 動《동》하고 行《행》하든 우리는 그 어든바 努力的《노력적》 實力《실녁》과 驗経《험경》을 通《통》한 그대로 支部員意思《지부원의사》에서 討議批判《통의비판》하야서 압흐로의 또 한 一年의 새로운 氣勢《긔세》로 모든 反動勢力《반동세력》과 싸울 材料《재료》를 規定《규경》하고 우리의 活動舞台《활동무대》를 擴大強化《학대강화》식힐 全体大會《젼체대회》를 마지하얏슴과 同時《동시》에 支部員諸同志《지부원제동지》의 외여치는 큰 소래는 보담 나흔 活動《활동》의 進路《진로》를 우리의 快活《쾌할》한 態度《태도》로 鞏固《공고》히 確立《확립》식힐 것이니 이 얼마나 우리의 誠力的努力《성력적노력》과 盛大《성대》한 大會《대회》의 準備《준비》가 至極重大《지극즁대》하냐!

이제 活動《활동》의 準備《준비》를 다음과 갓치 支命《지명》하니 速々實行《속、실행》하자!

一、来《래》四月十五日内《내》로 支部定期總會《지부졍의총회》、臨時總會等《립시총희등》을 開催《개최》하야 全朝鮮定期大會《젼조선정기대회》에 上程《상졍》할 建議案作成《건의안작성》・大會《대회》에 問題《문제》될 만한 地方的特殊事件《지방적특수사건》報告材料収集《보고재료수집》・代議員選擧《대의원선거》・大會費用等《대회비용등》을 一一히 具体的《구체적》으로 討議決定《토의결경》할 것이며 本部《본부》에서 大會《대회》에 対《대》한 準備次《준비치》、또는 一九三一年度《도》의 첫봄을 마지하야 衡平運動《형평운동》의 全土的情況《전토적정항》을 調査《됴사》키 為《위》하야 各道《각도》에 巡回委員《순회위원》을 配置《배치》하얏스니 未備《미비》되는 事項《사항》은 巡《순》回委員《회위원》과 갓치 相議《상의》하기 바란다.

巡回委員氏名及各道別《순회위원씨명급각도별》은 中央執行委員會《즁앙집행위원》録 参照《참조》。

附、大會《대회》에 対《대》한 一切書類《절서류》(포쓰타、비라、召集公文《소집공문》、代《대》議員届出書等其外《의원게출서등기외》)는 오는 四月十日内《내》로 本部《본부》에서 発《발》付《부》함

[編者訳文]

衡総第三一八号

一九三一年三月十九日

衡平社総本部

執行委員長　趙貴用㊞

衡平社各支部貴中

第八回全鮮定期大会に対する各支部の活動について

各支部員諸君！今や我らは全体的集会を迎えた。去る一年間、活動の戦線で動き行って我らが得たところの努力的実力と経験を通したとおりに、支部員の意思で討議批判して、今後の又は一年の新しい気勢（勢い）で全ての反動勢力と戦う材料を規定し、我らの活動舞台を拡大強化させる全体大会を持つと同時に、支部員諸同志の叫ぶ大声がより良い活動の進路を我らの快活な態度によって強固に確立させるので、どれほど我らの誠力的な努力と盛大な大会の準備が至極重大ではないか！

今、活動の準備を次のように指令するので速やかに実行しよう！

一、来たる四月十五日までに支部定期総会、臨時総会等を開催し、全朝鮮定期大会に上程する建議案作成・大会で問題となるべき地方的特殊事件報告の材料収集・代議員選挙・大会費用等を一々具体的に討議決定すべきであり、本部では大会に対する準備のため、または一九三一年度の新春を迎え、衡平運動の全土的情況を調査するために、各道に巡回委員を配置したので、未備の事項は巡回委員と共に相議することを願う。

巡回委員氏名及び各道別は中央執行委員会録参照。

附、大会に対する一切の書類（ポスター、ビラ、召集公文代議員届出書等其外）は、来る四月十日までに本部から発付する。

衡總第三一九号

一九三一年三月十九日

衡平社總本部

執行委員長　趙貴用㊞

巡回委員　貴下

大會準備와 巡回에 対하야

同志諸君！우리는 항상 社員大衆의 要求에서만 動하는 最大의誠力을 다하야 敏捷한 活動이 잇지안코는 우리의 目的한 바 그 使命을 遂行키 어렵다는 것은 이제 다시 論치안터라도 먼저 認識하고 活動하면서 잇스리라 밋는바 지난 三月六日에 開催된 中央執行委員會에서는 압흐로의 衡平運動에 対한 進展策을 보담 有為하게 確立키 為하야 一九三一年의 地方社員大衆의 生活状態와 地方情況을 調査코저 巡回의 必要를 늣기고 더욱이 멀지아니한 大會準備까지 잇슴으로 各道에 巡回委員을 配定한 바이오니 倍加의誠意를 다하야 하로밧비 出発하야 別紙 巡回様式과 心得書를 調査履行하야주심을 献要。

巡回委員心《（ママ）》書

一、規定様式의 調査記入할 것

一、大會十日前으로 定期、臨時總會等 會合으로 全体大會代議員選擧와 建議案作成、地方情況報告書作成等을 指示하야 本部에로 보내도록 할 것

一、代議員選擧比例는 社員二十人対一人으로 함

一、大會〃費는 毎支部三円式임을 指示할 것

一、支部財政形便에 따라 大会準備金을 徴収토록 할 것

一、各支部特殊殊（ママ）事情을 調査하야 大會時 문제를 提議토록 材料를 收集할 것

一、各支部 及 道聯合会에서 上納할 本部月捐金을 全部徴収하야 即日로 納付할 것。

一、道聯設置된 道支部聯合會에 設立以後 支部収入金을 調査할 것

一、各支部文簿等을 調査할 것

一、代議員의게 大會에 対한 義務履行、規定、其他等을을 可及的指示함도 必要함

一、地方社員의게 紀念式一部를 準備케할 것

一、巡回委員은 地方〱이 出發時期 必 本部에 報告할 것。

一、巡回出発日은三月二十日内로 四月十五日以内에 終了할 것。

―一九三一年三月二十日―発

衡平社總本部

［編者訳文］

衡総第三一九号

一九三一年三月十九日

衡平社総本部

執行委員長　趙貴用印

巡回委員　貴下

大会準備と巡回に対して

同志諸君！我らは常に社員大衆の要求でのみ動く最大の誠力を尽くし、敏速な活動がなければ、我らの目的とするその使命を遂行し難しいことは再び論じなくともすでに認識し活動していると信じているが、去る三月六日に開催された中央執行委員会で、今後の衡平運動に対する進展策をより有為に確立させるために、一九三一年の地方社員大衆の生活状態と地方情況を調査しようとし、巡回の必要を感じ、さらには遠くない大会の準備まであるので、各道に巡回委員を配定したので、倍旧の誠意を尽くして、速やかに出発し、別紙の巡回様式と心得書を調査履行すべきことを要請する。

巡回委員心書（ママ）

一、規定様式に調査記入すること。

一、大会十日前に定期、臨時総会等の会合で全体大会代議員並びに建議案作成、地方情況報告書作成等を指示し、本部へ送るようにすること。

一、代議員選挙比例は社員二十人につき一人とする。

一、大会費は毎支部三円ずつ指示すること。

一、支部財政の状況にしたがって大会準備金を徴収するようにすること。
一、各支部特殊殊（ママ）事情を調査し、大会時に問題を提議するよう材料を収集すること。
一、各支部及道連合会で上納する本部の月捐金を全部徴収し、即日納付すること。
一、道聯設置された道支部聯合会に設立以後の支部収入金を調査すること。
一、各支部文簿等を調査すること。
一、代議員に大会に対する義務履行、規定、其他等を可及的に指示することも必要である。
一、地方社員に記念式の一部を準備させること。
一、巡回委員は地方〳〵の出発時期を必ず本部に報告すること。
一、巡回出発日は三月二十日までとし、四月十五日までに終了すること。

―一九三一年三月二十日―発

衡平社総本部

6　4月7日　朝鮮衡平社本部通文ニ関スル件

『昭和六年　思想ニ関スル情報　副本』

京鍾警高秘第四二二一号

昭和六年四月七日

京城鍾路警察署長

（印）「京城地方法院検事正殿」

朝鮮衡平社本部通文ニ関スル件

管下衡平社本部ニ於テハ目下第十回（ママ）全鮮定期大会開催ニ関スル準備ニ奔走中ナルガ本日別紙ノ如キ大会召集通文及大会規定書ヲ各々二百五十枚ヲ印刷シ仝日各支部ニ宛発送セリ

右報告ス

以上

発送先

局、部、検事正

衡總第参百参拾貳号

一九三一年四月六日

衡平社總本部執行委員長　趙貴用

各支部貴中

第十回全朝鮮定期大會召集件

右件에 対한 決議는 衡平社本部 第四回執行委員會에서 来四月二十四五両日間 京城에서 開催키로 되얏다.

支部員諸君! 殺人的 不景氣風은 直接間接으로 우리의 生活을 餘地업시 威脅하면서 잇다 그리하야 우리는 日常生活에서 어든 不平은 날이 감에 따라 더욱〳〵 甚刻化하여감과 同時에　　　은 最後的 發惡으로 참으로 말할 수 업는 非人間的 行動을 敢行하면서 잇다는 것은 細〃히 實地를 論치안터라도 잘알 것이다 이러한 外的 反動勢力과는 엇지 싸울것인가 하는것을 우리는實践을 通한 経験으로서 압흐로 一年間 事業을 究明하지아니하면 아니된다.

戰闘的支部員諸君　以上에 말한 것은 外的 反動의 敵을 말함이나 그러나 우리는 外的 그것보다도 加一層 可憎한 内的 不清分子들은 참으로 말할 수 업는 非行이 숨어잇스니 이 모든 反動과는 今般 全体大會를 通하야 正体가 暴露될 것이며 意義잇는 発展의 過程을 밟게될 것이니 우리의 生을 為한 이戰地에로 모히자!

그리고 支部의 準備는 다 되얏는가?

別紙 大會規定書에 依하야 全朝鮮定期大會를 召集하니 各支部及代議員은 実行하자!

時日과 場所는

四月二十四五両日間 午前열時부터 (음三月七八日)

京城慶雲洞天道教紀念舘内

大會規定書

一、第十回全体定期大會는 總本部大會規約第三四五條에 依하야召集함。

一、大會時日은 四月二十四五両日、場所는 京城으로 定함。

一、参加團体는 會費参円을 大會前 先히 支拂함을 要함。

一、大會議事는『四月十五日内로 完了 又는 提出되는』本部執行委員会 及 支部會合에서 決議된 建議案으로 함。

一、各支部에서 建議案을 提出한 建議 上呈与否는 大會準備委員會에서 此를 決議함。

一、大會에 上呈된 議案中 미리 提出되지못하얏다던지 大會準備会에서 上呈치안은 必要한 件案은 大會開會進行中에서 緊急動議로案을 提出함。

一、建議案은 提出支部로봇터 詳細한 理由와 具体的 実行方法書를大会準備委員会로 四月十五日内까지 提出함。

一、大会에서 建議案에 対한 具体的 詳細한 理由説明의 要求가 잇슬時는 支部서 参席한 代議員이 그 要求에 應함。

一、代議員의 行動은 大会의 大衆的 意思要求決議에서만 動하고行할 것이며 開会로봇터 閉会中까지 一切個人行動은 取함을 不得함。

一、大会에 参加할 支部代議員은 반다시 本部에서 発付한 代議員届出書에 氏名記入하고 印을 捺하야 大会準備委員会에 提出함을 要함。

一、参席한 代議員의 資格은 大会에서 選擧된 資格審査委員이 此를審査함。

一、大会에 参席한 代議員은 大会에 対하야 該支部의 権利와 義務를一切 代行함。

一、代議員은 大会開会時間 十分前으로 大会場으로 入場하여야함。

一、代議員은 大会決議를 詳細記憶하야 該支部에 報告할 事。

一、代議員은 大会에 地方的 特殊事情 又는 一年間事業에 対한全体的報告를 要함。

一、代議員은 鉛筆 空冊等을 持参할 것。

【編者訳文】

衡総第参百参拾弐号

一九三一年四月六日

衡平社総本部執行委員長　趙貴用

各支部貴中

第十回全朝鮮定期大会召集の件

右件に対する決議は、衡平社本部第四回執行委員会で、来たる四月二十四、五日の両日、京城で開催することになった。

支部員諸君！殺人的不景気の風は直接間接に我らの生活を余地無く脅威しつつある。そして我らは日常生活で得た不平は、日を経るごとにいっそう〳〵深刻化していくと同時に　　は最後的発悪で実に言葉で言えない非人間的行動を敢行しつつあるのは、細々と実地を論じなくても知っているであろう。このような外的反動勢力と如何に戦うかということを、我らは実践を通した経験により、今後の一年間の事業を究明しなければならない。

戦闘的支部員諸君　以上に述べたことは外的反動の敵を述べたものであるが、我らは外的のそれよりも一層憎むべき内的不良分子たちは実に語りがたい非行が隠されているので、この全ての反動とは今般の全体大会を通して正体が暴露されるであろうし、意義ある発展の過程を踏むようになるので、我らの生のために、この戦地へ集まろう！

そして、支部の準備は全て整ったのか？

別紙の大会規定書によって全朝鮮定期大会を召集し、各支部及び代議員は実行しよう！

日時と場所は

四月二十四、五日両日の間午前十時から（陰三月七、八日）

京城慶雲洞天道教紀念館内

大会規定書

一、第十回全体定期大会は、総本部の大会規約第三四五条により召集する。

一、大会時日は四月二十四、五日の両日、場所は京城と定める。

一、参加団体は、会員参円を大会前に予め支払いを要する。

一、大会議事は、『四月十五日までに完了又は提出される』本部執行委員会及び支部会合で決議した建議案とする。

一、各支部から建議案を提出した建議上呈与否は、大会準備委員会で此を決議する。

一、大会に上呈された議案中、予め提出できなかったり大会準備会から上呈しない必要な件案は、大会開会進行中に緊急動議として案を提出する。

一、建議案は提出支部から詳細な理由と具体的な実行方法書を大会準備委員会に四月十五日までに提出する。

一、大会で建議案に対する具体的かつ詳細な理由説明の要求がある時は、支部から参席した代議員がその要求に応じる。
一、代議員の行動は大会の大衆的な意思要求決議に準じてのみ行動し、開会から閉会まで一切の個人行動を取ることを得ない。
一、大会に参加する支部代議員は、必ず本部で発付した代議員届出書に氏名を記入し、印を押して大会準備委員会に提出することを要する。
一、参席する代議員の資格は大会で選挙された資格審査委員が此を審査する。
一、大会に参席する議員は、大会に対して該支部の権利と義務の一切を代行する。
一、代議員は大会開会時間の十分前まで大会場に入場しなければならない。
一、代議員は、大会決議を詳細に記憶し該支部に報告する事。
一、代議員は、大会で地方的特殊な事情又は一年間の事業に対する全体的な報告を要する。
一、代議員は鉛筆、ノートなどを持参すること。

『昭和六年　思想ニ関スル情報　副本』

7　4月11日　衡平社動静ニ関スル件

京鍾警高秘第四四五八号
昭和六年四月十一日

京城鍾路警察署長

警務局長殿
京畿道警察部長殿
「京城地方法院検事正殿」(印)

衡平社動静ニ関スル件

管下朝鮮衡平社総本部ニ於テハ来ル二十四、五、両日ノ全鮮大会開催ニ際シ別紙訳文ノ如キ大会進行意見書外二種ノ印刷文ヲ作成セント企画セルヲ以テ内容審査スルニ本件ハ専ラ新派過激分子等ニ於テ直接行動ヲ煽動スル暗示ト認メラルル不穏字句アルヲ以テ其作成ヲ禁止シ警告ヲ与フルト共ニ行動ヲ注視中ナルガ本年ノ大会ニハ相当新旧両派ノ勢力争惹起スルモノノ如ク認ム
右報告ス

以上

(別紙)　衡平社創立九週《ママ》年紀念日ニ際シテ
全朝鮮労力白丁大衆諸君！其間我等ハ外的ニ内的ニ総ユル反動勢力ト直面シタル戦闘ノ下ニ間断ナキ活動ニヨリ短クナイ時間戦跡ノ頁ヲ持シナガラ茲ニ創立九週年ト云フ記念日（四月二十五日）ヲ迎ヘルコトニナツタ
同志等ヨ我等ハ此日ヲ最モ歴史的意義深キ努力ヲ以テ対外対内ニ社会的矛盾トシテ曝露サレル其対象物ト吾人ノ強力的大衆ノ力ヲ以テ解決セネバナラン白丁解放ノ旗幟ヲ高ク揚ケテ果敢ニ突進シタル其

経験ヲ通ジテヨリ以上有為ノ意識的戦線ヲ拡大強化シツツ過去誤謬ヲ批判シテ前途ニ又一年間ヲ迎ヘル進展策ヲ立テネバナラヌ衡平社創立九週年記念日ハ近ツイタ同志等ヲ最大ノ誠意ヲ尽クシテ活動ニ努力セヨ本部ニ於テハ十回全朝鮮定期大会ニ参席スル各支部代議員ト共ニ京城ニ於テ紀念スベク各支部ニ於テハ四月二十五日ヲ地域的ニ一斉ニ（時間ハ午後八時ヲ一機ニ）記念セヨ

（別紙）　衡平社第十回（ママ）全体大会ニ際シテ

同志諸君！吾人ニ於テハ忘レ様モ忘レラレヌ衡平第十回全体大会ト合セテ創立九週年記念日ヲ迎ヘルコトトナツタ
腥イ非人間的圧迫ヲ吾人トシテハ又受ケ様トシテモ受ケラレナイ処ノ胸中ニ塊ツテキル塊リヲ爆発セシメタノガ今日絶叫スル衡平運動デアル

支部員諸君！忘ルルナカレ一九二三年四月二十五日！諸君ニ於テ最モ意議ノ深キ日デアル吾人ハ総ユル事物ヲ事物其儘ニ厳格ニ批判観察スル処ニ於テノミ外内ノ反動勢力ヲ打倒スコトガ出来ルト同時ニ吾人ガ要求シ絶叫スル処ノ真ナル自由ト平等ノ目的意識ヲ達シ得ルノデアル

全朝鮮　時日　一九三一年四月廿四、五両日
定期大会　場所　京城天道教紀念館
紀念式日　四月二十五日

斯様ナモーメントニ立脚シタル吾人ノ任務ハ如何ナル方式ニテ戦フベキヤ？ヲ規定スルタメノ衡平社第十回全朝鮮定期大会ト創立九週年紀念日ニ当ルコトトナツタノデアルカラ屠殺場ニ於テ執ツテキタ斧ト刀柄ヲ棄テテ血ノ衣其儘ニ又山谷ヲ踏ミツツ握リシメタ柳鎌、草鞋ガケノ儘ニ勇敢ニ街路ニ出デ来レソウシテ支部ニ於テハ獅子ノ如キ代議員ヲ大会場ニ送レ！斯クシテ以テ吾人ノ威力ヲ敵ニ見セツツ新画策ヲ究明セヨソシテ内的反動ノ正体ヲ曝露セシメヨ此処ニ於テ迎フル大会、紀念式ニ真ナル意義ノアルノデアル

一、中立的灰色分子ヲ徹底ニ撲滅セヨ
一、闘争回避者ヲ陣営ヨリ駆逐セヨ

（別紙）　大会進行意見書

代議（員脱）諸君！諸君ハ地方大衆ノ意思ヲ代表シテ重大ナル責任ヲ受ケテ来テ又更ニ今般ノ会合ヲナスニ至ツタ此会合ハ八ケ星霜ヲ悪戦苦闘シタル諸君ガ更ニ九回ヲ迎フル丈従テ其意議モ同様デアル
開会劈頭ヨリ開会ノ終リ迄厳粛ニ守リ厳格ナル批判ヲ以テ罪悪分子ヲ裸体的ニ曝露シテ余地ナク放逐シ真ニ大衆ノタメ犠牲スルモノヲ以テ総陣営ヲ固ク立テヨ代議員諸君！諸君ハ瞬間ナリトモ大衆的本意ニヨリ離レテハイケナイ
吾人ハ一動一静ト一言一句ヲ公正ナル立場ニ於テ内在的ニ地方的特殊事情ト実践的闘争ノ歴史ヲ明白ニ考察セネバナラヌ全社会ノ大ナル矛盾ヲ抱キタル儘不断的発達ニヨル大勢ト吾人運動ガ互ニ差誤ナク展開セネバナラヌト同時ニ総テノ反動勢力ト闘フ戦略ヲ確定セネ

バナラヌ

以上

8　4月15日　衡平社本部印刷物郵送ニ関スル件（紀念式）

『昭和六年　思想ニ関スル情報　副本』

京鍾警高秘第四六五八号

昭和六年四月十五日

京城鍾路警察署長

（印）「京城地方法院検事正殿」

衡平社本部印刷物郵送ニ関スル件

管下朝鮮衡平社総本部ニ於テハ全鮮大会準備ノ為メ引続キ活動中ナルガ本日別紙ノ如キ紀念式ニ関スル印刷文二百五十枚ニ印刷シ即時各支部ヘ発送セリ

右報告ス

以上

発送先、局長、部長、検事正

（編者注＝「別紙」は欠）

9　4月20日　衡平社通文ニ関スル件（大会に関する準備）

『昭和六年　思想ニ関スル情報　副本』

京鍾警高秘第四九〇〇号

昭和六年四月二十日

京城鍾路警察署長

（印）「京城地方法院検事正殿」

衡平社通文ニ関スル件

管下朝鮮衡平社総本部ニ於テハ全鮮大会ニ対スル準備トシテ昨日別紙ノ如キ印刷文二百五十枚ヲ作成シ本日各支部ヘ発送セリ

右報告ス

以上

発送先

局、部、検事正

（編者注＝「別紙」は欠）

10　4月24日　集会取締状況報告（大会準備委員会）

『昭和六年　思想ニ関スル情報　副本』

京鍾警高秘第五一九三号

昭和六年四月廿四日

京城鍾路警察署長

警務局長殿

京畿道警察部長殿

府内各警察署長殿

集会取締状況報告（通報）

集会日時　四月廿三日自午前十一時至午後〇時卅分

同場所　京城府雲泥洞一二三

主催者　朝鮮衡平社総本部全鮮大会準備委員会
司会者　趙貴用
集会ノ目的　大会準備委員会
主ナル集会者　趙貴用　呉成煥　李東煥
集会人員種別　鮮人男八名
開催ノ状況　左記
臨監警察官　道巡査梅野富士吉

記

一、開会　議長趙貴用書記吉漢同ノ下ニ開会点名ノ結果出席者八名アリ

一、大会進行ニ関スル件

(1) 大会ニ対スル各部報告等ノ準備ハ完成シ居ルヤトノ議長ノ質問ニ対シ李東煥外各部長ハ全部完成セリト答弁ス

(2) 次ニ紀念式ニ対スル準備如何トノ質問ニ対シ朴好君ヨリ例年カナタ会ニ余興ノ出場ヲ願ツテキタガ本年ハ漢城券番ヨリ妓生十名ヲ出演セシムルコトニナリ居レリト答フ

(3) 昨日鍾路署ニ於テ禁止サレタル大会ノ討議案ハ他団体ノ集会ニハ一般的ニ許容サレ居ル事項ナルヲ以テ我会トシテモ是非本案ハ大会ニ提議セザルベカラザル議案ナレバ交渉委員ヲ選定シ許容方交渉シテハ如何ト吉漢同ノ動議ニ対シ満場一致可決シ金鍾澤、朴好君ノ二名ヲ選定ス

一、閉会

以上

11　4月27日　集会取締状況報告（第九回大会）

『昭和六年　思想ニ関スル情報　副本』

京鍾警高秘第五二七一号

昭和六年四月廿七日

京城鍾路警察署長

警務局長殿
京畿道警察部長殿
関係各警察署長殿
(印)「京城地方法院検事正殿」

集会取締状況報告（通報）

集会日時　第一日四月廿四日自午前十時三十分至午後二時十分
第二日〃　廿五日自午前十一時　至午後六時十五分
同場所　京城府慶雲泥洞八八天道教紀念館
主催者　朝鮮衡平社本部
司会者　趙貴用
集会ノ目的　第九回衡平社全鮮大会
主ナル集会者　趙貴用　張志弼　呉成煥　李東煥等
集会人員種別　衡平社員一二一名（男）外ニ傍聴者男五〇女七名（第一日）
第二日社員三名増シ一二四名

開催ノ状況　　左記
臨監警察官　　道警部吉野藤蔵　巡査部長目良安之　同李龍景
　　　　　　　同巡査梅野富士吉　同李春淳
警察取締状況　左記
参考事項意見　左記

記

開催ノ状況

第一日（四月廿四日）

一、開会　　午前十時三十分趙貴用開会ヲ宣ス
一、開会ノ辞　委員李漢用ヨリ左ノ如キ簡単ナル開会ノ辞アリ
是レ迄全鮮各地ニ於テ猛烈ニ運動セラレタ諸君ハ今日迄此席ニ於テ更ニ心新シキ運動ノ闘争ヲ過去ヨリ以上ニ展開シ尚一層拡大セシムルタメノ会合デアルト信ズルノデアリマス殺人的不景気ハ全鮮ヲ風靡スル今日諸君ハ能ク各地方ニ於テ我衡平運動ノタメ尠ラザル闘争セラレタルコトト思フ我衡平運動ハ主観的情勢ト客観的情勢如実ニ考察シテ過去八年間ヨリ以上一層猛烈ニ運動ヲ展開シ大衆ノ前ニ進マネバナラン尚此席ニ於テハ重要ナル討議案アル筈ナレバ極メテ慎重ニ決議アランコトヲ望ム
一、代議員資格審査　本件ハ口頭ヲ以テ左記五名ノ審査委員ヲ選ビ審査セシメタル結果参加団体五十一ケ支部出席代議員一二一名ニ達セリ（氏名別紙第一号）
　審査委員長　沈相昱
　審査委員　　李東煥　朴好君　呉成煥　吉漢同
一、臨時執行部選挙　本件ハ口頭ヲ以テ左記五名ノ銓衡委員ヲ選定シ銓衡セシメタルニ次ノ如ク決定ス
　議長呉成煥　　副議長李東煥
　書記長沈相昱　書記李明録
　査察　朴好君　金正元　片貴男　吉仲君　吉基同　崔學洙
　　李鍾淳
　銓衡委員　李東煥　金鍾鐸　金正元　吉漢同　朴好君
（一、）祝電祝文朗読及祝辞　本件ハ予メ臨監警察官ヲシテ検閲ヲナサシメタルニ祝電六通祝文七十通ニ達シタルガ祝文中五通（別紙第三号）ハ梢々不穏ト認メ朗読ヲ禁ジタル外異状ナシ（発送者名別紙第二号）
祝辞ニ就テハ傍聴席ニ対シ議長ヨリ登壇方ヲ促シタルモ登壇スル者ナカリシガ吉漢同ノ依頼ニヨリ木工組合員金祥麟ノ登壇ヲ見同人ヨリ簡単ナル祝辞アリ左ノ如シ
本日衡平社定期大会ノ席上ニ於テ考フルニ本会合ハ無産階級運動トシテ実ニ歴史的大会ト思フ従来ニ於テ種々ノ使命ヲ以テ闘争セラレタルモ衡平社ハ今日ノ機会ニ於テ解消問題ガ議案ニ提出セラレアルガ本件ハ如何ニモ決定的討議アランコトヲ切望ス云々
（一、）情勢報告　本件ハ委員沈相昱ヨリ朗読セルガ別紙第四号ノ通リニシテ異状ナシ

（二、）経過報告　本件ハ委員沈相昱朗読セルガ（別紙第五号）其内財政部報告中（局部ノミ添付）過去一年間ニ於ケル検査委員ノ検査ノ有無ニ対スル質問アリ之ニ対シ検査委員長張志弼ハ病気ノ故ヲ以テ検査ニ着手セザリシ旨ヲ答ヘ同時ニ自己ノ無責ヲ謝罪シタルニ対シ李漢容ヨリ本件ハ検査委員長トシテ失策ノ罪過ニ対シ三ケ月間ノ停権処分ニ附スヲ妥当ナリト動議シタルニ徐光勳ノ再請アリタルガ一二ノ反対意見アリテ容易ニ決定ヲ見ズ結局(1)其責任者ヲ処分スルニハ新任検査委員ヲシテ一応検査セシメ後日処分スベシ(2)此席ニ於テ調査委員ヲ選ビ之ヲ調査セシメ直ニ処分スベシトスル二意見アリタルガ採決ノ結果前者多数ヲ以テ可決サル而シテ新任検査委員ハ之ガ調査ヲナシ之ガ結果ヲ中央執行委員会へ報告シ同委員会ニ於テ処分スルコトトス

其他江原道聯合会ニ対スル新幹會脱会指令ノ件ニ関シ二三ノ質問アリタルガ結局（本部ガ江原道聯合会ニ対シ発シタル新幹會脱会ノ指令」ハ之ヲ取消スコトニ可決シタル外異状ナシ

一、役員選挙　本件ハ口頭ヲ以テ左ノ七名ノ銓衡委員ヲ選ビ委員長、検査委員長、書記長及書記一名、執行委員十一名、検査委員四名ヲ選挙スルコトニ動議アリタルガ内委員長及書記長ノミハ無記名投票ノ意見アリテ採決ノ結果多数ヲ以テ可決ス

而シテ之ガ発表ハ二日目ノ続会ニ於テナスコトトス

銓衡委員　沈相昱　李長述　吉萬學　朴敬植　朴好君
片貴男　呉成煥

一、閉会　第二日目ハ明日午前十一時ヨリ開催スルコトトシ午後二時十分閉会ス

第二日（四月廿五日）

一、続会開会　午前十一時議長呉成煥ノ下ニ続会ヲ開催シ点名セルニ前日ヨリ二ケ所支部三名ノ増員アリ又前日閉会後来着セル祝電九通祝文七通ニ達シ内二通ハ内容不穏ト認メ朗読ヲ禁止セリ

（別紙三号ノ二）

一、役員発表　前日選定セル銓衡委員七名ヲ以テ選定セル新任委員ノ発表ヲ行ヒタルニ其ノ顔触レ殆ド新派ニ属シ旧派ハ僅カ二三名ニ過ギザルガ其内検査委員トシテ張志弼選出サレタルタメ新派側ハ前委員長トシテ其職責ヲ全フシ得ザル者ヲ新任委員トシテ選出セルハ銓衡委員ノ過失ナリト該委員ノ不信認案ヲ提議シタル結果銓衡委員ノ改選ヲ行ヒ更ニ役員選挙ヲナスコトトナリタルガ其結果左ノ如シ

執行委員　新 吉漢同　中 呉成煥　中 李東煥
新 朴好君　新 沈相昱　中 吉萬學
旧 朴敬植　新 李漢容　中 金鍾澤
新 金正元　新 崔　錫　○中 趙貴用
○旧 張志弼　○新 李明録　○旧 吉奇同
○新 李順同　○印ハ検査委員トス

改選銓衡委員　中 徐光勳　新 吉漢同　旧 金士典

旧 吉基同　　旧 李鍾淳　　中 李奉云
新 李漢容
改選執行委員　新 吉漢同　中 呉成煥　中 李東煥
新 朴好君　　旧 李鍾淳　　中 吉萬學
旧 朴敬植　　新 李漢容　　中 金鍾澤
旧 吉基同　　旧 張志弼
改選後検査委員長　新 沈相昱
改選検査委員　旧 李順同　　旧 吉仲君　　新 片貴男
旧 金士琠

以上ノ通リ改選セル結果新旧派ノ勢力対立トナリタルタメ更ニ紛糾ヲ惹起シ殊ニ検査委員トシテ不信任セル張志弼ガ更ニ執行委員トシテ選出サレタルヲ以テ再ビ銓衡委員ノ不信任ヲ沈相昱ヨリ動議シ李明録ノ再請アリテ改選ヲナサントシタルモ旧派側金士琠、中立側徐光勲等ノ猛烈ナル反対意見アリ遂ニ採決ニ入リタルガ結局旧派側ノ多数決ヲ以テ改選ハ撤回サレ委員長及書記長ノ投票ニ移リ投票用紙ヲ配布シ投票ノ結果問題タル張志弼ガ九十三票ノ絶対多数ヲ以テ委員長ニ当選シ金鍾澤ガ次点十三票ニテ書記長ニ当選シタルガ其際沈相昱ハ本投票ハ代議員数ヨリ八票ノ増票アレバ不正投票ニシテ無効ナリト主張セルヲ以テ再ビ紛糾ヲ起スニ至リ新派側ハ不正事件トシテ盛ニ議論ヲ始メ再投票ヲ主張セルガ旧派側ニ於テハ之ヲ容レズ遂ニ採決セルニ旧派側多数ヲ以テ再投票ハ否決サレタルヲ以テ場内漸ク騒然トナリ不正事件ヲ是認スル如キ大会ニハ着席出来ズトテ李漢用ハ先ヅ辞表ヲ提出退場スル等一層混乱セルガ時恰モ午後一時三十分ナリシヲ以テ議長ハ休会ヲ宣シ午後二時四十分続会ヲ開キタルガ昼食時間中議長呉成煥ハ新派側ニ策動セラレタルモノノ如ク再開スルヤ自己ハ本会議ニ於テ不正投票事件ヲ通過セシメシタメ実ニ苦シキ立場ニアル旨ヲ述ベ前決議ヲ撤回シ再投票方ヲ懇談的ニ説明セルモ旧派側ハ之ヲ許サズ一旦可決セルモノナレバ他ノ議事ヲ進行セシメヨト叫ビ新派側ハ議長ノ失責ヲ詰問シ又ハ不正事件ヲ其儘続行スル大会ハ不法ナリト絶叫シ張志弼ヲ中心トスル両派ノ派争ハ一層紛糾ヲ重ネ議事進行ハ妨ケラレタリ此時議長ハ不正投票ノタメ改選ヲ至当ト認メ其理由ヲ説明シタルニモ拘ラズ之ガ否決トナリタルハ議長ノ失責ナレバ玆ニ引責辞任スト辞任ヲ申出デタルニ対シ旧派金三奉ヨリ一旦多数決ヲ以可決セル問題ヲ更ニ繰返ヘスガ如キハ議長ノ失責モ甚シケレバ当然引責辞任シ同時ニ本大会ハ今迄ノ議事全部ヲ無効トシ第一日ノ最初ヨリ撤回スベシト動議シタルニ金士琠ノ再請アリタルガ反対意見者ヨリ結局役員選挙ノミヲ改選スルコトトナリ銓衡委員ヲ更ニ選出セントシタル際新派側ニ於テハ自派ニ不利ナルヲ覚リテカ本大会ハ不法ナレバ大会トシテ認メラレズ従ツテ議事全部ハ無効トシテ我等ハ退場スト称シ朴好君、李明錄、吉漢同ノ三名退場シ続イテ片貴男退場シ李東煥ハ臨時副議長ヲ辞任シ下壇セルヲ以テ議長呉成煥モ続イテ辞任下壇シ議事ハ全ク中止トナリ金士璵ノ如キハ本会ヲ解散シ各々故郷ニ帰宅セヨト会員ヲ煽動スル等場内混乱セルガソノ際吉萬學自ラ登壇シ自己ガ臨時司会トナル旨ヲ宣シ臨時執行部ノ選挙ヲナシ議事ヲ進行センコトヲ述ベタルニ場内梢平静ニ帰シ金鍾澤ヲ議長ニ金東錫ヲ臨時書記ニ選挙シ議事ニ移リタルガ更ニ金正元ハ不法大会ニ着席出来ズト称シ退場セルヲ以テ再ビ総立トナリタルガ金三奉等ノ整理ニヨリ漸ク場内平静ニ帰シ議長金鍾澤ヨリ査察崔学洙、李鍾淳、金三奉、李必成、李秀完ヲ任命シ委員長及書記長ノ再投票ニ移リタルガ先ズ新任委員中退場セルモノハ脱会ト認メ之ガ補欠ヲ選挙スルコトトナリ補欠選挙ノ結果左ノ如ク検査委員長沈相昱ヲ除ク外全部旧派及中立派ヲ以テ成立サレタリ

補欠改選中央委員

金三奉　白漢雄　李鍾淳　吉萬學　朴敬植

趙貴用　金鍾澤　吉基同　張志弼　中呉成煥

中李東煥

〃　検査委員長　新沈相昱

〃　検査委員　李順同　吉仲君　吉奉西　金士璵

中央執行委員長及書記長ハ六十八票ヲ以テ委員長ニ張志弼、十七票ヲ以テ書記長ニ金鍾澤当選ス

茲ニ於テ中立派タル李東煥、吉奉西、呉成煥等ヨリ辞任ヲ申出デタルモ結局不受理トナル

一、予算案ニ関スル件　予算案ニ関シテハ別紙第七号ノ如ク（局部ノミ）印刷セルモノヲ各代議員ニ配布シ金鍾澤ヨリ説明ヲ加ヘタルニ異議ナク通過ス

一、討議事項

（1）解消問題ニ関スル件　本問題ハ新派側ノ策動ニヨリ水原支部及襄陽支部員ヲシテ提出セシメタル議案ニシテ相当注目サレ居タルモ本会議ニ於テ新派側ノ敗退ヲ見タルタメ直ニ否決サレ一応提出議案（別紙第八号）ノ朗読ヲナシタル後異議ナク満場一致否決ス

（2）内部再組織ニ関スル件

（3）道連盟組織ニ関スル件

（4）会館問題ニ関スル件

（5）全朝鮮巡講ニ関スル件

（6）不正分子ニ関スル件

右議案ハ全部新任委員ニ一任スルコトニ決ス

一、閉会　午後六時十五分拍手ヲ以テ閉会セリ追テ要視察人要注意人ニシテ本会合ニ関係アルモノノ異動報告通報ハ本報ヲ以テ省略ス

警察取締状況及参考事項

本会開催ニ当リ其ノ前日幹部李東煥ヨリ届出ヲ提出セルガ議案中

一、反封建的運動大衆化ニ関スル件

一、一般的封建観念反対ニ関スル件

一、衡平社商工業的反対ニ関スル件

等ハ衡平運動ニ対スル議案トシテ穏当ナラザルモノト認メラルル点アルヲ以テ之ヲ中止スベク命ジ他ノ事項ハ之ヲ許容シタルガ本年ノ大会ハ昨年大会以来新旧派ノ内訌極メテ濃厚トナリ殊ニ新派ハ共産系タル（非社員）李鍾律、鄭慶烈、安均、金赫等ト気脈ヲ通ジ衡平運動ヲ無産運動ニ転換セント策動シ或ハ水原支部或ハ襄陽支部等ヲ煽動シ解消問題等ノ提議案ヲ本部ニ提出セシメ暗中飛躍ヲナシ自派ノ拡張ニ努メヰタルモノナレバ相当波乱アリト認メラレタルガ未ダ新派ハ李漢容、沈相昱、吉漢同、朴好君、片貴男、李明録、金正元等ノ少数分子ニシテ勢力薄ク社員ノ大勢ハ旧派ニ属シ殊ニ張志弼ノ内面的策動奏功セルタメカ大会ハ旧派ノ勢力トナリ解消問題ハ満場一致直ニ否決サレ新派ハ議事半ニシテ沈相昱ヲ除ク外全部退出シタルヲ以テ新幹部ハ旧派ノミヲ以テ成立スルニ至リタルガ今後新派側ハ前記主義者等ト気脈ヲ通ジ相等猛襲的ニ解消運動ヲ起スベク認メラル尚本解消問題ハ目下問題トナリ居ル新幹會槿友會等ノ如ク解消後ノ運動ヲ部門的ニ転換セントスルモノト異リ解消後ハ之ニ代ルベキ表現団体ノ再組織ヲナシ而シテソノ運動方法ヲ無産運動化サント（ママ）スルモノニシテ将来新旧両派ノ暗闘益々熾烈トナリ早晩大勢ハ新派ニ傾クニアラズヤト思料サレ之レガ成行ニ就イテハ厳重査察ノ要アルモノト認ム

以上

別紙第一号　出席者

成歓　吉光國、金長軍、趙南道、金万根、金洙午、李昌石、
天安　金允植、李命福、金顕悳、　原州、金萬奉、
鉄原　金士瑛、徐光勲、大平里、吉興福、西井里、吉順用、
鎭川　李必成、李元龍、張順奉、李無釗、元加成、
錦山　吉仲君、吉奇同、朴桂煥、金昌吉、江陵、金興伴
清州　白漢雄、趙用進、海美、李甲山、朴甘述
報恩　李明俊、　横城　金月奉
青山（ママ）　金萬山、咸順卜　洪城　金棒　李基錫
群山　朴根成、金水同　平沢　李寿安　金五福
鳥致院　李長述　金奇福　朴栄業　李再鳳　金有成　金福山
崔寿萬　李寿天　趙甲成　金栄華
公州　金在徳　金順男　金元奉　江景　李文錫
笠場　吉義星　吉秋光　李奉雲　吉奉西
温陽　鄭海龍　片島晴　片二龍　春川　李完龍　鄭逸萬
霊山　崔鶴洙　瑞山　李仁　金甲同
馬山　李明緑（録）　朴敬植　内倉　李相鎭
烏山　李長福　千飛龍　金石福　咸悦　李甲春
大田　金東錫　吉寿奉　吉鳳洙　堤川　李寿昌
松汀　趙長玉　鄭有北　李栄述　鄭石埈　鄭錫洪
安城　李鍾淳　金敬緑　吉衡進　青陽　李先甫
京城　李東煥　朴平山　李漢容　李景春　沈相昱

青　陽　洪平国　保　寧　趙周雨　金延学　清　安　元巨富
元　川（ママ）　金眞福　李自能　沕　淄　趙春弘　屯　甫　李寿哲
楊　平　吉萬學　吉順天　礼　山　金奥男　金　光　金徳寛
結　城　宋在玉　宋明午　大召院　申海根　金泰桂
泰　安　李田福　京　忠　金千係（孫）　金奇鳳
論　山　李福珍　華　川　李順童　水　原　金平俊　金正元
利　川　趙相厚
本部役員　張志弼外五名
第二日目出席増員
大　田　李達俊　旌　善　李敬俊　天　安　李達用

別紙第二号　祝文、第一日

廣川　李鍾南　朝鮮少總統営少年同盟
咸悦支部　襄陽沕淄支部内　趙今峰、李相軒
朝鮮青總統営青年同盟　統営支部
屯浦支部　温陽温泉支部
海美　李昌万　襄陽沕淄支部
原州支部　慶南咸安支部
朝鮮学生会　槃樹支部長　朴正順
江陵　金永甫　千寛寅　馬山　朴考益
江陵邑　金卜洪　温陽邑内　片島晴
江陵　金明云　金永道　温陽温泉支部内　趙龍九

（押収）

江原道三陟支部　〃　宋鳳龍
江陵支部　温陽支部長　李順億
江陵邑　金浩成　温陽市場　片弐龍
温泉　金日成　江陵邑内江原聯合会
槿友会新義州支会
槃樹支部　鎮川邑内里　李必男
新幹会密陽支部　温陽邑内里　片仁（己）男、吉丁根
江陵　金八成　馬山労働聯盟
槐山青年同盟曽坪支部　永同農民組合黄澗支部
温陽支部内　李天應　温陽温泉支部内　元徳道
晋州青年盟（ママ）智水支部　平壌交通運輸労働組合
永同農民組合　杆城支部内　趙二峰
平壌裁縫職工組合　朝鮮労働總同盟平壌聯盟
杆城支部長　趙忠福　釜山　金八元
慶北河陽　姜龍生　新幹会洪城支部
淳昌青年同盟　昌寧農民組合
洪城労働組合　馬山支部
扶余邑内　李大錫　烏山支部
海美邑内　朴俊教　新幹会統営支会
温陽面支部　趙唔駝　平沢支部
廣川　李公萬　新幹会本部
中央青年同盟北区支部　永同青年同盟北区支部

押、永同青年同盟黄澗支部　　押、東京　崔萬業

押、襄陽郡大浦漁民組合　　押、長興青年同盟

祝　電

旌善支部　　陜川支部、陜川、三可（嘉）支部

群山支部　　釜山鎮駅前　李成順

梁山支部

祝　文　第二日

押、大阪全国水平社総本部　　安城邑内　李南一

海美　李秉善　　衡平社全州支部

全州　崔　錫　押、衡平社全北道支部聯合会

祝　電

慶南山清郡丹城支部　　群山支部

釜山鎮　李聖順　　梁山支部

慶南山清支部　　慶北義城支部

全北鎮安竜澤支部　　淳昌支部

鎮安支部

別紙第三号　朗読禁止祝文内容

祝文

人類ハ平等ニシテ且自由ダ然シ乍ラ我等ハ何ウデアツタカ我等ノ歴史ハ唯賤待虐待搾取ト涙ノミデアツタ之レ如何シテ憤痛セザランヤ見ヨ時代ガ変遷サレタ今日ニ於テスラ尚封建的時代夢ガ醒メナイ彼ノ徒輩ハ賤視ト蔑視ヲ常事トシ我等ノ社会的向上ヲ妨害セザルカ？人権ハ同等ダ蹂躙スル者之レニ当ル者ハ誰ゾヤ我等ノ憤根ハ蒼天ニ轟キ我等ノ胸ニハ熱イ血ガ龍巻ヲナス四十万大衆ヨモツトモツト奮起セヨ凝結シタ歴史的伝統ハ一条二条ノ法律ニ依リ破壊サルベキデナク黙過的態度ト軟弱的行動ヲ以テナクナル処デナイ我等ノ経済的自由ト人権的解放ハ唯我等ノ力強イ団結ト健全ナル闘争ノ結晶デアリ報償ナノデアル

全国ニ散在スル四十万大衆ヨ力強ク団結セヨ朝鮮ノ健児ノ衡平ヨ勇敢ニ闘争セヨ最後ニ勝利ガ来ルマデ

衡平十年四月　日　　東京ニ於テ　崔萬榮

祝大会盛況

没落第三期ニ直面シ必然的ニ労資両大陣営ノ闘争ガ尖鋭化シツツ行ク此際貴第九回大会ヲ契機トシ鞏固ナル産業別再組織ト併セテ激烈ナル闘争ヲ展開セヨ

一九三一年四月廿四日　　江原道大浦漁民組合

祝！全社会ヲ渦巻キ廻ル低気圧ヲ打破リ勇敢ニ開カレタル貴大会ヲ遠方ニ於テ祝ル

一九三一年四月廿四日　　朝鮮青總長興青年同盟

祝！貴大会ト紀念式ヲ祝ル

鞏固ナル団結ト戦闘的熱望ヲ以テ緊固ナル戦ヒノ決意ヲ血祝ス休マズ戦フヲ望ム

一九三一年四月廿一日　永同青年同盟黄澗支部

諸同志ノ検討ニテ開催セル貴大会ヲ満腔ノ誠意ヲ以テ血祝ス

一九三一年四月廿四日　平壌裁縫職工組合

別紙第四号

一、情勢報告

全国衡平社員ノ人数ト戸数左ノ如シ

一、人数総計　三六、五〇〇人

一、戸数総計　五、七三八戸

人口道別

京畿	二、四〇〇	忠南	三、三〇〇	忠北	二、四〇〇
全南	三、〇〇〇				
全北	三、七〇〇	慶南	三、四〇〇	慶北	六、一〇〇
黄海	四、二〇〇				
平北	一、四〇〇	平南	一、〇〇〇	江原	二、二〇〇
咸南	四〇〇				
咸北	三、〇〇〇				

右ハ一九二五年（今ヨリ七年前）八月二日ノ朝鮮日報ニ発表サレタルモノ

一、京畿道　総十六ケ所支部中活動支部十ケ所沈滞支部六ケ所

本道内各支部ハ朝鮮第一位ヲ占領シタル都市タル京城ヲ中心トシタル丈封建的観念ガ薄弱デアツテ最近ニ於テハ侮辱ヨリ生ジタル闘争ナク日常経済的ヨリハ労働争議ガアリタルガ京城支部開城支部水原支部等ヨリ起キタル屠夫同盟罷業等ガ之デアル

一、全羅南道　総二十九支部中活動支部四ケ所ノ外ニハ二十五ケ支部ハ全部沈滞シテキル此地方ハ封建的観念濃厚ニシテ人権差別ガ甚シイ社員側ニ反抗意織ナク且社員大衆モ文盲ニ陥テキル此中智識分子層ハ白丁称号ヲ逃避セント暗行的行動ヲナシツツアル故ナリ

一、忠清北道　総十六ケ支部中活動支部十一ケ所沈滞支部五ケ所デアル地方封建的観念ハ朝鮮タル普偏（遍）的デアリ又反抗モ積極的起シテキナイ最近営業権ヲ侵奪サレテ経済的被迫ハ不可抗力タル現社会的大勢デアル

一、忠清南道　総三十二ケ所支部中活動支部二十六ケ所沈滞支部六ケ所ナリ此地方ハ過去両斑階級ガ縦横シ居タ舞台デアリ今ニ至ルモ残滓物ガ濃厚デアル故侮辱的差別ガ最モ甚シカツタ反面ニ反抗モ猛烈デアツタタメ重大ナル事件ガ多ク演出サレタシ運動ガ最モ進展シテキル禮山争議事件大坪里争議事件牙山殺人事件笠場支部内屠夫同盟罷業等ガ代表的行動デアル

一、全羅北道　総二十五ケ支部中活動支部十三ケ所沈滞支部十二ケ所デアル此地方ノ差別ハ甚シキモ反抗的闘争ハ差異アリ北部ニ於テハ活動スルガ南部ニ於テハ沈滞状態デアル地理上不便ト地方意識差異ノアル故ナリ活動支部等ガ聯合会ヲ組織シテ全的活動ヲ起サントシテキル

一、慶尚北道　総三十六ケ支部中活動支部七ヶ所沈滞支部二十九ケ所デアル差別ガ甚シキト同時ニ社員大衆ガ文盲デアリ反抗意識モ持シ居ラズ封建的状態ガ依然トアル

一、慶尚南道　総三十三ケ支部中活動支部二十五ケ所沈滞支部八ケ所アリ停権一ケ所デアル此地方ハ初期ニハ猛烈デアツタガ悪分子等ノ野望ハ戦迄（ママ）這間沈滞シテアツタガ道連ノ設置以来更新ノ勢ヲ吐キツツアル然レ共社員ノ文盲ガ多大デアル故運動発達ガ頗ル困難デアル

一、江原道　総二十六ケ支部中活動支部十六ケ所沈滞支部十ケ所デアル過去ハ最モ沈滞状態デアツタガ最近ハ活動ヲ稍展開シタ状態ナリ

一、黄海道　総十ケ支部中活動支部一ケ所ノミニテ余ハ全部沈滞シテキル

一、平安南道　二ケ支部（平壌　成川）

一、平安北道　一ケ支部（博川）

一、咸鏡南道　五ケ支部（高山、高原、咸興、徳源、順寧）

以上三道ノ八ケ支部ハ設置後若干ノ活動アリシモ最近ハ沈滞シテキル北鮮地方ハ封建的制度ガ元来薄弱デアツタ同時ニ社会運動ガ発達シ衡平ノ階級分子ハ無産運動ニ入ル様ニナツタ

〔一九二五年一月中咸南青年聯盟ニ於テ常務委員会決議ガ次ノ如クアツタ

　衡平団体ヲ促成シテ其方向ヲ無産階級運動ニ転換セシムル事ニ努力スルコト〕

一九二五年八月咸南運動者同盟第一回臨時大会決議ニ左ノ如クアツタ

　衡平運動ヲ無産階級運動ニ方向転換セシムルコト

斯ル決議ノ影響ト同時ニ大衆意識ガ覚醒アリテ白丁ノ差別ナキタメ衡平運動ノ存在ガ不必要トナリ自然解消トナツテシマツタ

　活動支部総計　一一三支部

　沈滞支部総計　一一八支部

　合計　二三一支部

別紙第三号ノ二　第二日目朗読禁止祝文内容

祝

大会大盛況万歳

全鮮ニ散在スル同志諸君ヨ！自由平等ヲ戦取スベク闘ヒタルコトモ早ヤ八年前ノ昔デアル、諸君！我等ニ取纏ツタル不幸ハ横方（一方）ハプロレタリヤト称スル被圧迫、縦方（他方）ハ白丁ト云フ惨虐ナル蹂躙ヲ受ケテキル

友ヨ！此現実ヲ如何ニセン

我等ノ進路ハ過去ノ闘争其レノミニ止マラズ広汎ナル大衆ニ向ヒ我等ノ陣営ヲ拡大強化セシメ最後ニ至ルマデ戦ハン

一九三一年四月廿四日　衡平社全北道支部聯合会

資本主義制度下に於ける必然の経済的危機に面して将に死物狂ひの状態に置かれたる帝国主義国××の凶暴なる××に対して英雄的な抗争を続けられる貴大会に我全国水平社は心からなる祝辞を送るものである

しかも

衡平社が従来の民族主義的闘争より更に展開されたる階級的闘争に押し進まれたる飛躍的発展を何よりも感謝する

搾取の鉄鎖より

差別のシコクより

新しき世紀を見出だす日まで此絶対解放を叫んで抗争する全世界の労働者農民の団結万歳

一九三一、四、二五

大阪市浪速区栄町四ノ二二

全国水平社総本部

（別紙第五号）経過報告

一九三〇年四月二十六日午前十一時ヨリ本部会館ニ於テ開催シタル第一回本部執行委員会ハ全体大会ニ於テ一任シタル議案左ノ如ク決議

一、賤視差別積極的撤廃ノ件＝常務委員会ニ一任

一、衡平デーニ関スル件＝毎年九月第三日曜日ニ定メポスター、講演講座及行列等ヲ以テ実行スルコトニ決ス

一、争議ニ関スル件＝常務委員会ニ一任

一、反動社員懲戒ニ関スル件＝各支部ニ公文或ハニユースヲ通ジテ除クコトニ決ス

一、教養問題ニ関スル件＝教養、出版部ニ一任

一、機関紙基金確立ノ件＝一九三〇年二月二十二日第六回常務委員会ニ於テ予定ノ通リ募集委員ニ一任

一、未組織大衆獲得ニ関スル件＝常務委員会ニ一任

一、道支部聯合会組織ニ関スル件

一、産業別組合組織ニ関スル件

一、本部維持方針ニ関スル件＝前例ニ依ル

一、屠殺税金減下運動ニ関スル件＝吾等ヨリ徴収スル税金ニアリテハ牛一頭ニ対シ売買税、屠殺税、販売営業税等二重三重ニシテ過大ナル税金ヲ徴収セルヲ以テ大衆生活ハ没落シツ、アル故ニ減下運動ヲ為スコト、シ交渉委員トシテ左ノ如ク選挙ス

申鉉寿　趙貴容　張志弼

一、犠牲同志家族后援ニ関スル件＝各支部ニ指令シテ救援金ヲ募集スルコト、セリ

同年四月二十八日午后一時ヨリ第一回常務委員会ヲ開催シ左ノ通決議

一、賤視差別積極的撤廃ノ件＝不合理ナル暴圧ナル時ハ全国的ニ総動員シテ最后ノ一人迄モ抗争スルコトニ決ス

一、争議事件ニ関スル件＝禁止

一、未組織大衆獲得ニ関スル件＝調査組織部ニ於テ活動スルコトニ
決ス
一、月損金ニ関スル件
一、道支部連合会促成ノ件
一、其他
同年五月十七日午后三時ヨリ第二回常務執行委員会ヲ本部会館ニ於
テ開催シ左ノ通決議
一、道支部聯合会承認ノ件＝報告要求ニ依リ忠南、慶南、江原三ケ
所ヲ承認ス
一、道支部聯合会規約ニ関スル件＝規約作成委員トシテ朴平山、吉
秋光、李漢容、沈相昱ノ四人ヲ選挙
一、道聯合会設置大会代表派遣ノ件＝代表派遣ハ左ノ如ク選挙
忠南　趙貴容　朴平山
慶南　趙貴容　朴平山
江原　吉秋光　朴平山
一、全北山門七邑聯合問題ノ件＝聯合会設置サレタル以上何等ノ必
要ナキモノト認メ承認セズ
一、統計表ニ関スル件
一、其他＝南岡李昇勲先生社会葬ニ反対スベク決議ス
同年五月二十九日午后二時第三回常務執行委員会ヲ開催シ左ノ通決
議ス
一、各部意見案提出採用ニ関スル件

一、所謂釜山衡平社ト云フ反動行為処置ニ関スル件
一、慶南道支部聯合会設置ニ関スル公文発送ニ関スル件
一、錦南事件ニ関スル件
一、平澤、西井里西支部合同承認ニ関スル件
一、執行委員会召集ニ関スル件
同年六月七日午前十一時ヨリ本会館ニ於テ第二回本部執行委員会ヲ
開催シ左ノ通決議ス
一、第三回常務執行委員会決議ニ関スル件
一、各種規約通過ノ件
一、道支部聯合会問題ニ関スル件＝一人ヅヽ特派シテ勤務セシムル
コトトシ人選ハ常務委員会ニ一任ス
一、本部執行委員活動ノ過去批判ト今后決心意見書ニ関スル件
常務委員会ニ一任ス
一、地方争議事件
一、朝鮮日報平澤支局記事相違ノ件＝謝過状ヲ受ケ発表スルコト、
シ朴平山同志ヲ特派スルコト、ス
一、本部消息通発刊ニ関スル件＝月一回宛発表スルコトニ決ス
一、辞任願ニ関スル件＝金東錫ノ辞任ヲ受理シ朴有善ヲ補選ス
同年九月三日午后一時ヨリ本会館ニ於テ第四回常務執行委員会ヲ開
催シ左ノ通決議ス
一、地方巡回ニ関スル件＝忠清南道一円ニ沈相昱ヲ派遣スルコトニ
決ス

一、衡平デーニ関スル件＝講演、講座ノ演士ハ必ズ本部ト相談セシムルコト、シビラ作成委員ハ李東煥ヲ選挙ス
一、全北黄登争議事件ニ関スル件
一、咸悦支部内反動分子ノ件＝反動分子申聖列ニ対シ警告文ヲ発送スルコトニ決ス
一、禮山支部内紛争事件
一、定平支部事件

同年十一月十日午后一時ヨリ本会館ニ於テ第三回本部執行委員会ヲ開催シ左ノ通決議ス

一、沈滞支部ニ関スル件＝促進セシムルコトニ決ス
一、道聯合会未組織道ニ関スル件＝促進ニ努力スルコトニ決ス
一、慶南道支部連合会特派ニ関スル件＝李漢容ヲ選挙ス
一、巡回委員配定ニ関スル件

京畿、忠北　金　光　李鍾淳
江原　吉萬學　徐光勲
忠南　金鍾澤
全北　吉秋光　羅秀完
全南　吉仲根(君)　李東煥
慶北　姜竜生　朴平山
慶南　李漢容　申鉉寿

一、生活保障部事業ニ関スル件＝常務委員会ニ一任ス
一、辞任願ニ関スル件＝執行委員金寿眞(鎭)ノ辞任願ヲ受理シ金在徳ヲ補選ス

同年十一月二十日午后一時ヨリ本会館ニ於テ第五回常務執行委員会ヲ開催シ左ノ通決議ス

一、執行委員会召集ニ関スル件＝十二月十日午后一時ニ召集スルコトニ決ス
一、慶南及江原両道負担金ニ関スル件
一、本部財政問題ニ関スル件

一九三一年二月十二日本部執行委員会ヲ開催セムトシタルガ流会トナリ同年三月六日午后三時ヨリ本会館内ニ於テ開催シ左ノ如ク決議ス

一、第九回全国大会召集ニ関スル件
一、第八週年紀念式ニ関スル件
一、全国巡回ニ関スル件＝左ノ通選挙ス

忠南　金鍾澤　金在徳
京畿　李鍾淳　金顕悳
江原　吉萬學　朴平山
慶南　李漢容　朴敬植
全南　羅秀完　沈相昱

一、辞任願ニ関スル件＝金鍾澤、申鉉寿両同志ノ辞任願ハ受理セズ金光ヲ辞任セシメ朴敬植ヲ補選ス
一、会館問題
一、所謂衡平社礼山青年相助會ノ件＝組織上別個ナルヲ以テ承認セ

ズ

同年一月十六日午后一時ヨリ本会館ニ於テ第六回常務執行委員会ヲ開催シ左ノ通リ決議ス

一、忠北大会召集ノ件＝全権委員五人ヲ選挙シ時日、場所等準備一切ヲ委任シタルガ全権委員左ノ如シ

吉秋光　李東煥　李鍾淳　張志弼
趙富吉

一、慶南道支部執行委員及地方責任委員会ノ件＝承認ス

一、京畿、忠清道巡回委員金集不義行為ノ件＝該責任ヲ辞職セシムルト同時ニ反省文ヲ発送シ后任トシテ吉秋光ヲ補選ス

一、釜山支部無期停権解除ノ件＝釜山支部ヲシテ仝支部ノ過去誤謬ヲ声明セシメタル后承認ス

同年二月六日午后一時書面ヲ以テ左ノ件決議ス

一、第四回執行委員会召集ノ件

一、江原道支部聯合会第三回常務執行委員会々順其他事件

一九三〇年十二月二十九日討議中其他事項ニアリテハ我社員中ニ新幹會ニ入会シタル社員ガ多クアルニ目下解消問題アリ其他各種ヨリ見テ其形勢ヲ察スルニ面白クナケレバ各支部ニ指令シ新幹會ヨリ脱会セシムルコト、シ当分ノ間保留スベク決議ス

争議報告

一、大坪里事件

発生日時　一九三〇年三月七日ヨリ

場所　大坪里市場

相対者　社員二十数名ニ対シ村市民三百名以上

原因　社員崔好基ト非社員姜寛道トノ間ニ差別ヲ起シ喧嘩中姜父子ハ一般市民ヲ煽動シ百数名ノ白丁ヲ打殺スベシト高威シツ、吉學童君ヲ無数乱打セリ又数百ノ群衆ハ吉萬學ノ家ヲ包囲シ閉門ヲ破壊シ欧(殴)打スル等無数ノ暴動ヲ為セリ次ニ近洞三百余名ノ村民ガ鐘ヲ鳴ラシツ、社員等ノ住宅ヲ全部包囲シ棍棒及瓦石ヲ以テ門戸ヲ破壊シ社員多数ニ重傷ヲ負ハセメタリ

抗議　此ノ急報ニ接シタル各支部ニ於テハ非常出動ヲ為シ応援セムトシタルモ警察ニ於テ錦江ヲ境界トシテ防制シ錦江ヲ泳ギ渡レル社員達ヲ検束セリ而シテ同僚ヲ救援セムトシタル社員等ハ警察ノ強制的制裁ニ依リ詮方ナク旅舎ニ於テ投宿スルコト能ハズ山谷間ニ火ヲ焚キ其夜ヲ過シ各々自宅ニ帰レリ

其后同支部社員ハ社会外ノ社会ニアル如クナレリ市民達ハ非買同盟ヲ組織シ面長ハ屠夫ヲ強制的ニ解雇シ同駐在所ニ於テハ屠殺ヲ認可セザリキ

而シテ内的外的ニ形容スルコト能ハザル迫害ヲ受ケ四ケ月間ヲ餓線ニ彷徨シ各地方ヲ流浪スルニ至レリ

結果　総本部ニ於テハ各支部ニ同情方ノ指令ヲ発シ特派員

金鍾澤、李漢容ヲ派遣シ詳細調査ヲ為サシメ各方面ニ亘リ活動セルモ流離破散セル社員ノ生活経済ハ現実ニ求ムル能ハザルニ至レリ

二、烏山支部内紛事件

発生日時　一九三〇年二月中

解決日時　一九三〇年九月九日

烏山屠獣場屠夫ハ該支部長金順根外一人ニシテソレヲ貧困ナル社員ニ代理従務セシメ生活セリ

其レヨリ金錫福、金舞萬両人屠夫トナリ労賃全部ヲ前記二人ニテ使用スル為メ一般社員ハ其非行ヲ警告シタルモ敢テ肯セズ社内ハ極メテ不和トナリ本部委員沈相昱君ガ巡回ノ際来烏シ円満解決シ賃金三分ノ一ヲ同支部ニ提納シ貧困ナル社員ノ生活ヲ保証セリ

三、衡平社釜山支部反動事件

発生日　五月十三日

原因　衡平社第八回全国大会決議ヲ以テ各道ニ道聯盟ヲ置クコトニ定メ晋州支部ニ外幾個支部（馬山、釜山）ニ向ヒ道連発起問議文ヲ発シタルモ何等ノ通知ナク晋州、馬山両支部ノ発起ニ依リ着々準備中ナルニモ拘ハラズ釜山ニ於テハ単純ナル理由（晋州単独行為）ヲ以テ反動的行為即チ隣近各支部ニ向イ反動的煽動団体ヲ求メムト欲シ文書ヲ配布スル等道聯ニ対スル中止命令又ハ攪乱スルヲ以テ総本部ニ於テハ全支部ヲ無期停権ニ処シ李聖淳ヲ除名処分ニ附シタリ

四、振威事件

五月二十五日ヨリ振威邑一般市民ハ獣肉販売株式会社ヲ組織セムトシ暗々裡ニ活動セリ当支部ニ於テハ実状調査セルニ漸次吾等ノパンヲ奪取セラレ圧迫セラル、コトヲ覚リ他方面ヨリ反対セリ

五、群山支部事件

一九三〇年五月二十八日午后九時ニ群山社員一同ハ朴先九ノ葬礼ヲ挙行シ帰路数百名ノ群衆党ヲ作リ社員趙同民外数人ヲ無数乱打セリ

此ノ急報ニ接シタル同支部ハ社員一同同地ニ緊急出動セリ尚警察ニ於テハ出動社員十数名ヲ検挙シ又ハ禁止シ無限ナル暴圧ヲ為セリ同支部ニ於テハ被害社員林性女、金鍾根、李漢五ハ病院ニ入院セシメ対策ヲ講究セリ

結果　加害者李春鶴外三人支部ヲ数回来訪シ過チヲ謝スルヲ以テ支部ニ於テハ条件附ニテ容赦シ和解シタリ

六、洪城支部金寿悳、張志弼争闘事件

発生日　一九三〇年陰五月二十九日

場所　支部会館

相対者　金寿悳、張志弼争闘事（社員）

原因　前記両同志ハ洪城支部第八回紀念式ニ参席シ閉会式后余興アリ張志弼同志ハ広川社員ニ向ヒ紀念式通知遅レ甚ダ相

済マヌ次第ナリト謝辞ヲ述ベシガ金寿悳同志ガ質問スルニ此ノ謝辞ハ個人ノ意思ナリヤ洪城社員一般ヲ代表シタル謝辞ナリヤト、張同志ハ之ニ憤慨シ意思衝突シ結局口論トナリ争闘トナレリ

展開　此ノ風評ニ接シタル各支部ニ於テハ調査員ヲ派遣シタリ広川、礼山両支部ニ於テハ詰問迄ナシ金寿悳君ガ張志弼先生ニ暴行シタルハ容赦スルコト能ハザルニ付放逐スベシト勧告セリ

結果　両同志ガ彼此酩酊中ニナシタル事ナリトシテ謝罪セシメ金寿悳同志ハ支部停権処分ニ附シタリ而シテ総本部ニ於テハ不法ナリトテ公文ヲ発送セリ

七、合徳事件

発生日　一九三〇年六月一日

相対者　韓先澤、子達用

　社員　李伊漢、李伊弘

原因　前日李伊弘ガ社員女酒狂李氏ト貸借関係ニ依リ口論中韓先澤ガ李伊漢ヲ呼ビ出シ関係ナキコトヲ干渉スルニ依リ李伊漢ハ韓先澤ノ干渉スル理由ヲ質問シタルヨリ導火線トナレリ

展開　韓先澤父子ガ李伊漢兄弟ヲ十余日ノ治療ヲ要スベキ負傷ヲ与ヘタルタメ挿橋、礼山、洪城支部社員ガ派遣セラレ総本部ヨリ沈相昱君ヲ特派シタリ

結果　治療費ヲ負担セシメ総本部ニ謝過状ヲ提出セシメタリ

八、春川差別欧打事件

発生日　一九三〇年六月五日午后一時

相対者　酒店業者奉春母及酌婦外二人計四人

　社員　鄭順夫妻

原因　春川邑弘之川ニ於テ洗濯ノ際社員女ノ洗濯石ヲ酌婦ガ持チ去ルヲ以テ社員母ガ何故ニ持チ去ルヤト問ヒタルニ白丁女ノ奴ガ何ヲ云フカト弄言シタルヨリ導火線トナル

展開　社員女ハ無数ナル乱打ヲ受ケタリ

結果　春川支部ニ於テハ「白丁女ノ奴」トノ侮辱ヲ問題トシ本部ヨリハ朴平山君ヲ派遣シ双方理解セシメ妥協シタリ

九、餅店差別事件

　第一次

発生日　一九三〇年六月九日午后八時

相対者　申東根ニ対シ李奉允、金点伯外二人

原因　前記社員四人ガ酒店ニ於テ飲酒シ帰途前記無職浮浪者申東根ガ「白丁ノ奴酒店ニ出入スルカ」ト言ヒタルヨリ導火線トナレリ

展開　此ノ社員ハ抗議セリ

結果　申東根ハ社員ノ説服ニ過チヲ謝シタリ

　第二次

発生日　一九三〇年六月十日

相対者　運送業者　鄭斗登
　社員　李奉允　李奉根
原因　前記鄭斗登ガ申東根ヲ訪問シ「白丁ノ奴等ハ殺シテモ構ハヌ何故和解シタカ」ト云ヒタル噂ヲ社員聞込ミ鄭ニ質問シタリ
展開　鄭斗登ハ更ニ大衆ニ向ヒ「白丁ノ奴ハ殺シテモ可ナリ」ト差別的言（ママ）ヲ為スト同時ニ欧打スルヲ以テ社員又之ニ対抗シ水原ヲ初メ烏山、平澤等各地ヨリ特派員参来シ本部ヨリ金光君ヲ特派シ調査セシメタリ（加害者ハ全部姿ヲ暗マシ警察ノ警戒厳重ナリ）
結果　社員李奉允ハ約一ケ月ノ治療ヲ要スル負傷ヲ受ケ鄭モ又疲労ヲ感ジ居ル処ニ本部第二次特派員朴平山、沈相昱両君ガ派遣セラレ双方一座ニ和解セリ

十、霊山差別欧打事件
発生日　一九三〇年六月十七日午后三時半
相対者　麪麺商朴大甲及其子大甲、小甲、明甲四人党ヲ組ミ社員金道伊
原因　前記麪麺商店ニ社員金道伊ガ素麺ヲ買ヒニ赴キタル処「白丁ノ奴ガ両班ノ前ニテ喫煙スルカ」ト云ヒタルヨリ導火線トナル
展開　此ノ社員金道伊君ガ抗議スルニ前記相対者父子四人ガ党ヲ組ミ欧打ヲ加ヘ数週間治療ヲ要スルニ至リ即時道連ニ報告スルト同時ニ対策ヲ講究セリ
結果　総本部ニ於テハ之ニ対スル対策ヲ指示スルト同時ニ漸次展開スル顛末報告ヲ要求シタルモ何等ノ報告モナカリキ

十一、定山支部争議事件
発生日　一九三〇年六月二十五日ヨリ
場所　青陽郡定山面西亭里崔炳甲理髪所内
原因　前記場所内ニ於テ定山面大朴里ニ在ル李明渉、李徳栄二人ガ崔炳甲ニ対シテ「何故白丁ノ奴ト親交ヲ結ビシカ」ト現場ニ居ル定山社員趙寿萬君ヲ限リナキ侮辱ヲ与ヘタリ
前記趙寿萬ハ質問論議シタルガ中途ニ於テ止メタリ、翌二十六日五、六洞里住民達ハ鐘ヲ鳴ラシ夜十一時頃三百余名会合シ社員等ノ居住スル村落ヲ襲撃シ社員三名ニ重傷ヲ負ハシメタリ同支部ニ於テハ生命保持ノ為メ各支部ニ対シ応援ヲ請求シタリ双方共持久戦トナサムトシタルガ同警察署ニ於テハ消防隊ト出動シテ生命財産ヲ保護スルトノ美名ノ下ニ悪キ奴等ハ暗々裡ニ群衆ヲ扇動シ又社員達ハ暴力団ナリト認定サレ各地ヨリ派遣サレタル調査員ニ退去命令ヲ肯セザルヲ口実ニ又何レヲ問ハズ口論スル社員達ヲ全部検束セリ而シテ陰ニ陽ニ形容スルコトノ出来ザル襲撃圧迫ヲ受ケタリ
留置場ニ犠牲トナリタルモノハ次ノ如シ
　広川　金甲鳳　　礼山　李　烈
　定山　金光石　　〃　李東石

〃　李在徳　鴻山　李明順
筏橋　李奉春　〃　李長福
定山　李通野　公州　金鍾沢
〃　金振鳳

再次発生　無意識ナル群衆悪習助長シ同根異様ノ状態ナリ一九三〇年七月十三日定山社員金一太君ガ自転車ニ乗リ市場ニ赴ク途中百余名ノ農民会合シ「白丁ノ奴ガ農畑ノ前ヲ自転車ニ乗リ濫リニ通行スルカ」ト云ヒ社員ノ居住スル村落ヲ追撃シ双方重傷ヲ負ヒタリト

展開　一般市民ハ牛肉非買同盟ヲ組織シ社員一同ハ饑餓戦（線）ニ彷徨スルニ至レリ学校ニ於テハ社員ノ子女ヲ追出シ警察ニ於テハ忠南大会召集ヲ禁止スルト陰ニ陽ニ圧迫ヲ加ヘタリ総本部ヨリ特派員ヲ再派遣シ当局ヘ抗議文ヲ発送シタ

一、非社員側処罰者七人（暴行罪）
一、社員側　〃　二人（〃）李通野、趙寿萬
　両同志ハ公州刑務所ヘ六ケ月犠牲トナル　一九三一年旧一月二十五日出獄ス

十二、黄登支部事件

発生日　一九三〇年七月十三日
場所　咸悦駅前市場
相対者　申成烈ト従兄申光五（社員間）
原因　前記ノ場所ニ於テ数百名ノ群衆ノ中デ申成烈ガ従兄弟申光五ヲ乱打シタ其発端ハ申光五ガ人夫賃金ニ対シ論ジテ居ル時申成烈ハ何等関係ナキ事ナルニ拘ハラズ言語同（道）断ニモ斯カル行動ハ無益ナル事ナリト言ヒ遂ニ暴行ヲ加ヘタリ
結果　総本部ニ於テハ警告文ヲ発送シ黄登支部ニ於テハ除名処分ニ附シタ其后本人ノ謝罪ニ依リ解決ス

十三、咸羅差別欧打事件

発生日　一九三〇年八月四日
相対者　面書記見習　権大用　煽動者数十名　社員　沈釜山
原因　社員沈釜山ガ益山郡咸羅面新木里権大用ノ爪（瓜）畑ニ行ツテ真爪ヲ買ハントシ真瓜ヲ売リナサイト云フト権ワ君ハ今瓜ヲ買フト云フタカト云フノデハイソウデウト言フヤ権ガ大声ニテ「白丁ノ奴ガ両斑ヨリ尊敬ヲ受ケルカ」ト言ツタコトガ原因トナル
展開　茲ニ沈釜山ガ抗争スルヤ数十名ノ群衆ガ無数ニ欧打シ十余町モ追撃シ十余日ヲ要スル負傷ヲ受ケタ
此ノ事実ヲ知ツタ群山、全州支部ニ於テハ特派員ヲ派遣スルコトニナツタガ全部裡里署ニ拘禁サレ本部委員李東煥モ当局ノ制限ヲ受ケタ

十四、礼山支部派争事件

発生日　数年前ヨリ内部的ニ派争ガ成立シタ
相対者　獣肉販売場所準備委員会ト個人経営者タル支部幹部側トノ対立

原因　一九二七年度ヨリ礼山邑元履物店ノアツタ場所ヲ豚肉販売場所ニ一定シタガ申喜安外三人ハ本町通リニ移転シ商業スルコトニナツタ本町通ニ移転シタモノハ場所柄営業ガ拡張シタ然シ其他ノ者ハ資本問題ト警察制裁ノ為移転サレズ結局閉店サレル迄ニナツタ而シテ二百名以上ノ大衆ガ死線ニ於テ咸声ヲ上ゲ通学スル児童ハ退学処分マデ受ケタ

展開　漸次両派対立シ一派ハ外派（四人組）一派ハ内派トナリ理論闘争ヲ露骨ニ暴露シタ而シテ無産階級即チ内派ハ獣肉販売場所準備委員会ヲ組織シ警察ニ交渉シ陳情ヲ為シ外派ハ合同ニ反抗シ内派ハ猛烈ニ活動ヲ開始シタ

結果　両方ガ積極的ニ対立シ長時日ニ亘リ解決セナカツタガ十月九日本部委員及附近六ケ支部調査委員ト礼山支部協議会ヲ開催シ円満ニ解決シタ

十五、忠州事件

一九三〇年陰八月ヨリ忠州市場ニ居住スル日本人系ガ営業許可ヲ得テ社員ヲ経済的ニ圧迫スル様ニナツタノデ商業ニ慣レナイ社員ハ其利益ヲ奪取セラレタソコデ当局ニ陳情セシモ何等ノ保護ナク日本人ニノミ陰ナガラ后援シテ居ル之ハ現社会ノ実状デアル力ナキ社員等ハ只餓死ノ自由ノミデアル

対策　総本部ニ於テ特派員ヲ派遣シ其事実ヲ調査セリ

一六、居昌事件

東亜日報第三四九五号（五月二十三日）記事ニ依リ社員劉大植ハ韓萬伊ナルモノヨリ白丁ナリト云フ称号ノ下ニ無惨ニモ被殺セラレタト云フ報道ニ接シタル本部ニ於テハ慶南道支部連合会ニ指令シテ調査セシメタ連合会特派員李福得、申鉉寿両君ガ出張調査シタ結果被殺デナク病死ナルコトガ判明シタ

十七、報恩支部員等ノ商権侵害ノ件

原因　一九三〇年陰十一月二十五日報恩市内ニ居住スル李錫来ガ社員ノ掛売代金ヲ呉レナカツタト云フ感情ニテ自分ハ数万円ノ財産家デアルト云フ力ヲ借リ自己ノ家ニテ働ク某ノ名義ニテ牛肉販売許可ヲ提出シ数百名ノ社員ノ生命ノ血ヲ吸ハントスル野望デアツタ同時ニ同警察ニ於テハ社員間共同営業ヲシテ肉代ヲ過大ニトルトノ理由ニテ肉代ヲ強制的ニ引下ゲ様トシタ然レ共社員ハ応ゼザル為メ警察ハ汝等ハ営業センデモヨイト前記李錫来ニ許可ヲ与ヘテ后援シ社員ノ牛肉ニ一般市民ハ非買同盟ヲ為シ李錫来ニ応援ヲシテ居ツタ

対策　総本部ヨリハ特派員ヲ派遣シ調査シ忠北大会ヲ召集シテ大衆的抗争ヲ起ス様ニシタ

十八、水原支部内屠夫罷業事件

一九三〇年十二月十一日水原屠獣場ニ於テ労働スル社員十二人ト家族従業人四十余人ガ同盟罷業ヲ断行シ猛烈ナル闘争ヲ為シツ、アツタ其内李咸玉、金春日ノ両人ハ之ニ反対シ就業スル行動アリタリ為メ遂ニ反抗戦ヲシタ（報告未詳）

十九、礼山青年相助會事件処理報告

原因　多年間支部内ニアリシ有産者無産者ノ階級闘争ガアツタソレハ爆発シテ諸種ノ宣言、綱領ヲ掲ゲル様ニナツタ、一九三一年一月二十日午后七時ニ礼山支部会館内ニ於テ青年相助発起會ヲ開催シ一九三一年三月十三日総本部ニ承認ヲ要求セリ

総本部第四回中央執行委員会ノ決議ニテ衡総第三一一号公文ニテ青年相助會設立運動ヲ解除スベク指令セリ

二十、群山支部員ノ金甲千ノ除名ノ件

一九三一年四月十二日全北道聯合会巡回委員金（沈）相昱君報告ニ詳細ノ事実ハ詳記サレ不正分子トシテ承認シ除名指令ヲ全北道聯合会ニ発送セリ

別紙第六号

一九三〇年自四月一日
一九三一年至三月末日　衡平社総本部財政部報告

総収入金　壱千六百四拾壱円六拾五銭

内訳

月損金	九百四拾九円也
義捐金	二百七拾四円也
大会準備金及会費	参百八拾円也
借入金	参拾八円六拾五銭

総支出金　壱千六百四拾壱円六拾五銭

内訳

常務秩	五百弐拾六円九拾参銭
旅費秩	二百五拾四円六拾銭
通信費	七拾壱円七拾銭
消耗秩	七拾九円九拾四銭
交際秩	五拾九円六拾銭
印刷秩	五拾五円也
雑費秩	八拾八円八拾七銭
修繕費	弐拾八円参拾五銭
図書秩	拾壱円拾五銭
大会秩	参百七拾四円拾壱銭
借務清帳及利子秩	九拾壱円四拾銭也

（編者注＝別紙）第七号

一九三一年度予算案

○総収入金　弐阡七百六拾六円也

内訳

月損金	弐阡四百弐拾円也
大会準備金	弐百参拾円也
義捐金	壱百拾六円也

○総支出金　弐阡七百六拾六円也

内訳

常務秩	六百四拾円也

出張費　四百六拾五円也
通信費　九拾七円也
消耗費　六拾五円也
交際費　七拾八円也
備品費　六拾九円也
印刷費　八拾四円也
図書費　五拾八円也
機関紙保(ママ)助金　弐百五拾五円也
非常備金　参百五拾円也
雑費　壱百八拾円也
大会費　参百七拾円也

別紙第八号

水原支部ノ解消ニ対スル建議案

一、衡平社解(ママ)ニ関スル件

一九三一年四月二十五日第九回全国大会ト第八週年紀念式ヲ前ニシ小ブルジョア的集団体タル衡平社ヲ断然解体スルヲ茲ニ建議ス

衡平運動カ人権平等ノ主張ヲ以テ第一声ヲ告ケタルハ一九二三年四月二十五日ニ慶南晋州ニ於テ起リタルモノナリ然ルニ衡平運動ノ目的ハ単ニ白丁ナル階級ナル自由ト平等ノミヲ主張スルモノニシテ物質××ハ一毫モ考ヘナイモノデアル而シテ四十万ト云フ群衆ヲ以テ組織サレタルガ即四十万ト云フ其ノ中ニハ各職業ガ異リ小資本家商品家手工業者屠夫労働者達ガ単一組織体ヲ以テ集合シアリテ組織体ノ根本的誤謬ヲ犯シ来レリ然シテ衡平社ノ団体内ニテモ屠夫労働者等ハ資本家ニ労力ヲ売ラズシテ彼等家族ノ生活ヲ維持スルコト能ハサリシ状態ニ至ラシメタリ然シテ四十万人ノ彼等ハ只今迄モ八ケ年間ヲ完全ニ人権自由ノミヲ獲得セントシ来リタルモ今日ニ至リテハ結局衡平社間一部階級即チ小ブルジョアニノミ局限シアリテ其ノ反面ニハ大多数ノ無産者員大衆ニハ前日ノ如ク人権的差別ト経済的困乏ニ依リテ一層貧困ニ陥リツ、アリ茲ニ現代ノ衡平社ガ何等階級的指導精神ヲ所有セサル大同団結式ノ観念的結合ニ依リテ一般小ブル雑色ルンペン層且ハ宗教派等ノ雑同散異ヲ無制限シ単ニ白丁ト云ヘバ皆入会セシメテ結局ハ無産者員大衆ニ対スル争力ヲ解除セシメ民衆主義的捕虜トナラシメタルコトヲ実ニ暴露セシムルモノナリ然レ共如斯人権解放闘争ニテハ一般無産者員大衆ニハ何等ノ結果モ与ヘズシテ其ノ恩沢ハ現代ノ自由主義者ノ一部小資本家達ノ外ニハ味ハフモノナク無産階級ニハ却テソレ力量如何ニナレリパンナキ自由ハ餓死ノ自由ヲ論スルモノナリ如斯無産社員大衆ヘ二重三重ニ搾取圧制ヲサレツ、モ単ニ「同ジ社員」ナリトノ観念下ニテ何事ニ対シテモ不平不満ヲナスベカラズトノ宗教団体ノ如キ魔酔的欺瞞的口実ニテ戦争的無産者員大衆ニ闘争力ヲ消滅セシメタルニアラズヤ見ヨ、一九二七年ニ所謂衡平社忠南大会席上ニテ決定シタル衡平産業株式会社ナルモノヲ小(少)数ノ資本家達ガ設立セント問題ヲ展開シ全朝鮮各地支部ノ資本家達ニ株金ヲ払込ミ株主ナラシムベク進メソノ外無産者員達ハ株金ヲ未払スルモノト考ヘタル小資本家達ハ株式会社ニテ年利益幾分ヲ持ツテ総本部ノ維持ニ充当セシムベシトノ美名下ニ組織セントシタリ然レ共各地無産者員達ノ熱誠ナル反対ニテ株式会社設立計画ハ破壊セラレタルニアラズヤ而シテ前日迄モ天安駅前ニ牛肉合名会社ナル看板ヲ掲ケテ看板上ニハ衡平社ナル文字ヲ書キ上ゲテ最モ衡平社員全体ノ為メナルモノノ如ク装ヘ一部小資本家達ヲ除キタル其ノ外無産者員大衆ニハ利益ト云フヨリモ最モ酷イ陰険ナル搾取ヲ為シ来レリ又本年一月十六日衡平社総本部中央常務執行委員会ニテハ全国的ニ牛肉商権ヲ資本家社員ニテ独専セシメントスル趣旨ヲ以テ忠北大会ヲ開催セントシタリ故ニ忠北大会準備委員ハ皆目小資本家ナリ然ラバコレガ我無産者員ニ何ノ所用ナルベキカ茲ニ於テ無意識ナル社員ハ空然ニ非社員大衆ヲ敵対セシムベクアジプロシテ各地方ニ於テツマラナク争議ヲ生セシメルコトハ結局同ジ階級間何等所用ナキノ争議トナリ犠牲ハ犠牲ノ終リニナルモノナリ而シテ衡平運動ニ最初ノ指導者云フベキ張志弼氏ハ頑固ナル意識ト資本家ヲ擁護スト云フ処ヨリ二年前ニ排斥ヲ受ケ以後張ヲ指示(ママ)スル一派即チ小資本家達ハ其ノ時ヨリ衡平社内ニ無産者員ヲ物質ヲ以テ犠牲トセシメントスル計画ニテ一銭ノ金ヲモ運動ノ資金ニ拠出セズシテ今迄モ尚各地支部ガ維持スルモノハ無産大衆ノ財布ヨリ出ヅル赤イ金ナリコレモ最近ニハ損金スル能ハザル状況ニ陥レリ然ラバ今吾等ハ何ヲ論ズベキカ我ガ無産者大衆ノ独自性獲得ガ如何程必要ナルカヲ論ズベシ茲ニ於テ我等ハ小ブルジョア的偽善的運動ノ集団即チ何等ノ無産社員大衆ニ対スル積局(極)的闘争ガナキモ同一ナル無産階級ヲ敵ニ対セシムル如キ衡平社ヲ断然解消セザルベカラズ而シテ八年間闘争シ来ル歴史カ労働者農民小市民ヲ相対ニシ衝突シ来タルコトヲ思フ時如何程吾等誤謬ナルコトヲ認識スベキカ然ラバ衡平社解消方法ヲ細挙スルコト、スベシ

方法

衡平社全国大会決議ニ屠夫労働組合組織全体委員会ヲ組織スルコト

一、地方支部ニテモ委員会ヲ組織スルコト

一、全体委員会ヲ地方委員会ト連絡シテ衡平社ヲ解消シ労働組合ヲ組織スル意識ヲ一般社員大衆ニ注入セシムルコト

一、現在地方支部ハ全朝鮮屠夫労働組合ニ転換スルコト

一、一般産業労働組合積極提携スルコト

一九三一年三月廿日

衡平社水原支部　印

襄陽支部解消ニ対スル建議案

衡襄支庶発第　号

衡紀九年四月廿日

衡平社　襄陽支部長　李昌光

衡平社第九回全鮮定期大会　貴中

衡平解消ニ関スル件

首題ノ如ク建議案送致スルニ付照容相成度

衡平社解消ニ関スル理由説明

衡平運動トハ封建的支配勢力ヲ闘争対像(象)トシテ資本主義初期ニ於テ自然生長的運動デアツタ而シテ人権獲得ノ過程的任務トシテハ最モ必要欠クベカラザルモノデアリ又質ト量トニ於テ多クノ収穫ガアツタ然シナガラ現段階ハ既ニ封建的勢ノ相対トシテ闘争スル時デハナイ資本主義第三期××ニ直面シテ（中止）全体ニ労資両大陣営ヨリ階級的分野ニ於テ××血戦ヲ決セントスル時期デアル見ヨ衡平運動トシテ衡線内ブル階級ノ封建資本閥トノ新善(ママ)ハ助成シ居ルモノデアル然トセバ衡平運動ハ全ブル階級ノ人権獲得運動ト云フヨリモ線内ブル階級ノ利用機関ニ過ギナカツタコトガ分明デアルソレハ線内ブル階級ノ衡平運動ヲ支持セントスルコトガ容易ニ推知セラル、我等ハ闘争対像ヲ階級的ニ一進スルノミデアル

方法

一、衡平運動ヲ全体解消セシムルカ為メ其ノ方法トシテ各支部ニ指令シ以テ解消準備タル職業別ニ組織ヲ変更スル様ニスルコト

一、全国社会団体ニ声明書ヲ発表スルコト

一、其他具体案ハ本部大会ニ一任ス

12　4月27日　集会取締状況報告（第八回紀念式）『昭和六年　思想ニ関スル情報　副本』

京鍾警高秘第五三四八号

昭和六年四月廿七日

京城鍾路警察署長

警務局長殿

京畿道警察部長殿

関係各警察署長殿

(印)「京城地方法院検事正殿」

集会取締状況報告　通報

集会日時　四月二十五日自午后八時至〃十一時三十分

同場所　京城府慶雲洞天道教紀念館

司会者　張志弼

集会ノ目的　衡平社第八回紀念式

主ナル集会者　張志弼　金三奉　李東煥

集会人員種別　衡平社員一三〇名　学生及主義者男一五〇名一般人（女）二百（男）一〇〇名

演題竝ニ演士　新蔵　金弘九　李秀完　李鍾淳　金士琠
李東煥　李京春　李白竜　李命福

開催ノ状況　左記ノ通リ

臨監警察官　道警部吉野藤蔵　道巡査梅野富士吉　々韓昌履

警察取締状況　左記ノ通リ

記

一、開会　張志弼開会ヲ宣ス

一、開会辞　張志弼

今日ハ衡平社創立八週年日ニ相当スルノデアル吾等ガ過去八ケ星霜ニ如何ナル歴史ヲ残シタカヲ回顧スルニ只百戦苦闘ヲ続ケタト云フ外ハナイ今日ノ記念式ニ当リ尚一層奮闘努力サレンコトヲ祈ル

一、沿革報告　別紙第一号

一、祝文祝電ノ朗読

金鍾沢祝文朗読セルガ別紙第二号三十一通中朝鮮農民總同盟及朝鮮労働總同盟ノ二通ハ内容不穏ト認メ之レガ朗読ヲ禁止ス

一、祝辞　来賓中祝辞方希望シタルモ祝辞者ナシ

一、社員所感

別紙第三号ノ如ク八名ニ達シタルガ不穏ノ点ナシ

一、余興

午后九時五分ヨリ余興ニ移リ漢城券番ヨリ妓生十名ヲ雇ヒダンス数組ヲ演ジ午后十一時何等事故（ナ脱カ）ク閉会ス

別紙第一号　衡平社沿革

一九二三年四月二十五日慶南晋州ニ於テ衡平社ヲ創立シ白丁差別ニ対シ撤廃ヲ決議ス

一九二三年六月釜山ニ於テ衡平社全朝鮮臨時大会ヲ開催シ本部位置問題ニテ論争アリシガ中部以上北部ノ代議員ハ全部退場シ（流脱カ）会トナル

一九二三年六月中部上部ノ代議員ハ帰途天安ニ於テ衡平社革新同盟本部ヲ組織シ本部ヲ京城ニ定ム此時ヨリ南北派ニ対立セリ

一九二四年八月十五日大田ニ於テ京晋両社委員懇談会ヲ開催シ合同ニ対スル討議ヲ為シ結局統一スルコトニ満場一致ニテ決議シ衡平社中央総本部ト看板ヲ改ム

一九二五年四月廿四日五日両日京城ニ於テ衡平社第三回定期大会及第二週年記念式ヲ開催シ差別撤廃ニ対スル決議ヲ為ス

一九二六年四月二十五、六日ノ両日京城ニ於テ第四回全体大会及第三週年紀念式ヲ開催シ組織体ヲ変更シタルガ在来道単位支社ヲ無クシテ郡単位ニ衡平分社ト称セリ

一九二六年七月京城ニ於テ衡平社臨時大会ヲ開催シ朝鮮衡平社中央総本部衡平社聯盟本部ト変更ス

一九二七年四月二十五、六日両日京城ニ於テ第五回全体大会及記念式ヲ開催シ組織体ニ在リテ聯盟体ヲ更ニ朝鮮衡平社総本部ト変更セリ

一九二八年四月二十三四五日ノ三日間京城ニ於テ衡平社総本部第六回定期大会及紀念式ヲ開催シ生活問題ニ対スル決議ヲ為ス

一九二九年四月二十四五日両日京城ニ於テ第七回全朝鮮定期大会及記念式ヲ開催シ差別問題及生活問題ニ対シ決議ヲ為ス

一九三〇年四月二十四五日両日京城ニ於テ第八回全鮮定期大会及記念式ヲ開催シ内部不純分子ニ対スルモノ等ノ決議ガアツタ

別紙第二号　祝文

朝鮮学生会　　天道教革新青年同盟
馬山労働聯盟　　槿友会新義州支会
衡平社平沢支部　　衡平社咸悦支部
慶北、河陽、姜龍(生)　　平壌交通運輸労働組合
慶北、河陽　河敬七　　慶北、河陽　李八元
三陟保支部支部(マヽ)　　新幹会密陽支会
釜山　金八元　　衡平社唐津支部
槐山青年同盟曽坪支部　　江陵　金求道
衡平社江陵支部　　京城染洗労働組合
京城出版労働組合　　温陽邑　片島晴
衡平社江原道聯合会　　金六尺
馬山　朴孝益　　江陵　金八聖　〃　金永甫
新幹会統営支会　　衡平社屯浦支部
中央青年同盟　　京城木工組合

以上ハ内容省略

発表禁

朝鮮農民總同盟　　朝鮮労働總同盟

衡平社全鮮大会ヲ血祝ス
朝鮮農總同盟
全文　朝鮮労働總同盟

（別紙第三号）感想談

第一席　社員　金弘九

先ツ吾等ハ衡平ノ二字ヲ見ヨ此ノ二字ガ社会ニ看板トシテ掲ゲラレテカラ早ヤ九星霜デアルガ何一ツ差別的階級打破ニ効力ガナカツタデハナイカ吾等ハ社会ノ下線ヲタドツタガ為メニ教育ノ発展遅退シ今日斯ノ如キ状態ヲ見ルニ至ツタノデアル何トゾ諸君ハ子女ニ学問ヲサセ以テ吾衡平社ノ立場ヲ一新セネバナラナイ人間ハ空元気突自尊心ノミデハ何ニモナラナイ云々

第二席　社員　李秀完

衡平社員ノ一人トシテ簡単ニ所感ヲ述ブル丈ケデハ甚ダ興味ガナイカラ解消問題ヲ附加ヘテ御話スル

吾等衡平社ノ今迄ノ運動ハ単ナル階級打破ヲ主トシテ社会ニ生レテ来タガ第二期ニ入リテハ経済闘争ヲ叫ビ最近ニ於テハ之ガ解消論迄擡頭シテ来タ私ノ卑見デハ時期尚早ト批評シタイト云フノハ衡平社ハ未ダ意識的方向ニ薄弱デアルカラデアル然シ乍ラ今后ノ衡平社ハ或一定ノ時機ニ達シタナラバ必ラズ解消スルモノト信ズル云々

第三席　社員　李鍾淳

吾等ハ八歳ノ小児ノ如キモノデアル例ヲ挙ゲテ云ヘバ吾等衡平社ハ巨岩ノ下ニ圧サレタ一小草デアル
彼ノ巨岩ノ圧力ニ依リテ成育ガ遅鈍デアツタケレ共百折不撓ノ忍耐力ヲ以テタヘズ生成セバ吾等ニモ光明ノ天地ヲ見ルコトガ出来ルト信ズ諸子モ此ノ信念ヲ共ニ抱ケヨ云々
第四席　社員　金士典
私ハ北鮮ノ片田舎ノモノデアリ而モ過去封建時代ノ一遺物デアルガ故ニ時代錯誤ノ甚ダシイモノト信ジ乍ラ一言ノ所感ヲ述ベル次第デアル
全鮮ニ散在セル吾等白丁ハ経済的困窮ヲモ顧ミズ衡平社大会ノ為メニ態々ハルバルト来タニモ不拘一ヨリ六迄派閥的気分暴露シテ居ルデハナイカ吾等ハ辛酸ヲ重ネテ八歳トナツタ今日派閥的ニ分立スルハ何タル悲観ダ
四十万大衆ヲ代表シテ来タ代表委員諸君ハ大イニ反省シ無意識ニ闘争セズ意識的ニ闘争セネバナラヌ云々
第五席　社員　李東煥
今回大会進行ノ際不肖ノ身乍ラ簡単ニ所感ヲ述ブ諸君モ御存ジノ通リ解消問題討議ニ対シテ遺憾ガアル解消問題ガ如何ナルモノナリヤヲ知ラナイ人タチガ只提案ヲ朗読セルノミニテ即時之ヲ否決シテシマツタコトハ私トシテ非常ニ涙グマシイコトデアル仰《（抑）》モ解消問題ハ衡平社存否ノ問題デナク暗中ニ衡平運動ヲヨリ以上確保セシトシタモノデアル一端過ギ去ツタコトデアルカラ何トモ致方ナイガ代表委員諸君ハ此際ヨク自覚シ以テ我衡平運動ヲ発セシメラレンコトヲ希望ス
第六席　社員　李京春
或社員ハ所感トシテ解消問題ヲ話シテ居ルガ私ハ思フニ衡平社ハ内容充実ヲ主トスベキ団体デアル内容ノ充実ヲ確実ニシタル后ニ於テ初メテ解消問題ガ論議サレル時機ダラウト思フ
第七席　社員　李白龍
茲ニ集ツタ人ハ恐ラク一年ニ一度ハ相互熱イ手ヲ握ツテ熱イ社会ニ進ンデ行カウトスル人デアラウ仰モ人生ハ自由ト平等ノ権利ヲ有ス之ヲ有スルモノハ社会的ニ幸福デアリ然ラザルモノハ不幸ト云フベキデアルシテ見ルト吾等ハ生来ノ根本ヲ奪取サレタルモノデアル人権解放ハ吾衡平運動ノ骨髄デアル吾等ハ実際当面利益ノ為メ闘争セネバナラヌ
第八席　社員　李命福
私ハ何ニモ知ラナイモノデアル今回大会ノ問題ハ恐ラク解消問題ガ根本ノ闘争デアツタト思フ之ハ扨置イテ今后中央委員ハヨリ以上ニ活動シテ衡平社運動ヲ貫徹セラレシコトヲ乞フ云々

『昭和六年　思想ニ関スル情報　副本』

13　4月27日　集会取締状況報告（中央執行委員会）

京鍾警高秘第五三五二号

昭和六年四月廿七日

京城鍾路警察署長

警務局長殿
京畿道警察部長殿
関係各警察署長殿
(印)「京城地方法院検事正殿」

集会取締状況報告（通報）

集会日時　四月廿六日自午前十一時至午後三時
同場所　京城府雲泥洞一三
主催者　朝鮮衡平社本部
司会者　張志弼
集会ノ目的　第一回中央執行委員会
主ナル集会者　張志弼　李東煥　金鍾澤　呉成煥
集会人員種別　鮮男十一名
開催ノ状況　左記
臨監警察官　道巡査　梅野富士吉

記

一、議長張志弼開会ヲ宣シ点名セルニ出席人員左ノ十一名アリ
張志弼（洪城）　呉成煥（仁川）　金鍾澤（広州）
李東煥（水原）　金三奉（洪城）　李鍾淳（安城）
趙貴用（天安）　朴敬植（馬山）　吉萬學（楊平）
吉奇同（錦山）　白漢雄（清州）

一、討議事項
(1)全朝鮮巡回講演ニ関スル件　本件ハ常務委員ニ一任ス
(2)内部再組織ニ関スル件　本件ハ大会ニ於テ解消問題ガ可決サレタル場合討議ノ必要アリトサレタルガ問題否決トナリタル以上ハ討議ノ必要ナシトテ削除ス
(3)不正分子ニ関スル件　本件ハ常務委員ニ一任ス
(4)会館問題ニ関スル件　現在ノ会館ニ対シ他ヨリ金一千円ノ借款アリ内五百円ハ本部ニ於テ償還シ居リ残リ五百円ハ旧委員長趙貴用ニ於テ借款シ居レルガ本借款問題ニ対シ如何ニ処分スルヤノ二三ノ討議アリタルガ結局趙貴用ノ五百円ハ最初会館買収当時不足金一千五百余円ヲ同人ヨリ借入レ其儘トナリ居ルタメ趙貴用ノ承認ヲ得テ五百円ノ借款ト相殺スルコトナリ近ク買収者ニ売却スルコトトナリ方法ハ常務委員ニ一任スルコトトナリタリ

一、道聯盟ニ関スル件　未組織ノ道ニ対シ速ニ道連盟ノ組織ヲナスベク督励スルコト

一、辞任願ノ件　張志弼ノ辞任願提出ニ伴ヒ金鍾澤、呉成煥、趙貴用、李東煥、朴敬植ノ五名ヨリ辞任願書提出サレタルガ何レモ不受理ト決定ス

一、獣肉営業者利権益ノ件　本件ハ獣肉販売業者ノ価格統一等ニ関スル問題ナルガ常務委員ニ一任シ業者ノタメ尽スコトトス

一、規約通過ノ件　本件ハ旧規約ヲ幾分改正セントシタルガ常務委員ニ一任スルコトトス

一、部署分担ノ件　本件ハ主トシテ常務委員選挙ガ目的ナルガ大会ニ於テ敗退セル新派側ニ於テ盛ニ主義者等ト気脈ヲ通シ衡平社ハ思想団体ニアラズシテ機密ノ中ニアル反動団体ナレバ之ヲ撲滅セヨト策動シ居ル事実アルタメ出席者全部常務ニ就任スルヲ回避シ誰一人トシテ就任セズタメニ本件遂ニ保留トナル之レニヨリ本部ハ旧派ノ勢力トナリタルモ常務委員ナク新任執行委員全部地方ヘ帰去セルヲ以テ今後閉鎖スルノ外ナク本部ハ其機関ヲ失ヒタリ旧派側ノ説ニヨレバ近ク会館ハ借款ノタメ処分ノ上之ヲ閉鎖シ各道ニ連盟ヲ組織シ各道毎ニ独（ママ）セル運動ヲ起ス腹案ナリト云フ

一、閉会

以上

14　4月28日　衡平社幹部ノ動静ニ関スル件

『昭和六年　思想ニ関スル情報　副本』

京鍾警高秘第五三八八号

昭和六年四月廿八日

京城鍾路警察署長

警務局長殿

京畿道警察部長殿

洪城警察署長殿

（印）「京城地方法院検事正殿」

衡平社幹部ノ動静ニ関スル件

衡平社内ニ於ケル所謂新旧両派ノ紛糾ニ関シテハ既報ノ通リナルガ結局這般行ハレタル第九回全朝鮮定期大会ニ於テ衡平社ノ解消問題幹部改選等ニ旧派側ガ圧倒的勢力ヲ以テ新派側ヲ屈従セシメ得タルモ内訌未ダ絶ヘス旧派系ニ属スル執行委員長張志弼（旧）書記長金鍾澤（中）執行委員李東煥（中）検査委員吉仲君（旧）同吉萬學（中）等ハイズレモ辞任願ヲ提出シ去ル二十六日夫々郷里ニ引揚ゲタルガ就中張志弼ハ作（昨）二十七日午後四時京城駅発列車ニテ郷里忠南洪城ニ帰省スルニ際シ其友人知己ニ対シ左記ノ如ク漏シ居リ今後ニ於ケル衡平運動ノ情勢窺知スルニ足ルモノアリト認メラル

右報告（通報）ス

記

一、衡平運動ハ封建的因襲的観念ヲ打破シ天賦ノ人権獲得ガ当面ノ問題デアリ亦運動史上ノ一段階デナクテハナラヌ然ルニ新派側ノ急進分子等ハ我衡平社ヲ其抱懐セル主義運動ニ利用セムトシ這般ノ大会ニ於テモ故ラニ解消問題ヲ水原支部及襄陽支社ヲシテ建議セシメ或ハ幹部乗取等ノ陰険ナル策謀ヲ巡ラシタルモ同民族間ニ於テモ常ニ社会的ニ凡有虐待ト侮辱トヲ甘受スルノ余儀ナキ現状ニアル我衡平社員ハ大イニ自重自分ノ主義指示ニ縦（従）ヒ断然反動的態度ヲ持シテ総テノ討議ヲナシタルコトハ衷心感謝スル次第デアル然シ乍ラ大会終了後モ新派側トノ折衝面白カラズ現在ノ組織ニテハ到底真面目ナル衡平運動ハ困難デアリ又事務ノ執行モ不可能デアル依ツテ自分等ハ其ノ任ニアラザルモノトシテ辞任願ヲ提出シ本日郷里ニ引上グル筈ナルガ自分ハ帰

洪スルト共ニ直ニ将来ノ衡平運動ニ関スル私見ヲパンフレットニテ全鮮ノ各社員ニ発送スル予定ナリ

一、又衡平社本部ハ我等幹部ノ辞任ヨリ全ク其存在ヲ失フ訳デアル従ツテ将来ノ運動ハ各道ヲ基準トシテ全鮮各道ニ衡平社道連盟ヲ組織シ（既ニ忠清道慶尚道ニハアリ）以テ衡平運動ヲ促進セシムル様ニ努力スル考ヘデアル又雲泥洞二三番地所在ノ本館建物ハ元来公州ノ金鍾澤ノ所有ナルガ曩ニ本館トシテ使用ノ目的ヲ以テ衡平社ニ借受ケタルモノニシテ既ニ不用トナレバ自然的ニ其契約ハ解除サルル訳デアル目下該建物ハ漢城銀行ニ趙貴用（社員）及金鍾澤ノ名義ニテ金一千円ノ抵当権設定ヲナシアリ利子其儘ノ関係上来ル五月ニハ競売ニ附セラルルヤモ知レズ云々

一、自分ハ道連盟組織ノタメ近ク南鮮地方面ヨリ漸次北鮮方面ノ順序ニ全鮮ヲ巡視スル予定ナルガ各道ニ於ケル警察署長ニモヨク自分ノ意ノアル処ヲ諒解セラレコトヲ希望シテキル

以々（ママ）

15　9月12日　衡平社総本部ヨリ通文郵送ニ関スル件（常務執行委員会の召集）

『昭和六年　思想ニ関スル情報綴』Ⅰ

京鍾警高秘第一一二九七号

昭和六年九月十二日

京城鍾路警察署長

（印）「京城地方法院検事正殿」

衡平社総本部ヨリ通文郵送ニ関スル件

京城府臥龍洞二三番地

衡平社総本部

右団体ハ本月七日付ヲ以テ九月十四日常務執行委員会召集ノ通文ヲ清州、洪城、禮山、安城ノ衡平社支部宛ニ発送セリ

右報告ス

発送先　局、部長、検事正

16　9月17日　衡平デー取締ニ関スル件

『昭和六年　思想ニ関スル情報綴』Ⅰ

京鍾警高秘第一一三一二号

昭和六年九月十七日

京城鍾路警察署長

（印）「京城地方法院検事正殿」

衡平デー取締ニ関スル件

首題ノ件ニ関シ本年ノ衡平デーモ目捷ノ間ニ迫リ居レルヲ以テ（九月二十日）本部ノ動静ニ就テハ特ニ注意中ナルガ、元来衡平デーノ設置ハ新派ノ策動ニヨルモノニシテ不純ノ動機アリ、為メニ例年当日ヲ紀念スル諸種ノ催シハ一切容認セザル方針ヲ以テ取締ヲ励行セルタメ、本部ニ於テハ本年度モ之ガ禁止ヲ予想シ現在ニ於テハ何等ノ計画等ヲ為サズ、且ツ支部ニ対シテモ何等指令等ヲ発シタル事実

ナク所謂衡平デーモ年月ノ経過ト共ニ自然消滅ノ運命ニアルモノト
思料セラル
尚本部ノ動静ニ就テハ引続キ内査中
右報告（通報）ス
以上
発送先、局、部、検事正

17　9月17日　集会取締状況報告（常務執行委員会）

『昭和六年　思想ニ関スル情報綴』Ⅰ

京鍾警高秘第一一四七四号
昭和六年九月十七日
京城鍾路警察署長
警務局長殿
京畿道警察部長殿
関係各警察署長殿
（印）「京城地方法院検事正殿」
集会取締状況報告（通報）
集会日時　九月十六日　午后二時十分ヨリ　午后三時二十分
同場所　京城府雲泥洞二三番地会館
主催者　衡平社中央総本部
司会者　金鍾澤
集会ノ目的　中央常務執行委員会
主ナル集会者　金鍾澤　李東煥
開催状況　別紙ノ通リ
臨監警察官ノ官職氏名　道巡査　韓昌履
警察取締状況　何等制限ヲ加ヘズ且ツ不穏ノ点ナシ

一、開会　金鍾澤開会ヲ宣ス　出席者前記二名　委任一名
一、討議事項
1、中央執行委員会召集ノ件
来ル九月二十九日開催スルコトニ決ス
2、臨時大会召集ノ件
来ル十月中ニ召集スル様中央執行委員会ニ建議スルコトニ決ス
3、全鮮巡講ノ件
全体大会ニ於テ決議シタル全鮮巡回講演会ハ中央常務執行委員会ニ於テ実行スルコト能ハザルニ付今回中央執行委員会ニ於テ再協議スルコトニ決ス
4、利権問題（獣肉販売ニ干スル件）
本問題モ今回中央執行委員会ニ於テ再協議スルコトニ決ス
5、会館問題　本件ハ保留ス
6、各地争議ニ干スル件
江景、金堤ニ於ケル社員非社員間ノ争議問題ハ所轄支部ヨリ報告アリタルモ内容詳細ナラザルヲ以テ再調査報告スベク指

令スルコトニ決ス
長湖院警察官駐在所巡査ガ理由ナク全地牛皮改良組合長ヲ殴打セル事件ハ全駐在所主任宛質問書ヲ送付スルコトニ決ス

7、沈滞支部ニ関スル件
舒川、韓山、駋州、烏山支部ハ責任ヲ履行セザルニ付懲戒処分ニ附スベク中央執行委員会ニ建議スルコトニ決ス

8、午后三時二十分無事閉会ス

発送先
局長、部長、検事局、江景、金堤、利川、舒川、駋州、水原、陜川、各署

18　9月21日　衡平デーニ関スル件

『昭和六年　思想ニ関スル情報綴』Ⅰ

京鍾警高秘第一一三一二号
昭和六年九月廿一日
京城鍾路警察署長
(印)「京城地方法院検事正殿」

衡平デーニ関スル件
対九月十七日本号

首題ノ件ニ関シテ本月十七日対号既報ノ通リナルガ引続キ注意中ノ処当日ハ何等ノ策動ナク且ツ支部ニ対シテモ何等指令等発シタル形跡ナク無事経過セリ
右報告ス
以上

発送先、局、部、検事正

19　9月22日　衡平社通文郵送ニ関スル件（中央執行委員会の開催）

『昭和六年　思想ニ関スル情報綴』Ⅰ

京鍾警高秘第一一六七七号
昭和六年九月廿二日
京城鍾路警察署長
(印)「京城地方法院検事正殿」

衡平社通文郵送ニ関スル件

管内雲泥洞所在衡平社本部ニ於テハ過日ノ常務執行委員会ノ決議ニヨリ本月廿九日中央執行委員会ヲ開催スベク別紙（部ノミ）通文ヲ右中央執行委員宛昨二十一日発送セリ
右報告ス
以上

発送先、局、部、

20　9月26日　集会延期ニ関スル件（中央執行委員会）

『昭和六年　思想ニ関スル情報綴』Ⅰ

京鍾警高秘第一一七七〇号ノ一
昭和六年九月廿六日

京城鍾路警察署長

警務局長殿
京畿道警察部長殿

集会延期ニ関スル件

管下雲泥洞二三番地所在衡平社総本部ニ於テハ這般常務執行委員会ヲ開催シ来ル二十九日中央執行委員会ヲ開催スベク決議シ既ニ通文ヲ発シタルモ中央執行委員長張志弼ハ先般来忠南地方へ旅行シ目下風邪ニ罹リ自宅ニ於テ療養中ナルヲ以テ之レガ延期方来信アリ且ツ其他ノ中央執行委員ニ於テモ朝鮮ノ名節タル秋夕ノ直後ニシテ多忙ヲ極メ経済的ニモ逼迫シ居ル時期ニシテ到底参席ノ見込ナク延期ノ希望多キヲ以テ無期延期シタルモノナルガ来ル十月中開催ノ予定ナリト云フ

右報告ス

以上

『昭和六年　思想ニ関スル情報綴』Ⅰ

21　10月3日　衡平社本部通文ニ関スル件

京鍾警高秘第一二一三五号

昭和六年十月三日

京城鍾路警察署長

(印)「京城地方法院検事正殿」

衡平社本部通文ニ関スル件

管下衡平社総本部ニ於テハ客月廿九日中央執行委員会開催ノ予定ナリシモ委員長張志弼ノ病気其他委員ノ参集ナキタメ無期延期シタルガ最近ニ至リ会館処分問題急迫セルヲ以テ来ル七日全委員会ヲ開催スルコト、ナリ昨二日左訳訳文ノ如キ通文約二十五通ヲ作成各委員宛発送セリ

右報告ス

記

衡総第一八一号

一九三一年九月卅日

衡平社総本部

中央執行委員長　張志弼

中央執行委員　御中

中央執行委員召集ノ件

首題ノ件ニ就テ九月五日ニ開催ノ予定ナリシ本会ガ流会（流会ノ事実及理由略）トナリ又九月廿九日ニ開催セントシタ委員会ガ流会トナツタノデ常務一同ハ甚ダ遺憾トスル処ナルガ（流会ニ流会ヲ重ネタカラ）現下社況ニ感スル処アリ客月十六日常務委員会決議ヲ引用シ左記時日ニ本会ヲ再ビ召集シタカカラ《マヽ》万策ヲ廃シ是非出席アランコトヲ要望ス（但旅ヒハ委員各自在住支部ノ負担月捐金中ヨリ往復車馬賃丈ヲ引用サレンコトヲ望ム）

日付　一九三一年十月七日（陰八月廿六日午前十一時）

場所　本部会館

以上

『昭和六年　思想ニ関スル情報綴』Ⅱ

22　10月8日　衡平社本部ノ動静ノ件

京鍾警高秘第一二二三五四号

昭和六年十月八日

京城鍾路警察署長

警務局長殿

京畿道警察部長殿

(印)「京城地方法院検事正殿」

衡平社本部ノ動静ノ件

管下衡平社本部ノ近況内査スルニ同部ハ本春ノ大会ニ於テ旧派（現幹部）ガ絶対多数ヲ以テ勢力ヲ挽回シ張志弼ハ委員長トシテ就任セルモ同人ハ最近其態度豹変シ理論ト実質トハ全ク伴ハズ常ニ運動状況視察ノ名目ノ下ニ地方ヲ巡回シ宛モ運動ニ貢献セルガ如ク装フモ実際ニ於テハ愚民（支部員）ヨリ旅費ヲ得テ自己ノ生活費ニ充当シ運動ニ就テハ殆ド誠意ノ認ムベキモノナク本部ノ事務ハ金鍾澤、金(李)東煥ノ両名ニ任セ居ルモ両名各々意見相反シ（両者共中立派ニシテ派争ニアラズ）提携ノ途ナキヨリ寧ロ幹部全体ガ極度ニ堕落シ以前ノ如ク積極的運動熱ハ全ク消滅シテ金東煥ノ如キモ来ル委員会ニ於テ斯然辞任シ運動線上ヨリ脱退セントスル意思ナルガ如ク而シテ

一、現会館ハ一千円ノ負債ノタメ之レヲ売却シ整理セント昨年来ヨリ買収者ヲ物色シキタルモ相当ナル買手ナク今日ニ及ビタルガ最近ニ至リ一千八百円（買入当時二千六百四十円ナリ）迄ノ買収者現レ居ル模様ナルモ果シテ成立スルヤ疑ハシク若シ売買成立セバ残金（千円ノ元利支払残リ）六七百円ヲ以テ他ニ借家スル意図ナルモ満足ナル借家ハ覚束ナク結局ハ本部維持費ノ名目ニテ幹部等ノ生活費ニ当テラレ消費スルモノト認メラル

二、解消問題ハ提唱者タル新派側ガ運動線上ヨリ姿ヲ没シテ以来一時立消ヘノ感アリタルモ前記ノ如ク現幹部ノ堕落ニ依リ結局ハ改称カ解体カノ二途ニヨル外ナク現ニ解消反対派ノ巨頭張志弼モ最近ニ至リテハ解体説ニ傾キタル如ク見受ケラル

三、本部維持費ハ従来支部ヲ甲乙丙丁ニ四分シテ直接受領シ居タルモ道連盟組織後ハ一旦道連盟ニ於テ之レヲ徴収シ而シテ本部ニ送金スルコトニナリ其割合ハ道連盟ト本部トガ折半スル事ニナリタル関係上直接受領シタル当時ヨリ半減サレ剰サヘ昨今ノ農家不況ノタメ一層徴集ハ困難ヲ来シ全ク窮境ニアリ

而シナガラ道連盟既成道ハ慶南、忠北、全北、江原ノ四道ニシテ（忠南ハ目下準備中）其他ハ未組織ナルヲ以テ本部ハ直接部員ヲ派シ徴集ニ努メ毎月平均百円位ノ集金ハアルモ大部分ハ彼等ノ旅費竝ニ生活費トシテ消ユルモノナリ

以上ノ事実ニシテ人権平等獲得ノ目的ノ下ニ組織サレタル本運動モ自然解体ノ道程ヲタドリツツアリ現ニ新派ニ於テハ思想団体トシテ独リ衡平運動ノミノ存立ヲ恥辱ト心得居ルモノノ如シ引続キ内査中

ナルモ御参考迄

右報告ス

以上

23　10月9日　集会取締状況報告（中央執行委員会）

『昭和六年　思想ニ関スル情報』

京鍾警高秘第一二四一〇号

昭和六年十月九日

京城鍾路警察署長

警務局長殿

京畿道警察部長殿

府内各警察署長殿

（印）「京城地方法院検事正殿」

集会取締状況報告（通報）

集会日時　十月八日　自午後五時至午後六時

同場所　京城府雲泥洞一三

主催者　朝鮮衡平社本部

集会ノ目的　執行委員会

集会ノ人員種別　中央執行委員六名

開催ノ状況　左記

臨監警察官　巡査部長李龍景　道巡査梅野富士吉

警察取締状況　何等特記スベキモノナシ

参考事項意見　左記

記

一、参考事項　既報（局部）ノ通リ衡平社本部ハ本春大会以来表面旧派ニ於テ其勢力ヲ独占シ張志弼委員長トシテ牛耳ヲ執リ居ルモ常ニ幹部間ノ意見相反シ金鍾澤、李東煥ノ両名ヲ除ク外全部ハ殆ド自家ニアリテ運動戦線ヨリ退キ為ニ運動ハ自然衰微スルノミナルヲ以テ今回中央執行委員会ヲ開催シ近ク臨時大会ヲ召集ノ上根本的ニ今後ノ方針ヲ樹立セントスルニアルガ張志弼ノ意向ハ地方ニ道聯盟ヲ組織シ本部ヲ解体スル魂胆ナル如ク思料セラレ今後運動方針ノ転換竝ニ本部解体等ニ付テハ或ハ新派ノ策動モアルベク相当注意ヲ要スルモノト認メラル

一、開催ノ状況

一、張志弼議長ニ着キ開会ヲ宣ス

一、出席者　張志弼　（李）金東煥　呉成煥　金鍾澤　金　光　吉萬學

外ニ委任状二名アリ

一、臨時大会召集ノ件　張志弼ヨリ次ノ如キ理由ヲ述ベタルニ異議ナク左記ノ通リ開催ニ決ス

理由　我衡平運動ハ創立九年ノ歳月ヲ経タルニ不拘今其ノ運動ノ現況ヲ見ルニ地方支部ハ益々衰微スル一方ニシテ何等得ル処ナク本部ハ幹部ノ熱ト誠意乏シキタメ活動ノ機能ヲ失ヒ全ク現在ノ状態ニテハ自滅ノ外ナシ依テ我等ハ今後ノ運動方針樹立ノタメ臨時大会ヲ召集スルノ必要ヲ痛感ス而シテ日時ハ十月卅日

場所ハ京城府内準備ハ常務執行委員ニ一任ス
一、全鮮巡講ニ関スル件
本件ハ臨時大会へ廻付スルコト
一、利権問題ノ件
本件ハ主トシテ屠夫ノ屠殺問題ニシテ屠夫料金ニ関スルモノナルガ特ニ決議スルノ必要ナシトシテ臨機処置スルコト
一、会館問題ノ件
本件ハ借款ノタメ売却整理セントスルモノニシテ常務委員ニ一任ス
一、各地争議ニ関スル件
本件ハ臨時大会迄保留スルコト
一、沈滞支部ニ関スル件
本件ハ各々公文ヲ以テ戒告スルコト
一、各道聯盟ニ対スル件
本件ハ大会ニ廻付スルコト
一、辞任願ニ関スル件
朴敬植、李東煥ノ両名ノ辞任願ニ対シ討議ノ結果不受理ト決ス
一、閉会

以上

24　10月14日　思想犯出監者（李東求）動静ノ件

『昭和六年　思想ニ関スル情報』

京鍾警高秘第一二一九一号ノ三

昭和六年十月十四日

京城鍾路警察署長

警務局長殿
京畿道警察部長殿
（印）「京城地方法院検事正殿」

思想犯出監者動静ノ件

本籍　江原道横城郡横城面永々浦里
天道教徒　元衡平社幹部
而笑コト　李東求　当四六年

右者去ル六日大田刑務所ヲ出獄シ目下管下衡平社本部ニ滞在中ナルガ昨十三日左記訳文ノ如キ通文約百五十枚ヲ印刷シ各地衡平社支部へ発送セリ
右報告ス

記

拝啓　各位益々御精栄ノ段奉賀候就而拙者（而笑）ハ五六年間囹圄ノ生活ニテ諸君ト御無沙汰セル懐抱ハ量リ難ク候、而シテ拙者ハ諸君ノ御蔭ヲ得本月七日大田刑務所ヲ満期出獄致候得共余リ身体ノ虚弱ノタメ諸君ヲ訪問スルコト能ハズ書面ヲ以テ御挨拶申上候間何卒御用捨被下度候
終リニ御健闘ヲ祈ル
一先ヅ雲泥洞二十三番地ニ滞在中

十月十一日

而笑拝

以上

25　10月14日　衡平社本部通文ニ関スル件

『昭和六年　思想ニ関スル情報綴』Ⅱ

京鍾警高秘第一二五八四号

昭和六年十月十四日

京城鍾路警察署長

警務局長殿

京畿道警察部長殿

(印)「京城地方法院検事正殿」

衡平社本部通文ニ関スル件

管下衡平社総本部ニ於テハ昨十三日別紙ノ如キ「第二回中央執行委員会顛末及全鮮臨時大会召集文竝ニ全鮮臨時大会ニ対スル各支部員ノ活動ニ関スル件、同代議員届用紙」印刷文各二百二十通ヲ印刷シ即時各支部へ向ケ発送セリ

右報告ス

以上

衡總第一九三號

一九三一年十月九日

衡平社總本部㊞

衡平社各支部　貴中

第二回中央執行委員会顚末

一九三一年十月八日 午後五時에 本会舘에서 第二回 執行委員会를 委員長 張志弼氏의 司会下에 開会하니 執行委員 十三人中 出席員이 八人（委任이 二人）임으로 会가 構成되야 各部報告은 畧하고 左記事項을 討議하다

討議事項

一、臨時大会召集의 件

現下 一般社況에 照하야 活動的批判과 基本的戰術의 確立을 企図키 為하야 十月三十日에 全鮮臨時大会召集을 可決함 但 一切準備는 常務에게 一任

一、全朝鮮巡講의 件

第一回中央委員会以来 實行을 遂치못하얏음은 遺憾으로 思하는 同時―臨時大会에 轉權하기 로함

一、利權問題

各自 當面에 依하야 臨機處置하기로 함

一、会舘問題

従前과 갓치 常務委員에게 一任함

一、各地争議에 対한件

大衆的動員下에 最後解決을 期하기로 하되 臨時大会까지 保留하기로 함

一、沈滞支部에 対한 件

第三回常務委員会에서 指摘 建議한 舒川、韓山、烏山、驪州、四支部에 懲戒文을 發送하기로 함

一、辞任願의 件

朴敬植、李東煥 両君의 辞任願이 提出되엿으나 全部 不受理하기로 함

[編者訳文]

衡総第一九三号

一九三一年十月九日

衡平社総本部印

衡平社各支部　貴中

第二回中央執行委員会顚末

一九三一年十月八日、午後五時に本会館で第二回執行委員会を委員長張志弼氏の司会の下で開会する。執行委員十三人中出席員が八人(委任が二人)であったので会が構成され、各部の報告は略し、左記の事項を討議する。

討議事項

一、臨時大会召集の件

現下、一般社況に照らして活動的批判と基本的戦術の確立を企図するために、十月三十日に全鮮臨時大会召集を可決する。但し一切の準備は、常務に一任。

一、全朝鮮巡講の件

第一回中央執行委員会以来実行を遂行できなかったことは遺憾に思うと同時に、臨時大会に転権することにする。

一、利権問題

各自当面に依って臨機に処置することとする。

一、会館問題

従前のように常務委員に一任する。

一、各地争議に対する件

大衆的動員下に最後解決を期することとするが、臨時大会まで保留することにする。

一、沈滞支部に対する件

第三回常務委員会で指摘建議した舒川、韓山、烏山、驪州の四支部に懲戒文を発送することにする。

一、辞任願の件

朴敬植、李東煥両者の辞任願が提出されたが、全部不受理にすることにする。

衡總第一九四號

一九三一年十月九日

衡平社總本部

中央執行委員長　張志弼印

衡平社各支部　貴中

全鮮臨時大会召集의 件

首題에 就하야 衡平運動의 現段階에 잇서〃必然的情況은 當面하고 잇다 이를 全土的 努力的 全大衆과 討議決定하기 為하야 十月八日 第二回中央執行委員会의 決議로 左記 時日場所에서 全鮮臨時大会를 召集하오니 届期 出席하야 現在와 未来을 圓滿히 貫撤합시다

時日　一九三一年十月三十日（陰九月二十日）午前十時

場所　衡平社總本部

〔編者訳文〕

衡総第一九四号

一九三一年十月九日

衡平社総本部

中央執行委員長　張志弼㊞

衡平社各支部　貴中

全鮮臨時大会召集の件

首題について、衡平運動の現段階において必然的情況は当面している。これを全土的努力で大衆と討議決定するために十月八日、第二回中央執行委員会の決議により左記の日時場所で全鮮臨時大会を召集しますので、その時には出席し、現在と未来を円満に貫徹しましょう。

日時　一九三一年十月三十日（陰九月二十日）午前十時

場所　衡平社総本部

26　10月14日　衡平社本部通文ニ関スル件

『昭和六年　思想ニ関スル情報』

京鍾警高秘第一二五八四号

昭和六年十月十四日

京城鍾路警察署長

警務局長殿

京畿道警察部長殿

衡平社本部通文ニ関スル件

管下衡平社総本部ニ於テハ昨十三日別紙ノ如キ「第二回中央執行委員会顛末及全鮮臨時大会召集文竝ニ全鮮臨時大会ニ対スル各支部員ノ活動ニ関スル件、同代議員届用紙」印刷文各二百二十通ヲ印刷シ即時各支部ヘ向ケ発送セリ

右報告ス

以上

衡総第一九五號

一九三一年十月十二日

衡平社総本部

中央執行委員長　張志弼

衡平社各支部貴中

全鮮臨時大會에 対한 各支部員活動에 関한 件

各支部諸君！ 이제 우리는 全鮮臨時大会 同年에 第二回 全体的모님

을 마지하엿다 지나간 第九回全体大会以来 半個年間에 活動의 戰線에서 運動하고 行하던 努力的 實驗을 通하야 各支部員의　意思로討議決定하야 活動舞台를 拡大強化하며 同時에 現下 社況에 鑑하야鞏固한 基本的 戰術을 確立하자는 것이다

이제 活動의 準備를 다음과 갓치 支□하니 速〃進行하자

一、十月二十五日（陰九月十五日）以内로 各支部는 臨時総会를 開催하고 全鮮臨時大会에 上程할 建議案 作成

一、地方的特殊事件　報告材料収集　代議員選挙大会費等을 具体的으로　討議決定할 것

一、代議員選挙比例는 定期大会代議員選挙法에 依準하고 参加金은每支部弐円을 持参할 것

代議員届

氏名　　　年令

本支部에서는 十月三十日에 開催되는 全鮮臨時大会에 前期氏名欄에 記入한　人을 代議員으로 選挙하야 茲에 届出함

一九三一年十月　　日

住所

衡平社　　支部

衡平社全鮮臨時大會準備委員会　貴中

[編者訳文]

衡総第一九五号

一九三一年十月十二日

衡平社総本部

中央執行委員長　張志弼

衡平社各支部　貴中

全鮮臨時大会に対する各支部員活動に関する件

各支部諸君よ！今、我らは全鮮臨時大会の同年に、第二回全体的な集まりを迎えた。去る第九回全体大会以来、半年間に亘り活動の戦線で動き行なった努力的な実験を通して、各支部員の意思により討議決定して、活動舞台を拡大強化させると同時に、現下の状況に鑑みて鞏固な基本的戦術を確立しようとするのだ。

いま活動の準備を次のように支□するので、早々に進めよう。

一、十月二十五（陰九月十五）までに各支部は臨時総会を開催し全鮮臨時大会に上呈する建議案作成

一、地方的特殊事件、報告材料収集、代議員選挙大会費等を具体的に討議し決定すること。

一、代議員選挙比例は、定期大会代議員選挙法に依り、参加金は支部毎に弐円を持参すること。

代議員届

氏名　　　年令

本支部では十月三十日に開催される全鮮臨時大会に前記氏名欄に記

入した　人を代議員として選挙を行い選出したので、ここに届け出る。

一九三一年十月　日

住所

衡平社　支部

衡平社全鮮臨時大会準備委員会　貴中

27　10月19日　衡平社本部動静ニ関スル件

『昭和六年　思想ニ関スル情報』

京鍾警高秘第一二八一一号

昭和六年十月十九日

京城鍾路警察署長

(印)「京城地方法院検事正殿」

衡平社本部動静ニ関スル件

対十月十六日京高秘第八八六七号ノ一

曩ニ報告セル通リ管下衡平社総本部ニ於テハ来ル三十日全鮮衡平社臨時大会ヲ開催スベク目下幹部等ニ於テ其ノ準備ニ奔走中ナルガ是ヨリ先東亜日報ハ衡平社本部ハ這般ノ中央執行委員会ニ於テ解消問題ヲ協議可決セルガ如キ事実無根ノ記事ヲ掲載シタル事アリ為之清州支部及忠北道支部聯合会ニ於テハ其ノ真否ヲ確ムルガ為メ本部ニ照会文ヲ郵送シ来ル事実アリ本部ニ於テハ反動分子（新派側）等ノ策動ニ依ル虚報ナリトテ盛ニ其ノ記事ノ出所ヲ確ムルベク張志弼ヲ東亜日報ニ派シ或ハ非解消派ノ行動ヲ内偵中ナルガ如キモ未ダ確証ヲ得ズ当惑シ居ル模様ナリ

而シテ本部ハ本記事ニ依リ支部員ヲ惑スハ面白カラズトシテ清州支部通文ニ対スル回答ヲ兼ネ一般支部ニ其旨ヲ発表スベク去ル十四日（対号通報ニ同ジ）通文約百五十部ヲ作成シ各支部へ発送シ

尚本記事ニ関シ委員長張志弼ハ解消派（新派側）ノ黒幕トシテ注視シ居ル（特要）権泰彙ヨリ訪問ヲ受ケ仝人ハ愈々衡平社モ解消ヲ可決シタソウデ実ニ祝福スル処ナリト半バ皮肉的言辞ヲ弄シ之ニ対シテハ斯ル事実ナシト弁明セルニ更ニ権ハ将来ノ為メニ解消スルト云フ事ハ大ニ考慮シテモライ度シト暗ニ解消派ノ活動アルガ如キ言辞ヲ洩シ去リタル事実アリタル点等ヨリ見テ必ズ新派ノ策動ニ依ル記事ナリト信シ之ニ対スル防備策ヲ講究中ナリ叙上ノ事実ニシテ衡平運動ハ本春旧派（現幹部）ガ実権ヲ把握シテ以来一時新派ハ姿ヲ没シ居タルモ今回臨時大会ノ発表ヲ見ルヤ再ビ気勢ヲ掲ゲント策動シ居ルモノノ如クナルモ張ハ飽迄新派ニ対抗ノ意思固ク現在ノ情勢ニ於テ断然旧派優勢ナレバ解消ハ当然否決サレルモノト認メラル、モ相当両者ノ暗闘ハ日ノ近ツクニ連レ露骨化サル、モノト思料セラル、ヲ以テ引続キ内査中ナリ

右報告ス

以上

発送先　局長　部長　検事正

28 10月20日 衡平社本部動静ノ件

『昭和六年 思想ニ関スル情報』

京城鍾路警察署長

京鍾警高秘第一二八七五号

昭和六年十月廿日

(印)「京城地方法院検事正殿」

衡平社本部動静ノ件

管下衡平社総本部ニ於ケル臨時全鮮衡平社大会ニ関シテハ屡報ノ通リナルガ其後委員長張志弼ハ別紙ノ如キ印刷文二十五通ヲ作成シ本日吉奉西、趙貴用、吉萬學外二十名ノ中老者四十才以上ノ者ニ向ケ発送セルガ其ノ内容ハ張志弼ガ新派策動ヲ防止スル一手数ニシテ即チ自己派ノ中老者二十数名ヲ大会前日マデ召集大会ニ於ケル策戦ヲ講究討議セントスルモノナリ

右報告ス

以上

（別紙 局部長ノミ）

発送先 局長 部長 検事正

29 10月27日 衡平社本部動静ニ関スル件

『昭和六年 思想ニ関スル情報』

京鍾警高秘第一三一四三号

京城鍾路警察署長

昭和六年十月廿七日

(印)「京城地方法院検事正殿」

衡平社本部動静ニ関スル件

管下衡平社本部ニ於ケル全鮮衡平社臨時大会ニ関シテ屡報ノ通リナルガ其ノ後本部ニ於テ引続キ準備ニ奔走中ナルガ余日一両日ニ切迫セル今日ニ至ルモ出席証ヲ郵送シ来タル支部ハ僅カニ禮山支部及禮山郡大興面所在ノ光時支部ノ二支部ニ過キズシテ現在ノ情勢ニテハ規定通リ（規定ニハ有権支部三分ノ一集合ニ依リ成立ストアリ有権支部ハ現在各月負担金全納シタルモノニシテ五十支部アリ）ノ召集覚束ナキ見込ミナリ尚ホ亦最近新派側吉漢同ノ入城ニ依リ（要注）李鍾律等ト盛ニ策動ヲ為シ居ル模様ニシテ張志弼等モ深ク憂慮シ居レバ或ハ前日ニ至リ拡大委員会ヲ以テ臨時大会代行スルヤモ難計形勢ニ在リ引続キ内査中ナルガ一応報告ス

発送先、局、部

30 10月31日 集会取締状況報告（臨時大会）

『昭和六年 思想ニ関スル情報』

京城鍾路警察署長

京鍾警高秘第一三三一八号

昭和六年十月卅一日

警務局長殿

京畿道警察部長殿

関係各警察署長殿

「㊞京城地方法院検事正殿」

集会取締状況報告（通報）

集会日時　十月卅日　自午前十一時五十分至午後四時五十分

同場所　京城府雲泥洞二十三番地衡平社本部

主催者　朝鮮衡平社総本部

司会者　張志弼

集会ノ目的　全鮮臨時大会

主ナル集会者　張志弼　李東煥　金鍾澤　李漢容

集会人員種別　衡平社員四十名　外ニ傍聴者二十名

開催ノ状況　左記

臨監警察官　道警部補首藤胖　巡査部長目良安之　道巡査梅野富士吉　道巡査徐商景

警察取締状況　左記

参考事項意見　左記

記

警察取締状況竝ニ参考事項意見

全鮮衡平社臨時大会ハ去ル八月中央執行委員会ニ於テ現幹部ノ堕落ニヨル委員改選竝ニ今後運動方針樹立ノ目的ヲ以テ張志弼主唱ノ下ニ開催ヲ決定シ昨廿日本部会館ニ於テ開催セルガ之ヨリ先新派側ハ開催前ニ於テ解消問題等ヲ提議セント画策シタル事実アリテ当日ハ相当紛糾ヲ予想シタルモ案外新派側ノ出席者ハ李漢容、朴好君ノ二名ニ過ギズ剰サヘ李漢容ハ開会頭初臨時議長ニ選挙サレタル際本出席人員ハ規定ノ員数ニ達セザルヲ以テ不法ナリ故ニ本会ハ成立セズトテ辞任セルヲ動機トシ旧派側ヨリ退場ヲ命ゼラレタルモ退場セザルタメ単ニ発言権ヲ認メザルコトヲ決議セリ為メニ新派側ハ勢力ヲ失ヒ遂ニ解消問題等ニ触レズ議事ヲ進行シ何等紛糾ナク終了セリ而シテ本大会ニ対シ祝文祝電ハ千君弼外四五通アリタルモ張志弼ハ時代遅レトシテ之ガ朗読ヲ中止シタリ尚プログラム中咸南デモニ関スル件及在満同胞救済問題ハ本会ノ性質上不必要ト認メ之ガ禁止ヲ命ジタリ

開催ノ状況

一、開会　張志弼司会ノ下ニ開会シ簡単ナル開会ノ辞ヲ述ベ引続キ点名ニ移リ金鍾澤、金顯悳ノ両名ヨリ審査ノ結果有権団体六十ノ中出席支部二十六、出席代議員三十八名（外ニ本部員三名）ト報告ス出席者左ノ如シ

金興南　禮山支部	金必成　天安支部
金千孫　利川京忠	金泰京　忠州支部
李龍泰　〃光時〃	金允植　〃
吉光國　成歡支部	韓斗干　〃
李南一　安城支部	金顯悳　〃
李岩面　清安支部	鄭石俊　松汀支部
李自龍　廣川　〃	金甲奉　廣川　〃
宋化先　廣川　〃	李奉春　揷橋　〃
李福珍　論山　〃	吉明學　清州　〃

白萬龍　清州〃　　鄭逸萬　春川〃
宋聖云　結城〃　　徐光勲　江陵〃
吉萬學　楊平〃　　李大吉　瑞山〃
金士琠　瑞山〃　　李源容　温陽温泉
朴甘述　海美〃　　申光五　黄登支部
李基順　洪城〃　　金　棒　洪城〃
李丙澤　黄登〃　　趙吉成　鐵原〃
韓時燮　鐵原〃　　金在徳　公州〃
金順男　公州〃　　申海根　大召院
金水同　利川〃　　吉奉西　笠場〃

此際李漢容（新派）ハ本大会ハ規定ノ員数ニ達シ居ラザレバ不法ニシテ成立セズト動議シタルニ端ヲ発シ反対派ヨリ一二ノ質問起リ一時ハ紛糾ヲ見ントシタルモ張志弼ノ説明ニヨリ鎮静ス

一、臨時執行部選挙　口頭ヲ以テ議長及副議長竝ニ書記二名ヲ選挙スルコトトシ選挙ノ結果議長李漢容、副議長李東煥、書記徐光勲、金光當選シタルモ李漢容ハ前記ノ如ク大会不成立ノ理由ノ下ニ辞任シ他ハ病気其他ノ理由ヲ以テ全員辞任シタルヲ以テ更ニ議長金鍾澤副議長李大吉ヲ選挙シタルガ金鍾澤ハ中央委員ナル理由ノ下ニ辞任ヲ申出デ続イテ金三奉、張志弼ヲ順次選挙シタルモ何レモ種々ナル理由ヲ附シ辞任セルニヨリ場内ヨリ本会ヲ無視セルモノトシテ弥次起リ李漢容ハ会合ノ都度紛糾ヲ起サシメ攪乱ヲ企ツル風アリ退場ヲ命ゼヨト発議スルモノアリ遂ニ退場ヲ命ジタルモ退場セズ依テ単ニ発言権ヲ認メザルコトヲ決議シ容易ニ臨時執行部ノ成立ヲ見ズ此時午後一時ナリシヲ以テ司会者ハ三十分間休憩ヲ宣シ続会後選挙ノ結果議長ニ吉萬學（副議長取消ス）書記ニ李大吉及金三奉選挙サレタリ

一、各部報告　庶務部ヨリ金光登壇シ報告セントシタルモ時間ノ関係上之ヲ略スル動議起リテ結局本件ハ省略スルコトニ決ス

一、委員改選　本件ニ関シテハ補選スルコトトシ改選ハ取消スヲ可ナリトノ意見多数アリタルモ採決ノ結果改選ト決定シ左記八名ノ詮（銓）衡委員ヲ選ビ選挙ノ結果左ノ如ク当選ス

詮衡委員　金在徳　金士典　金千孫　朴甘述　李丙峰　金三奉
　　吉奉西　金甲春

執行委員
　委員長張志弼　　書記長金鍾澤
　委員　李東煥　吉萬學　金士典　吉奉西　朴甘述
　　金在徳　趙長玉　千君弼　李秉澤　趙順用
　　趙吉成　申光五　張甲成

検査委員長李大吉
　委員　李京春　金興男　李水安

一、討議事項
(1)　衡平運動今後方針　本件ハ最モ重大性ヲ帯ビ居レバ慎重ニ討議ヲ要ストノ意見起リタルモ時間ノ関係上新任委員ニ一任スル事ヲ決ス

(2) 因習的偏見差別撤廃ノ件　本件ハ新任委員ニ一任ス

(3) 地方争議ニ関スル件　本件ヲ一々詳報スルトキハ会議員ニ公憤ヲ起サシムルノミナルヲ以テ之ヲ中止シ只今後ノ処置ニ関シ最高当局ニ陳情スルコトニ決シ陳情方法其他ハ新任委員ニ一任シ事件ノ発生数竝ニ日時ノミヲ左ノ如ク発表ス

一、金堤事件　八月卅一日強盗事件
一、義城争議　四月卅日社員民間ヨリ賤視ヲ受ケ尚殴打サレタル事件
一、三陟争議　五月廿一日差別待遇ニテ三陟洞民ト衝突
一、鎮川支部事件　五月十二日警察官ノ賤視ヲ受ケタル事件
一、京城支部　五月廿六日東光楼飲食店ニ於テ社員ト衝突
一、烏山争議　六月廿二日　民間ト衝突
一、楊平支部　六月五日　面公吏ヨリ殴打サレタル事件
一、京忠支部（長湖院）七月卅一日獣皮乾燥場問題ニテ駐在所巡査ト衝突
一、江景支部　九月一日　酒代ニテ民間ト衝突
一、杆城支部　警官ノ言動差別問題
一、光時支部　民間ト衝突

(4) 利権ニ関スル件、教養ニ関スル件、全鮮巡回講演ニ関スル件

右三件ハ新任委員ニ一任スルコトニ可決ス

(5) 道聯合会ニ関スル件　本件存在ハ甚ダ無効果ナリトノ理由ノ下ニ解体スル事ニ決シ実行方法ハ新任委員ニ一任ス

一、閉会　午後四時五十分無事閉会ス

追テ本報ヲ以テ要視要注異動報告通報ニ代ユ

以上

31　11月2日　集会取締状況報告（中央執行委員会）

『昭和六年　思想ニ関スル情報』

京鍾警高秘第一三三八三号

昭和六年十一月二日

京城鍾路警察署長

警務局長殿
京畿道警察部長殿
関係各警察署長殿
（印）「京城地方法院検事正殿」

集会取締状況報告（通報）

集会日時　十月卅一日　自午前十時廿五分至午後二時
同場所　京城府雲泥洞二三番地会館内
主催者　朝鮮衡平社総本部
司会者　張志弼
集会ノ目的　中央執行委員会
主ナル集会者　張志弼　金鍾澤　吉萬學　李東煥
集会人員種別　中央執行委員十一名　傍聴者四名

開催ノ状況　左記

臨監警察官　巡査部長李龍景　道巡査山本忠雄

警察取締状況　特記スベキモノナシ

参考事項意見　本集会ハ予定通リ十月卅一日午前十時廿五分ヨリ開催セルガ状況ヲ綜合スルニ予メ執行委員長張志弼ハ其腹心ノ部下タル金士琠、李東煥、金鍾澤・金午(干)孫等ヲ別室ニ集メ張志弼ノ指導ノ下ニ下協議ヲナシテ準備ヲ整ヘ左記ノ如ク決議セルガ地方ヨリノ出席委員等ハ殆ド運動意識ニ乏シク意ノ如ク議事進行セルモノニシテ新派ノ策動モ一時其ノ鉾ヲ納メ所謂旧派ニヨル衡平運動ハ将来相当有利ニ展開スルモノト思料セラル

記

一、開会　張志弼開会ヲ宣ス

一、点名　書記金鍾澤点名セルニ出席者十一名ニシテ左ノ如シ

（○印傍聴）

朴甘述 海善《ママ》　千君弼 楊州　李東煥 京城　金鍾澤 京城

吉萬學 江陵　○徐光勳 江陵　張甲成 安城　○金午孫 利川

○趙鳳植 清州　李丙澤 益山　金士典 瑞山　申光五 益山

張志弼 洪城　趙吉成 鐵原　○金　光 禮山

一、衡平運動今後ノ方針　（張志弼）従来ノ衡平運動ハ□部□□運動ニ対スル熱誠乏シク自己ノ私腹ヲ肥シ売名的運動者ナリシタメ衡平運動ハ毫モソノ発展ヲ見ズ益々ソノ渋滞ヲ重ネ悲惨ナル状態ニ陥リ今ヤ自滅ノ運命ニアリ此時ニ当リ地方ニ於テハ衡平社ヲ解消或ハ解体スベシトノ声起リ新聞紙其他ニヨリ一般ニ宣伝セラルルニ至レリ然ルニ幸ニシテ臨時大会ニ於テハ解消論ヲ唱フルモノナク今後ノ衡平運動ヲ有利ニ展開セシムルノ機運ニ向ヘリ然シテソノ重大責任ハ我々中央執行委員ニアリ諸氏ハ隔意ナキ意見ヲ述ベ善処セラレタシト述ベ種々協議ノ結果従来ノ運動方針ヲ捨テ刷新セル運動方針ヲ樹立シ私腹ヲ肥シ売名的運動者ヲ清算シ以テ熱誠ナル運動ヲ続ケ誠心誠意一身ヲ犠牲ニ供シ活動シソノ運動ヲ展開セシメル様努力スルコトヲ決議ス

一、因習的偏見ノ差別撤廃ノ件　（張志弼）従来地方ニ於ケル普通人対衡平社員ノ紛争問題ニ関シ当局ガ余リニ偏側的処置ヲナシ衡平社員ニ対スル態度ハ冷淡デアル此レヲ如何ニスベキヤト述ベ種々異論アリタルガ結局最高機関タル総督総監警務局長ニ陳情スルコトトシ陳情書竝ニ陳情委員ニ関シテハ常務委員ニ一任スルコトニ決定ス

一、地方争議ノ件　本協議ノ結果常務委員ニ一任ス

一、利権ニ関スル件　同上

一、教養ノ件　（金鍾澤）従来ノ衡平社ハ地方社員ニ対シ何等ノ指導教養ノ機関雑誌ナク甚ダ遺憾ナリ将来ハパンフレットノ如キモノヲ発刊シ衡平社ノ歴史及地方ニ於ケル紛争事件ヲ紹介シ社員ノ異動等ヲ周知セシムルコトガ最モ必要デアルト述ベ協議ノ

結果機関紙ヲ発刊スル事トシ其方法ハ教養部ニ一任スル事ニ決定ス

一、道聯合会ノ件　本件協議ノ結果全鮮各支部ニ対シ解体声明書ヲ発送スル事トシ声明書作成ハ常務委員ニ一任スベク決定ス

一、全鮮巡廻講演ノ件　本件協議ノ結果保留スル事ニ決ス

一、中央委員増選ノ件　本件協議ノ結果詮（銓）衡委員ニ張志弼、金士典ノ二名ヲ選挙シ詮衡ノ結果左ノ如ク決ス

　金午孫　徐光勲　金　光　趙鳳植

一、部署分担　本件協議ノ結果口頭呼選ニテ左ノ通リ決ス

財政組織部長　金鍾澤　部員金　光　金在徳
教養部長　張甲成　〃　徐光勲
社会争議部長　吉萬學　〃　金　光
生活保証部長　金士典　〃　李東煥
書　記　金　光

一、会館債務ノ件（張志弼）本会館ハ債務ノ担保トシテ既ニ担保流レトナリ居レルガ自分ハ今年会館ヲ他人ニ渡スノハ残念デアル本会館ハ我等衡平社員ガ血ト汗ノ結晶ニヨリ得タルモノデアル諸君如何ニ考フルヤト述べ協議ノ結果社員ヨリ義捐金ヲ募ルコトトシ之ガ方法ハ地方ニ巡回委員ヲ派シ地方支部ヨリ募集シ債務ヲ弁済シ本会館ヲ取戻ス事ニ決定ス尚地方巡回委員ハ口頭呼選ニヨリ左ノ如ク決定シ巡回委員ハ旧十月末日迄ニ本部ニソノ状況ヲ報告スル事ニ決定ス

忠南　金在徳　金士典　忠北　李東煥　金午孫
京畿　張甲成　金午孫　全北　申光五　千石（君）弼
全南　趙長玉　李丙澤　江原　張志弼　吉萬學
慶北　河教（敬）七　姜益（龍）生　慶南　李君一　朴敬植

一、不正分子ノ件（李東煥）会費横領セル不正分子ニシテ再三反省ヲ促シ納金方督促セルガ何等反省セザル白漢雄、千弼龍、金某等除名処分ニシテハ如何、（金午孫）会費ヲ横領セルヲ李福乭、李明三、李判山、蓮峰善、吉三岩、朴昌福等モ除名処分ニシテハ如何、右協議ノ結果何モ除名処分ニシ其理由ハ声明書ヲ発表スル事トセルガ今一度地方巡回委員ヲシテ更ニ彼等ニ対シ反省ヲ促シ弁済方ヲ督促シ尚応ゼザルモノハ除名シ之ヲ一般社員ニ発表スル事ニ決ス

一、閉会　以上

京城鍾路警察署長

昭和六年十一月七日

京鍾警高秘第一三六四六号

『昭和六年　思想ニ関スル情報』

32　11月7日　衡平社通文郵送ニ関スル件（臨時大会会録ほか）

警務局長殿
京畿道警察部長殿
「京城地方法院検事正殿」（印）

衡平社通文郵送ニ関スル件

管下朝鮮衡平社総本部ニ於テハ昨六日別紙ノ如キ臨時全鮮大会会録及本部支部間連絡ニ対スル通文約百五十部ヲ印刷シ本日各支部ヘ発送セリ

右報告ス

以上

第二部　京城地方法院検事局文書ほか

——一九三二年

1　6月7日　衡平社総本部通文ニ関スル件

『昭和七年　思想ニ関スル情報』

京鍾警高秘第七五四五号

昭和七年六月七日

京城鍾路警察署長

(印)「京城地方法院検事正殿」

衡平社総本部通文ニ関スル件

対五月廿六日京鍾警高秘第六八六〇号

管下雲泥洞所在衡平社総本部ニ於テハ去月廿五日常務執行委員会ヲ開催シ本会ノ債務処理ニ当ラシムル為メ財政委員会ナルモノヲ組織シ各道委員ヲ任命センコトハ既報セルガ右ニ関シ被選サレタル地方各委員ニ対シ本日別紙ノ如ク之レガ通知及責務ニ関スル通文ヲ作成発送セリ

右報告ス

以上

発送先　局長　部長　検事正

衡總第一〇一號

一九三二年五月二十七日

衡平社總本部印

氏　貴下

財政委員被選通知

首題에 就하야 五月二十五日 第二回常務執行委員會에서 貴下가 財政委員으로 被選되얏삽기 玆以通知함

[編者訳文]

衡総第一〇一号

一九三二年五月二十七日

衡平社総本部印

氏　貴下

財政委員被選通知

首題に就いて五月二十五日、第二回常務執行委員会で、貴下が財政委員に被選されたことをここに通知する。

衡總第一〇二號

一九三二年五月二十七日

衡平社總本部印

財政委員　貴下

우리의 責任과 任務

공중에 나는 새도 보금자리가 잇서 눈비를 피하고 기는 김생도 궁기잇서 몸을 은신하야 안졍（安定）한 생（生）을 게속하야 나아간다

그러나 우리 사십만대중에 졍신과 육체를 싸가지고잇서 우리의 일상투쟁（日常闘争）의 본영지（本營地）인 서울에 회관이라구

하나 근근히 맨들어 놋치안엇는가?

그리하야 몃번이나 이리저리 옴길것을 옴기지안코 오날날까지 지내왓다

그러나 이것 역시 마음과 뜻과 갓치 안어서서 바눌방석에 안진것 갓치 마음편할 날이 별노 업섯다 세 집 들은 것과 조금 달늠이 업지 안엇다 매달 은행리자로 말매암아서 긔한만 되면 허둥지둥 꾸매고 마럿스나 지금엔 경제공황 관게로 이것조차 끈허지고 말앗다 은행에서 리자독촉은 심하고 연체리자는 이 회관을 삼키랴한다 장차 엇더케 할것인가

금번 제이회 상무집행위원회 결의로서 재정위원을 선거하는 동시 본부 집행위원과 상무위원과 협력하야써 재정협동위원회를 조직하야 회관문제를 해결케되얏다

그럼으로 우리는 회관존속(存続)문제뿐만아니라 우리 운동 자금까지도 민활한 활동 밋테서 맨들지안으면 안된다 이것이 우리의 책임인 것을 절실히 늣겨랴

그리고 회관문제、유지문제로 만흔 활동을 하여라!

衡平社総本部印

[編者訳文]

衡総第一〇二号

一九三二年五月二十七日

財政委員　貴下

我らの責任と任務

空に飛ぶ鳥もねぐらがあって雪や雨を避け、這う獣も居場所があってこそ身を隠し安定した生活を続けられる。

しかし、我ら四十万の民衆の精神と肉体を使いながら、我らの日常闘争の本営地であるソウルに会館というものを一つも用意できなかったではないか？

こうして、何度もあちこち移さねばならないものを移さず今日に至っている。

しかし、これもまた心や意志と一致せず、まるで針のむしろに座っているように心が安らぐ日もあまりなかった。貸家住まいと少しも変わりなかった。毎月、銀行利子のため期限が迫ってくるとあたふた払ってきたが、今では経済恐慌の関係で、それさえできなくなってしまった。銀行から利子返済の催促がひどくなり、延滞利子はこの会館をのみ込もうとしている。今後、どうするのか。

今回、第二回常務執行委員会の決議で財政委員を選挙すると同時に、本部執行委員や常務委員と協力して、財政協同委員会を組織し、会館問題を解決することになった。

それゆえ、我らは会館存続問題のみならず、我らの運動資金までも敏活な活動の下に集めなければならない。これが我らの責任であることを切実に感じたのである。

そして、会館問題、維持問題のために様々な活動をせよ！

第三部　大同社関係史料

1　一九三六年　衡平運動

朝鮮軍参謀部『昭和十一年前半期　朝鮮思想運動概観』

3　衡平運動

朝鮮大同社本部ハ全鮮ニ加盟団体九一会員約一万ト称セラレ昭和十年四月名称ヲ改称以来面目ヲ一新シ相当活動ヲ予想サレタルカ依然内部ノ派閥闘争絶ヘス二派ニ対立各自派ノ勢力扶殖（植）ニ奔走シアリタルモ本年一月大田支部ニ於ケル全鮮臨時大会ノ結果四月総本部ヲ大田ニ移シ爾後四回ニ亘リ委員会、全体大会等ヲ開催シタル結果牛皮販売ノ統制、獣肉業者ノ統一等ヲ強調シ社員ノ団結ト経済上ノ地位向上ヲ図リツツアル為漸次各地ニ於ケル有名無実ナリシ各支部ヲ復活セシムル等相当活潑ナル運動ヲ思ハセタルカ現在迄ニ於ケル幹部ノ活動ハ主トシテ内部社員ノ経済的向上ニ努メアル外他ニ見ルヘキモノナキモ今後ノ活動ニ就テハ注視ノ要アリト認メラル

2　一九三七年　衡平運動

朝鮮軍司令部『昭和十二年前半期　朝鮮思想運動概観』

3　衡平運動

衡平運動ハ全鮮加盟支部九一、会員約一万ト称セラレ大同社ト改称総本部ヲ大田ニ移転シテ面目ヲ一新シ活動シアリタルカ派閥内訌ヲ生シテ二派ニ対立自派ノ勢力扶植ニ奔走シ将来南北二派ニ分裂ノ徴アリ

本年五月慶北道大同社支部員カ常民ヨリ差別的言辞ヲ受ケタリトテ総本部ニ救援方打電シタルモ幹部間ニ何等ノ対策ナキタメ事件ハ所轄署ノ慰撫ニヨリ円満解決シタル等幹部ノ熱意ナキヲ窺知セラレ将来大ナル活動ナキモノト認メラル

3　一九三七年　大同社ノ飛行機献納運動

朝鮮総督府警務局『昭和十二年　治安状況』第三二報

1、大同社ノ飛行機献納運動

忠清南道大田府所在大同社総本部ニ於テハ事変勃発以来飛行機一台ヲ献納スヘク『大同号』献納期成会ヲ組織ノ上仝会幹部忠南張志弼等之カ実現ヲ図リツ、アリタル処（治安状況第廿報）九月三十日締切迄ノ各地ヨリノ申込額ハ意外ニモ僅々三千八百十円ヲ出テス各支部ハ極メテ冷淡ニシテ就中慶南ノ如キハ之ニ対シ具体的活動ヲ見サリシ為万一本計画カ龍頭蛇尾ニ終ルカ如キコトアラムカ仝社ノ大恥辱ナリトテ慶南晋州幹部姜相鎬ハ大ニ狼狽シ数日前ヨリ慶南道各地ヲ巡廻督励シ張志弼又十月一日献金督励ノ通知書ヲ各地大同社支部ヘ発送スルト共ニ毎日申報大田支局長趙岡熙ヲ訪問新聞ヲ通シ一般社員ニ呼ヒ掛クヘク打合ヲ為ス等狂奔中ナルカ目下ノ状勢ニ於テハ予定ノ五万三千三百円ノ募金ハ頗ル難事ト見受ケラル

4　一九三七年　大同号献納ニ対スル社員ノ言動

朝鮮総督府警務局『昭和十二年　治安状況』第三六報

2、大同号献納ニ対スル社員ノ言動

忠清南道洪城郡洪州面五官里大同社員李先奉ハ左ノ如ク語リタリ

『我大同社ニ於テハ愛国機大同号飛行機ヲ献納スベク活動中ナル処愈々十一月中旬頃ニハ飛行機ノ完成ヲ見ル模様ナレバ近ク鮮内ニ飛来スルモノト期待サル、ガ其ノ節ハ大同社員全部国旗ヲ打振リ歓迎スル予定ナリ

而シテ此ノ飛行機献納ニハ社員ノ婦女子カ非常ニ熱心ニシテ現在約二千円ノ不足ヲ補フ為牛皮ヲ売ツテ目的ヲ達成スベシト意気込ミ居レリ』

5　一九三七年　大同社ノ軍用機献納運動

朝鮮総督府警務局『昭和十二年　第七十三回帝国議会説明資料』

(5)　大同社ノ軍用機献納運動（大田）

大同社ハ因習的階級観念打破ヲ標榜シテ組織シタル衡平社ノ後身ナルガ今回ノ時局ニ奮起シ社員一同国民的赤誠ヲ披瀝スベク八月一五日幹部会合ノ席ニ於テ之ガ方法ニ付協議ノ結果軍用機大同号献納ヲ決議シ経費五三、〇〇〇余円ヲ見積リ各支部ニ割当テ集金ニ努メツツアリタルモ予定ノ締切日タル九月三〇日迄ニ僅ニ三、八〇〇余円ヲ得タルニ過ギズ幹部等ハ既ニ一度計画ヲ発表シ不成功ニ終ルガ如キコトアラバ同社ノ面目問題ナリトシ極力奔走ニ努メタル結果最近殆ド予定ノ額ニ達シ幹部モ勢ヲ得テ最後ノ努力ヲ続ケツツアリ

6　一九三八年　大同社ノ飛行機献納運動ノ完結

朝鮮総督府警務局『昭和十三年度　治安状況』第四五報

2、大同社ノ飛行機献納運動ノ完結

大田府所在大同社本部ニ於テハ予テ愛国機大同号献納期成会ヲ結成シ幹部ニ於テ之ガ基金募集ニ奔走ノ結果客年末漸ク三万余円ニ達シタルモ予定額五万二千《（マヽ）》三百円ノ募集ハ到底見込ナク幹部間ニ於テハ之ガ措置ニ相当苦慮シツ、アリタルガ忠南警察部及大田憲兵分隊ノ斡旋ニ依リ飛行機ノ種別ハ軍当局ニ一任スルコト、シ現在ノ募集金額ヲ以テ愛国機大同号ヲ献納スベク軍当局ノ諒解ヲ得タルヲ以テ本期成会幹部モ痛ク感動シ早速献金セル各支部ニ諮リ其ノ諒解ヲ得テ二月三日幹部張志弼外四名ハ是迄ノ諸経費七百六十五円七銭ヲ控除シ三万百二十五円六十銭ヲ朝鮮軍司令部愛国部ヲ経テ陸軍省ニ献金手続ヲ執リタリ

7　一九三九年　衡平運動並衡平団体ノ状況

朝鮮軍参謀部『昭和十三年後半期　朝鮮思想運動概況』

(三)　衡平運動並衡平団体ノ状況

大同社ハ昭和十年総本部ヲ京城ヨリ大田ニ移転シ鮮内支社九一、会員約六千余名ヲ擁シ事変後愛国機「大同号」ヲ献納シ本期更ニ一千余円ノ国防献金ヲナス等愛国ノ熱誠ヲ披瀝シアリタルカ偶々九月一日ヨリ皮革ノ統制実施セラルルニ及ヒ鮮産牛皮ハ軍部ニ於テ購入スルコトトナリタルヲ以テ大同社総本部ニ於テハ従来ノ慣例タリシ中間商人ノ搾取ヲ排除シ社員ヨリ直接軍部ニ納入スヘク代表者ヲシテ

屢々軍部及総督府ニ陳情中ナリシカ京城ニ原皮統制販売会社ノ設立計画発表セラルルヤ反対策動ヲ繰返シ或ハ該社ノ社株半数以上ヲ獲得スヘク運動スル等将来相当ノ紛糾ヲ予想セラレ其動向引続キ視察中ナリ

8　一九三九年　衡平運動並衡平団体状況

朝鮮軍参謀部『昭和十四年前半期　朝鮮思想運動概況』

(二)　衡平運動並衡平団体状況

昭和十一《ママ》年衡平社ヲ大同社ト改メ総本部ヲ京城ヨリ大田ニ移転シ現在鮮内ニ支部八六会員約八、六〇〇余名ヲ擁シ事変勃発以来、国防献金、愛国機、高射砲ノ献納ヲ為ス等銃後ノ活動ニ具ルヘキモノアリシカ前期物資統制ノ強化ニ伴フ牛皮購買会社ノ設立ヲ廻リ社員間ニ反対不満ノ気、漲リ一時動揺ノ傾向ヲ示シタルモ一部特《持》株ノ獲得ニ成功シ小康ヲ見タルカ一般社員中ニハ最近衡平運動ニ対スル熱意著シク低下シ大同社解体論擡頭シ本年四月ノ大同社全体会議モ形式的ニ終始シ運動漸次衰退シツツアリ

9　一九四〇年　衡平運動並衡平団体ノ状況

朝鮮軍参謀部『昭和十四年後半期　朝鮮思想運動概況』

(二)　衡平運動並衡平団体ノ状況

忠南大田ニ本部ヲ有シ鮮内ニ支部七〇会員八、〇九三名ヲ擁スル鮮内唯一ノ衡平団体タル大同社（執行委員長張志弼）ハ事変頭初ヨリ種々ノ愛国運動ニ活躍シ来レルモ彼等ノ生命線タル皮革ノ統制実施セラル、ヤ爾来牛皮購買会社設立ヲ繞リ反対運動ヲ起シ気勢ヲ昂ケツ、アリシカ最近業態ノ不振加之旱害及物価ノ騰貴等ニヨリ生活ノ不安ヲ来シ熱意著シク低下シ遂ニ解体ノ声スラ起リ現在幹部ノ寄附等ニ依リ辛シテ社名ヲ維持シアル程度ニシテ活動見ルヘキモノナシ

10　一九四〇年　衡平運動並衡平団体ノ状況

朝鮮軍参謀部『昭和十五年前半期　朝鮮思想運動概況』

(二)　衡平運動並衡平団体ノ状況

鮮内ニ於ケル衡平団体ハ衡平社一アリテ支社六七会員五、八五八名ヲ擁スルモ社員ノ本運動ニ対スル熱意極メテ低調ニシテ会勢衰退ノ一途ヲ辿リツ、アリ本期総本部ヲ大田ヨリ釜山ニ移転シ旧名大同社ヲ衡平社ニ改メ且綱領ノ改正ヲ断行シ会勢ノ挽回ニ奔走シアルモ更生ノ域ニ達シアラサル現況ニシテ何等見ルヘキ活動ナシ

関係地名地図

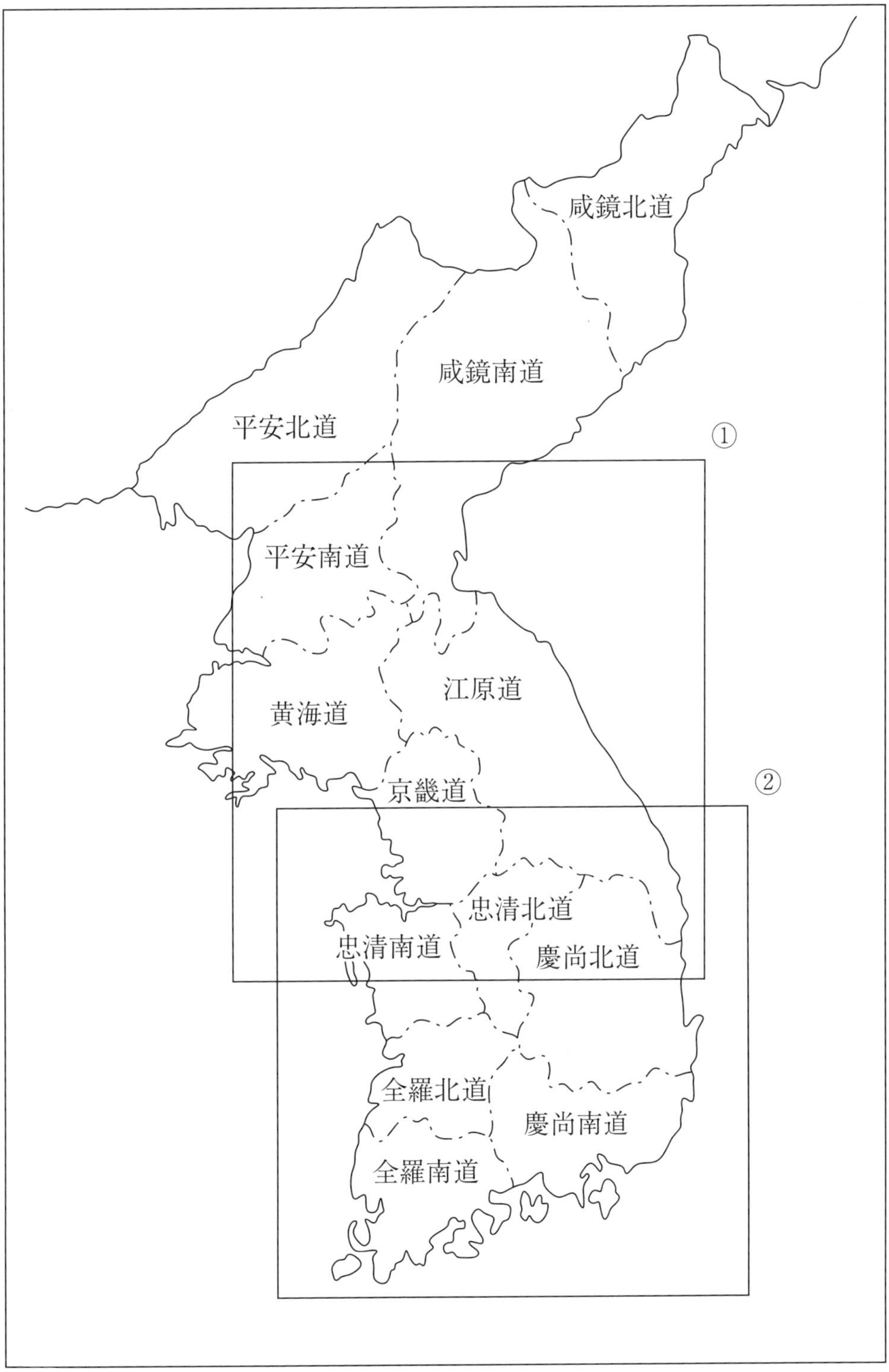
咸鏡北道
咸鏡南道
平安北道
①
平安南道
江原道
黄海道
京畿道
②
忠清北道
忠清南道
慶尚北道
全羅北道
慶尚南道
全羅南道

①咸鏡南道・平安北道・平安南道・黄海道・江原道・京畿道

②忠清北道・忠清南道・慶尚北道・慶尚南道・全羅北道・全羅南道

(注) 図①②に記した地名は、本史料集に現われる衡平社の支社または分社の所在地であり、すべての衡平社の分布を示すものではない。

12.27 衡総第374号 30-1 ／慶北聞慶事件
< 1930年>
3.22 衡総第554号 30-8 ／第8回大会召集
3.22 衡総第555号 30-8 ／第7週年紀念式
4.25 衡総第1号 30-17 ／第8回大会ほか顚末
5.29 衡総第71号 30-21／執行委召集
9.11 衡総第180号 30-26／巡廻委員派遣
< 1931年>
2.27 衡総第310号 31-3 ／執行委延期
3.19 衡総第318号 31-5 ／定期大会
3.19 衡総第319号 31-5 ／定期大会準備
4.6 衡総第332号 31-6 ／定期大会召集
9.30 衡総第181号 31-21／執行委召集
10.9 衡総第193号 31-25／執行委顚末
10.9 衡総第194号 31-25／臨時大会召集
10.12 衡総第195号 31-26／臨時大会
< 1932年>
5.27 衡総第101号 32-1 ／財務委員
5.27 衡総第102号 32-1 ／財務委員

衡平忠南産業株式会社　28-15
楊平支部の設立　29-6
開城支部の紛糾　29-7
慶北聞慶事件　30-1
金堤衡平社の紛糾　30-4
京城支部　30-5、30-6、30-19
水原支部の解消　31-11（8）

関連組織

朝鮮青年総同盟　25-13
北風会　25-14
苦学堂　30-23

水平社との交流

水平社による斡旋　Ⅰ-2
四国水平社　Ⅰ-6、Ⅰ-8、Ⅰ-10
各地水平社の歴訪　Ⅰ-6、Ⅰ-8、Ⅰ-10
水平社との提携問題　Ⅰ-6、Ⅰ-8、Ⅰ-10、Ⅰ-11、Ⅰ-12、28-1
全国水平社大会への出席　27-1、27-7、27-9
水平社の情勢報告　28-1（5）

水平社からの祝電・祝辞

全国水平社　28-1（10）、30-13（5）、31-11（2）、31-11（3-2）
全国水平社青年聯盟　26-2
全国水平社解放聯盟　28-1（10）
全国水平新聞社　28-1（10）
全国水平社関東聯合会　28-1（10）、29-14（3）
東京府水平社　29-14（3）
静岡県水平社　26-2、28-1（8）
浜松水平社解放聯盟　28-1（8）
大阪西浜全国水平社　26-2
水平社大阪西成地区　30-13（5）
広島県水平社　29-14（3）
香川県水平社　26-2、29-14（3）
九州水平社　30-13（5）
大阪皮革労働組合　30-13（5）
大阪皮革労働組合洋靴工部　30-13（5）
兵庫県川西皮革労働組合　30-13（5）

補足　通達文書一覧

（／以下は、通達の概要）

＜1925年＞
8.16 衡総第603号 25-8／醴泉事件
8.18 衡総第604号 25-8、25-9／醴泉事件
9.6 衡総第664号 25-16／臨時大会開催
＜1928年＞
7.16 衡総第130号 28-2／講座開催
7.24 衡総第147号 28-3／執行委員会
8.4 衡総第170号 28-5／忠南大会召集
10.31 衡総第310号 28-12／追悼会延期
12.4 衡総第363号 28-14／紛糾事件
12.30 衡総第□□□号 29-1／本部維持費
＜1929年＞
1.23 衡総第429号 29-3／執行委召集
4.2 衡総第521号 29-11／第7回大会召集
4.3 衡総第527号 29-11／第7週年紀念式
4.26 衡総第1号 29-18／第7回大会ほか顚末
5.15 衡総第29号 29-19／巡廻委員派遣
5.24 衡総第34号 29-20／巡廻委員派遣
6.9 衡総第□□号 29-22／慶北飢饉救済
6.14 衡総第63号 29-24／慶北飢饉救済
7.4 衡総第94号 29-25／本部維持費
8.5 衡総第142号 29-27／執行委召集
8.6 正発第13号 29-28／本部維持
9.13 衡総第215号 29-34／執行委顚末
9.13 衡総第216号 29-34／常務委顚末
9.13 衡総第217号 29-34／在満同胞救済
9.13 衡総第218号 29-34／巡回委員出張

－1934年　Ⅰ-11
－1935年　Ⅰ-12
本部会館問題　29-29
機関誌・紙
－雑誌『正進』 29-8、29-28、口絵
－「ニュース」第1号　30-7、口絵
－「ニュース」第3号　30-22
会歌　28-1（10）
マーク（徽章）29-11、30-11、口絵
社旗　29-11、29-21
印章　口絵

財　政

予算案
－第6回大会　28-1（6）
－第7回大会　29-14（6）
－第8回大会　30-13（10）
－第9回大会　31-11（7）
経理経過報告
－第6回大会　28-1（4）
－第8回大会　30-13（7）
－第9回大会　31-11（6）
本部維持費の督促　27-4、27-8、29-1、29-25
債務分担金　28-1（9）
財政委員　32-1

総本部の動き

中央（総）本部の動静　25-18、31-3、31-7、31-14、31-22、31-27、31-28、31-29
本部の内訌　29-30、30-18
懇親会／歓迎会　25-4、25-7、25-17
追悼会（式）　28-12、29-15、29-18
思想要視察人連名簿　26-1
高麗革命党事件　27-6
『化学世界』 28-11
『解放』 28-16
李俊鎬の除名　30-1
思想犯出監者（李東求）の動静　31-24

諸活動

衡平学友同盟　27-2、27-11
衡平学友会　28-13
夏期講演講座　28-2
巡撫（巡回）委員の派遣　28-9、29-19、29-20、29-21、30-26
慶北飢饉の救済　29-22、29-24
同情金の募集　29-33
衡平デー　30-25、31-16、31-18

各地衡平社（白丁）の概況

道別衡平社の情勢　Ⅰ-3（表）、Ⅰ-6（表）、Ⅰ-8（表）、Ⅰ-10（表）、Ⅰ-13（表）、Ⅰ-15、31-11（4）
白丁の生活実態
－分布と職業調　Ⅰ-3（表1）、Ⅰ-6（表）
－資産調　Ⅰ-3（表2）、Ⅰ-6（表）
－教育調　Ⅰ-3（表3）、Ⅰ-6（表）
ガラス乾板写真（鳥居龍蔵撮影）口絵

地域の動向

関係人物調査　Ⅰ-16
関係団体調査　Ⅰ-17
各地の紛糾・差別事件　28-1（3）、28-6、30-13（6）、31-11（5）
醴泉事件　25-6、25-8、25-9、25-10、25-11、25-12、25-13
慶北醴泉事件予審終結決定　25-19
慶北醴泉事件大邱地方法院判決　26-4
達城郡事件　25-15
江原道寧越郡での紛糾　27-3
忠南大会　28-4、28-5、28-7
禮山支部　28-4、28-5
普通民との紛糾　28-14

－第７回　29-4、29-11、29-12、29-13、29-14、29-18
－第８回　30-8、30-10、30-11、30-12、30-13、30-17
－第９回　31-5、31-6、31-7、31-9、31-10、31-11
臨時大会　25-16、28-5、31-25、31-26、31-30、31-32
ポスター
－第７回大会　29-10、口絵
－第８回大会　30-11、口絵
大会標語　30-13（1）
地方代議員氏名
－第６回大会　28-1（1）
－第７回大会　29-14（2）
－第８回大会　30-13（3）
－第９回大会　31-11（1）
代議員証の送付　29-9
紀念式（祝賀式）
－１週年　24-1
－２週年　25-2
－３週年　26-2
－６週年　28-1（10）
－第７回　29-11、29-17、29-18
－７週年　30-14、30-17
－第８回　31-8、31-12
祝文・祝電・祝辞
－第６回大会　28-1（2）（8）
－第７回大会　29-14（3）（4）
－第８回大会　30-13（5）（6）
－７週年紀念式　30-14（2）（3）
－第９回大会　31-11（2）（3）（3-2）
－第８回紀念式　31-12（2）

会　議

中央執行委員会
－1925年　25-3
－1926年　26-3
－1927年　27-7、27-10
－1928年　28-3、28-10
－1929年　29-3、29-5、29-16、29-18、29-26、29-27、29-31、29-34
－1930年　30-3、30-15、30-21、30-24、30-27、30-28
－1931年　31-2、31-4、31-13、31-19、31-20、31-21、31-23、31-25、31-31
常務執行委員会
－1925年　25-5
－1927年　27-1、27-5、27-9
－1928年　28-8
－1929年　29-2、29-32、29-34
－1930年　30-2、30-9、30-16、30-20、30-25
－1931年　31-1、31-15、31-17

組　織

「朝鮮衡平社宣言、綱領、規約」29-23、口絵
規約（規則）
－第４回大会　26-3
－第６回大会　28-1（7）
－第７回大会　29-14（5）
－第８回大会　30-13（8）
支部規約　30-13（8）
本部検査委員会細則　30-13（8）
本部執行委員会細則　30-13（8）
本部役員
－第３回大会　25-1
－第４回大会　26-3
－第６回大会　28-1
－第７回大会　29-14
－第８回大会　30-13
－第９回大会　31-11
－1931年　Ⅰ-9

事 項 索 引

(1) 事項名は主に、史料編に記されている件名（表題）を中心に立項した。
(2) 特段の記載がない限り衡平社総本部の動きを示し、事項名からは省略した。
(3) 水平運動関係の事項は、史料本文からも立項して補足した。
(4) 各事項は、大項目・中項目に分類して掲載した。
(5) 数字は史料番号を示す。
（例）Ⅰ-2 ＝第一部の史料番号 2
30-14（1）＝第二部 1930 年の史料番号 14 のうち（別紙 1）
Ⅲ-1 ＝第三部の史料番号 1

衡平運動の概況（沿革）

衡平運動沿革報告書　30-14（1）
衡平社沿革　31-12（1）
衡平社革新同盟　24-2、24-3
衡平青年聯盟　26-5
正衛団　30-29
衡平青年総聯盟　30-29
衡平青年前衛同盟　Ⅰ-10、Ⅰ-13
大同社　Ⅰ-13、Ⅰ-14、Ⅲ-1、Ⅲ-2、Ⅲ-3、Ⅲ-4、Ⅲ-5、Ⅲ-6、Ⅲ-7、Ⅲ-8、Ⅲ-9、Ⅲ-10
朝鮮軍参謀部（司令部）
－ 1924 年『朝特報』Ⅰ-2
－ 1936 年『朝鮮思想運動概観』Ⅲ-1
－ 1937 年『朝鮮思想運動概観』Ⅲ-2
－ 1938 年『朝鮮思想運動概況』Ⅲ-7
－ 1939 年『朝鮮思想運動概況』Ⅲ-8、Ⅲ-9
－ 1940 年『朝鮮思想運動概況』Ⅲ-10
朝鮮憲兵隊司令部
－ 1939 年『朝鮮治安関係一覧表』Ⅰ-15
朝鮮総督府警務局
－ 1924 年『治安状況』Ⅰ-3
－ 1925 年『帝国議会説明資料』Ⅰ-4
－ 1927 年『治安状況』Ⅰ-6
－ 1930 年『治安状況』Ⅰ-8
－ 1933 年『治安状況』Ⅰ-10
－ 1936 年『治安状況』Ⅰ-13
－ 1937 年『治安状況』Ⅲ-3、Ⅲ-4
－ 1937 年『帝国議会説明資料』Ⅲ-5
－ 1938 年『治安状況』Ⅲ-6
－『朝鮮出版警察月報』28-11、28-16、29-6、29-8
京畿道警察部
－ 1925 年『治安概況』Ⅰ-5
－ 1929 年『治安概況』Ⅰ-7
－ 1931 年『治安概況』Ⅰ-9
－ 1934 年『治安情況』Ⅰ-11
－ 1935 年『治安情況』Ⅰ-12
江原道警察部
－ 1924 年『管内状況』Ⅰ-1
－ 1938 年度『治安状況』Ⅰ-14
－ 1924 年「民情彙報」23-1、23-2、23-3

大会・紀念式

定期大会
－第 3 回　25-1
－第 6 回　28-1

12・12（3）・13・14・17・22・23・25・30・31
李丙澤 イ・ピョンテク　Ⅰ-17、26-3、31-30・31
李奉云 イ・ポンウン　31-11
李明録（緑）イ・ミョンノク　29-14・18、31-11・11（1）
李龍洙（守）イ・ヨンス　28-1・3、29-4・5・14・16・18・19・20・32・34
柳公三 ユ・コンサム　Ⅰ-16、26-3

《水平運動関係》

猪原久重 イハラヒサシゲ　24-1
岡崎（熊吉）オカザキ（クマキチ）　25-7
奥むめお オクムメオ　25-7
小山荊冠 コヤマケイカン　26-2
高丸義雄 タカマルヨシオ　Ⅰ-6・8・10
遠島哲男 トウジマテツオ　Ⅰ-5、25-1
徳永参（三）二 トクナガサンジ　Ⅰ-8・10、28-1・1（2）（5）
中西伊之助 ナカニシイノスケ　25-7・14
平野小剣 ヒラノショウケン　25-1
南 梅吉 ミナミウメキチ　25-1

朴好君 パク・ホグン　Ⅰ-9、28-1・8、29-4・5・31・32、30-6・15・24・25・28、31-1・4・10・11・30
朴平山 パク・ピョンサン　Ⅰ-9・10・13、28-2・7・10、29-14・16・18・19・20・28・30・34、30-3・6・13・13（3）（6）・15・16・17・18・19・20、31-11（1）（5）
朴有善 パク・ユソン　Ⅰ-11・12、30-24
《ラ》
羅秀（寿）完（煥）ナ・スワン　Ⅰ-11・12・17、27-7、28-1・1（1）・3、29-5・14（2）・19・20・28、30-13・13（3）（5）・15・17・28、31-4・11（5）
《リ》
李一善 イ・イルソン　25-1、28-1（4）
李鶴仁 イ・ハギン　25-1
李學賛 イ・ハクチャン　Ⅰ-3・4・5・6・8・10・13、25-1・3・4・5
李學述 イ・ハクスル　Ⅰ-4・11・12、25-1
李漢東 イ・ハンドン　29-14・16、30-19
李漢容（用）イ・ハニョン　Ⅰ-9、29-14・16・18・19・20・32・34、30-3・6・13・13（3）・14・14（4）・15・16・17・18・19・22・28、31-1・4・11・11（1）（5）・30
李基（箕）俊 イ・キジュン　28-1（4）、29-14・16・18・26・31・32・34、30-2
李京基（箕）イ・キョンギ　29-14・16・18
李玉泉 イ・オクチョン 29-14・18・19
李景（京）春 イ・キョンチュン　25-1・2、27-7、28-1・8、29-5・14・18・26、30-3・6・13・13（3）・17・19、31-11（1）・12・12（3）・30
李光洙 イ・クワンス　25-1
李而笑 イ・イソ ＝李東求 イ・ドングⅠ-4・7、25-1・3・4・5・7・8・9・10・15・17・18・19、26-4、31-24
李址（趾）永 イ・チヨン　24-1・2、25-1・2・4・5・6・8・9・17、26-3、28-1・1（1）・7・15、30-13・13（3）・17
李宗（崇）男 イ・チョンナム Ⅰ-11・12・17、28-7・15、30-13（3）
李俊鎬 イ・チュンホ　Ⅰ-10・13、29-5・14・16・18・20・30・31・32・34、30-1・3・13（6）
李春(偆)福 イ・チュンボク　Ⅰ-6、27-1・7・9・10、28-1・1（1）（4）・3、29-2・4・5・14・14（2）・16・18・19・28、30-13・13（3）・17
李春奉（鳳）イ・チュンボン　24-2、25-1、28-1（1）、29-14（2）、30-13（3）・17
李順同 イ・スンドン　Ⅰ-9、31-11
李鍾元 イ・チョンウォン　Ⅰ-6、27-1・7、28-1・1（1）（3）、29-14（2）、30-13（5）
李鍾淳 イ・チョンスン　Ⅰ-9、27-7、28-1・1（1）（4）・3・8、29-4・5・14・16・18・30・31・34、30-13・13（3）・15・17・18・28、31-4・11・11（1）（5）・12・12（3）・13
李聖（成）順 イ・ソンスン　Ⅰ-13、29-4・32・34、31-11（2）
李先同 イ・ソンドン　Ⅰ-10・13、28-1・1（1）（4）・2・3・8、29-4・5・14・18・26・30・33
李泰絃 イ・テヒョン　29-14
李大賢 イ・テヒョン　25-1
李長命 イ・チャンミョン　28-12、29-18
李東煥 イ・トンファン　Ⅰ-6・8・9・10・11・12・13、26-3、27-1・5・6・7・9・10、28-1・1（2）（3）（4）（5）・2・7・8、29-4・5・14・15・16・17・18・19・20・26・30・31・34、30-2・3・6・9・13・13（3）（6）・14・15・16・17・18・25・28・29、31-1・4・10・11・11（1）（5）・

申鉉壽 シン・ヒョンス Ⅰ-3・4・6・11・12、24-2、26-1・3、29-14（3）、30-13・13（3）・15・17・28、31-11（5）

《セ》

千基徳 チョン・キドク Ⅰ-11・12、25-1、28-7・15、30-13（3）

千君弼 チョン・クンピル Ⅰ-13、25-1、26-3、27-7、28-1（3）、30-13、31-30・31

千興基 チョン・フンギ 29-18・34

千錫九 チョン・ソクク Ⅰ-3・4・6・11・12

千萬奉 チョン・マンボン 28-1・1（1）、29-4・5・14・16

《チ》

張志弼 チャン・チピル Ⅰ-1・2・3・4・5・6・7・8・9・10・11・12・13・14・16・17、24-1・2、25-1・2・3・4・5・7・8・9・10・15・17・18・19、26-1・2・3・4・5、27-6・7、28-5・6・7・8・10・14・15・16、29-5・8・11・14・14（1）（2）・15・16・17・18・19・28・29・30、30-2・3・6・9・13・13（3）（6）・14・14（4）・15・17・18、31-1・4・11・11（1）（5）（8）・12・13・14・20・21・22・23・25・26・27・28・29・30・31、Ⅲ-3・6・9

張斗元 チャン・トゥウォン 25-1

趙寛玉 チョ・クワノク 29-14・18

趙貴容（用）チョ・クィヨン Ⅰ-11・12、24-2、25-1・3・4・5・6・7・8・9・11・15・16、26-3、27-7、28-1・7・15、29-14・16・18・26・29・30・31・32・34、30-2・3・8・9・13・13（6）・15・17・18・20・21・24・28、31-3・4・5・6・10・11・11（5）・13・14・28、

趙景賛 チョ・キョンチャン Ⅰ-6、25-1・2、26-3、28-1・1（1）

趙順用 チョ・スニョン Ⅰ-11・12、25-1、31-30

趙成玉 チョ・ソンオク 25-1

趙富岳 チョ・プアク 25-1、28-1（4）、31-1、

趙奉（鳳）植 チョ・ポンシク 24-2、28-1（1）、29-14・18・31・34、31-31

趙明旭 チョ・ミョンウク Ⅰ-17、26-3、28-1・1（1）（3）・3

沈相昱 シム・サンウク Ⅰ-9、27-1・5・7、28-1（3）（4）、29-5・14・16・18・20・28・30・34、30-2・13・13（3）・14・15・16・17・18・19・20・24・25・26・28、31-1・4・11・11（1）（5）

《テ》

鄭東浩 チョン・トンホ 26-3

《ニ》

任允宰 イム・ユンジェ Ⅰ-6、26-3、30-13

《ハ》

裴鍾鍹 ペ・チョンクオン 25-1、26-3

白順吉 ペク・スンギル 25-1

白楽英（栄）ペク・ナギョン 25-1・3

《ヘ》

卞（片）仁貴 ピョン・イングィ 28-1・7

卞成道 ピョン・ソンド 25-1

片貴（己）男 ピョン・クィナム Ⅰ-9、28-1（10）、29-14（2）、30-13（3）、31-11・11（2）

片順成 ピョン・スンソン 24-2、25-1

片奉仲 ピョン・ポンジュン 29-14

片明旭 ピョン・ミョンウク 26-3

《ホ》

朴京（景）煥 パク・キョンファン 29-14・18、30-6・19

朴敬植 パク・キョンシク Ⅰ-9、31-4・11・11（1）（5）・13・23・25・31

13（3）（5）・15・17・28、31-1・4・11（1）（5）・23・30・31
金在實 キム・チェシル 25-1、26-3、28-1（1）、29-14・14（2）・16・18・31・34
金在錫 キム・チェソク 25-1
金在徳 キム・チェドク Ⅰ-11・12、28-7・15、29-14・14（2）・16・18・19・28、30-3・13（3）・28、31-4・11（1）（5）・30・31
金三奉 キム・サムボン Ⅰ-6・8・10、25-1、26-3、27-1・5・6・7・9、28-1・1（5）・8・14、29-4・5・14・30・32、30-13（6）・28・29、31-11・12・13・30
金士琠（典）キム・サジョン Ⅰ-9・16、25-2・5・6・9、27-1・7、28-1・1（1）（3）、29-4・5・14・16・18・19・20・32・34、30-2・13・13（3）・17、31-11・11（1）・12・12（3）・30・31
金壽鎭 キム・スジン Ⅰ-17、30-13・17・28、31-11（5）
金正元 キム・チョンウォン 30-13（5）、31-11・11（1）
金鍾澤 キム・チョンテク Ⅰ-9・11・12、26-3、27-1・5・7・9・10、28-1・1（3）（4）・7・8・10・15、29-2・3・4・5・6・11・14・18・19・20・26・29・31、30-2・13・13（3）（6）・15・17・18・28、31-1・4・10・11・11（5）・12・13・14・17・22・23・30・31
金水同 キム・スドン 27-7、28-1（1）、31-11（1）・30
金千孫 キム・チョンソン 25-1、26-3、31-11（1）・30・31
金東錫 キム・トンソク Ⅰ-11・12、24-2、25-3・4・5、28-1・1（1）・3・7・15、30-13・13（3）・15・17・24、31-11・11（1）（5）
金道天 キム・トチョン 25-1
金八元 キム・パロン 29-14・18、31-11（2）・12（2）
金八用 キム・パリョン 29-5・14・14（2）・16・18
金八龍 キム・パリョン 25-1、26-3
金奉周 キム・ポンジュ 25-1、26-3、28-1・1（1）、29-14・18
金 棒 キム・ポン Ⅰ-11・12、27-10、28-1（3）（4）・3、29-14（2）・16・17・18・19・34、30-3・13・13（3）（6）・17、31-11（1）・30

《ケ》

權斗皓（晧）クォン・トゥホ 24-2、26-3、30-13（5）
元永彩 ウォン・ヨンチェ 24-2

《コ》

呉成煥（完）オ・ソンファン 1-3・7・9・16、24-2、25-1・2・3・4・5・6・8・9・15・16、26-2・3、27-6、30-13・13（3）・15・16・17・18・24・28、31-4・10・11・13・23

《サ》

崔學洙 チェ・ハクス 29-14・16・18、31-11
崔 錫 チェ・ソク 30-13（5）、31-11・11（2）
崔良均 チェ・ヤンギュン 28-1

《シ》

徐光勲 ソ・クワンフン Ⅰ-6・8・10・11・12・13・16、25-1・2・5・6・7・8・9・12・14、26-1・3・5、27-7、29-5・14・16・18・19・20・30・31・34、30-2・3・6・13・13（3）（6）・17・18・28、31-11・11（1）（5）・30・31
申喜安 シン・ヒアン Ⅰ-11・12、25-1、28-15、29-14（3）、30-3・13・13（3）（5）・17、31-11（5）

人　名　索　引

(1) 人名は、朝鮮衡平社総本部の役員（中執クラス）に限定して立項した。
(2) 人名の配列は日本語読みの五十音順とし、漢字表記の後に韓国語読みを付した。
(3) 複数の用例があるが同一人物とみられる人名は、「吉漢（汗）同」のように示した。
(4) 末尾に、水平運動関係の人名を立項した。
(5) 数字は史料番号を示す。
　（例）Ⅰ-9 ＝第一部の史料番号 9
　　　30-13（3）＝第二部 1930 年の史料番号 13 のうち（別紙 3）
　　　Ⅲ-3 ＝第三部の史料番号 3

《キ》

吉漢東 キル・ハンドン　28-10、29-18・20・30
吉漢（汗）同 キル・ハンドン　Ⅰ-9、28-1、29-4・5・14・16・18・19・28・30・32・34、30-3・6・13・13（3）（6）・15・17・18・19・20・28、31-1・4・10・11・29
吉寄（基・奇）同 キル・キドン　Ⅰ-9、28-1（3）、31-11・11（1）・13
吉義星 キル・ウィソン　27-2、28-1（1）、29-14・14（2）・18、30-13・13（3）・17、31-11（1）
吉秋光 キル・チュグワン　30-17・22、31-1（5）
吉淳吾 キル・スノ　Ⅰ-9・11・12、26-3、27-7、28-1・1（3）・7・8・15、29-4・5・14・16・18・29・31・32・34、30-13・13（3）（6）・15・17・18
吉石公 キル・ソクコン　25-1
吉相洙 キル・サンス　24-2、25-1、28-1・1（1）・3・15、30-3・13・13（3）・17・28
吉仲君 キル・チュングン　Ⅰ-9、31-11・11（1）（5）・14
吉奉西 キル・ポンソ　Ⅰ-11・12、27-7・10、28-1・1（1）・3・7・8・15、29-4・14・18・19・29、30-13・13（3）（6）・17、31-11・11（1）・28・30
吉萬學 キル・マンハク　Ⅰ-9・11・12、24-2、25-1・11、26-3、27-7、28-1・8、29-4・5・14・14（2）・16・18・20・34、30-2・3・13・13（3）・15・17・28、31-4・11・11（1）（5）・13・14・23・28・30・31
姜相鎬 カン・サンホ　Ⅰ-2・3・4・5・6・7・11・12、24-2、25-1・3・4・5、26-1・3、28-1・3、29-14・18、30-14（1）、Ⅲ-3
姜龍生 カン・ヨンセン　28-1・1（1）・3、29-4・5・14・16・18・20・31・32・34、30-13・17・28、31-11（2）（5）・12（2）
金寄雲 キム・キウン　Ⅰ-11・12
金慶三 キム・キョンサム　Ⅰ-5、25-15・17・18、26-3、27-1・5・9・10、28-1・1（3）、29-14（3）・17（1）、
金甲千 キム・カプチョン　29-14・14（2）・16・18、30-13・13（3）・17
金　光 キム・クワン　29-14（3）、30-13・

所蔵機関別出典史料一覧

◎韓国国史編纂委員会

〈分類番号〉	史料簿冊名	史料編に記載した出典名
〈5／大検86〉	『昭和三年十一月　朝鮮出版警察月報』第三号	（同上）
〈6／大検87〉	『昭和三年十二月　朝鮮出版警察月報』第四号	（同上）
〈8／大検89〉	『昭和四年三月　朝鮮出版警察月報』第六号	（同上）
〈9／大検90〉	『昭和四年三月　朝鮮出版警察月報』第七号	（同上）
〈89／大検5〉	『大正十三年　検察行政事務ニ関スル記録』	（同上）
〈91／大検6〉	『大正十四年　検察事務ニ関スル記録』	『大正十四年　検察事務ニ関スル記録』Ⅱ
〈92／大検6―1〉	『大正十四年自一月至八月　検察事務ニ関スル記録』	『大正十四年　検察事務ニ関スル記録』Ⅰ
〈94／大検7〉	『検察事務ニ関スル記録―民情査察ニ関スル文書』	『大正十五年　検察事務ニ関スル記録』
〈95／大検77―1〉	『自大正十五年一月至昭和二年六月　思想問題ニ関スル調査書類』	『大正十五年　思想問題ニ関スル調査書類』
〈96／大検78〉	『昭和二年自七月至十二月　思想問題ニ関スル調査書類』	『昭和二年　思想問題ニ関スル調査書類』
〈97／大検79〉	『思想問題ニ関スル調査書類』カ	『昭和三年　思想問題ニ関スル調査書類』Ⅰ
〈98／大検79―1〉	『昭和三年自十月至十二月　思想問題ニ関スル調査書類二』	『昭和三年　思想問題ニ関スル調査書類』Ⅱ
〈99／大検80―1〉	『思想問題ニ関スル調査書類』	『昭和四年　思想問題ニ関スル調査書類』Ⅰ
〈100／大検80〉	『思想問題ニ関スル調査書類』カ	『昭和四年　思想問題ニ関スル調査書類』Ⅱ
〈101／大検81〉	『思想ニ関スル書類　副本』	『昭和五年　思想ニ関スル書類　副本』
〈102／大検18〉	『思想ニ関スル情報綴』（第一冊）	『昭和五年　思想ニ関スル情報綴』Ⅰ

〈103／大検19〉	『思想ニ関スル情報綴』（第二冊）	『昭和五年　思想ニ関スル情報綴』Ⅱ
〈104／大検20〉	『思想ニ関スル情報綴』（第六冊）	『昭和五年　思想ニ関スル情報綴』Ⅵ
〈107／大検24〉	『思想ニ関スル情報　副本　自昭和六年一月至昭和六年四月』	『昭和六年　思想ニ関スル情報　副本』
〈108／大検25〉	『昭和六年九月　思想ニ関スル情報綴』	『昭和六年　思想ニ関スル情報綴』Ⅰ
〈109／大検26〉	『昭和六年　思想ニ関スル情報』	（同上）
〈111／大検27―1〉	『昭和七年　思想ニ関スル情報』	（同上）
〈168／大検198〉	『大正十三年七月　管内状況』（江原道警察部）	江原道警察部『大正十三年七月　管内状況』
〈169／大検201〉	『昭和九年三月　治安情況』（京畿道警察部）	京畿道警察部『昭和九年三月　治安情況』
〈170／大検199〉	『昭和十二年　治安状況』（朝鮮総督府警務局）	朝鮮総督府警務局『昭和十二年　治安状況』
〈171／大検200〉	『昭和十三年度　治安状況　自第四十四報至第四十七報』（朝鮮総督府警務局）	朝鮮総督府警務局『昭和十三年度　治安状況』
〈173／大検200―2〉	『昭和十三年度　治安状況』（江原道警察部）	江原道警察部『昭和十三年度　治安状況』

◎高麗大学校　亜細亜問題研究所

〈分類番号〉	史料簿冊名	史料編に記載した出典名
〈010〉	『昭和四年自七月至九月　思想問題ニ関スル調査書類』	『昭和四年　思想問題ニ関スル調査書類』Ⅲ
〈011〉	『思想ニ関スル情報綴』（第三冊）	『昭和五年　思想ニ関スル情報綴』Ⅲ
〈012〉	『思想ニ関スル情報綴』（第四冊）	『昭和五年　思想ニ関スル情報綴』Ⅳ
〈013〉	『思想ニ関スル情報綴』（第五冊）	『昭和五年　思想ニ関スル情報綴』Ⅴ
〈014〉	『思想ニ関スル情報綴』（第九冊）	『昭和五年　思想ニ関スル情報綴』Ⅸ

〈015〉	『昭和六年十月　思想ニ関スル情報綴』	『昭和六年　思想ニ関スル情報綴』Ⅱ
〈029〉	『警察部之部』	『大正十二年　警察部之部』
〈031〉	『情報綴』（第二冊）	『大正十四年　情報綴』第二冊
〈041〉	『大正十四年五月　治安概況』（京畿道警察部）	京畿道警察部『大正十四年五月　治安概況』
〈042〉	『昭和四年五月　治安概況』（京畿道警察部）	京畿道警察部『昭和四年五月　治安概況』
〈044〉	『昭和十年三月　治安情況』（京畿道警察部）	京畿道警察部『昭和十年三月　治安情況』

◎慶熙大学校

史料簿冊名	史料編に記載した出典名
『倭政時代人物史料』一	（同上）
『倭政時代人物史料』四	（同上）

◎韓国国家記録院

史料簿冊名	史料編に記載した出典名
『独立運動関連判決文』	（同上）

◎アジア歴史資料センター

史料名とレファレンスコード	史料編に記載した出典名
『大正十三年七月十九日　朝特報　第九六号』（朝鮮軍参謀部）（C06031244300）	朝鮮軍参謀部『大正十三年　朝特報』第九六号
『昭和十二年前半期　朝鮮思想運動概観』（朝鮮軍司令部）（C01004294800）	朝鮮軍司令部『昭和十二年前半期　朝鮮思想運動概観』

『昭和十四年朝鮮治安関係一覧表』（朝鮮憲兵隊司令部）（C01004785700）	朝鮮憲兵隊司令部『昭和十四年　朝鮮治安関係一覧表』

◎その他（刊行物）

出典とした刊行物名	史料編に記載した出典名
（復刻版）『朝鮮の治安状況　大正十三年十二月』二〇〇六年、不二出版	朝鮮総督府警務局『大正十三年十二月　治安状況』
（復刻版）『朝鮮の治安状況　昭和二年版・昭和四年版』一九八四年、青丘文庫（不二出版）	朝鮮総督府警務局『昭和二年十二月　治安状況』
（復刻版）『朝鮮の治安状況　昭和五年版』一九八四年、青丘文庫（不二出版）	朝鮮総督府警務局『昭和五年十月　治安状況』
（復刻版）『最近に於ける朝鮮治安状況　昭和八年』一九六六年、巖南堂書店	朝鮮総督府警務局『昭和八年　治安状況』
（復刻版）『昭和十一年五月　最近に於ける朝鮮治安状況』一九八六年、不二出版	朝鮮総督府警務局『昭和十一年五月　治安状況』
朴慶植編『朝鮮問題資料叢書』第六巻、一九八二年、アジア問題研究所（三一書房）	京畿道警察部『昭和六年七月　治安概況』
宮田節子解説『十五年戦争極秘資料集』第二八巻、一九九一年、不二出版	朝鮮軍参謀部『昭和十一年前半期　朝鮮思想運動概観』
〃	朝鮮軍参謀部『昭和十三年後半期　朝鮮思想運動概況』
〃	朝鮮軍参謀部『昭和十四年前半期　朝鮮思想運動概況』
〃	朝鮮軍参謀部『昭和十四年後半期　朝鮮思想運動概況』
〃	朝鮮軍参謀部『昭和十五年前半期　朝鮮思想運動概況』
『朝鮮総督府帝国議会説明資料』第一巻、一九九四年、不二出版	朝鮮総督府警務局『昭和十二年　第七十三回帝国議会説明資料』
『朝鮮総督府帝国議会説明資料』第一三巻、一九九八年、不二出版	朝鮮総督府警務局『大正十四年　第五十一回帝国議会説明資料』

衡平社史料研究会会員（二〇一五年十二月末現在）

（日本側代表）
秋定嘉和（京都部落問題研究資料センター所長）
（韓国側代表）
金《キム》仲《ジュン》燮《ソプ》（慶尚大学校人権社会発展研究所所長）
朝治　武（大阪人権博物館館長）
髙《コォ》正《チョン》子《ジャ》（神戸大学非常勤講師）
駒井忠之（水平社博物館館長）
関口　寛（四国大学准教授）
徐《ソ》知《チ》延《ヨン》（白丁史研究者）
徐《ソ》知《ヂ》伶《リョン》（衡平運動史研究者）
竹森健二郎（全国部落史研究会事務局長）
廣岡浄進（大阪観光大学准教授）
松本信司（部落解放・人権研究所事務局長）
水野直樹（京都大学教授）
矢野治世美（和歌山人権研究所）
吉田文茂（高知県部落史研究会）
渡辺俊雄（全国部落史研究会運営委員）
割石忠典（芸備近現代史研究会副会長）

朝鮮衡平運動史料集

二〇一六年四月二五日　初版第一刷発行

編　集　一般社団法人部落解放・人権研究所 衡平社史料研究会
大阪市港区波除四―一―三七　HRCビル八階　〒五五二―〇〇〇一
電話　〇六（六五八一）八五七二　FAX　〇六（六五八一）八五四〇

監　修　金仲燮・水野直樹

発　行　株式会社　解放出版社
大阪市港区波除四―一―三七　HRCビル三階　〒五五二―〇〇〇一
電話　〇六（六五八一）八五四二　FAX　〇六（六五八一）八五五二
東京営業所
東京都千代田区神田神保町二―二三　アセンド神保町三階　〒一〇一―〇〇五一
電話　〇三（五二一三）四七七一　FAX　〇三（三二三〇）一六〇〇
ホームページ　http://www.kaihou-s.com

装　丁　森本良成

印　刷　モリモト印刷株式会社

落丁・乱丁はお取替えいたします。定価は函に表示しています。

ISBN978-4-7592-6226-1　C3022　NDC221.06　540P　26cm